Dieter Borchmeyer

Weimarer Klassik
Portrait einer Epoche

Dieter Borchmeyer

Weimarer Klassik

Portrait einer Epoche

Studienausgabe

BELTZ
Athenäum

Der Autor:

Dieter Borchmeyer, geb. 1941, lehrt Neuere deutsche Literatur und Theaterwissenschaft an der Universität Heidelberg. Zahlreiche Publikationen und Editionen auf dem Gebiet der deutschen Literatur- und Theatergeschichte des 18. bis 20. Jahrhunderts. Im Athenäum Verlag erschienen u.a. »Höfische Gesellschaft und französische Revolution bei Goethe« (1977) und »Macht und Melancholie bei Schillers Wallenstein« (1988). Er ist Hauptmitarbeier der Literaturgeschichte von V. Žmegač.

Aktualisierte Neuausgabe

Umschlaggestaltung: Federico Luci, Köln
Umschlagmotiv: Weimar von Nordwesten/Müller u. Kraus. AKG Berlin.
Frontispiz: Teestunde bei der Herzogin Anna Amalia
im Wittumspalais zu Weimar, 1783.
Gemälde von H.W. Schmidt (Ausschnitt).
Bildarchiv preußischer Kulturbesitz
Satz: Satz- und Reprotechnik GmbH, Hemsbach
Druck und Bindung: Druckhaus Beltz, Hemsbach
Printed in Germany
ISBN 3-89547-112-7

Inhalt

Viktor Žmegač
in
Freundschaft
und in Dankbarkeit für
zwei Jahrzehnte
wissenschaftlicher Zusammenarbeit

Vorwort zur zweiten Auflage

... und du und Schiller ihr seid hernach Classische Schrieftsteller – wie Horatz Lifius – Ovid u wie sie alle heißen (...) was werden alsdann die Profesoren Euch zergliedern – auslegen – und der Jugend einpleuen ...[1]

Als vor drei Jahren dieses »Portrait« der Weimarer Klassik erschien, konnte der Verfasser nicht ahnen, daß es so bald vergriffen und eine Neuauflage nötig sein würde. Seine positive Resonanz zeigt jedenfalls, daß die Bemühung, nicht nur das Fachpublikum zu erreichen, sondern auch dem Laien verständlich zu bleiben, nicht vergebens war.

Bei diesem Epochenportrait handelt es sich weder um ein »Arbeitsbuch«, das den Stoff didaktisch aufbereitet oder die Forschungsergebnisse kritisch sichtet, noch um ein Nachschlagewerk, sondern um die geschlossene Darstellung einer der bedeutendsten Perioden der Weltliteratur. Ihre inhaltliche Abgrenzung fiel nicht immer leicht. Sie beschränkt sich keineswegs, wie schon ein Blick ins Inhaltsverzeichnis zeigt, auf die beiden Hauptautoren, doch mußte z.B. die Nachzeichnung der Beziehungen Jean Pauls, Hölderlins oder Kleists zur Weimarer Klassik aus konzeptionellen Gründen auf Andeutungen beschränkt bleiben. Auf das Spätwerk Goethes zu verzichten hätte einen willkürlichen Schnitt durch sein Gesamtwerk bedeutet. Es wird also mit einer gewissen perspektivischen Verkürzung in die Darstellung einbezogen. Die Abgrenzung nach vorne fiel leichter. Die Entscheidung für Weimar bzw. Jena ist sowohl bei Goethe als auch bei Schiller ein relativ deutlicher Einschnitt in ihrem Schaffen.

Auf eine Auseinandersetzung mit der unübersehbar gewordenen Forschung zur Weimarer Klassik wird im Interesse der Lesbarkeit – auch für den fachlich nicht vorgebildeten Leser – im allgemeinen verzichtet, ebenso auf Anmerkungen. Quellenzitate sind jedoch durch möglichst genaue Werk-, Kapitel- oder Versangaben sowie Brief- und Gesprächsdaten im Text in der Regel leicht überprüfbar. Ihr Augenmerk richtet die vorliegende Darstellung namentlich auf die vielfältigen Wechselbeziehungen zwischen der Li-

1 Catharina Elisabeth Goethe in einem Brief vom 25. Dezember 1807 an ihren Sohn Johann Wolfgang und an ihre Schwiegertochter

teratur und ihrem kulturellen Kontext sowie der politischen und sozialen Geschichte. Diese Wechselbeziehungen sind im Falle der Weimarer Klassik von besonderem Interesse, da Goethe durch sein amtliches Wirken am Hof von Sachsen-Weimar Literatur und geschichtliche Wirklichkeit unmittelbarer und konkreter verbunden hat, als das bei einem Schriftsteller sonst der Fall zu sein pflegt. Das alles überschattende Ereignis der Periode der Weimarer Klassik ist natürlich die Französische Revolution, deren vielfältige Spiegelungen im Werk Goethes und Schillers im Mittelpunkt der Darstellung stehen. Daß Weimar schließlich in den Jahren nach dem Wiener Kongreß durch seine landständische Verfassung zu einem Zentrum des deutschen Frühliberalismus wird, ist nicht zuletzt die Wirkung seiner klassischen ästhetischen Kultur gewesen.

Die Bibliographien am Ende der einzelnen Kapitel und am Schluß des Buches können nicht mehr als Querschnitte durch die jüngste Forschungsliteratur bieten, wobei vor allem auf weiterführende Literatur Wert gelegt wurde. Das wichtigste Hilfsmittel für eine aktuelle Beschäftigung mit der Weimarer Klassik sind die kommentierten Werkausgaben, im Falle Goethes zumal die in ihren Kommentaren immer wieder revidierte Hamburger (1948ff.) sowie die noch entstehenden Frankfurter (1985ff.) und Münchener Ausgaben (1985ff.), im Falle Schillers die ebenfalls noch nicht zum Abschluß gelangte Nationalausgabe (1943ff.) sowie die Berliner (1980ff.) und Frankfurter Ausgabe (1988ff.). Die Forschungsergebnisse in den Kommentaren dieser Ausgaben reichen in vielen Fällen über die Spezialliteratur weit hinaus, vor allem was weniger bekannte Einzelwerke betrifft.

Selbstverständlich basiert die hier vorgelegte Darstellung nicht nur auf den Forschungen der letzten zwanzig Jahre, die in den Bibliographien zu den einzelnen Kapiteln mit Rücksicht auf den am aktuellen Forschungsstand interessierten Leser vornehmlich berücksichtigt sind. Manche Werke, über Goethe und Schiller zumal, behaupten ihr Recht seit fast hundert Jahren. Das kann hier jedoch nicht in jedem Falle dokumentiert werden.

Das vorliegende Epochenportrait ist für die zweite Auflage neu durchgesehen, in einigen Kapiteln leicht erweitert und bibliographisch durchgängig aktualisiert worden.

Es handelt sich hier um die gegenwärtig einzige Gesamtdarstellung der Weimarer Klassik von Goethes Ankunft in Weimar bis zu seinem Tod. Diese zeitliche Grenzziehung unterscheidet es von anderen bedeutenden Epochendarstellungen der jüngsten Zeit: Victor Langes Buch *Das klassische Zeitalter der deutschen Literatur*

(München: Winkler 1983) beschränkt sich nicht auf die Klassik im engeren Sinne, sondern bietet ein Panorama der deutschen Literatur von 1740 bis 1815. Terence James Reeds Monographie *Die klassische Mitte* (Stuttgart: Kohlhammer 1982) behandelt ausschließlich den Weimarer Goethe. Was das vorliegende »Portrait« mit diesen beiden Monographien übrigens verbindet, ist die auffällige Tatsache, daß hier zwei Gelehrte aus dem angelsächsischen Bereich – abweichend von der Tradition der englischen und amerikanischen Literaturwissenschaft – den Begriff des Klassischen auf die deutsche Literatur beziehen, Reed sogar in einem der deutschen Klassik-Forschung sehr nahekommenden Sinne.

Neben den beiden Monographien von Reed und Lange ist die monumentale Literaturgeschichte von Gerhard Schulz zu erwähnen, die jedoch erst 1789 einsetzt: *Die deutsche Literatur zwischen Französischer Revolution und Restauration* (München: C.H. Beck 1983/1989). Ihr zur Seite tritt (ebenfalls 1789 einsetzend) Gert Ueding: *Klassik und Romantik. Deutsche Literatur im Zeitalter der Französischen Revolution* 1789–1815 (München/Wien: Hanser 1987). Mit diesen beiden weitausgreifenden Literaturgeschichten kann und will das vorliegende Epochenportrait nicht verglichen werden. Es hat als solches seine eigenen Schwerpunkte und darf wohl in seiner Konzentration auf das Gesamtphänomen der Weimarer Klassik (also auch schon vor 1789 und nach 1815) mit ihren Höhepunkten und Begleiterscheinungen (wie Humboldts bildungspolitischem Wirken, dem Theater der Zeit, der Trivialliteratur usw.) ihr Recht gegenüber jenen anders ausgerichteten Darstellungen behaupten.

Die erste Auflage der *Weimarer Klassik* war dem Freunde Viktor Žmegač gewidmet. Diese Widmung darf ich – nach mehr als zwei Jahrzehnten einer für mich einzigartigen wissenschaftlichen Zusammenarbeit – hier mit noch größerer Überzeugung und Herzlichkeit wiederholen. Das in zweiter, revidierter Auflage präsentierte Portrait der Weimarer Klassik hat sich zum Ziel gesetzt, bei einem möglichst breiten Leserkreis tieferes Verständnis für eine der bewegendsten Perioden deutscher Literatur, nicht zuletzt aber die Liebe zu ihrer Dichtung, ihrem Ideenkosmos und ihrem kulturellen Ambiente zu erhalten und zu wecken.

Heidelberg, im September 1997 D.B.

Weimar und das »Klassische«

I *»Gibt es ›deutsche Klassiker‹?«*

Diese Frage stellt Nietzsche sich im zweiten Band von *Menschliches, Allzumenschliches* (2. Abt., 125. Stück). Er beruft sich einleitend auf Sainte-Beuves Essay *Qu'est-ce qu'un classique?* in den *Causeries du lundi* (1851), wo zu lesen sei, »daß zu der Art einiger Literaturen das Wort ›Klassiker‹ durchaus nicht klingen wolle: wer werde zum Beispiel so leicht von ›deutschen Klassikern‹ reden!« Dies Zitat spiegelt die opinio communis der Gebildeten in Frankreich. »On doit conclure«, bemerkt Madame de Staël in ihrem Buch *De l'Allemagne* (1810), welches das französische Deutschlandbild der nächsten Jahrzehnte entscheidend geprägt hat und als Beginn der französischen Germanistik bezeichnet werden darf, »qu'il n'y a guère de poésie classique en Allemagne, soit que l'on considère cette poésie comme imitée des anciens, ou qu'on entende seulement par ce mot le plus haut degré possible de perfection.«.

Weder im Sinne einer Nachahmung der ›Alten‹ noch im Sinne formaler Vollendung sei die deutsche Literatur ›klassisch‹ zu nennen. Das ist zunächst eine wertneutrale Feststellung, die man in Frankreich zur Grundlage sowohl positiver wie negativer Wertungen der deutschen Dichtung gemacht hat. Für Madame de Staël ist es durchaus ein Vorzug, daß die deutschen Schriftsteller kein geschlossenes Literatursystem nach Art des französischen ›classicisme‹ haben, das die Dichtung auf die Einhaltung bestimmter gesellschaftlich-ästhetischer Convenancen und Geschmacksregeln verpflichtet. In dieser Hinsicht soll, so wünscht Madame de Staël, die Begegnung mit der deutschen Literatur den französischen Bildungshorizont erweitern. Die Ideologen des classicisme haben demgegenüber bis weit in unser Jahrhundert die Superiorität des klassischen Normensystems behauptet. Was sie aber mit den Wegbereitern und Repräsentanten der ›romantischen‹ Öffnung oder Überwindung jenes Systems in Frankreich verbindet, ist das Bewußtsein, daß der classicisme im eigenen Lande, wie immer man ihn wertet, die reinste, wenn nicht die einzige ›Klassik‹ (um die deutsche Wortbildung des 19. Jahrhunderts zu verwenden, die noch Goethe unbekannt war) in der Geschichte der europäischen

Literatur ist. So schreibt André Gide 1924: »Je ne connais depuis l'antiquité d'autres classiques que ceux de France ... C'est dans son art classique que le génie de la France s'est le plus pleinement réalisé.«

Die französische Idee des classicisme hat die europäische Klassikdoktrin entscheidend geprägt. Deutlich zeigt das noch T.S. Eliots Vortrag *What is a Classic?* (1944), der ausdrücklich Sainte-Beuves Fragestellung übernimmt. Obwohl für Eliot nicht Racine, sondern Vergil der Prototyp des Klassikers ist, bleibt seine Definition des Klassischen unverkennbar von der französischen Tradition geprägt. Vor allem manifestiert sich das in seiner Feststellung, im Englischen gebe es keine wahrhaft klassische Dichtung; auch Shakespeare sei kein ›Klassiker‹. Eliot will damit die englische Literatur oder gar Shakespeare keineswegs herabsetzen; es ist für ihn nicht unbedingt ein Mangel oder Nachteil einer Nationalliteratur, wenn sie keinen wirklich klassischen Autor aufweist oder wenn diejenige ihrer Epochen, welche der Definition des Klassischen am ehesten entspricht – wie in England das Zeitalter Popes –, nicht zugleich ihre bedeutendste ist. Denn was gehört zu einem klassischen Autor? Als erstes Reife, wobei die persönliche Reife des Autors mit derjenigen der Gesellschaft, Kultur und Sprache koinzidieren muß; diese Reife hat also notwendig den Charakter des Universellen, führt zur Gemeinverbindlichkeit des Stils und Geschmacks.

»Finden wir in einer Epoche einen gemeinverbindlichen Stil, so wird es ein Zeitalter sein, in welchem die Gesellschaft einen Augenblick der Ordnung und Stabilität, der Ausgewogenheit erreicht hat; wohingegen eine Periode, in der große Gegensätze des individuellen Stils zum Ausdruck kommen, eine Periode der Entwicklung oder aber ein Zeitalter des Verfalls sein dürfte.« Obwohl Eliot hier von keiner bestimmten historischen Epoche redet, dürfte jeder geschichtlich informierte Leser bei der Beschreibung dieses ›klassischen‹ Augenblicks an das Zeitalter Ludwigs XIV. denken. Und in der Tat glaubt Eliot die engste Annäherung an das Ideal des Gemeinstils in der neueren europäischen Literatur (außer bei Dante) in der Dichtung Racines gefunden zu haben, obwohl er an ihr den Charakter des Umfassenden, von allen Ständen und Klassen gleichermaßen Rezipierbaren vermißt, der den vollkommenen Klassiker prägt. (Dieser ist für Eliot ein Ideal, das immer nur annäherungsweise erreichbar, im Grunde nur in der Dichtung Vergils einmal Wirklichkeit geworden ist.) »Gemeinstil nenne ich einen Stil, bei dessen Begegnung wir nicht etwa ausrufen: ›Seht, welch genialer Mann hier die Sprache handhabt!‹« – so würden wir etwa bei Shakespeare rufen –, »sondern: ›Seht, wie der Genius der Sprache hier zum Ausdruck kommt!‹« Eliot stellt die Hypothese auf, daß die romanischen Sprachen einem solchen Stil, mithin dem klassischen Ideal von Natur aus näherkommen, weil sie – zumal das Französische, das am stärksten zu einem Normalstil entwickelt worden ist – homogener, einheitlicher sind als etwa das Englische, das »in seinen Bestandteilen die variabelste von allen großen Sprachen, mehr eine Tendenz zur Mannigfaltigkeit als zur Perfektion hat« und für das sich schlechterdings kein strenges Normsystem aufstellen läßt. Daher schließt für Eliot die englische Sprache das Klassische im Grunde aus.

Wie steht es aber mit der Möglichkeit des Klassischen im Bereich der deutschen Sprache? Dazu äußert Eliot sich nur an einer Stelle seines Vortrags – im Zusammenhang mit Goethe. Von seinem Werk dürfe man mit gutem Grund behaupten, »daß es den Begriff des Klassischen darstellt, nämlich in Ansehung des Ranges, den es innerhalb seiner Sprache und Literatur einnimmt«. Das ist auf den ersten Blick eine erstaunliche Feststellung. Die deutsche Einschätzung Goethes als eines Klassikers und überhaupt der Epochenbegriff der deutschen oder Weimarer ›Klassik‹ hat sich nämlich außerhalb des deutschen Sprachraums bis heute nicht durchgesetzt; das gilt vor allem natürlich für Frankreich, mit dessen eigener Tradition und Doktrin des classicisme eine deutsche Klassik nicht zu vereinbaren ist, aber auch für die angelsächsischen Länder, wo Goethe und Schiller – deren Werke weit mehr als die der Romantischen Schule die Dichtungskonzeption der englischen Romantik beinflußt haben – selbstverständlich zu den Romantikern gezählt werden. (Zwischen dem deutschen und dem gemeineuropäischen Romantikbegriff besteht eine ähnliche Diskrepanz wie zwischen den jeweiligen Klassikkonzeptionen.) Die englische, französische und überhaupt die europäische Rezeption der Dichtung Goethes und Schillers bestätigt, was Goethe in bezug auf seine Wirkung in Frankreich selbst konstatiert hat: »Offenbar sind es die Antiklassiker, denen meine ästhetischen Maximen und die danach gearbeiteten Werke als Beispiele sehr gelegen kommen.«

Eliots Bestimmung Goethes als eines Klassikers fällt also aus dem Rahmen des englischen Goethebildes heraus – und kommt anderseits der europäischen Klassikvorstellung wiederum sehr nahe, denn er beschränkt die klassische Bedeutung Goethes ausdrücklich auf die deutsche Literatur, streitet ihr also das Paradigmatische für die gesamteuropäische Dichtung ab. – Eliot macht einen Unterschied zwischen dem relativ und absolut Klassischen, d.h. »zwischen einer Literatur, die im Hinblick auf ihre eigene Sprache klassisch heißen darf, und einer Literatur, die klassisch ist auch im Verhältnis zu mehreren anderen Sprachen.« Das letztere gilt für Vergil; er ist der absolute, universelle, der Klassiker ganz Europas. Der Prototyp des relativen Klassikers hingegen ist für Eliot Goethe. Er sei zu sehr fixiert durch seine Nationalität und Epoche, er erhebe sich wie die englischen Autoren des 19. Jahrhunderts zu wenig über das »Provinzielle«, um als Repräsentant der gesamteuropäischen Tradition gelten zu können. Goethe sei zweifellos »ein universeller Autor, das will heißen ein Autor, mit dessen Werken jeder Europäer vertraut sein sollte« – niemals aber ein »universeller Klassiker«. (Eliot hat sich übrigens in seinem großen Goethe-Essay aus dem Jahre 1955 von seinen früheren Äußerungen, die, wie er gesteht, ein aggressives Vorurteil dem größten deutschen Dichter gegenüber verraten, distanziert, ja er läßt ihn hier mit Dante und Shakespeare ein Triumvirat der großen europäischen Dichter bilden.)

»Man kann leicht eine vollständige Geschichte der spanischen, italienischen oder deutschen Literatur schreiben, ohne ein einziges Mal den Ausdruck ›classicisme‹ zu verwenden«, schreibt Henri Peyre in seinem Essay *Qu'est ce que le classicisme?* (1933), der das Fortwirken der klassischen Doktrin in deren Musterland Frankreich bis in unser Jahrhundert dokumentiert. Lediglich das Zeitalter Popes erkennt Peyre als gewisses, wenn auch nicht kongeniales Pendant zum französischen classicisme an. Sogar die griechische oder lateinische Literaturgeschichte kann seiner Meinung nach ohne den Begriff des Klassischen auskommen – niemals aber die französische. Auch Peyre stellt sich die Frage Nietzsches, ob es deutsche Klassiker gibt. Die Antwort ist ein, wenn auch differenziertes, Nein. Goethes Dichtung sei ohne Zweifel das erstaunlichste Beispiel eines »classicisme voulu« in der europäischen Literatur seit 1700, aber eine ›gewollte‹, zwischen verschiedenen Stilmodellen (Shakespeare, antike Kunst) mehr oder weniger freiwillig wählende und überdies immer wieder zum antiklassischen Gegenpol hinüberwechselnde, also eklektizistische ›Klassik‹ sei keine solche! Der wahre classicisme gründe in einem »unbewußten Zusammenwirken mit dem Publikum und der Epoche«, einem »stillschweigenden und breiten Einverständnis zwischen Öffentlichkeit und Autoren«, sie entstehe aus der freiwilligen Unterwerfung der Künstler unter ihr Milieu – also einem gewissen »Konformismus« – und ihrem selbstverständlichen Verankertsein in einer Tradition.

Von alledem kann bei der sogenannten deutschen Klassik nach Peyre nicht die Rede sein. Ihr fehlt eben das Moment des Unbewußten, man ist geneigt, mit Schiller zu sagen: des Naiven. Das Klassische ist ihr nicht selbstverständlicher Besitz, sondern ein sich immer wieder entziehendes Ideal. Peyre verweist auf den romantischen Grundton der Goetheschen *Iphigenie*; in ihr bekunde sich der typisch deutsche »rêve antique«, welcher dem französischen classicisme gänzlich fehle. Der Franzose brauche nicht wie der Deutsche den ständigen Rückgriff auf die Antike, denn der classicisme habe dieselbe »weniger nachgeahmt als ersetzt«. (Wir werden sehen, wie nahe Goethe und Schiller selbst, gerade im Hinblick auf *Iphigenie*, diesen Gedankengängen gekommen sind.)

Den hier vertretenen geistesgeschichtlichen Gründen für die Unmöglichkeit einer deutschen Klassik entsprechen die bekannten, bis heute unermüdlich repetierten politisch-sozialen Ursachen: die angebliche politische Misere Deutschlands im 18. Jahrhundert, auf die auch Peyre sich natürlich bezieht. – »Un art est classique«, schreibt Paul Valéry 1930, »s'il est adapté non tant aux individus qu'à une société organisée et bien définie.« Das Zeitalter Ludwigs XIV. ist in dieser Hinsicht ein unwiederholbarer geschichtlicher Kairos gewesen: »L'État devint un tout régulier, dont chaque ligne aboutit au centre« (Voltaire). Zwischen einem derart zentralistisch organisierten Staatswesen und dem kleinstaatlich zersplitterten Deutschland liegt eine Welt. Wie sollte hier also eine Klassik gedeihen? Die »Koexistenz gegensätzlicher literarischer Bewegungen in einem noch nicht geeinten und zentralisierten Land« ist denn auch der Hauptgrund, warum Peyre der Blütezeit der deutschen Literatur das Prädikat des Klassischen verweigert.

Peyre kann sich hier auf Goethe selbst berufen, dessen Aufsatz *Literarischer Sansculottismus* im ersten Jahrgang der Schillerschen »Horen« (1795) die Frage zu beantworten sucht: »Wann und wo entsteht ein klassischer Nationalautor?« Der Begriff Sansculottismus hat bei Goethe keine politische Bedeutung mehr, sondern ist nur noch ein Scheltname für jede Art von »ungebildeter Anmaßung, womit man sich in einen Kreis von Bessern zu drängen, ja Bessere zu verdrängen und sich an ihre Stelle zu setzen denkt«. In seinem »Horen«-Aufsatz bezieht Goethe sich auf die Polemik des Theologen und Kritikers Daniel Jenisch, der in einer Abhandlung *Über Prose und Beredsamkeit der Deutschen* von der »Armseligkeit der Deutschen an vortrefflich klassisch prosaischen Werken« gesprochen und damit die erste Klassik-Diskussion der deutschen Literaturgeschichte entfacht hatte. (Auch Friedrich Schlegel fühlte sich, wie wir noch sehen werden, zu einer Replik auf diesen Traktat herausgefordert.) Goethe beginnt seine Argumentation mit einem geschickten rhetorischen Schachzug: er gibt dem Autor jener Pauschalkritik an der deutschen Prosadichtung zunächst scheinbar recht. »Wir sind überzeugt, daß kein deutscher Autor sich selbst für klassisch hält« – denn die »Umstände«, unter denen der deutsche Schriftsteller lebt und wirkt, scheinen das »Klassische« zu verhindern.

Ein klassischer Nationalautor kann nach Goethe entstehen (es seien nur die wichtigsten Gründe zitiert), »wenn er in der Geschichte seiner Nation große Begebenheiten und ihre Folgen in einer glücklichen und bedeutenden Einheit vorfindet; [...] wenn er selbst, vom Nationalgeiste durchdrungen, durch ein einwohnendes Genie sich fähig fühlt, mit dem Vergangnen wie mit dem Gegenwärtigen zu sympathisieren; wenn er seine Nation auf einem hohen Grad der Kultur findet, so daß ihm seine eigene Bildung leicht wird«; wenn er nicht neu anfangen muß, sondern auf den »Versuchen seiner Vorgänger« aufbauen kann – Klassiker sind nicht »Anpflanzer«, sondern »Vollender«, wird Nietzsche sagen –, so daß er schließlich »in den besten Jahren seines Lebens ein großes Werk zu übersehen, zu ordnen und in *einem* Sinne auszuführen fähig ist.«

Eben das scheint in Deutschland nicht möglich zu sein, und zwar nicht durch die Schuld der Autoren, sondern durch die Ungunst der »Umstände«, für die sie nicht verantwortlich sind; »einen vortrefflichen Nationalschriftsteller kann man nur von der Nation fordern.« Wie steht es aber mit dieser Nation? »Nirgends in Deutschland ist ein Mittelpunkt gesellschaftlicher Lebensbildung, wo sich Schriftsteller zusammenfänden und nach *einer* Art, in *einem* Sinne, jeder in seinem Fach sich ausbilden könnten.« Isoliert und »zerstreut«, ohne Erfahrung einer Gemeinkultur aufgewachsen, eklektizistisch gebildet (»von der Vorliebe für dieses oder jenes Beispiel einheimischer oder fremder Literatur hingerissen«), wegen fehlender Wegweiser immer wieder auf literarische Holzwege geführt, verdorben und irritiert durch »ein großes Publikum ohne Geschmack«, materiell ungesichert, durch Brotarbeit an der freien Ausbildung des Geistes gehindert – das ist die Situation des deutschen Schriftstellers. Oft genug seufzt dieser danach, »die Eigenheiten seines originellen Genius einer allgemeinen Nationalkultur [...] zu unterwerfen« – doch er findet sie nicht vor. Die Orientierung an »fremden Sitten und ausländischer Literatur« hat den Deutschen gehindert, »als Deutschen sich früher zu entwickeln«.

Die wohl bewegendste Klage darüber findet sich schon am Ende der *Hamburgischen Dramaturgie*. Lessing spottet hier verbittert über den in Hamburg ad absurdum geführten »gutherzigen Einfall, den Deutschen ein Nationaltheater zu verschaffen, da wir Deutsche noch keine Nation sind!« Nicht auf die »politische Verfassung« (Kleinstaaterei) spielt Lessing hier freilich an, sondern auf den »sittlichen Charakter« der Deutschen, ihre »untertänige« Abhängigkeit von fremder, zumal von der französischen Literatur.

Goethe bleibt allerdings bei der negativen Kennzeichnung der Situation des deutschen Schriftstellers nicht stehen. Beim Namen Wieland – dessen Werk und Wirken am Hofe Anna Amalias die ›Weimarer Klassik‹ eingeleitet haben – setzt die meist übersehene Peripetie des Goetheschen Traktats ein. Trotz der Ungunst der Umstände hat sich »eine Art von unsichtbarer Schule« in Deutschland gebildet, ein »übereinstimmend guter Stil«. Daß Goethe den angeblich sich vorbereitenden Gemeinstil nicht »klassisch« nennt, hängt mit der von ihm geforderten Vorsicht beim Gebrauch dieser Würdeformel zusammen. Die Hoffnung auf eine ›klassische‹ Nationalliteratur scheint er trotz seiner Abneigung gegen die politischen »Umwälzungen«, welche sie vorbereiten könnten, nicht ganz aufgegeben zu haben; der Schlußteil des Traktats zeigt in dieser Hinsicht eine durchaus hoffnungsvolle Tendenz. Und der befehdete ›sansculottische‹ Kritiker Jenisch wird ihn in dieser Hoffnung bestärken. Zwei Jahre später legt er nämlich sein Buch *Über die hervorstechendsten Eigentümlichkeiten von Meisters Lehrjahren* vor, die erste umfassende Interpretation von Goethes Roman, an dem Jenisch nun gerade das rühmt, was er wenige Jahre zuvor der deutschen Prosa abgestritten hatte.

Henri Peyre, der Goethes historische Analyse der deutschen Kultur und seine Bestimmung des Klassischen weithin unterstützt, lehnt freilich eine von ihm behauptete Eigenschaft des klassischen Autors ab: daß dieser mit dem Vergangenen wie mit dem Gegenwärtigen sympathisiere. (Peyre scheint zu verkennen, daß Goethe sich hier nur auf die Nationalgeschichte bezieht, mit welcher der klassische Autor sich eins weiß.) Goethe selber habe in der Tat einem großzügigen Eklektizismus gehuldigt, der das Vergangene wie Gegenwärtige umfasse; das sei aber gerade nicht das Kennzeichen des wahrhaft klassischen Autors. Der französische classicisme sei weit weniger »catholique« in seinen Geschmacksrichtungen; »er ist jünger, spontaner und nicht unvereinbar mit einer gewissen Geringschätzung der Vergangenheit«. Im Gegensatz zu dieser Auffassung, daß die Bedingung des Gemeinstils die Selbstgenügsamkeit, Selbstzufriedenheit einer Epoche und Kultur mit sich selbst sei, hat Eliot im »Bewußtsein des Geschichtlichen« eine wesentliche Bedingung der klassischen »Reife des Geistes« gesehen. »Bewußtsein des Geschichtlichen kann nur da völlig wach sein, wo es außer der Geschichte des eigenen Volks für den Dichter noch andere Historie gibt« – wenigstens die eines einzigen anderen vorbildlichen Kulturvolks. Eliot denkt an das Bewußtsein des Klassikers Vergil, auf den Schultern der Griechen zu stehen. Dieses Grundbewußtsein, von einer fremden Kultur beeinflußt zu sein, konstituiere jede klassische Kunst. Freilich darf man sich fragen, ob die paradigmatische Beziehung einer früheren auf die eigene Kultur schon im Sinne eines geschichtlichen Bewußtseins zu qualifizieren ist.

Der Widerspruch zwischen der Bestimmung des Klassischen bei Eliot und Peyre, die Aporie, ob das geschichtliche Bewußtsein einen Gemeinstil bedingt oder ausschließt, ließe sich auf der Basis von Nietzsches Traktat *Vom Nutzen und Nachteil der Historie für das Leben*, der zweiten seiner *Unzeitgemäßen Betrachtungen*, ohne weiteres auflösen. »Die Kultur eines Volkes«, so lesen wir dort, bestehe in der »Einheit des künstlerischen Stiles in allen Lebensäußerungen«. Die wesentliche Bedingung dieser Einheit aber ist für Nietzsche der ›geschlossene Horizont‹: »nichts vermag daran zu erinnern, daß es noch jenseits desselben Menschen, Leidenschaften, Lehren, Zwecke gibt. Und dies ist ein allgemeines Gesetz; jedes Lebendige kann nur innerhalb eines Horizonts gesund, stark und fruchtbar werden; ist es unvermögend, einen Horizont um sich zu ziehen, und zu selbstisch wiederum, innerhalb eines fremden den eigenen Blick einzuschließen, so siecht es matt oder überhastig zu zeitigem Untergange dahin.« Zu einer lebendigen Kultur gehört das Erinnern wie das Vergessen, d.h. sowohl die Fähigkeit, »Vergangenes und Fremdes umzubilden und einzuverleiben« – hier darf man an die paradigmatische Rolle der antiken Kunst für den classicisme denken – als auch das, was sich in den eigenen Horizont nicht hineinziehen läßt, aus dem Gedächtnis fallen zu lassen.

Das Erinnern ist nach Nietzsche für jede Kultur lebensnotwendig, sofern es im vergangenen, fremden Horizont den eigenen Blick einschließt (das ›klassische‹ Verhältnis zur Antike). Verschwindet aber die eigene Perspektive, so wird das Vergangene zum »Totengräber des Gegenwärtigen« – die Situation der modernen ›Kultur‹, die aufgrund ihrer Horizontlosigkeit, ihrer Überwucherung durch die Historie für Nietzsche keine wahre Kultur mehr ist. Das Gedächtnis des modernen Menschen »öffnet alle seine Tore«, und er schleppt, wie der Wolf im Märchen die Wackersteine, »zuletzt eine ungeheuere Menge von unverdaulichen Wissenssteinen mit sich herum«. Durch die Aufhebung aller »Horizont-Umschränkungen« ist der Mensch zum »Historisch-Kranken« geworden, zu eunuchenhafter »Subjektlosigkeit« ausgeblasen. Aus sich selbst hat er kaum mehr etwas, sein höheres geistiges Leben lebt er fast nur noch aus der Geschichte. Das Mustervolk der Moderne aber sind für Nietzsche die Deutschen. Sie vor allem haben »bis jetzt keine Kultur« – keinen Stil. Das ist ein Urteil zugleich über die Blütezeit der deutschen Dichtung, die zu offen für die disparaten Regionen der Geschichte gewesen ist, um einen Stil als ästhetische Einheit aller Lebensäußerungen bilden zu können.

Nietzsche ist nicht der erste, der die Verdrängung des Stils durch die Historie beschrieben hat. Bereits Friedrich Theodor Vischer hat in seinen *Betrachtungen über den Zustand der jetzigen Malerei* (1842) bemerkt: »Wir malen Götter und Madonnen, Heroen und Bauern, so wie wir griechisch, byzantinisch, maurisch, gotisch, florentinisch, à la Renaissance, Rokoko bauen und nur in keinem Stil, der unser wäre.« Vischer bringt diesen ästhetischen Amalgamationsprozeß in Verbindung mit dem religiösen Synkretismus in einem von ›Geschichte‹ überfrachteten Zeitalter. Das elegische Bewußtsein des aus dem ästhetischen Historismus und Synkretismus resultierenden Verlusts eines Gemeinstils ist eine gesamteuropäische Erscheinung. »Wir haben das Siegel unserer Zeit weder unseren Häusern noch unseren Gärten noch sonst irgendetwas aufgeprägt«, konstatiert Alfred de Musset. Andere haben diese negative Feststellung ins Positive gewendet – wie Gogol, der 1835 in einem Aufsatz *Über die Architektur in heutiger Zeit* das Abrücken von der »scholastischen Manier« feiert, »allem, was gebaut wird, den Stempel eines gemeinsamen Geschmacks und eines gemeinsamen Maßes aufzudrücken.«

Der Verfall und die Unmöglichkeit eines neuen Gemeinstils hat sich bereits in der zweiten Hälfte des 18. Jahrhunderts herausgestellt. In seinem Buch *Les abeilles d'Aristée* (1954) hat Wladimir Weidlé den »Tod des Stils« mit der Begründung der Ästhetik in Deutschland (Baumgarten, Kant) in Verbindung gebracht, die der Entstehung des modernen Historismus eng verbunden ist. In diesem Zusammenhang fällt auch der Name Goethes. Zu seiner Zeit und unter seiner Mitwirkung sei die absolute Herrschaft eines (Gemein-)Stils überwunden worden. Nun sei es für den Künstler möglich geworden, bei jedem Werk »sozusagen vom Nullpunkt auszugehen« und »sich in der Vergangenheit ganz nach Belieben irgendeinen Stil auszusuchen, mit dem ihn ein Gefühl persönlicher Wahlverwandtschaft verbindet«. Goethes vermeintlicher classicisme ist für Weidlé kein epochaler Stil im traditionellen Sinne mehr. »Hatte nicht Winckelmann, trotz seines unbedingten Griechenkults, die Grundlagen einer Kunstgeschichte entworfen, die auf vergleichender Stilkunde beruht und mithin von der Vielfältigkeit und Vergänglichkeit der Stile geradezu ausgeht?« Entstammte nicht sein und der Goethesche classicisme weit mehr einem »Schiedsspruch der Vernunft« – wir erinnern uns an Peyres Wort vom »classicisme voulu« – als einer unbewußten Notwendigkeit? »Handelte es sich da wirklich noch um einen Stil oder nicht vielmehr um die Sehnsucht nach einem Stil?« Nach Weidlé ist es unmöglich, »eine Stileinheit aus dem bloßen Willen heraus zu schaffen«, denn der Stil sei seiner Natur nach »eine Vorbestimmung, die sich jedoch im Schoße des Unbewußten vollzieht«, eine »überpersönliche Entelechie«, keine Leistung des einzelnen Ich. Das bedeutet: »Wenn die Gemeinschaft zerfällt, welkt der Stil ab.« (Auf diesen Verfall der Gemeinschaft sowie einer übergreifenden religiösen Ordnung führt auch Eliot das Welken des Gemeinstils zurück, wobei zu beachten ist, daß er im Unterschied zu Weidlés pluralistischem Stilbegriff, der an den großen Epochen der europäischen Baukunst orientiert ist, den Gemeinstil mit dem klassischen Typus identifiziert.)

Die Idee des »Stils« als ästhetischer Einheit einer Epoche, als des unbewußten Consensus aller Lebensakte ist eine Einsicht des 18. Jahrhunderts, das Erkenntnisprodukt des Historismus. »Jede Zeit hat ihren Stil«, schreibt Justus Möser. »Die Geschichte der Religion, der Rechtsgelehrsamkeit, der Philosophie, der Künste und schönen Wissenschaften ist auf sichere Weise von der Staatsgeschichte unzertrennlich [...], der Stil aller Künste, ja selbst der Depeschen und Liebesbriefe eines Herzogs von Richelieu steht gegeneinander in einigem Verhältnis. Jeder Krieg hat seinen eigenen Ton, und die Staatshandlungen haben ihr Kolorit, ihre Kostüme und ihre Manier in Verbindung mit der Religion und den Wissenschaften.« Das Wissen vom (Gesamt-)Stil, wie es sich hier ausdrückt – bezeichnenderweise wiederum in Hinblick auf das französische 17. Jahrhundert –, ist Folge oder Ursache des Stilschwundes in eigener Zeit. »Sobald der Stil von außen her faßbar wird«, schreibt Weidlé, »sobald er eine Möglichkeit ist unter vielen anderen, gibt es keinen Stil mehr. Die unmittelbare Eingebung, die ihn hervorbrachte, ist nicht mehr da.« Das Wissen verhindert den

Stil. Nietzsche hat im zweiten Stück der *Unzeitgemäßen Betrachtungen* in diesem Sinne vom »wissenden Elend« der Moderne gesprochen, das an die Stelle des gewissen-wissenlosen Handelns getreten sei und sich nun als »Vollendung der Weltgeschichte«, als »absolutes Wissen« (Hegel) aufblähe, in dem alle gewesenen Kulturgestalten aufgehoben sein sollen. Das aber ist für Nietzsche nur die Ideologie der Impotenz, das Tarnungsmanöver des zum Eunuchen abgesunkenen modernen Menschen, der nicht mehr produktiv genug ist, aus sich einen Stil, also eine Kultur hervorzubringen.

Das Verwelken des Gemeinstils hängt ursächlich mit dem Aufkommen der Ästhetik und des autonomen Kunstbegriffs zusammen. Die autonomisierten Kunstformen verlieren ihre soziale Valenz, tragen ihren Zweck nunmehr in sich, nicht mehr in einem außerhalb ihrer selbst gelegenen Verweisungs- und Verwendungszusammenhang kirchlich-kultischer, höfisch-repräsentativer oder sonstiger institutioneller Art, durch den sie auf einen festen Stilkanon verpflichtet waren. In einer Anmerkung zu *Rameaus Neffe* (»Geschmack«) spricht Goethe vom Verfahren der alten Rhetorik und Kunsttheorien – er bezieht sich zumal auf die Zeit Ludwigs XIV. –, die Gattungen nach dem Gesichtspunkt des decorum, des »Schicklichen« zu sondern. »Man behandelte die verschiedenen Dichtungsarten wie verschiedene Sozietäten«, grenzte sie also nach gesellschaftlichen »Convenancen« voneinander ab. Die derart heteronome »Absonderung der Dicht- und Redearten« sucht Goethe durch eine autonom ästhetische abzulösen, welche den politisch-sozialen Bezugs- und Gebrauchsrahmen der Künste als etwas ihnen Äußerliches aus der Beschreibung und Bestimmung ihrer Gesetze ausschaltet. Die Idee der ästhetischen Autonomie entspricht den gesellschaftlichen Bedingungen der modernen Kunst und dem in ihnen gründenden Selbstbewußtsein des Künstlers, der sich von keinen ›kunstfremden‹ Mächten mehr in Dienst nehmen läßt, außerästhetische Verwendungs- und Stilansprüche an sein Werk abweist, wie sie etwa in der Zeit des französischen classicisme selbstverständlich waren (vgl. die berühmte »Querelle du Cid«). Sind aber die Kunstformen nicht mehr von außerkünstlerischen Instanzen prädisponiert, stehen sie mithin zur freien ästhetischen Disposition des einzelnen Künstlers, dann kann ein Gesamt- oder Gemeinstil sich nicht mehr entwickeln. Somit ist auch ›Klassik‹ im formästhetischen Sinne seit dem späten 18. Jahrhundert nur noch als Individualstil oder als Consensus einer – gegenüber den normgebenden Instanzen der Gesellschaft nicht mehr weisungsgebundenen – ästhetischen Elite denkbar.

Die ästhetische Autonomie ist zum erstenmal in Karl Philipp Moritz' Schrift *Über die bildende Nachahmung des Schönen* (1788) und wenig später in Kants *Kritik der Urteilskraft* auf den Begriff gebracht worden. Die Dichtung und Kunsttheorie der Weimarer Klassik und der deutschen Romantik haben als die beiden ersten Kunstströmungen der Moderne dem autonomen Kunstbegriff, dem Grundsatz, »daß die Kultur durch Kunst ihren eignen Gang gehen muß, daß sie keiner andern subordiniert sein kann« (Goethe an Schiller, 12. August 1797), zum Durchbruch verholfen. Das ist von nicht wenigen europäischen Beobachtern und Kennern der deutschen Dichtung bald erkannt worden. Als z.B. Madame de Staël und Benjamin Constant 1804 Weimar besuchen, drückt letzterer in seinem *Journal intime* seine Verwunderung aus über das bewußte Absehen von jeder außerkünstlerischen Zweckbestimmung in der deutschen Poesie. Während die französische Dichtung immer »un but autre que les beautés poétiques« habe, stets »comme véhicule ou comme moyen« existiere, liege für den deutschen Dichter das Ziel der Poesie in ihr selbst, und das empfinde er seither als das Wesensmerkmal der wahren Dichtung (»le caractère essentiel de la véritable poésie«). Kein Zweifel, daß die ›Weimarer Klassik‹ in dieser Hinsicht eine paradigmatische Rolle für die ästhetische Moderne gespielt hat. (Daran kann die wie immer auch politisch fortschrittliche, ästhetisch jedoch vielfach regressive Absage an das Autonomieprinzip nach dem Ende der Goetheschen »Kunstperiode« nichts ändern.)

Auf der anderen Seite darf zumindest die Tätigkeit Goethes in Weimar nicht auf die ästhetische Dimension reduziert werden. Seine Entscheidung für Weimar im Jahre 1775 ist, wie wir sehen werden, keineswegs vorrangig künstlerisch motiviert; die poetische Produktion tritt demgemäß bis zur Italienischen Reise hinter der amtlichen Tätigkeit zurück. Auch in den späteren Jahrzehnten hält Goethe sich die Alternative des »tätigen Lebens« immer offen, ja er stellt von dessen Normen her zwar nicht die Kunst, aber die ästhetische Existenz immer wieder in Frage. (Novalis konnte so *Wilhelm Meisters Lehrjahren* »künstlerischen Atheismus« vorwerfen!) Goethe ist niemals ›reiner‹ Dichter gewesen. (Nicht zuletzt deshalb hat er für Thomas Mann eine vorbildliche Rolle im Zusammenhang seiner Ästhetizismus-Kritik gespielt.) Der neue Künstlertypus, der die Autonomie des Ästhetischen zur Existenzform werden läßt, wird eher durch Schiller verkörpert. Er ist nach dem Urteil Benjamin Constants, dem Geist der soeben begründeten Ästhetik entsprechend, »presque uniquement poète«. Daß hingegen Goethe von Heine zum eigentlichen Repräsentanten der »Kunstperiode« erhoben worden ist, hat ohne Zweifel einen alternativen Modus seiner Existenz verdeckt. Daß ausgerechnet der Dichter, der sich wie kein anderer seines Ranges in der Geschichte der Weltliteratur der politisch-sozialen Praxis gewidmet hat, als Prototyp einer exklusiven ästhetischen Existenz gedeutet worden ist, gehört zu den Merkwürdigkeiten der Goethe-Rezeption.

Der Epochenbegriff der Weimarer oder deutschen ›Klassik‹ ist aus den oben referierten Gründen gewiß problematisch. Ihre Autoren selbst, zumal Goethe, aber auch Schiller, hätten ihn wohl als Beschränkung ihres poetischen Darstellungsspielraums und zugleich als unangemessene Idolisierung empfunden, wie ihre eigene Verwendung des Terminus »klassisch« zeigt, der ihnen in fast all seinen historischen Bedeutungsvarianten präsent war. Diese seien hier noch einmal zusammengestellt. »Classicus« bedeutet ursprünglich »zur höchsten Steuerklasse (classis prima) gehörend«. Bei dem Grammatiker Gellius (2. Jh. nach Chr.) wird erstmals aus dem civis classicus ein scriptor classicus. Der materiell ›Erstklassige‹ – das wird durch diese Bedeutungserweiterung signalisiert – ist es auch geistig; der Musterautor, »id est classicus assiduusque aliquis scriptor, non proletarius« – ein erstklassiger und steuerpflichtiger Schriftsteller, nicht ein proletarischer (der keiner Steuerklasse angehört). Auf diesen materiell begünstigten Status des ›Klassikers‹ spielt noch Sainte-Beuve in der eingangs erwähnten *Causerie* an. Ein »classique« sei »un écrivain de valeur et de marque, un écrivain qui compte, qui a du bien au soleil, et qui n'est pas confondu dans la foule des prolétaires«. Für niemanden trifft diese materielle Kondition des Klassiker-Status so genau zu wie für Goethe. In einer »Schätzungsrolle für die Stadt Weimar im Jahre 1820«, die anläßlich einer Reform des Steuersystems zusammengestellt worden ist, wird Goethe, dessen Jahresgehalt zu dieser Zeit 3100 Taler beträgt, zusammen mit zehn anderen Personen der obersten Vermögensklasse zugezählt – wahrhaftig ein ›klassischer‹ Autor im ursprünglichen steuerlichen Sinne des Begriffs.

Der Norm- und Wertbegriff des Klassischen (als des Mustergültigen, Meisterhaften) ist in der Neuzeit mit dem des Antiken – als des Vorbildlichen schlechthin – identisch geworden. Seit dem 18. Jahrhundert ist der Klassiker vor allem der antike Schriftsteller. Die Synonymie des Klassischen und Antiken hat sich in der Bezeichnung der Wissenschaft, die sich mit der Literatur der Antike befaßt, der »Klassischen Philologie«, und ihres Gegenstandes, der »klassischen« Sprachen und Literaturen, bis heute gehalten. Die

Verquickung des normativen mit dem historischen Terminus führt zur Verabsolutierung des aus der Antike abgeleiteten Formmodells; der Normbegriff wird zum Stilbegriff, zur Bezeichnung der Harmonie und des Maßes der »antiken Kunstform« (Schiller, Humboldt u.a.). Dieser Stilbegriff hält sich auch noch, als die mit ihm verbundene Wertung hinfällig wird und dem Klassischen das Romantische als polarer Stilbegriff zur Seite tritt. Beide Stilbegriffe behalten einen historischen Rückbezug: wie das Klassische auf die Antike bezogen wird, so das Romantische auf das Mittelalter als die Wiege der Moderne – die Begriffe romantisch und modern werden vielfach synonym verwendet.

Zum *normativen* (klassisch = musterhaft), *historischen* (= antik) und *stiltypologischen* (= harmonisch proportioniert, tektonisch komponiert, ›klassizistisch‹) tritt der *epochale* Gebrauch des Begriffs, der sich entweder durch die behauptete Stilaffinität einer Epoche zur Antike legitimiert, wie im Falle des französischen classicisme (hier werden Stil- und Normbegriff kontaminiert), oder der ganz allgemein eine Blütezeit bezeichnet, wie das perikleische und augusteische Zeitalter im Altertum, die elisabethanische Epoche in England oder das spanische Siglo de oro.

In Deutschland hat sich der Epochenbegriff der Klassik in drei Fällen eingebürgert: für die mittelhochdeutsche Blütezeit um 1200 (Staufische Klassik), für die Dichtung Goethes und Schillers in ihrer Weimarer Zeit (bzw. in einem Abschnitt derselben) oder für die gesamte Dichtung der Goethezeit (Deutsche Klassik), in der Musik schließlich für die Epoche Haydns, Mozarts und Beethovens (Wiener Klassik). Im Falle der fast gleichzeitigen Weimarer und Wiener Klassik fließen Wert- und Formbegriff zusammen: die tektonische Form erhält normative Gültigkeit. Durch die Fixierung jener beiden Kunstrichtungen auf den klassischen Formtypus sind demselben widerstrebende Tendenzen lange, zum Teil bis heute verdunkelt worden. Das gilt für die Wiener fast noch mehr als für die Weimarer Klassik. Erstere ist als klassifikatorisches Derivat der Weimarer oder Deutschen Klassik eine durchaus künstliche Konstruktion des 19. Jahrhunderts, dem der Klassikbegriff mehr und mehr zum Ausdruck nationaler Identitätsbildung wurde. Man könnte die Klassikdoktrin geradezu als eine ästhetische Parallelaktion zum Nationalstaatsgedanken bezeichnen. Das gilt übrigens auch für den classicisme in Frankreich, wie das Faktum zeigt, daß dessen Theoretiker seit dem frühen 19. Jahrhundert bis in die jüngste Forschungsgeschichte eine neuzeitliche Klassik außerhalb Frankreichs leugnen. Auf der anderen Seite hat sich auch die Inauguration der Deutschen Klassik im Gefühl deutlicher Superiorität dieser Klassik über die seit Lessing vom deutschen Bildungsbürgertum geringgeschätzte Kunst des französischen classicisme (besonders der haute tragédie Corneilles und Racines) vollzogen.

Gerade aufgrund der nationalen Implikationen der Klassikdoktrin ist nun die Konstruktion einer musikalischen Wiener nach dem Modell der literarischen Weimarer Klassik nicht ohne Willkür, da die Wiener Musikkultur des späten 18. Jahrhunderts infolge der Dominanz des Italienischen keine Klassik im Sinne des zunehmend ethnische Züge tragenden Nationalgedankens des 19. Jahrhunderts zuließ. Die deutsch-bildungsbürgerliche musikalische Klassikdoktrin hat die Zusammenhänge zwischen deutscher und italienischer Musik auseinandergerissen, indem sie zwar Haydn und Mozart, obwohl sie z.B italienische Opern geschrieben haben, auf das Klassikerpodest stellte, nicht aber Salieri, obwohl dieser vier Jahrzehnte lang Hofkapellmeister in Wien, Lehrer Beethovens und Schuberts gewesen ist und im übrigen auch ein deutsches Singspiel geschrieben hat. Eine solche personale Dissoziation war im Falle der Weimarer Klassik nicht notwendig, da diese im wesentlichen nationalliterarisch geprägt war. Anderseits kappte die exklusiv-national bestimmte Klassikdoktrin des 19. Jahrhunderts weithin die kosmopolitischen Bezüge der Weimarer Klassik, zumal zur Tradition der europäischen Aufklärung. (Deshalb wurde auch Wieland, eine Art Salieri der Weimarer Klassik, derselben nie ernsthaft zugerechnet.)

Der Begriff des Klassischen ist in fast allen oben erörterten Facetten im Umkreis der ›Weimarer Klassik‹ geläufig gewesen, wobei sich der normative, historische, stiltypologische und epochale Gebrauch des Terminus häufig überlagern. Am umfassendsten werden die Begriffe des »Klassischen«, des »Klassikers« und des »Klassizismus« bei Goethe verwendet (die Wortbildung »Klassik« ist ihm, wie gesagt, noch unbekannt). Dem epochalen Klassik-Begriff begegnen wir im Aufsatz *Literarischer Sansculottismus*, dem historischen in der immer wieder (etwa in der *Italienischen Reise*) verwendeten Metapher des »klassischen Bodens«, dem stiltypologischen in der Gegenüberstellung des Klassischen und Romantischen. Der ursprüngliche normative Sinn ist diesen Bedeutungsvarianten fast immer beigemischt, kann jedoch durchaus fehlen, wodurch sich charakteristische Schwankungen im Urteil über außerklassische Formtraditionen ergeben. Wenn Goethe in seinem Gespräch mit Eckermann am 2. April 1829 das Klassische als das »Gesunde« gegen das Romantische als das »Kranke« ausspielt, so verdunkelt der Wertbegriff den stiltypologischen Unterschied. Ein halbes Jahr später jedoch, im Gespräch am 16. Dezember 1829, glaubt Goethe sich mit den Franzosen einig in der wertneutralen Gegenüberstellung beider Kunstrichtungen: »›Es ist alles gut und gleich‹, sagen sie, ›Klassisches wie Romantisches, es kommt nur darauf an, daß man sich dieser Formen mit Verstand zu bedienen und darin vortrefflich zu sein vermöge. So kann man auch in beiden absurd sein, und dann taugt das eine so wenig wie das andere!‹« Um ebenbürtige, gleichwertige ›Formen‹ geht es also bei diesem Gegensatzpaar; ›vortrefflich‹ zu sein, ist hier nicht mehr das Monopol des Klassischen, vielmehr ein stilübergreifender Wertbegriff, der jeder Kunstform attribuiert werden kann, wenn sie nach dem Maß ihrer eigenen Möglichkeiten vollendet in Erscheinung tritt.

Goethe spielt gern mit der Polysemie des Terminus, wenn er etwa (im Gespräch mit Eckermann am 2. April 1829) vom Nibelungenlied sagt, es sei »klassisch wie der Homer«. Im historischen Sinne könnte das Nibelungenlied nur als romantisch bezeichnet werden, die Lust an der paradoxen Formulierung läßt Goethe aber zum Prädikat »klassisch« greifen, das hier natürlich normativ verwendet wird. In diesem Sinne vermag auch das Romantische (in seiner historischen und stiltypologischen Bedeutung) klassisch, eben vortrefflich zu sein.

Bereits in der früher zitierten Anmerkung zu *Rameaus Neffe* (1805) hat Goethe betont, daß der moderne Dichter mit dem klassischen Formkanon allein nicht mehr auskommen kann, daß er auf die »barbarischen Avantagen« nicht verzichten darf, welche »durch die romantische Wendung ungebildeter Jahrhunderte« geschaffen worden sind. Hier ergibt sich das paradoxe Bild, daß einerseits der klassische Wertmaßstab äußerlich noch unverändert gültig bleibt, die mit pejorativen Attributen (barbarisch, ungebildet) versehenen romantischen Kunstformen aber dennoch als Vorteile für den modernen Künstler gewertet werden, die er sich nicht entgehen lassen darf. Goethe denkt also nicht daran, ausschließlich ›Klassiker‹ sein zu wollen, mag er sich auch vom absoluten ästhetischen Standpunkt aus dadurch vom höchsten Kunstideal entfernen. Jahre zuvor hat er Schiller schon bezüglich des *Faust* gestanden, er verzichte hier darauf, die »höchsten Forderungen« zu erfüllen und lasse sich durch die »barbarische Komposition« dieser zwischen den Gattungen schwebenden Dichtung nicht irritieren (27. Juni 1797). Goethes ambivalente Wertung der unklassischen Formtraditionen weicht im Alter infolge seiner aufmerksamen Beobachtung der Auseinandersetzungen zwischen Klassikern und Romantikern in den romanischen Ländern mehr und mehr einer wertneutralen Gegenüberstellung beider Kunsttendenzen (wenn auch das ›klassische‹ Vorurteil in manchen Affektäußerungen über die zeitgenössischen romantischen Strömungen immer wieder durchbricht).

In seinem Aufsatz *Klassiker und Romantiker in Italien, sich heftig bekämpfend* (1820) hält Goethe den ersteren – als den Repräsentanten des ›Alten‹ – entgegen, daß die »Anhänglichkeit« an die »unnachahmlichen Werke« des Altertums Gefahr laufe, zu »einer Art Starrsinn und Pedanterie« zu führen; »wer bloß mit dem Vergangenen sich beschäftigt, kommt zuletzt in Gefahr, das Entschlafene, für uns Mumienhafte, vertrocknet an sein Herz zu schließen. Eben dieses Festhalten aber am Abgeschiedenen bringt jederzeit einen revolutionären Übergang hervor, wie das vorstrebende Neue nicht länger zurückzudrängen, nicht zu bändigen ist, so daß es sich vom Alten losreißt, dessen Vorzüge nicht anerkennen, dessen Vorteile nicht mehr benutzen will.« Das ist der »Romantizismus«! Während der Begriff des Revolutionären hier nur im metaphorischen Sinne verwendet wird, zieht Goethe in den *Maximen und Reflexionen* einen regelrechten Vergleich zwischen den politisch-ökonomischen Zielen der Französischen Revolution und dem Romantizismus: Aus jeder auf das »Alte« sich stützenden »Ordnung« entstehe schließlich »Pedanterie«; »um diese los zu werden, zerstört man jene, und es geht eine Zeit hin, bis man gewahr wird, daß man wieder Ordnung machen müsse«. Beispiele für den Konflikt zwischen Bewahrung des Alten und Neuerung sind der Streit zwischen »Klassizismus und Romantizismus, Innungszwang und Gewerbsfreiheit, Festhalten und Zersplittern des Grundbodens«.

Goethe will sich im Streit zwischen Klassikern und Romantikern durchaus nicht auf eine Seite schlagen, sondern ihm liegt daran, »diesen Kampf so zu mäßigen, daß er ohne Untergang der einen Seite sich ins Gleiche stelle«, wie es im genannten Aphorismus der *Maximen und Reflexionen* heißt. Seine Position möchte die des »Conciliatore« sein, des »Vermittlers« – so der Name einer Mailänder Zeitschrift, welche nach Goethes Bericht den Streit der Parteien schlichten möchte. Den poetischen Versuch der Vermittlung zwischen dem Klassischen und Romantischen hat Goethe im Helena-Akt des *Faust II* unternommen; hier sollten nach seinen Worten Eckermann gegenüber (16. Dezember 1829) »beide Dichtungsformen entschieden hervortreten und eine Art von Ausgleichung finden«.

Die Synthese des Klassischen und Romantischen nannte Goethe in einem höheren, erneut werthaften Sinne gern wieder ›klassisch‹. Anläßlich seiner wie immer leidenschaftlichen Lektüre des »Globe«, des französischen Romantikerjournals, und der dort üblichen Verteidigung der »Freiheiten der romantischen Schule«, d.h. einer »Befreiung von den Fesseln nichtssagender Regeln«, ruft Goethe im Gespräch mit Eckermann am 17. Oktober 1828 aus: »Was will der ganze Plunder gewisser Regeln einer steifen veralteten Zeit, und was will all der Lärm über klassisch und romantisch! Es kommt darauf an, daß ein Werk durch und durch gut und tüchtig sei, und es wird auch wohl klassisch sein« – d.h. sich durch eine Konsistenz und Vitalität der Form auszeichnen, die alle große Kunst prägt; »denn alles, was vortrefflich sei, sei eo ipso klassisch, zu welcher Gattung es auch gehöre«, meinte Goethe schon am 26. Januar 1804 H. Voß gegenüber.

Der Streit zwischen Klassikern und Romantikern stellt sich als eine Neuauflage der »Querelle des Anciens et des Modernes« in Frankreich am Ende des 17. Jahrhunderts dar, jenes säkularen Konflikts zwischen autoritativer Antike und fortschrittsbewußter Moderne, deren Apologeten sich vom Kanon des griechisch-römischen Altertums als normgebender Vergangenheit zu lösen suchten, während die Anciens an der Vorbildhaftigkeit des antiken Modells festhielten. Der Konflikt erfuhr eine Lösung in der »neuen Erkenntnis, daß die Werke der Alten wie der Neueren als Hervorbringungen verschiedener geschichtlicher Epochen, also nach einem relativen Maß des Schönen und nicht mehr nach einem absoluten Begriff des Vollkommenen zu beurteilen seien«, also im »Übergang von der klassisch-normativen zur historischen Betrachtung der Künste« (Hans Robert Jauß). Daß der Konflikt durch das Ende der »Querelle« noch keine endgültige theoretische Lösung gefunden hat, zeigt sein erneutes Aufleben im späten 18. Jahrhundert. Bereits bei Herder wird nun das Wort »klassisch« zu der von ihm heftig befehdeten Parole der Anciens. In seinen *Fragmenten über die neuere deutsche Literatur* (1767) polemisiert er dagegen, »daß man alles Unklassische vermied, um nicht von dem Alten abzuweichen« und so seiner »Eigenheit« entsagte; »man opferte alles auf, was uns den Namen klassisch streitig machen könnte und ward ein klassischer Nachahmer! – O das verwünschte Wort klassisch! [...] Dies Wort hat manches Genie unter einem Schutt von Worten vergraben [...] und auf ihn die Last einer toten Sprache wie einen Mühlstein gewälzet; es hat dem Vaterland blühende Fruchtbäume entzogen, da stehen sie nun auf fremdem

Boden und trauern mit halbverwelkter Blüte und sinkenden Blättern«.

In dem vor allem durch A.W. Schlegel in Umlauf gesetzten Gegensatzpaar klassisch-romantisch ist dessen Zusammenhang mit der ›Querelle‹ (von deren Verlauf Herder und Schlegel genau gewußt haben) noch deutlich zu spüren. Im Unterschied zu der an der Antike orientierten »klassischen« Poesie ist die im Mittelalter gründende »romantische, d.h. eigentümlich moderne« nach Schlegel eine »nicht nach den Mustern des Altertums gebildete und dennoch nach den höchsten Grundsätzen für gültig zu achtende« Dichtung (*Vorlesungen über schöne Kunst und Literatur*). – Goethe hat in einem Gespräch mit Eckermann am 21. März 1830 behauptet: »Der Begriff von klassischer und romantischer Poesie, der jetzt über die ganze Welt geht und so viel Streit und Spaltungen verursacht, ist ursprünglich von mir und Schiller ausgegangen.« In dessen Traktat *Über naive und sentimentalische Dichtung* sei die Polarität des Klassischen und Romantischen bereits entfaltet. »Die Schlegel ergriffen die Idee und trieben sie weiter, so daß sie sich denn jetzt über die ganze Welt ausgedehnt hat und jedermann von Klassizismus und Romantizismus redet, woran vor fünfzig Jahren niemand dachte.«

Goethe setzt den Begriff des Naiven als den des »objektiven Verfahrens« mit dem Klassischen in eins und den des Sentimentalischen (»subjektiven« Wirkens) mit dem Romantischen. Schiller habe durch diese Begriffe die künstlerische Eigenart Goethes von seiner eigenen unterscheiden wollen, zugleich jedoch deutlich gemacht, daß Goethes Schaffen sich keineswegs in die Grenzen der naiven (= klassischen, objektiven) Dichtungsart einschließe. »Er bewies mir, daß ich selber, wider Willen, romantisch sei, und meine *Iphigenie*, durch das Vorwalten der Empfindung, keineswegs so klassisch und im antiken Sinne sei, als man vielleicht glauben möchte.« In der Tat hat Schiller in einem Brief an Gottfried Körner vom 21. Januar 1802 geschrieben, *Iphigenie* sei »so erstaunlich modern und ungriechisch, daß man nicht begreift, wie es möglich war, sie jemals einem griechischen Stück zu vergleichen.«

Das Vorwalten der Empfindung, von dem Goethe spricht, ist für Schiller ein Grundmerkmal des Sentimentalischen – daher dieser Begriff, der ja ursprünglich ›empfindsam‹ bedeutet –, während sich das Naive durch ›Unempfindlichkeit‹ auszeichnet. Die Empfindung, Rührung waltet immer dann vor, wenn etwas aus der Distanz des Verlusts geschildert wird; der Naive hingegen besitzt seine Gegenstände so selbstverständlich, daß er sich durch sie in geringerem

Maße emotional affizieren läßt. Jene Distanz des Verlusts prägt Goethes *Iphigenie* wirklich von den ersten Versen an. Iphigenie befindet sich in der sentimentalischen (Verlust-)Situation par excellence: im Exil. In den *Maximen und Reflexionen* findet sich ein in diesem Zusammenhang erhellender Aphorismus: »Ovid blieb klassisch auch im Exil« – also selbst in dieser ›unklassischen‹ Situation schlechthin –, denn er suchte »sein Unglück nicht in sich, sondern in seiner Entfernung von der Hauptstadt der Welt.« Iphigenie hingegen sucht nicht nur »das Land der Griechen *mit* der Seele« (Vs. 12), sondern auch *in* der Seele. Das Verlorene wird mit dem Ende des Exils, mit Iphigenies Rückführung nach Griechenland nicht einfach wiedererlangt, denn die Zeit der großen Heroen Griechenlands ist mit dem Tod Achills und Agamemnons vorbei. Orest und Pylades sind nur noch die Helden einer Spätzeit, die der vergangenen Größe nachleben, sie als mythische Rolle übernehmen (vgl. Vs. 681ff., 763ff. u.ö). Der romantische Grundton, die Sehnsucht nach dem Verlorenen, den Henri Peyre in Goethes *Iphigenie* wahrgenommen und als repräsentatives Beispiel für den ›unklassischen‹ Geist der sogenannten deutschen Klassik mit der Selbstgenügsamkeit des französischen classicisme konfrontiert hat, ist also von Goethe und Schiller selbst deutlich erkannt worden.

Wenn Goethe behauptet, die Brüder Schlegel hätten ihre Typologie des Klassischen und Romantischen Schiller zu verdanken, so ist das nicht unzutreffend. Schiller habe durch seine Theorie des Naiven und Sentimentalischen »den ersten Grund zur ganzen neuen Ästhetik« gelegt, bemerkt Goethe an anderem Ort; »denn hellenisch und romantisch und was sonst noch für Synonymen mochten aufgefunden werden, lassen sich alle dorthin zurückführen, wo vom Übergewicht reeller [= objektiver] oder ideeller [= subjektiver] Behandlung die Rede war« (*Einwirkung der neuern Philosophie*). – Friedrich Schlegel hat fast gleichzeitig mit Schillers dichtungstypologischer Untersuchung seinen Traktat *Über das Studium der griechischen Poesie* geschrieben, in dem er wie jener die Eigenart der antiken und der modernen Poesie zu bestimmen sucht. Während jedoch Schiller, gewissermaßen von der Lösung der ›Querelle des Anciens et des Modernes‹ ausgehend, der antik-naiven und modern-sentimentalischen Dichtung nach ihren eigenen Maßstäben gerecht zu werden strebt, fällt Schlegel in die von Schiller später als »Gräkomanie« verspottete Position eines Ancien zurück, denn seine Darstellung der antiken (»objektiven«) Poesie fällt entschieden zum Nachteil der modernen (»interessanten«) aus.

Schlegel hat das nach der Lektüre des Schillerschen Traktats als ästhetischen Irrtum erkannt und in einer nachträglichen »Vorrede« den Versuch einer distanzierten Rechtfertigung seines Traktats gegenüber Schillers unzweifelhaft überzeugenderer Gegenüberstellung des Antiken und Modernen unternommen. Eine Bemerkung des Schillerschen Traktats wie die folgende mußte Schlegel wie eine peinliche Widerlegung seiner eigenen Untersuchung empfinden: »Wenn man den Gattungsbegriff der Poesie zuvor einseitig aus den alten Poeten abstrahiert hat, so ist nichts leichter, aber auch nichts trivialer, als die modernen gegen sie herabzusetzen.« Um der Anwendung dieses Verdikts auf seine Abhandlung vorzubeugen, formuliert Schlegel, in deutlicher Anlehnung an das letzte Schiller-Zitat, das Argument, das er am meisten fürchten muß, gleich selber – um zu verstehen zu geben, daß er sich von ihm nicht betroffen fühlt: Nimmt man die »reinen Gesetze der Schönheit und der Kunst [...] ohne nähere Bestimmung und Richtschnur der Anwendung zum Maßstab der Würdigung der modernen Poesie, so kann das Urteil nicht anders ausfallen, als daß die moderne Poesie, die jenen Gesetzen fast durchgängig widerspricht, gar keinen Wert hat.« Dieser diplomatische Schachzug hat Schlegel freilich zumindest bei Schiller nichts geholfen, der noch in seinem Brief an Goethe vom 19. Juli 1799 über Schlegels »Rodomontaden von Griechheit« spottet.

Schlegel gesteht in seiner Vorrede, Schillers Traktat habe ihm »über die Grenzen des Gebiets der klassischen Poesie ein neues Licht gegeben«. Der Einfluß Schillers hat ihn endgültig vom Standpunkt der Verabsolutierung der griechischen Poesie abrücken lassen, den Weg gebahnt für eine positive Würdigung der modernen Poesie – für die Begründung der romantischen Kunsttheorie. Deren Grundzüge finden sich bereits in der *Studium*-Abhandlung; die ästhetischen Erscheinungen der Moderne, die hier jedoch noch weithin mit negativen Vorzeichen versehen sind, erfahren bald eine gänzlich andere Wertung, indem sie aus dem Licht einer an der »klassischen Poesie« orientierten Ästhetik heraustreten. Die plötzliche ›romantische‹ Wendung Schlegels ist ohne die Provokation des Traktats *Über naive und sentimentalische Dichtung* schwerlich erklärbar.

Schiller ist durch seine Theorie des Sentimentalischen ein entscheidender Wegbereiter der romantischen Kunsttheorie geworden. Wie bei ihm das Antik-Naive und Modern-Sentimentalische als komplementäre Dichtungsarten gedeutet werden – wobei der historische und der übergeschichtlich-typologische Gegensatz nicht schlüssig unterschieden werden –, wie Goethe klassische und romantische Ästhetik zu versöhnen trachtet, so ist auch die Konstruktion des Gegensatzes von klassischer und romantischer Poesie bei A.W. Schlegel auf Vermittlung angelegt. Weimarer Klassik und Weimarer Romantik (von einer solchen kann man mit Fug und Recht reden, ihr Zentrum Jena – die Wirkungsstätte auch Schillers während des Hauptteils seiner Weimarer Zeit – gehörte ja zum Herzogtum Sachsen-Weimar) stehen im Verhältnis wechselseitiger Spiegelung, Bewußtmachung und Kritik zueinander, sind mithin als komplementäre Kunstrichtungen nicht voneinander zu trennen. (Man darf behaupten, daß die Frühromantik in mancher Hinsicht der Klassik wesentlich näher steht als der sogenannten Spätromantik.) Das Weimar der Wende vom 18. zum 19. Jahrhundert repräsentiert in der Komplementarität seiner ›klassischen‹ und ›romantischen‹ Tendenzen das fortgeschrittenste ästhetische Bewußtsein und poetische Schaffen in dieser Zeit, ja den Ursprung der modernen autonomen Kunst. Daß hier, von der Universität Jena, zugleich die moderne Philosophie ihren Ausgang genommen hat – dort lehrten Fichte, Schelling und Hegel sowie Karl Leonhard Reinhold, der wohl wichtigste Wegbereiter der Kantschen Philosophie – ist kein Zufall; die Wechselwirkungen zwischen klassisch-romantischer Dichtung und idealistischer Philosophie haben das Selbstverständnis beider entscheidend geprägt. Die klassisch-romantische Weimarer Ästhetik und Poesie setzt in der Weise der ›Aufhebung‹ das Erbe der europäischen Aufklärung fort – in Distanz zur sogenannten Spätaufklärung (die in der Gestalt zumal Wielands freilich noch unmittelbar in die ›Weimarer Klassik‹ hineinreicht), sie ist das von ihren Repräsentanten ausdrücklich so interpretierte, wenn auch mit wechselnden Vorzeichen versehene intellektuell-künstlerische Äquivalent des säkularen Ereignisses der Französischen Revolution. Friedrich Schlegels berühmtes Apercu, Fichtes *Wissenschaftslehre* und Goethes *Wilhelm Meister* bildeten mit der Französischen Revolution die »größten Tendenzen des Zeitalters«, hat das am effektvollsten zum Ausdruck gebracht, die Weimarer Poesie und Philosophie als geistige Revolution der politischen gleichgestellt.

Hätten Goethe und Schiller schon die Fixierung ihrer Dichtung auf das stiltypologische Modell des Klassischen als Einschränkung ihres poetischen Ausdrucksspielraums empfunden, so wäre ihnen erst recht die kanonisierende Anwendung des normativen Klassikbegriffes auf ihr Schaffen suspekt gewesen. »Wer mit den Worten, deren er sich im Sprechen oder Schreiben bedient, bestimmte Begriffe zu verbinden für eine unerläßliche Pflicht hält, wird die Ausdrücke ›klassischer Autor, klassisches Werk‹ höchst selten gebrauchen«, schreibt Goethe in seinem Aufsatz *Literarischer Sansculottismus.* Einen komisch-satirischen Beleg für die Folgen des allzu häufigen – inflationären – Gebrauchs des Wortes »klassisch«, vor dem Goethe warnt, finden wir in Nestroys Komödie *Einen Jux will er sich machen* (1842). Dort ist es der beschränkte Hausknecht Melchior, der alles und jedes »klassisch« findet. »Was hat er denn immer mit dem dummen Wort klassisch?« fragt ihn unwirsch der Prinzipal Zangler. Melchiors Antwort: »Ah, das Wort is nit dumm, es wird nur oft dumm angewend't.« Zangler: »Ja das hör' ich, das muß er ablegen, ich begreif nicht, wie man in zwei Minuten 50mal dasselbe Wort repetieren kann.« Melchior: »Ja, das ist klassisch.«

Goethes Warnung vor diesem Begriff, also offenbar vor der Gefahr der voreiligen Idolisierung von Werken und Autoren findet ihre Entsprechung in einem Brief Schillers an Gottfried Körner vom 21. Januar 1802: Es sei »im Charakter der Deutschen, daß ihnen alles gleich fest wird, und daß sie die unendliche Kunst, so wie sie es bei der Reformation mit der Theologie gemacht, gleich in ein Symbolum hineinbannen müssen. Deshalb gereichen ihnen selbst treffliche Werke zum Verderben, weil sie gleich für heilig und ewig erklärt werden, und der strebende Künstler immer darauf zurückgewiesen wird. An diese Werke nicht religiös glauben, heißt Ketzerei, da doch die Kunst über allen Werken ist.«

Goethe und Schiller konnten kaum ahnen, daß ausgerechnet sie, die so hellsichtig vor der Erstarrung im ›Klassischen‹ gewarnt haben, zu den ›deutschen Klassikern‹ par excellence verewigt werden sollten. Eine kluge Frau hat das Goethe freilich schon prophezeit: »und du und Schiller ihr seid hernach Classische Schrieftsteller – wie Horaz Lifius – Ovid u wie sie alle heißen ... was werden alsdann die Professoren Euch zergliedern – auslegen – und der Jugend einpleuen«, schreibt Catharina Elisabeth Goethe ihrem Sohn Johann Wolfgang am 25. Dezember 1807, zweieinhalb Jahre nach Schillers Tod. So konnten auch Goethes und Schillers Werke der literarischen Nachwelt zum Verderben gereichen, denn der ständig auf sie verwiesene Künstler mußte zur Strafe für seinen Rückblick wie das Weib Lots zur epigonalen Salzsäule erstarren oder wie Orpheus beim Versuch, die klassische Gestalt aus dem Totenreich ins Leben zu ziehen, dieselbe gerade verlieren. Doch auch die ins Modell des Klassischen nicht integrierbaren Kanten und Ecken im Gesamtwerk Schillers und Goethes – zumal in dessen Spätwerk – wurden nicht selten harmonisierend abgeschliffen.

Jede ästhetische Heiligsprechung erregt Widerspruch, reizt zur

Blasphemie. So ziehen die ›Klassiker‹ Goethe und Schiller bis heute Aggression und Spott auf sich, obwohl sich bei ihnen selbst die Argumente gegen ihre Kanonisierung finden lassen. Die Kunst, so stellt Schiller apodiktisch fest, ist »unendlich«, steht »über allen Werken«, ist stets mehr als ihre jeweiligen geschichtlichen Individuationen. Der »strebende Künstler« darf daher nicht unbedingt auf ein dem geschichtlichen Wandel entzogenes ästhetisches Normensystem verpflichtet werden. »Das lebendige Produkt einer individuellen, bestimmten Gegenwart einer ganz heterogenen Zeit zum Maßstab und Muster aufdringen, hieße, die Kunst, die immer dynamisch und lebendig entstehen und wirken muß, eher töten als beleben«, hat Schiller in einem Brief an Süvern vom 26. Juli 1800 in bezug auf die (gleichwohl unbedingt verehrte) sophokleische Tragödie bemerkt. Am gleichen Tag hat Schiller bezeichnenderweise in bezug auf die »romantische Tragödie« der *Jungfrau von Orleans* an Goethe geschrieben, wie sehr es ihn ›inkommodiere‹, sich bei diesem Drama vom Formtypus der klassisch-geschlossenen Tragödie entfernen zu müssen, aber: »Man muß, wie ich bei diesem Stück sehe, sich durch keinen allgemeinen Begriff fesseln, sondern es wagen, bei einem neuen Stoff die Form neu zu erfinden und sich den Gattungsbegriff immer beweglich erhalten.« Eine Absage an den apriorischen Formbegriff! Nicht der Stoff hat sich der Form, sondern die Form dem Stoff zu fügen. Vom Standpunkt der inkommensurablen Individualität des letzteren aus wird jeder formale Rigorismus zugunsten eines beweglichen Gattungsrahmens zurückgewiesen. Das ist die Situation des modernen Künstlers, der nach den zitierten Worten Weidlés bei jedem Werk sozusagen vom Nullpunkt ausgeht.

Die in der idolisierenden Verwendung des Klassikbegriffs liegende Gefahr einer Erstarrung der Kunst hat auch Friedrich Schlegel in einem Aufsatz erörtert, der zu den bedeutendsten Beiträgen zur Bestimmung des Klassischen im späten 18. Jahrhundert gehört: *Georg Forster. Fragment einer Charakteristik der deutschen Klassiker* (1797). Dieser Versuch richtet sich gegen den gleichen »tölpischen« Kritiker Daniel Jenisch wie Goethes zwei Jahre zuvor erschienener Essay *Literarischer Sansculottismus*. Für Schlegel sind die Begriffe des Klassischen und des Klassikers legitime Ehrentitel epochaler Werke und Autoren – die wirklich »allgemeine Urbilder«, »durch ihre Allgemeinheit in Gehalt und Geist ein eigentümliches, bleibendes Gemeingut aller bildungsfähigen Mitbürger einer Sprache sind«. Die von Schiller beschworene Gefahr einer Fixierung der ästhetischen Entwicklung durch die Erhebung geschichtlich bedingter Kunsterscheinungen zu übergeschichtlichen Mustern sucht Schlegel zu bannen, indem er die »Äonendauer« aus der Bestimmung des Klassischen ausschließt. »Ich möchte das doch zweifelhafte und ominöse Merkmal der Unsterblichkeit am liebsten ganz aus unserm Begriff vom Klassischen entfernt wissen.« Klassiker als unvergängliche, »schlechthin unübersteigbare Urbilder« müssen dem schaffenden Künstler ein wahres Schrecknis sein, denn sie »beweisen unübersteigliche Grenzen der Vervollkommnung«. Deshalb muß jeder Künstler und Kritiker ausrufen: »Der Himmel behüte uns vor ewigen Werken!«. Schlegel geht hinsichtlich Forsters, der wie nur wenige Prosaisten »auf eine Stelle in dem Verzeichnis der deutschen Klassiker Anspruch machen« dürfe, in der Historisierung des Klassisch-Maßstäblichen so weit, daß er ausruft: »Möchten doch Forsters Schriften recht bald so weit übertroffen werden, daß sie überflüssig und nicht mehr gut genug für uns wären; daß wir sie von Rechts wegen antiquieren können!« In der Möglichkeit des ›Antiquierens‹ aber hat Nietzsche im einleitend zitierten Aphorismus den Beweis für das Unklassische eines Autors gesehen. »*Klassiker* sind nicht *Anpflanzer* von intellektuellen und literarischen Tugenden, sondern *Vollender* und höchste Lichtspitzen derselben, welche über den Völkern stehen bleiben, wenn diese selber zugrunde gehen: denn sie sind leichter, freier, reiner als sie. Es ist ein hoher Zustand der Menschheit möglich, wo das Europa der Völker eine dunkle Vergessenheit ist, wo Europa aber noch in dreißig sehr alten, nie veralteten Büchern *lebt*: in den Klassikern.«

Was Nietzsche hier emphatisch-affirmativ beschreibt, hat er früher, im zweiten Stück der *Unzeitgemäßen Betrachtungen*, ins Zwielicht von »Nutzen und Nachteil der Historie für das Leben« gerückt. Das »Klassische« rechnet er hier der Betrachtungsweise der »monumentalischen Historie« zu, die sich auf den »Höhenzug der Menschheit durch Jahrtausende« konzentriert, für die sich aus der ästhetischen Geschichte also ein »Kanon der monumentalen Kunst« herauskristallisiert. Die Gefahr eines solchen Kanons aber ist es, daß im Namen der Toten die Lebendigen begraben werden, daß den schaffenden Künstlern »der Weg verlegt« wird, indem man in »götzendienerischer« Huldigung der halbbegriffenen Monumente der Vergangenheit ausruft: »Seht, das ist die wahre und wirkliche Kunst: was gehen euch die Werdenden und Wollenden an!« Das Motto ganzer Germanistengenerationen! Unter der monumentalischen Geschichtsbetrachtung leidet indessen auch – die Rezeption Goethes und Schillers bestätigt Nietzsches Warnung –

»die Vergangenheit selber Schaden: ganze große Teile derselben werden vergessen, verachtet, und fließen fort wie eine graue ununterbrochene Flut, und nur einzelne geschmückte Fakta heben sich als Inseln heraus«. Diese hellsichtigen Einwände gegen das kanonisierte Klassische werden im zitierten Aphorismus aus *Menschliches, Allzumenschliches*, so scheint es, wieder verdrängt.

Friedrich Schlegels Begriff des Klassischen schließt demgegenüber die Möglichkeit einer Überbietung der durch dieses Etikett als paradigmatisch ausgezeichneten Werke und Autoren, den künstlerischen Fortschritt und vor allem den geschichtlichen Paradigmawechsel nicht aus. »Wenn wir aber unter klassischen Schriften einer Nation nur solche verstehen, die in irgendeiner nachahmungswürdigen Eigenschaft noch nicht [!] übertroffen sind, bis dahin [!] also Urbilder bleiben sollen: so haben wir Deutschen deren so gut wie die übrigen gebildeten Völker Europas.« Darf man in diesem geschichtlich relativierten Sinne nicht auch die ›Weimarer Klassiker‹ als solche bezeichnen, ohne daß man einem geschichtsfremden ästhetischen Dogmatismus und Monumentalismus huldigt? Wie problematisch der Klassikbegriff ›an sich‹ auch sein mag – die Tatsache, daß die Nachwelt einem Autor urbildlich-normative Bedeutung zuschreibt, ist nun einmal Geschichte. Die Wirkung eines Werks und Autors läßt sich niemals als bloßer Schleier der Maja von ihrem historischen An-sich-Sein wegheben. Es hilft nicht viel, Goethe mit Berufung auf seine eigenen Äußerungen (*Literarischer Sansculottismus*) den Klassikertitel zu nehmen; das Argument »ipse dixit« zieht hier nicht, denn ein Autor kann nicht selber sein Werk als Paradigma der Nachwelt erkennen. Zum Klassiker wird man durch eine Akzeptanz von seiten der Mit- und Nachwelt, die man selbst nicht verfügen oder verhindern kann. Kanonbildungen vollziehen sich eben über die Köpfe der Autoren hinweg. Der rezeptionsgeschichtlich verbürgte Epochenbegriff der Weimarer Klassik ist legitim, sofern er im Sinne Schlegels ein Geschichte gewordenes und geschichtlich bedingtes kulturelles und ästhetisches Paradigma bezeichnet, also nicht etwa noch den Anspruch impliziert, ein zeitloses Modell des Kunstschaffens zu umschreiben, und sofern man sich überdies bewußt macht, daß jener Begriff nicht durch die Werke und Autoren ›an sich‹ (durch ihr Selbstverständnis), sondern durch ihre ›Erscheinung‹ in der Rezeptionsgeschichte gerechtfertigt ist. Vor allem darf der Klassikbegriff nicht mehr die Verbindung der Weimarer Dichtung mit der europäischen humanistischen Tradition und der Aufklärung verdunkeln, wie es lange geschehen ist (etwa durch die Verdrängung Wielands aus dem literarischen

Bewußtsein zugunsten der idolisierten ›Dioskuren‹ Goethe und Schiller).

In einem Brief an Fritz Strich vom 9. Januar 1938 hat Thomas Mann seine Skepsis gegenüber der starren typologischen Entgegensetzung der Klassik und Romantik in Strichs berühmtem Buch *Deutsche Klassik und Romantik oder Vollendung und Unendlichkeit* (1922) in die Frage gekleidet: »Haben die ›Klassiker‹ sich Klassiker genannt oder sind ›Klassik‹ und ›Klassiker‹ nachträgliche, historische Bezeichnungen? Mit anderen Worten: War die Klassik eine bewußte und programmatische Schule, die sich ausdrücklich so nannte, wie die Romantik und später etwa unser Naturalismus und Expressionismus diese Namen führten?« Die Frage ist mit einem klaren Nein zu beantworten. Jede Klassik ist im Grunde eine »Legende«, ein Rezeptionsphänomen; das gilt nicht nur für die deutsche, sondern sogar für die französische, setzte sich der Begriff ›classicisme‹ doch erst durch, als das durch ihn bezeichnete ›System‹ von der Romantik befehdet wurde.

Die Wandlungen der deutschen »Klassik-Legende« von ihren demokratisch-nationalen Anfängen (Gervinus) über ihre nationalkonservative Ausbeutung im Kaiserreich bis zur »Erbe«-Theorie in der DDR ist von der ideologiekritisch intendierten Rezeptionsforschung eingehend untersucht worden. Gervinus hat die durch Goethe und Schiller repräsentierte Klassik einerseits kanonisiert, ihr anderseits aber eine paradigmatische Bedeutung über das rein Ästhetische hinaus abgestritten. Indem er die Deutschen der Gegenwart an die politische Tat verweist, sie »vom Dichten zum Trachten, vom Schreiben zum Handeln« treiben will, nimmt er der idolisierten Klassik jede Leitbildfunktion für die Umgestaltung der politisch-sozialen Realität. So konnte die Dichtung der Weimarer Klassik dem politisch enttäuschten oder passiv gewordenen deutschen Bürgertum nach 1848 zum Surrogat der versagten oder abgewiesenen politischen Praxis werden. Daß die Kultur von Weimar indessen – vor allem im Falle Goethes – keineswegs unter rein ästhetischen Vorzeichen gesehen werden kann, ist schon angedeutet worden und wird sich in dieser »Einführung« verschiedentlich zeigen.

Der Begriff der Weimarer Klassik hat heute weitgehend die früher gebräuchliche Bezeichnung ›deutsche Klassik‹ verdrängt. Das bedeutet eine Historisierung und präzise Lokalisierung, damit aber eine Ablösung des klassischen Modells von der nationalen Ideologie des 19. Jahrhunderts. In dieser Gestalt »hat der Begriff der Weimarer Klassik offenbar die besten Aussichten, auch weiterhin einen festen Platz in der germanistischen Literaturgeschichtsschreibung zu behaupten«, hat Viktor Žmegač 1989 geschrieben. Bezeichnend, daß er auch von angelsächsischen Germanisten, wie Terence James Reed in seinem Buch *The Classical Center* (1980), neuerdings adaptiert wird. Der Versuch jedenfalls, ihn zugunsten anderer Epochenbezeichnungen auszubooten, die bisher so bezeichnete Weimarer Klassik zumal als Strömung der europäischen Romantik zu definieren, darf als gescheitert angesehen werden. Eher als mit derartiger terminologischer Unifizierung möchte man es mit dem verschiedentlich durchgespielten Experiment halten, auf Periodenbegriffe gänzlich zu verzichten. Sie sind ja keine unverfügbaren Substanzen, sondern auf Verabredung beruhende Ordnungsentwürfe, die nur so lange eine Berechtigung haben, als sie wirklich Kriterien der Unterscheidung implizieren. Nur als »distinktive Abbreviaturen« (Žmegač) haben sie einen Sinn. Wenn sie nicht mehr distinguieren, sondern unifizieren, sind sie eher erkenntnishemmend. Das warnende Beispiel sollte der alles und nichts bezeichnende musikalische Romantikbegriff sein, der auf die gesamte Musikentwicklung von Franz Schubert bis Richard Strauss bezogen wird und so letztenendes überhaupt nichts mehr bedeutet. Gerade auch der Versuch, die Weimarer Klassik der europäischen Romantik zuzuschlagen, ist ein bloß künstliches Spiel mit Periodisierungen. Abgesehen davon, daß es heillose terminologische Verwirrung zur Folge hat, wenn man den im französischen und angelsächsischen Bereich gebräuchlichen Romantik-Begriff auch in der deutschsprachigen Germanistik einführt – die es schwer genug hat, die spezifisch deutsche Romantik vor und nach 1800 von dem Vulgärbegriff derselben und von dem musikalischen Epochenbegriff abzugrenzen –, hat sich oft genug gezeigt, daß die komparatistische Einordnung der Weimarer Klassik als ›Romantik‹ auf Unkenntnis ihrer spezifischen Voraussetzungen beruht.

Die Forderung eines im Schlegelschen Sinne historisierten Klassikbegriffs schließt nicht die Verehrung und Liebe des als Paradigma geschichtlich Bedingten und Ablösbaren aus, denn seine poetische Evidenz hängt nicht von seiner normbildenden Rolle ab. Daß überdies dem großen Vergangenen, mag es auch die Bedeutung des unmittelbaren Modells und Musters verloren haben, über die vermittelnde Brücke der historischen Reflexion immer wieder neue Aktualität zukommt, das zeigt die Beschäftigung mit der Dichtung der Weimarer Klassik stets aufs neue. Etwas von jener Verehrung, Liebe und von dem Bewußtsein der Aktualität des Gegenstandes möchte der Verfasser der vorliegenden Darstellung dem Leser vermitteln.

Literatur

Barner, Wilfried / Lämmert, Eberhard / Oellers, Norbert (Hrsg.): Unser Commercium. Goethes und Schillers Literaturpolitik. Stuttgart 1984.

Bauer, Roger / de Graat, Michael / Wertheimer, Jürgen (Hrsg.): Der theatralische Neoklassizismus – ein europäisches Phänomen? Bern, Frankfurt a.M. 1986.

Best, Otto F. / Schmitt, Hans-Jürgen (Hrsg.): Die deutsche Literatur. Ein Abriß in Text und Darstellung. Bd. 7: Klassik. Hrsg. von Gabriele Wirsich-Irwin. Stuttgart 1978.

Bockholdt, Rudolf (Hrsg.): Über das Klassische. Frankfurt a.M. 1987.

Borchmeyer, Dieter: Über eine ästhetische Aporie in Schillers Theorie der modernen Dichtung. Zu seinen ›sentimentalischen Forderungen‹ an Goethes *Wilhelm Meister* und *Faust*. In: Jb. d. Dt. Schillergesellschaft XXII (1978), S. 303–354.

Borchmeyer, Dieter: Klassik. In: Fischer Lexikon Literatur. Hrsg. v. Ulfert Ricklefs. Frankfurt a.M. 1996. Bd. II, S. 878–895.

Burger, Heinz Otto (Hrsg.): Begriffsbestimmung der Klassik und des Klassischen. Darmstadt 1972.

Conrady, Karl Otto (Hrsg.): Deutsche Literatur zur Zeit der Klassik. Stuttgart 1977.

Darin bes.:

Conrady, Karl Otto: Anmerkungen zum Konzept der Klassik, S. 7–29.

Mennemeier, Franz Norbert: Klassizität und Progressivität. Zu einigen Aspekten der Poetik des jungen Friedrich Schlegel, S. 283–295.

Malsch, Wilfried: Klassizismus, Klassik und Romantik der Goethezeit, S. 381–408.

Mandelkow, Karl Robert: Wandlungen des Klassikbildes in Deutschland im Lichte gegenwärtiger Klassikkritik, S. 423–439.

Dahnke, Hans-Dietrich: Zeitverständnis und Literaturtheorie – Goethes Stellung zu den theoretischen Bemühungen Schillers und Friedrich Schlegels um eine Poesie der Moderne. In: Goethe Jb. 95 (1978), S. 65–84.

Eliot, T. S.: Was ist ein Klassiker? – Dante – Goethe der Weise. Frankfurt am Main 1963.

Finscher, Ludwig: Zum Begriff der Klassik in der Musik. In: Deutsches Jahrbuch der Musikwissenschaft XI (1967), S. 9–34.

Fuhrmann, Manfred: Brechungen. Wirkungsgeschichtliche Studien zur antikeuropäischen Bildungstradition. Stuttgart 1982.

Darin bes.:

Die Querelle des Anciens et des Modernes, der Nationalismus und die Deutsche Klassik, S. 129–149.

Glaser, Horst Albert (Hrsg.): Deutsche Literatur. Eine Sozialgeschichte. Bd. 5: Zwischen Revolution und Restauration: Klassik, Romantik 1786–1815. Reinbek 1980.

Herzog, Reinhart / Koselleck, Reinhart (Hrsg.): Epochenschwelle und Epochenbewußtsein. München 1987 (Poetik und Hermeneutik 12).
Darin bes.:
Hans Robert Jauß: Deutsche Klassik – eine Pseudo-Epoche? S. 581–585.

Grimm, Reinhold / Hermand, Jost (Hrsg.): Die Klassik-Legende. Frankfurt am Main 1971.

Jauß, Hans Robert: Literaturgeschichte als Provokation. Frankfurt am Main 1970.
Darin bes.:
Literarische Tradition und gegenwärtiges Bewußtsein der Modernität, S. 11–66.
Schlegels und Schillers Replik auf die »Querelle des Anciens et des Modernes«, S. 67–106.

Kapitza, Peter K.: Ein bürgerlicher Krieg in der gelehrten Welt. Zur Geschichte der Querelle des Anciens et des Modernes in Deutschland. München 1981.

Lange, Victor: Das klassische Zeitalter der deutschen Literatur 1740–1815. München 1983.

Lange, Victor: »Weimarer Klassik«, Epochenbezeichnung oder originäre Denkform? In: Jb. d. Dt. Schillergesellschaft XXXII (1988), S. 349–57.

Menges, Karl: Herder and the »Querelle des Anciens et des Modernes«. In: Richard Critchfield / Wulf Koepke (Hrsg.): Eighteenth-Century German Authors and their Aesthetic Theories. Camden House, Columbia 1988, S. 147–182.

Müller-Seidel, Walter: Die Geschichtlichkeit der deutschen Klassik – Literatur und Denkformen um 1800. Stuttgart 1983.

Müller-Seidel, Walter (Hrsg.): Aufklärung und Weimarer Klassik. Wiederaufnahme einer Diskussion [mit Beiträgen von J. McCarthy, D. Borchmeyer, Chr. Jamme, A. Stephens]. In: Jb. d. Dt. Schillergesellschaft XXXVI (1992), S. 409–454.

Peyre, Henri: Qu'est-ce que le classicisme? Essai de mise au point. Paris 1933.

Reed, Terence James: Die Klassische Mitte. Goethe und Weimar 1775–1832. Stuttgart 1982 (engl. Ausgabe: The Classical Center. London 1980).

Richter, Karl / Schönert, Jörg (Hrsg.): Klassik und Moderne. Die Weimarer Klassik als historisches Ereignis und Herausforderung im kulturgeschichtlichen Prozeß. Stuttgart 1983.

Schulz, Gerhard: Die deutsche Literatur zwischen Französischer Revolution und Restauration. 2 Bde. München 1983/1989 (Geschichte der deutschen Literatur von den Anfängen bis zur Gegenwart. Begr. v. Helmut de Boor u. Richard Newald. Bd. 7).
Darin bes.:
Klassizismus und Klassik, Bd. 1, S. 59–69.

Simm, Hans-Joachim (Hrsg.): Literarische Klassik. Frankfurt am Main 1988.
Darin bes.:

Wilhelm Voßkamp: Klassik als Epoche. Zur Typologie und Funktion der Weimarer Klassik, S. 248–277.

Streisand, Joachim: Die Weimarer Klassik als Problem der Kulturgeschichte. In: Impulse 4 (1982), S. 9–25.

Ueding, Gerd: Klassik und Romantik. Deutsche Literatur im Zeitalter der Französischen Revolution, 1789–1815. München 1987 (Hansers Sozialgeschichte der Literatur. Bd. 4).

Voßkamp, Wilhelm (Hrsg.): Klassik im Vergleich. Normativität und Historizität europäischer Klassiken. Stuttgart/Weimar 1993.

Weidlé, Wladimir: Les abeilles d'Aristée. Paris 1954 (dt.: Die Sterblichkeit der Musen. Stuttgart 1958).

Windfuhr, Manfred: Kritik des Klassikbegriffs. In: Études Germaniques 29 (1974), S. 302–318.

Wittkowski, Wolfgang (Hrsg.): Verlorene Klassik? Ein Symposium. Tübingen 1986.

Žmegač, Viktor: Zur Klassik-Diskussion: terminologische Fragen und kein Ende. In: Jb. d. Dt. Schillergesellschaft XXXIII (1989), S. 400–408.

Žmegač, Viktor: Kategorien der literarischen Epochenbildung. Die Jahrhundertwenden 1800 und 1900. In: V. Žmegač: Tradition und Innovation: Studien zur deutschsprachigen Literatur seit der Jahrhundertwende. Wien 1993, S. 9–25.

II Weimar – »geistige Lebensform« und Symbol deutscher Geschichte

In seiner *Rede über Lessing* (1929) hat Thomas Mann den »Begriff des Klassischen« im Sinne eines »mythischen Typus« gedeutet, der immer neu Gestalt annimmt, »allezeit wieder im Fleische wandelt« (die große Idee der *Joseph*-Romane). Das Klassische bedeute Vorbildlichkeit, aber nicht im Sinne von »Schulgerechtigkeit und Mustergültigkeit«, sondern »es ist das Vorgebildete, die anfängliche Gründung einer geistigen Lebensform durch das Lebendig-Individuelle; es ist ein erzväterlich geprägter Urtypus, in dem späteres Leben sich wiedererkennen, in dessen Fußstapfen es wandeln wird – ein Mythos ist Wiederkehr, Zeitlosigkeit, Immer-Gegenwart. [...] Klassische Zeit, das ist Patriarchenzeit, mythische Zeit, Zeit anfänglicher Gründung und Prägung des nationalen Lebens.« Weit mehr als Lessing, den Thomas Mann hier als mythischen Typus des kritischen Dichters beschreibt, hat Goethe für ihn eine »geistige Lebensform« gegründet, in deren Spuren er selber geht, wie nach seiner Überzeugung jedes Leben Wiederholung mythischer Existenzmuster ist.

Goethe ist für Thomas Mann – die ihm gewidmeten Essays, *Lotte in Weimar* und die zahllosen, Manns Schriften wie ein roter Faden durchziehenden Zitate, versteckten Anspielungen, Analysen und Würdigungen bezeugen es überdeutlich – der Klassiker par excellence. Alles ›Klassische‹ aber kann für die Nachwelt zum Verhängnis werden. (Wir erinnern an Friedrich Schlegels Ausruf: »Der Himmel behüte uns vor ewigen Werken!«) So heißt es auch im achten Kapitel von *Lotte in Weimar*: »Der große Mann ist ein öffentliches Unglück.« In seinem Brief an Agnes E. Meyer vom 12. Mai 1942 zitiert Thomas Mann in diesem Zusammenhang Börnes Äußerung von der »ungeheuer hindernden Wirkung« Goethes. In einem anderen Brief (an Karl Kerényi vom 13. September 1939) spricht er vom »Verhängnis« deutscher Größe – er denkt an Luther, Goethe und Bismarck –, daß sie als »prägende Macht« zum »Hypertrophieren« neige und dazu, »Sklaverei zu schaffen«. Ein ständig auf solche Größe verweisender autoritärer Konservativismus muß jede progressive Dynamik des Lebens ersticken. Daß die Neigung zur idolisierten, alle Entwicklung hemmenden Größe ganz besonders im »Charakter der Deutschen« liegt, hat bereits Schiller in dem schon zitierten Brief an Körner vom 21. Januar 1802 konstatiert. – Wenn Goethes Laufbahn für Thomas Mann auch zu einer Art mythischer Vita geworden ist, so bleibt sein »In Spuren Gehen« doch von einem ironischen Bewußtsein geprägt, das jede ›Sklaverei‹ ausschließt; es hat auch nichts gemein mit jener merkwürdigen, bis zu maskenhafter physiognomischer Ähnlichkeit führenden Fixierung des späten Hauptmann auf Werk und Persönlichkeit Goethes.

Die Bestimmung des Klassischen im Sinne der »Gründung einer geistigen Lebensform« läßt zugleich an Thomas Manns berühmte Rede *Lübeck als geistige Lebensform* (1926) denken. (Daß die Provinzstadt derart liebevoll zur Repräsentation eines universalen Daseinsmusters verklärt wird, ist natürlich, um ein Mannsches Wort zu verwenden, Ausdruck »erotischer Ironie«.) Die Formel »geistige Lebensform« bezeichnet das tertium comparationis zwischen dem Klassischen und der Provinz: ›mythische‹ Repräsentanz. Im nichtgenannten Lübeck der Buddenbrooks konnte Thomas Mann – weil sich in der überschaubaren Welt der Klein- oder Mittelstadt typische geschichtliche und individualmenschliche Verhältnisse sinnfälliger als im anonymen Geflecht der Großstadt darstellen ließen – ein Stück der »Seelengeschichte« des deutschen, ja des europäischen Bürgertums darstellen. Im Provinziellen spiegelte sich für ihn das »Nationale«, in diesem das Europäische und Menschheitlich-»Allgemeine«.

Die Anwendung der Formel »geistige Lebensform« auf das Goethesche Weimar liegt nahe, ja weit näher als im Falle Lübecks; das Provinzielle hat hier tatsächlich, nicht nur in der Vermittlung durch die poetische Fiktion, paradigmatische, Welt-Bedeutung erlangt. Weimar ist klassische Provinz. Denkt man an T.S. Eliots Entgegensetzung des Provinziellen und Klassischen, so ist ›klassische Provinz‹ natürlich ein Oxymoron, aber gerade als solches bezeichnet diese Formel treffend die Paradoxie, daß eine Duodezresidenz, ein deutscher Kleinstaat von völliger politischer Bedeutungslosigkeit für einige Jahrzehnte ein geistiges Zentrum der Welt wird, die bedeutendsten Poeten und Philosophen der Zeit vereinigt, ja den Ursprung der ästhetischen und philosophischen Moderne repräsentiert.

Diese Paradoxie war bereits den Zeitgenossen bewußt. Sie haben Weimar immer wieder mit Athen verglichen oder – symbolisch treffender – mit Bethlehem. »Unser kleines Weimar«, schreibt Wieland am 5. Oktober 1776 mit biblischen Worten an Gebler, scheine »wie ehemals Bethlehem-Juda jetzt nicht die kleinste unter den Töchtern Deutschlands«. In seinem 1782 geschriebenen Gedicht

Auf Miedings Tod (eines Tischlers und Bühnenbildners der Weimarer Liebhaberbühne) hat Goethe die einzigartige symbolische Situation, ja ›Erwählung‹ Weimars – trotz oder gerade wegen seiner Kleinheit, seines politischen Mindergewichts – in den Versen ausgedrückt: »O Weimar! dir fiel ein besonder Los: / Wie Bethlehem in Juda, klein und groß!« Weimar wird sich hier selbst zum Mythos – freilich nicht ohne ›erotische Ironie‹; das zeigen die folgenden Verse: »Bald wegen Geist und Witz beruft dich weit / Europens Mund, bald wegen Albernheit. / Der stille Weise schaut und sieht geschwind, / Wie zwei Extreme nah verschwistert sind.« (Vs. 39–44) Provinzialität und Weltbürgerlichkeit (Goethes Idee der »Weltliteratur«!) treten hier zusammen. Die Verschwisterung dieser Extreme ist oft als das Stigma des deutschen Künstlers überhaupt bezeichnet worden, am vielleicht eindringlichsten in Thomas Manns *Doktor Faustus*: Person und Werk des Komponisten Adrian Leverkühn repräsentieren die typische Verbindung des »Provinzialismus von Kaisersaschern« (auch diese fiktive, aus Lübeck, Naumburg und Nürnberg kontaminierte Provinzstadt ist für Leverkühn eine »geistige Lebensform«, das ständige Ambiente seines Charakters) und eines »ausgesprochenen Gesinnungskosmopolitismus« (Kap. XX), wie er sich zumal im weltliterarischen Fundament von Leverkühns Kompositionen dokumentiert. – In seinem Essay *Deutschland und die Deutschen* (1945) bezeichnet Thomas Mann die Verbindung von »Kosmopolitismus und Provinzialismus« gar als eines der prägenden Merkmale des »deutschen Wesens«.

Karl Marx hat die Weltbürgerlichkeit der gebildeten deutschen Bourgeoisie vor 1848 als Verschleierung ihres fehlenden Nationalbewußtseins entlarvt; er spricht von der »kosmopolitischen Aufgeblähtheit der deutschen Bürger«, welche nur die Kehrseite ihrer »provinziellen Borniertheit« gewesen sei. Demgegenüber hat Richard Wagner in einem seiner Pariser Essays (1840) die höchste Verinnerlichung und Weltbedeutung der deutschen Kunst gerade auf die Tatsache zurückgeführt, daß sie niemals ›national‹, sondern in gewissem Sinne »immer provinzial« geblieben sei. Für keine Periode der deutschen Literatur scheint das mehr zu gelten als für die Weimarer Klassik. Sie hat gewissermaßen über die Nation hinweg eine Brücke von der Provinz zur ›Welt‹ geschlagen.

Das Problem des Provinzialismus, seine Nachteile, aber auch Vorzüge für die Entwicklung der deutschen Kultur ist zumal von Goethe genau durchdacht worden. Dürfen wir seinem Bericht im 15. Buch von *Dichtung und Wahrheit* über die erste Begegnung mit

Carl August von Sachsen-Weimar in Frankfurt (Dezember 1774) Glauben schenken, so war schon bei diesen Gesprächen, welche die Einladung Goethes nach Weimar im nächsten Jahr zur Folge hatten, von jenem Problem die Rede. Im Mittelpunkt seiner Unterhaltungen mit dem Erbprinzen standen die soeben erschienenen *Patriotischen Phantasien* von Justus Möser, und unter Berufung auf sie entwickelt Goethe eine Apologie, ja ein Lob der Provinz. »Wenn man sonst dem deutschen Reiche Zersplitterung, Anarchie und Ohnmacht vorwarf« – also die vielberufene ›deutsche Misere‹-, »so erschien aus dem Möserischen Standpunkte gerade die Menge kleiner Staaten als höchst erwünscht zu Ausbreitung der Kultur im einzelnen, nach den Bedürfnissen, welche aus der Lage und Beschaffenheit der verschiedensten Provinzen hervorgehn«.

In ähnlichem Sinne äußert Goethe sich noch in seinem Gespräch mit Eckermann am 23. Oktober 1828, in dem er die »Einheit Deutschlands« im Hinblick auf Außenpolitik, Währung, Zoll, Handel, Verkehr etc. für wünschenswert hält, einen zentralistischen Einheitsstaat nach französischem Muster, mit »einer einzigen großen Residenz«, jedoch vom Standpunkt der »Kultur« aus entschieden verwirft. In seiner Rede *Zu brüderlichem Andenken Wielands* (1813) behauptet er gar: »Die deutsche Reichsverfassung, welche so viele kleine Staaten in sich begriff, ähnlichte darin der griechischen.« Auch diesen Gedanken hat er von Möser übernommen, nämlich aus seinem Aufsatz *Sollte man nicht jedem Städtgen seine besondre politische Verfassung geben?* In energischer Opposition gegen das uniformierende System des aufgeklärt-absolutistischen Machtstaats, das die »eignen Falten jeder besondern Völkerschaft ausgeglichen und die Art der Menschen zu denken und zu handeln einförmiger gemacht« hat, verweist Möser auf das Vorbild der antiken Stadtstaaten. »Wenn wir auf den großen Ruhm der vielen kleinen griechischen Republiken zurückgehen und nach der Ursache forschen, warum so manches Städtgen, was in der heutigen Zeit nicht einmal genannt werden würde, ein so großes Aufsehen gemacht: so ist es diese, daß jedes sich seine eigne religiöse und politische Verfassung erschaffen und mit Hülfe derselben seine Kräfte zu einer außerordentlichen Größe gebracht habe.«

Gerade im politisch-gesellschaftlichen Rahmen eines deutschen Kleinstaates läßt sich also nach Goethes Ansicht eine Kultur verwirklichen, die der Kultur der griechischen Polis vergleichbar ist. Die Weimarer ›Klassik‹, die ihr so oft vorgehaltene Verbindung höchsten geistig-künstlerischen Anspruchs mit provinzieller Selbstbescheidung, ihre Orientierung am Vorbild der griechischen

Kunst scheint für ihre Repräsentanten von jener vermeintlichen Analogie zwischen deutscher Reichsverfassung und griechischer Poliswelt her ihren besonderen historischen Sinn zu erhalten, ja die Auszeichnung Weimars als »deutsches« oder »Ilm-Athen« zu legitimieren. – Weimar als Polis und Kosmopolis.

Goethe hat in seinem für Schillers »Horen« geschriebenen Aufsatz *Literarischer Sansculottismus* (1795) freilich auch die Nachteile nicht verschwiegen, die das Fehlen eines »Mittelpunkts gesellschaftlicher Lebensbildung« in Deutschland mit sich bringt: »klassische Autoren« und »klassische Werke« können seiner Meinung nach nicht entstehen, wo die Geschichte der Nation keine »Einheit« bildet, eine »allgemeine Nationalkultur« fehlt. Aber müßte man dann nicht aus der an anderem Ort von ihm behaupteten Affinität der politischen Verfassung des antiken Griechenlands und des deutschen Reichs die absurde Konsequenz ziehen, daß auch die Griechen keine Klassiker hätten hervorbringen können, weil ihr Land keine politische Einheit bildete?

Daß für Goethe das Klassische gemäß der Definition des »Horen«-Aufsatzes nicht das höchste Gut war, zeigt der vielzitierte Satz: »Wir wollen die Umwälzungen nicht wünschen, die in Deutschland klassische Werke vorbereiten könnten.« Goethe mag hier – so wird es jedenfalls immer interpretiert – an eine Revolution gedacht haben, welche die politische Einheit Deutschlands herbeiführen würde. Dann hätte er freilich weiter gedacht, als die meisten Revolutionsenthusiasten in Deutschland selber, die in der Regel nur auf republikanische Kleinstaaten zielten (vgl. die Mainzer Republik), welche im Sinne eines kosmopolitischen Bruderbunds mit Frankreich vereinigt werden sollten, die aber noch kaum eine ganz Deutschland umgreifende revolutionäre Konzeption ins Auge faßten. Dem Revolutionsbegriff der deutschen Demokraten nach 1789 fehlt noch fast ganz der nationalstaatliche Bezug; das unterscheidet sie von den Revolutionären des Jahres 1848. – Es ist jedoch nicht auszuschließen, daß Goethe bei jenen Umwälzungen gar nicht an eine Revolution, sondern an die Expansionsbestrebungen Josephs II. zurückgedacht hat, der die zu Österreich gehörenden Gebiete nach den Maximen des Reformabsolutismus einem straff zentralistischen Regiment unterstellt hat. Dagegen haben sich ein Jahrzehnt zuvor die deutschen Klein- und Mittelstaaten durch den gerade von Carl August von Sachsen-Weimar leidenschaftlich geförderten Fürstenbund zu sichern gesucht (davon wird noch die Rede sein).

Die Französische Revolution hat Goethe jedenfalls die Zentralstaatsidee für immer verdächtig gemacht. Frankreich war vor der Revolution zwar stärker als Deutschland auf eine einzige Hauptstadt ausgerichtet, blieb aber nichtsdestoweniger aufgrund seiner im Feudalsystem begründeten Vielfalt von regionalen Besonderheiten, Rechten und Privilegien – gegen die sich der absolutistische Verwaltungsapparat nur mit Mühe hat durchsetzen können – eine Föderation von verschiedenartigen Organismen. Die Revolution verwandelte Frankreich nun in einen zentralistisch-bürokratischen Einheitsstaat, der Goethe – ebenso wie die abstrakt-uniformistischen Tendenzen des ›aufgeklärten Absolutismus‹ – suspekt war. Davon zeugte zumal sein Schauspiel *Egmont*, das, wie wir sehen werden, eine verdeckte Polemik gegen die Politik Josephs II. enthält.

Konnte Goethe sich mit dem spätabsolutistischen Einheitsstaat begreiflicherweise nicht anfreunden, so bleibt merkwürdig, daß er auch den patriotischen Tendenzen einer föderativen Vereinheitlichung des zersplitterten Reichs im Rahmen des Fürstenbundes, für die sein Herzog sich in den achtziger Jahren intensiver als für die Verwaltung des eigenen Landes einsetzte, weithin fremd gegenüberstand. Ob Goethe der von ihm so genannten »Motion der Kleinen« (d.h. der Klein- und Mittelstaaten) aus kosmopolitischer Skepsis oder aus realpolitischer Nüchternheit mißtraute – mußte sie nicht zwischen der Politik der beiden Vormächte aufgerieben werden bzw. in die Abhängigkeit von der preußischen Machtpolitik geraten? – ist schwer zu entscheiden. Die historische Entwicklung, das Scheitern der »Fürstenrepublik« hat Goethe jedenfalls recht gegeben.

Durch den Fürstenbund sollte, vor allem nach dem Willen des patriotischen Herzogs von Sachsen-Weimar, der nationale »Gemeinsinn« gefördert werden. Auch das literarische Weimar sollte dazu beitragen. Der Markgraf Karl Friedrich von Baden regte deshalb Johann Gottfried Herder zu dem Projekt einer Deutschen Akademie an, das dieser in seiner Schrift *Idee zum ersten patriotischen Institut für den Allgemeingeist Deutschlands* (1787) vorgelegt hat. Herder konzipiert hier eine Gelehrtenrepublik, die »aus mehreren und vielleicht einst aus allen Provinzen« gebildet werden solle, um die Isolation der geistigen Bestrebungen in Deutschland zu überwinden und eine Nationalkultur zu entwickeln. Kostenträger des Instituts sollten die Mitglieder des Fürstenbundes sein. Die ersten Anstalten zur Verwirklichung des Plans wurden tatsächlich getroffen. Das Ganze verlief dann aber wie der Fürstenbund selber im Sande. Goethes Schwager Schlosser bezweifelte, daß sich ein nationaler Gemeinsinn in Deutschland entfalten lasse, sei es doch »unser Hauptinteresse, daß wir kein gemeinsames Interesse haben«. Jeder deutsche Fürst, so schreibt der Herzog von Sachsen-Weimar am 8. August 1788 an den Markgrafen von Baden, betrachte sein Land wie eine Insel und suche »seine Insulaner nach seiner Willkür glücklich oder unglücklich, klug oder dumm zu machen«. Vor diesem Hintergrund des Scheiterns der nationalen Fürsten- wie Gelehrtenrepublik ist auch Goethes Aufsatz *Literarischer Sansculottismus* zu sehen.

Man hat sich oft gefragt, was Goethe wohl veranlaßt hat, das von seinen materiellen Verhältnissen und äußeren Dimensionen her recht kümmerliche Weimar zu seiner Wirkungsstätte zu wählen. Wenn er der Mediokrität der Frankfurter Verhältnisse entfliehen und ausprobieren wollte, »wie einem die Weltrolle zu Gesichte stünde« (an Merck, 22. Januar 1776), warum entschied er sich nicht für eine größere Residenz, Berlin, Wien oder wenigstens Dresden? Bereits die Zeitgenossen haben sich diese Frage gestellt. Eine höchst interessante Quelle sind in diesem Zusammenhang die Lebenserinnerungen des livländischen Publizisten Garlieb Merkel, der eine Zeit lang in Jena und Weimar gelebt hat. Er bemerkt, das durchaus philiströse Weimar habe »alle Inkonvenienzen einer kleinen Stadt« besessen, aber »ohne die Annehmlichkeiten einer solchen«, es habe nur den »Zwang einer Residenz« auferlegt, ohne durch die »Herrlichkeiten« derselben zu entschädigen. »Um alles zu sagen: ich teilte das Gefühl jener deutschen Patrioten, die das literarische Gewicht und die Bedeutung der kleinen Landstadt nur mit geheimem Schmerz und Ärger betrachteten, als die Usurpation der Rechte einer allgemeinen Hauptstadt Deutschlands (die freilich nirgends vorhanden war) und als ein Krankheitssymptom seiner Zerstückelung und nationalen Schwäche.« Doch dann gibt Merkel – Berlin und Weimar vergleichend – selber zu: »In Weimar war es licht und geistig warm«, während in Berlin durchaus noch nicht die liberale Atmosphäre späterer Jahrzehnte, sondern »dunkle Gewalten« herrschten, die es dem aufgeklärten Gelehrten ratsamer erscheinen ließen, mit der Provinzialität Weimars vorliebzunehmen.

Kein Zweifel, Goethes Bevorzugung der kleinen Residenz resultierte aus einer nüchternen Einschätzung der Gegebenheiten. An den großen Höfen waren die durch das absolutistische System bedingten konventionellen Zwänge und Repräsentationsansprüche an die Künste und das geistige Leben ohne Zweifel weit rigoroser ausgeprägt als in der halbländlichen Hauptstadt eines Duodezfürstentums. Ein eigengesetzliches geistiges Wirken Goethes, die

Entfaltung einer auf das moderne Prinzip der ästhetischen Autonomie verpflichteten Dichtung wären dort unmöglich gewesen – ganz abgesehen davon, daß etwa in Berlin angesichts der einseitigen Neigung des Preußenkönigs zur französischen Literatur für einen deutschen Dichter von Rang ohnehin kein Platz war.

Was aber für Goethe zunächst, in seiner ›politischen‹ Periode zwischen 1775 und 1786, noch schwerer wiegt: das Berlin Friedrichs des Großen und das Wien Josephs II. waren eben die Zentren des ›aufgeklärten Absolutismus‹, dessen abstrakte politische Maximen Goethe wie sein Lehrmeister Justus Möser entschieden verworfen haben. Das wird zumal die Interpretation des *Egmont* zeigen, in dem wir das politische Vermächtnis des ersten Weimarer Jahrzehnts Goethes sehen dürfen. Ein wie unfruchtbarer Boden Berlin oder Potsdam für ihn gewesen wären, davon konnte er sich auf seiner Preußenreise mit dem Herzog im Mai 1778 selbst ein Bild machen. »Fast alle seine Äußerungen verraten die innere Abwehr gegenüber dem straffen, alles Persönliche einengenden Mechanismus dieses einzigartigen Staatswesens mit seiner eisernen, dem Kleinstaatsminister ungewohnten Staatsräson« (Hans Tümmler).

Goethes Entscheidung für Weimar hängt zweifellos mit seiner Abneigung gegen die Abstraktion und Anonymität des modernen Großstaates zusammen, der dem konkreten Individuum entfremdet ist, eine Einstellung, die seiner Aversion gegen die Mathematik vergleichbar ist. »In Weimar aber fühlte er sich in einem Ganzen, das sozusagen ein einziger Blick zu umfassen vermochte, das an der Größe ungefähr einer mittleren griechischen Polis glich: Hier die Geschicke mitzubestimmen, erforderte wenig Abstraktion«, hat Emil Staiger bemerkt. Hier konnte Goethe mit eigenen Augen sehen, was aus seinen Worten und Taten entsprang. »Er kannte viele von denen, über deren Schicksal er mitentschied, sprach mit den Rekruten, die er aushob, fuhr in die Gruben bei Ilmenau und legte, zur Seite seines Herrn, bei Feuer- und Wassernot selber Hand an. So mochte sein Wirken immerhin auf die bescheidensten Räume eingeschränkt bleiben; weil es lebendig-anschaulich war, gelang es ihm, alles symbolisch zu nehmen; und darin lag für ihn der unschätzbare, zukunftsträchtige Sinn.«

Auch für Schiller wird später der Kleinstaat in gewisser Weise zum symbolischen Vorbild der idealen politischen Ordnung. In seiner Jenaer Vorlesung *Die Gesetzgebung des Lykurgus und Solon* (1790) vergleicht er die griechische Polis mit dem modernen Staat und stellt fest, daß die »Staatskörper« der Alten sich durch eine »lebendige Wärme« ausgezeichnet haben, »die den unsrigen ganz fehlt«, eben weil die Griechen den Staat noch nicht vom Menschen getrennt haben. Der moderne Staat hingegen, stellt Schiller im 6. Brief *Über die ästhetische Erziehung des Menschen* (1795) fest, bildet in seiner bürokratischen Abstraktheit ein »kunstreiches Uhrwerk«, in dem das »einzelne konkrete Leben« untergeht; »und ewig bleibt der Staat seinen Bürgern fremd, weil ihn das Gefühl nirgends findet.«

Welche Bedeutung diesem Faktum für die moderne Kunst und Poesie zukommt, zeigt schon das Beispiel der *Hamburgischen Dramaturgie*: Lessing spielt das bürgerliche Trauerspiel, das sich auf die Darstellung des Häuslich-Privaten beschränkt, gegen die Tragödie als ›Staatsaktion‹ aus, weil die »Sympathie« des Zuschauers »einen einzelnen Gegenstand« verlange, wohingegen der »Staat« ein »viel zu abstrakter Begriff für unsere Empfindungen« sei. In diesem Sinne ist auch die sonderbare Äußerung Goethes zu verstehen, der Brand eines Bauernhauses sei ein wirkliches Unglück, der Untergang des Vaterlandes hingegen eine Phrase. – Goethe wie Schiller haben in Weimar ein Gemeinwesen vorgefunden, das bei aller provinziellen Beschränktheit für sie doch ein wesentliches Moment der vollkommenen politischen Ordnung verkörperte: Einheit des Politischen und Konkret-Menschlichen. Und so ist auch die Fiktion des (freilich unpolitischen) »ästhetischen Staats«, den Schiller am Ende seiner »Ästhetischen Briefe« in bewußtem Gegensatz zu dem abstrakten Staatsgebilde des sechsten Briefes beschreibt, ohne den Hintergrund Weimars und seines Hofes kaum zu begreifen.

Beim Tode Goethes 1832 prophezeite man: »Mit Weimar ist es nun aus!« Doch schon ein Jahrzehnt später sollte das sogenannte Silberne Zeitalter Weimars beginnen: 1842 wurde Franz Liszt zum »Hofkapellmeister in außerordentlichen Diensten« ernannt. Für mehr als ein Jahrzehnt (1848–61) übersiedelte er ganz nach Weimar und verschaffte der Goethestadt als Opernleiter und Komponist noch einmal Weltgeltung. Nach acht Jahren in Rom kehrte er 1869 nach Weimar zurück und lebte hier mit regelmäßigen Unterbrechungen bis kurz vor seinem Tod 1886. Liszt hat ganz bewußt an die Weimarer Kulturtradition angeknüpft. Das zeigen zumal seine – vornehmlich in Zusammenhang mit den Säkularfeiern 1849 und 1859 entstandenen – symphonischen Dichtungen und Chorwerke zu Werken Goethes und Schillers: *Tasso* (1849), *Faust-Symphonie* (1854/57), *Die Ideale* (1857), *An die Künstler* (1859). Eine von Liszt 1850 geplante Stiftung, die Weimar zur Kunstmetropole machen, seinen Ruf als »Neu-Athen« erhalten und ihm »einen zentralisierenden Einfluß auf dem Gebiete der Literatur und der Künste [...], einen Charakter deutscher Einheit« geben sollte (Liszt), trug den Namen Goethes (vgl. auch Richard Wagners öffentlichen Brief an Liszt Über die *»Goethestiftung«*, 1851). Durch den ungarisch-deutschen Weltbürger Liszt wurde in Weimar noch einmal eine eigentümliche Synthese von Provinzialismus und Kosmopolitismus erreicht. – »Weimar ist nur eine kleine Stadt und doch eine Weltstadt«, schreibt Herman Fürst von Pückler-Muskau schon in seinem Tagebuch von 1845. Die Ilm-Polis wird in der Tat erneut zur Kosmopolis. Neben Klavierschülern aus ganz Europa versammeln sich um Liszt Komponisten wie Hector Berlioz und Peter Cornelius (dessen *Barbier von Bagdad* 1858 in Weimar uraufgeführt wird), Maler wie Kaulbach und Preller, Dichter wie Hoffmann von Fallersleben und Hebbel (dessen *Nibelungen* 1861 auf dem Hoftheater unter Dingelstedts Leitung ihre Uraufführung erleben).

Vor allem aber wird Weimar zur Wagner-Stadt: »Wahrlich, teurer Freund, Du hast aus diesem kleinen Weimar für mich einen Feuerherd des Ruhmes gemacht«, schreibt Wagner am 24. Dezember 1850 aus Zürich an Liszt. In diesem Jahr wird in Abwesenheit des wegen seiner Beteiligung an der März-Revolution in Dresden steckbrieflich verfolgten Komponisten (der sich im Jahr zuvor auf seiner Flucht in die Schweiz in Weimar verborgen hatte) die »romantische Oper« *Lohengrin* uraufgeführt. Gérard de Nerval schreibt über dieses Ereignis, es habe »ganz den Bemühungen des jetzigen Großherzogs« entsprochen, »in Weimar jenes Erbe an Kunstgesinnung zu wahren, die dieser Stadt zu dem Namen ›das Athen Deutschlands‹ verholfen hat«.

Liszt hat 1860 sein Wirken in Weimar dennoch als gescheitert angesehen. In seinem Testament vom 14. September schreibt er: »Zu einer bestimmten Zeit [...] hatte ich für Weimar eine neue Kunstperiode erträumt, ähnlich der von Carl August, wo Wagner und ich die Führer gewesen wären, wie einst Goethe und Schiller. Die Engherzigkeit, um nicht zu sagen der schmutzige Geist gewisser örtlicher Verhältnisse, alle Arten von Mißgunst und Dummheit von draußen wie drinnen haben die Verwirklichung dieses Traumes zunichte gemacht ...« Für Wagner freilich blieb Weimar – die Verwirklichung einer Weltkunst im Rahmen der Provinz, geschützt von einem fürstlichen Mäzen – ein kulturpolitisch-ästhetisches Ideal, das er in Bayreuth zu verwirklichen strebte. Die große musikalische Tradition Weimars (die gewissermaßen schon durch Johann Sebastian Bach eingeleitet worden ist, der 1703 und von 1708–1717 am Hofe zu Weimar gewirkt hat) wird später, ganz in den Spuren Wagners und Liszts, von Richard Strauss fortgesetzt, der 1889 als

Kapellmeister nach Weimar kommt und hier z.B. Humperdincks *Hänsel und Gretel* zur Uraufführung bringt (1893).

Durch die Gründung der Kunstschule im Jahre 1860 ist Weimar zeitweilig auch ein Zentrum der Malerei geworden (»Weimarer Malerschule«). Durch den seit 1902 in Weimar wirkenden belgischen Architekten Henry van de Velde, welcher der Kunstschule eine Kunstgewerbeschule angliederte, sowie durch die kulturpolitischen Bemühungen von Harry Graf Kessler sollte nach den Worten van de Veldes »eine neue, dritte Epoche weimarischer Kultur in die Wege« geleitet werden, wiederum unter betont internationalem Vorzeichen. »Die dritte Epoche sollte – in gehöriger Distanz zu den früheren – die Wiederbelebung des Kunsthandwerks wie der industriellen Kunst bringen und den Weg für einen architektonischen Stil und eine Ästhetik unserer Zeit frei machen.« Der Plan scheiterte schließlich aus ähnlichen Gründen wie der ›Traum‹ Franz Liszts. Die Bemühungen um eine ›Ästhetik unserer Zeit‹ wurden durch den noch von van de Velde protegierten Architekten Walter Gropius fortgesetzt, der 1919 das Staatliche Bauhaus in Weimar gründete. Schon 1925 sahen sich die Bauhäusler jedoch gezwungen, nach Dessau überzusiedeln.

Mit dem Namen Weimar assoziierte der gebildete Europäer bis zum Ende des ersten Weltkriegs die Namen Goethes, Schillers oder auch Franz Liszts. Weimar war die Stadt der Klassik. Nun sollte aus dem Symbol weltbürgerlicher oder nationaler Kultur der Name einer scheiternden Demokratie werden. Der negative politische hat den positiven kulturellen ›Begriff‹ Weimar heute im allgemeinen Bewußtsein überlagert. Das ehemalige Hoftheater Weimar, nunmehr in Deutsches Nationaltheater umbenannt, wird 1919 zum ersten Tagungsort der Nationalversammlung (6. Februar bis 30. September); am 11. August wird hier die Verfassung der ›Weimarer Republik‹ proklamiert, am gleichen Ort, an dem gut hundert Jahre zuvor der Herzog Carl August von Sachsen-Weimar als einer der ersten deutschen Fürsten überhaupt eine Verfassung gebilligt hatte (1816).

Immer wieder beschwört man 1919 den »Geist von Weimar«, den »Geist der großen Philosophen und Dichter«, der nun zum Geist der neuen Republik werden solle – so Friedrich Ebert in seiner Eröffnungsrede zur Deutschen Nationalversammlung am 6. Februar 1919. »Goethe ist in der Geschichte der Deutschen ein Zwischenfall ohne Folgen: wer wäre imstande, in der deutschen Politik der letzten siebenzig Jahre ein Stück Goethe aufzuzeigen!« hat Nietzsche einst in seinem Aphorismus *Gibt es »deutsche Klas-*

siker«? gefragt. Das sollte sich nun ändern, so schien es. »Die preußische Hegemonie, das Hohenzollernsche Heer, die Politik der schimmernden Wehr sind bei uns für alle Zukunft unmöglich geworden«, verkündete Ebert. »Wie der 9. November 1918 angeknüpft hat an den 18. März 1848, so müssen wir hier in Weimar die Wandlung vollziehen vom Imperialismus zum Idealismus, von der Weltmacht zur geistigen Größe. Es charakterisiert durchaus die nur auf äußeren Glanz gestellte Zeit der Wilhelminischen Ära das Lassallesche Wort, daß die klassischen deutschen Denker und Dichter nur im Kranichzug über sie hinweggeflogen seien. Jetzt muß der Geist von Weimar [...] wieder unser Leben erfüllen. Wir müssen die großen Gesellschaftsprobleme in dem Geiste behandeln, in dem Goethe sie im zweiten Teil des *Faust* und in *Wilhelm Meisters Wanderjahre* erfaßt hat ...«

Schwerlich wären jedoch die literarisch ambitionierten Befürworter der Wahl Weimars zur Geburtsstätte der Verfassung mit ihrem Vorschlag durchgedrungen, hätte es nicht nach der Novemberrevolution aus Sicherheitsgründen nahegelegen, die Nationalversammlung in die abgelegene und militärisch gut abzuschirmende Kleinstadt zu verlegen. Als jedoch die öffentliche Ordnung in Berlin wiederhergestellt war, die Aufteilung des Regierungsapparats auf zwei Städte sich zudem als unrationell erwies, wurde das Parlament umstandslos in die Reichshauptstadt verlegt. Der »Geist von Weimar« war nun nicht mehr gefragt.

1920 wird Weimar zur Hauptstadt des neugebildeten Landes Thüringen. 1926 hält Hitler hier seinen ersten Reichsparteitag ab. Weimar wird in den nächsten Jahren zur Hochburg des Nationalsozialismus. In Goethes 100. Todesjahr erhält die thüringische Hauptstadt die erste nationalsozialistische Landesregierung in Deutschland. Während der Goethe-Säkularfeier 1932 hält der Schriftsteller Kolbenheyer eine Rede, in der er Goethes Weltbürgertum bestreitet und *Iphigenie* als völkisches Stück ausgibt. 1935 feiert Julius Petersen in seiner Ansprache zur Feier des fünfzigjährigen Bestehens der Goethe-Gesellschaft Adolf Hitler, den »Führer des deutschen Volkes«, und Goethe, »den Herrscher im Reich der deutschen Sprache« als neues Dioskurenpaar, in dem das deutsche Wesen seine höchste Vollendung erreicht habe. Zwei Jahre später wird auf dem Ettersberg, von dem aus Goethe so gern über das thüringische Land geblickt hat, das Konzentrationslager Buchenwald errichtet, in dem bis zum Ende des Krieges 56000 Menschen ermordet werden.

In seinen Aufzeichnungen *Der Totenwald* berichtet Ernst Wiechert von einem Besuch in Goethes Gartenhaus im Park zu Weimar nach seiner Entlassung aus dem KZ Buchenwald (1939): »Die Ilm rauschte, und ich sagte leise die Verse vor mich hin: ›Ich besaß es doch einmal was so köstlich ist! [*An den Mond*] Daß man doch zu seiner Qual nimmer es vergißt ...‹ Auch ich konnte es nicht vergessen. Und wenn ich meinen Blick über die Rasenflächen gehen ließ, auf denen das welke Laub sich schon sammelte, ging er immer weiter, durch das stille herbstliche Land, bis an den Ettersberg und bis an das große Tor, über dem die Worte standen: ›Jedem das Seine‹. Dort waren sie, bei denen ich gewesen war. Eine andere Versammlung, kahl geschoren, mit gestreiften Kleidern, und über sie gingen nicht die Reden [einer der alljährlich in Weimar stattfindenden Großdeutschen Dichtertagungen, an der Wiechert teilzunehmen hatte] hin, nicht die Erinnerungen an Goethe, nicht Fahnen und Fanfaren, sondern die grauen Läufe der Maschinengewehre, die auf Wachttürmen standen, und die kalten Augen derjenigen, für die auch Goethe einmal ein Name gewesen war, aber ein geringerer als der ihres Lagerführers. Und ich fühlte, daß ich unrecht tat, hier zu stehen, während mein Haar noch nicht gewachsen war und die Narben an meinen Händen noch schmerzten ...«.

Karl Philipp Conz, ein Freund Schillers, hat seine Hymne *Im Parke zu Weimar* mit einer Strophe beschlossen, in der er das »deutsche Vaterland« davor warnt, die »Zauberstimme« der großen Dichter Weimars zu vergessen, denn »Dann ist dein Tag gekommen; dann im Grimme / Hat sich dein Genius von dir gewandt, / Und an dem Qualm barbarischer Altäre / Erlischt die goldne Fakkel deiner Ehre.« Weimarer Klassik – Weimarer Nationalversammlung – KZ Buchenwald: drei symbolische Stationen deutscher Geschichte. Anna Seghers hat von Weimar als dem »besten und schlechtesten Ort« dieser Geschichte gesprochen. An den ›besten Ort‹ ist Thomas Mann im Goethejahr 1949 zurückgekehrt – in der Hoffnung auf ein »neues menschliches Solidaritätsgefühl«, einen »neuen Humanismus«, der sich nach seiner Überzeugung nirgends sinnvoller als an diesem Ort verkünden ließ. Kurz vor seinem Tod hat er Weimar noch einmal besucht. Am 14. Mai 1955 hält er im Deutschen Nationaltheater seine Festrede zu Schillers 150. Todestag (*Versuch über Schiller*). Angesichts der barbarischen Verirrungen des Nationalismus in der jüngsten Vergangenheit erinnert er an die Weltbürgerlichkeit der Weimarer Klassik, wie sie sich in dem berühmten Xenion *Deutscher Nationalcharakter* von Goethe und Schiller ausdrückt: »Zur Nation euch zu bilden, ihr hofft es, Deutsche, vergebens; / Bildet, ihr könnt es, dafür freier zu Menschen euch aus.« Dazu Thomas Mann: »Das meint nun freilich nichts weniger als Geringschätzung, denn allmenschliche Repräsentanz geht über formale Geschlossenheit im Nationalen.« Diese Geschlossenheit ist den Deutschen verwehrt; in dem Xenion *Das deutsche Reich* heißt es: »Deutschland? aber wo liegt es? Ich weiß das Land nicht zu finden. / Wo das gelehrte beginnt, hört das politische auf.«

In einem merkwürdigen Gedichtfragment von 1801 (?), dem sein Herausgeber Suphan (1902) den Titel »Deutsche Größe« gegeben hat – auch Thomas Mann bezieht sich in seiner Rede auf dieses Fragment – charakterisiert Schiller die »deutsche Würde« als »eine sittliche Größe, sie wohnt in der Kultur und im Charakter der Nation, die von ihren politischen Schicksalen unabhängig ist.« Für Schiller sind »deutsche Nation« – als eine dergestalt geistig-kulturelle Größe – und »deutsches Reich« entschieden »zweierlei Dinge«. Dem Reich scheint Schiller anders als Goethe gleichgültig gegenüberzustehen. Seinen endgültigen Untergang ein Jahrzehnt später sieht er anscheinend ohne Bedauern voraus: »Indem das politische Reich wankt, hat sich das geistige immer fester und vollkommener gebildet.« Kurz vorher heißt es: »Mitten unter den gotischen Ruinen einer alten barbarischen Verfassung bildet sich das Lebendige aus. Der Deutsche wohnt in einem alten sturzdrohenden Haus, aber ein strebendes Geschlecht wohnt in dem alten Gebäude ...« Das vom Sturz bedrohte Haus des »alten Reichs« wird nur noch von den Fürsten gestützt, aber sie haben mit dem geistigen Deutschland nichts zu schaffen. Mit welcher Miene hätte wohl der Herzog von Sachsen-Weimar die hier geplanten Verse gelesen – er, der in der Tat ein Jahrzehnt zuvor die Reichsverfassung im Rahmen der Fürstenbundpolitik zu erneuern strebte und zudem in seiner Residenz Poesie und Kunst so bedeutend förderte: »Die Majestät des Deutschen ruhte nie auf dem Haupt seiner Fürsten. Abgesondert von dem politischen hat der Deutsche sich einen eigenen Wert gegründet, und wenn auch das Imperium unterginge, so bliebe die deutsche Würde unangefochten.« Diese Worte gemahnen frappierend an die Schlußansprache des Hans Sachs in Richard Wagners *Meistersingern* (1869 in Weimar erstaufgeführt): »Zerging in Dunst / das heil'ge röm'sche Reich, / uns bliebe gleich / die heil'ge deutsche Kunst!« Thomas Mann – der merkwürdigerweise die Parallele zwischen beiden Zitaten bis in wörtliche Anklänge hinein nicht bemerkt zu haben scheint – glaubt, daß diese Verse »die vollendete Geistigkeit und Politikfremdheit des Wagnerschen Nationalismus« beweisen; »sie bekunden eine schlechthin anarchische

Gleichgültigkeit gegen das Staatliche, falls eben nur das geistig Deutsche, die ›deutsche Kunst‹ bewahrt bleibt.« (*Leiden und Größe Richard Wagners*, 1933) Eine, wie wir sehen werden, beschönigende Interpretation, die durch den Kontext der Verse in Frage gestellt wird.

»Das ist nicht des Deutschen Größe, / obzusiegen mit dem Schwert,« heißt es in Schillers Fragment, sondern »in das Geisterreich zu dringen, / Vorurteile zu besiegen«, »für alle Völker« die »Freiheit der Vernunft« zu erkämpfen, wie es einst die Reformation getan hat. Schiller entwickelt einen aufgeklärten chiliastischen Nationalmythos, in dem gewissermaßen Joachim von Fiores Zeitalter des Heiligen Geistes und Lessings Idee der endzeitlichen Vernunftreligion verschmolzen sind. »Jedes Volk hat seinen Tag in der Geschichte, doch der Tag des Deutschen ist die Ernte der ganzen Zeit – wenn der Zeiten Kreis sich füllt«. Der Deutsche sei »erwählt von dem Weltgeist [!], während des Zeitkampfs an dem ew'gen Bau der Menschenbildung zu arbeiten, zu bewahren, was die Zeit bringt. Daher hat er bisher Fremdes sich angeeignet und es in sich bewahrt. Alles, was Schätzbares bei andern Zeiten und Völkern aufkam, mit der Zeit entstand und schwand, hat er aufbewahrt, es ist ihm unverloren, die Schätze von Jahrhunderten.« Das gemahnt an Hegels Idee des »absoluten Wissens«, in dem alle bisherigen Gestalten des Bewußtseins ›aufgehoben‹ sind. Während für Hegel jedoch das Ziel der Geschichte des Geistes erreicht ist, steht dasselbe und damit der ›Tag‹ des deutschen Volkes, dem also das absolute Wissen am eschatologischen Fluchtpunkt der Geschichte vorbehalten ist, nach Schillers Überzeugung noch aus. Die geographische Lage Deutschlands »in der Mitte von Europens Völkern« ist das Symbol seiner Bedeutung als »Kern der Menschheit«. Die Deutschen sind das eschatologische Volk, ihre Sprache wird die Welt- und Endzeitsprache sein, gewissermaßen die allen verständliche pfingstliche Sprache des Geistes, welche die babylonische Sprachenverwirrung überwindet. Diese Sprache hebt den Gegensatz des Naiven und Sentimentalischen auf, indem sie das »jugendlich Griechische und das modern Ideelle ausdrücken« kann (diese Äußerungen beziehen sich, wohlgemerkt, auf das utopische Eschaton der Geschichte, das »Ziel der Zeit«).

Die Idee der ›Aufbewahrung‹ aller gewesenen Geister im Geist der deutschen Sprache gründet in der Erfahrung, daß diese »alles ausdrückt, das Tiefste und das Flüchtigste«, wodurch sie zur idealen Sprache der Übersetzung fremder Literaturen wird. Goethe hat in dieser Hinsicht ähnlich, wenn auch pragmatisch-nüchterner, ohne Schillers kulturpatriotisches Pathos gedacht, wenn er in Hinblick auf die Übersetzungsleistungen zumal der Romantik im Gespräch mit einigen jungen Engländern einmal bemerkt, »daß, wenn einer jetzt das Deutsche gut versteht, er viele andere Sprachen entbehren kann.« Man müsse im Grunde nur das Französische als die »Sprache des Umgangs« und das Deutsche als die literarische Universalsprache beherrschen. Die »vorzüglichsten Werke« der Kulturnationen von der Antike bis zur Moderne »können wir [...] in so guten deutschen Übersetzungen lesen, daß wir ohne ganz besondere Zwecke nicht Ursache haben, auf die mühsame Erlernung jener Sprachen viel Zeit zu verwenden. Es liegt in der deutschen Natur, alles Ausländische in seiner Art zu würdigen und sich fremder Eigentümlichkeit zu bequemen. Dieses und die große Fügsamkeit unserer Sprache macht denn die deutschen Übersetzungen durchaus treu und vollkommen« (Eckermanns *Gespräche*, 10. Januar 1825).

Schiller hat das Fragment »Deutsche Größe« nie ausgeführt. Die in seinem Werk ganz isoliert stehende Idee einer säkularisierten chiliastischen Heilsbestimmung des deutschen Volks mag ihm selber als hybride Übersteigerung der Nationalidee verdächtig geworden sein. Thomas Mann hat in seinem *Versuch über Schiller* bemerkt, daß die Idee »allmenschlicher Repräsentanz«, wie sie in jenem Fragment vorgetragen wird, »*auch* Nationalismus ist, sublimiert und in höchster Potenz«. (Er vergleicht sie in dieser Hinsicht mit Dostojewskis Puschkin-Rede von 1880, welche dem »russischen Volksgeist« die gleiche Berufung zu »Allweltlichkeit und Allmenschlichkeit« zuschreibt und wie Schillers Fragment betont, daß diese Menschheitsrepräsentanz »keine mit dem Schwerte erkämpfte« ist.)

Karl Marx hätte Schillers Fragment zweifellos als das markanteste Dokument jenes »aufgeblähten Kosmopolitismus« empfunden – von Kosmopolitismus möchte man hier freilich weniger reden als, mit einem Ausdruck Thomas Manns in seinem Essay *Deutschland und die Deutschen*, von »Weltdeutschtum« –, der nur die Kehrseite provinzieller Beschränktheit sei. Schiller selbst betont ja, daß jene allmenschliche Repräsentanz dem Deutschen nur möglich sei, weil er »keine Hauptstadt« besitze und seine Nationalität keine politisch verfestigte und geschlossene Größe sei. Allzu deutlich offenbart sich hier das messianische Selbstwertgefühl als Umschlag des politischen Inferioritätsgefühls: »Darf der Deutsche in diesem Augenblick, wo er ruhmlos aus seinem tränenvollen Kriege geht, wo zwei übermütige Völker [England und Frankreich] ihren Fuß auf seinen Nacken setzen und der Sieger sein Geschick bestimmt – darf er sich fühlen?« fragt Schiller gleich zu Beginn seines Fragments. – Nietzsche wird in *Jenseits von Gut und Böse* über die Deutschen schreiben: »Sie sind von vorgestern und von übermorgen – sie haben noch kein Heute!« Auch Schiller verweist die deutsche Größe, die durch das politische Heute verhindert wird, in das rein geistige Übermorgen. In utopischer Zukunft wird »das langsamste Volk [...] alle die schnellen flüchtigen einholen«; sein Ruhm wird es sein, »den großen Prozeß der Zeit zu gewinnen«. »Die andern Völker wären dann die Blume, die abfällt. Wenn die Blume abgefallen, bleibt die goldne Frucht übrig, bildet sich, schwillt die Frucht der Ernte zu.«

Schillers chiliastischer Nationalmythos steht in ausdrücklichem Gegensatz zu allem politischen Nationalismus und imperialistischen Militarismus, er bezeichnet den vernünftigen Endzustand der Geschichte im Sinne der Aufklärung, einen Zustand, der nur in einer ins Unendliche fortschreitenden Annäherung zu erreichen ist. Das Merkwürdige und Singuläre freilich ist, daß Schiller diesen Zustand durch das deutsche Volk repräsentiert sieht. Deutschland ist Utopia. Daß diese messianische Überziehung der Nationalidee gefährliche Möglichkeiten des Mißbrauchs in sich birgt, ist nicht zu verkennen und wird auch durch die nationalistische Interpretationsgeschichte von Schillers Gedichtfragment *Deutsche Größe* zwischen 1871 und 1945 bestätigt, in deren Verlauf freilich Schillers Absage an das Schwert in ihr Gegenteil verkehrt wurde (vgl. Christian Grawe). Was mit Schillers Gedicht geschah, das widerfuhr auch den zitierten Schlußversen der *Meistersinger*, in diesem Falle freilich nicht ohne Schuld des Autors. 1851, nach der gescheiterten Revolution als Ausdruck der politischen Resignation aufgeschrieben, nehmen sie in der endgültigen Fassung eine chauvinistische Farbe an. Die Apotheose des »geistig Deutschen«, der allmenschlichen Repräsentanz deutscher Kunst wird zwei Jahre nach der *Meistersinger*-Uraufführung, in Wagners *Beethoven*-Traktat (1870) in die Apologie der militärischen Gewalt umschlagen: Der »deutsche Geist« sei »berufen«, so heißt es hier, die Völker zu »beglücken«. Ein Beweis dafür ist nach Wagner die unerhörte Wirkung Beethovens in Frankreich. Diese »Weltbeglückung« wird unverhohlen als »Welteroberung« bezeichnet, welche geistig vorbereitet hat, was gegenwärtig die deutschen Truppen verwirklichen, nämlich die Vernichtung der französischen Zivilisation durch die deutsche Kultur. »Dort, wohin jetzt unsere Waffen dringen, an dem Ursitze der ›frechen Mode‹, hatte *sein* [Beethovens] Genius schon die edelste Eroberung begonnen«. Das utopische ›Weltdeutschtum‹ Schillers wird hier zur Weltherrschaft, das nur in unendlicher Annäherung erreichbare Ideal zur fast schon erreichten Realität, das »Geisterreich« zur politischen Größe pervertiert. »Obzusiegen mit dem Schwert« ist angesichts des militärischen Siegs über Frankreich nun durchaus »des Deutschen Größe«, wenn Wagner auch im Schlußsatz seiner Schrift betont: »dem Weltbeglücker gehört der Rang noch vor dem Welteroberer«.

Wie wenig auch die Goethe-Forschung der wilhelminischen Ära von dem ›Geistig-Deutschen‹ im Sinne Goethes und Schillers wissen wollte, zeigt die Geschichte der »Weimarer« oder »Sophienausgabe« von Goethes Gesamtwerk, deren Erscheinungzeit 1887–1919 Glück und Ende des deutschen Kaiserreichs umschließt. Als die Weimarer Ausgabe 1887 eröffnet wurde, geschah das unter dem Vorzeichen des Stolzes der Siegernation, die nun, da das Deutsche Reich geschaffen war, ihre kulturelle Identität finden sollte – nicht zuletzt im Werk ihres größten Dichters. Die Weimarer Ausgabe wurde gewissermaßen eine geistige Parallelaktion zur Reichsgründung, wie die pathetischen Tiraden belegen, in denen zwei der Herausgeber: Gustav von Loeper und Herman Grimm (der älteste Sohn von Wilhelm Grimm) Goethe seit 1871 zum Genius des neuen Reichs erklärt haben. Grimm ist nach den Worten von Ernst Beutler »der Literarhistoriker der Reichsausdehnung, des großen Wirtschaftsaufschwunges, des Berlins der Gründerjahre« gewesen. Der Geist der hohenzollernschen Ideologie, den er und Loeper der Weimarer Ausgabe mitgeteilt haben, prägt sie bis zu ihrem letzten Band. Selbst in dem reinen Registerband I/54 findet der erstaunte Leser am Ende der Seitennachweise zum Stichwort »England« die Bemerkung des Herausgebers Max Hecker: »Gott strafe England! 1915«. Und den nächsten Registerband (I/55), den abschließenden Band der Werk-Abteilung der Ausgabe, eröffnet Max Hecker mit dem Bekenntnis, auch die Weimarer Ausgabe lege »in ihrem Kreis ein Zeugnis ab von deutscher Opferwilligkeit und Ausdauer, von der Kraft freudiger Hingabe an einen großen Gedanken, wodurch sich in der blutigen Zeit, da die Ausgabe unter den Stürmen des Weltkrieges zuende geführt worden ist, auf größerem, weltgeschichtlichem Schauplatze Deutschlands Heere als unüberwindlich erwiesen haben. Weimar, am 15. Dezember 1917, dem Tage des Waffenstillstandsvertrags von Brest-Litowsk.« Als zwei Jahre später der letzte der 143 Bände der Weimarer Ausgabe erschien, war der Mythos der Unüberwindlichkeit von Deutschlands Heeren gründlich zerstoben; das Großherzogtum Weimar, dessen Repräsentantin Sophie von Sachsen die monumentale Ausgabe ins Leben gerufen hatte, existierte nicht mehr. In Weimar war inzwischen die erste deutsche Republik gegründet worden, welche die gedemütigte deutsche Nation schon vierzehn Jahre später über Bord werfen sollte, um den Weg zu vollenden, den Franz Grillparzer ihr einst prophezeit hat: »von Humanität über Nationalität zur Bestialität«. Auf die Weimarer »Humanität« fällt seither der Schatten der »Bestialität« Buchenwalds. Vom »Binom Weimar – Buchenwald« hat der spanische Schriftsteller Jorge Semprún gesprochen, der 1943 ins KZ Buchenwald deportiert wurde. (In seinem Buch *Die große Reise*, 1964, hat er den entsetzlichen Transport von Compiègne zum Ettersberg bewegend nachgezeichnet.) Jenes Binom ist für ihn der symbolische Ausgangspunkt für die doppelte Aufgabe der Trauer – wie der Zukunftsarbeit, die suchen muß, des Verhängnisses der Vergangenheit Herr zu werden. – Weimar appelliert in doppelter Hinsicht an das Gewissen der Gegenwart.

Literatur

Barth, Ilse-Marie: Literarisches Weimar. Kultur – Literatur – Sozialstruktur im 16. bis 20. Jahrhundert. Stuttgart 1971.

Biedrzynski, Effi: Goethes Weimar. Das Lexikon der Personen und Schauplätze. München 1992.

Borchmeyer, Dieter: Sophiens Reise von Weimar nach München. Zum Nachdruck der Weimarer Ausgabe. In: Goethe-Jb. 106 (1989), S. 230–239.

Bruford, Walter H.: Kultur und Gesellschaft im klassischen Weimar 1775–1806. Göttingen 1966.

Garber, Klaus: Weimar und Buchenwald: Richard Alewyns Kölner Goethe-Rede aus dem Jahre 1949. In: Jens Stüben (Hrsg.): Acta-Band zum Symposion »Beiträge jüdischer Autoren zur deutschen Literatur seit 1945«. Darmstadt 1993, S. 329–343.

Grawe, Christian: Schillers Gedichtentwurf *Deutsche Größe*: »Ein Nationalhymnus im höchsten Stil«? Ein Beispiel ideologischen Mißbrauchs in der Germanistik seit 1871. In: Jb. d. Dt. Schillergesellschaft XXXVI (1992), S. 167–196.

Greiner-Mai, Herbert (Hrsg.): Weimar im Urteil der Welt. Berlin/Weimar 1977.

Hahn, Karl-Heinz: Carl August von Sachsen-Weimar. Ein Versuch. In: Impulse 5 (1982), S. 264–309.

Hahn, Karl-Heinz (Hrsg.): Goethe in Weimar. Ein Kapitel deutscher Kulturgeschichte. Zürich 1986.

Heller, Erich: Thomas Mann und das Klassische. Betrachtungen über Lotte in

Weimar. In: Reinhold Grimm / Jost Hermand (Hrsg.): Die Klassik-Legende. Frankfurt am Main 1971, S. 200-226.

Kauffmann, Bernd: Weimars deutsches Gesicht. Die Stadt der Klassiker und der Schatten von Buchenwald untrennbar wie Faust und Mephisto. In: Goethe-Jb. 102 (1995), S. 333–338.

Kaufmann, Hans A.: Nation und Nationalismus in Schillers Entwurf *Deutsche Größe* und im Schauspiel *Wilhelm Tell*: zu ihrer kulutrpolitischen Funktionalisierung im frühen 20. Jahrhundert. Frankfurt a.M. u.a. 1993.

Kimpel, Dieter: Zum Verständnis des Begriffs »Nationalliteratur« in der deutschen Klassik. Goethe und Schiller über Friedrich II. In: Dieter Borchmeyer (Hrsg.): Poetik und Geschichte. Viktor Žmegač zum 60. Geburtstag. Tübingen 1989, S. 37–54.

Malles, Hans-Jürgen: Friedrich Schillers Gedichtfragment *Deutsche Größe*. Eine Interpretation. In: Impulse 11 (1988), S. 61–96.

Müller-Seidel, Walter: Weimarer Klassik und Weimarer Republik. In: W. Müller-Seidel: Die Geschichtlichkeit der deutschen Klassik. Literatur und Denkformen um 1800. Stuttgart 1983, S. 1–29.

Nägele, Rainer: Die Goethe-Feiern von 1932 und 1949. In: Reinhold Grimm [u.a.]: Deutsche Feiern. Wiesbaden 1977, S. 97–122.

Ruppelt, Georg: Schiller im nationalsozialistischen Deutschland. Der Versuch einer Gleichschaltung. Stuttgart 1979.

Semprún, Jorge: Buchenwald 1944–1945 und danach. In: Goethe-Jb. 112 (1995), S. 29–37.

Sengle, Friedrich: Das Genie und sein Fürst. Die Geschichte der Lebensgemeinschaft Goethes mit dem Herzog Carl August von Sachsen-Weimar-Eisenach. Ein Beitrag zum Spätfeudalismus und zu einem vernachlässigten Thema der Goetheforschung. Stuttgart 1993.

Staiger, Emil: Goethe (3 Bde.). Zürich 1952–1959 (hier Bd. I).

Tümmler, Hans: Carl August von Weimar, Goethes Freund. Eine vorwiegend politische Biographie. Stuttgart 1978.

Zeller, Bernhard (Hrsg.): Klassiker in finsteren Zeiten 1933–1945 [Katalog einer Ausstellung im Schiller-Nationalmuseum Marbach am Neckar]. Stuttgart 1983.

Goethes erstes Weimarer Dezennium

I *Staatsmann und Sozialreformer im Dienste des Herzogtums Sachsen-Weimar*

Im Dezember 1774 erhält Goethe in Frankfurt den Besuch des Erbprinzen *Carl August von Sachsen-Weimar* (1757–1828), der sich mit seinem Bruder Prinz Konstantin sowie den Erziehern Graf Görtz und Knebel auf einer Reise nach Paris befindet. Diese von Goethe als schicksalhaft empfundene Begegnung, welche seine Einladung nach Weimar im nächsten Jahr zur Folge hat, sowie der Inhalt der Gespräche, wie ihn das 15. Buch von *Dichtung und Wahrheit* wiedergibt, lassen unmittelbar die Signatur der folgenden Periode in Goethes Leben erkennen. Er, der mit dem *Götz von Berlichingen* und vor allem dem soeben erschienenen *Werther* die Augen der ganzen literarischen Welt auf sich gelenkt hat, vermeidet es seinem eigenen späteren Bericht zufolge bewußt, das Schauspiel und den Roman, ja überhaupt die Poesie zum »Gegenstand des Gesprächs« zu machen, vielmehr sucht er die Aufmerksamkeit auf Schriftsteller wie *Justus Möser* (1720–1794) zu lenken, dessen erste *Patriotische Phantasien* ebenfalls in diesem Jahr erschienen sind – Autoren mithin, »deren Talent aus dem tätigen Leben ausging und in dasselbe unmittelbar nützlich sogleich wieder zurückkehrte, während eigentlich poetische Arbeiten, die über dem Sittlichen und Sinnlichen schweben, erst durch einen Umschweif und gleichsam nur zufällig nützen können.« So ist es auch nicht primär der Dichter, der im folgenden Jahr von dem seine Regentschaft antretenden jungen Herzog nach Weimar geholt wird – die Welt des *Werther* liegt demselben recht fern und »ein neuer Molière wäre ihm lieber gewesen« (Friedrich Sengle) –, sondern die faszinierende Persönlichkeit, von der er sich Beistand und freundschaftlichen Rat in Amt und Privatleben erwartet.

Daß Goethe, scheinbar ganz in seiner amtlichen Tätigkeit aufgehend, im nächsten Jahrzehnt so gut wie nichts Literarisches mehr publiziert, hängt mit seiner bewußten Entscheidung für das ›tätige Leben‹, das ›unmittelbar Nützliche‹ zusammen, das er – im Gegensatz zur alteuropäischen Tradition, zumal zur Dichtungstheorie der Aufklärung, welche auch der Poesie einen ›Nutzen‹ (utilitas) zuschreibt – von der Dichtung nicht mehr erwartet. Diese ›schwebt‹ über allen moralischen, politischen, religiösen, gesellschaftlichen, kurz: außerästhetischen Verantwortlichkeiten und Verwendungszusammenhängen; autonom in sich ruhend kann die Poesie allenfalls mittelbar eine über die spezifisch ästhetische Reaktion hinausreichende, für das tätige Leben nutzbringende Wirkung haben. Wer sich der Dichtung weiht, ist deshalb aus dem tätigen Leben ausgeschlossen (Tasso!); wer aber tätig zu sein wünscht, muß die Poesie aus dem Zentrum seines Lebens verweisen. Vor dieses Dilemma sieht Goethe sich in Weimar gestellt: »Meine Schriftstellerei subordiniert sich dem Leben«, schreibt er am 14. Mai 1780 an Kestner, »doch erlaub ich mir«, setzt er mit einiger Ironie hinzu, welche die Verdrängung seines eigentlichen Talents in die ›Nebenstunden‹ als etwas auf lange Sicht Unhaltbares erkennen läßt, »nach dem Beispiel des großen Königs, der täglich einige Stunden auf die Flöte wandte, auch manchmal eine Übung in dem Talente, das mir eigen ist.« Eine Unterdrückung seiner schöpferischen Natur, welche am Ende des ersten Weimarer Jahrzehnts eine katastrophale Krise auslöst, der er sich nur durch die Flucht nach Italien, seine ästhetische Restitution durch Preisgabe der amtlich-politischen Tätigkeit, entziehen kann!

Ist Möser als Person für Goethe das Vorbild des praktisch wirksamen Schriftstellers, so wird auch der Inhalt der *Patriotischen Phantasien* seine politische Tätigkeit im folgenden Jahrzehnt und darüber hinaus seine politische Anschauungsweise bis hoch ins Alter wesentlich beeinflussen – ja, jenes Vorbild erklärt überhaupt seine Entscheidung für Weimar. Möser habe ihn gelehrt, so lesen wir in Goethes Bericht über das Frankfurter Gespräch mit Carl August, die »Zersplitterung« des deutschen Reiches nicht nur als Mangel anzusehen, sei »die Menge kleiner Staaten« doch ein Vorteil für die »Ausbreitung der Kultur im einzelnen« (davon war im letzten Kapitel die Rede). Ferner habe er durch Möser gelernt, daß die wahre staatsmännische Weisheit in der Vermittlung des Zeitgemäßen mit den traditionellen Rechtsgütern und Einrichtungen bestehe. In den *Patriotischen Phantasien* sehen wir nach Goethes Worten »eine Verfassung auf Vergangenheit ruhn und noch als lebendig bestehn. Von der einen Seite hält man am Herkommen fest, von der andern kann man die Bewegung und Veränderung der Dinge nicht hindern.« Möser gelinge, was jedem »Staatsverweser« zum Vorbild dienen müsse: »das Vergangene mit dem Gegenwärtigen zusammenknüpfend«, dieses aus jenem abzuleiten und dadurch deutlich zu machen, »ob eine Veränderung lobens- oder tadelnswürdig sei«.

›Veränderung‹, die das ›Herkommen‹ nicht untergräbt: konservativer Reformismus wird auch die Grundtendenz des politischen Wirkens Goethes seit 1776 sein.

Die Begegnung Goethes mit Carl August ist ein Beispiel für die von Goethe in seinem Leben so oft empfundene Koinzidenz von Schicksal und Charakter, äußerer Begebenheit und persönlicher Entwicklung (ein thematischer Grundzug auch seines Bildungsromans *Wilhelm Meister*). Er befindet sich 1775 in einer Existenzkrise, die ihn wie 1786 zu einer Flucht aus seinem bisherigen Lebenskreis treibt. Wäre die Einladung nach Weimar auch nicht erfolgt – in Frankfurt wäre Goethe in keinem Falle geblieben! (Als die Stafette, welche ihn nach Weimar holen soll, sich verspätet, glaubt er sich vergessen und entschließt sich schon jetzt zur Flucht nach Italien; bereits unterwegs, wird er gerade noch rechtzeitig in Heidelberg von dem weimarischen Kammerjunker von Kalb eingeholt. Am 7. November 1775 trifft Goethe in der thüringischen Residenzstadt ein.)

Wie zehn Jahre später verbindet sich in Goethes Frankfurter Krise Überpersönliches mit Privatem: die Einsicht in die Unhaltbarkeit eines Liebesverhältnisses (hier zu der Bankierstochter Lili Schönemann) mit einer durch die gesellschaftlichen Umstände bedingten Erkenntnis: Die saturierte Atmosphäre der Kapitalisten- und Händlerstadt Frankfurt, »das Unverhältnis des engen und langsam bewegten bürgerlichen Kreises zu der Weite und Geschwindigkeit meines Wesens« hätten ihn auf die Dauer »rasend gemacht«, gesteht er später in einem Brief an die Mutter (11. August 1781). So wie sein Romanheld Wilhelm Meister danach streben wird, »sich aus dem stockenden, schleppenden bürgerlichen Leben herauszureißen« (*Lehrjahre* I/9) und mit der ›großen Welt‹: der höfisch-aristokratischen Gesellschaft bekannt zu werden, so will auch Goethe ausprobieren, »wie einem die Weltrolle zu Gesichte stünde« (an Merck, 22. Januar 1776). Von »Goethes Flucht aus dem Bürgertum«, redet Friedrich Sengle gar im ersten Kapitel seiner Doppelbiographie von Goethe und Carl August. Übertriebenen Illusionen gibt er sich freilich von vorneherein nicht hin, wie seine drastische Äußerung über »das durchaus Scheißige dieser zeitlichen Herrlichkeit« (in demselben Brief) zeigt.

In der Tat bietet das aus den (seit 1741) vereinigten Herzogtümern Weimar und Eisenach, dem früheren Herzogtum Jena sowie einer Reihe von Ämtern (darunter das für Goethes Wirken so wichtige Ilmenau) arg zusammengestückelte Duodezfürstentum mit seinen etwas mehr als 100000 Untertanen einen geringen Spielraum, die ›Weltrolle‹ zu spielen. Als Mitglied des obersten Regierungsgremiums des Herzogs bekommt Goethe bald zu spüren, wie schwer ein derart zerfetztes, aus lauter räumlich getrennten geographischen Gebieten zusammengesetztes, zudem wirtschaftlich wenig gesegnetes Land zu regieren ist. An der Verwaltungsstruktur des weimarischen Herzogtums läßt sich die unheilvolle dynastische Teilungsgeschichte Thüringens nur allzu deutlich ablesen. Sachsen-Weimar-Eisenach gehört mit Sachsen-Meiningen, Sachsen-Gotha-Altenburg und Sachsen-Coburg-Saalfeld zu den Teilherzogtümern, die, aus den zahlreichen Erbteilungen in der Ernestinischen Linie des Hauses Wettin entstanden, das Ernestinische Herzogtum Sachsen seit 1572 zersplittert haben.

1775, im Jahr der Ankunft Goethes, ist die Residenzstadt Weimar mit ihren gerade 6000 Einwohnern noch recht unansehnlich. Nach zeitgenössischen Reiseberichten gleicht sie eher einem Dorf als einer Stadt. Das Schloß ist kurz zuvor abgebrannt, der Hof verteilt sich daher auf verschiedene Häuser. Die durch Kot verschmutzten Straßen, durch welche der Stadthirt die Kühe der Bewohner vor die Stadtmauern treibt, haben dem Straßenbild Weimars fast den Anblick eines Bauernhofs verliehen. Handel und Industrie sind völlig unterentwickelt. Ein anonymer Autor (V. Wölfling) schreibt noch 1796 in seinen Reisen durch Thüringen, die Bewohner der Stadt seien größtenteils »kleinstädtische Spießbürger, welchen man weder die Verfeinerung einer Hofstadt noch sonderlichen Wohlstand anmerkt. Alles lebt von dem Luxus eines eingeschränkten Hofs, [...] dessen geringerer Adel zum Teil arm ist, zum Teil aus gelehrten und schönen Geistern besteht, welche zu philosophisch denken, um des Hofes wegen Aufwand zu machen. Weimar besitzt weder Fabriken noch Handel noch Passage.« Eine Ausnahme bilde nur das Industriekomtoir von *Friedrich Justin Bertuch* (1747–1822), der nicht nur als Kaufmann und Schatzkanzler des Herzogs, sondern auch als Zeitschriftengründer (»Journal des Luxus und der Moden«) und vielseitiger Literat eine der wichtigsten Hintergrundfiguren der Weimarer Klassik gewesen ist. Dieses Komtoir habe zwar »den Namen Industrie seit einiger Zeit in Weimar in Gang gebracht, aber dies ist auch das einzige, was hier von Industrie existiert.« – Zwischen der äußerst schmalen führenden Schicht – dem Hofadel, den höheren Beamten sowie den Erfolgreichen unter den Akademikern und Kaufleuten – und der Masse der Bevölkerung besteht eine tiefe Kluft; einen eigentlichen Mittelstand gibt es nicht. Goethe gehört, wie wir aus einer zeitgenössischen Urkunde wissen, mit dem Gehalt von über 2000 Talern pro

Jahr zu der Handvoll von Spitzenverdienern in der Stadt Weimar, der eine Schicht von über 2000 Personen (mehr als ein Drittel der Bevölkerung!) gegenübersteht, die weniger als 200 Taler verdienen (Dienstpersonal, kleine Händler, Handwerksgesellen etc.).

Goethes politische Tätigkeit beginnt mit seiner Amtseinführung als Mitglied des herzoglichen »Conseils« am 25. Juni 1776. In diesem aus drei wirklichen Geheimen Räten zusammengesetzten Geheimen Konsilium, an dessen Sitzungen Goethe bis auf die letzten anderthalb Jahre vor der Italienischen Reise regelmäßig teilgenommen hat, werden alle zentralen politischen Fragen des Landes entschieden. Es handelt sich hier freilich weniger um eine förmliche Regierungsbehörde als um das Beratungsorgan des Fürsten, der sich die letzte Entscheidung immer vorbehält. Carl August hat Goethes Berufung in dieses leitende Kollegium gegen energische Widerstände von seiten des Adels, zumal des Präsidenten des Conseils, des Geheimrats von Fritsch, durchgesetzt. Um weitere Behinderungen seiner Tätigkeit durch Standeskonventionen und Etikette auszuschalten, läßt der Herzog Goethe 1782 durch den Kaiser in den Adelsstand erheben. Er selbst hat, wie er später Eckermann gegenüber versichert, an dieser Nobilitierung keinerlei Interesse gehabt: »Wir Frankfurter Patrizier hielten uns immer dem Adel gleich« – das erhellt auch aus der stolzen Opposition, die Goethes Vater der Hofkarriere seines Sohnes gegenüber eingenommen hat –, »und als ich das Diplom in Händen hielt, hatte ich in meinen Gedanken eben nichts weiter, als was ich längst besessen« (Eckermanns *Gespräche*, 26. September 1827).

Mit Goethes Berufung gab der Herzog zu erkennen, daß er nicht gewillt war, seine Regierung an den herkömmlichen Vorstellungen und Standesinteressen der Aristokratie zu orientieren – so wie er auch in seinem extravaganten Lebensstil alle Forderungen der Etikette über den Haufen warf. Das ganze literarische Deutschland tuschelte damals über Goethes angebliche Kumpanei in dem wüsten Sturm und Drang-Treiben des Herzogs in und um Ilmenau, an dem zeitweilig auch Jugendgefährten aus Goethes Kreis (Lenz, die Brüder Stolberg, Klinger, Kaufmann) teilnahmen. Die umlaufenden Gerüchte veranlaßten Klopstock sogar, Goethe in einem Brief ernste moralische Vorhaltungen zu machen, die dieser mit Entrüstung zurückwies. Er wußte genau, was er tat. Durch psychologisch kluge Duldung jener spätpubertären Auswüchse suchte er das Vertrauen des Herzogs zu gewinnen – sollte dieser sich doch ruhig erst einmal austoben –, um ihn desto sicherer auf den Weg staatsmännischer Verantwortung zu lenken.

Ohne Zweifel hat Goethe, selbst bemüht, das kraftgenialische Wesen von sich abzutun, allmählich mäßigend – durch Selbsterziehung erzieherisch – auf den Herzog gewirkt und ihm zudem mehr und mehr die Notwendigkeit zu Bewußtsein gebracht, seine Person hinter seinen Standespflichten und den Interessen des Gemeinwesens zurückzustellen. Eckermann gegenüber (27. April 1825) hat Goethe den Herzog als einen Fürsten charakterisiert, der nichts im Sinne gehabt habe, als was »dem Lande zum Wohl gereichte«; »dieses sein Herrschen, was war es weiter als ein beständiges Dienen?« Und wenn man ihn, Goethe, einen »Fürstenknecht« schelte, so tröste es ihn, daß er doch nur der Knecht eines solchen gewesen sei, »der selber ein Knecht des allgemeinen Besten« war. Ein historisch nicht unzutreffendes Urteil! Es sei hier nur an die Tatsache erinnert, daß Carl August seinem Land im Jahre 1816 – als in fast allen anderen Staaten, vorab Preußen, bereits die Restauration einsetzte – eine Verfassung gab, die Sachsen-Weimar-Eisenach als einen der ersten deutschen Staaten in eine konstitutionelle Monarchie verwandelte und in ihrer Liberalität selbst über das hinausging, was Goethe politisch für zuträglich hielt (etwa die Garantie der Pressefreiheit in der Präambel des Grundgesetzes).

Carl Augusts Vorgängern hatte es (sieht man von dem in vieler Hinsicht schon vorbildlichen Wirken Anna Amalias ab) durchaus ferngelegen, die eigene Lebensführung in den Dienst des Landes zu stellen. Sie betrachteten die Kammer weithin als ihre Privatkasse und sträubten sich, ihr Geld gemeinnützigen Unternehmungen zufließen zu lassen. Aus dem Land wurden, wo es nur ging, die Mittel für die Hofhaltung herausgepreßt. Verschuldung und Steuerbelastung wurden daher immer unerträglicher. »Die Lasten der Höfe und ihrer Lustbarkeiten drückten um so schwerer auf das Volk, je kleiner das Land war. Diese verhängnisvolle Seite der Kleinstaaterei scheint Goethe erkannt zu haben.« (Friedrich Sengle) Daß auch Carl August in dieser Hinsicht anfänglich recht unbekümmert war, zeigt Goethes Gedicht *Ilmenau* (1783). In diesem großen ›Fürstenspiegel‹ stellt Goethe das einstige zügellose Jugendtreiben des Herzogs in dem Bergbaustädtchen seinem jetzigen Wirken für dessen und des ganzen Landes Wohlfahrt gegenüber. Das »ruhig Volk im stillen Fleiß« soll dem Herzog »Vorbild« sein. »Du kennest lang' die Pflichten deines Standes / Und schränktest nach und nach die freie Seele ein.« So führt Goethe seinem Fürsten vor Augen, die Forderung mit rhetorisch-kluger captatio benevolentiae als erfüllt ausgebend. Anders darf es nicht sein, denn: »wer andre wohl zu leiten strebt, / Muß fähig sein, viel zu entbehren.«

Einschränkung, Entbehrung: das ist ein deutlicher Appell an die Vernunft des Herzogs und des Hofes, eine Aufforderung vor allem, die öffentlichen Ausgaben, besonders für die Hofhaltung, zu verringern. Hier ist der Einfluß des modernen rationalistischen Wirtschaftsdenkens zu spüren, wie es sich namentlich in den Theorien der französischen Physiokraten (Quesnay, Turgot) ausgeprägt hat. Von ihnen hat Goethe namentlich durch seinen Schwager Johann Georg Schlosser und seinen Sturm und Drang-Freund *Johann Heinrich Merck* (1741–1791) erfahren, die in den beiden physiokratischen »Musterländern« Baden und Hessen-Darmstadt wirkten; zu deren Höfen stand auch Carl August in enger Beziehung. (Seine Gemahlin Luise war eine geborene Prinzessin von Hessen-Darmstadt.) Merck hat wiederholt Gutachten mit agrarwirtschaftlichen Reformvorschlägen nach Weimar geschickt. Eine der Hauptmaximen der Physiokraten war es, die Staatsausgaben unter dem Niveau der Einnahmen zu halten. In diesem Zusammenhang ist u.a. die vom ›Kriegsminister‹ Goethe durchgesetzte Truppenverminderung (um 50%) zu sehen, durch die erhebliche Einsparungen im Staatshaushalt erzielt wurden. (Die Soldatenspielerei war eine der schlimmsten Erscheinungsformen des Luxus in den Duodezfürstentümern.)

Im Interesse des allgemeinen Wohlstandes ist nach physiokratischer Lehre vornehmlich die Landwirtschaft systematisch zu fördern, sind doch die Bauern die eigentlich produktive Klasse, da die von ihr erzeugten Werte höher sind als die Aufwendungen. Deshalb ist es das Hauptziel physiokratischer Reformen, die Lage der Bauern zu bessern (durch Aufhebung der Fronarbeit etc.), um die landwirtschaftliche Produktivität und damit den Reichtum des Landes zu steigern. Die Verbesserung des Agrarwesens ist eines der Hauptziele auch Goethes gewesen. Die auf dem Bauernstand liegenden Fron- und Steuerlasten hat er mit äußerster Schärfe als Zeichen politischer Unvernunft und sozialer Ungerechtigkeit angeprangert. In einem Brief vom 17. April 1782 an den Kammerherrn *Carl Ludwig von Knebel* (1744–1834) – seinen »weimarischen Urfreund«, der die Begegnung mit Carl August in Frankfurt vermittelt hat –, beschreibt Goethe die ›Aussaugung‹ der Bauern in einem drastischen Bild. (Bei Knebel, der in seinen *Briefen populären Inhalts*, von denen noch die Rede sein wird, später selber recht revolutionäre Sozialanschauungen vertreten und zur Empörung des Herzogs anfänglich die Französische Revolution verteidigt hat, fand Goethe für seine Anklagen ein offenes Ohr.) »So steig' ich durch alle Stände aufwärts, sehe den Bauersmann der Erde das

Notdürftige abfordern, das doch auch ein behäglich Auskommen wäre, wenn er nur für sich schwitzte. Du weißt aber, wenn die Blattläuse auf den Rosenzweigen sitzen und sich hübsch dick und grün gesogen haben, dann kommen die Ameisen und saugen ihnen den filtrierten Saft aus den Leibern. Und so geht's weiter, und wir haben's so weit gebracht, daß oben immer in einem Tage mehr verzehrt wird, als unten in einem beigebracht werden kann.«

Dieses Mißverhältnis zwischen den Ausgaben ›oben‹ und dem Einkommen von ›unten‹ gilt es im Sinne einer Verminderung des Luxus zugunsten eines höheren Bodenertrags auszugleichen. In diesem Sinne hat Goethe sich immer wieder an den Herzog gewandt. Dieser verhielt sich hinsichtlich der Nöte der Bauern anfänglich reichlich gedankenlos – wenn er etwa bei seinen Parforcejagden die Felder verwüstete oder zum Jagdvergnügen Wildschweine aussetzte. Eben darauf bezieht sich Goethes Brief vom 26. Dezember 1784, der den »kläglichen« Zustand des Landmanns beschreibt und deshalb wie in *Ilmenau* an den Herzog appelliert, solcher »Leidenschaft« zu »entsagen«. Bei einer Jagd hat Goethe gar in der Verkleidung eines Bauern eine Begrüßung des Herzogs Carl August vorgetragen, in denen die Knittelverse stehen: »Denn wir bäurisch treues Blut / Sind doch immer Euer bestes Gut, / Und könnt Euch mehr an uns erfreun / Als am Park und an Stutereien.« Eine deutliche Mahnung, den repräsentativen Aufwand am Hofe zugunsten der Landwirtschaft zu vermindern! Das Rollengedicht ist ein bewegendes Zeugnis dafür, wie sehr Goethes politische Praxis von der »Liebe zu der Klasse von Menschen« bestimmt ist, »die man die niedre nennt, die aber gewiß für Gott die höchste ist« (an Frau von Stein, 4. Dezember 1777). Das soziale Mitleid, das sich in solchen Äußerungen bekundet, prägt auch Goethes persönliches Verhalten in diesen Jahren; das zeigen die erstaunlichen materiellen und zeitlichen Opfer, die er für Hilfsbedürftige und Notleidende seiner Umgebung (wie Johann Friedrich Krafft und Peter im Baumgarten) gebracht hat – im Sinne einer praktischen Humanität, welche wirklich der Maxime des Gedichts *Das Göttliche* folgt: »Edel sei der Mensch / Hilfreich und gut!« – Daß Goethe angesichts so vielfältigen Elends, mit dem seine amtliche Tätigkeit ihn konfrontierte, sich sogar der Poesie zeitweilig nur mit leisen Skrupeln gewidmet hat – bedeutete sie nicht ein Ausweichen vor realer Lebensnot? – zeigt sein Brief über die Arbeit an der *Iphigenie*, den er am 6. März 1779 aus Apolda an Frau von Stein geschrieben hat: »Hier will das Drama gar nicht fort, es ist verflucht, der König soll reden, als wenn kein Strumpfwürker in Apolde hungerte.« (Apolda war ein kleines Industriestädtchen, das vor allem von der Strumpffabrikation lebte; diese geriet zur Amtszeit Goethes in eine schwere Krise, da die Strumpfwirker wegen des Bayerischen Erbfolgekrieges ihre Erzeugnisse nicht mehr nach Österreich absetzen konnten.)

Zumal auf dem Gebiet der Reform des Landwirtschaftswesens hat Goethe sich vielfältig verdient gemacht. Auf Empfehlung Mercks gelang es ihm, beim Herzog die Berufung des englischen Agrarfachmanns George Batty als Sachsen-Weimarischer Landkommissar durchzusetzen. Eine besonders folgenreiche landwirtschaftliche Verbesserung Battys und Goethes war eine neue Methode der Berieselung (»Wiesewässerung«), die den Kammergütern wie den Dorfgemeinden zugute kam. Auf erhebliche Schwierigkeiten stießen indessen die Versuche Goethes und seines Herzogs, das Triftrecht und die bäuerliche Fronarbeit abzuschaffen sowie zwecks besserer Nutzung der landwirtschaftlichen Flächen die großen Güter in kleinere und ertragreichere Pächterstellen aufzuteilen. Diese Reformbemühungen provozierten den energischen Widerstand der rittergutsbesitzenden Landstände. Die verbreitete Meinung, auch der Herzog habe die konsequente Unterstützung der Pläne Goethes vermissen lassen, scheint übrigens zumindest in diesem Falle nicht zuzutreffen. 1794 dachte Carl August daran, auch die Kammergüter in eine Landreform einzubeziehen. Goethe stand jedoch aufgrund der Erfahrungen der Französischen Revolution einer Bodenreform zu diesem Zeitpunkt skeptisch gegenüber. In einem Brief an *Christian Gottlob Voigt*, den eigentlichen Minister des klassischen Weimar (er war Goethes engster politischer Vertrauter), teilte er mit, er habe »den Herzog gebeten, *jetzt* nicht sich in die Zerschlagung der Güter einzulassen. Soll es je geschehen, so nimmt man in einigen Jahren viel mehr daraus.« Dazu bemerkt Hans Tümmler in seiner Carl August-Biographie: »Die vorgefaßte Meinung derer trifft nicht zu, die in Goethe stets den Anwalt des sogenannten ›Fortschritts‹, den Herzog Carl August dagegen in einer reaktionären Bremserrolle sehen wollen.« Seit der Italienischen Reise gilt eher das Umgekehrte, sucht Goethe oft aus konservativer Skepsis die Initiativen Carl Augusts zu bremsen.

Die Reformvorhaben des Herzogs wurden vornehmlich durch sogenannte Immediatkommissionen in die Wege geleitet, da das erstarrte Behördensystem dazu nicht in der Lage war. Diese Sonderkommissionen bildeten das Hauptbetätigungsfeld Goethes, war er innerhalb des konservativen Regierungskonsiliums doch der einzige, der imstande und bereit war, neue Wege der Staatsverwaltung zu beschreiten. Man darf ohne Übertreibung sagen, daß er der Spiritus rector der Reformpolitik des Herzogs zumindest zwischen 1776 und 1783 gewesen ist. Von Goethes Tätigkeit in der Kriegskommission war bereits im Zusammenhang mit der von ihm durchgesetzten Truppenreduzierung die Rede. Der Herzog lernte Goethe hier – wie gleichzeitig auch bei dessen konsequenter Revision der korrupten Steuerbehörde im Amt Ilmenau (darauf spielen die Verse 174f. des Gedichts *Ilmenau* an) – als überlegenen Finanzpraktiker schätzen. Das wird ihn veranlaßt haben, Goethe 1782 die Funktion des Kammerpräsidenten (Finanzministers) zu übertragen – in der Hoffnung auf weitere Konsolidierung des Staatshaushalts.

Goethes amtliche Praxis bestand keineswegs nur in reiner Verwaltungstätigkeit am Schreibtisch, sondern er legte, wenn es notwendig war, selber Hand an, ob er als Leiter der Kriegskommission persönlich die Rekrutenaushebung vornahm oder bei einem Brand eine Löschkette organisierte. Zu den wichtigsten Reformfunktionen Goethes gehörte die Tätigkeit in der Kriegskommission, in der Ilmenauer Steuerkommission, ferner in dem für das dortige Bergwerk zuständigen Ausschuß, sowie in der Wege- und Wasserbaudirektion. In der letzten Funktion hat Goethe das Straßen-, Brücken- und Wasserwesen in Sachsen-Weimar erheblich verbessert; das war wegen des bisher miserablen Anschlusses des Herzogtums an das Handelsnetz (zumal an die nördlich an Weimar vorbeiführende Hauptverkehrsader: die Via regia) eine wirtschaftspolitisch nicht zu unterschätzende Tätigkeit. Nicht weniger bedeutungsvoll und erfolgversprechend war anfänglich Goethes Arbeit in der Bergwerkskommission, die sich der Sanierung des Kupfer- und Silberbergwerks in Ilmenau annahm, um dadurch die armselige Wirtschaft des Herzogtums, die dürftige heimische Industrie zu beleben. Hier hat Goethe die wohl meiste Zeit und Mühe investiert. Obwohl er die Mehrzahl seiner politischen Ämter seit der Italienischen Reise abgab, hat er sich doch auch in Italien ständig über die Fortschritte der Sanierung informieren lassen und nach der Rückkehr die Kommissionsarbeit sofort wieder aufgenommen. Der Zusammenbruch des Bergwerks 1796 war der größte Mißerfolg seiner amtlichen Praxis, der ihn so sehr belastete, daß er 17 Jahre lang den Besuch des so geliebten und für ihn so erinnerungsträchtigen Ilmenau mied.

Goethes amtliche Schriften im Zusammenhang mit seiner Tätigkeit als Mitglied des Conseils und der verschiedenen Kommissionen sind ein stattlicher Teil seines Werks. Sie betreffen Probleme der Wirtschafts- und Finanzpolitik, zumal Steuerfragen und Erwägungen der Verbesserung des Land- und Forstwirtschaftswesens, ferner Universitätsangelegenheiten in Jena (davon wird noch die Rede sein), ordnungspolitische Maßnahmen und strittige juristische Fragen. Dazu gehört z.B. die vom Herzog aus konkretem Anlaß verlangte Stellungnahme Goethes zur »Bestrafung des Kindermords« 1783. Daß er – der sich 1780 für die Abschaffung der Kirchenbuße eingesetzt hatte und überhaupt ein Gegner der konventionellen Strafgesetze war – nach einigem Zögern doch dem Votum von Fritsch und Christian Friedrich Schnauß im Conseil für die Todesstrafe anschloß, geschah mit Rücksicht auf die in diesem Punkt rigorose herrschende Meinung namentlich der Kirche und des weiblichen Teils der höfischen Gesellschaft, mag es auch in befremdlichem Gegensatz zum Mitleidspathos der Gretchen-Tragödie im »Urfaust« stehen. Was sich der Dichter leisten konnte – das Plädoyer für die Kindsmörderin –, war freilich dem Staatsmann verwehrt.

Die Außenpolitik steht in Goethes amtlichem Wirken und demgemäß in seinen politischen Schriften zurück. Eines seiner faszinierendsten amtlichen Schreiben – zugleich sein längstes – ist freilich einem, ja *dem* außenpolitischen Problem Weimars in der ersten Regierungszeit des Herzogs gewidmet. Es ist eine umfassende Denkschrift, die Goethe im Anschluß an eine Sitzung des Geheimen Consiliums am 9. Februar 1779 verfaßt hat. Durch den sogenannten Bayerischen Erbfolgekrieg war Sachsen-Weimar in eine gefährliche Zwangslage geraten. Kaiser Joseph II. hatte dem bayerischen Kurfürsten Karl Theodor vorgeschlagen, einen Teil Bayerns gegen die oberrheinischen Besitzungen der Habsburger einzutauschen. Das hätte ein bedenkliches Vorrücken Österreichs gegen viele deutsche Mittel- und Kleinstaaten und einen erheblichen Machtzuwachs des Hauses Habsburg zur Folge gehabt. Der preußische König Friedrich II. war entschlossen, die Pläne des Kaisers, die auch den Wünschen Karl Theodors entsprachen, zu durchkreuzen und rief deshalb die benachbarten Kleinstaaten zur Unterstützung auf. Obwohl Carl August das Ansinnen Preußens, in Sachsen-Weimar Rekruten auszuheben, ablehnte, dachte Friedrich II., der sich hier als Schützer des Reichs ausgab, nicht daran, auf den Beistand der thüringischen Herzogtümer zu verzichten. In dieser gefährlichen Situation, entweder von der Skylla Preußen oder, im Falle des Eingehens auf dessen Pläne, von der Charybdis Österreich verschlungen zu werden, fand die genannte Sitzung des Consiliums statt. Goethes vertrauliche Denkschrift faßt diplomatisch meisterhaft die Conseil-Beratungen zusammen und entwirft den Plan eines Bundes der Klein- und Mittelstaaten zum Schutz vor den Übergriffen der beiden Großmächte. Ob diese folgenreiche Idee von Goethe selber stammte oder von ihm nur protokolliert worden ist, läßt sich nicht entscheiden. – Durch den Frieden zu Teschen zwischen Preußen und Österreich am 13. Mai 1779 wurden die Pläne des Kaisers vorerst vereitelt, tauchten aber in den nächsten Jahren in verwandelter Gestalt wieder auf.

Obwohl die unmittelbare Bedrohung bis auf weiteres gebannt war, schlossen sich die Fürsten von Baden, Anhalt-Dessau und Sachsen-Weimar zum Schutze des Reichs und zur Sicherung der eigenen Existenz gegen die Expansionsbestrebungen Österreichs zusammen. Dieser Dreierbund sollte die Grundlage einer deutschen Fürstenunion mit dem Ziel der Reichsreform werden. Im Laufe der Jahre wurde den Initiatoren des Bundes freilich immer deutlicher, daß eine Koalition der Klein- und Mittelstaaten ohne Anlehnung an Preußen zum Scheitern verurteilt war. Friedrich II. ergriff 1785 selbst die Initiative zu einem Fürstenbund zwischen Preußen, Hannover und Sachsen, dem sich zahlreiche andere Staaten, darunter Sachsen-Weimar, anschlossen. Carl August hat anfänglich gezögert, dem Bund beizutreten, da er nicht zu Unrecht befürchtete, daß im Gegensatz zur ursprünglichen Unionsidee – die das Gleichgewicht zwischen den Großmächten garantieren sollte – die Kleinstaaten nun zum Instrument der preußischen Machtpolitik degradiert würden. Es blieb jedoch keine andere Wahl. Übrigens war es der Geheime Rat von Goethe, der im Auftrag seines Herzogs den »Assoziationstraktat« mit dem preußischen Gesandten aushandelte – das wohl einzige Mal, daß er verantwortlich in die große Politik eingriff.

Goethe hat den Fürstenbundbestrebungen, der »Motion der Kleinen«, von Anfang an skeptisch gegenübergestanden, vor allem da sie den Herzog als »Kurier des Fürstenbundes« (wie ihn seine Gegner verspotteten) allzu oft von der Residenz entfernten und sein Interesse an den innenpolitischen Reformvorhaben schwächten, ja ihn seinen landesherrlichen Pflichten entfremdeten. In seiner Komödie *Die Vögel* (1780), einer Bearbeitung von Aristophanes' *Ornithes*, hat Goethe die preußisch-österreichische Rivalität und die Fürstenbundpläne (vgl. das Bündnis der Vögel) satirisch gespiegelt. Zumal hat er wenig Verständnis für die Reichsreformpläne Carl Augusts nach dem Tode Friedrichs II. (1786) gehabt, die er als »politisches Getreibe« ohne Zweck abtat. Trotz seiner pragmatischen Sympathie für die gegenwärtige Reichsverfassung, welche die Selbständigkeit der kleinen Staaten gewährleistete, hat er sich doch niemals die schwärmerische Idee seines Fürsten zu eigen gemacht, das »alte Reich« in seiner einstigen Würde und Macht zu erneuern. Goethes Einstellung entfernt sich wohl nicht allzu weit von derjenigen Knebels, der in einem Brief vom 30. Januar 1788 dem Herzog vorwirft, er vernichte selber den »schönen Menschheitstraum«, den er in seinem Lande erweckt habe, »um dafür den ganzen Körper [des deutschen Reichs] wiederherstellen zu können, an dem wenig Heilmittel mehr nützen können«. Das Scheitern der reichspolitischen Hoffnungen Carl Augusts, das effektive Ende der Fürstenbundpolitik im Jahre 1790 (Vertrag von Reichenbach zwischen Österreich und Preußen) haben jedenfalls Goethes und Knebels Skepsis bestätigt.

In einer an den kursächsischen Minister von Loeben gerichteten Denkschrift vom 30. März 1788 hat Carl August sein »politisches Glaubensbekenntnis« im Zusammenhang mit der Unionspolitik formuliert. Es sei seine Hoffnung gewesen, daß »alter teutscher Sinn und Denkungsart noch zu erwecken« seien, daß sich trotz der »Trägheit der Sitten und des Jahrhunderts« doch »die mancherlei zerteilten Absichten, Interessen und Kräfte in unserm Reichssystem mehr vereinigen« ließen und »der träge Schlummergeist, der Teutschland seit dem Westfälischen Frieden drückt, endlich einmal zerstreut werden« könnte. Kein Zweifel, die Unionspolitik Carl Augusts ist das Dokument eines bemerkenswerten patriotischen Idealismus, der ihn auch während der Napoleonischen Kriege auszeichnet und von den einerseits kleinstaatlichen, anderseits weltbürgerlichen Denkformen der Dichter des klassischen Weimar weithin unterscheidet. (Freilich sind deren in bezug auf die politische Union Deutschlands negative Äußerungen – vgl. Goethes Aufsatz *Literarischer Sansculottismus* und die im letzten Kapitel zitierten *Xenien* – nicht zuletzt die resignative Reaktion auf die gescheiterten Reichsreformpläne in der Fürstenbundära.)

Hans Tümmler, der hervorragendste Kenner des politischen Umfelds der Weimarer Klassik, hat die Abwendung des Herzogs von der Landespolitik vor allem in den Jahren nach dem Tode Friedrich II. (1786) mit der gleichzeitigen Italienischen Reise Goethes in Verbindung gebracht und in beiden Fällen von einer »Flucht« vor den beengten Verhältnissen des Kleinstaats gesprochen, dessen Reform an immer deutlichere Grenzen stieß. Der Briefwechsel zwischen Carl August und Goethe während der Italienischen Reise dokumentiert die nunmehr nach den Worten des letzteren ›antipodischen‹ Existenzen des Herzogs und seines beurlaubten Ratgebers – dort die Flucht in die große Politik, hier in die Sphäre der klassischen Kunst. (Am unpolitischen Charakter der Italienreise Goethes haben übrigens manche zeitgenössische Beobachter gezweifelt. Der Wiener Hof jedenfalls, der in Carl August die »Haupttriebfeder der Union« – des Bundes der deutschen Fürsten gegen die habsburgische Machtpolitik – witterte, ließ Goethe in Rom heimlich überwachen und seine Korrespondenz kontrollieren!)

Goethe hat in den achtziger Jahren mehr und mehr die Hoffnung aufgegeben, das Herzogtum Sachsen-Weimar seinen ursprünglich hochgesteckten Zielen gemäß reformieren zu können. Die Bodenreform, die Verminderung des fiskalischen Drucks auf den Bauern und viele andere Pläne blieben weithin auf der Strecke, ließen sich gegen die aristokratische Reaktion nicht durchsetzen. Von deren Hartnäckigkeit geben uns Knebels *Briefe populären Inhalts* (Weimar 1787) ein besonders anschauliches Bild: hier wird der Adel als eine Kaste von Parasiten charakterisiert, »die zu dem Besten des Staats nichts beitragen und doch das Beste von ihm verzehren«. Unter allen Klassen am weitesten von »uneigennütziger Aufopferung« für das »allgemeine Wohl ihres Landes« entfernt, sind sie es »vielmehr beinahe überall, die der Aufklärung Hindernisse setzen, die dem guten Fürsten selbst zur Fortschreitung in derselben soviel möglich die Hände binden« – Carl August hat das oft genug zu spüren bekommen! – und »die die nützlichsten Stände und die brauchbarsten Glieder heruntersetzen.«

Der französische Literatursoziologe Sagave hat das Schicksal Goethes mit dem der gescheiterten Reformminister des Ancien Régime: Turgot und Necker verglichen. Zwar wurde er nicht wie diese entlassen, aber er verzichtete freiwillig auf eine Reformtätigkeit, deren Erfolglosigkeit ihm die Administration als einen öden Aktenkram erscheinen ließ, für den sich die Preisgabe seines dichterischen Talents nicht lohnte. »Wer sich mit der Administration abgibt, ohne regierender Herr zu sein, der muß entweder ein Philister oder ein Schelm oder ein Narr sein«, schreibt Goethe am 9. Juli 1786 an Charlotte von Stein. Diese resignative Einsicht ist eines der wesentlichen Motive seiner Flucht nach Italien gewesen. »Er hatte den typischen Aufklärungstraum geträumt, einen Musterfürsten zu erziehen und dann als hochverehrte Vaterfigur, im Hintergrund der alltäglichen Regierungstätigkeit, seinen künstlerischen und wissenschaftlichen Neigungen zu leben. Wenn er in der frühen Weimarer Zeit je mit dem hybriden Gedanken spielte, das geistige *und* das politische Leben in Sachsen-Weimar als Universalgenie zu beherrschen, Tassos und Antonios Rolle gleichzeitig zu spielen, so hatte sich dieser Plan [...] als Chimäre erwiesen.« (Friedrich Sengle)

Bis heute ist oft zu lesen, daß Goethe in seinen Initiativen auch durch den Herzog nicht energisch genug unterstützt worden sei, da dieser doch nie wirklich über den Schatten seines Standes habe springen können. Goethe selbst hat Eckermann gegenüber zugegeben (8. März 1831), daß der Herzog sich seiner »Ideen und höheren Bestrebungen« nicht habe »bemächtigen« können. Daß in der Tat im ersten Regierungsjahrzehnt des Herzogs mancher zunächst temperamentvoll angefaßte Plan liegen blieb, weil der allzu junge Fürst in seiner sprunghaften Art die Geduld nicht aufbrachte, langfristige Ziele konsequent zu verfolgen, ist nicht zu bestreiten. Seiner großzügigen Natur, der die Dimensionen der großen Politik näherlagen, widerstrebte der administrative Kleinkram, sie paßte im Grunde nicht in das Duodezformat seines Landes. (Daß er 1813 die Hand nach der Königskrone Sachsens ausstreckte und ständig auf die Vergrößerung seines Herzogtums bedacht war, ist allzu verständlich.) Es sind also weniger konservative Hemmungen als der etwas dilettantische Zug ins Große, der den Herzog hinderte, auf Goethes Ideen einzugehen. Auf der anderen Seite hat auch dieser, durch die politischen Erfahrungen des ersten Weimarer Jahrzehnts desillusioniert und durch die Französische Revolution ernüchtert, dem Reformwillen seines Herzogs in den späteren Jahrzehnten, gipfelnd in der Staatsreform 1815/16, skeptisch gegenübergestanden.

Nach seiner Rückkehr aus Italien ist Goethe, der sich nach seinen eigenen Worten als Künstler wiedergefunden hatte, auf seinen Wunsch hin von der regelmäßigen Teilnahme an den Sitzungen des Conseils entpflichtet und von den bisherigen amtlichen Funktionen weithin entlastet worden. Einige seiner früheren Kommissionstätigkeiten nahm er zwar wieder auf (Bergwerks- und Wegebaukommission), aber er verlagerte seine Aktivität nun auf den kulturpolitischen Bereich: als Direktor des Hoftheaters (1791–1817), Initiator und Leiter des Freien Zeicheninstituts, in der Direktion der naturwissenschaftlichen und medizinischen Institutionen des Herzogtums sowie in verschiedenen Kulturkommissionen (z.B. für das Bibliothekswesen). Auch der Bau des Schlosses und anderer repräsentativer Bauwerke gehörte in seinen Zuständigkeitsbereich. Im Zuge der Staatsreform des zum Großherzogtum erweiterten Landes wurde Goethe 1815 zum Staatsminister ernannt und erhielt das speziell auf ihn zugeschnittene Ressort der »Oberaufsicht über die unmittelbaren Anstalten für Wissenschaft und Kunst in Weimar und Jena«. Durch die Mitarbeit an Schillers »Horen« und die Begründung eigener wissenschaftlicher und ästhetischer Zeitschriften (»Propyläen«, »Über Kunst und Altertum«, »Zur Naturwissenschaft«), durch seine literarisch-philosophische »Freitagsgesellschaft«, die »Weimarischen Kunstfreunde« und andere kulturelle Zirkel suchte Goethe Weimar zu einem Mittelpunkt intellektuell-ästhetischer Bildung zu machen. In umgekehrt proportionalem Verhältnis zu seinem abnehmenden politischen Einfluß wurde Goethe für die Welt zum eigentlichen Repräsentanten Weimars, wie die Besuche, die er in seinem Haus am Frauenplan aus ganz Europa erhielt, eindrucksvoll bekundeten.

Goethe zog sich seit 1786 mehr und mehr aus der Politik zurück, wenngleich der Herzog, der sein Urteil hochschätzte und sich mit seiner politischen Abstinenz ungern abfand, ihn immer wieder um Rat, förmliche Gutachten und zu Goethes Verdruß auch um Begleitung auf politische Reisen und militärische Unternehmungen – Campagne in Frankreich, Belagerung von Mainz – ersuchte. Bis zur Auflösung des Geheimen Consiliums, das 1815 durch das Großherzogliche Staatsministerium ersetzt wurde, gehörte Goethe nominell noch der obersten Regierungsbehörde an und konnte so durchaus auf die Staatsleitung Einfluß nehmen (dazu wurde er auch von seiten des Herzogs verschiedentlich veranlaßt). »Die volle Zustimmung zu der von Goethe gewünschten, wahrhaft exzeptionellen Regelung seiner Amtsobliegenheiten – bei großzügiger Weitergewährung, ja wiederholter erheblicher Erhöhung seiner Bezüge – würde allein schon genügen, dem Herzog Carl August fürstliche Generosität und menschliche Größe zuzusprechen« (Hans Tümmler).

Unter den kulturpolitischen Aktivitäten Goethes verdient seine Aufsicht über die Universität Jena besondere Aufmerksamkeit. Obwohl das nur 20 km von der Residenz entfernte Jena zum Herzogtum Sachsen-Weimar gehörte, wurde seine Universität doch von den vier Ernestinischen Herzogtümern gemeinsam getragen. Während der Regierungszeit Carl Augusts erlebte die Universität Jena trotz ihrer schlechten materiellen Ausstattung einen imposanten Aufschwung und war bis etwa 1804 zumal die Hochburg der idealistischen Philosophie (hier lehrten in der Reihenfolge der Berufungen: Reinhold, Fichte, Schelling und Hegel). Ihr hohes Ansehen erlangte die Universität nicht zuletzt durch die 1785 gegründete »Allgemeine Literatur-Zeitung«. Goethe sind viele ehrenvolle Berufungen nach Jena zu verdanken, darunter die Schillers (1788) und Fichtes (1794), der freilich im Zusammenhang mit dem sogenannten Atheismusstreit (1798/99) unrühmlich entlassen wurde. Obwohl Fichte sich diese Entlassung wegen seines charakterlich fragwürdigen Verhaltens (seiner denunziatorischen Äußerungen über Herder etwa, die es selbst dem anfänglich konzilianten Goethe unmöglich machten, ihn zu halten) weitgehend selbst zuzuschreiben hatte, litt der Ruf Jenas als »einer freien und sicheren Republik« (Schiller, 1789), wo man »zwar nicht mit sehr hohen Gehalten, dafür aber in einem wohlfeilen Lande und unter einer höchst liberalen Regierung« lebe (so der Anatom Loder), unter dieser Affäre doch ganz beträchtlich.

Die Universität Jena ist ein ständiger politischer Krisenherd gewesen. Zum erstenmal zeigte sich das, bedingt durch die Französische Revolution, in den Studentenunruhen nach 1789. Goethe hat hier zunächst eine liberal-ausgleichende Rolle gespielt und in einem Gutachten 1792 sogar für gewisse Selbstverwaltungsrechte der Studenten plädiert. Die Ereignisse gingen jedoch über ihn hinweg. Die Unruhen nahmen – nicht zuletzt inspiriert von der in Jena gelehrten idealistischen Philosophie, die deutlich als das ideelle Pendant der Französischen Revolution aufgefaßt wurde – so massive Ausmaße an, daß der Herzog aus Furcht vor dem Übergreifen der Revolution auf Deutschland, vor allem aber mit Rücksicht auf die anderen Ernestinischen Fürsten, die zu keinerlei liberalen Konzessionen bereit waren, den Einsatz politischer Mittel veranlaßte. – Die zweite große Krise zwischen Staat und Universität sollte durch das Wartburgfest 1817 ausgelöst werden. Obwohl hier sogar eine Intervention der Großmächte drohte, hat Carl August, nunmehr Großherzog, sich im Geiste seiner im Jahr zuvor proklamierten Verfassung gegenüber Universität und Studenten weit großzügiger und liberaler verhalten als einst in den Jahren der Revolution. Es kann hier nicht die Aufgabe sein, die Politik Carl Augusts in der Zeit nach Goethes Italienischer Reise näher zu würdigen. (Einiges soll in späteren Kapiteln nachgeholt werden.) Darf man das erste Jahrzehnt seiner Regierung tatsächlich mit dem Untertitel der Biographie von Willy Andreas *Ein Leben mit Goethe* nennen, so ist er seinen späteren politischen Weg weithin ohne ihn, ja vielfach gegen ihn gegangen. Konnten beide in den Revolutionsjahren ihre politische Haltung noch auf einen gemeinsamen Nenner bringen, so haben die Jahre der napoleonischen Fremdherrschaft und der Befreiungskriege zu einer Entfremdung zwischen dem patriotischen

Fürsten und dem von Napoleon faszinierten Dichter geführt. Der anfänglich so hoffnungsvolle Weg Weimars ins liberale Zeitalter und das Scheitern des von Carl August durch seine Staatsreform und Verfassung so mutig propagierten Frühliberalismus an der restaurativen Politik der Großmächte (Karlsbader Beschlüsse) sind von Goethe aus banger Distanz verfolgt worden. Kein Zweifel aber, daß die Politik des kleinen Fürstentums, das zu Beginn des 19. Jahrhunderts zum Vorposten des Konstitutionalismus wurde (bzw. aus gegnerischer Sicht zur »Brutstätte des Jakobinismus«), die Frucht gewesen ist, die der Blüte der Dichtung und Wissenschaft folgte, daß also der liberale Geist der weimarischen Politik ohne den Hintergrund des klassischen Humanismus nicht denkbar wäre. Die intensive Wechselwirkung zwischen Politik, Literatur und Philosophie, die engen persönlichen Beziehungen zwischen ihren Repräsentanten in Weimar dokumentieren eindrucksvoll dieses trotz aller Differenzen gemeinsame geistige Fundament.

Literatur

Andreas, Willy: Carl August von Weimar. Ein Leben mit Goethe 1757–1783. Stuttgart 1953.

Barth, Ilse-Marie: Literarisches Weimar. Kultur – Literatur – Sozialstruktur im 16. bis 20. Jahrhundert. Stuttgart 1971.

Biedrzynski, Effi: Goethes Weimar. Das Lexikon der Personen und Schauplätze. München 1992.

Bruford, Walter H.: Kultur und Gesellschaft im klassischen Weimar 1775–1806. Göttingen 1966.

Fuchs, Albert: La philosophie politique et sociale de Goethe administrateur (1776–86). In: German Studies. Presented to W. H. Bruford. London 1962, S. 58–80.

Hahn, Karl-Heinz: Carl August von Sachsen-Weimar. Ein Versuch. In: Impulse 5 (1982), S. 264–309.

Hahn, Karl-Heinz (Hrsg.): Goethe in Weimar. Ein Kapitel deutscher Kulturgeschichte. Zürich/München 1986.

Hartung, Fritz: Das Großherzogtum Sachsen unter der Regierung Carl Augusts 1775–1828. Weimar 1923.

Heyer, Karl: Sozialimpulse des deutschen Geistes im Goethe-Zeitalter. Stuttgart 1987.

Höhne, Herbert: Bemerkungen zu Goethes Bemühungen um eine Reform der Finanzen in Sachsen-Weimar-Eisenach (1782–1788). In: Goethe Jb. 104 (1987), S. 231–252.

Hömig, Herbert: Revolution, Landschaft und Verfassung. Zu Goethes politischer Weltanschauung. In: Herbert Hömig / Dietrich Pfaehler (Hrsg.): Im

Bannkreis des klassischen Weimar. Festgabe für Hans Tümmler zum 75. Geburtstag. Bad Neustadt an der Saale 1982, S. 75–86.
Kähler, Hermann: Das kritische erste Weimarer Jahrzehnt. In: Sinn und Form 42 (1990), S. 169–86.
Koch, Heinz: Goethe und Weimar. In: Goethes Universalität. Vortragsreihe der Wilhelm-Pieck-Universität Rostock. Rostock 1982, S. 5–18.
Kommerell Max: Goethe – Carl August. In: M. Kommerell: Der Dichter als Führer in der deutschen Klassik. Klopstock, Herder, Goethe [...]. Frankfurt am Main 1982, S. 150–73.
Krippendorff, Ekkehart: Goethe und die Politik. In: Deutschunterricht (Stuttgart) 39 (1987) H.4, S. 38–52.
Mahl, Bernd: Goethes ökonomisches Wissen. Grundlagen zum Verständnis der ökonomischen Passagen im dichterischen Gesamtwerk und in den »Amtlichen Schriften«. Frankfurt a.M. 1982.
Mommsen, Wilhelm: Die politischen Anschauungen Goethes. Stuttgart 1948.
Pester, Thomas: Goethe und Jena: eine Chronik seines Schaffens in der Universitätsstadt. In: Friedrich Strack (Hrsg.): Evolution des Geistes: Jena um 1800 [...]. Stuttgart 1994, S. 663–688.
Sagave, Pierre-Paul: Ideale und Erfahrungen in der politischen Praxis Goethes im ersten Weimarer Jahrzehnt. In: Goethe Jb. 93 (1976), S. 105–115.
Schmidt, Georg: Goethes politisches Denken und die regional orientierte Praxis im alten Reich. In: Goethe-Jb. 112 (1995), S. 197–212.
Sengle, Friedrich: Neues zu Goethe. Essays und Vorträge. Stuttgart 1989.
Sengle, Friedrich: Das Genie und sein Fürst. Die Geschichte der Lebensgemeinschaft Goethes mit dem Herzog Carl August von Sachsen-Weimar-Eisenach. Ein Beitrag zum Spätfeudalismus und zu einem vernachlässigten Thema der Goetheforschung. Stuttgart 1993.
Stauf, Renate: Justus Mösers Konzept einer deutschen Nationalidentität. Mit einem Ausblick auf Goethe. Tübingen 1991.
Steenbuck, Kurt: Silber und Kupfer aus Ilmenau: ein Bergwerk unter Goethes Leitung: Hintergründe, Erwartungen, Enttäuschungen. Weimar 1995.
Tümmler, Hans: Carl August von Weimar, Goethes Freund. Eine vorwiegend politische Biographie. Stuttgart 1978.
Tümmler, Hans: Goethe in Staat und Politik. Gesammelte Aufsätze. Köln 1964.
Tümmler, Hans: Goethe der Kollege. Sein Leben und Wirken mit Christian Gottlob von Voigt. Köln / Wien 1970.
Tümmler, Hans: Das klassische Weimar und das große Zeitgeschehen. Historische Studien. Köln/Wien 1975.
Tümmler, Hans: Goethe als Staatsmann. Göttingen/Zürich/Frankfurt 1976.
Voigt, Julius: Goethe und Ilmenau. Unter Benutzung zahlreichen unveröffentlichten Materials dargestellt. Neudruck der Originalausgabe von 1912. Mit einem Geleitwort von Karl-Heinz Hahn; Nachwort von Rosalinde Gothe. Leipzig 1991.
Woesler, Winfried: Möser und Goethe. In: Goethe-Jb. 113 (1996), S. 23–35.

II Poet des Weimarer ›Musenhofs‹ – Die Wirkung Wielands

Unter Goethes *Venezianischen Epigrammen* (1790) steht ein Huldigungsgedicht Goethes auf Herzog Carl August, das mit den Versen schließt: »Niemals frug ein Kaiser nach mir, es hat sich kein König / Um mich bekümmert, und Er war mir August und Mäcen.« Der Kaiser und der König – wer anders könnte gemeint sein als Joseph II. und Friedrich der Große, die Repräsentanten der beiden Vormächte, zwischen denen die Kleinstaaten in ständiger Furcht um ihre Existenz Balance zu halten hatten. An den Höfen der beiden aufgeklärt-absolutistischen Herrscher wäre für die klassische Dichtung aus den früher erörterten Gründen kein Raum gewesen. Der auf die französische Literatur fixierte preußische König bezeugte in seiner Schrift *De la littérature allemande* (1781) dem Verfasser des *Götz von Berlichingen* nur Verachtung, während der (zukünftige) weimarische Herzog Goethe 1774 nicht etwa zu sich kommen ließ, sondern selber zu ihm kam.

Klein ist unter den Fürsten Germaniens freilich der meine,
  Kurz und schmal ist sein Land, mäßig nur, was er vermag.
Aber so wende nach innen, so wende nach außen die Kräfte
  Jeder. Da wär es ein Fest, Deutscher mit Deutschen zu sein.

Der Macht und des äußeren Einflusses entbehrend, der Möglichkeit politischer Aktivität beraubt, vermag der Deutsche sein inneres Leben zu steigern und zugleich über die Enge politischer Nahziele hinauszuwirken. Wendung nach innen – Wendung nach außen, Innerlichkeit und Weltbürgerlichkeit, Provinzialismus und Kosmopolitismus in jener doppelsinnigen Verschränkung, die Thomas Mann als das »geistig Deutsche« bestimmt hat.

»Ferrara ward durch seine Fürsten groß«, heißt es in Goethes *Tasso* (Vs. 55). Es fragt sich, ob auch in dieser Hinsicht die gleichen Verhältnisse »in Weimar wie in Ferrara« herrschten (Goethe zu Eckermann, 6. Mai 1827). »Die Majestät des Deutschen ruhte nie auf dem Haupt seiner Fürsten«, lesen wir demgegenüber in Schillers Fragment *»Deutsche Größe«*. Und in seinem Gedicht *Die deutsche Muse* (1803) steht die Strophe:

> Kein Augustisch Alter blühte,
> Keines Mediceers Güte
> Lächelte der deutschen Kunst,
> Sie ward nicht gepflegt vom Ruhme,
> Sie entfaltete die Blume
> Nicht am Strahl der Fürstengunst.

Es folgt der Hinweis auf die Geringschätzung der deutschen Literatur von seiten Friedrichs II. – der Beweis dafür, daß der deutsche Dichter sich selbst den »Wert« erschuf. Und Carl August? Schiller ist aufgrund seiner aufgeklärten Skepsis gegenüber dem Fürstenstand offenbar nicht bereit gewesen, ihm irgendein Verdienst um die Blüte der deutschen Literatur zuzubilligen. Ein zweifellos ungerechtes Urteil; Goethe hat in diesem Punkt wesentlich anders gedacht.

Carl August fehlte freilich die spezifisch musische Begabung. Goethes Dichtung hat er wohl nie angemessen zu würdigen vermocht. In dieser Hinsicht stand er hinter seiner Mutter zurück, die selber malte, dichtete und vor allem komponierte (z.B. die Musik zu Goethes Singspiel *Erwin und Elmire*, 1776). Komponierende Fürsten sind im 18. Jahrhundert keine Seltenheit. (Es sei nur an Anna Amalias Großonkel Friedrich den Großen oder an die bayerische Prinzessin und spätere sächsische Kurfürstin Maria Antonia Walpurgis erinnert, die mehrere Opern schrieb, in denen sie sogar persönlich auftrat.) Die gebürtige Braunschweigische Prinzessin *Anna Amalia* (1739–1807), die nach dem frühen Tod ihres Mannes mit 19 Jahren die Regentschaft des Herzogtums antrat, ist die eigentliche Begründerin der Blütezeit Weimars als Stadt der Künste. Während ihrer Regierungszeit (1758–1775) hat sie sich freilich auch um Reformen auf sozialem und wirtschaftlichem Gebiet sowie im Universitäts- und Schulwesen verdient gemacht. Vor allem kümmerte sie sich um die Sanierung des zerrütteten Finanzwesens, nicht zuletzt durch Einsparungen in der Hofhaltung. Nach ihrem Rücktritt von der Regentschaft 1775 wurde sie zum Mittelpunkt des ›Weimarischen Musenhofs‹, dem der etwas literaturfremde Herzog mit nicht mehr als distanziertem Wohlwollen gegenüberstand.

1772 berief Anna Amalia den seit 1769 an der Erfurter Universität lehrenden *Christoph Martin Wieland* (1733–1813) als Erzieher des künftigen Herzogs nach Weimar. Das war gewissermaßen die Geburtsstunde der Weimarer Klassik. Der Autor des *Agathon* (1766/67) und *Musarion* (1768) erlebte hier, zumal nach Beendigung seiner Tätigkeit als Prinzenerzieher 1775 – eine herzogliche Pension ermöglichte ihm, nun ganz seinen poetischen Plänen zu leben –, eine zweite Blütezeit seiner Dichtung. In Weimar entstanden u.a. sein komischer Prosaroman *Die Abderiten* (1774/80), dessen Entlarvung kleinstädtischen Spießertums nicht zuletzt auf Weimar gemünzt ist, das Stanzenepos *Oberon* (1780) und die Romane *Agathodämon* (1799) und *Aristipp* (1800/02). Als sein »Hauptgeschäft« in Weimar hat Wieland freilich die Redaktion der 1773 von ihm gegründeten, organisierten und auch verlegten Zeitschrift »Der Teutsche Merkur« empfunden, dessen Titel auf das französische Gesellschaftsjournal »Mercure de France« zurückgeht. Wielands Zeitschrift wollte kein rein literarisches oder ein bloßes ›Kultur‹-Organ sein, sondern wie das französische Vorbild auch den Bereich der ›Zivilisation‹ einschließen (Technik, Ökonomie und Politik; so wurde hier auch die Französische Revolution fortlaufend kommentiert). Durch diesen umfassenden Anspruch und seinen laxen Niveaumaßstab, der auch die Publikation des Mittelmäßigen zuließ, konnte sich der »Teutsche Merkur« fast ein halbes Jahrhundert lang einen breiten Absatz sichern und wie kaum eine andere Zeitschrift kulturbildend wirken. Mit dem ersten Band des »Teutschen Merkur« trat Weimar in die deutsche Literatur ein, heißt es in *Dichtung und Wahrheit*. Kein Zweifel, der Ruf Weimars als des deutschen Athen wurde vor allem durch Wielands Journal verbreitet. Die spezifischen Zeitschriften der Klassik (»Neue Thalia«, »Horen«, »Propyläen«) hat es ebenso überlebt wie das romantische »Athenäum«.

Den eigentlichen Anstoß zu Wielands Berufung nach Weimar gab wohl sein Roman *Der goldene Spiegel oder Die Könige von Scheschian* (1772), mit dem er ursprünglich eine Stellung am Hofe Josephs II. zu gewinnen hoffte – des aufgeklärten Monarchen, der in Wielands Roman sein vermeintliches Ebenbild in der Gestalt des indischen Herrschers Tifan findet. Dieser entwickelt einen Idealstaat in den Grenzen des aufgeklärten Absolutismus, wobei sein Reformeifer, etwa bezüglich des Ständesystems und der Wirtschaftspolitik, deutlich hinter den Bestrebungen des wirklichen Kaisers zurückbleibt, dem Wieland sich mit diesem Roman dienstbar machen wollte. *Der Goldene Spiegel* setzt die Gattung des Fürstenspiegels und Staatsromans fort (vgl. Fénélons *Télémaque*, 1699, oder Hallers *Usong*, 1771), der die Herrschenden zu aufgeklärter Regierungsführung zu erziehen sucht und die Hoffnung auf eine Reform des monarchischen Staatswesens im antiken oder orientalistischen Gewand verbirgt.

Das Duodezfürstentum Anna Amalias war freilich wenig geeignet, die staatspolitische Weisheit des zweifellos auf größere politische Dimensionen berechneten Wielandschen Fürstenspiegels auch nur annähernd zu applizieren, aber es zeugt vom aufgeklärten Sinn der Herzogin, daß sie ihren Sohn im Geist dieses neuen *Télémaque* erzogen wissen will. Wieland hat in den drei Jahren seiner Erziehertätigkeit dem Erbprinzen nicht nur Unterricht in verschiedensten Disziplinen von der Philosophie und Theologie über Rhetorik und Poetik bis zur Politik, Kameral- und Polizeiwissenschaft erteilt, sondern ihn auch durch das Medium der Poesie und des Theaters auf seine zukünftige Aufgabe vorbereitet. 1773 wird zum 17. Geburtstag des Erbprinzen Wielands »lyrisches Drama« *Die Wahl des Herkules* (mit der Musik von Anton Schweitzer) aufgeführt; das Singspiel übernimmt hier die Funktion des Fürstenspiegels, weist nach dem Vorbild des antiken Helden den zukünftigen Fürsten auf die Bahn der »Arete«, der verantwortungsvollen Tätigkeit für Vaterland und Menschheit hin (»Soll / Dein Vaterland dich ehren: / Arbeit' für sein Glück, für seinen Ruhm!« Vs. 241ff.) und warnt ihn vor der Verführung des Luxus, die als »Kakia, die wollüstige Untätigkeit« mit ihrem Sirenengesang den Ruf der Tugend zu übertönen sucht.

Dem Singspiel gilt Wielands – wie später Goethes – besondere Aufmerksamkeit im Rahmen der künstlerischen Ambitionen des Weimarer Musenhofs. Wie Goethe in Zusammenarbeit mit dem Komponisten Philipp Christoph Kayser, so bemüht Wieland sich in Verbindung mit Schweitzer um die ›Naturalisation‹ und poetische Sublimierung dieser musikalisch-literarischen Mischgattung in Deutschland (vgl. zumal seinen Aufsatz *Versuch über das deutsche Singspiel* aus dem Jahre 1775). Der durch seine Folgen bekannteste Versuch in dieser Hinsicht ist das von Anna Amalia angeregte Singspiel *Alceste* (1773). In seinen *Briefen über das Singspiel »Alceste«* im ersten Band des »Teutschen Merkur« (1773) hat Wieland sich überaus kritisch mit seiner Quelle, der *Alkestis* des Euripides auseinandergesetzt und seine Abweichungen und ›Verbesserungen‹ nicht ohne Selbstlob gerechtfertigt.

Das hat die Generation des ›Sturm und Drang‹ in Harnisch gebracht und Goethe zu seiner »Farce« *Götter, Helden und Wieland* inspiriert, die auf Drängen von Lenz 1774 in Druck gegeben wurde. Wieland vertritt in seinen Briefen gewissermaßen noch den Stand der ›Modernes‹ in der ersten Phase der so spektakulären wie folgenreichen »Querelle des Anciens et des Modernes« im 17. Jahrhundert: Die ›Modernes‹ leugnen, daß die antiken Autoren das für alle Zeiten gültige Maß vollkommener Kunst geschaffen haben, und machen ihnen im Namen des ›bon goût‹ und der ›bienséance‹, denen die modernen Autoren natürlich mehr entsprechen, den Prozeß. Auf diesen Stand der »Querelle« fällt Wieland gewissermaßen zurück, wenn er vom vermeintlich überlegenen Standpunkt der modernen Kultur und Poesie aus das Drama des Euripides in vielen Einzelheiten als »abgeschmackt«, »albern« oder »platt« beurteilt und seine empfindsamen Korrekturen als Vorzüge der modernen Dichtung ausgibt. Goethe, der Euripides zeitlebens bewundert und gegen seine Kritiker (später zumal gegen A.W. Schlegel) verteidigt hat, läßt den attischen Tragiker im Hades gegen die Verabsolutierung des eigenen Zeitgeschmacks und das anmaßende Verfahren aufbegehren, »nach Sitten und Theaterkonventionen und nach und nach aufgeflickten Statuten Natur und Wahrheit zu verschneiden und einzugleichen«, so daß alle Personen nur noch einer Familie anzugehören scheinen, »der Ihr Würde der Menschheit, ein Ding, das Gott weiß woher abstrahiert ist, zum Erbe gegeben habt, Ihr Dichter auf unsern Trümmern! Sie sehn einander ähnlich wie die Eier, und Ihr habt sie zum unbedeutenden Breie zusammengerührt.«

Die gleiche ›humane‹ Nivellierung der Personen mag Goethe später bei seiner eigenen *Iphigenie* als fatal empfunden haben, wenn er sie Schiller gegenüber als »ganz verteufelt human« bezeichnet (19. Januar 1802). In der Tat stechen die Figuren der *Iphigenie* nicht weniger als die der Wielandschen *Alceste* von den griechischen Heroen ab, die, einer Bemerkung Goethes im 15. Buch von *Dichtung und Wahrheit* zufolge, »nicht auf moralischen, sondern auf verklärten physischen Eigenschaften ruhen«, wie in *Götter, Helden und Wieland* vor allem am Beispiel des Herkules in aller Drastik vor Augen geführt wird. Nicht daß Wieland in seiner *Alceste* »Helden und Halbgötter nach moderner Art« gebildet hat, sei ihm seinerzeit zum Vorwurf gemacht worden, schreibt Goethe in seiner Autobiographie – schließlich stehe jedem modernen Dichter frei, »die poetischen Traditionen nach seinen Zwecken und seiner Denkweise umzuformen« –, sondern daß er den modernen Standpunkt absolut gesetzt und die griechische Kunst in ihrer Andersartigkeit nicht anerkannt habe. Damit nimmt Goethe die vermittelnde Position ein, auf die sich die Auseinandersetzung zwischen den ›Anciens‹ und ›Modernes‹ einst eingependelt hat: daß die ästhetischen Normen historisch zu relativieren sind, eine Epoche nicht unvermittelt mit den Maßstäben einer anderen gemessen werden kann.

Am Ende seiner Farce läßt Goethe auch Herkules gegen Wieland auftreten und ihm vorwerfen, er habe die »scheelen Ideale« seiner ›seraphischen‹ Phase immer noch nicht abgestreift. Seine Euripides-Kritik wird als moralinsauer gescholten, er selber als »Hochwürden« angeredet – derselbe Autor, den die Dichter des ›Göttinger Hains‹ als »Wollustsänger« verdammt haben! Daß Wieland Fürstendiener, »Hofrat und Prinzenhofmeister zu Weimar« geworden ist, wird von den republikanischen Schatten der Unterwelt bespöttelt. Als Wieland den Schatten der Alkestis im Stil der an die Herzogin Anna Amalia adressierten Schmeichelphrasen zu Beginn der *Alceste*-Briefe mit »Meine Fürstin« anredet, fällt jene ihm ins Wort: »Ihr solltet wissen, daß Fürsten hier nichts gelten.« Zwei Jahre später wird Goethe in den Dienst des gleichen Fürstenhofs wie Wieland treten und bald dieselben Vorwürfe hören müssen, die er in seiner Farce Wieland gemacht hat.

Goethes Karriere in Weimar, die Begegnung mit Carl August noch im Erscheinungsjahr der dramatischen Farce wären undenkbar gewesen, hätte Wieland, dessen unversöhnliche Feindschaft Goethe durch seine Satire riskierte, nicht mit urban-ironischer Nachsicht reagiert. Er ließ sich sogar herbei, das gegen ihn gerichtete Werk im »Teutschen Merkur« vom Juni 1774 positiv zu rezensieren und »diese kleine Schrift allen Liebhabern der pasquinischen Manier als ein Meisterstück von Persiflage und sophistischen Witze« zu empfehlen. Ja, er gesteht dem Autor zu, sein *Götz von Berlichingen* habe nicht nur gezeigt, »daß er Shakespeare sein könnte, wenn er wollte«, sondern diese »heroisch-komisch-farcialische Pasquinade« beweise, »daß er, wenn er wolle, auch Aristophanes sein könne.« Goethe hat sich nach dieser Rezension unumwunden für besiegt, ja »prostituiert« erklärt. Sein eigener künstlerischer Weg wird ihn in den nächsten Jahren vom kraftgenialischen Impetus der Wieland-Persiflage wegführen – in die gleiche vom humanen Maß höfischer convenance geprägte Stilrichtung, zu der die *Alceste* Wielands tendiert. Wenn dieser dem Autor des *Götz* im »Teutschen Merkur« prophezeit, er werde, wenn er sich ausgetobt habe, »durch tiefere Betrachtungen über die Natur der menschlichen Seele auf die Überzeugung geleitet werden [...], daß Aristoteles am Ende doch recht habe, daß seine Regeln sich vielmehr auf Gesetze der Natur als auf Willkür, Konvenienz und Beispiele gründen«, so konnte er sich durch Goethes klassische Dramatik in dieser Hinsicht bestätigt fühlen.

Wielands souveräne Replik auf Goethes dramatisches Pasquill hat diesem zu Bewußtsein gebracht, wie viel er selbst Wieland zu danken hatte, gerade im Hinblick auf sein Bild der Antike. »Hier war cs«, so schreibt er in *Dichtung und Wahrheit* über seine erste Begegnung mit Wielands *Musarion* in Leipzig, »wo ich die Antike lebendig und neu wiederzusehen glaubte.« Diese Wielandsche Antike wird ihm trotz ihrer anachronistischen, rokokohaften Züge auch später näher stehen als die grobianische Antike à la *Götter, Helden und Wieland.*

Wielands Verhalten ihm gegenüber hat Goethe eine Tugend des Umgangs gelehrt, die zu den Kardinaltugenden der ›guten Gesellschaft‹ gehört: die urbane Toleranz gegenüber konträren Charakteren und Ansichten, die Fähigkeit, Gegensätze im Geiste des ›guten Tons‹, durch wechselseitige Schonung auszugleichen. Goethe hat auf dieser Tugend später immer wieder beharrt, wo heftige Parteiengegensätze aufbrachen – vor allem in der Zeit der Französischen Revolution. Eines der bewegendsten Dokumente dafür ist die Rahmenerzählung der *Unterhaltungen deutscher Ausgewanderten* (1795). Hier ist es eine Frau, die Baronesse von C., welche eine durch die revolutionären Ereignisse zerstrittene Männergesellschaft durch die Erinnerung an die »gesellige Bildung« wieder versöhnt. Noch einmal setzt sich jene »Philosophie der Grazien« durch, welche den Untertitel der Wielandschen Verserzählung *Musarion* bildet. Auch deren Titelgestalt gelingt es, einen hitzigen Parteienstreit, hier zwischen unvereinbar scheinenden philosophischen Grundpositionen, und die zu Unversöhnlichkeit und Haß verleitende Verabsolutierung einer einseitigen Sicht der Dinge ad absurdum zu führen.

Goethes Novellenzyklus *Unterhaltungen deutscher Ausgewanderten* eröffnet Schillers Zeitschrift »Die Horen«, der ihr Herausgeber folgendes Ziel gesetzt hat: »Einer heitern und leidenschaftfreien Unterhaltung soll sie gewidmet sein [...]. Mitten in diesem politischen Tumult [der revolutionären Zeitereignisse] soll sie für Musen und Charitinnen einen vertraulichen Zirkel schließen, aus welchem alles verbannt sein wird, was mit einem unreinen Parteigeist gestempelt ist.« Das ist reinster Wieland! Wie sich unreiner Parteigeist auf dem Gebiet der literarischen Kritik auswirkt – nämlich als ungehobelte, der Konzilianz entbehrende Polemik –, demonstriert Goethes ebenfalls im ersten »Horen«-Jahrgang erschienener Aufsatz *Literarischer Sansculottismus*; der Name »unsres Wielands« erscheint hier an bedeutsamer Stelle, er wird zum Signal der Hoffnung auf einen deutschen Gemeinstil. Worin soll dieser bestehen? Zweifellos in jener Urbanität und Eleganz des Ausdrucks, welche die deutsche Prosa und Verskunst Wieland vornehmlich verdankt – die Entprovinzialisierung, der kosmopolitische Gestus des Stils. Wie rigoros Schiller die »Horen« auf das gewissermaßen Wielandsche Stilideal verpflichtet hat, zeigt seine Zurückweisung eines Beitrags von Fichte (*Über Geist und Buchstab in der Philosophie*) vor allem aus sprachlichen Gründen. Auch Schiller hat sich also in seiner Zeitschrift zur Aufgabe gemacht, was Wieland in einem Brief an seinen Schwiegersohn, den Kantianer Karl Leonhard Reinhold vom 5. September 1802 verlangt: »die Philosophie wieder zu humanisieren und die Menschen, wie sie sind, in menschlicher Sprache und in einer ihren Fähigkeiten und Bedürfnissen angemessenen Manier zu belehren.« Wie vorbildlich Wieland in dieser Hinsicht gewirkt hat, ist von Goethe noch im Alter anerkannt worden. Ihm verdanke »das ganze obere Deutschland seinen Stil«, bemerkt Goethe Eckermann gegenüber am 18. Januar 1825. »Es hat viel von ihm gelernt, und die Fähigkeit, sich gehörig auszudrücken, ist nicht das Geringste.«

Was Wieland 1776 im »Teutschen Merkur« über Erasmus von Rotterdam schreibt, hat er selbst der deutschen Sprache und Literatur zu vermitteln gesucht: »die Horazische aurea mediocritas [...] d.i. Liebe zu allem Gemäßigten, Ruhigen und sanften Schönen in der Natur und im Leben und die so nahe damit verwandte Menandrische Grazie und Urbanität und die Lucianische Feindschaft gegen alle falsche Prätension, alles Überspannte, gegen Platonische praestigias und stoisches supercilium«. Das ist das höfisch-aristokratische Ideal der »gracia« und »sprezzatura« (Leichtigkeit), wie es z.B. Baldassare Castiglione seinem *Cortegiano* vorschreibt. Welche Rolle die von Wieland im letzten Zitat zusammengestellten aristokratischen Werte inhaltlich und stilistisch für Goethe und Schiller (zumal für dessen Ästhetik) gespielt haben – vor allem als sie durch die Französische Revolution fast gänzlich verschüttet wurden –, wird sich später zeigen. – Obwohl Wieland gewissermaßen das literarische Ancien Régime verkörpert, hat er sich doch ästhetischen Erscheinungen, die seinen eigenen Maximen entgegenstanden, nicht verschlossen. Das zeigt nicht nur seine Shakespeare-Übersetzung (1762–66), sondern namentlich sein Verständnis für die dramatische Produktion des jungen Goethe und Schiller, ja noch seine Bewunderung für Heinrich von Kleist, der 1802 einige Monate auf Wielands Landgut Oßmannstedt bei Weimar verbracht hat.

Das poetische Meisterwerk des Weimarer Wieland, ja wohl der

ersten Phase der Weimarer Klassik überhaupt, ist das Ottaverimen-Epos *Oberon* (1780/1796), dessen schwebende Leichtigkeit die unsägliche Mühe der immer neuen (siebenmaligen!) Überarbeitung und stilistischen Verfeinerung nicht ahnen läßt. Goethe hat an dem Entstehungs- und Feilungsprozeß lebhaft Anteil genommen, ja Wieland bei der letzten Fassung (1796) beraten. In der Verserzählung werden im wesentlichen drei Handlungsstränge verknüpft und durcheinander gespiegelt: der Streit zwischen dem Elfenkönig Oberon und seiner Frau Titania (vgl. Shakespeares *Sommernachtstraum*), welcher durch ihre gegensätzliche Parteinahme in der Ehebruchsgeschichte von Gangolf und Rosette (aus Chaucers *Canterbury-Geschichten*) ausgelöst und durch die exemplarische Liebesbeziehung zwischen Rezia und Hüon (dessen Ritterabenteuer Wieland einer französischen Quelle verdankt) schließlich versöhnt wird.

Mit souveräner Heiterkeit, der ironischen Distanz des ›spätzeitlichen‹ Dichters parodiert Wieland das Handlungsschema und Ethos des Ritterepos (vgl. etwa das groteske Motiv, daß Hüon den Zorn Kaiser Karls durch die Erbeutung von vier Backenzähnen und einem Büschel Barthaaren des Kalifen von Bagdad versöhnen muß). Moralischer Ernst und parodistischer Scherz, Frivolität (in den Verführungsszenen) und empfindsames Pathos klingen ineinander. Die überlieferten Stoffe werden teils ironisch, teils symbolisch miteinander verwoben und in den von Wieland erfundenen Motivzusammenhang der Prüfung, Bewährung und Läuterung des Liebespaars gestellt. Im Motiv der Liebesprobe manifestiert sich die ethische Idee des Versepos: Humanität der selbstlosen, opferbereiten Liebe, welche sich über die Unbeständigkeit der bloß sinnlichen Begierde (Gangolf und Rosette-Episode) erhebt, ohne sich doch im Sinne eines abstrakten Pflichtethos von der Natur zu entfernen. Diese Tugend des Herzens gemahnt an das Ideal der »schönen Seele«, das schon bei Shaftesbury und Rousseau erscheint, vor allem von Wieland ins Deutsche eingeführt wird (*Was ist eine schöne Seele?* »Teutscher Merkur«, 1774) und bei Schiller seine bedeutendste moralphilosophische Deutung erfährt (als harmonische Vereinigung von sittlicher Pflicht und sinnlicher Neigung).

Wenig beachtet worden sind die Elemente politischer und sozialer Kritik in der anscheinend so realitätsfernen Märchenhandlung. Hans Mayer hat Oberon mit gewissem Recht als aufgeklärten Lichtgenius charakterisiert, dessen vernunftgeleiteter, ethisch motivierter Zauber alle abergläubischen Täuschungen und despotischen Anmaßungen aufhebt (die Wirkungen des Zauberhorns). Karl der Große verkörpert die Rechtswillkür des absolutistischen Despoten, sein Gegenspieler Hüon den Adel des reinen Verdiensts, der sich nicht mehr aus ererbten Vorrechten herleitet. Als Land und Lehen Hüons vom Kaiser eingezogen und als Preis in einem Turnier ausgesetzt werden, erobert der Ritter sie sich im Zweikampf zurück. Nichts, so verkündet Hüon, sei ihm willkommener als die Ausschreibung des Turniers: »Was die Geburt mir gab, sei nun durch Tugend mein!« (Vs. 7203) Hier spricht im Märchengewand des Ritters der mündige Bürger, der nur noch auf sich und sein Verdienst gestellt sein will und der herrschenden Macht mit Stolz und Selbstbewußtsein gegenübertritt. *Oberon* gehört zu den großen Humanitätsdichtungen des späten 18. Jahrhunderts; von seinem Rang und seiner eminenten Wirkung her darf man ihn in eine Reihe mit Lessings *Nathan* und Goethes *Iphigenie* stellen, die beide ein Jahr vor der Wielandschen Verserzählung erschienen bzw. aufgeführt worden sind. 1787 plante Schiller mit sicherem musikdramatischem Instinkt die Bearbeitung des Epos als Oper. In der Tat sind in der Folgezeit eine ganze Reihe von Oberon-Opern bzw. -Singspielen entstanden, so von Wranitzky 1789 und endlich 1826 von Carl Maria von Weber. Doch auch Mozarts *Zauberflöte* (1791) ist bedeutend von Wielands Dichtung beeinflußt (in der Thematik der Liebesprüfung wie in zahlreichen Einzelmotiven). Die Wirkung des *Oberon* auf Schiller (die Eboli-Episode in *Don Carlos* ist unverkennbar nach dem Vorbild der scheiternden Verführung Hüons durch Almansaris im 11. Gesang gestaltet) wie auf Goethe ist kaum zu überschätzen; noch im *Faust II* sind deutliche Spuren der *Oberon*-Lektüre zu entdecken.

»Oberon wird, solange Poesie Poesie, Gold Gold und Kristall Kristall bleiben wird, als ein Meisterstück poetischer Kunst geliebt und bewundert werden«, schreibt Goethe am 3. Juli 1780 an Lavater. In dem früher erwähnten Brief an Kestner vom 14. Mai 1780, in dem Goethe sein eigenes Dichten ironisch-resignativ als kavaliersmäßige Nebentätigkeit nach Art des Flötenspiels Friedrichs des Großen beschreibt, nennt er den Autor des *Oberon* den wahren und reinen Dichter. »Wenn ein deutscher Dichter ist, so ist er's. *Meine* Schriftstellerei subordiniert sich dem Leben [...]« Nach der Lektüre des *Oberon* hat Goethe Wieland einen Lorbeerkranz geschickt. Das läßt an die Ehrung Tassos durch den Hof zu Beginn des Goetheschen Schauspiels denken. (Bei der Uraufführung des *Tasso* wurde übrigens die lorbeerbekränzte Herme Ariosts durch die Büste Wielands ersetzt. Antonios Verse 707ff. offenbarten sich so als eine Wieland-Huldigung Goethes.) Die Repräsentanten des Hofes, die Außenstehenden huldigen durch das Zeichen des Lorbeers ›ihren‹ Dichtern. Als einen Außenstehenden aber hat Goethe sich in bezug auf die Poesie während des ersten Weimarer Jahrzehnts zunehmend selbst empfunden. Das mag sich in seiner Übersendung des Lorbeers an den ›reinen‹ Dichter Wieland ausdrücken. Goethes eigene Stellung am Hofe hatte bis zur Italienischen Reise so gut wie nichts mit derjenigen Tassos in seinem späteren Schauspiel gemeinsam. Er spielte eher die Rolle Antonios, wurde von seinem Herzog – anders als Wieland – weit mehr als Staatsmann denn als Dichter geschätzt und gebraucht. Kein Zweifel nun, daß das *Oberon*-Erlebnis Goethe schmerzlich zu Bewußtsein gebracht hat, um welchen Preis er nach Weimar gekommen war, wie not ihm die stärkere Konzentration auf sein poetisches Talent tat.

Wieland vertritt – ähnlich wie in Frankreich Voltaire – eine Richtung der Aufklärung, welche in die höfische Zivilisation integriert bleibt, ihre ethischen und ästhetischen Normen weithin adaptiert. Wie stark die Weimarer Klassik noch in der von Wieland repräsentierten Spätaufklärung gründet, ist durch ihre Rezeptionsgeschichte verdeckt worden. Schon die Frühromantik wollte von einer Verbindung zwischen Goethe und Wieland – für den sie meist nur noch Spott übrig hatte – nichts mehr wissen. Ihrer Polemik ist es gelungen, Wieland weitgehend aus dem allgemeinen literarischen Bewußtsein zu verdrängen. In ihm einen Repräsentanten zumindest der ersten Phase der Weimarer Klassik zu sehen, kam dem 19. Jahrhundert nicht mehr in den Sinn. Das ist freilich auch darauf zurückzuführen, daß Wieland mit der klassischen Dramatik Schillers, vor allem aber mit den späteren Werken Goethes (*Faust I*, *Wahlverwandtschaften*) nicht mehr allzu viel anzufangen wußte. Sein Horizont blieb durch die Spätaufklärung begrenzt. Spätestens seit Goethes Koalition mit Schiller ist er zum deutlichen Außenseiter der Weimarer Literatur geworden, wenn er sich auch – anders als Herder, mit dem ihn eine Altersfreundschaft im Schatten des beargwöhnten Goethe-Schillerschen Duumvirats verbunden hat – nicht zu einer vom Ressentiment bestimmten Polemik gegen die nunmehr ›herrschende‹ Dichtung verleiten ließ. Wie in seiner Dichtung wahrte er auch in seiner persönlichen Haltung die contenance und désinvolture des Hof- und Weltmanns.

Als 1775/76 der Stern Goethes in Weimar aufgeht, zieht Wieland sich, von der Person des Neuankömmlings bezaubert, als maître du plaisir des Musenhofs zurück und überläßt Goethe neidlos diese Rolle. Letzterem fällt neben seinen Verwaltungsämtern hier eine Fülle von Aufgaben zu, die Herder in einem Brief an Hamann vom 11. Juli 1782 ironisch zusammenstellt: Goethe sei nicht nur allmächtiger Minister und Naturgelehrter, sondern »dazu auch directeur des plaisirs, Hofpoet, Verfasser von schönen Festivitäten, Hofopern, Balletts, Redoutenaufzügen [...] usw., [...] selbst überall der erste Akteur, Tänzer, kurz, das Faktotum des Weimarischen und, so Gott will, bald der Major Domus sämtlicher Ernestinischer Häuser, bei denen er zur Anbetung umherzieht.« Mit den Hofopern bezeichnet Herder Goethes Singspiele (*Lila* [1777], *Jery und Bätely* [1780], *Die Fischerin* [1782] u.a.), zu denen Mitglieder des Hofes wie Seckendorff, Corona Schröter oder Anna Amalia selber die Musik geschrieben haben. Mit den Festivitäten, Balletts und Redoutenaufzügen sind die *Maskenzüge* gemeint, die vor allem jeweils zum Geburtstag der Herzogin Luise am 30. Januar inszeniert wurden, großenteils von Goethe selber, der von der Finanzierung bis zu Kostüm und Maske für alles zuständig war, was mit diesen Festveranstaltungen zusammenhing. Sie verbanden den gemeinen Volksbrauch der Karnevalsumzüge mit der repräsentativen höfischen Selbstinszenierung in der Tradition des Trionfo. Alle denkbaren theatralen und paratheatralen Kunstformen fanden bei den weimarischen Maskenzügen Verwendung. Poesie, Musik, Tanz und Pantomime, Kostüme, Masken und Dekorationen aller Art unterstützten das karnevalistische Rollenspiel der höfischen Festgesellschaft und schufen eine doppelte Ebene der theatralen Symbolisierung: man repräsentierte, ›spielte‹ demonstrativ seine gesellschaftliche Funktion und präsentierte sich gleichzeitig in einer fiktiven Rolle. Jeder Festteilnehmer war Schauspieler und Zuschauer zugleich. Goethe ist keineswegs der Alleinautor der Maskenzüge gewesen, die ja eine Art Gesamtkunstwerk bildeten, in dem das Literarische durchaus nicht dominierte. Ihnen kommt also eine kollektive, vielfach anonyme Autorschaft zu. Der eigentliche Autor wie der Adressat dieser festlichen Kasualveranstaltungen (die immer auf einen bestimmten repräsentativen Anlaß bezogen blieben) war eben der Hof selber.

Goethe sah die Auftragsarbeiten, welche die ›Gesellschaft‹ von ihm erwartete und denen er sich aufgrund seiner amtlichen Stellung nicht entziehen konnte, oft als eine lästige Pflicht an. »Die letzten Tage der vorigen Woche hab ich im Dienste der Eitelkeit zugebracht. Man übertäubt mit Maskeraden und glänzenden Erfindungen oft eigne und fremde Not. Ich traktiere diese Sachen als Künstler und so geht's noch«, schreibt Goethe am 19. Februar 1781 an Lavater. »Wie Du die Feste der Glückseligkeit ausschmückst [eine Anspielung auf Lavaters geistliches Amt], so schmücke ich die Aufzüge der Torheit. Es ist billig, daß beide Damen ihre Hofpoeten haben.« Diese kaum verhüllte kritische Distanz zum Gegenstand – sie wirft auch ein Licht auf den Maskenzug (»Mummenschanz«) am Kaiserhof des *Faust II*, wo man erst recht »eigne und fremde Not« mit Maskeraden »übertäubt« – erklärt sich aus Goethes keineswegs glatt vollzogener höfischer Assimiliation, aber auch aus dem vom modernen Künstler erhobenen ästhetischen Autonomieanspruch.

Das gesellige Leben des weimarischen Hofes verteilte sich auf die intim-klassizistischen Weimarer Stadt- und Jagdschlösser (Ettersburg, Tiefurt u.a.) sowie auf die Gärten an der Ilm mit ihren malerischen Eremitagen. (Zur Eigenart des Weimarer Klassizismus in bildender Kunst und Poesie vgl. das folgende Kapitel.) Die beiden wichtigsten Organe des ›Musenhofes‹ waren die (handschriftlich vervielfältigte) Privatzeitschrift »Tiefurter Journal«, dessen wertvollste Beiträge Goethes Gedichte aus dieser Zeit bilden, und das Liebhabertheater, für das er jährlich zwei bis drei Stücke schrieb, inszenierte und spielte (daher Herders Bemerkung, er sei »überall der erste Akteur, Tänzer« etc.). Da beim Brand des Residenzschlosses im Mai 1774 auch der Theatersaal vernichtet worden war, fanden die – wie die Maskenzüge in der Regel für die Hofgesellschaft reservierten und von ihren Mitgliedern präsentierten – Aufführungen an verschiedenen provisorischen Spielorten in und um Weimar statt. 1780 wurde dann die neue Bühne im Weimarer Redoutenhaus eröffnet, nunmehr keine transportable, sondern eine stehende Kulissenbühne. Die Zeit des regelmäßigen Liebhaberspiels, das in den Jahren 1779 und 1780 seine lebhafteste Aktivität entfaltete, ging freilich schon 1783 zu Ende. 1784 übernahm Giuseppe Bellomo mit seiner »Deutschen Schauspielergesellschaft« die Weimarer Bühne, die nunmehr kein festlich-exklusives Dilettantentheater mehr, sondern ein öffentliches Berufstheater war. Balsamos Schauspieltruppe wirkte in Weimar bis 1791, als das Hoftheater unter der Leitung Goethes gegründet wurde.

Aus der Fülle der dramatischen Gelegenheitsproduktionen in Goethes erstem Weimarer Dezennium, zu denen neben den erwähnten Singspielen und Festdichtungen eine Reihe von Farcen (wie die zweite Fassung des *Jahrmarktsfests zu Plundersweilern*, 1778 oder *Die Vögel*, 1780) und kleine bürgerliche Gesellschaftsstücke (*Die Geschwister*, 1776 sowie die dritte Fassung der *Mitschuldigen*, 1783) gehören, ragen zwei Werke heraus: die 1778 auf dem Herzoglichen Liebhabertheater uraufgeführte »dramatische

Grille« *Der Triumph der Empfindsamkeit* mit dem eingelegten Monodrama *Proserpina* und die Prosafassung der *Iphigenie auf Tauris* (1779), deren Aufführung mit der bedeutenden Schauspielerin Corona Schröter als Iphigenie, Knebel als Thoas, Goethe selber als Orest und Prinz Konstantin als Pylades – in einer späteren Aufführung spielte gar der regierende Carl August diese Rolle – den Höhepunkt in der Geschichte des Liebhabertheaters bildet.

Die genannte »dramatische Grille« ist eine zündende Satire auf die Empfindsamkeit, namentlich auf die Rezeption der *Leiden des jungen Werthers* in ihrem Geiste. Die Abwehr der Schatten Werthers ist geradezu eine Haupttendenz in Goethes geistigem Leben während des ersten Weimarer Jahrzehnts. In den 1821 verfaßten Erläuterungen zu seiner Hymne *Harzreise im Winter* (1777), die aus dem Erlebnis einer eigenen Reise Goethes hervorgegangen ist und deren Verse über den Unglücklichen, »Der sich Menschenhaß / Aus der Fülle der Liebe trank«, auf die Begegnung mit dem *Werther*-Opfer Plessing anspielen, schreibt Goethe: er, der sich durch den Roman »von der damals herrschenden Empfindsamkeits-Krankheit zu befreien suchte«, habe nun die »große Unbequemlichkeit erleben« müssen, »daß man ihn gerade diesen Gesinnungen günstig hielt«. Der Titel einer anderen Hymne: *Grenzen der Menschheit* (1781?) nimmt unmittelbar ein Wort Werthers (vom 12. August 1771) auf: die Grenzen, von denen dieser sich bedrängt fühlte, sie gilt es nun anzuerkennen, sich zu bescheiden im »kleinen Ring«, der unser Leben umschränkt.

Noch als Goethe 1796 für Schillers »Horen« seine *Briefe aus der Schweiz* bearbeitet, die er während seiner Reise 1779 geschrieben hat, sucht er die Neufassung mit einer *Werther*-Parodie zu verbinden; diese spielt auf die in *Dichtung und Wahrheit* (19. Buch) beschriebene erste Schweizer Reise 1775 an, als er sich mit den Brüdern Stolberg – im Wertherkostüm – in die Heimat Salomo Gessners begab, welche die beiden Grafen inspirierte, sich wie »poetische Schäfer« zu benehmen, als »weseten« sie »in der uranfänglichen Natur«. In dem Fragment einer Reise Werthers in die Schweiz vor seiner Bekanntschaft mit Lotte sucht Goethe nun in satirischer Absicht den »Gegensatz der schweizerischen löblichen Ordnung« mit dem »im jugendlichen Wahn geforderten Naturleben zu schildern«. In der so entstandenen, vom Geist der Verserzählung Wielands erfüllten Novelle – einem der Meisterstücke erotischer Erzählkunst in Deutschland – möchte Werther auf der Suche nach dem Menschen im Naturzustand einmal eine nackte Frau sehen und wird in ein recht frivoles Abenteuer verwickelt.

Anders als die überspannten Idealisten bei Wieland wird er jedoch – der Fortgang seiner Lebensgeschichte ist ja festgelegt – durch dieses Erlebnis durchaus nicht von den Höhen der Schwärmerei auf den Boden des gesunden Menschenverstands heruntergeholt.

Der Weimarer Hof war – anders als etwa der befreundete Darmstädter, von dem die junge Herzogin stammte – der modischen Empfindsamkeit weithin abhold. Hier konnten die Empfindsamkeitssatiren Wielands oder Goethes mit lebhafter Resonanz rechnen. In diesem Zusammenhang ist auch der durch seine *Volksmärchen der Deutschen* (1782/86) bekannt gewordene Schriftsteller und Gymnasialprofessor *Johann Carl August Musäus* (1735–1787) zu erwähnen, der durch den gegen Richardson gerichteten satirischen Roman *Grandison der Zweite* (1760/62) und seine Märchen die »leidige Sentimentalsucht in der modischen Büchermanufaktur« zu bekämpfen suchte. Musäus schrieb übrigens auch Stücke für die Weimarer Liebhaberbühne und bewies dort unter Goethes Leitung beachtliches schauspielerisches Talent.

Im Rahmen der Ablehnung des Werther-Kults – auch an die ausgelassene Verspottung von Fritz Jacobis empfindsamer Romandichtung *Woldemar*, welche Goethe 1779 in Ettersburg aus dem Stegreif inszeniert hat, ist zu denken – muß der *Triumph der Empfindsamkeit* gesehen werden. Im Mittelpunkt der satirischen Komödie steht der Prinz Oronaro, der von seiner Naturschwärmerei so »empfindsame Nerven« bekommen hat, daß er die wirkliche Natur – Temperaturwechsel, Luftfeuchtigkeit, Insekten, welche die »zärtliche Empfindung« allzu oft stören – nicht mehr ertragen kann und sich deshalb eine »künstliche Natur«, ein Maschinenwerk mit allen empfindsamen Requisiten hat schaffen lassen: da finden wir sprudelnde Quellen, lieblichen Vogelgesang und vor allem den unentbehrlichen Mondschein – ist die empfindsame Poesie doch vorwiegend Nachtdichtung. (Oronaros »Kavalier« Merkulo bemerkt: »Unter eilfe und zwölfe tun wir's aber gar nicht, und ohne Särge, Kirchhöfe und schwarze Tücher läßt sich nichts rechts ausrichten.«) Jene automatisierte Natur führt Oronaro als »Reisenatur« ständig mit sich. Auch von seiner Geliebten hat er sich ein künstliches Abbild schaffen lassen: eine Puppe, die eine so »magische Gewalt« auf ihn ausübt, daß er sie schließlich, ein umgekehrter Pygmalion, der wirklichen Geliebten vorzieht – ein Motiv, das später Jean Paul (*Der Komet*: dort reist der schwärmerische Scheinfürst Marggraf mit einer Wachsbüste als imaginärer Geliebter durch die Lande) und die Romantiker stark inspiriert hat, ja schon auf die Décadence vorausweist. Richard Wagner hat am 1. November 1870, in einem Gespräch mit Cosima über den *Triumph der Empfindsamkeit*, den Prinzen Oronaro mit König Ludwig II. verglichen, dessen künstliche Grotten und Naturparadiese in der Tat an die Reisenatur des autistischen Prinzen gemahnen. Auch an die Puppe Oskar Kokoschkas ist zu denken, die er sich nach seiner schmerzlichen Trennung von Alma Mahler als Surrogat der Geliebten anfertigen ließ. Die Magie der Puppe Oronaros aber geht, wie sich am Ende herausstellt, von ihrem »papiernen Herzen« aus: sie ist mit empfindsamen Büchern wie Millers *Siegwart* – und *Werther* ausgestopft. Daß Goethe seinen Roman, der doch die Empfindsamkeit gewissermaßen ›aufheben‹ sollte, hier mit ihr gleichsetzt, sein Werk von dessen Wirkung: der Verfälschung »von Empfindung zu Empfindsamkeit« (Werner Vordtriede) nicht getrennt hat, bleibt merkwürdig.

Nirgends ist die Empfindsamkeit – der hinter ihrem vermeintlich altruistischen Gefühlskult verborgene narzißtische Selbstgenuß, die schematisierten und kommandierten Empfindungen, welche durch formelhaft wiederkehrende Impressionen ausgelöst werden, der rein ›literarische‹ Charakter des Naturgefühls (man vergleiche nur den Mondscheinzauber des Prinzen mit der unverwechselbar persönlichen Naturerfahrung des ungefähr gleichzeitig entstandenen Goethe-Gedichts *An den Mond*) – reicher an ironisch-parodistischen Allusionen entlarvt worden als in dieser »dramatischen Grille«. Während sie heute fast vergessen ist, war ihre Wirkung bis in die Romantik beträchtlich. Das ironische Spiel mit der theatralischen Illusion nimmt bereits Tendenz und Technik der Komödien Tiecks vorweg. (Der Prinz schläft z.B. bei einer melodramatischen ›Nummer‹ ein und zwingt das Orchester so, mit einer improvisierten Kadenz zu enden; oder: da der dramatische Knoten am Ende des 5. Akts noch nicht wie üblich gelöst ist, beschließen die Personen, noch einen 6. Akt zu spielen usw.)

Den Einfall, in den *Triumph der Empfindsamkeit* das vorher entstandene Monodrama *Proserpina* einzuschalten, hat Goethe in den *Tag- und Jahresheften* später als »freventlich« verworfen, da durch den Kontext der Literatursatire die »Wirkung« dieser großen Szene »vernichtet« worden sei. Die dramatisch-musikalische Mischgattung des Monodramas, eine Sonderform des um diese Zeit höchst populären Melodramas, stellt den heroisch-sentimentalen Monolog einer (meist weiblichen) mythischen Figur dar, der hochpathetisch deklamiert (teilweise auch gesungen) und von Instrumentalmusik untermalt wird. Prototyp des Monodramas war Rousseaus 1770 enstandene lyrische Szene *Pygmalion*. In Deutschland ist dieses Genre vor allem mit dem Namen des Komponisten Georg Anton Benda verbunden, dessen *Ariadne* und *Medea* Goethes *Proserpina* vorangegangen sind. Im *Triumph der Empfindsamkeit* wird das Monodrama nun als Ausdruck empfindsamen Selbstgenusses in ein satirisches Licht gerückt. Als ihr Urheber wird bezeichnenderweise Kaiser Nero ausgegeben! Die Klage Proserpinas, die aus der Sphäre des Lichts in das Dunkel der Unterwelt gerissen wird, ihr Aufbegehren gegen die Götter, welche sie verlassen haben, sprengt indessen diesen satirischen Rahmen ganz und gar, sie ist große tragische Dichtung ohne ironischen Akzent – ein bedeutendes Mittelglied zwischen den Titanenklängen des *Prometheus* aus Goethes Sturm und Drang-Phase und den Antike-Dramen aus den frühen Weimarer Jahren: dem Fragment *Elpenor* (1781 ff.) und *Iphigenie*.

Iphigenie auf Tauris, 1779 in rhythmischer Prosa verfaßt (wie *Elpenor*), erst während der Italienischen Reise in Blankverse übertragen, ist ursprünglich als Festspiel im Auftrag des Hofs (anläßlich der Geburt einer Tochter des Herzogspaares) gedacht gewesen. Freilich geht dieses Drama weit über den Rahmen höfischer Festpoesie und über die Möglichkeiten einer Liebhaberbühne hinaus. Daß es dennoch eine Art ›Fürstenspiegel‹ ist, wenn auch in einem weit sublimeren Sinne als etwa Wielands *Wahl des Herkules*, das soll ein späteres Kapitel zeigen, das den drei großen dramatischen Vermächtnissen der frühen Weimarer und Italien-Zeit Goethes gewidmet ist: *Iphigenie*, *Egmont* und *Tasso*.

Literatur

Ammerlahn, Helmut: Vom Püppchen zum Liebchen, vom Schatten zur erkennenden Frau: ironische und therapeutische Selbstinszenierungen der dichterischen Phantasie in Goethes »Anti-Werter-Dramen« *Lila* und *Triumph der Empfindsamkeit*. In: Analogon rationis. Festschrift f. Gerwin Marahrens. Hrsg. v. Marianne Henn u. a. Edmonton / Alberta 1994 S. 111–128.

Bayer, Hans: Feingefühl – Achtung – Ehrfurcht. Zur Soziologie des bürgerlichen Ethos der Goethezeit. In: Wirkendes Wort (1978), S. 401–422.

Borchmeyer, Dieter: Höfische Gesellschaft und Französische Revolution bei Goethe. Adliges und bürgerliches Wertsystem im Urteil der Weimarer Klassik. Kronberg im Taunus 1977.

Bruford, Walter H.: Kultur und Gesellschaft im klassischen Weimar 1775–1806. Göttingen 1966.

Bürger, Christa: Der Ursprung der bürgerlichen Institution Kunst im höfischen

Weimar. Literatursoziologische Untersuchungen zum klassischen Goethe. Frankfurt am Main 1977.
Elias, Norbert: Die höfische Gesellschaft. Neuwied am Rhein/Berlin 1969.
Göres, Jörn: Goethes Ideal und die Realität einer geselligen Kultur während des ersten Weimarer Jahrzehnts. In: Goethe Jb. 93 (1976), S. 84–96.
Hinderer, Walter: Beiträge Wielands zu Schillers ästhetischer Erziehung. In: Jb. d. Dt. Schillergesellschaft XVIII (1974), S. 348–387.
Hinderer, Walter: Wielands Beiträge zur deutschen Klassik. In: Karl Otto Conrady (Hrsg.): Deutsche Literatur zur Zeit der Klassik. Stuttgart 1977, S. 44–64.
Jørgensen, Sven-Aage: Ist eine Weimarer Klassik ohne Wieland denkbar? In: Wilfried Barner [u.a.] (Hrsg.): Unser Commercium. Goethes und Schillers Literaturpolitik. Stuttgart 1984, S. 187–192.
Jørgensen, Sven-Aage (Hrsg.): Christoph Martin Wieland: Epoche, Werk, Wirkung. München 1994.
Kiesel, Helmuth: Legitimationsprobleme eines »Hofpoeten«. Zu den »Versen für und gegen den Hof« in Goethes Autobiographie. In: Germ. Rom. Monatsschr. 29 (1979), S. 390-415.
Krüger, Renate: Triumph der Empfindsamkeit. In: R. Krüger: Das Zeitalter der Empfindsamkeit. Wien/München 1972, S. 186–190.
McCarthy, John A.: Klassisch lesen: Weimarer Klassik, Wirkungsästhetik und Wieland. In: Jb. d. Dt. Schillergesellschaft XXXVI (1992), S. 414–432.
Manger, Klaus: Klassizismus und Aufklärung: das Beispiel des späten Wieland. Frankfurt a.M. 1991.
Mayer, Hans: Wielands *Oberon*. In: H. M.: Zur deutschen Klassik und Romantik. Pfullingen 1963, S. 30-47.
Reemtsma, Jan P.: Das Buch vom Ich: Christoph Martin Wielands *Aristipp und einige seiner Zeitgenossen.* Zürich 1993.
Sengle, Friedrich: Wieland und Goethe. In: Wieland. Vier Biberacher Vorträge 1953. Wiesbaden 1954, S. 55–79.
Sengle, Friedrich: Goethes Nekrolog *Zum brüderlichen Andenken Wielands.* Die gesellschaftliche und historische Situation. Goethes Rücksicht auf sie in der Beschreibung und Wertung Wielands. In: Modern Language Notes 99 (1984), S. 633–47.
Sengle, Friedrich: Christoph Martin Wieland. Stuttgart 1949.
Sengle, Friedrich: Die klassische Kultur von Weimar, sozialgeschichtlich gesehen. In: Int. Archiv f. Sozialgesch. d. dt. Lit. 3 (1978), S. 68–86.
Sichardt, Gisela: Das Weimarer Liebhabertheater unter Goethes Leitung. Weimar 1957.
Stoll, Karin: Christoph Martin Wieland. Journalistik und Kritik. Bedingungen und Maßstab politischen und ästhetischen Räsonnements im *Teutschen Merkur* vor der Französischen Revolution. Bonn 1978.
Vogel, Martin: *Alceste*, Wielands erste deutsche Oper. Bonn 1995.
Vordtriede, Werner: Kunst und Natur in Werthers Schweizerreise. In: Monatshefte, Madison, Wisconsin 1949, S. 218–224.

III Ästhetische Privatexistenz – Goethes frühe Weimarer Lyrik

Goethes Wirken in Weimar, seine Verwandlung in einen ›Fürstendiener‹, nämlich Minister und Hofpoeten ist von den Gefährten des Sturm und Drang mit Mißtrauen verfolgt worden. »Ach, warum ist er nicht hiergeblieben!« Diese Zeile aus Goethes großer Hymne *Seefahrt* (1777) – einer Art Abschied von den ehemaligen Freunden – ist eine ironische Anspielung auf die Besorgnisse der alten Gefährten. Gewiß, die Gefährdungen der neuen Existenz werden auch in diesem Gedicht nicht verschwiegen, in dem Goethe sich wie in vielen brieflichen Äußerungen aus dieser Zeit des alten Topos vom Schiffer auf dem Meer des Lebens bedient (der schon in der antiken Dichtung häufig gerade auf den Dichter bezogen worden ist): »Wechselwinde« – eine traditionelle Metapher der Versuchungen des Lebens – treiben ihn von der »vorgesteckten Fahrt« ab; aber indem er sich ihnen »hinzugeben« scheint, strebt er »leise sie zu überlisten, / Treu dem Zweck auch auf dem schiefen Wege« – eine Anspielung auf die Versuchungen der höfischen Existenz, die Gefahr, durch pragmatische Anpassung an das Gegebene, an die Normen der ›großen Welt‹ das ursprüngliche Ziel aus den Augen zu verlieren, zugleich aber auch der Ausdruck der Überzeugung, daß jedes vermeintliche Sichschicken in die neue Umgebung nur ein diplomatisches Manöver ist, um dem eigenen Zweck nur um so treuer bleiben zu können. Und auch der Sturm, die äußere Bedrohung seiner ganzen Existenz kann den Schiffer im Innersten nicht verwirren: »Herrschend blickt er auf die grimme Tiefe / Und vertrauet, scheiternd oder landend, / Seinen Göttern.« Der Drang zu neuen Ufern: »aus der sogenannten Sturm- und Drangperiode sich zu einer höheren Bildung zu retten« (Goethe zu Eckermann, 10. Februar 1829) ist größer als die Furcht vor jeglichen Gefahren. Das Motiv der klagend am Ufer zurückbleibenden Freunde drückt nur zu deutlich aus, was sich in Wirklichkeit ereignet hat – die unglücklich verlaufenden Besuche von Lenz und Klinger in Weimar zeigen es am klarsten: Loslösung von den Freunden, die zu jener »höheren Bildung« (welche freilich eine gewisse Anpassung an die Konvenienzen der ›großen Welt‹ einschließt) keine Begabung zeigen.

Daß die optimistische Entschlossenheit des Gedichts *Seefahrt*, die Gewißheit, der neuen Lage stets Herr zu werden, nicht die herrschende Stimmung des ersten Weimarer Jahrzehnts blieb, ist freilich kaum zu bezweifeln. Herder hat durchaus unrecht, wenn er in seinem Brief an Hamann vom 11. Juli 1782 (er wurde im letzten Kapitel zitiert) vermutet, Goethe fühle sich in seiner Rolle als Geheimer Rat, maître de plaisir und »Faktotum« des weimarischen Hofes wohl. Gerade in das Jahr 1782 fällt bereits eine Krise Goethes, die zwar noch keine einschneidende äußere Veränderung seines Lebens, aber doch den Entschluß zur Folge hat, »eine neue Epoche meines Lebens und Wesens« anzufangen (an Frau von Stein, 7. November 1782). Sein Ziel ist es, »mir selber wieder zu leben und mich wieder zu erkennen«, wie er am 21. November 1782 an Knebel schreibt. »Ich habe mein politisches und gesellschaftliches Leben ganz von meinem moralischen und poetischen getrennt«, fährt er fort und bekennt: »Der Wahn, die schönen Körner, die in meinem und meiner Freunde Dasein reifen, müßten auf diesen Boden gesät und jene himmlische Juwelen könnten in die irdischen Kronen dieser Fürsten gefaßt werden, hat mich ganz verlassen, und ich finde mein jugendliches Glück wiederhergestellt. Wie ich mir in meinem väterlichen Hause nicht einfallen ließ, die Erscheinungen der Geister und die juristische Praxin [sic] zu verbinden, eben so getrennt laß ich jetzt den Geheimderat [zu dem er 1779 ernannt worden ist] und mein andres Selbst«. Den Auftakt zu dieser Neuorientierung bildet neben neuer intensiver Beschäftigung mit verschiedenen Bereichen der Naturforschung die Wiederaufnahme des Jahre zuvor begonnenen Romans *Wilhelm Meisters theatralische Sendung*. Die Arbeit an dem Theaterroman fällt bezeichnenderweise in die gleiche Zeit, da es mit dem Weimarer Liebhabertheater zuende geht.

»Ich bin recht zu einem Privatmenschen erschaffen und begreife nicht, wie mich das Schicksal in eine Staatsverwaltung und eine fürstliche Familie hat einflicken mögen.« So schreibt Goethe am 17. September 1782 an Frau von Stein. In diesem Bekenntnis drückt sich aus, daß er die öffentliche Existenz des Ministers und Hofpoeten mehr und mehr als Entfremdung seines eigentlichen – des privaten – Selbst empfindet, daß er dieses Selbst von jener entfremdeten Existenz, die äußerlich beibehalten wird, entschieden zu trennen sucht. Der soeben erst nobilitierte Goethe nimmt seine höheren geistigen Bestrebungen gänzlich in seine bürgerliche ›Privatmenschlichkeit‹ zurück – in bewußter Opposition gegen den aristokratischen Lebensgestus: der Edelmann, so wird Wilhelm Meister in den *Lehrjahren* sagen, will ja nichts anderes sein als »öffentliche Person«. Goethe sucht demgegenüber seine Kreise enger zu ziehen, orientiert sein eigentliches geistiges Leben am innersten Weimarer Freundeskreis: Frau von Stein, Knebel, Herder.

Die Beziehung zu *Charlotte von Stein* (1742–1827) ist ohne Zweifel die prägende, das höhere geistige Leben Goethes gänzlich an sich ziehende menschliche Verbindung des ersten Weimarer Jahrzehnts gewesen; ohne sie hätte er seinen eigenen Andeutungen nach Weimar schon 1782 verlassen. Die Begegnung mit ihr läßt ihm alle früheren Liebeserlebnisse ins Schattenhafte versinken, als leeres »Traumgluck« erscheinen, wie es in einem Vers des Gedichts *Warum gabst du uns die tiefen Blicke* heißt, das einen am 14. April 1776 an Charlotte von Stein geschickten Privatbrief bildet. Der mystische Glaube an das in einer früheren Existenz mit Charlotte geteilte Leben, ein Verhältnis, in dem geschwisterlicher und ehelicher Eros eins sind, erklärt ihm die »tiefen Blicke« hinter das traumhafte Ungefähr, dem das Glück der meisten Menschen entspringt, in die Wahrheit des eigenen und des geliebten andern Selbst. Die in der Liebe erfahrene Wahrheit, in deren Licht die Amts- und Hoftätigkeit als leeres Getriebe erscheint, für sie strebt Goethe seit seiner Krise 1782 immer ausschließlicher zu leben.

Die in die zahllosen Briefe an Frau von Stein eingestreuten Gedichte sind der unmittelbare Ausdruck des ›Privatmenschen‹ Goethe; die meisten von ihnen sind von ihm erst später oder (wie das zuletzt genannte) viele Jahre nach seinem Tod (1848) veröffentlicht worden; sie waren eben nicht für die Öffentlichkeit bestimmt, sondern sollten nur, um eine Formel des 18. Jahrhunderts zu verwenden, vom Herzen zum Herzen klingen. Sie bilden mit ihrem brieflichen Kontext das Dokument einer einzigartigen Liebesbeziehung, deren glühender Platonismus in der »Idee des Reinen« als des absoluten Richtmaßes des Daseins gipfelt. Das ist eine der Leitideen Goethes während des ersten Weimarer Jahrzehnts. So sehr seine platonische Liebesauffassung von der Oberflächlichkeit des gesellschaftlichen Lebens absticht, ist sie doch der höfischen Ethik tief verbunden, weist zurück auf die Minnekultur des Mittelalters. Diese sublimierte Liebeskonzeption – welche in Rousseaus *Nouvelle Héloïse*, einem der Lieblingsbücher der Gebildeten am Ende des 18. Jahrhunderts, noch einmal in spätem Glanz aufleuchtet – hängt mit der Konvenienzehe zusammen, welche die höchste geistige Erfüllung der Liebe von der Ehe und der ihr vorbehaltenen körperlichen Vereinigung trennt. Diese geistige Liebe wird von der Gesellschaft toleriert, wie derselben ja auch Goethes Beziehung zu Charlotte durchaus bekannt gewesen, von ihr nicht als anstößig empfunden worden ist. Die moderne bürgerliche Ehe- und Liebesauffassung, der sentimentale Familienbegriff des späten 18. Jahrhunderts, die Bestimmung der Ehe als »rechtlich sittliche Liebe« (Hegel: *Rechtsphilosophie* 161) lassen die Trennung von (bloßer Konvenienz-) Ehe und Liebe nicht mehr zu. Auch für Goethe selber ist Liebe im Grunde eine im modernen Sinne psychophysische Einheit; die Trennung von sinnlichem und geistigem Eros mußte auf die Dauer für ihn eine Vergewaltigung seiner Natur sein. Gewiß hängt die Flucht nach Italien auch mit dem elementaren Bedürfnis zusammen, sich von dem zuletzt kaum mehr ertragenen Zwang einer derart entsinnlichten, die Möglichkeit geschlechtlicher Erfüllung verleugnenden Liebe zu befreien und die »petrarkistische Epoche seiner Liebe zu Frau von Stein« (Friedrich Sengle) zu beenden. (Das erhellt zumal aus der Huldigung der sinnlich-glücklichen Liebe in den nach der Italienischen Reise verfaßten *Römischen Elegien*.)

Wie zehn Jahre zuvor in Frankfurt ist es wiederum eine Liebesbeziehung, in der sich die Krise seiner sozialen Existenz offenbart. Ebensowenig wie sich die Verbindung mit Lili Schönemann von der bürgerlich-kaufmännischen Welt ablösen ließ, so die Liebe zu Charlotte von Stein von der höfisch-aristokratischen Atmosphäre und Lebenshaltung. Wie einst die bürgerliche, so wird Goethe nun die höfische Existenz in und mit einem Liebesverhältnis fragwürdig, ja unerträglich. Frau von Stein, so sehr sie aufgrund ihrer Sensibilität dem alltäglichen Hoftreiben entfremdet war, ist doch in der Atmosphäre und den Konventionen des Hofes aufgewachsen, in Gesittung und Gebaren ganz von denselben geprägt, wohlerfahren in den höfischen Manieren und Künsten. Die Forderungen des Dekorum, des gesellschaftlich Schicklichen, der strengen Affektkontrolle hat sie sich gänzlich zueigen gemacht – wirklich das »Muster des guten Tons«, das nach Christian Garve (dem kompetentesten Beurteiler höfisch-aristokratischen Lebensstils am Ausgang des 18. Jahrhunderts) die höfische Frau zu sein hat. In dieser Beziehung hat sie auf Goethe, dem »die arme Kunst, mich künstlich zu betragen« versagt war (*Ilmenau*, Vs. 116f.) eine bedeutende erzieherische Wirkung ausgeübt, in Richtung auf Maß und Form im Sinne aristokratischer Vornehmheit. (Sein ursprüngliches Auftreten am Weimarer Hofe hat Goethe mit dem des ›edlen Wilden‹ in Voltaires Novelle *L'ingénu* verglichen, der durch den Kontrast seiner naiven Aufrichtigkeit mit der Künstlichkeit des gesellschaftlichen Verhaltens Verwunderung und Belustigung auslöst.) – Das vornehme Maß hat für Goethe seinen Sinn jedoch nicht in sich selbst, sondern ist Symbol und Mittel einer ganz persönlichen Läuterung und »Mäßigung«, deren die von übermäßigen Gefühlsspannungen »zerstörte Brust« bedarf, um an die Verse 33–36 des Gedichts *Warum gabst du uns die tiefen Blicke* zu erinnern, in denen Goethes Verhältnis zu Charlotte so stark an die Heilung des innerlich zerstörten Orest durch die Schwester Iphigenie gemahnt.

›Mäßigung‹ ist auch ein neues poetisches Stilprinzip Goethes: Tendenz zur Klassizität, eine gewisse Zurücknahme der Emanzipation des Gefühls von den emotionalen Zwängen der höfischen Gesellschaft, welche sich der ›Sturm und Drang‹ zum Ziel gesetzt und in dem explosiven Stil seiner Dichtung zu verwirklichen gesucht hatte. Gefühl und Form, wie sie sich im höfischen Lebensgestus ausprägt, suchen sich demgegenüber in Goethes Dichtung neu zu verbinden, nirgends deutlicher als in der *Iphigenie*, zumal in ihrer während der Italienischen Reise vollendeten metrischen Fassung. Goethe knüpft bewußt an das formale Modell der tragédie classique – der Hofdichtung katexochen – an, fügt sich in ihre zeitlich-räumliche und handlungsmäßige Geschlossenheit (Drei Einheiten), sucht wie sie das Geschehen zu entstofflichen und die tragischen Kollisionen auf einen inneren Agon zu verlagern. Die Form der *Iphigenie* korrespondiert dem empfindsam-klassizistischen Stil der Palais, Parkanlagen und bildenden Künste Weimars zu dieser Zeit, in dem höfisch-aristokratischer und bürgerlicher Lebensgestus eine sublime Synthese eingehen. Wenn es irgendwo in neuerer Zeit noch so etwas wie einen Gemeinstil gegeben hat, dann im vorrevolutionären Weimar. Hier sind die Form des geselligen Lebens und der Stil der Künste in der Tat noch auf ein gemeinsames Maß gebracht: eine Klassizität zwar höfischer Provenienz, aber ins Bürgerliche, Emotional-Intime gewendet. (Die Intimisierung des Höfischen zu dieser Zeit ist freilich ein gemeineuropäisches Phänomen. Selbst Ludwig XVI. ließ sich im Schloß von Versailles private Zimmerfluchten einrichten.)

Auch und gerade in der Lyrik des ersten Weimarer Jahrzehnts prägt sich die Abwendung Goethes vom Explosivstil der früheren Jahre deutlich aus. Vergleichen wir etwa die um 1772 entstandene Hymne *Wandrers Sturmlied* mit den beiden *Wandrers Nachtlied* überschriebenen Gedichten von 1776 und 1780: der Gegensatz zwischen den Empfindungswelten des Wanderers hier und dort ist größer nicht denkbar; der enthusiastische Aufschwung des Sturmlieds weicht in den Nachtliedern der Sehnsucht nach Friede und Ruhe, welche im zweiten Lied (»Über allen Gipfeln / Ist Ruh«) zu verhüllter Todeserwartung wird. Dem Empfindungswandel entspricht ein völlig veränderter Ton: traumhaft schwerelos, über aller deutlichen metrischen Bestimmung schwebend, im Tempo zum »Adagio sostenuto« gemäßigt.

In den Nacht- und Mondgedichten der frühen Weimarer Jahre offenbart Goethe sein in den quälenden Geschäften des Tages verschüttetes Selbst: »Lösest endlich auch einmal / Meine Seele ganz«, heißt es in der ersten Strophe des Gedichts *An den Mond* (um 1777). »Bad' ab im Monde des Tages Müh«, lautet eine Zeile in einem anderen brieflichen Gedicht an Frau von Stein (»Und ich geh meinen alten Gang«, Juli 1776). Der Mond, gewissermaßen das Leitgestirn Goethes in diesen Jahren, ist eine Chiffre der Ruhe, des Friedens – des ewigen Seins; sein geistiges Licht fließt in Goethes Imagination immer wieder zusammen mit der Gestalt Charlottes: »Mir ist es, denk ich nur an dich, / als säh' den Mond ich an, / Ein stiller Friede kommt auf mich, / Weiß nicht wie mir getan.« (*Jägers Nachtlied*, 1776). Im Gedicht *An den Mond* tritt die Chiffre des Dauernden in einen symbolischen Spannungsgegensatz zu dem strömenden Fluß (der Ilm) als der Chiffre des ruhelosen, wandelbaren, geschäftigen Daseins. Diese Spannung zwischen dem in poetischer Intuition erfahrenen wandellosen Sein und dem Wandelbar-Wechselvollen des tätigen Lebens ist eine Grunderfahrung Goethes während des ersten Weimarer Jahrzehnts.

Goethes frühe Weimarer Lyrik läßt sich im wesentlichen in folgende große Gruppen einteilen: zwischen den mehr oder weniger privaten *Charlotte-Gedichten* und den offiziellen *Gelegenheitsgedichten*, welche dem Weimarer Kreis huldigen (*Ilmenau*, *Auf Miedings Tod*), stehen die *Ausläufer der Sturm und Drang-Hymnik* sowie die große *Ideenlyrik*. Hinzu kommen einige der *Wilhelm Meister*-Gedichte und die beiden naturmagischen Balladen *Der Fischer* (1778) und *Der Erlkönig* (1782), in denen die unbewußten Abgründe der Seele in ihrer Korrespondenz zur numinosen Tiefenschicht – Nachtseite – der Natur Sprache und Gestalt werden. (Von ihnen wird noch einmal im Zusammenhang mit Goethes und Schillers Balladenalmanach die Rede sein.)

Zu der Ideenlyrik, die einen Schwerpunkt in Goethes früher Weimarer Dichtung bildet, gehören Gedichte wie *Hans Sachsens poetische Sendung* (1776) – welche den Mythos des Nürnberger Schuhmacher-Poeten von der Romantik bis zu Wagners *Meistersingern* vorbereitet –, *Gesang der Geister über den Wassern* (1779), *Meine Göttin* (1780) sowie die in anderem Zusammenhang erwähnten *Grenzen der Menschheit* und *Das Göttliche*. Das bedeutendste der an die Frankfurter Hymnik anknüpfenden Gedichte ist die *Harzreise im Winter* (1777). Mit ihren ›harten Fügungen‹, ihren Brüchen im Aufbau und ihren inhaltlichen Dunkelheiten hat sie den Interpreten manche Rätsel aufgegeben. Goethes thematisches und formales Vorbild ist hier wie in den Frankfurter Hymnen die Ode Pindars (nach 500 v.Chr.), zu deren Charakteristika ebenfalls die Dunkelheit und die vermeintlich (in Wirklichkeit genau kalkulierte) formsprengende Metrik gehören. Die lebensgeschichtlichen Daten von Goethes Harzreise werden im Gedicht in Bilder übersetzt, die – teilweise poetischer Tradition entstammend – einen rein fiktiven Bezugsrahmen bilden. Schon die Gleichsetzung des Lieds mit dem in der Höhe schwebenden Raubvogel (Geier = Adler) ist ein alter, bis in die Goethezeit verwendeter Topos. Bereits Pindar, dem die Hymne bis ins Detail verpflichtet ist, hatte sich als Adler dargestellt. (Der »Pindarische Adler« war eine beliebte Metapher unter den Gebildeten des späten 18. Jahrhunderts.) Das Raubvogelbild drückt das überlegene Ichgefühl des schöpferischen Poeten wie kein anders aus. Als »Monumentalisierung des genialen Selbstbewußtseins« ist die *Harzreise* denn auch gedeutet worden (Jochen Schmidt). Ebenso wie die Hymne *Seefahrt* aus dem gleichen Jahr spiegelt sie die Selbstvergewisserung des Dichters Goethe im Grunddilemma seines ersten Weimarer Jahrzehnts – der Spaltung zwischen Dichterberuf und amtlicher Praxis – wider. In der Schlußstrophe: im Bilde des göttergleichen Blicks von dem majestätisch stilisierten Berg (»aus Wolken«) auf die »erstaunte Welt« wird das Selbstgefühl des Dichters geradezu ins Olympische gesteigert. Goethe wird es freilich schwer genug fallen, diese enthusiastische Selbsterfahrung in den folgenden, von poesiefremder Aktivität überfüllten Jahren ungebrochen aufrechtzuerhalten.

Literatur

Baur, Uwe: Goethes *Fischer.* Zur Technik sprachlicher Suggestion in der naturmagischen Ballade. In: Jb. d. Wiener Goethe-Vereins 78 (1974), S. 38–53.

Belgrad, Jürgen / Fingerhut, Karlheinz: »Willst feiner Knabe du mit mir gehn?« Rezeption und Interpretation, Phantasiearbeit und archäologische Methode, aufgezeigt an Goethes *Erlkönig*. In: Diskussion Deutsch 18 (1987), S. 436–61.

Beug, Joachim: *Warum gabst du uns die tiefen Blicke*. In: Versuche über Goethe. Festschrift für Erich Heller. Heidelberg 1976, S. 57–75.

Conrady, Karl Otto: Zwei Gedichte Goethes kritisch gelesen: *Grenzen der Menschheit, Das Göttliche*. In: K. O. C.: Literatur und Germanistik als Herausforderung. Frankfurt am Main 1974, S. 154–185.

Eibl, Karl: *Ich komme! Ich komme! Wohin? Ach wohin?* Hymnendichtung als Problem des jungen Goethe. In: Christoph Perels (Hrsg.): Sturm und Drang. Ausstellung 1988. Freies Deutsches Hochstift – Frankfurter Goethe-Museum 1988. Frankfurt am Main 1988, S. 338–349.

Eissler, Kurt Robert: Goethe. A psychoanalytic study, 1775–1786. Detroit 1963. Dt. Ausg.: Goethe. Eine psychoanalytische Studie 1775–1786. 2 Bde. München 1987.

Engelhardt, Wolf von: Goethes *Harzreise im Winter 1777.* In: Goethe Jb. 104 (1987), S. 192–211.

Geerdts, Hans-Jürgen: Goethes erste Weimarer Jahre im Spiegel seiner Lyrik. In: Goethe Jb. 93 (1976), S. 51–59.

Görner, Rüdiger: Goethes *Seefahrt*: eine verkannte Genie-Hymne. In: R.G.: Goethe: Wissen und Entsagen – aus Kunst. München 1995, S. 18–28.

Heller, Peter: Gedanken zu einem Gedicht von Goethe (*Über allen Gipfeln ist Ruh*). In: Versuche zu Goethe. Festschrift für Erich Heller. Heidelberg 1976, S. 76–120.

Ingen, Ferdinand van: Goethes Hymnen und die zeitgenössische Poetik. In: Wolfgang Wittkowski (Hrsg.): Goethe im Kontext. Kunst und Humanität, Naturwissenschaft und Politik von der Aufklärung bis zur Restauration. Ein Symposium. Tübingen 1984, S. 1–16, Diskussion S. 16–19.

Jericke, Alfred / Dolgner, Dieter: Der Klassizismus in der Baugeschichte Weimars. Weimar 1975.

Johnson, L. P.: *Wandrers Nachtlied.* In: German Life and Letters 36 (1982/83), S. 35–48.

Keller, Werner: Goethes dichterische Bildlichkeit: eine Grundlegung. Darmstadt 1974.

Klauss, Jochen: Charlotte von Stein: die Frau in Goethes Nähe. München 1995.

Kuhn, Hugo: *Warum gabst du uns die tiefen Blicke.* In: H. Kuhn: Text und Theorie. Stuttgart 1969, S. 227–245.

Leistner, Bernd: Goethes Gedicht *Harzreise im Winter.* Versuch einer Interpretation. In: Impulse 4 (1982), S. 70–117.

Lüders, Detlev: Schiffer. Linde. Vogel. Eisen. Goethes Urteil über sein erstes Weimarer Jahrzehnt. In: Goethe Jb. 93 (1976), S. 139–149.

Martini, Fritz: Ebenbild, Gegenbild. *Wilhelm Meisters theatralische Sendung* und Goethe in Weimar 1775–1786. In: Goethe Jb. 93 (1976), S. 60-83.

Schadewaldt, Wolfgang: Mond und Sterne in Goethes Lyrik. Ein Beitrag zu Goethes erlebtem Platonismus. In: Hans Reiss (Hrsg.): Goethe und die Tradition. Frankfurt am Main 1972, S. 52–83.

Schmidt, Jochen: Goethes Bestimmung der dichterischen Existenz im Übergang zur Klassik: *Harzreise im Winter*: In: Dt. Vierteljahrsschrift 57 (1983), S. 613–55.

Schmidt, Jochen: Gelehrte Genialität. *Wandrers Sturmlied.* In: Jb. d. Dt. Schillergesellschaft XXVII (1984), S. 144–90.

Schöne, Albrecht: Auguralsymbolik. Goethe. Auf dem Harz im Dezember

1977. In: Goethe Jb. 96 (1979), S. 22–53. Bearb. u. mit anderem Titel auch in: A. Schöne: Götterzeichen, Liebeszauber, Satanskult. Neue Einblicke in alte Goethetexte. München 1982. Dritte, ergänzte Auflage 1993, S. 13–52 [vgl. auch die Replik auf die Kritik an diesem Kapitel, S. 235–245].

Segebrecht, Wulf: Johann Wolfgang Goethes Gedicht *Über allen Gipfeln ist Ruh* und seine Folgen: Zum Gebrauchswert klassischer Lyrik. Text, Materialien, Kommentar. München/Wien 1978.

Sengle, Friedrich: Das Genie und sein Fürst. Die Geschichte der Lebensgemeinschaft Goethes mit dem Herzog Carl August von Sachsen-Weimar-Eisenach. [...]. Stuttgart u. Weimar 1993.

Staiger, Emil: Goethe, Bd. I: 1749–1786. Zürich/Freiburg i. Br., 3. Aufl. 1960.

Timms, Edward: The matrix of love: *Warum gabst du uns die tiefen Blicke*. In: German Life and Letters 36 (1982/83), S. 49–65.

Wellberry, David E. / Weimar, Klaus: Johann Wolfgang von Goethe: *Harzreise im Winter*. Eine Deutungskontroverse. Paderborn 1984.

Wilkinson, Elizabeth M.: Goethes lyrische Dichtung. In: E. M. W. / L. A. Willoughby: Goethe, Dichter und Denker. Frankfurt am Main 1974, S. 15–33.

IV Herders Koalition mit Goethe – Geschichtsphilosophie und Naturforschung

Goethes Neuorientierung seit 1782, die zunehmende Konzentration seiner geistigen Kräfte auf sein eigentliches Selbst, auf die poetische Existenz und die Naturforschung ist aufs engste mit seiner aktiven Anteilnahme am Werk *Johann Gottfried Herders* (1744–1803) verbunden. Dieser war 1776 auf Anregung Goethes vom Herzog als Generalsuperintendent nach Weimar berufen worden – gegen den energischen Widerstand der »Scheißkerle«, die »überall auf dem Fasse« sitzen, wie Goethe noch mit kraftgenialischer Drastik an den Freund schreibt (15. Januar 1776). In den ersten Jahren will sich freilich die erwartete enge Bindung zwischen beiden nicht einstellen. Zum Teil ist das gewiß auf die Skepsis des mühsam um Erfolg und Anerkennung ringenden Herder gegenüber Goethes glänzender Karriere, auf die Unfähigkeit des geborenen Antiaristokraten zu einem Kompromiß mit dem Hofe zurückzuführen.

Erst Goethes Krise im Jahre 1782 ermöglicht eine neue geistige Koalition zwischen beiden, die ohne Zweifel ein latent politisches Vorzeichen hat. Wie Goethe hinsichtlich seiner politischen Praxis desillusioniert ist, so ist Herder mit seinen kirchen- und schulreformatorischen Plänen steckengeblieben und dadurch in seiner adelsfeindlichen, antiabsolutistischen Gesinnung noch bestärkt worden. Die gemeinsame politische Enttäuschung bildet den Hintergrund des an Goethes Geburtstag 1783 neu geschlossenen Freundschaftsbundes, in dem an die Stelle des alten Lehrer-Schüler-Verhältnisses eine echte Partnerschaft tritt.

Die ersten Weimarer Jahre Herders vor der erneuerten Freundschaft mit Goethe sind geprägt von einer unerhört vielseitigen geistigen Aktivität. Durch die amtliche Praxis bedingt (welche nicht weniger zeitraubend, mit entfremdeter Tätigkeit angefüllt ist als die Goethes) stehen die rein theologischen und theologisch-ästhetischen Studien im Vordergrund. In den *Briefen das Studium der Theologie betreffend* (1780/81) sucht Herder eine Antwort auf die Provokation der von Lessing 1774ff. herausgegebenen *Fragmente eines Ungenannten* des 1786 verstorbenen Hermann Samuel Reimarus. Einerseits wehrt Herder sich gegen die Verflüchtigung der »historischen Wahrheit« der Offenbarung, vor allem der Auferstehung Jesu, zu einem ungeschichtlichen, gar auf Betrug beruhenden

Mythos (so die Position des »Ungenannten«), auf der anderen Seite ist er mit Lessing – dessen Tod 1781 ihn tief erschüttert hat, da er auf ästhetischem wie theologischem Gebiet in ihm einen unentbehrlichen Bundesgenossen sah – überzeugt, daß die Bedeutung des Christentums allein in der Evidenz seiner Praxis aus dem Geiste der Humanität, nicht in einer dogmatisierten Lehre liegt. (Diesen Gedanken hat er in seinen späteren theologischen Schriften, so in der Abhandlung *Von der Auferstehung als Glauben, Geschichte und Lehre*, 1794 und den »Sammlungen« seiner *Christlichen Schriften*, 1794–98 weiterverfolgt.)

Die Grundtendenz der Herderschen Theologie ist es, die Einheit des Christentums – dessen Boden er seiner festen Überzeugung nach nie verlassen hat – und der Humanitätsidee aufzuweisen. Diese Tendenz läßt ihm selber die Theologie zur »liberalsten« unter den Wissenschaften werden. (Und zum Wegbereiter der ›liberalen‹ Theologie ist er in der Tat geworden.) Die Loslösung der Humanitätsidee von einem christlichen Grund, wie er sie bei Goethe schmerzlich empfunden hat, ist von ihm nie akzeptiert worden. Goethe hat sich – trotz seiner Annäherung an Herders Humanitätschristentum in der Stanzenreihe *Die Geheimnisse* – in diesen Jahren als »dezidierten Nichtchristen« bezeichnet, ja in seinem Brief an Herder vom 12. Mai 1775 das Christentum noch ein »Scheißding« genannt. Erst im hohen Alter wird Goethe der Humanitätsidee ebenfalls ein christliches Vorzeichen geben: etwa in der *Novelle* (1828), die zugleich (in der Darstellung der morgenländischen Familie) ein später Nachklang der zweiten großen theologischen Schrift Herders aus den frühen Weimarer Jahren ist: *Vom Geist der Ebräischen Poesie* (1782/83). Herder deutet (auf eigene Übersetzungen gestützt) diese Poesie, ihr Wesen und ihre Entwicklung, von den Lebensgrundlagen eines orientalischen Hirtenvolkes her, als ursprüngliche Nationalpoesie.

Die in theologischer Hinsicht bedeutsamste Beschäftigung Herders während der Weimarer Zeit ist seine Auseinandersetzung mit Spinoza; in seiner grenzenlosen Bewunderung für den jüdischen Philosophen, die Goethe mit ihm teilte (vgl. namentlich dessen *Studie nach Spinoza*, 1784/85), fühlte er sich bestärkt durch Lessings (angebliches) spätes Bekenntnis zu Spinoza, wie es durch Friedrich Heinrich Jacobi mitgeteilt worden ist. Herder sucht freilich den Pantheismus Spinozas, sein »deus sive natura«, in einem panentheistischen Sinne umzudeuten; er will weder etwas von dem ›extramundanen‹ Gott Jacobis wissen noch setzt er Gott und Welt wirklich gleich: die Welt geht in Gott auf, Gott ist in der Welt, aber diese erschöpft sein Wesen nicht. Man kann Herders Spinozismus, in dem Panentheistisches und Kosmotheistisches sich nicht widerspruchsfrei vermischen, als den Glauben an eine Art transzendentaler Weltimmanenz Gottes bestimmen. Ihre bedeutendste Ausprägung hat Herders Spinoza-Deutung in seiner Dialogschrift *Gott, einige Gespräche* (1787) gefunden, in die ohne Zweifel auch Goethesche Gedanken aus zahllosen Gesprächen mit Herder eingegangen sind.

Der zweite große Beschäftigungsbereich Herders in den ersten Weimarer Jahren ist der ästhetisch-kulturgeschichtliche: Die Kasseler Preisschrift *Denkmal Johann Winckelmanns* (1778) setzt die eindringliche Auseinandersetzung Herders mit Person, Ästhetik und Kunstgeschichte Winckelmanns fort, die bei ihm ja längst vor Weimar – lange auch vor Goethes intensiverem Studium desselben – eingesetzt hat. Von allen Repräsentanten der Weimarer Klassik hat Herder Winckelmann, der in Person und Werk für ihn die ideale Verkörperung seiner christlich bestimmten Humanitätsidee ist, ohne Zweifel am gründlichsten gekannt. – In die Zeit zwischen 1777 und 1780 fallen weitere Beiträge Herders zur vergleichenden Literaturgeschichte (*Von der mittleren deutschen und englischen Dichtkunst*, 1777) und zur physiologischen Ästhetik (*Plastik*; *Vom Erkennen und Empfinden der menschlichen Seele*, 1778), ferner drei Preisschriften für die Bayerische und die Berliner Akademie, in denen Herder die Wirkung der Poesie auf die öffentlichen Sitten der Völker, den wechselseitigen Einfluß der Wissenschaften und der Regierungsformen (patriarchalischen, despotischen und republikanischen) sowie die Beziehungen zwischen »schönen« und »höheren« Wissenschaften untersucht.

Die Preisschrift *Über den Einfluß der schönen in die höhern Wissenschaften* (1779) ist für die Entwicklung der Herderschen Humanitätsidee von besonderem Interesse. Die schönen Wissenschaften sind die, welche an »die sogenannten untern Seelenkräfte«, sinnliche Neigungen, Affekte, Einbildungskraft appellieren. Da diese sich im Menschen zuerst, vor den höheren, nämlich den Verstandeskräften entwickeln, hat die Erziehung mit den schönen Wissenschaften zu beginnen; nur wenn diese Phantasie und Sinne in die rechte Bahn gelenkt haben, ist der Erfolg der höheren Wissenschaften verbürgt. Zu den schönen Wissenschaften werden Sprachen und Poesie, Geschichte und vor allem Rhetorik gezählt; exemplarisch sind sie von den »alten Autoren« geübt worden, da diese sie am unmittelbarsten in den Dienst der »höchsten Wissenschaft« gestellt haben: der »Kunst zu leben«. Schöne Wissenschaft bedeutet daher zuerst »Lesung der Alten«.

Die »Geschichte der Natur« wie die »Geschichte der Menschheit« hat im Prozeß der Erziehung sowohl der »abstrakten Physik« als auch der »abstrakten Metaphysik und Sittenlehre« voranzugehen, da es dem Verstand sonst an »Materialien« fehlt. Hier haben wir gewissermaßen das Motiv für Herders Hinwendung zur Philosophie der (Natur- und Menschheits-)Geschichte: wie bei seinem großen Vorgänger Gian Battista Vico (1668–1744) erfolgt sie aus der Opposition gegen das apriorisch-metaphysische Denken der Moderne. – Die reine Logik, welche sich nur mit »deutlicher Erkenntnis« und »gelehrten Schlüssen« beschäftigt, ist durch die Logik des »gesunden Verstandes« (sensus communis) und der »Phantasie« vorzubereiten. Die »schönen Wissenschaften« und der »gesunde Verstand« sind für Herder die »Gemeinflur, wo sich alle höhern Kenntnisse zusammenfinden«, wo jede »ihres besondern Amts vergißt und sich des allgemeinen Zwecks der Menschheit erinnert«. Die schönen Wissenschaften heißen ja nicht umsonst »humaniora«: »sie dienen der Menschheit und sollen ihr in allen Ständen und Formen dienen«.

Wenn aber der »sensus humanitatis« die schönen Wissenschaften zu dem macht, was sie sind, wenn es ihre Aufgabe ist, das »Gefühl der Menschlichkeit« zu bilden, wenn sie – im Unterschied zu den höheren Wissenschaften – mithin »für alle Stände und Geschäfte sind«, so müssen sie in dieser ihrer »Allgemeinheit« (als Kontrapunkt der Ständegesellschaft!) auf den öffentlichen Bildungsanstalten, die alle Stände versammeln, in erster Linie geübt werden. Nirgends tritt der republikanische Charakter der Herderschen Humanitätsidee deutlicher zutage als hier!

Die Bestimmung der schönen Wissenschaften als eigentlicher Träger der »Humanität« knüpft unmittelbar an den Humanismus der Renaissance, sein rhetorisches Erziehungsideal an, wie es noch Vico gegen die rein rationale Bildung im Sinne der cartesianischen Philosophie verteidigt hat. Wie Vico gegen Descartes, so wird Herder später in der *Metakritik zur Kritik der reinen Vernunft* (1799) und der *Kalligone* (1800) – einer Metakritik der Kantschen Kritik der ästhetischen Urteilskraft und zugleich einer geheimen Polemik gegen Goethes Bundesgenossen Schiller – einen aussichtslos gewordenen Kampf wider den Apriorismus Kants führen, der dem alten humanistischen Erfahrungsdenken die philosophischen Fundamente entzogen hat. – Herder, der den Humanitätsbegriff der Weimarer Klassik eigentlich geprägt hat – die Gestalt des Bruder

Humanus in Goethes *Geheimnissen* trägt nicht zufällig seine Züge – hat diesem Begriff oft deutlichere Konturen, einen konkreteren historischen Rückhalt im Christentum, im alteuropäischen humanitas-Begriff und im modernen Republikanismus gegeben als Goethe und Schiller.

Die ungeheure Produktivität Herders in den Weimarer Jahren drückt sich nicht nur in seinen zahllosen Traktaten, Reden und Predigten, sondern auch in seinen Sammlungen und Übertragungen alter Dichtungen aus: so in den Nachdichtungen des (von ihm mit Recht als weltliche Liebeslyrik aufgefaßten) Hohenlieds der Bibel (*Lieder der Liebe*, 1778) und der Ausgabe der »Volkslieder« (1777/78), die in der späteren Gesamtausgabe (1805/07) den Titel *Stimmen der Völker in Liedern* erhält. – In seinen seit 1784 erscheinenden *Zerstreuten Blättern* hat Herder seine vielseitigen, kaum zu überblickenden literarischen Bestrebungen, die ihn wahrhaft zum ›uomo universale‹ der Weimarer Klassik machen, eindrucksvoll dokumentiert; da finden sich Traktate aus den Bereichen der Theologie, Philosophie, Moral, Geschichtstheorie, Archäologie, Ästhetik, Literaturkritik und Poetik, ferner Nachdichtungen aus den antiken, morgenländischen und modernen Sprachen, schließlich auch eine Sammlung eigener Gedichte (*Bilder und Träume*), unter ihnen einige von hohem Rang, wenn auch wohl nie so bezwingende wie manche der Nachdichtungen (die z.T. fast Originalgedichten gleichkommen).

Herders Hauptwerk, in dessen Schatten alle anderen Schriften dieser Zeit treten, sind indessen die *Ideen zur Philosophie der Geschichte der Menschheit*, welche seit 1784 erscheinen und nach dem vierten Teil (1791) abgebrochen werden; sie erfahren eine gewisse Fortsetzung in den *Briefen zur Beförderung der Humanität* (seit 1793). Die ersten Teile der *Ideen* sind ein Zeugnis der neubelebten Freundschaft mit Goethe, der an ihnen lebhaft Anteil genommen hat. Herders Hauptwerk geht von der Überzeugung aus, daß, »da alles in der Welt seine Philosophie und Wissenschaft habe«, auch die »Geschichte der Menschheit« eine solche haben müsse und daß in dieser, in der Abfolge der Zeiten ebenso ein »göttlicher Plan« sei wie in der Natur. Was Herder in den Ideen leistet, ist nun die Entfaltung eines Weltbildes, das Natur und Geschichte als gesetzmäßige Einheit und Entwicklungszusammenhang umgreift, sowie einer naturgeschichtlich begründeten Anthropologie. »Die Regel, die Weltsysteme erhält und jeden Kristall, jedes Würmchen, jede Schneeflocke bildet, bildete und erhält auch mein Geschlecht [...].« Die »Menschengeschichte« steht in enger und vielfältiger genetischer Beziehung zum Pflanzen- und Tierreich. Die Tiere sind »ältere Brüder« des Menschen, doch unterscheidet dieser sich von ihnen durch den aufrechten Gang, welcher die Bindung seiner komplizierteren Gehirnbildung: seiner »Vernunftfähigkeit« ist.

Wie Herder den Menschen dergestalt aus seiner natürlichen körperlichen Beschaffenheit deutet, so die einzelnen geschichtlichen Perioden und Kulturen, ihr geistiges Leben, aus den materiellen Lebensbedingungen jedes Volkes. Diese Lebensbedingungen fallen bei Herder namentlich unter den Begriff des »Klimas«; dazu gehören »Höhe oder Tiefe eines Erdstrichs, die Beschaffenheit desselben und seiner Produkte, die Speisen und Getränke, die der Mensch genießt, die Lebensweise, der er folgt, die Arbeit, die er verrichtet, Kleidung« etc. Dieser erstaunliche zukunftsträchtige ›materialistische‹ Ansatz – der in einem merkwürdigen Spannungsverhältnis steht zum Gedanken der »Vorsehung« als der bewegenden Kraft hinter der Geschichte, welcher freilich nach dem zweiten Teil zurücktritt zugunsten der Idee der Selbsttätigkeit des Menschen – läßt die ungeschichtliche Verabsolutierung der jeweiligen Kulturwerte, die Ablösung von ihrer materiellen Grundlage und ihre Beurteilung mit den Maßstäben einer anderen Kultur nicht zu.

Wie folgenreich Herders Idee der ›klimatischen‹ Bedingungen der Kultur gewesen ist, sei durch den Hinweis auf den naturalistischen Ästhetiker Conrad Alberti belegt, der in seiner Schrift *Natur und Kunst* (1890) Herders *Ideen* in einem Atemzug mit Hippolyte Taines – für die naturalistische Kunsttheorie bahnbrechender – *Philosophie de l'art* (1865–67) nennt und seinen Begriff des »Klimas« fast mit Taines Milieuprinzip gleichsetzt. Herder habe »das Prinzip des Milieu [...] glänzend durch die gesamte geschichtliche Entwicklung« durchgeführt, »indem er den Einfluß der äußeren Verhältnisse jedes Landes auf die Entwicklung des besonderen Volksgeistes schlagend nachwies. Zugleich ging er in der Erkenntnis noch einen Schritt weiter und wies den Einfluß der physiologischen Beschaffenheit des Menschen auf die Kulturentwicklung nach«. Er wird hier also zum Ahnherren der naturalistischen Ästhetik erklärt!

Wie in seiner früheren Studie *Auch eine Philosophie der Geschichte* (1774) beharrt Herder in den *Ideen* noch auf der Lehre vom Eigenwert der verschiedenen Geschichtskreise, ihrer Vollendung in sich selbst, welche in Widerspruch stehen zum Gedanken der Geschichte als Höherentwicklung, doch sucht er die Eigenwertslehre nun mit der Fortschrittsidee zu vermitteln. Die individuellen, in ihrer Spezifik untersuchten Epochen werden doch (freilich nicht widerspruchsfrei) in eine konvergierende Entwicklungsrichtung gebracht: Herder postuliert nun einen allgemeinen Zweck der Geschichte, und dieser heißt »Humanität«, d.i. Entfaltung von »Vernunft und Billigkeit« (letztere definiert als »praktische Vernunft«, als das »Maß der Wirkung und Gegenwirkung zum gemeinschaftlichen Bestande gleichartiger Wesen«). Zwar hat jede Kultur nach Herder ihre je eigene, spezifische Humanität, doch zweifelt er auf der anderen Seite nicht an einer zunehmenden Humanisierung der Welt aufgrund der »wachsenden, wahren Aufklärung der Völker«, des Fortschritts in den verschiedenen Wissensgebieten und zivilisatorisch-technischen Bereichen. Was Herder aber von einer planen Aufklärungsphilosophie entschieden trennt, ist die Tatsache, daß Fortschritt für ihn nicht lineare Höherentwicklung, sondern ein dialektischer Prozeß ist. »Wie unser Gang ein beständiges Fallen ist zur Rechten und zur Linken, und dennoch kommen wir mit jedem Schritt weiter: so ist der Fortschritt der Kultur in Menschengeschlechtern und ganzen Völkern. Einzeln versuchen wir oft beiderlei Extreme, bis wir zur ruhigen Mitte gelangen, wie der Pendel zu beiden Seiten hinausschlägt [...]. So gehet [...] durch einen notwendigen Antagonismus das Werk der Zeiten zum Besten des Menschengeschlechts fort.«

Eine weitere Idee Herders, welche die Theorie des linearen Fortschritts durchkreuzt, ist der Gedanke der Revolution als eines Ferments des Fortschritts, als immer wieder notwendiger Verjüngungsprozeß der Menschheit im Sinne eines ›Stirb und werde‹: »Das Maschinenwerk der Revolution [...] ist unserm Geschlecht so nötig wie dem Strom seine Wogen, damit er nicht ein stehender Sumpf werde. Immer verjüngt in seinen Gestalten blüht der Genius der Humanität auf und ziehet palingenetisch in Völkern, Generationen und Geschlechtern weiter.« (Die Palingenese, »ewige Wiederkehr in aufsteigender Entwicklung«, ist eine – auch für Goethe bedeutungsvolle – Lieblingsidee Herders.) Kein Zweifel, daß in diesem ›revolutionären‹ Punkt die geistigen Wege Herders und Goethes sich getrennt haben; so sehr letzterer den Entwicklungsgedanken der *Ideen* gebilligt, ja mitentfaltet hat, so ist für ihn Entwicklung doch nur allmähliche Evolution. Deren revolutionär-katastrophale Durchbrechung als etwas Naturgesetzliches zu akzeptieren, davon ist er gerade in den Entstehungsjahren der *Ideen* weit entfernt.

Besonders deutlich geht Goethes ›antirevolutionäre‹ Überzeugung aus seinen geologischen Studien hervor, die ihn als Anhänger des ›Neptunismus‹ ausweisen (der freilich auch für die naturgeschichtliche Konzeption der *Ideen* maßgebend ist): diese Theorie führt die Bildung der Erde auf die Wirkung des Wassers: die allmähliche Sedimentation zurück – in Widerspruch zum ›Vulkanismus‹, der jene vornehmlich durch die Kraft des Feuers, vulkanische Ausbrüche und Erdbeben erklärt. Bedeutungsvollstes Dokument der geologischen Überzeugungen Goethes – und seiner Naturforschung im ersten Weimarer Jahrzehnt überhaupt – ist der Aufsatz *Über den Granit* (1784), der wohl eine Vorstudie für einen seit 1781 geplanten Roman *Über das Weltall* sein sollte. Der Granit ist für Goethe das Urgestein und daher die durch nichts, durch keine vulkanische Katastrophe zu erschütternde »Grundfeste unserer Erde«. Als solche wird sie ihm später, in der Zeit der Revolution, auch zum politischen Symbol – wie die vulkanischen Kräfte zum Sinnbild der gewaltsamen politischen Umwälzungen. Als einige Geologen die von Goethe angenommene erdgeschichtliche Rolle des Granits in Zweifel ziehen, sieht er in diesem wissenschaftlichen Streit eine unmittelbare Parallele zur Französischen Revolution: »Wie man die Könige verletzt, / Wird der Granit auch abgesetzt«, heißt es in den *Zahmen Xenien*; hier wie dort will man dem Vulkanisch-Erschütternden das letzte Wort gönnen. Trotz der gegensätzlichen Wertung des ›Revolutionären‹ ist die tiefe Gemeinsamkeit in Herders und Goethes Natur- und Geschichtskonzeption nicht zu verkennen. Die Naturforschung des letzteren in diesen Jahren ist ohne die geistige Nähe Herders kaum denkbar.

Obwohl Goethe sich auch schon in früheren Jahren mit naturwissenschaftlichen Fragen befaßt hat, beginnt seine systematische Naturforschung doch erst um 1780. Später, in der *Geschichte seiner botanischen Studien* (1817) hat er diese Tatsache mit seiner amtlichen Tätigkeit in Verbindung gebracht; seine Beschäftigung mit Fragen des Bergbaus, des Forstwesens, der Holzkultur etc. habe den Anstoß gegeben zu vielfältiger Beschäftigung mit naturwissenschaftlichen Problemen. – Das wissenschaftliche Interesse korrespondiert auffallend dem zunehmend nüchterner werdenden Verhältnis des Dichters zur Natur, ja ihrem gänzlichen Verschwinden in den großen Werken dieser Jahre: in der *Iphigenie* wie im *Wilhelm Meister*. »Unfühlend« wird sie gar in der Humanitätshymne *Das Göttliche* genannt; der ekstatische Taumel, welcher in den Naturdichtungen der Straßburger und Frankfurter Zeit Natur und Mensch einswerden läßt, er ist nun – wo nicht der Erfahrung unheimlichen Ausgeliefertseins an die Natur wie in den naturmagischen Balladen (*Der Fischer, Der Erlkönig*) – dem nüchternen

Gefühl des Abstandes gewichen, das allein wissenschaftliche Forschung, die Betrachtung der Natur als Objekt ermöglicht.

Die Forschung setzt zugleich auf mehreren Gebieten ein: Geologie und Mineralogie, Botanik und Osteologie. Die Beschäftigung mit den beiden letzteren Disziplinen verbindet Goethe besonders eng mit dem Verfasser der *Ideen.* Wie viel die Theorie der »Metamorphose der Pflanzen« Herderschen Anregungen verdankt, hat er selbst später bekannt, und seine vermeintliche Entdeckung (in Wirklichkeit Wiederentdeckung) des Zwischenkieferknochens beim Menschen hat er ausdrücklich als Beitrag zur Herderschen Entwicklungslehre verstanden. Jener »famose Knochen«: das Os intermaxillare, das alle Wirbeltiere haben (so auch der Mensch, wenngleich es bei ihm nicht mehr abgesondert, sondern mit dem Oberkiefer verwachsen und daher kaum mehr erkennbar ist), wurde von den zeitgenössischen Anatomen dem Menschen abgesprochen. Man sah darin ein – theologisch interpretiertes – Stigma, durch das sich der Mensch vom Tier unterscheide, den Kiel zwischen Bestialität und Vernunft (so der Anatom Friedrich Kielmeyer). Goethes Wiederentdeckung dieses Knochens, die, wie er in seinem Brief vom 27. März 1784 Herder gesteht, »in Verbindung mit deinem Ganzen« gedacht ist, bedeutet, daß man den »Unterschied des Menschen vom Tier« nur im »Ganzen«, jedoch »in nichts einzelnem« finden kann. »Vielmehr ist der Mensch aufs nächste mit den Tieren verwandt.« In physischer Hinsicht ist der Mensch nur »eine Schattierung einer großen Harmonie« (an Knebel, 17. November 1784) – entsprechend der Überzeugung Herders, »daß die Natur bei der unendlichen Varietät, die sie liebet, alle Lebendigen unserer Erde nach Einem Hauptplasma der Organisation gebildet zu haben scheint.« Der Mensch als Glied in der Kette der Naturerscheinungen, die Idee universeller genetischer und morphologischer Verwandtschaft der organischen Wesen: das scheint schon vorauszuweisen auf die Entwicklungslehre Darwins, und in der Tat haben dieser selbst und Ernst Haeckel Goethe als Wegbereiter der Evolutionslehre angesehen – so Haeckel in seinem für die Geschichte des Darwinismus in Deutschland folgenreichen Vortrag *Über die Naturanschauung von Darwin, Goethe und Lamarck* (1882) oder in seinem Hauptwerk *Die Welträtsel* (1899). (Freilich darf Goethes Gedanke der morphologischen Ähnlichkeit der Arten noch nicht mit der Abstammung höherer von niedrigeren Arten im Sinne der Deszendenztheorie gleichgesetzt werden.)

Herders Anthropologie und seine Konzeption der Menschheitsgeschichte haben unmittelbar nach Erscheinen des ersten Teils der

Ideen einen bedeutenden Widersacher gefunden, dessen kritische Einwände nicht weniger ins Herz des Goetheschen Denkens treffen: In seinem Aufsatz *Idee zu einer allgemeinen Geschichte in weltbürgerlicher Absicht* (1784) und in der recht scharfen Rezension der *Ideen* (1785) widerspricht Immanuel Kant den wichtigsten Axiomen seines einstigen Schülers. Er verwirft den Gedanken, daß der einzelne Mensch und das einzelne Volk, jede Generation und Entwicklungsstufe der Menschheit ihren Zweck in sich selbst haben; vielmehr existiere der einzelne für die Gattung, und frühere Generationen seien da, damit spätere sich vollenden können. Vor allem aber tadelt er Herders (aus der Idee morphologischer Verwandtschaften in der Natur resultierende) Fertigkeit »im Auffinden von Analogien«, die philosophisch angeblich nicht zu überzeugen vermögen. Kant bezieht sich vor allem auf die vermeintliche Analogie von Natur und Mensch, Naturgesetz und Geschichte; im Gegensatz zu Herder und Goethe zieht Kant einen scharfen Trennungsstrich zwischen Tier und Mensch, indem er diesen ausschließlich auf seine vom Naturgesetz radikal geschiedene Vernunftbestimmung festlegt. Damit reißt er die von Herder und Goethe überbrückte Kluft zwischen Natur und Geschichte wieder auf. Herders Abneigung gegen seinen Lehrer seit dem Erscheinen der *Kritik der reinen Vernunft* (1781), die Opposition des Erfahrungsdenkers gegen den ›Metaphysiker‹ ist durch Kants Polemik gegen die *Ideen* zweifellos verschärft worden. Für die frühere und spätere Phase der Weimarer Klassik ist es jeweils bezeichnend, daß jene von dem entschiedenen Kant-Gegner Herder, diese aber von dem bei allen Differenzen bewußt auf dem Boden der Kantschen Philosophie stehenden Schiller theoretisch entscheidend bestimmt worden ist.

Nicht nur die Naturforschung, auch die Dichtung Goethes ist in den achtziger Jahren durch Herder vielfach inspiriert worden; am deutlichsten sind dessen Spuren in dem fragmentarischen Epos *Die Geheimnisse* (1784/85) zu finden (aus dem umgekehrt Herder an markanter Stelle seiner *Ideen* eine Strophe zitiert). Die vorliegende Stanzenreihe führt den Leser nach Goethes eigener späterer Erläuterung des Gedichts auf einen »ideellen Montserrat«, der zwölf Rittermönche beherbergt; diese repräsentieren jeweils eine bestimmte Religion, die ganz im Sinne der *Ideen* in ihrer klimatischen und nationalen Besonderheit erscheinen soll. Oberhaupt des Ordens ist der Bruder »Humanus«; er verkörpert die reine Idee der Humanität, an der die Ritter und die durch sie dargestellten Religionen – gewissermaßen wie nach Goethes Morphologie die Vielheit der Pflanzen an der Idee der Urpflanze – auf ihre spezifische Weise teilhaben. Jede Religion erreicht nach Goethe in ihrer Art einen Punkt der Vollendung, in dem sie sich mit dem durch Humanus verkörperten Geist »vollkommen vereinigt«. Dieses Nebeneinander von spezifischer, durch die einzelnen Mönche repräsentierter, und allgemeiner, durch Humanus dargestellter, Humanität entspricht genau der Humanitätskonzeption Herders, seiner Vermittlung von Eigenwertslehre und Fortschrittsglaube: die spezifischen Gestalten der Humanität in der Geschichte haben doch deren ganze Fülle nicht ausgeschöpft, auf die hin die Geschichte sich im Prozeß zunehmender Humanisierung entwickelt.

Daß Goethes Poem durch die Ideologie der Geheimgesellschaften, zumal Lessings »Ontologie« des Freimaurerordens (*Ernst und Falk*, 1777–81) und durch die an Lessing anknüpfenden Herderschen *Briefe über Tempelherrn, Freimäurer und Rosenkreuzer* (1782) beeinflußt ist, legt schon der Titel des Werks nahe. Auf die Rosenkreuzer spielt zudem das Symbol der Bruderschaft, ein mit Rosen umwundenes Kreuz an. Die Verbindung von Kreuz und Rose findet sich bereits im Wappen Martin Luthers; bezeichnet sie aber für ihn die (Goethe ganz fremde) christliche Paradoxie der im Kreuz des Leidens erfahrenen Freude, so bedeutet das Goethesche Symbol die ästhetisch-humane Milderung, Ausgleichung des scandalon crucis (das in der Tat für Goethe stets ein Ärgernis gewesen ist), die ›Aufhebung‹ des Christentums in der Humanität.

Die *Geheimnisse* sind nicht für die Öffentlichkeit bestimmt gewesen; im Grunde hat Goethe sie nur für drei Menschen geschrieben: Charlotte von Stein, Herder und Knebel. Der – in Goethes Gesamtwerk einmalige – esoterische, hermetische Charakter der Dichtung dokumentiert den völligen Rückzug des Dichters Goethe aus dem öffentlichen Leben, dem er nur noch mit der äußeren Schale seines Wesens angehört. Die Trennung seiner ›amtlichen‹ von seiner eigentlichen, auf Dichtung und Naturforschung konzentrierten Person scheint hier an die äußerste Grenze getrieben. Ein Schritt weiter kann nur der gänzliche Bruch mit der bisherigen – unglaubwürdig gewordenen – Existenz sein. Als Goethe 1786 plant, seine Werke in 8 Bänden herauszugeben, kommt ihm verzweifelt zu Bewußtsein, wie sehr das, was seinen Ruhm verbürgt, der vorweimarischen Zeit angehört, daß außer einer Reihe von Gedichten, satirischen Gelegenheitswerken und konventionellen Produktionen für den Hof, welche ihm eher die Entfremdung als die Entfaltung seines künstlerischen Talents manifestieren, sowie der von ihrer eigentlichen (metrischen) Form noch entfernten *Iphi-*

genie nur Fragmente von großangelegten Werken entstanden sind. Die Einsicht in die fragwürdige Preisgabe seines »poetischen Talents« zugunsten der »Realität« – einer Realität, für die sich dieses Opfer nicht gelohnt hat, da die höheren Ziele seiner amtlichen Tätigkeit sich als unerreichbar herausgestellt haben –, sie ist das eigentliche Motiv für seine »Flucht nach Italien«; er selbst hat sie so Eckermann gegenüber bezeichnet (10. Februar 1829) und durch das elementare Bedürfnis begründet, »sich zu poetischer Produktivität wiederherzustellen«. Der Schwerpunkt seines Lebens wird sich nun von der praktischen zur ästhetischen Existenz hin verlagern.

Literatur

Amrine, Frederick [u.a.] (Hrsg.): Goethe and the sciences: a reappraisal. Dordrecht [u.a.] 1987.

Berlin, Isaiah: Vico and Herder. Two studies in the history of ideas. New York 1976.

Dietrich, Wolfgang: *Die Geheimnisse* [...]. In: Paul Michael Lützeler (Hrsg.): Goethes Erzählwerk. Interpretationen. Stuttgart 1985, S. 268–275.

Dietze, Walter: Elemente evolutionären und revolutionären Denkens in der Humanismus-Konzeption Goethes und Herders. In: Paolo Chiarini (Hrsg.): Deutsche Klassik und Revolution. Texte eines literaturwissenschaftlichen Kolloquiums. Roma 1981, S. 79–113.

Eigen, Manfred: Goethe und das Gestaltproblem in der modernen Biologie. In: H. Rössner (Hrsg.): Rückblick auf die Zukunft. Berlin 1981, S. 209–255.

Fasel, Christoph: Herder und das klassische Weimar, Kultur und Gesellschaft 1789–1803. Bern [u.a.] 1988.

Federlein, Wilhelm-Ludwig (Hrsg.): Sein ist im Werden: Essays zur Wirklichkeitskultur bei Johann Gottfried Herder anläßlich seines 250. Geburtstages. Frankfurt a.M. u.a. 1995.

Glaser, Horst Albert (Hrsg.): Goethe und die Natur. Frankfurt a.M. [u.a.]. 1988 (2. A.).

Grassi, Ernesto: Die Macht der Phantasie. Zur Geschichte des abendländischen Denkens. Königstein im Taunus 1979 [Herder: S. 177–182].

Häfner, Ralph: Johann Gottfried Herders Kulturentstehungslehre: Studien zu den Quellen und zur Methode seines Geschichtsdenkens. Hamburg 1995.

Heise, Wolfgang: Der Entwicklungsgedanke als geschichtsphilosophische Programmatik. Zur Gemeinsamkeit von Herder und Goethe in der frühen Weimarer Zeit. In: Goethe Jb. 93 (1976), S. 116–138.

Irmscher, Hans D.: Johann Gottfried Herder. In: Benno von Wiese (Hrsg.): Deutsche Dichter des 18. Jahrhunderts. Berlin 1977, S. 524–549.

Irmscher, Hans D.: Goethe und Herder im Wechselspiel von Attraktion und Repulsion. In: Goethe-Jb, 106 (1989), S. 22–52.

Kantzenbach, Friedrich W.: Johann Gottfried Herder in Selbstzeugnissen und Bilddokumenten. Reinbek bei Hamburg 1970.

Knoll, Samson B.: Evolution and Revolution in Herder's Concept of History. In: Herder Yearbook 1 (1992), S. 134–152.

Kuhn, Dorothea: Grundzüge der Goetheschen Morphologie. In: Goethe Jb. 95 (1978), S. 199–212.

Kuhn, Dorothea: Typus und Metamorphose: Goethe-Studien. Marbach 1988.

Löffler, Bettina: Revolutionary evolution: Goethe's botanical studies and the French Revolution. In: New German Review 10 (1994). Los Angeles 1995, S. 28–40.

Müller, Joachim: Goethe und Herder – die Problematik ihrer Freundschaft. In: J. M.: Goethe-Wirkung und Humanitätstradition. Jena 1980, S. 28–56.

Norton, Robert E.: Herder's aesthetics and the European Enlightenment. Ithaca u.a. 1991.

Nisbet, Hugh Barr: Goethes und Herders Geschichtsdenken. In: Goethe Jb. 110 (1993), S. 115–134.

Pénisson, Pierre: Johann Gottfried Herder: La raison dans les peuples. Paris 1992.

Sauder, Gerhard (Hrsg.): J. G. Herder 1744–1803. Hamburg 1987.

Schmidt, Alfred: Goethes herrlich leuchtende Natur. Philosophische Studie zur deutschen Spätaufklärung. München/Wien 1984.

Verra, Valerio: Die Vergleichungsmethode bei Herder und Goethe. In: Paolo Chiarini (Hrsg.): Bausteine zu einem neuen Goethe. Frankfurt a.M. 1987.

Viëtor, Karl: Goethe. Dichtung, Wissenschaft, Weltbild. Bern 1949.

Wenzel, Manfred: Goethe und Darwin – Der Streit um Goethes Stellung zum Darwinismus in der Rezeptionsgeschichte der morphologischen Schriften. Goethe-Jb. 100 (1983), S. 145–158.

Wenzel, Manfred: Goethes Naturforschung und die Evolutionstheorie Darwins. In: Oldenburger Jb. 87 (1987), S. 317–355.

Goethes Katharsis in Italien und die neue Existenz in Weimar

I Italienische Reise: Ästhetik, Naturforschung und Ethnographie

»Ich darf wohl sagen: ich habe mich in dieser anderthalbjährigen Einsamkeit selbst wiedergefunden; aber als was? – Als Künstler!« So schreibt Goethe kurz vor seiner Rückkehr nach Weimar aus Rom an den Herzog (17./18. März 1788). Unmißverständlich gibt er ihm zu verstehen, daß seine neue Existenz in Weimar eine wesentlich andere Signatur tragen wird als die voritalienische. Hatte er den Künstler einst, bei der ersten Begegnung mit Carl August in Frankfurt, hinter dem aufs Praktisch-Nützliche ausgerichteten homo politicus bewußt versteckt, so heißt es nun gegen Ende des *Zweiten römischen Aufenthalts*: »Täglich wird mir's deutlicher, daß ich eigentlich zur Dichtkunst geboren bin.« Oder einige Seiten später: »In Rom hab ich mich selbst zuerst gefunden, ich bin zuerst übereinstimmend mit mir selbst glücklich und vernünftig geworden.« Dieses Finden, Wiederfinden seiner selbst ist der Grund des freudigen Überschwangs, des elementaren Gefühls einer kathartischen Befreiung: der Lösung einer »langen Stockung«, einer »Reinigung der Seele und des Geistes«, der Heilung »von einer ungeheuren Leidenschaft und Krankheit« (um Goethes eigene Worte aus seinen Aufzeichnungen über die Italienreise zu zitieren). Die Idee der »Wiedergeburt«, eines »neuen Lebens« ist geradezu das Leitmotiv der *Italienischen Reise*. Sogar von einer »Revolution« in seinem Inneren redet er in seinem Reisetagebuch (30. September 1786); begreiflich, daß diese Vokabel, die für Goethe seit 1789 ein pejoratives Vorzeichen trägt, in die *Italienische Reise* nicht aufgenommen wird.

Die Hingabe an das Schöne, die Entscheidung für die reine Künstlerexistenz erfolgt freilich zunächst noch mit bedeutenden Vorbehalten; der Ton des Briefs aus Apolda über die Arbeit an der *Iphigenie*, die angesichts des Elends der Strumpfwirkerschaft nicht fortrücken will, klingt wieder an, wenn Goethe am 5. Oktober 1786 in sein Reisetagebuch für Frau von Stein schreibt: »Auf dieser Reise, hoff ich, will ich mein Gemüt über die schönen Künste beruhigen, ihr heilig Bild mir recht in die Seele prägen und zum stillen Genuß bewahren. Dann aber mich zu den Handwerkern wenden, und wenn ich zurückkomme, Chymie und Mechanik studieren. Denn die Zeit des Schönen ist vorüber, nur die Not und das strenge Bedürfnis erfordern unsre Tage.« Das ist noch im Sinne des Reformpolitikers Goethe gesagt; doch von Woche zu Woche tritt die Sorge um das soziale Elend, das ihn in Weimar so lange beschäftigt hat, zurück, die Anteilnahme an praktisch-sozialen Fragen schwindet zugunsten des ästhetischen Interesses, das sich mit dem naturwissenschaftlichen deckt.

Immer vorbehaltloser überläßt Goethe sich der Kunst Italiens, deren »Lehren« (zumindest die der Baukunst) er anfänglich nur »wie die Regeln einer ausgestorbnen Sprache studieren« wollte – nicht um sich »in ihr lebendig zu freuen, sondern nur, um die ehrwürdige und ewig abgeschiedne Existenz der vergangnen Zeitalter in einem stillen Gemüt zu verehren« (Reisetagebuch vom 10. Oktober 1786). Das ist gewissermaßen die Haltung, in der Goethe auf Tischbeins berühmtem Ölgemälde *Goethe in der Campagna* (1787) dargestellt ist – auf den Blöcken eines Obelisks ruhend, vor den Ruinen eines Tempels und bei einem efeuumrankten Relief mit einer Szene aus *Iphigenie auf Tauris*: »denn die Zeit des Schönen ist vorüber«. – »Auf denen Ruinen, wo vor diesem so große Taten geschahen, scheint ein lebendiger Mann erst recht groß«, hat Tischbein an Lavater geschrieben; in diesem Sinne habe er Goethes Porträt angefangen, »wie er auf denen Ruinen sitzet und über das Schicksal der menschlichen Werke nachdenket.« Freilich, je weiter Goethe reist, desto weniger will er über die Hinfälligkeit der menschlichen Werke nachdenken, desto mehr wird das Gewesene für ihn zu reiner Anwesenheit. »Ich will Rom sehen, das bestehende, nicht das mit jedem Jahr vorübergehende« (29. September 1786). Die Dieselbigkeit Roms durch die Jahrhunderte und Jahrtausende drängt sich ihm auf. »Wenn man so eine Existenz ansieht, die zweitausend Jahre und darüber alt ist, durch den Wechsel der Zeiten so mannigfaltig und von Grund aus verändert, und doch noch derselbe Boden, derselbe Berg, ja oft dieselbe Säule und Mauer, und im Volke noch die Spuren der alten Charakters, so wird man ein Mitgenosse der großen Ratschlüsse des Schicksals (5. November 1786). Von der »Gegenwart des klassischen Bodens«, der Gewißheit, »daß hier das Große war, ist und sein wird«, ist im *Zweiten römischen Aufenthalt* die Rede. Diese Äußerung mit ihrem programmatischen Klang stammt freilich nicht aus der Zeit der Italienreise selber, sondern steht erst im späteren autobiographischen

»Bericht« (zum Dezember 1787). Sie stellt – aus dem Abstand von vier Jahrzehnten – eine Mythisierung des Italienerlebnisses dar, das nicht nur die persönliche »Wiedergeburt« des lange sich selbst entfremdeten Künstlers Goethe bedeutet, sondern auch in einem überindividuellen Sinne die »Renaissance« des Antiken als des zeitlos gültigen ästhetischen Paradigmas – eben des »Klassischen«, das nun dezidiert, wenn auch unausgesprochen, gegen die zeitgenössische romantische Bewegung ausgespielt wird.

Trotz seiner erhöhten Lebensstimmung sucht Goethe in Italien *die Dinge selbst*, getrennt vom eigenen Gefühl, nicht empfindsam-wertherisch *sich selbst in den Dingen* zu sehen. Die Gegenstände sollen »keine erhöhte Seele finden, sondern die Seele erhöhen«, heißt es im Reisetagebuch (24. September 1786). »Wie leicht ist es, bei einer solchen Fülle von Gegenständen etwas zu denken, zu empfinden, zu phantasieren.« Indessen komme alles darauf an, »die Sachen um ihrer selbst willen zu sehen, [...] das Gebildete und Hervorgebrachte nicht nach dem Effekt, den es auf uns macht, sondern nach seinem innern Werte zu beurteilen« (an die Herzogin, 23. Dezember 1786). Für dieses Vermögen, »alle Dinge wie sie sind zu sehen«, hat Goethe in der *Italienischen Reise* die schöne Formel gefunden, »das Auge licht sein zu lassen«. Heinrich Heine hat ganz zu Recht im dritten Teil der *Nordsee* (1827) bemerkt, Goethes *Italienische Reise* unterscheide sich von anderen Reiseberichten dadurch, daß er »nirgends die Dinge mit seiner Gemütsstimmung koloriert und uns Land und Menschen schildert, in den wahren Umrissen und wahren Farben, womit sie Gott umkleidet«.

Die ›Dinge‹ sind nicht nur die Gegenstände der Kunst, sondern ebenso die Erscheinungen der Natur. Die Parallelität, ja Identität der Natur- und Kunstgesetze ist geradezu das Hauptthema der *Italienischen Reise*. »Nun ist mir Baukunst und Bildhauerkunst und Malerei wie Mineralogie, Botanik und Zoologie.« »[...] so ist mir auch die Kenntnis der Gebirge und des daraus genommenen Gesteins ein großer Vorsprung in der Architektur.« Solche und ähnliche Äußerungen kehren in den Briefen aus Italien regelmäßig wieder. Ihre großartigste Formulierung hat die ihnen zugrundeliegende Einsicht im *Zweiten römischen Aufenthalt* (6. September 1787) gefunden: »Diese hohen Kunstwerke sind zugleich als die höchsten Naturwerke von Menschen nach wahren und natürlichen Gesetzen hervorgebracht worden. Alles Willkürliche, Eingebildete fällt zusammen, da ist Notwendigkeit, da ist Gott.« Die Berufung auf die Natur bedeutet mithin die entschiedene Absage an jeglichen Subjektivismus, das Offensein für die reine Offenbarung der Dinge in ihrer immanenten Gesetzlichkeit. Auf ihr beruht, was Goethe in seinem Aufsatz *Einfache Nachahmung der Natur, Manier, Stil*, den er 1789 in Wielands »Teutschem Merkur« als eine Art Konzentrat seiner in Italien gewonnenen Kunstanschauungen veröffentlichen wird, nunmehr »Stil« nennt – im Unterschied zur Subjektivität der »Manier« (welche Goethe in diesem Aufsatz in Abweichung von der klassizistischen Tradition freilich nicht mehr abwertet) und zur »gleichsam im Vorhofe des Stils« arbeitenden »einfachen Nachahmung«.

In seinem Aufsatz *Schicksal der Handschrift* (1817), die der Studie *Die Metamorphose der Pflanzen* beigegeben ist, hat Goethe als die drei »Regionen« oder »großen Weltgegenden«, mit denen er sich in Italien beschäftigt habe, die Bereiche »Kunst«, »Natur« und »Sitten der Völker« bezeichnet. Wie bewußt und entschieden die Italienreise im Zeichen der Naturwissenschaft steht, das zeigen besonders deutlich die wissenschaftlichen Anlagen, welche Goethe seinem Reisetagebuch beigegeben hat: sie betreffen meteorologische, klimatische, botanische, geologische und anthropologische Beobachtungen. Manches klingt hier an, was Goethe in den nächsten Jahren auf ein systematisch-wissenschaftliches Fundament stellen wird. Die spätesten systematischen Folgen werden nach 1815 die meteorologischen Studien zeitigen (*Versuch einer Witterungslehre*, 1825). Goethes auf strenge Sachlichkeit und prägnant umrissene Form in Kunst- wie Naturgegenständen ausgerichteter »Beobachtungsgeist« sucht sogar das Unfaßbarste, Vagste, Formloseste der Natur in Gesetz und Form zu bringen: die Wolken. Erst Jahrzehnte später jedoch erhält er durch die Wolkenbildungslehre Luke Howards (vgl. die Gedichte *Howards Ehrengedächtnis*, 1822) in dieser Beziehung befriedigende Aufschlüsse: »Wie sehr mir die Formung des Formlosen, ein gesetzlicher Gestaltenwechsel des Unbegrenzten erwünscht sein mußte, folgt aus meinem ganzen Bestreben in Wissenschaft und Kunst« (Einleitung zu: *L. Howard to Goethe*).

Dieses Bestreben findet in der *Italienischen Reise* seinen vielleicht signifikantesten Ausdruck in den »Ausrufungen« angesichts der Seetiere in der Lagune von Venedig: »Was ist doch ein Lebendiges für ein köstliches, herrliches Ding! Wie abgemessen in seinem Zustand, wie wahr, wie seiend!« (das letzte Wort ist im Reisetagebuch mehrfach unterstrichen). Das Zitat berührt sich eng mit einer Äußerung Goethes über die Fresken von Andrea Mantegna in Padua (über die er in seinem Reiseführer: J. J. Volkmanns *Historisch-kritischen Nachrichten von Italien*, 1770/71 nur Abschätziges lesen konnte): »Was in diesen Bildern für eine scharfe, sichere Gegenwart dasteht! Von dieser ganz wahren, nicht etwa scheinbaren, effektlügenden, bloß zur Einbildungskraft sprechenden, sondern derben, reinen, lichten, ausführlichen, gewissenhaften, zarten, umschriebenen Gegenwart, die zugleich etwas Strenges, Emsiges, Mühsames hatte, gingen die folgenden Maler aus [...]« (Goethes Mantegna-Bewunderung wird sich noch in seinem späten Aufsatz *Julius Cäsars Triumphzug, gemalt von Mantegna*, 1823 dokumentieren.) Diese beiden Äußerungen sind geradezu ein begriffliches Konzentrat der ›italienischen‹ Ästhetik Goethes. Auf der negativen Seite stehen: Schein, Effekt, Appell an die Einbildungskraft, auf der positiven: Sein, Wahrheit, Abgemessenheit, deutlich umschriebene Gegenwart und eine Sachlichkeit, für die Goethe immer neue Begriffe sucht (ausführlich, gewissenhaft, streng, emsig etc.). Das ›Seiende‹ des Dings im Sinne gestalthaft geschlossener Größe, klarer, sinnlich präsenter Gegenständlichkeit: das entspricht dem, was der Kunsthistoriker Heinrich Wölfflin später – als Hauptingrediens des Klassischen – »geschlossene Form« nennen wird.

Die während der Italienischen Reise sich herausbildende Kunstanschauung Goethes ist unablösbar mit zwei Namen verbunden: Winckelmann und Palladio. Goethe ist zwar schon durch Oeser in Leipzig mit Winckelmanns Schriften bekannt geworden, ein systematisches Studium derselben ist jedoch erst seit Italien nachweisbar. Den Höhepunkt der Beschäftigung mit Person und Werk des Verfassers der *Geschichte der Kunst des Altertums* wird der Beitrag Goethes in dem von ihm in Verbindung mit J.H. Meyer, C.L. Fernow und F.A. Wolff herausgegebenen Sammelwerk *Winckelmann und sein Jahrhundert* (1805) bilden, in dem zum erstenmal der Versuch unternommen wird, Winckelmann als historische Persönlichkeit vor dem Hintergrund der Kultur des 18. Jahrhunderts zu deuten. Goethes Skizzen zu einer Schilderung Winckelmanns sind eine Folge von Einzelstudien zu prägnanten Stichwörtern und Leitmotiven in Winckelmanns Leben (»Antikes«, »Freundschaft«, »Schönheit«, »Katholizismus«, »Rom« etc.), die sich wie Strophen zu einem riesigen Prosahymnus auf eine glückhafte, gänzlich ins Ideale verklärte antikische Existenz zusammenfügen, deren schauderhaftes Ende selbst zum glücklichen »Hingang« stilisiert wird.

Die zentrale künstlerische Erfahrung Goethes in Italien ist ohne Zweifel die Begegnung mit der klassizistischen Baukunst Andrea Palladios (1508–1580), dessen *Vier Bücher von der Architektur* er ebenfalls mit größter Zustimmung gelesen hat (ihren eminenten Einfluß verrät noch der fragmentarische Aufsatz *Baukunst*, 1795).

Der Bedeutung Palladios für Goethe kommt allenfalls die Raffaels gleich, doch hat dessen Name für ihn nie den gleichen kanonischen Klang wie der des Spätmeisters der italienischen Renaissancearchitektur (wie seine zeitweilige Parteinahme für Michelangelo gegen Raffael zeigt).

Obwohl Goethe immer wieder gesteht, »bis aufs innerste Knochenmark verändert zu sein« (2. Dezember 1786), bringt ihm Italien doch nichts Unerwartet-Neues, sondern erfüllt nur, wonach er sich seit seiner Kindheit schmerzlich gesehnt hat. Durch seinen Vater, der nach seiner eigenen Reise (1739/40) eine umfassende Beschreibung des Landes in dessen Sprache verfaßt hatte (*Viaggio in Italia*), ist ihm Italien in Wort und Bild zum Angelpunkt seiner Existenz geworden. Im Elternhaus, schreibt Goethe in *Dichtung und Wahrheit*, »zog meinen Blick am meisten eine Reihe römischer Prospekte auf sich, mit welchen der Vater einen Vorsaal ausgeschmückt hatte, gestochen von einigen geschickten Vorgängern des Piranese [...]. Hier sah ich täglich die Piazza del Popolo, das Coliseo, den Petersplatz, die Peterskirche von außen und innen, die Engelsburg und so manches andere. Diese Gestalten drückten sich tief bei mir ein«. Man darf hier an die heimatlichen Marmorbilder denken, deren Mignon sich in ihrem Lied *Kennst du das Land, wo die Zitronen blühn* (1783) erinnert, diesem Lied aus dem ersten Wilhelm Meister-Roman, das zwar Ausdruck des Heimwehs der kleinen Italienerin ist, aber doch zum klassischen lyrischen Dokument des deutschen »Italienwehs« (Wilhelm Heinse) geworden ist. Goethe erinnert daran, als er in Kampanien weilt: »Mignon hatte wohl recht, sich dahin zu sehnen.« Vom »Italienweh« war er selbst heftig gepackt worden, als er während seiner ersten Schweizer Reise am 23. Juni 1775 auf dem Gotthard-Paß stand und mit den Augen den Weg nach Süden verfolgte. Schon im Herbst desselben Jahres entschloß er sich ja kurzfristig nach Italien aufzubrechen, als die Kutsche, die ihn nach Weimar bringen sollte, ausblieb.

»Alle Träume meiner Jugend seh ich nun lebendig«, schreibt Goethe in der *Italienischen Reise*: die Kupferbilder des Vaters »seh ich nun in Wahrheit«. Längst Gekanntes glaubt er wiederzufinden; »es ist alles, wie ich mir's dachte und alles neu. Ebenso kann ich von meinen Beobachtungen, von meinen Ideen sagen. Ich habe keinen ganz neuen Gedanken gehabt, nichts ganz fremd gefunden, aber die alten sind so bestimmt, so lebendig, so zusammenhängend geworden, daß sie für neu gelten können« (1. November 1786). In der Tat sucht Goethe immer wieder zielstrebig das auf, was er schon kennt, meidet zu sehen, was er von vornherein nicht sehen will. Daß durch den a priori abgesteckten Rahmen allzu vieles aus Goethes Gesichtskreis ausscheidet, ist ihm seit dem Erscheinen der *Italienischen Reise* immer wieder vorgerechnet worden. Um einige charakteristische Beispiele anzuführen: Dem Canal Grande und seinen Palästen gilt während Goethes Aufenthalt in Venedig kaum ein Wort, zu schweigen von den mittelalterlichen Teilen der Lagunenstadt. Die gewaltige franziskanische Architektur und Malerei Assisis: »die ungeheueren Substruktionen der babylonisch übereinander getürmten Kirchen, wo der heilige Franziskus ruht« läßt er »mit Abneigung« links liegen – will er sich doch »die Imagination nicht verderben«, wie es im Reisetagebuch heißt (26. Oktober 1786). Stattdessen wendet er sich mit Begeisterung einem keineswegs bedeutenden Minervatempel aus augusteischer Zeit zu. Rodins Wort »Rome, c'est Bernini« hätte auf Goethe gewirkt, wie wenn von einem fremden Gestirn die Rede wäre. Der Name Bernini (gegen den Winckelmann noch so heftig polemisiert hat) kommt in der *Italienischen Reise* nicht mehr vor. Der normannischen und byzantinischen Kunst in Sizilien schenkt er keinerlei Beachtung und andere befremdliche Auslassungen mehr. Diese sind freilich nicht immer auf Desinteresse zurückzuführen; Goethe läßt auch bedeutende Kunstwerke unerwähnt, die seinen ästhetischen Vorstellungen sehr entsprochen haben müssen. Ihm ging es nicht um Vollständigkeit, sondern um die Hervorhebung von exemplarischen Einzelwerken.

Wie sehr sein Auge gleichwohl auf die Werke der italienischen Renaissance und der römischen Antike fixiert ist – das Griechische ist ihm, so scheint es, nur in hellenistischer Spätgestalt oder in römischer Kopie spontan zugänglich, wie das anfängliche Befremden gegenüber der originalen griechischen Tempelarchitektur in Paestum manifestiert –, das zeigt auch der Brief vom 8. Dezember 1787, in welchem er dem Herzog rät, auf die Komplettierung seiner Rembrandt-Sammlung zu verzichten: »Besonders fühle ich hier in Rom, wie interessanter denn doch die Reinheit der Form und ihre Bestimmtheit [!] vor jener markigen Roheit und schwebenden Geistigkeit ist und bleibt.« Freilich überschreitet Goethe hier und da durchaus den klassizistischen Horizont. Die Betrachtung der Sixtinischen Kapelle verdunkelt ihm seinen Leitstern Raffael. Die Emphase für Michelangelo geht so weit, daß einen Moment lang die für seine italienische Ästhetik konstitutive Einheit von Kunst und Natur auseinanderbricht: »Ich bin in dem Augenblicke so für Michelangelo eingenommen, daß mir nicht einmal die Natur auf ihn schmeckt, da ich sie doch nicht mit so großen Augen wie er sehen kann.« Und die archaischen Tempelbauten in Paestum, die ihm beim ersten Besuch »lästig, ja furchtbar« erschienen, werden ihm nach der Rückkehr aus Sizilien zur »herrlichsten Idee, die ich nun nordwärts vollständig mitnehme«. Die Eindrücke von den Resten griechischer Architektur in Sizilien hatten offenbar seinen Horizont so erweitert, daß er die anfänglichen klassizistischen Vorbehalte nun vollständig fallenließ.

Die Faszination der reinen und bestimmten Form hat Goethe nicht grundsätzlich den Blick auf die Gegenwelten und Gegengewalten derselben verstellt. Das zeigt etwa die – freilich von ausuferndem Entsetzen bestimmte – Passage über die »Raserei« der Villa des Prinzen von Palagonien zu Palermo, das zeigt das Leitmotiv des Vulkanischen, das in der *Italienischen Reise* längst vor Goethes Aufenthalt in Neapel und Sizilien auftaucht. Sein »Abscheu vor gewaltsamen Erklärungen«, wie sie die ›Vulkanisten‹ in der Erdgeschichte geltend zu machen suchten: »mit reichlichen Erdbeben, Vulkanen, Wasserfluten und andern titanischen Ereignissen« (*Tag- und Jahreshefte* zu 1820) hat ihn nicht gehindert – so wie die ›titanischen Ereignisse‹ den finsteren Fond der humanen Lichtwelt in der soeben versifizierten *Iphigenie* bilden –, wiederholt den Vesuv zu besteigen und unter Lebensgefahr in den Schlund des »Höllengipfels« zu schauen. Das Grauen vor der plutonischen Macht überläßt er hier mit einiger Ironie seinem Freund Tischbein: »Ihm, dem bildenden Künstler, der sich nur immer mit den schönsten Menschen- und Tierformen beschäftigt, ja das Ungeformte selbst, Felsen und Landschaften, durch Sinn und Geschmack vermenschlicht, ihm wird eine solche furchtbare, ungestalte Aufhäufung, die sich immer wieder selbst verzehrt und allem Schönheitsgefühl den Krieg ankündigt, ganz abscheulich vorkommen.« (6. März 1787)

So wie Goethe den Neapolitaner, der ständig in dem »ungeheuren Gegensatz« des »Schönen« der Landschaft und des »Schrecklichen« der Vulkanausbrüche leben muß, als einen Menschen charakterisiert, der »sich zwischen Gott und Satan eingeklemmt« fühlt, so hat auch Goethe in Italien durchaus die Spannung zwischen »Paradies« und »Hölle« auszuhalten versucht. Bereits in Rom ist immer wieder von der drohenden Gefahr des Vulkanausbruchs die Rede, welche ständig »die Wohnenden und Genießenden aufschreckt und irremacht« (16.Februar 1787), und mit der Beschreibung dieser Gefahr verbindet Goethe – »um auch Schatten in meine Gemälde zu bringen« – den Hinweis auf die Abgründe Roms und Italiens, die seine Kunstwelt unterminieren: Verbrechen, Mord, Unglück, Naturkatastrophen. (Auch an Winckelmanns Ermordung wird in diesem Zusammenhang ohne Beschönigung erinnert.) »Es ist in dem Augenblick, als wenn alle Kunstschätze Roms zunichte würden; die sämtlichen Fremden durchbrechen den Lauf ihrer Betrachtungen und eilen nach Neapel«, um den Lavafluß zu erleben (24. November / 2. Dezember 1787). Die grandiose Schilderung des nächtlichen Vulkanausbruchs wird eine der letzten Seiten der *Italienischen Reise* füllen.

Die Gewalt des Elementaren als Kontrapunkt der klassisch-geschlossenen Formenwelt kommt auch in der 1788 verfaßten Schilderung des *Römischen Karneval* zum Ausdruck. Der Karneval, der auf die »Saturnalien« zurückgeht, welche im alten Rom als Reminiszenz an das Goldene Zeitalter Saturns gefeiert wurden, gewährt den Römern für die Zeit seiner Dauer die »Privilegien« der Freiheit und Gleichheit, wie sie in jenem mythischen Zeitalter geherrscht haben sollen. »Der Unterschied zwischen Hohen und Niedern scheint einen Augenblick aufgehoben: alles nähert sich einander«; »fast alles« scheint »erlaubt«, außer körperlicher Gewalttätigkeit, in die der Rausch des Volkes freilich oft genug umzuschlagen droht. Goethe hat die mögliche Nähe von Gewalt und Katastrophe in diesem »modernen Saturnal«, dem »Fest allgemeiner Freiheit und Losgebundenheit«, mit einem gewissen Grauen empfunden. Wenn er am Ende bemerkt, »daß Freiheit und Gleichheit nur in dem Taumel des Wahnsinns genossen werden können«, so wirft – 1788! – die Französische Revolution ihre Schatten voraus. Wenn Goethe aber in den typischen Situationen des »ausschweifenden Festes« die rauschhafte Beschwörung der »wichtigsten Szenen unseres Lebens«: Zeugungsakt, Geburt und Tod wiederfindet, so scheint er im ›Taumel des Wahnsinns‹ doch die Erfahrung einer den Bezirk der Rationalität überschreitenden Wahrheit zu ahnen, wie er sie 1790 in den *Venezianischen Epigrammen* sogar der ›Tollheit‹ der Wortführer des revolutionären Pöbels zubilligt: »Mir auch scheinen sie toll, doch redet ein Toller in Freiheit / Weise Sprüche, wenn, ach! Weisheit in Sklaven verstummt.«

Der *Römische Karneval* bildet den Höhepunkt der anthropologischen und ethnographischen Studien Goethes, also der dritten der »Regionen« oder »Weltgegenden«, die in inniger Verknüpfung das Interesse seiner Italienreise bestimmen. Deutlich zeigt sich hier (wie in den ästhetischen und naturwissenschaftlichen Betrachtungen) der Einfluß der genetischen Methode Herders und seiner ›klimatisch‹ begründeten Anthropologie in den *Ideen*, deren Fortsetzung Goethe von Italien aus mit lebhafter Anteilnahme verfolgt hat. In seiner Beschreibung des italienischen Volks kehrt eine Beobachtung leitmotivisch wieder : der »öffentliche« Charakter aller zentralen Lebensäußerungen, der natürlich mit dem »milden Klima« zusammenhängt. »Alles, was nur kann, ist unter freiem Himmel.« Daher auch die »uns so sehr auffallende Unreinlichkeit und wenige Bequemlichkeit der Häuser«; »ihre Gesellschaften halten sie in öffentlichen Versammlungshäusern. [...] Das Volk fühlt sich immer vor.« (17. September 1786) Im Reisetagebuch spricht Goethe in bezug auf die Vicentiner von der »freien Art Humanität, die aus einem immer öffentlichen Leben herkommt« (25. September 1786). Diese Beobachtungen sind ihm vor allem in Hinblick auf Theater und Schauspiel wichtig. (Sie weisen schon auf Schillers Vorrede zur *Braut von Messina* voraus, welche den tragischen Chor als ein Mittel rechtfertigt, die verlorengegangene sinnfällige Öffentlichkeit des Lebens und des Schauspiels wiederherzustellen).

Goethe fasziniert in diesem Zusammenhang zumal die Commedia dell'arte, mit der er in Venedig zum erstenmal in unmittelbare Berührung kommt. Hier sei das »Volk« die »Base«, worauf alles ruhe, greife doch in der improvisierten Komödie die Aktion ständig auf das Publikum über: »die Zuschauer spielen mit, und die Menge verschmilzt mit dem Theater in ein Ganzes.« (4. Oktober 1786) Schon vor seiner Italienreise hegte Goethe eine ausgeprägte Vorliebe für die extemporierte Komödie. Die Weimarer Liebhaberbühne widmete sich ihr mit besonderem Enthusiasmus. Im *Triumph der Empfindsamkeit* – wo einmal ausdrücklich vermerkt wird, den Schauspielern bleibe überlassen, »hier zu extemporieren« – oder in dem burlesken Singspiel *Scherz, List und Rache* (1785), das teilweise eine Art Szenarium darstellt, schlägt die Improvisationstechnik immer wieder durch. In *Wilhelm Meisters theatralische Sendung* (III/8) finden wir ein ausgedehntes Gespräch über die Stegreifkomödie, die Avantagen der Masken und der durch den Einfluß der »Kunstrichter« (Gottscheds Verbannung des Hanswurst und Harlekin) in Deutschland abhanden gekommenen Kunst des »Extemporierens«. Sie sei »die Schule und der Probierstein des Akteurs«, da er durch die »Not« des unvorhersehbaren Augenblicks gezwungen werde, »sich mit allen Ressourcen, die das Theater anbietet, bekannt zu machen« und sich darin »wie der Fisch im Wasser« zu fühlen. »Wir sprachen oft über die Vorteile der italienischen Masken, über das Interesse, daß jeder einen bestimmten Charakter, Heimat und Sprache hat« (die Masken der Commedia dell'arte stammen ja aus verschiedenen Provinzen und reden deren Dialekt). Wilhelm plant, in Verbindung mit der Theaterprinzipalin Madame de Retti, »etwas auf deutsche Weise in dieser Art hervorzubringen«. Doch die Versuche, »die wir zum Trutz der Puristen, mit denen wir uns wieder entzweit hatten, dem Publico vortrugen«, schlagen fehl, da die Akteure »aus der Übung« sind. Es zeigt sich, »daß man ohne Wunder diese Epoche nicht zurückbringen kann. Wir sind wie Leute, die auf einen unbequemen oder schlechten Weg geraten, aber bei dem allen nun einmal zu weit vorwärts sind, um zurückezukehren und den andern von Anfange betreten zu können.« Man kann sich denken, mit welchem Gefühl Goethe nun einer noch lebendigen Tradition improvisierten Theaters in Venedig begegnet!

Die Beobachtung der »öffentlichen Redner« und zumal der Gerichtsprozesse, die in Italien ebenfalls eine Art »Komödie« seien, das Bild einer Nation, »die, stets öffentlich lebend, immer in leidenschaftlichem Sprechen begriffen ist« (4. Oktober 1786) und daher auch im Schauspiel am meisten »aufs Reden hält«, hat in Goethe zum erstenmal Verständnis für die – ihm im Unterschied zu Schiller von Natur aus fremde – Rhetorik des Trauerspiels erweckt: »Jetzt verstehe ich besser die langen Reden und das viele Hin- und Herdissertieren im griechischen Trauerspiele. Die Athenienser hörten noch lieber reden und verstanden sich noch besser darauf als die Italiener; vor den Gerichtsstellen, wo sie den ganzen Tag lagen, lernten sie schon etwas« (6. Oktober). Die Bedeutung des Volks als der Basis des antiken Theaters wird ihm auch durch die Anschauung des Amphitheaters: die Arena zu Verona – welche aus einer Zeit stamme, da »das Volk noch mehr Volk war, als es jetzt ist«, d.h. sinnlich konkrete Erscheinung – lebendig vor Augen gerückt. »Denn eigentlich ist so ein Amphitheater recht gemacht, dem Volk mit sich selbst zu imponieren«, heißt es im Tagebuch (16. September 1786). Dem deutschen Drama fehlt diese Basis des Volks und damit die Öffentlichkeit des Lebens wie des Theaters, wie sie sich in dessen rhetorischer oder improvisatorischer Ausrichtung manifestiert. Überhaupt ist die fehlende sinnliche Publizität für Goethe ein entscheidender Mangel der deutschen Literatur, die sich auf die abstrakte, ungesellige Beziehung zwischen Schriftsteller und Lesepublikum gründet (auch dies eine später von Schiller ausführlicher erörterte Idee): »Wir geben unser Bestes schwarz auf weiß: jeder kauzt sich damit in eine Ecke und knopert daran, wie er kann« (22. September 1786).

Neben dem Volkscharakter im allgemeinen gilt Goethes Interesse auch der ständischen Schichtung und ihren kulturellen Ausdrucksformen. Bedeutsam in dieser Hinsicht ist vor allem das umfassende Sozialgemälde, das er unterm Datum des 28. Mai 1787 von Neapel entwirft. Hier zeigt sich einerseits, daß Goethes Blick von Weimar her für soziale Zustände geschärft ist, anderseits ist zu spüren, daß das Interesse an ihnen sich mehr und mehr auf die ›interesselose‹ Beobachtung beschränkt, die echte Anteilnahme am Los der ›niederen Klassen‹, wie sie Goethes Haltung im ersten Weimarer Jahrzehnt so stark geprägt hat, zurücktreten läßt. Von dem schon zu seiner Zeit unübersehbaren sozialen Elend des Mezzogiorno hat er, so scheint es, kaum Notiz genommen. In dieser Hinsicht ist es aufschlußreich, Goethes *Italienische Reise* mit Johann Gottfried Seumes *Spaziergang nach Syrakus im Jahre 1802* zu vergleichen, der die sozialen, politischen und ökonomischen Mißstände Italiens in aller Drastik beschreibt. Goethe selber wird später in den *Venezianischen Epigrammen*, dem Produkt seiner unfreiwilligen Venedig-Reise im Gefolge Anna Amalias im Jahre 1790, die Schattenseiten der Zivilisation Italiens satirisch aufs Korn nehmen, während er sie auf der ersten Reise kaum wahrhaben will und allenfalls streift.

Wirkliche Armut existiert für Goethe, so scheint es, in Italien nicht; sie wird in ein idealisierendes Licht getaucht: das günstige Klima ermögliche die Befriedigung aller notwendigen Bedürfnisse und lasse auch den Armen »die Welt aufs schönste genießen«. »Der zerlumpte Mensch ist dort noch nicht nackt« (28. Mai 1787). Diese Verleugnung des Elends korrespondiert der auffallenden Tatsache, daß Goethe der praktischen Konsequenzen der Humanitätsidee in Italien zunehmend überdrüssig wird. So sehr er den »schönen Traumwunsch der Menschheit«, den endlichen Sieg der »Humanität« zu seinem eigenen machen möchte, drückt er doch im Blick auf den dritten Teil der Herderschen *Ideen* die Befürchtung aus, »daß zu gleicher Zeit die Welt ein großes Hospital und einer des andern humaner Krankenwärter sein werde« (27. Mai 1787).

Die »Schatten« in Goethes Italiengemälde lassen freilich daran zweifeln, daß ihm die chaotischen und unerfreulichen Seiten des Landes wirklich entgangen sind, daß er zumal die katastrophale gesellschaftliche Realität Siziliens, die von Hungerkatastrophen, hemmungsloser Ausbeutung der Landarbeiter und anderen Mißständen geprägt war, ganz einfach übersehen hat. Es gibt ein verblüffendes Zeugnis aus Goethes letztem Lebensjahr, das in diametralem Gegensatz zu der mythischen Verklärung Siziliens in der *Italienischen Reise* das wirkliche Erlebnis der Insel fast wie einen Alptraum beschreibt, den er aus seiner Erinnerung nicht wieder heraufholen möchte: »Es muß in meinen letzten sizilianischen oder darauffolgenden neapolitanischen Briefen eine Spur sich finden, welchen unangenehmen Eindruck mir diese vergötterte Insel zurückgelassen hat; ich mag durch Wiederholung auf diesen Punkt nicht lasten« (an Zelter, 28. Juni 1831). Wir können diese ›Spur‹ nicht verfolgen, da Goethe seine Originalaufzeichnungen über den Aufenthalt in Neapel und Sizilien nach ihrer Verwertung für die *Italienische Reise* vernichtet hat. So stehen das hier geschilderte Kampanien und Sizilien nur als antike Wunschlandschaften, als »Paradies« (16. April 1787) vor uns. Die ganze *Italienische Reise* wird ja durch ihr ursprüngliches Motto zu Arkadien, zu jener seit Vergil so genannten »geistigen Landschaft« (Bruno Snell) stilisiert, die den symbolischen Schauplatz der Hirtenidylle und ihres utopischen Glücks bildet. Goethe erlebt Sizilien, die »Insel der seligen Phäaken« (7. April) als ein Ulysses redivivus (mit dem ihn schon seine Neigung zum Inkognito verbindet, reist er doch unter dem Decknamen Johann Philipp Möller), durchzogen von Reminiszenzen an Homer, von dem er sich in Palermo eine griechisch-lateinische Parallelausgabe kauft.

Der Plan einer Fragment gebliebenen *Nausikaa*-Tragödie bildet bezeichnenderweise den Mittelpunkt des Sizilien-Kapitels. »Es war in dieser Komposition nichts«, schreibt Goethe »aus der Erinnerung« zum 8. Mai 1787, »was ich nicht aus eignen Erfahrungen nach der Natur hätte ausmalen können.« Er habe sich selbst als eine Art Odysseus gefühlt: wie dieser »auf der Reise«, immerzu in Gefahr, gefährliche Neigungen zu erregen, und in der Situation, die Gesellschaft mit seinen Reiseabenteuern zu unterhalten, dabei aber »von der Jugend für einen Halbgott, von gesetztern Personen für einen Aufschneider gehalten zu werden«. All das habe ihm ein starkes »Attachement« an den *Nausikaa*-Plan gegeben. Goethes mythische Selbststilisierung aus dem Abstand von drei Jahrzehnten erweckt freilich die Skepsis, ob es denn wirklich so gewesen ist. Im Falle des Bildes von Sizilien wird diese Skepsis durch Goethes Vernichtung seiner Originalaufzeichnungen und durch den zitierten dunklen Brief an Zelter bestärkt.

Die *Italienische Reise* ist trotz redaktioneller Abschleifung der Gegensätzlichkeiten in den Tagebuchnotizen und Briefen durchaus nicht frei von Widersprüchen. Die »Klarheit und Ruhe«, zu der Goethe sich, allen subjektivistischen Empfindungen entsagend, zwingt, kann doch den mühsam gebändigten Sturm der Gefühle in seinem Innern nicht verdecken. Er selbst gibt am Schluß des ersten Teils der *Italienischen Reise* zu, »daß ich mir in meinen Briefen widerspreche [...], denn ich werde von ungeheuren Mächten hin und wider geworfen, und da ist es wohl natürlich, daß ich nicht immer weiß, wo ich stehe.« Wie er ein Jahrzehnt zuvor in der Hymne *Seefahrt* seine Weimarer Situation im Bilde des Schiffers auf sturmbewegter See darstellte, so nun seinen Zustand in Italien. Die Widersprüche in seinen Briefen vergleicht er dem Licht des Leuchtturms, das dem »von wilden Wogen auf und nieder geschaukelten Auge« des Schiffers »bald unten, bald oben« erscheint. Doch mit dem gleichen ›dämonischen‹ Vertrauen auf »seine Götter« wie in jener Hymne sieht er sich in Rom nun »auf einem leidenschaftlich bewegten Meere dem Hafen« zusteuern: »halte ich die Glut des Leuchtturms nur scharf im Auge, wenn sie mir auch den Platz zu verändern scheint, so werde ich doch zuletzt am Ufer genesen« (21. Februar 1787).

Die *Italienische Reise* hat diesen Titel erst in der Ausgabe letzter Hand (1829) erhalten; im Erstdruck von 1816/17 bildete sie die beiden ersten Teile der Zweiten Abteilung des autobiographischen Gesamtwerks *Aus meinem Leben* (dessen Erste Abteilung aus *Dichtung und Wahrheit* besteht). Ihr Inhalt ist der erste Teil der Reise: »Hegire [Hedschra] von Karlsbad« am 3. Oktober 1786, Reise bis Rom, erster Aufenthalt dortselbst im Winter 1786/87, Weiterreise nach Neapel und Sizilien, Rückkehr nach Neapel; mit ihr schließt die *Italienische Reise*. Sie stellt eine Redaktion des bis zur Ankunft in Rom reichenden Reisetagebuchs für Frau von Stein und der an den Weimarer Freundeskreis gerichteten Briefe dar. Von dem zweiten Teil der Reise – Rückkehr nach Rom, Heimreise nach Weimar über Florenz und Mailand – hat Goethe nur den *Zweiten römischen Aufenthalt* (Juni 1787 bis April 1788) zum Gegenstand eines autobiographischen Berichts gemacht (in den ältere Teile, wie der 1789 publizierte *Römische Karneval*, aufgenommen sind); dieser ist erst 1829 in der Ausgabe letzter Hand erschienen. Die *Italienische Reise* und ihre Fortsetzung sind gattungsmäßig streng genommen keine Reisebeschreibungen, also keine aktuellen Schilderungen anderer Länder wie die zahllosen Reiseberichte des späteren 18. Jahrhunderts, sondern autobiographische Spätwerke, die aus der Distanz von jeweils drei – im Falle des *Zweiten Römischen Aufenthalts* sogar vier – Jahrzehnten verfaßt sind.

Diese Distanz ist immer mitzubedenken, sie geht in die Struktur der beiden Werke ein. Als zeit- und gegenstandsnahe Lebenszeugnisse Goethes, gar als real- und kulturgeschichtliche Quellen für die dargestellte Epoche können diese Schriften nur cum grano salis gelten. Sie sind ebenso wie Goethes Jugendgeschichte im Spannungsfeld von ›Dichtung und Wahrheit‹ zu lesen, d.h. der Standort, von dem aus der Selbstbiograph schreibt, ist nie zu vergessen. Die *Italienische Reise* ist auch eine mittelbare Stellungnahme Goethes zur ästhetischen Situation um 1815, eine indirekte Polemik gegen die Romantik und ihren Kultus des Mittelalters. Deren Repräsentanten, etwa die Maler der nazarenischen Richtung, die in Rom gemeinsam die *Italienische Reise* lasen, waren von derselben denn auch tief bekümmert. Goethes Reise-Autobiographien spiegeln nicht nur die Zeit, *über die* er schreibt, sondern auch die, *in der* er schreibt. Die Französische Revolution und die napoleonischen Kriege haben die Welt – und auch das Gesicht Italiens – inzwischen wesentlich verändert. Das Motto (ursprünglich der Titel) der *Italienischen Reise*: »Auch ich in Arkadien!« wird so zum elegischen Rückblick nicht nur auf die glücklichste Periode in Goethes Leben – »ich bin, mit meinem Zustande in Rom verglichen, eigentlich nachher nie wieder froh geworden«, hat er Eckermann am 9. Dezember 1828 gestanden –, sondern auch auf ein Italien, das es so nicht mehr gibt und das sich ihm in der Erinnerung nun als verlorenes Arkadien darstellt.

Die Redaktion der Originale in der *Italienischen Reise* besteht neben Umstellungen und Korrekturen in formaler Glättung, Eliminierung persönlicher, allzu spontaner Momente, ferner in einer Objektivierung, Akzentuierung und inhaltlichen Vervollständigung des Wesentlichen sowie der Herstellung von Verzahnungen, Überleitungen und teilweise neuen Kausalitäten, die sich Goethe aus dem Abstand von dreißig Jahren aufgedrängt haben. Anders als *Dichtung und Wahrheit* ist die *Italienische Reise* jedoch konsequent vom Gegenwartsstandpunkt aus, also in der Regel im Präsens geschrieben. Goethe sucht mithin den Schein der Unmittelbarkeit der aktuellen Reiseschilderung aufrechtzuerhalten. Daher vermeidet er es auch, jeweils sein Vorwissen zu bekunden, dem gerade geschilderten Augenblick vorzugreifen. Ganz anders die Komposition des *Zweiten römischen Aufenthalts*. Hier wird durch die monatsweise Aufteilung in »Korrespondenz« (redigierte Originalbriefe) und resümierenden »Bericht« eine Distanz zwischen gegenwärtigem Erleben und autobiographischer Rückschau, zwischen erinnerndem und erinnertem Ich hergestellt. Zudem werden fremde Quellen oder eigene Essays von Goethe (wie der Philipp Neri-Aufsatz oder die schon vier Jahrzehnte alte Abhandlung *Das römische Karneval*) integriert. Die spezifisch autobiographische Bauform des *Zweiten Römischen Aufenthalts* läßt den intensiven geistigen Austausch Goethes mit dem römischen Freundeskreis besonders deutlich hervortreten. Dazu gehören u.a. der Komponist Philipp Christoph

Kayser, die Maler Angelika Kauffmann, Philipp Hackert und Wilhelm Tischbein.

Die beiden wohl wichtigsten und folgenreichsten römischen Begegnungen aber sind die mit dem Kunstschriftsteller *Johann Heinrich Meyer* (1759–1832), den Goethe 1792 als Leiter der Zeichenschule und engsten künstlerischen Berater nach Weimar berufen wird, und mit *Karl Philipp Moritz* (1756–1793), dem Verfasser des autobiographischen Romans *Anton Reiser* (1785/90). Moritz, dessen eigene, ganz unpersönliche (wiewohl in Briefform gehaltene), auf exakt gewürdigte »Realien« bezogene *Reisen eines Deutschen in Italien* 1792–1793 einen interessanten Kontrast zur *Italienischen Reise* bilden, hat durch seinen *Versuch einer deutschen Prosodie* (1786) Goethe nach dessen eigenem Geständnis erst den Mut gegeben, »die *Iphigenia* in Jamben zu übersetzen«. Auch an seinen etymologischen Studien und an der Entstehung der für die klassische und romantische Generation epochemachenden *Götterlehre oder Mythologische Dichtungen der Alten* (1791) hat Goethe lebhaften Anteil genommen. Das bedeutendste Zeugnis seiner Zusammenarbeit mit Moritz stellt dessen Traktat *Über die bildende Nachahmung des Schönen* (1788) dar, aus dem Goethe einen Auszug im *Zweiten römischen Aufenthalt* abgedruckt hat. Lange hat man in dieser Abhandlung nur eine Entfaltung Goethescher Ideen gesehen, während heute die Bedeutung Moritz' als eines originalen Denkers, selbständigen Theoretikers der Klassik nicht mehr bestritten wird. Als solchen hat ihn bereits Schiller gerühmt, dessen großes ästhetisches Ideengedicht *Die Künstler* (1789) stark von Moritz inspiriert ist: »Moritz ist ein tiefer Denker, der seine Materie scharf anfaßt und tief heraufholt« (an Körner, 2. Februar 1789).

Moritz versteht »Nachahmung« im Sinne von »nachstreben und wetteifern« (mit der Natur). »Jedes schöne Ganze aus der Hand des bildenden Künstlers ist [...] im Kleinen ein Abdruck des höchsten Schönen im großen Ganzen der Natur, welche das noch mittelbar durch die Hand des Künstlers nacherschafft, was unmittelbar nicht in ihren großen Plan gehörte.« Das schöpferische »Genie« muß die »Verhältnisse des großen Ganzen, und in ihnen das höchste Schöne, wie an den Spitzen seiner Strahlen in einen Brennpunkt fassen«, d.h. das einzelne Kunstwerk muß jenes Ganze der Natur »im verjüngenden Maßstabe« getreu spiegeln. Voraussetzung für den »wahren Genuß des Schönen« ist daher dasjenige – und in diesem Punkt mußte Goethe sich in seinen eigenen Überzeugungen durch Moritz besonders bestätigt fühlen –, »wodurch das Schöne selbst entstand: vorangegangene ruhige Betrachtung der Natur und Kunst als eines einzigen großen Ganzen«. Wichtiger noch und folgenreicher als Moritz' Nachahmungstheorie ist seine Bestimmung des »Schönen« als »Vollendung in sich selbst« sowie seine Idee, daß jenes Schöne nicht »erkannt«, sondern nur »hervorgebracht – oder empfunden« werden kann. In dieser Beziehung wird Moritz unmittelbar zum Vorläufer Kants. Moritz ist der erste Ästhetiker überhaupt, der – zwei Jahre vor Erscheinen der *Kritik der Urteilskraft* – mit voller theoretischer Klarheit den Gedanken der Autonomie des Kunstwerks formuliert, das Schöne vom Nützlichen rigoros getrennt hat: »Wir können also das Schöne im allgemeinen auf keine andre Weise erkennen, als insofern wir es dem Nützlichen entgegenstellen und es davon so scharf wie möglich unterscheiden.« Was aber nicht oder nur »zufällig« nützt, ist »notwendig ein für sich bestehendes Ganze«, und zwar ein solches, das »in unsre Sinne fallen oder von unsrer Einbildungskraft umfaßt werden« kann. Diese Idee der autonomen ästhetischen Ganzheit – die auch für Goethes Ästhetik und seine Idee der Pflanzen- und Tiergestalt wesentlich ist – wird auf das »bildende Genie« übertragen, das »zuerst um sein selbst und dann erst um unseretwillen« (d.h. für den »Nachgenuß«) da sei. Diese Feststellung impliziert die Ablehnung aller feudal-höfischen Verwendungsansprüche an den Künstler und die Künste wie auch einer Moralkunst im Sinne der Frühaufklärung. Diese werden nun als heteronome, die Kunst zur Selbstentfremdung nötigende Zwänge empfunden.

Goethes ästhetische Katharsis in Italien hat ihre schöpferisch-poetischen Folgen überwiegend erst einige Jahre nach der Rückkehr auf deutschen Boden gezeitigt. Die Fülle der Eindrücke der italienischen Landschaft, Zivilisation und Kunst sowie das Schwanken zwischen der Berufung zum Dichter oder zum bildenden Künstler (wie sehr er sich eine Zeitlang als solcher gefühlt hat, belegt eine Fülle von Skizzen und Zeichnungen aus Italien) hat Goethe nur wenig Zeit für poetisches Produzieren gelassen. Gänzlich Neues entsteht kaum: der Plan einer *Iphigenie in Delphi* gelangt nicht zur Ausführung. (Ihn wird, durch Goethes Aufzeichnungen inspiriert, Gerhart Hauptmann 1941 verwirklichen, als Fortsetzung und zugleich als desillusionierendes Gegenbild zu *Iphigenie auf Tauris*.) Von dem durch die ›homerische‹ Landschaft Siziliens inspirierten Trauerspiel *Nausikaa* liegen nur einige Fragmente von freilich unvergleichlicher atmosphärischer Dichte vor. Merkwürdig, wenn auch wohl verständlich ist das fast völlige Verstummen des Lyrikers Goethe. Außer den für die geplante Oper

Die Mystifizierten bestimmten *Cophtischen Liedern* hat Goethe in Italien nur die beiden Gedichte *Amor als Landschaftsmaler* und *Cupido, loser eigensinniger Knabe* (1787) geschrieben. Abgesehen davon, daß die beiden antikisierenden Gedichte, vor allem das ganz deskriptiv-gegenständliche erste, den innigen Ton der Weimarer Lyrik in keiner Zeile mehr aufkommen lassen, ist es bezeichnend, daß sie in einem Moment geschrieben sind, da Goethe durch seine Neigung zu der (bereits verlobten) Mailänderin Maddalena Riggi ein »wertherähnliches Schicksal« droht, von dem er sich doch auf klassischem Boden sternenweit entfernt wähnte. Sein ansonsten ganz nach außen gewendetes, auf ›Gegenständliches‹ ausgerichtetes und daher allem Lyrischen abholdes Gemüt zieht sich hier zum ersten- und einzigenmal in sich selbst zurück und wendet sich der Gattung des Gedichts zu.

Daß Goethe in Italien so gut wie nichts gänzlich Neues produziert hat, entspricht freilich seiner eigenen Intention: er betrachtet es als seine Hauptaufgabe, »meine älteren Sachen fertig« zu machen – im Sinne einer »Rekapitulation meines Lebens und meiner Kunst« (an den Herzog, 11. August 1787). Als Göschen die erste Gesamtausgabe von *Goethes Schriften* (Leipzig 1787–1790) plante, kam dem Autor zu Bewußtsein, wie viel er während seiner zehn Jahre in Weimar begonnen, wie wenig er fertiggestellt hatte, wie vieles noch in unvollkommener Form liegengeblieben war. Das Unvollkommene vollkommen, das Unvollständige vollständig zu machen, war also das Ziel, das Goethe sich in Italien setzte und für das er sich die rechte Inspiration aufgrund der Begegnung mit der Kunst der Antike und Renaissance erhoffte. Deshalb der Abschluß der Vers-*Iphigenie* und des *Egmont*, die Beinahe-Vollendung des *Tasso* und die Arbeit am *Faust* (Szenen »Hexenküche« und »Wald und Höhle«).

Hinzu kommt (in Verbindung mit Philipp Christoph Kayser) die metrische Neufassung der alten Frankfurter Singspiele *Erwin und Elmire* und *Claudine von Villa Bella* nach dem Modell der Opera buffa: die gesprochenen Prosadialoge, die wie in der französischen Opéra comique mit Gesangsnummern wechseln, werden nun zu Rezitativen umgeformt. (In dieser Gestalt hat Johann Friedrich Reichardt die beiden Singspiele 1791 und 1795 vertont. An *Claudine* hat sich 1815 noch einmal Franz Schubert versucht.) Goethes Bemühungen um Singspiel und Oper während der Italienischen Reise stehen in Zusammenhang mit den (meist unterschätzten) lebhaften musikalischen Eindrücken. Zu kaum einer Zeit seines Lebens hat Goethe sich mehr mit Musik befaßt als während des zweiten römischen Winters. Die altitalienische Vokalmusik (Palestrina, Allegri) hat ihn ebenso beschäftigt wie die moderne Oper (Pergolesi, Cimarosa, Paisiello u.a.) oder die Kunstform des Oratoriums. Wie sehr er die musikalischen Zeichen der Zeit erkannt hat, zeigen nicht nur seine und Kaysers Singspiel-Versuche, welche allerdings durch Mozarts *Entführung aus dem Serail* (1782) gänzlich ›niedergeschlagen‹ wurden, wie Goethe später neidlos konstatiert hat (*Zweiter römischer Aufenthalt*, Bericht zum November 1787), sondern auch das Interesse an der erst im 18. Jahrhundert geschaffenen Form der Opera buffa – deren Vollender ebenfalls Mozart werden sollte. Sie hat er besonders in Hinblick auf die Gestaltung politischer Sujets als »eine der vorzüglichsten dramatischen Darstellungsweisen« empfunden (*Campagne in Frankreich*). Das Musterbeispiel ist für ihn Paisiellos *Il Re Teodoro* (1784), der ihn, vor allem aufgrund der Verbindung des Abenteurermotivs mit einer politischen Affäre, zu dem inhaltlich verwandten Projekt der Buffooper *Die Mystifizierten* inspiriert hat. Sie sollte die Halsbandaffäre in Frankreich und das Wirken des Scharlatans Cagliostro zum Inhalt haben, dessen Familie Goethe in Sizilien ausfindig gemacht und besucht hat (davon erzählt er ausführlich unter dem Datum des 13. und 14. April 1787). Anstelle des gescheiterten musikalischen Projekts entstand 1791 das Schauspiel *Der Groß-Cophta*.

Goethe schließt in Italien im Sinne einer »Rekapitulation« die Werke seiner ersten Weimarer Periode ab oder bildet sie im Geiste einer an der Antike und der Renaissance orientierten Ästhetik um. In diesem Sinne ist die Italienreise für ihn Abschluß und Neubeginn zugleich. Daß sie für die spätere Literaturgeschichtsschreibung geradezu zum Ursprungsmythos der Weimarer Klassik werden konnte, ist durch die Grundtendenz der *Italienischen Reise* durchaus erklärbar. Als fast Achtzigjähriger, in einem Brief an Göttling vom 8. November 1828, betont Goethe noch einmal, daß durch seine Italienreise »der Grund meines ganzen nachherigen Lebens sich befestigt und gestaltet hat«. Bezeichnenderweise nennt er die Flucht nach Italien im *Zweiten römischen Aufenthalt* (Bericht zum September 1787) seine »Hegire« und spielt damit auf die Hedschra des Propheten Mohammed an, mit der die islamische Zeitrechnung beginnt.

Der »Abschied aus Rom« ist Goethe tief zu Herzen gegangen. In den letzten römischen Tagen soll er wiederholt in Tränen ausgebrochen sein. Die Abschiedsnacht gestaltet er am Ende des *Zweiten römischen Aufenthalts* – in ausdrücklicher Reminiszenz an Ovid, dessen Elegie den Schluß des autobiographischen Werks bildet – als Gang ins Exil. Auf der Rückreise nach Weimar und in den ersten Monaten seines neuen – verwaisten – Lebens dortselbst schreibt er bezeichnenderweise die Tragödie des verbannten Tasso zuende. Ovid hatte seine Heimat verlassen müssen, und er schrieb jene Elegie in der Verbannung »weit hinten am Schwarzen Meere«, wie Goethe bemerkt, während er selber im Gegenteil in die Heimat zurückkehrt. Aber eben diese Heimat wird ihm zum Exil, die Fremde zur Heimat – und das nicht erst beim Abschied. Schon zu Beginn der Italienreise, in Trient, »begrüßt« er den »vaterländischen Staub« und schreibt: »da fühlt man sich doch einmal in der Welt zu Hause und nicht wie geborgt oder im Exil« (11. September 1786). Angesichts des in Italien erfahrenen Glücks darf man sich fragen, warum Goethe überhaupt nach Weimar zurückgekehrt, warum er nicht wie andere deutsche Künstler in Rom geblieben ist. Er selbst mag sich diese Frage aufgrund der Entfremdung von dem Weimarer Freundeskreis, die er nach seiner Rückkehr schmerzlich erfuhr, wiederholt gestellt haben. Doch abgesehen von der Treuepflicht gegenüber dem Herzog, der ihm immerhin die Fortzahlung seiner vollen Bezüge während der ganzen Reise gewährt hatte, war es Goethes Überzeugung, daß sein Platz in Weimar war, daß nicht die Ausschöpfung aller Möglichkeiten persönlichen Glücks das Telos seines Lebens sein durfte, daß die Reise ihn – wenn auch unter neuen Voraussetzungen – in die nun einmal eingegangenen Bindungen zurückführen mußte. Seine nachitalienische Weimarer Existenz steht so ganz im Zeichen seines Entsagungsethos. Freilich hat Goethe sich, wie erwähnt, nach seiner Rückkehr von der Mehrzahl seiner früheren amtlichen Verpflichtungen entbinden lassen und die Poesie, sein in Italien wiedergewonnenes Künstlertalent nicht länger dem praktischen Leben ›subordiniert‹, hatte doch eben dies die Krise von 1786 ausgelöst. Der 1786 aus Weimar geflüchtete Staatsmann Goethe kehrt 1788 als Künstler nach Weimar zurück.

Literatur

Atkins, Stuart: *Italienische Reise* and Goethean classicism. In: Stanley A. Corngold [u. a.] (Hrsg.): Aspekte der Goethezeit. Göttingen 1977, S. 81–96.

Barner, Wilfried: Altertum, Überlieferung, Natur. Über Klassizität und autobiographische Konstruktion in Goethes *Italienischer Reise*. In: Goethe Jb. 105 (1988), S. 64–92.

Batley, Edward M: *Das Römische Carneval* oder Gesellschaft und Geschichte. In: Goethe Jb. 105 (1988), S. 128–43.

Battafarano, Italo Michele (Hrsg.): *Italienische Reise*. Reisen nach Italien. Gordola di Trento 1988.

Boerner, Peter: *Italienische Reise* (1816–29). In: Goethes Erzählwerk. Interpretationen. Hrsg. v. Paul Michael Lützeler u. James E. McLeod. Stuttgart 1985, S. 344–62.

Braungart, Georg: »Intransitive Zeichen«: »Die Signatur des Schönen« im menschlichen Körper bei Karl Philipp Moritz. In: Rhetorik 13 (1994), S. 3–16.

Busch, Werner: Die »große, simple Linie« und die »allgemeine Harmonie« der Farben. Zum Konflikt zwischen Goethes Kunstbegriff, seiner Naturerfahrung und seiner künstlerischen Praxis auf der italienischen Reise. In: Goethe-Jb. 105 (1988), S. 144–165.

Constantine, David: *Achilleis* und *Nausikaa*: Goethe in Homer's world. In: Katherine Callen King (Hrsg.): Homer. New York u.a. 1994, S. 111–131.

Einem, Herbert von: Palladio und Goethe. In: Vierhundert Jahre Andrea Palladio (1580–1980). Colloquium der Arbeitsstelle 18. Jahrhundert, Gesamthochschule Wuppertal [...]. Heidelberg 1982, S. 131–141.

Einem, Herbert von: Goethe-Studien. München 1972.

Eissler, Kurt Robert: Goethe. Eine psychoanalytische Studie 1775–1786. 2 Bde. (Amerikanische Originalausgabe: Detroit 1963). München 1987.

Fancelli, Maria: Goethes *Italienische Reise*. In: Impulse 5 (1982) S. 192–207.

Goethe in Italien. Eine Ausstellung des Goethe-Museums Düsseldorf [...]. Mainz 1986.

Göres, Jörn: »Wie wahr! Wie seiend!« Reflexionen zu Goethes Italien-Reisen. In: Goethe Jb. 105 (1988), S. 11–26.

Graham, Ilse: Der Bildner als Vollstrecker der Natur. Goethes *Italienische Reise* und ihre Nachwehen. In: Goethe Jb. 105 (1988), S. 42–63.

Hinck, Walter: Das deutsche Lustspiel des 17. und 18. Jahrhunderts und die italienische Komödie. Stuttgart 1965.

Hoffmeister, Gerhart (Hrsg.): Goethe in Italy, 1786–1986. A bi-centennial symposium November 14–16, 1986. University of California, Santa Barbara. Amsterdam 1988.

Irmscher, Johannes: Antikebild und Antikeverständnis in Goethes Winckelmann-Schrift. In: Goethe Jb. 95 (1978), S. 85–111.

Kiefer, Klaus H.: Wiedergeburt und Neues Leben. Aspekte des Strukturwandels in Goethes Italienischer Reise. Bonn 1978.

Kiefer, Klaus H.: Auch ich in Arkadien? Kunst und Wirklichkeit in den Italienreisen der Goethezeit. In: Stefan Krimm u.a. (Hrsg.): »Ich fahr, weiß nit wohin ...«: das Motiv des Reisens in Europas Geschichte und Gegenwart. München 1993, S. 122–145.

Koch, Hans-Albert: Die Singspiele. In: W. Hinderer (Hrsg.): Goethes Dramen. Neue Interpretationen. Stuttgart 1980, S. 42–64.

Lange, Victor: Goethes Journey in Italy. The school of seeing. In: Antipodische Aufklärungen. Antipodean enlightenments. Festschrift für Leslie Bodi. Hrsg. von Walter Veit. Frankfurt a. M./Bern 1987, S. 229–40.

Lemmel, Monika: Wechselwirkungen zwischen Goethes *West-östlichem Divan* und der *Italienischen Reise*. Überlegungen zur späten Entstehung von Goethes Reisebericht. In: Jb. d. Dt. Schillergesellschaft 33 (1989), S. 281–98.

Lohmeier, Dieter: Goethes *Nausikaa*-Fragment. In: Jb. d. Fr. Dt. Hochstifts 1974, S. 1–16.

Mattenklott, Gert: Mantegnas *Doppelleben* als Muster für Goethes späte Ästhetik. In: Paolo Chiarini (Hrsg.): Bausteine zu einem neuen Goethe. Frankfurt a.M. 1987, S. 135–147.

Marianelli, Marianello: Die Idee der Entwicklung im Spiegel von Goethes *Italienischer Reise*. In: Goethe Jb. 99 (1982), S. 117–32.

Martin, Günther: Goethe und Palladio – Fiktion klassischer Architektur. In: Jb. d. Fr. Dtr. Hochstifts 1977, S. 61–82.

Mayer, Hans: Goethes *Italienische Reise*. In: H. Mayer: Zur deutschen Klassik und Romantik. Pfulligen 1963, S. 51–81.

Michel, Christoph: Goethes italienisches Tagebuch: Dokumente einer Lebenskrise. In: Frankfurter Hefte 30 (1975), H. 6, S. 49–62.

Miller, Norbert: Die Insel der Nausikaa: Spiegelungen des Sizilianischen Abenteuers. Stuttgart 1994.

Mühlmann, Wilhelm Emil: Goethe, Sizilien und wir. In: Germ.-Rom. Monatsschr., NF 26 (1976), S. 440–451.

Müller, Reimar: Weltanschauung und Traditionswahl in Goethes Winckelmann-Schrift. In: Goethe Jb. 96 (1979), S. 11–21.

Nährlich-Slatewa, Elena: Das groteske Leben und seine edle Einfassung: *Das Römische Karneval* Goethes und das Karnevalskonzept von Michail M. Bachtin. In: Goethe-Jb. 106 (1989), S. 181–202.

Niederer, Heinrich: Goethes unzeitgemäße Reise nach Italien 1786–1788. In: Jb. d. Fr. Dt. Hochstifts 1980, S. 55–107.

Osterkamp, Ernst: Im Buchstabenbilde. Studien zum Verfahren Goethescher Bildbeschreibungen. Stuttgart 1991.

Pfotenhauer, Helmut: Der schöne Tod. Über einige Schatten in Goethes Italienbild. In: Jb. d. Fr. Dt. Hochstifts 1987, S. 134–157.

Rüdiger, Horst: Zur Komposition von Goethes *Zweitem römischen Aufenthalt*: das melodramatische Finale und die Novelle von der »schönen Mailänderin«. In: Stanley A. Corngold [u.a.] (Hrsg.): Aspekte der Goethezeit. Göttingen 1977, S. 97–114.

Saine, Thomas P.: Die ästhetische Theodizee. K. Ph. Moritz und die Philosophie des 18. Jahrhunderts. München 1971.

Scheible, Hartmut: Goethe in Rom. In: Holger Fock (Hrsg.): Zwischen Fundamentalismus und Moderne [...]. Reinbek b. Hamburg 1994, S. 166–190.

Schöne, Albrecht: Über Goethes Wolkenlehre. In: Berliner Germanistentag 1968. Heidelberg 1970, S. 24–41

Schrimpf, Hans J.: Karl Philipp Moritz. In: Benno von Wiese (Hrsg.): Deutsche Dichter des 18. Jahrhunderts. Berlin 1977, S. 881–910.

Schulz, Gerhard: Wann und wo entsteht ein klassischer Nationalautor? Zu Goethes *Italienischer Reise*. In: Geschichtlichkeit und Aktualität. Studien zur deutschen Literatur seit der Romantik. Festschrift für Hans-Joachim Mähl. Hrsg. von Klaus-Detlef Müller [u.a.]. Tübingen 1988, S. 51–68.

Schulze, Sabine (Hrsg.): Goethe und die Kunst [Katalog d. Ausstellung i.d. Schirn Kunsthalle Frankfurt]. Stuttgart 1994.

Simonis, Annette: »Das Schöne ist eine höhere Sprache«: Karl Philipp Moritz' Ästhetik zwischen Ontologie und Transzendentalphilosophie. In: Deutsche Vierteljahrsschrift 68 (1994), S. 490–505.

Tateo, Giovanni: Percorsi casuali: Karl Philipp Moritz in Italia 1786–1788. Fasano 1989.

Uhlig, Ludwig: Goethes *Römischer Karneval* im Wandel seines Kontextes. In: Euphorion 72 (1978), S. 84–95.

Werner, Hans-Georg: Goethes Reise durch Italien als soziale Erkundung. In: Goethe Jb. 105 (1988), S. 27–41.

Wiedemann, Conrad (Hrsg.): Rom – Paris – London. Erfahrung und Selbsterfahrung deutscher Schriftsteller und Künstler in den fremden Metropolen. Ein Symposion. Stuttgart 1988.

Wölfflin, Heinrich: Goethes *Italienische Reise*. In: Hans Mayer (Hrsg.): Spiegelungen Goethes in unserer Zeit. Wiesbaden 1949, S. 325–336.

Ziolkowski, Theodore: Die Natur als Nachahmung der Kunst bei Goethe (*Amor als Landschaftsmaler*). In: Wissen aus Erfahrung. Festschrift f. Herman Meyer. Hrsg. v. Alexander von Bormann. Tübingen 1976, S. 242–255.

Das wichtigste poetische Ergebnis der Italienischen Reise ist zweifellos der Abschluß der Versfassung von *Iphigenie auf Tauris* und die Vollendung des *Egmont* 1786 und 1787. Beide Dramen haben Goethe fast während des ganzen ersten Weimarer Jahrzehnts beschäftigt, und sie sind wohl dessen bedeutendstes künstlerisches, aber auch ethisches und politisches Vermächtnis. Wenn Goethe am 5. Oktober 1786 in sein Reisetagebuch schreibt, er wolle in Italien sein Gemüt »über die schönen Künste beruhigen«, nach seiner Rückkehr aber praktisch-nützlich wirken, »denn die Zeit des Schönen ist vorüber, nur die Not und das strenge Bedürfnis erfordern unsre Tage«, so scheint zwischen dieser Einsicht und der Arbeit an der Vollendung der *Iphigenie*, welche nach herkömmlicher Meinung ein so zeitenthobenes, über allem ›Bedürfnis‹ schwebendes klassisches Meisterwerk ist, keine rechte Verbindung zu bestehen.

Und doch: das Bewußtsein, daß die Zeit des Schönen, nämlich die große Zeit Griechenlands vorüber ist, überschattet auch Goethes Drama, prägt Haltung und Reden seiner Personen. Iphigenie wie Orest und Pylades fühlen sich als Repräsentanten einer Spätzeit, die sehnsüchtig-bewundernd zu den Heroen der Vergangenheit zurückblickt (vgl. Vs. 960ff., 681–696 u.ö.). Das ist der ›moderne‹ sentimentalische oder romantische Grundzug des Stücks, den zumal Schiller so stark empfunden hat. »Er bewies mir«, berichtet Goethe Eckermann (21. März 1830), »daß ich selber wider Willen romantisch sei und meine *Iphigenie*, durch das Vorwalten der Empfindung, keineswegs so klassisch und im antiken Sinne sei, als man vielleicht glauben möchte.« Das Vorwalten der Empfindung resultiert nach Schillers Theorie des ›Sentimentalischen‹ aus dem Bewußtsein des Verlusts eines naturförmigen Zustandes, der selbstverständlichen Einheit des Menschen mit seiner Umwelt. Iphigenie befindet sich in der sentimentalischen Situation par excellence: im Exil – »das Land der Griechen mit der Seele suchend« (Vs. 12). Sie ist losgerissen von der Heimat als der Sphäre ›naiver‹ Konsonanz von Ich und Welt, und zudem wird sie im Verlauf der dramatischen Handlung erfahren müssen, daß diese Heimat – als das, was sie einmal war – unwiederbringliche Vergangenheit ist. Das Ende des Exils kann für sie also nicht Wiederkehr der Heimat im alten Sinne sein.

Der Schauplatz des Dramas ist die Fremde. Sie bedeutet für

Iphigenie den Verlust »selbstbewußten Lebens« (Vs. 110), der Selbstbestimmung ihrer Person. Die Situation der Vertreibung wird für sie identisch mit der herkömmlichen Rolle der Frau, gegen die sie – nach dem Modell der Frauenklagen in den Tragödien des Euripides (dessen *Iphigenie bei den Taurern* das stoffliche Vorbild des Goetheschen Dramas ist) – immer wieder aufbegehrt. »Ich bin so frei geboren als ein Mann.« (Vs. 1858) Der Schutzwall ihrer Selbstbestimmung ist ihre Jungfräulichkeit. Für die Macht des Eros, die aus ihrer Sicht meist zur Unterdrückung der Frau geführt hat, ist sie unempfänglich, Weiblichkeit äußert sich in ihr nur als Schwesterlichkeit. Das ist der Grund für ihre tiefe Verbundenheit gerade mit der jungfräulichen Göttin Diana, die ganz in der Beziehung zu ihrem Bruder Apoll aufgeht. Die Ehe mit Thoas muß Iphigenie nicht nur verwerfen, da sie durch dieselbe von der Heimat für immer ferngehalten würde, sondern weil sie sich überhaupt gegen die Rolle der Frau im weithin glück- und ehrlosen Schatten des Mannes sträubt (vgl. Vs. 24ff.).

Diese selbstbewußte Virginität, ja Viraginität Iphigenies, die entschlossene Selbstbewahrung ihrer Person, prägt ihr Verhältnis zu Göttern wie Menschen, hat ethische, religiöse wie politische Aspekte. Daß sie eine herrschaftsgewohnte Männerwelt durch ihr Verhalten völlig verwirrt, zeigt zumal die Reaktion des Königs. Thoas versucht, ihre Ehefeindlichkeit vom geläufigen Rollenbild der Frau her zu deuten, registriert sie als weibliche Laune. Wenn er ihr vorwirft, sich nur vom Gefühlstrieb hinreißen zu lassen, »die Stimme guten Rats / Und der Vernunft« nicht zu hören (Vs. 46ff.), so verfehlt er durchaus die empfindsame Vernunfthaltung Iphigenies. Was er ihr vorhält, trifft weit eher für sein eigenes Verhalten zu, setzt er doch wenig später ›par dépit amoureux‹, als Alibi persönlicher Rache, das suspendierte Menschenopfer wieder in Kraft – freilich auch in der verhüllt erpresserischen Absicht, Iphigenie doch noch zum Jawort zu veranlassen.

Das mythische Motiv des Menschenopfers, wie es durch seine biblische Überlieferung in der Geschichte von Jephtas Tochter aus dem 11. Kapitel des *Buches der Richter* und vor allem in der Erzählung von der abgewendeten Opferung Isaaks im *1. Buch Mose* jedem Christen vertraut war, hat in der Dramatik, vor allem in der Oper des 18. Jahrhunderts eine bedeutende Rolle gespielt; es sei nur an die beiden Iphigenien-Opern Glucks (*Iphigénie en Tauride* ging zum ersten Mal 1779, gut einen Monat nach Goethes Ur-*Iphigenie*, in Paris über die Bühne) und Mozarts *Idomeneo* (1781) verwiesen. Das Menschenopfer muß ja dem aufgeklärten Bewußtsein als der absurdeste Verstoß gegen die Grundbestimmung des Menschen, daß er selbst Zweck, nie eines Anderen Zweck ist, mithin als grausigste Chiffre religiös-politischer Fremdgesetzlichkeit erscheinen. Deshalb zielen die genannten dramatischen Werke sämtlich auf die Verhinderung des Blutrituals durch das Eingreifen der Götter. Das ist die mythische Garantie für die Tendenz des empfindsam-aufgeklärten Dramas, den Mythos selbst auf ein ›humanes‹ Maß zurückzuführen. Die Götter werden zu Projektionen der Humanität, im Gegensatz etwa zu den Tragödien Voltaires, die sich am Hofe zu Weimar noch großer Beliebtheit erfreuten. Voltaire sucht den Mythos rationalistisch aufzulösen, als Manifestation der zumal im Orakel zutage tretenden Götter- und Priesterwillkür zu entlarven.

Dagegen richtet sich die Humanisierung des Bildes der Götter bei Goethe oder Gluck. In dessen *Iphigénie en Aulide* (1774), welche auf die *Iphigénie* Racines zurückgeht, die ihrerseits auch Goethes Drama formal und inhaltlich inspiriert hat, wollen die Götter, durch das Leid der Menschen zu Mitleid gerührt, von keinem Blutritual mehr wissen. Die Anstalten zum Sühneopfer rücken nach dem Modell der verhinderten Opferung Isaaks ins Licht einer bestandenen Probe. Am Ende der Gluckschen *Iphigénie en Tauride* ist es gar Diana selbst, die den Skythen ihr Kultbild fortnimmt, da sie durch den barbarischen Brauch des Menschenopfers ihr ›menschliches‹ Bild geschändet sieht. Einen solchen Weg der ›Rettung‹ des Mythos im Geiste aufgeklärter Humanität schlägt auch Goethe ein. So rückt das Problem der rechten – humanen – Auslegung des Orakels ins Zentrum seiner *Iphigenie*:

Der mißversteht die Himmlischen, der sie
Blutgierig wähnt: er dichtet ihnen nur
Die eignen grausamen Begierden an.
Entzog die Göttin mich nicht selbst dem Priester?
(Vs. 523ff.)

Diese Verse Iphigenies drücken ihr religiöses Urerlebnis aus, das Unterpfand ihres ›humanen‹ Götterbildes. Daß Thoas' Rückfall in den blutigen Brauch nur kaschierte Rache ist, davon war schon die Rede. Seine Berufung auf die Forderung der Göttin wird durch Dianas Rettung der Iphigenie und den wiederholt erwähnten »Segen«, der dem Land gerade durch den Verzicht auf das Menschenopfer von seiten der Göttin zuteil geworden scheint, widerlegt.

Daß Thoas auf das Blutritual zurückgreift, ist ein Symptom der

Willkür des befehlsgewohnten, dem empfindsam-rationalen Diskurs nicht gewachsenen Herrschers. Bezeichnenderweise lehnt er Iphigenies vernünftig-humane, durch ihre wunderbare Rettung verbürgte Auslegung des göttlichen Willens prinzipiell ab. »Es ziemt sich nicht für uns«, so hält er, fast wie der Hauptpastor Goeze im Streit mit Lessing, Iphigenie entgegen, »den heiligen / Gebrauch mit leicht beweglicher Vernunft / Nach unserm Sinn zu deuten und zu lenken«. (Vs. 528ff.) Daß er freilich das Kultgesetz weit mehr nach seinem Sinn, ja nach seiner Leidenschaft lenkt, führt ihm Iphigenie im fünften Aufzug vor Augen:

> Wir fassen ein Gesetz begierig an,
> Das unsrer Leidenschaft zur Waffe dient.
> Ein andres spricht zu mir: ein älteres,
> Mich dir zu widersetzen, das Gebot,
> Dem jeder Fremde heilig ist.
> (Vs. 2832ff.)

Das »freundlich Gastrecht« (Vs. 2153) als Bestandteil des Naturrechts! Thoas verlangt demgegenüber von der Priesterin, ihrem »Dienste« unter Ausschaltung des eigenen moralischen Urteils zu gehorchen – mithin die Preisgabe der Maximen der Aufklärung, denen Iphigenie treu bleibt, auch wenn sie sich nicht auf die Vernunft, sondern nach empfindsamem Sprachgebrauch auf das »Herz« als Mitte ihres Wesens und Prüfstein des Rechten und Guten beruft: »Ich untersuche nicht, ich fühle nur.« (Vs. 1650) Dieses Gefühl aber ist ein durchaus aufgeklärtes Sentiment, das ›natürliche‹ Rechtsempfinden des selbstverantwortlichen Individuums.

Iphigenie wähnt sich, auf ihr ›Erweckungserlebnis‹: die Entrükkung durch Diana bauend, lange in völligem Einvernehmen mit den Göttern. Im Eingangsmonolog leitet sie aus der als selbstverständlich angenommenen Intaktheit ihrer Familie geradezu den Anspruch ab, den Ihren zurückgegeben zu werden. Zug um Zug wird indessen der Glaube an die glückliche Bewahrung ihrer Familie durch die Götter entlarvt. Als sie nun, durch die von ihr verlangte Lüge gegenüber Thoas, ebenfalls in den Zwangszusammenhang des Verbrechens der Tantaliden hineingezogen zu werden droht, erwacht ihr Zweifel an dem gerechten, Sittlichkeit verbürgenden Walten der Götter. In dieser Situation am Ende des vierten Aufzugs singt sie das »Lied der Parzen [...], / Als Tantalus vom goldnen Stuhle fiel« (Vs. 1720-1766). In diesem Lied, in dem der Haß der Titanen auf die Olympier nachwirkt, wird – wie im *Prometheus* des jungen Goethe – die Willkürherrschaft der Götter zum Pendant, ja zur Chiffre ungerechter irdischer Herrschaft, noch unaufgeklärt-absolutistischer Regierung. Die Götter brauchen die Herrschaft, »wie's ihnen gefällt«; wen sie heute erheben – das Schicksal der fürstlichen Favoriten –, den stürzen sie morgen und bannen ihn gleichsam mit einer ›lettre de cachet‹ in die Bastille des Tartaros, wo er vergebens »gerechten Gerichtes« harrt.

Die Parzen, die mit den griechischen Moiren gleichgesetzten römischen Schicksalsgöttinnen, werden von Goethe den vorolympischen Gottheiten zugezählt. Daher ihre Solidarität mit dem von Goethe dem Titanengeschlecht zugerechneten Tantalus. Daß die gleichen kritischen Maßstäbe auf Religion (Götter) und Politik (Herrschende) angewandt werden, daß sich beide Sphären ständig verschränken, zeigt Iphigenies Auftritt nach dem Parzenlied. »Die heil'ge Lippe tönt ein wildes Lied«, hält Thoas ihr vor (Vs. 1821). Natürlich ist nicht vom Parzenlied die Rede, sondern von Iphigenies heftiger Opposition gegen irdische Herrscherwillkür (Vs. 1812ff.). Man hat hier von einem »zweiten Parzenlied« gesprochen (W. Rasch). In der Tat lehnt Iphigenie sich mit gleichen Argumenten und Bildern gegen die alte Götter- und Herrscherwillkür auf. Entsprechend findet das neue Verhältnis zwischen Mensch und Gottheit, dessen Konstituierung im Mittelpunkt des Schauspiels steht, sein Korrelat in einer neuen Beziehung zwischen Fürst und ›Untertan‹. Iphigenies »Bild« der Götter ist zugleich ihr Bild der guten Regierung.

Gott ist nicht der ›Ganz Andere‹, von dem man sich – dem alttestamentarischen Verbot entsprechend – kein Bild machen soll, sondern sein Wesen wird im Gegenteil nach dem Modell der Humanität, nach dem Bild des guten Menschen entworfen. »Edel sei der Mensch, / Hilfreich und gut!« heißt es in Goethes Hymne *Das Göttliche* (1783). Eben dadurch werde er den Göttern ähnlich. »Sein Beispiel lehr' uns / Jene glauben.« Der »edle Mensch« als »Vorbild / Jener geahneten Wesen«: hier wird der Bericht der Genesis, daß Gott den Menschen nach seinem Bild erschuf, genau umgestülpt. Das klingt schon gefährlich nach Feuerbach, doch Goethe will das religiöse Bewußtsein gerade nicht entlarven, sondern vollenden. Die Gottheit ist für uns unerkennbar; wenn wir überhaupt etwas über sie aussagen wollen, dann können wir es nur, indem wir das Höchste von ihr annehmen, das wir an uns selbst kennen: alle die Werte, die durch den Begriff der Humanität umschlossen sind. Gott als Postulat der humanen Vernunft!

Iphigenies verzweifelter Ausruf am Ende des vierten Aufzugs:

»Rettet mich / Und rettet euer Bild in meiner Seele!« (Vs. 1716f.) bezieht sich auf eben jenes nach dem Vorbild der Humanität entworfene Gottesbild. Sollte die »taube Not«, welche alle Hoffnung auf Autonomie zunichte macht, Iphigenie zum Verbrechen des Kultbildraubs (der vermeintlichen Bedingung der Entsündigung Orests) und zum Betrug des Königs zwingen, dann wäre der Beweis für die Unentrinnbarkeit des Atridenfluchs, für die Prädestination auch Iphigenies zum Bösen erbracht. In dieser Situation droht der Titanenhaß auf die Olympier (Prometheus!) auch ihre Brust mit »Geierklauen« (Vs. 1716) zu fassen.

Der Atridenfluch wird bei Goethe zur Chiffre der Erbsünde und der Prädestinationslehre, welche für die Aufklärung, als Hindernisse auf dem Wege zur Autonomie, das größte Ärgernis gewesen sind. Iphigenie sucht ganz im Geiste der Aufklärung aus eigener Kraft, auf autonom menschlichem Wege den mythischen Erbzwang, die durch den Atridenfluch ausgelöste Kettenfolge des Verbrechens aufzuheben. Das ist mit dem Begriff der »Entsühnung« (des Fluchs bzw. des Atridenhauses) gemeint. »Laß mich«, so sagt Iphigenie Vs. 1968ff. zu Thoas, »mit reinem Herzen, reiner Hand / Hinübergehn und unser Haus entsühnen.« Auf diese Durchbrechung der Fatalität des Verbrechens beziehen sich gewiß auch die berühmten Verse, die Goethe 1827 dem Orest-Darsteller Krüger gewidmet hat: »Alle menschlichen Gebrechen [= Verbrechen] / sühnet reine Menschlichkeit.«

Die »Reinheit« ist die conditio sine qua non der »Entsühnung«. Wird erstere durch die von Iphigenie verlangte Lüge getrübt, so ist auch letztere nicht mehr denkbar, der Fluch erwiese sich dann als unaufhebbar, menschliche Autonomie wäre ebensowenig möglich wie die Gutheit der Götter oder die Gerechtigkeit der Herrschaft. Die Lüge würde also den Sinn der Existenz Iphigenies zerstören. Diese eminente Bedeutung des Wahrheitsproblems ist nur vor dem Hintergrund der Aufklärung zu verstehen. Es sei erinnert an Kants Schrift *Über ein vermeintes Recht, aus Menschenliebe zu lügen* (1797) wie auch an den Traktat *Zum ewigen Frieden*, wo im Gegensatz zur höfisch-absolutistischen Verstellung (dissimulatio) die »Ehrlichkeit« als Grundhaltung der Politik postuliert wird.

Der Apologet der Verstellung in Goethes *Iphigenie* ist Pylades. Wie sein Vorbild Odysseus ist er der Rhetor, der die Satzungen der Götter seinen Zwecken anpaßt. Nimmt Thoas die tradierte Satzung buchstäblich entgegen, befragt Iphigenie sie auf ihren humanen Sinn, so legt Pylades sie rhetorisch aus, d.h. in dem für das eigene Interesse günstigsten Sinne (vgl. seine ›Auslegung‹ der Orakelforderung des Kultbildraubs Vs. 730ff. und die Replik Orests Vs. 740f.). Drei unvereinbare hermeneutische Positionen stehen hier gegeneinander. Der Rhetorik gehe es nur um »augenblickliche Vorteile«, hat Goethe derselben in den *Maximen und Reflexionen* vorgeworfen. »Sie verfolgt ihre Zwecke und ist Verstellung von Anfang bis Ende.« Pylades legt es in diesem Sinne von Anfang an auf Verstellung an – auch Iphigenie gegenüber. Orest hingegen zerreißt im ersten Gespräch mit der (noch nicht erkannten) Schwester sofort das »lügenhafte Gewebe« des Freundes: »Zwischen uns / Sei Wahrheit!« (Vs. 1080f.) Die Bedeutung dieses »Sei Wahrheit!« hebt Goethe dadurch hervor, daß er es in eine einzige Zeile setzt, den Blankvers metrisch nicht vollendet.

Der gleiche Vorgang wird sich auf seiten Iphigenies in ihrem Dialog mit Thoas im fünften Aufzug wiederholen. Der Entschluß zur Wahrheit fällt freilich erst, nachdem sie Arkas gegenüber die Lüge, die Pylades ihr auf die Zunge gelegt hat (die angeblich notwendige Kultbildreinigung) bereits ausgesprochen hat. Erst danach erkennt sie die ethische, ja metaphysische Tragweite der Unwahrheit, wie ihr Monolog mit dem Parzenlied am Ende des vierten Aufzugs zeigt. Die »unerhörte Tat« (Vs. 1892), Thoas schließlich die volle Wahrheit zu gestehen, reißt sie mit einem Schlage aus der Umklammerung durch den Geschlechterfluch heraus. »Iphigenie, gehorsam dem kategorischen Imperativ der damals noch ungeschriebenen Kritik der praktischen Vernunft, desavouiert aus Freiheit, aus Autonomie ihr eigenes Interesse, das des Betrugs bedarf und damit den mythischen Schuldzusammenhang wiederholt« (Th. W. Adorno).

Die Offenbarung der Wahrheit wird von Iphigenie in den Versen 1893ff. als »kühnes Unternehmen« in Analogie zum männlichen Heldentum gesetzt. Die weibliche Aristie der ›interesselosen‹ Bekundung der Wahrheit verzichtet auf das »Recht des Schwerts« (Vs. 1911), ist anders als das kriegerische Heroentum auf Frieden gegründet. Allein Wahrheit ist Friede! Diese Einsicht verbindet Goethes Iphigenie mit Kants Traktat *Zum ewigen Frieden*. Was sein Drama aber über diesen Traktat hinaushebt, ist die Begründung von Wahrheit und Friede im ›Ewig Weiblichen‹. »Gewalt und List, der Männer höchster Ruhm« – Machiavelli hat sie im emblematischen Bilde von Löwe und Fuchs als die beiden großen Triebkräfte der Politik bezeichnet – »Wird durch die Wahrheit dieser hohen Seele / Beschämt«, heißt es am Schluß der letzten Rede Orests (V. 2142–2144).

Die Lösung des Konflikts und des dramatischen Knotens überhaupt bringt erst Orests ›Aufklärung‹ des Orakelspruchs, demzufolge sich dieser nicht auf das Kultbild der Schwester Apolls, sondern auf die Schwester Orests bezieht. Durch diese von Goethe erfundene Umdeutung des Orakels, die das Erscheinen Dianas in der *Taurischen Iphigenie* von Euripides und Gluck entbehrlich macht, wird der Einklang des göttlichen Gebots mit den Maßstäben menschlicher Moralität endgültig hergestellt.

Die Umdeutung des Orakels impliziert ein für die Intention des Dramas zentrales Problem. Der Kultbildraub war nach der Tradition der Sage die Bedingung der Befreiung Orests von den Furien. Der neuen Exegese des Orakelspruchs entsprechend müßte also die Heimführung Iphigenies die Bedingung seiner Exkulpation sein. Orest ist jedoch schon am Ende des dritten Aufzugs von Schuld und Wahnsinn befreit und geheilt. Hier liegt eine Motivierungsschwäche des Dramas vor. Die tradierte mythische und die moderne Motivation der Exkulpation Orests kommen sich in die Quere.

Schiller hat es als »ungriechisch« kritisiert, daß die Furien in Goethes Drama nur noch imaginiert, zu Projektionen der Gewissensqual verinnerlicht sind, von der Orests Gemüt bis zum Wahnsinn zerfressen ist. »Ohne Furien ist kein Orest« (an Goethe, 22. Januar 1802). Überhaupt fehlt Schiller in diesem Schauspiel (das er bereits 1789 rezensiert hat) »die sinnliche Kraft, das Leben, die Bewegung und alles, was ein Werk zu einem echt dramatischen spezifiziert« (an Körner, 21. Januar 1802). Diese Äußerungen stehen in Zusammenhang mit der Weimarer Erstaufführung der Vers-*Iphigenie*, die in Schillers einschneidender Bearbeitung stattgefunden hat. Anderthalb Jahre zuvor war in Weimar Glucks *Iphigenie auf Tauris* aufgeführt worden, die Schiller (der den letzten Proben beigewohnt hat) von ihren dramatischen Qualitäten her weit höher als Goethes Schauspiel eingeschätzt zu haben scheint. In Glucks Oper umringen in einer grandiosen Szene die Furien noch leibhaftig den verzweifelten Orest. Daran mag Schiller sich erinnert haben.

Die Verdrängung der Furien aus der Realität in die Imagination drückt Pylades in den Worten aus, Orest nehme das »Amt der Furien« auf sich selber (Vs. 757). Indem der Muttermörder sein Verbrechen durch Reuequalen und das Verlangen nach dem sühnenden Tod büßt, wird er von der Schuld befreit. Es handelt sich hier um den Prozeß einer »inneren Absolution« (Goethe), welche keiner kultischen Heilmittel mehr bedarf. Den höchsten Grad der Selbstpeinigung bildet die Hadesvision Orests. Sie ist jener Moment, in dem das Maß des Leidens voll und das Verbrechen gesühnt ist. Mit Orests eigener Exkulpation deutet sich hier schon die Entsühnung des Geschlechterfluchs an, welche ihren bewegenden Ausdruck in der Befriedung der einst im wahrsten Sinne sich selbst zerfleischenden Tantaliden findet (vgl. Vs. 1235ff.).

Daß aus dem Bild der entsühnten und befriedeten Familie der »Ahnherr« des Geschlechts: Tantalus selber ausgeschlossen bleibt, ist eine bis zum Ende des Stücks nicht aufgelöste grausige Aporie, welche das aufgeklärte, Gottheit und Menschheit im Geiste des Guten und der Vernunft vereinigende Harmoniemodell durchbricht – der finstere Schatten, welcher aus der alten, von den Parzen angeklagten olympischen Götterwelt in die neue humane Ordnung fällt. Der Tartaros, die ›ewige Höllenstrafe‹, das große Skandalon für das aufgeklärte Denken, wird nicht aufgehoben – die Anklage der Parzen gegen die olympischen Götter anläßlich der Verdammung des Tantalus, die »ungeheure Opposition im Hintergrunde meiner *Iphigenie*«, von der Goethe in *Dichtung und Wahrheit* spricht, scheinen ein begrenztes Recht zu behalten. Daß Tantalus nicht begnadigt wird, ist freilich nicht ohne metaphysische Logik: die Entsühnung betrifft nur die *Erb*schuld, die Prädestination der Tantaliden zum Bösen, nicht die *Ur*schuld, welche den Fluch ausgelöst hat.

Tantalus wird bei Goethe dem von den Olympieren gestürzten älteren Göttergeschlecht der Titanen zugerechnet und von den Verbrechen entlastet, welche ihm die mythologische Tradition zuschreibt. In *Iphigenie* verkörpert er nur die zwischen Stolz und Hybris schwankende Überschreitung der *Grenzen der Menschheit* (Goethes Hymne). Goethe hat in *Dichtung und Wahrheit* Tantalus mit Ixion und Sisyphos zu seinen »Heiligen« gezählt. Das zeigt, wie sehr er jene Hybris als Bestandteil und Gefahr seines eigenen Wesens empfunden hat. Daß sie nicht nur eine religiöse, sondern zugleich eine keineswegs verächtliche politische und gesellschaftliche Haltung impliziert, nämlich die mangelnde Bereitschaft zur Subordination, zur Selbstbescheidung in den Standesgrenzen von seiten des menschlichen resp. bürgerlichen ›Parvenüs‹, lassen schon Iphigenies Verse 315ff. ahnen. Noch deutlicher wird dieser gesellschaftliche Hintersinn der Hybris in der berühmten Passage aus *Dichtung und Wahrheit*: »In die Gesellschaft der Götter aufgenommen, mochten sie [Tantalus, Sisyphos, Ixion] sich nicht untergeordnet genug betragen, als übermütige Gäste ihres wirtlichen Gönners Zorn verdient und sich eine traurige Verbannung zugezogen haben.« Wenig später wird ihr Schicksal »tragisch« genannt und eben von der »ungeheuren Opposition« im Hintergrund der dramatischen Handlung gesprochen.

Daß die Verbannung und damit auch die Opposition nicht aufgehoben, Tantalus in das religiöse wie soziale Harmoniemodell der *Iphigenie* nicht integriert wird, zeigt dessen Grenzen, die Goethe durchaus bewußt bleiben. Wir spüren seinen geheimen – immer noch untergründig ›prometheischen‹ – Vorbehalt gegenüber den tonangebenden politischen und gesellschaftlichen Kräften, mit denen er sich auf einen äußeren Kompromiß eingelassen hat und dessen Opfer ihm in den Jahren vor der Italienischen Reise schmerzlich genug bewußt geworden sind. In der »Opposition« der in den Tartaros verbannten Titanen, die von jenem Kompromiß ausgeschlossen sind, wirft die Revolution schon ihre Schatten voraus.

Die nicht aufgehobene Verbannung des Ahnherrn ist freilich ein schnell vorüberziehender Schatten in der Friedensvision Orests. Das zeigt die freudige Aufnahme des wirklich auftretenden Paars Iphigenie und Pylades in die Hadesgruppe. Mit ihr endet die Vision, Orest kommt nach dem Gebet Iphigenies wieder zu Bewußtsein, der Fluch löst sich, die Furien kehren in die Unterwelt zurück. Von einer ›Heilung‹ Orests durch Iphigenie, wie sie die Verse 1703ff. und 2119ff. supponieren, kann freilich nicht die Rede sein. Bei der kathartischen Hadesvision des Bruders ist Iphigenie gar nicht anwesend, sie tritt erst im letzten Moment hinzu, begleitet mit ihrem Gebet nur noch die Schlußphase der Genesung vom Wahnsinn. Das Verbrechen des Muttermords kann Orest nur allein sühnen. Iphigenie kann allenfalls dessen psychologische Folgen: den Wahnsinn ›heilen‹. Daß der moralische Aspekt (Sühnung) und der psychische (Heilung) bei Orests ›Gebrechen‹ nicht deutlich unterschieden werden, erklärt die Widersprüche in der Motivation der Befreiung des Muttermörders von seinen Qualen. Wenn am Ende des Dramas, vor allem in Orests Versen 2119ff. der Eindruck entsteht, Iphigenie sei Urheberin der Exkulpation Orests, ist das durch die neue Orakelauslegung bedingt, welche Iphigenie statt des Kultbilds zur Befreierin des Bruders von den Furien machte.

Die durch die Umdeutung des Orakels Iphigenie zugeschriebene quasi religiöse Mittlerrolle hat utopische Züge. Seit Bachofens *Mutterrecht* (1861) ist der Atridenmythos, wie ihn die *Orestie* des Aischylos darstellt, als Kampf der untergehenden mutterrechtlichen Ordnung – dessen Schützerinnen die Erinnyen sind – mit dem in der Heroenzeit aufkommenden Vaterrecht gedeutet worden. In Goethes *Iphigenie* weichen die Furien nunmehr nicht einem männlichen, sondern einem neuen weiblichen Recht: dem Recht der Schwesterlichkeit, in der wir das Goethesche Pendant zur revolutionären Brüderlichkeit sehen dürfen; diese wie jene lösen eine despotische Vaterordnung ab.

In Goethes *Iphigenie* schlägt die Emanzipation von den deterministischen Zwängen des Mythos in dessen empfindsam-aufgeklärte Affirmation um. Das neue Verhältnis zwischen Gott und Mensch korrespondiert, wie gesagt, der Beziehung zwischen gerechtem Fürsten und freiem Staatsbürger im aufgeklärten Staatswesen. *Iphigenie* wird so wirklich zum ›Fürstenspiegel‹, der das ideelle Fundament der amtlichen Reformtätigkeit Goethes im ersten Weimarer Jahrzehnt bedeutsam erhellt. In der Entsagung des Thoas, in seinem Verzicht auf Rache, Strafe und die unbeschränkten Möglichkeiten der Macht, in der Fähigkeit, die »Stimme / der Wahrheit und der Menschlichkeit« (Vs. 1937f.) zu hören – in all dem drückt sich das Bild des ›guten Herrschers‹ aus, das die bürgerlichen Schriftsteller seit der frühen Aufklärung im Dienste der Fürstenerziehung entworfen haben.

Iphigenie scheint Goethe seit der Italienischen Reise freilich fremd geworden zu sein. Die eigentümliche Äußerung über ihren »ganz verteufelt humanen« Charakter (an Schiller, 19. Januar 1802) deutet seine Skepsis gegenüber dem in ihr konstituierten Harmoniemodell und gegenüber dessen – von den Hoffnungen des Reformpolitikers während des ersten Weimarer Jahrzehnts bestimmten – politisch-sozialen Implikationen an. Zugleich sprechen aus jener Äußerung die Erfahrungen einer durch die Revolution tiefgreifend veränderten Welt, die dem Jahrzehnte zuvor noch emphatisch seine Autonomie verkündenden Individuum inzwischen vielfältige Fesseln angelegt hat. Grenzen und Opfer der ›Humanität‹ zeigen sich freilich schon in Goethes Drama selbst, so in den Verdammten des Tartaros oder in der Verlassenheit des Königs am Ende, in seinem schmerzlichen Verstummen. Der Abschiedssegen »Lebt wohl!«, der das Schauspiel beschließt, bildet bezeichnenderweise nur den ersten Fuß eines nicht fortgeführten Verses, der so gleichsam schweigend weiterklingt; der Schluß der *Iphigenie* bleibt im wahrsten Sinne offen.

Die im letzten Akt gegebene Lösung der Konflikte ist in bezug auf die Realität nichts als ein utopisches Signal – gewissermaßen jenes Vorbild, das nach den Worten des Pylades als nie erreichter Schatten vor uns flieht, »in einer weiten Ferne / Der Berge Haupt auf goldnen Wolken krönt« (Vs. 695f.). Versteht man das »Humane« als ein solches Signal und Postulat, als den nur in einer ins

Unendliche fortschreitenden Annäherung realisierbaren Zustand des gewalt- und herrschaftsfreien Miteinanders, als »Ideal« im Sinne Schillers, dann wird man sich dessen Rat in seiner Antwort auf Goethes skeptischen Brief nicht verschließen können: von dem, »was Sie das Humane darin nennen«, doch ja »nichts wegzunehmen«, gründe in ihm doch die Hauptwirkung des Stücks (20. Januar 1802).

Nach dem Erscheinen der Vers-*Iphigenie* schrieb Wieland im »Teutschen Merkur«, das Drama scheine »bis zur Täuschung, sogar eines mit den griechischen Dichtern wohl bekannten Lesers, ein altgriechisches Werk zu sein«. Damit spielt er wohl vor allem auf die gräzisierenden Wortbildungen und syntaktischen Fügungen an. Die Zeitgenossen empfanden die Sprachform der *Iphigenie* als durchaus fremd, fühlten sich entweder »von einem Geiste des Altertums angeweht« (so Schiller in seiner Rezension) oder durch antikisierenden Manierismus befremdet. Daß *Iphigenie* ein gänzlich unzeitgemäßes Werk sei, aus der »gegenwärtigen Epoche« herausfalle (so noch einmal Schiller, der später, wie wir wissen, darüber ganz anders dachte), fühlten jedenfalls seine Verteidiger wie seine Gegner.

Gleichwohl läßt sich nicht verkennen, daß *Iphigenie* bei allem antikischen Gepräge zugleich auf die Tradition der französischen klassizistischen Tragödie zurückweist. In einer für Louis Bonaparte aufgestellten Übersicht über seine Werke bezeichnet Goethe seine »Iphigénie en Tauride« als »tragédie en cinq actes, tout à fait selon les règles« (vollkommen den ›Regeln‹ der französischen Tragödie entsprechend). Tatsächlich kommt sie der ›doctrine classique‹ so nahe wie kein anderes seiner Dramen, insbesondere was die Einheit von Ort, Zeit und Handlung, die ›geschlossene‹ Form und die erlesene Sprache betrifft. Die seit Lessing mehr und mehr befehdete ›tragédie classique‹, gegen deren Dominanz sich zumal die Sturm und Drang-Generation auflehnte, konnte ihre bestimmende Position an den von französischer Kultur und Sprache geprägten Höfen noch lange halten. Das gilt auch für den weimarischen Hof. Herzog Carl August war ein erklärter Liebhaber der Kunst Racines und der ›haute tragédie‹ überhaupt. Nicht zuletzt ihm zuliebe bearbeitete Goethe 1800/1801 Voltaires *Mahomet* und *Tancred* für die Weimarer Bühne. In dieser formalen Tradition ist auch *Iphigenie* zu sehen.

In eine völlig andere stilistische Welt führt *Egmont*. Dort – in der *Iphigenie* – Blankvers, hier Prosa, dort Konzentration von Raum, Zeit, Handlung und Personenstand, hier epische (›Shakespearsche‹)

szenische Vielfalt mit verschiedenen Handlungs- und Realitätsebenen sowie farbiger Personenfülle. Die Entstehung des *Egmont* hat sich über zwölf Jahre hingezogen; so vermischen sich hier die divergierenden Stilelemente der Frankfurter Jahre (von Shakespeare inspirierte Volksszenen fast im Stile des *Götz*), der frühen Weimarer Zeit und der Italienischen Reise zu spannungsvoller Einheit.

Bleiben die politischen Momente der *Iphigenie* weithin mythisch-symbolisch verschlüsselt, so treten sie im historischen Trauerspiel *Egmont* naturgemaß prononcierter hervor. Hier haben die politischen Erfahrungen Goethes während des ersten Weimarer Dezenniums ihren unmittelbaren poetischen Niederschlag gefunden. Im Gewand des geschichtlichen Schauspiels verbirgt sich ein Zeitstück von geradezu brennender Aktualität. Goethe selbst hat im *Zweiten Römischen Aufenthalt* auf die Parallele zwischen dem Abfall der Niederlande von der spanischen Monarchie und den revolutionären Zeitereignissen in den Österreichischen Niederlanden hingewiesen. »Ich bin fleißig, mein *Egmont* rückt sehr vor«, heißt es am 9. Juli 1787. »Sonderbar ist's, daß sie eben jetzt in Brüssel die Szene spielen, wie ich sie vor zwölf Jahren aufschrieb, man wird vieles jetzt für Pasquill halten.« Und am 10. Januar 1788: »Um mir selbst meinen *Egmont* interessant zu machen, fing der römische Kaiser [Joseph II.] mit den Brabantern Händel an«. Noch Eckermann berichtet Goethe am 10. Januar 1825: als er in Rom gewesen sei, »las ich die Zeitungen, daß die geschilderten revolutionären Szenen in den Niederlanden sich buchstäblich wiederholten. Ich sah daraus, [...] daß meine Darstellung einiges Leben haben mußte«.

Kein Zweifel, daß Goethes Darstellung der Politik Philipp II. in den Niederlanden eine Kritik an der Expansionspolitik Joseph II. und an der bürokratisch-rationalistischen Staatsverwaltung des aufgeklärten Absolutismus enthält. Für seine überstürzten Reformen und machtpolitischen Anmaßungen erhielt der Kaiser nun in Brabant die Quittung. Es wurde oben bereits dargestellt, welche Bedrohung die habsburgische Politik nicht zuletzt für den Bestand der deutschen Mittel- und Kleinstaaten, also auch für das Herzogtum Sachsen-Weimar bedeutete. Goethe hatte als Mitglied des herzoglichen Conseils offiziell mit dem Fürstenbundprojekt gegen Österreich zu tun, das von Carl August so intensiv propagiert wurde. (Während seines Römischen Aufenthaltes wurde Goethe sogar von Agenten des Wiener Hofs beschattet, da man in seiner Italienischen Reise eine antihabsburgische Mission vermutete.)

Das Scheitern der habsburgischen Politik vor allem in den Österreichischen Niederlanden bestätigte Goethe in seinem Urteil über den aufgeklärten Absolutismus, wie er es sich aufgrund seiner Lektüre der *Patriotischen Phantasien* von Justus Möser zueigen gemacht hatte, deren Einfluß gerade auf *Egmont* unverkennbar ist. Das gilt vor allem für Mösers Aufsatz *Der jetzige Hang zu allgemeinen Gesetzen und Verordnungen ist der gemeinen Freiheit gefährlich* (1772). Möser wendet sich hier gegen die zentralistisch-rationalistische Bürokratie des aufgeklärten Absolutismus, welche alles »auf einfache Grundsätze zurückgeführt sehen« möchte und der zufolge sich der Staat »nach einer akademischen Theorie regieren lassen« soll. Die Tendenz uniformierender Generalisierung, welche den Bruch mit dem Überkommenen und durch Verjährung Recht Gewordenen, mithin die Zerstörung der geschichtlichen Kontinuität bedeutet, führt nach Möser notwendig zum »Despotismus, der alles nach wenigen Regeln zwingen will und darüber den Reichtum der Mannigfaltigkeit verlieret.«

In den wenig später einsetzenden Reformen Joseph II. sollten sich alle Befürchtungen Mösers bewahrheiten. Im Zuge einer rigorosen Zentralisierung und Rationalisierung des Staates hat der Kaiser sich gerade in den Österreichischen Niederlanden rücksichtslos über historische Rechte und Privilegien hinweggesetzt und in einem absolutistischen Gewaltstreich die belgische Selbstverwaltung durch einen zentralistischen Beamtenapparat ersetzt. Als er gar die Urkunde über die Anerkennung der belgischen Freiheiten und Sonderrechte, die er selbst einst unterschrieben hatte, für ungültig erklärte, kam es 1788 zur Revolution, und die österreichischen Truppen wurden 1789 aus dem Land vertrieben.

Goethe hat seinen *Egmont* als eine Art poetischer Vorwegnahme dieser Ereignisse empfunden. Die Auseinandersetzung Egmonts mit Alba im vierten Aufzug greift die entscheidenden Streitpunkte zwischen dem aufgeklärten Kaiser und den belgischen Aufständischen auf. Nach Egmont »wünscht der Bürger seine alte Verfassung zu behalten, von seinen Landsleuten regiert zu werden« (Selbstverwaltung), während für Alba »nichts natürlicher [ist], als daß ein König durch sich zu herrschen gedenkt und denen seine Befehle am liebsten aufträgt, [...] die seinen Willen unbedingt ausrichten« – also einem zentralisierten Beamtenapparat, der freilich, so wiederum Egmont, »ohne Kenntnis des Landes und seiner Bedürfnisse nach Belieben schalten und walten« kann.

Es wäre gewiß verfehlt, Alba völlig zum Sprecher des aufgeklärten Absolutismus zu machen – in manchen Punkten verkörpert er dessen genaues Gegenteil –, aber kein Zweifel, daß Goethe ihm

Worte in den Mund legt, die den Maximen Joseph II. genau entsprechen. Wenn Alba es als die »Absicht« des Königs bezeichnet, die Niederländer »zu ihrem eigenen Besten einzuschränken, ihr eigenes Heil, wenn's sein muß, ihnen aufzudringen«, wenn Egmont dieses Bestreben mit den Worten kommentiert: »Er will den inneren Kern ihrer Eigenheit verderben, gewiß in der Absicht, sie glücklicher zu machen«, damit sie »etwas werden, ein ander Etwas« – so liegt es fast näher, an den römischen Kaiser der Gegenwart als an den spanischen König der Vergangenheit zu denken. Vollends die folgenden rhetorischen Fragen Albas, mit denen er die ständige Berufung der Niederländer auf das »alte Herkommen« abweist, treten aus dem Horizont des 16. Jahrhunderts heraus: »Was ist bleibend auf dieser Welt? Und sollte eine Staatseinrichtung bleiben können? Muß nicht in einer Zeitfolge jedes Verhältnis sich ändern, und eben darum eine alte Verfassung die Ursache von tausend Übeln werden, weil sie den gegenwärtigen Zustand des Volkes nicht umfaßt?«

Alba tritt hier geradezu als Apologet des geschichtlichen Fortschritts dem Konservativen Egmont gegenüber. In der gleichen Rolle hat Joseph II. sich gesehen. In einer an die aufständischen Belgier verteilten Broschüre erklärte er im September 1789, er verwirkliche in seinen Ländern doch seit langem, was die französische Nationalversammlung nun fordere. Und noch auf dem Sterbebett äußerte er verbittert, die Brabanter hätten sich erhoben, weil er ihnen das habe geben wollen, was die französische Nation »à grands cris« verlange. In der Tat richtete sich die Rebellion in den Österreichischen Niederlanden nicht wie die Französische Revolution im Namen einer neuen gegen die alte (feudale) Verfassung, sondern ganz im Gegenteil gegen die Verletzung der aus dem Mittelalter bewahrten freiheitlichen ständischen Verfassung gegen die nivellierenden Tendenzen des modernen Staatsapparats. Das hat Joseph II. nicht verstehen wollen; er war überzeugt, dem eigentlichen Interesse seiner Völker zu dienen.

Man hat sich oft gefragt, wie es zu erklären sei, daß Goethe in seinem 1787 abgeschlossenen *Egmont* die niederländische »Revolution« (als solche hat auch Schiller sie in seiner *Geschichte des Abfalls der vereinigten Niederlande von der spanischen Regierung* 1788 bezeichnet) in einem durchaus vorteilhaften Licht erscheinen läßt, die Französische Revolution zwei Jahre später jedoch so schroff verurteilt. Kein Zweifel: Revolution und Revolution sind hier für Goethe zwei verschiedene Dinge. Der aus der Astronomie stammende Begriff ›Revolution‹ (vgl. Kopernikus' Hauptwerk *De revolutionibus orbium caelestium*) bedeutet ursprünglich den in sich zurückkehrenden kreisförmigen Umlauf der Gestirne und demgemäß die Wiederkehr der Zeiten: die Wiederherstellung des ›alten Rechts‹, eines durch Despotismus gestörten Rechtszustandes.

Die Französische ›Revolution‹ hat diesem Begriff jedoch, wie von den Zeitgenossen vielfach sofort erfaßt wurde, einen völlig neuen Sinn verliehen. Sie strebte danach, an die Stelle der komplizierten traditionellen Ordnung, des unüberschaubaren Systems der in regionalem Herkommen gründenden Privilegien und ›alten Freiheiten‹ die einfachen, aus Naturrecht und reiner Vernunft abgeleiteten Gesetze treten zu lassen. In dieser Hinsicht knüpfte sie weit eher an die Tendenzen des aufgeklärten Absolutismus als an die alteuropäischen Freiheitskämpfe an. In seiner Revolutionskomödie *Die Aufgeregten* (1793) läßt Goethe seinen Revoluzzer Breme nicht zu Unrecht sagen, Friedrich der Große und Joseph II. seien die »beiden Monarchen, welche alle wahren Demokraten als ihre Heiligen anbeten sollten«. Eine im revolutionsfreundlichen Schrifttum der Zeit weit verbreitete Idee! Gegen die Absicht, eine Verfassung nach aprioristischen Einsichten und einem einheitlichen Plan zu bilden, »eine durchaus neue Ordnung der Dinge zu schaffen und zwischen diese und die alte Ordnung eine scheidende Kluft zu setzen« (F. von Gentz), hat sich die konservative Revolutionskritik mit Nachdruck zur Wehr gesetzt. Möser hat in seinen letzten Lebensjahren die von abstrakten philosophischen Prämissen ausgehenden revolutionären Verfassungskonzepte bezeichnenderweise mit den gleichen Argumenten befehdet wie früher den aufgeklärten Absolutismus, und so ist auch der gleiche Widerstand Goethes gegen das friderizianisch-josephinische System wie gegen die Französische Revolution nur allzu verständlich. Der Weg von Alba zu Robespierre ist jedenfalls nicht so groß wie der von Egmont oder dem Demagogen Vansen zu den Führern der Französischen Revolution.

Der Abfall der Niederlande ist also eine Revolution im alteuropäischen Sinne: sie wird von ihren Führern verstanden als eine im Rahmen des konstitutionellen Widerstandsrechts verlaufende Erhebung gegen die zentralistisch-absolutistischen Bestrebungen des entstehenden neuzeitlichen Staates, im Namen der alten, nach historischem Recht gesicherten Lebensformen, und ›Privilegien‹. In diesem Punkt hat Goethes Drama die geschichtliche Wahrheit vollkommen getroffen, so sehr er in der Zeichnung der Einzelcharaktere, zumal Egmonts, von der historischen Wahrheit abweicht.

Auch der Unabhängigkeitskampf in den Österreichischen Niederlanden 1787/89 ist noch eine Revolution in der hergebrachten Bedeutung, mit der gleichzeitigen Französischen Revolution also keineswegs tendenzgleich. Die tiefgreifenden Unterschiede zwischen deren Zielen und dem Freiheitskampf der Niederländer in Goethes *Egmont* zeigt die Volksszene zu Beginn des zweiten Aufzugs.

Plädieren die Wortführer der Französischen Revolution für ein nicht mehr historisch (und so von Land zu Land verschiedenes), sondern naturrechtlich verankertes, aus reiner Vernunft deduziertes (so für alle gleiches) Recht, mithin für die Liquidierung traditioneller Privilegien und Rechtsbestände, so redet Vansen in der genannten Volksszene über nichts als »Pergamente und Briefe von uralten Stiftungen, Kontrakten und Gerechtigkeiten«, über »hergebrachte Rechte, Privilegien und Gewohnheiten«. Er wirft den Bürgern vor, ihr Widerstandsrecht vergessen zu haben und das »Regiment« über sich »schalten und walten« zu lassen, »wie es kann und mag. Ihr fragt nicht nach dem Herkommen, nach der Historie, nach dem Recht eines Regenten«. Jene Privilegien und beurkundeten »Freiheiten« sind keine allgemeinen Rechte (wie die späteren Menschenrechte), sondern gründen im regionalen und lokalen Herkommen. »Müßt ihr nicht nach euern Landrechten gerichtet werden? [...] Hat der Brüsseler nicht ein ander Recht als der Antwerper? der Antwerper als der Genter?« Dieses regionale Recht ist durch die Zeit geheiligt. »Ich wills euch geschrieben zeigen von zwei- und dreihundert Jahren her.« Vansen versetzt die anfänglich zaudernden Bürger allmählich so in Raserei, daß sie nur noch nach den Büchern verlangen, in denen ihre Freiheiten beurkundet sind, im Chor die Losungsworte »Freiheit und Privilegien! Privilegien und Freiheit!« rufen.

Daß gerade Schiller, der Historiker des Abfalls der Niederlande, Goethes Drama besonderes Interesse entgegengebracht hat, liegt auf der Hand. Bezeichnenderweise tadelt er in seiner Rezension von 1788 die Verfälschung der »historischen Wahrheit« im Falle der Titelgestalt. Egmont, der in Wirklichkeit verheiratet und Haupt einer vielköpfigen Familie war, mußte im Interesse der Seinigen im Lande bleiben, da sein Besitz sonst dem Fiskus anheimgefallen wäre. Schiller hält freilich die Abweichung von der geschichtlichen Wirklichkeit prinzipiell für poetisch legitim, sofern sie nämlich »dem letzten Zweck der Tragödie, Furcht und Mitleid zu erregen«, dienlich ist, aber eben das ist nach seiner Überzeugung im *Egmont* nicht der Fall; hier werde durch die starke Änderung der Lebensumstände des Helden das tragische Interesse des Stoffs im Gegenteil geschwächt.

Schiller bringt dieses tragische Interesse mit einer familiären Problematik in Verbindung; das zeigt noch seine Bindung ans bürgerliche Trauerspiel, während auf der anderen Seite seine Kritik an Egmonts »Liebesangelegenheit« auf sein eigenes Modell der politisch-historischen Tragödie vorausweist. Seit dem *Wallenstein* wird Schiller nämlich jene Gegenläufigkeit des Politischen und Menschlich-Familiären, wie sie *Egmont*, aber auch noch seinen eigenen *Don Carlos* prägt, zugunsten einer Verschmelzung beider Bereiche aufgeben. Die Einmischung rein privater Ingredenzien in den historischen Stoff, Egmonts Rückzug auf seine Liebe zu Klärchen im wesentlichen politisch-tragischen Moment hat Schiller deshalb mit leichtem Spott bedacht. Überhaupt zeichnet sich für ihn, den geborenen Dramatiker, Egmont zu wenig durch Taten aus; seine Größe und Wirkung auf das ganze Volk seien dramatisch nicht legitimiert. »Was tut er eigentlich Großes?« Das aristokratische Charisma Egmonts, das sich nicht ständig durch Taten bestätigen muß, die »menschlich ritterliche Größe« und dämonische »attrattiva«, die Goethe ihm später in *Dichtung und Wahrheit* zugeschrieben hat, vermochten Schiller nicht zu überzeugen. Um so erstaunlicher, daß er später seinem Wallenstein eine ganz ähnliche dämonische Attraktivität verliehen hat, die sich im Verlauf der Trilogie ebensowenig durch Taten ausweist. Auch in bezug auf Wallenstein ließe sich fragen: »Was tut er eigentlich Großes?«

Das Dämonische, eine der grundlegenden Ideen des späten Goethe, die zumal durch Persönlichkeit und Schicksal Napoleons geprägt scheint, ist »eine der moralischen Weltordnung, wo nicht entgegengesetzte, doch sie durchkreuzende Macht«. Dem »ungeheuren Spruch« gemäß: »Nemo contra Deum nisi Deus ipse« (Goethe hat ihn dem vierten Teil von *Dichtung und Wahrheit* als Motto vorangestellt) kann jene Macht nur »durch das Universum selbst« überwunden werden. Sie wirkt als eine Energie, die wider alle »sittlichen Kräfte« und aufgeklärten Einwände den Menschen und sogar die außermenschliche Natur in ihren Bann ziehe. Im *Egmont* sei das Dämonische »von beiden Seiten im Spiel« und wirke sich im Sinne eines dialektischen Prozesses aus: im »Konflikt« der beiden Seiten geht das »Lebenswürdige« unter, triumphiert das »Gehaßte«, doch eröffnet sich am Ende »die Aussicht, daß hieraus ein Drittes hervorgehe, das dem Wunsch aller Menschen entsprechen werde.« Das gleiche Dämonische, das Egmont auszeichnet, bewirkt also seinen Untergang; doch die Traumvision des Schlußbildes läßt ihn wieder den Einklang mit der Macht, welche bisher seine Wege gelenkt hat, erfahren; sein Untergang, den er erwachend als Opfertod freiwillig annimmt, wird der Freiheit des Volks den Weg bahnen.

Egmont, der im Genuß des Augenblicks mit somnambuler Sorglosigkeit, blindem Vertrauen auf sein Geschick dahinlebt, wird erst im Gefängnis mit der »Sorge« bekannt, die er bis zu seiner Verhaftung als »fremden Tropfen in meinem Blut« von sich gewiesen hatte. In dem Moment freilich, da seine attrattiva sich an Albas Sohn Ferdinand noch einmal überwältigend bewährt, kehrt er aus Todesangst zu seiner alten Sicherheit zurück. Diese bedeutet jetzt freilich nicht mehr Blindheit, sondern klare Einsicht in das Bevorstehende. Egmont kann nun in jenen Heilschlaf versinken, der ihm wie Orest oder Faust (zu Beginn des zweiten Teils) die Gnade der Wiedergeburt gewährt. Erwachend ist er ein anderer, nicht mehr dem gegenwärtigen Augenblick, sondern der Zukunft hingegeben – freilich nicht in der Weise der ›Sorge‹, sondern in prophetischer Zuversicht. Erst jetzt wird er zum Freiheitshelden, wie sich in seiner Vision auch das Volk aus einer kopflosen, an partikulären Interessen hängenden Herde – aus einem »Volk, das nicht weiß, was es will«, einer »Menge, mit der nichts anzufangen ist« (so Egmont selbst am Schluß des dritten Aufzugs) – in eine Gemeinschaft von freiheitstrunkenen Bürgern verwandelt.

Egmonts bis heute vielgescholtenes Traumbild, in dem Klärchen als Allegorie der Freiheit ihm den Lorbeerkranz reicht (deutlich zeigen sich hier Goethes Erfahrungen mit dem allegorisch-theatralen Genre der *Maskenzüge*), ist alles andere als ein »witziger [geistreicher] Einfall« (Schiller). Er wird nicht nur durch eine Reihe von motivischen Details, sondern durch den ganzen Charakter Klärchens vorbereitet. Sie ist eine Gestalt ›nicht von dieser Welt‹, befindet sich dauernd in einem Zustand des Außersich-Seins, besessener Verträumtheit, der ihr Gespräch mit den Bürgern und ihrem unglückseligen Liebhaber Brackenburg wie einen Zusammenstoß fremder Welten erscheinen läßt. Nirgends zeigt sich das deutlicher als in ihrer Antwort auf die Bitte Brackenburgs, nach ihrem gescheiterten Appell an die Bürger, doch nun »nach Hause« zu kommen: »Nach Hause! Ja, ich besinne mich, Komm, Brackenburg, nach Hause! Weißt du, wo meine Heimat ist?« In dieser Frage drückt sich bewegend das Geheimnis ihres Wesens aus, und dieses Geheimnis erklärt auch ihre Affinität zur Musik, die sich in ihren Liedern und der Traumpantomime am Schluß offenbart: Musik als überweltliche, metatragische Sphäre!

Klärchen hat unter der Bühnenbearbeitung Schillers (1796), die im Auftrag Goethes verfertigt wurde, am meisten gelitten. Im Sinne einer stärkeren dramatischen Konzentration des Stücks, durch die *Egmont* ohne Zweifel für das zeitgenössische Theater gerettet wurde, hat Schiller mit den meisten episch-lyrischen Momenten auch die Lieder Klärchens und die von ihm als »Salto mortale in eine Opernwelt« verworfene Traumerscheinung eliminiert. In seinem Aufsatz *Über das deutsche Theater* (1815) hat Goethe Schillers »Redaktion« als »grausam« bezeichnet, an ihr jedoch trotz mancher Rückänderungen (Traumvision!) auch nach Schillers Tod festgehalten. Daß das 19. Jahrhundert mehr und mehr zur Originalfassung zurückkehrte, ist das Verdienst von Beethovens Musik zu *Egmont* op. 84 (1810) gewesen, welche die ursprüngliche Absicht Goethes verwirklichte, mit *Egmont* eine Art Mischgattung zwischen Schauspiel und Oper zu schaffen. Er sah nicht nur für die Liedstrophen, sondern auch für die Einleitung und die Zwischenakte Musik vor, ja er wollte das Drama ursprünglich zusammen mit der Partitur veröffentlichen. In diesem Plan, für den er vergeblich auf den befreundeten Komponisten Philipp Christoph Kayser setzte, spiegelt sich sein lebhaftes Engagement für Singspiel und Oper in der Zeit der Italienischen Reise wider. Schiller wußte nichts davon. So mußte ihm das opernhafte Schlußbild als dramaturgische Inkonsequenz erscheinen.

Daß gerade Beethoven die musikalische Tendenz des *Egmont* besonders tief nachempfinden konnte, zeigt die Kerkerszene seines *Fidelio* (1805/14). Florestan, der »in einer an Wahnsinn grenzenden, doch ruhigen Begeisterung« seine Gattin Leonore als »Engel« sieht, der ihn »zur Freiheit ins himmlische Reich« führt, wird zum Bruder Egmonts, dem im Gefängnis sein Klärchen ebenfalls in einer Vision als »Engel« erscheint, welcher ihn (nach dem Vorbild der Befreiung des Petrus in der *Apostelgeschichte* 5, 19) »durch die Nacht zur Freiheit führt«, ja dem sie sich in seinem allegorischen Traumbild in die Gestalt der »Freiheit in himmlischem Gewand« verwandelt.

Anders als *Iphigenie* und *Egmont* ist das dritte der großen Dramen, deren Konzeption noch ins erste Weimarer Dezennium fällt, erst nach der Rückkehr aus Italien vollendet worden: *Torquato Tasso*. Mit ihm kehren wir wieder in die Welt des klassisch-geschlossenen Dramas zurück. *Tasso* ist ein ›Kammerspiel‹ für fünf Personen, sein einziger Schauplatz das Lustschloß Belriguardo. In der an der tragédie classique geschulten Formstrenge spiegelt sich jene ›vornehme‹ Disziplin des Gefühlslebens, die strenge Affektkontrolle wider, die Norbert Elias als eine der Grundgegebenheiten der höfischen Zivilisation analysiert hat. Im Zuge seiner Assimilisation an den absolutistischen Hof muß der Feudaladel gewissermaßen eine neue Logistik des sozialen Verhaltens ausbilden, sein Gebaren präzise kalkulieren, um sich in dem engmaschigen Abhängigkeitsgeflecht des Hofes, dem ständigen Wettrennen um Status- und Prestigechancen, der dauernd fluktuierenden Rangordnung der Gesellschaft behaupten zu können.

Eben diese höfische Logistik, in freilich bedeutend verinnerlichter Gestalt, hat Goethe auch in den Renaissancehof zu Ferrara reprojiziert und die Haltung des Dichters Tasso in ein tragisches Mißverhältnis zu ihr gerückt. In diesem Punkt hat er zweifellos eigene Erfahrungen aus der ersten Weimarer Zeit zur Darstellung gebracht: die Kollision des ›Sturm und Drang‹, der sich gerade die Emanzipation des Gefühls von den Affektzwängen der höfischen Zivilisation zum Zweck gesetzt hatte, mit der »Musik« des »Hoflebens [...], wo jeder seine Takte und Pausen halten muß« (Goethe zu Eckermann, 16. August 1824).

Tasso ist das erste echte Künstler- und Dichterdrama der Weltliteratur. »Der Gedanke, den Charakter eines wirklichen Dichters zum Gegenstande einer dichterischen Darstellung zu machen, hat etwas so Natürliches und auffallend Anlockendes, daß man sich wundern muß, ihn nicht häufiger benutzt zu finden«, bemerkt August Wilhelm Schlegel 1790 im »Göttingischen Gelehrten Anzeiger«. Natürlich hat es schon vor Goethe Dichtergestalten im Drama gegeben – sogar Tasso war schon einmal die Titelgestalt einer Komödie von Carlo Goldoni (1755) –, aber nie ist die Existenzproblematik des Dichters als Dichters Thema eines dramatischen Werks gewesen. Der Künstlercharakter Tassos ist so facettenreich-konkret dargestellt, daß nicht nur Goethes Zeitgenossen in ihm wirkliche Autoren wiederzuerkennen glaubten (von Lenz und Karl Philipp Moritz bis natürlich zu Goethe selbst), sondern auch die Nachgeborenen an ihm die Züge so manches Poeten und Künstlers dieser und anderer Zeiten entdeckten.

Die Handlung wird gewissermaßen am fiktiven Schnittpunkt zweier Zeitalter angesiedelt. Auf der einen Seite stehen die Repräsentationsansprüche der traditionellen höfischen Gesellschaft, auf der anderen die auf Autonomie pochende moderne Dichterexistenz. Tasso selber – der fiktive, nicht der historische, der trotz aller intensiven Quellenstudien Goethes nur das Modell für diese durchaus zeitgenössische Künstlergestalt bildet – spiegelt authentisch die Existenzproblematik des höfisch-bürgerlichen Künstlers am Ausgang des Ancien Régime. Ein Musterbeispiel dieses Künstlers, der »gewissermaßen in zwei sozialen Welten lebte«, ist Mozart gewesen, wie Norbert Elias in einem nachgelassenen Mozart-Essay (1991) verdeutlicht hat. Sein ästhetischer Sensus blieb angewiesen auf die Aura einer Gesellschaft, gegen die er anderseits in seinem persönlichen Verhalten, das mit den Verstellungsmechanismen der ›großen Welt‹ nicht zurecht kam, so häufig aufbegehrte. In dieser Hinsicht ist Goethes Tasso sein getreues Spiegelbild. Der Kanon der höfischen Gesellschaft bot nach den Worten von Elias zumindest in den großen Residenzen des späten 18. Jahrhunderts »dem hochindividualisierten Künstler noch keinen legitimen Platz in ihrer Mitte«. Diesen Platz aber beanspruchte Mozart; er wollte aufgrund seiner künstlerischen Bedeutung von der vornehmen Gesellschaft als gleichberechtigt anerkannt werden – ein Anspruch, den allenfalls ein kleiner, bereits hochgradig verbürgerlichter ›Musenhof‹ wie derjenige Weimars erfüllen konnte und wollte. Tassos Zerrissenheit ist natürlich nicht nur sozial-, sondern ebensowohl individualpsychologisch zu begründen. Der historische Tasso galt schon lange vor Goethe als typischer Repräsentant der Künstlermelancholie. Bereits Montaigne hat ihn in diesem Sinne porträtiert. Auch das Psychogramm des Goetheschen Tasso zeigt eine Fülle von Symptomen, welche die Humoralpathologie von jeher dem melancholischen Temperament zurechnete. Dazu gehört sein Hang zur Einsamkeit, sein realitätsblinder Argwohn und Verfolgungswahn bis an den Rand der Misanthropie (die Nähe zu Molières *Misanthrope* ist nicht zu verkennen), die Selbstquälerei und das verzweifelte Nicht-fertig-werden-Können mit dem eigenen Werk, die hypochondrischen Grillen, Maßlosigkeit im Essen und Trinken, das Luxusbedürfnis, Zerstreutheit, die Unfähigkeit, mit Geld und materiellen Dingen haushälterisch umzugehen, ja überhaupt sein Leben selbst zu besorgen (vgl. Leonores Gespräch mit Antonio im dritten Aufzug und den Dialog Antonios mit dem Herzog zu Beginn des fünften Aufzugs). Das erste echte Dichterdrama der Weltliteratur ist also geradezu ein Kompendium der Künstlerpathologie.

Es ist bis heute weithin üblich, *Tasso* ganz im Zusammenhang mit den frühen Weimarer Jahren zu interpretieren. »Bein von meinem Bein und Fleisch von meinem Fleisch« sei dieses Stück gewesen, hat Goethe selbst Eckermann gegenüber geäußert (6. Mai 1827); »die weitern Hof-, Lebens- und Liebesverhältnisse« seien »in Weimar wie in Ferrara« gewesen. Er verweist namentlich auf Antonio als »prosaischen Kontrast« zu Tasso, »wozu es mir auch nicht an Vorbildern fehlte«. Indessen hat die Stellung Tassos am Hof zu Ferrara – davon war schon die Rede – so gut wie nichts gemeinsam mit der Position Goethes zwischen 1775 und 1786. Tasso ist an seinem Hofe nichts als Dichter, selbst von den herkömmlichen repräsentativen Verpflichtungen der Hofpoeten wird er entbunden, er darf sich ganz der Arbeit an seinem großen Epos (*Das befreite Jerusalem*) hingeben. In diesem Punkt besteht eine erstaunliche Übereinstimmung – nicht mit Goethe, wohl aber mit der Stellung Klopstocks am Kopenhagener Hof. Auch von ihm wird nichts als die Vollendung eines Epos (*Der Messias*) erwartet, das wie Tassos Werk bereits vor seinem Abschluß den Ruhm des Dichters verbürgt. Beide erhalten, aller Versorgungsprobleme ledig, volle Arbeitsfreiheit. Sie sind nicht mehr reine Hofpoeten, die sich als dienendes Organ in den repräsentativen Hof- und Haushalt eines Fürsten einzufügen haben, aber auch noch nicht freie Poeten, die allein vom Ertrag ihres Schaffens leben, das sein Gesetz – im Sinne der ästhetischen Autonomie – in sich selbst tragen darf. Ihre Rolle am Hof dokumentiert somit die Wandlung des ständischen Dichters zum freien Schriftsteller.

Goethe hingegen geht ja nicht vornehmlich als Dichter nach Weimar, sondern um sich im Bereich politischer Praxis »nützlich« zu machen; und wenn er als Poet öffentlich in Erscheinung tritt, so weithin im Dienste höfischen Festes. (Was er an ›autonomer‹ Poesie hervorbringt, bleibt bis zu den *Schriften* 1787–90, wenn nicht noch länger im Verborgenen.) Goethe war in Weimar mithin beinahe eher Tassos ›prosaischer Kontrast‹ Antonio. Das als Seitenhieb auf Tasso gedachte Lob, das Antonio in den Versen 665f. dem Papst spendet: »Er ehrt die Wissenschaft, sofern sie nutzt, / Den Staat regieren, Völker kennen lehrt«, entspricht der im Frankfurter Gespräch mit Carl August 1794 zutage tretenden Bevorzugung des Schriftstellers, der »unmittelbar nützlich« aufs »tätige Leben« wirken will. Tassos Klage über seinen Fürsten hingegen, der ihm nur eine von der Sphäre des Lebensernstes abgesonderte reine Dichterexistenz gönnt: »Hat er von seinem Staate je ein Wort, / Ein ernstes Wort mit mir gesprochen?« (Vs. 2367f.) hätte, auf Goethe und seinen Herzog bezogen, schlechterdings keinen Sinn. Carl August hat mit Goethe mehr als diesem recht war, von seinem Staate gesprochen! Wir wissen, wie schwer es für Goethe war, dem Herzog, der seinen dichterischen Rang im Grunde nie angemessen erfaßt hat, der ihn als persönlichen und politischen Ratgeber nach Weimar geholt hat – und kaum, weil er ihm im Rahmen des höfischen Mäzenatentums einen Freiraum poetischen Wirkens schaffen wollte –, deutlich zu machen, daß er nach den Jahren überwiegend amtlichen Wirkens (1776–1786) nun vor allem Dichter sein wollte.

Die anklagende Frage Tassos ist symptomatisch für die Situation des modernen Künstlers, der einerseits auf der Eigengesetzlichkeit seines Schaffens besteht, andererseits aber nicht wahrhaben will, daß eine autonome Kunst sich selbst aus dem Kräftespiel der politisch-sozialen Welt ausschließt, den notwendigen Zusammenhang mit ihr aufgibt. Eher korrespondiert die Rolle Tassos der neuen Existenz Goethes in Weimar nach der Italienischen Reise, die durch seinen weitgehenden Rückzug auf die kulturpolitische Aktivität (Theaterleitung etc.) und die damit zusammenhängende Verminderung seines realpolitischen Einflusses gekennzeichnet ist.

Es war schon früher davon die Rede, daß Tassos Position in der höfischen Gesellschaft mit der Rolle Wielands in Weimar zu vergleichen ist. Eine in diesem Zusammenhang höchst aufschlußreiche und Goethe zweifellos bekannte Quelle ist Wielands erster Brief *An einen jungen Dichter* (»Teutscher Merkur«, 1782). Dieses heimliche Selbstbildnis Wielands stellt geradezu ein »Psychogramm des modernen Dichters« dar (Walter Hinderer), das sich gleich in der Einleitung auf das Schicksal des historischen Tasso bezieht. Und das Charakterbild des Goetheschen Tasso ist hier in wesentlichen Zügen vorweggenommen; den wahren Dichter kennzeichnet u.a.: »Eine Einbildungskraft, die durch einen unfreiwilligen innern Trieb alles Einzelne idealisiert, alles Abstrakte in bestimmte Formen kleidet und unvermerkt dem bloßen Zeichen immer die Sache selbst oder ein ähnliches Bild unterschiebt [denken wir an Tassos Reaktion auf die Lorbeerbekränzung!]. Eine zarte und warme, von jedem Anhauch auflodernde Seele, ganz Nerv, Empfindung und Mitgefühl, die sich nichts Totes, nichts Fühlloses in der Natur denken kann, sondern immer bereit ist, ihren Überschwang von Leben, Gefühl und Leidenschaft allen Dingen um sich mitzuteilen.« Ferner »ein angeborener Hang zum Nachsinnen, zum Forschen in sich selbst, [...] zum Schwärmen in der Ideenwelt [...], eine immer vorschlagende Liebe zur Einsamkeit, zur Stille der Wälder« etc. Auch die »Schwierigkeit, sich selbst ein Genüge zu tun, dieses unermüdete Höherstreben, diese unaffektierte Verachtung dessen, was man schon ist, gegen das, was man noch werden zu können sich getraut«, wird eingehend erörtert. Unwillkürlich denken wir an das Wieland wie dem Goetheschen Tasso eigene skrupulöse Feilen an ihrer Dichtung (die immer neuen Fassungen des *Oberon*!). Dieses ständige Verbessern und Feilen gründe im Bedürfnis des Dichters, seinem Werk das zu verleihen, »was Horaz totum, teres atque rotundum nennt«, schreibt Wieland; ganz, glatt und rund soll das Werk sein. »Es soll sich sein Gedicht zum Ganzen ründen«, bemerkt die Prinzessin über Tassos ständiges Verbessern seines Poems (Vs. 275).

All diese Züge des reinen Dichters aber lassen Wieland für die Lebensmöglichkeit desselben »zittern«. Die Natur habe vergessen, »daß die Dichter so wenig als die Paradiesvögel von Blumendüften leben können und daß gerade der Mann, dem alle Elementargeister zu Gebote stehen [...], unter allen Menschen in der Welt dem Hungersterben am nächsten ist, wenn nicht zufälligerweise irgendein mitleidiger Genius [ein Mäzen!] besser für ihn gesorgt hat als die Natur, die Musen – und er selbst.« Zudem wird die »Welt« den Dichter »immer als ein Wundertier anstaunen, in dessen Art zu denken und zu sein die Leute sich nicht finden können und in dessen Verstand oder Herz alle Augenblicke mächtige Zweifel gesetzt werden« – vor allem, da er sich immer wieder zu »Torheiten« hinreißen läßt, »die nur ein Dichter begehen kann«. Das ist die »Disproportion des Talents mit dem Leben«, die Goethe Caroline Herder gegenüber (vgl. deren Brief an ihren Mann vom 20. März 1789) als den »eigentlichen Sinn« seines *Tasso* bezeichnet hat.

Torquato Tasso ist in der uns vorliegenden Gestalt (die vor 1786 geschriebene Urfassung ist nicht erhalten) ein reines Produkt der Italienischen Reise und des Beginns der neuen Ära in Weimar. Die in Italien gereifte Idee der Kunst und des Künstlers (vgl. Moritz' Auffassung von dem »um sein selbst« willen daseienden Künstler) tritt in eine unaufhebbare Spannung zur höfischen Welt, ihren Verhaltensnormen wie ihren Ansprüchen an Künstler und Kunstwerk. Indem Goethe aber einerseits den Charakter Tassos äußerst problematisch erscheinen läßt, anderseits die höfische Welt in ein durchaus humanes Licht rückt, ihre Normen verinnerlicht, sind Recht und Unrecht zwischen Künstler und Gesellschaft nicht klar verteilt. Das hat schon Richard Wagner in einem tiefgründigen Brief an Mathilde Wesendonck (15. Mai 1859) bemerkt: »Wer hat hier Recht? wer Unrecht? Es sieht ein jeder, wie er sieht, und nicht anders sehen kann.« *Tasso* unterscheidet sich in dieser Beziehung beträchtlich von seinen dramatischen Nachfolgern (z.B. Grillparzers *Sappho*), die mehr oder weniger Partei für den Künstler ergreifen.

Tasso bejaht die Abhängigkeit von einem Mäzen um der Sicherung seiner materiellen Existenz willen, ja er gesteht dem Herzog bei der Überreichung seines Werks im ersten Aufzug nicht nur äußeres, sondern auch inneres Eigentumsrecht an demselben zu (Vs. 396ff.). Wenn er es gar als den »letzten Zweck« seines Schaffens bezeichnet, der fürstlichen Familie zu »gefallen«, ist er seinem Bewußtsein nach noch ganz ›ständischer‹ Dichter und bewegt sich im Rahmen der konventionellen Funktionsbestimmung der Dichtung (»Aut prodesse volunt aut delectare poetae«; Horaz, *Ars poetica*, Vs. 333). Im Verlauf des Dramas zieht Tasso sich indessen immer mehr in die ihm wesensgemäße »Einsamkeit« zurück und weist alle aus seiner Stellung als Hofpoet etwa abzuleitenden Ansprüche und Zumutungen an seine Poesie, ja jedes innere Anrecht des Hofes auf dieselbe von sich; sie ist ausschließlich ›sein‹. »Frei will ich sein im Denken und im Dichten; / Im Handeln schränkt die Welt genug uns ein.« (Vs. 2305f.) Diese Verse wirken wie eine Situationsbestimmung der bürgerlichen Intelligenz am Ende des 18. Jahrhunderts: ausgeschlossen vom Raum politischer Aktivität, kann sich das Bürgertum allenfalls im Denken und Dichten, im ›rein geistigen‹ Bereich frei entfalten.

Das Verlangen geistiger Freiheit, ästhetischer Autonomie steht in einem Kanonkonflikt mit den Verwendungsansprüchen der höfischen Gesellschaft. In der aufgeklärten, human-liberalen Gestalt des Herzogs, dem Goethe Züge seines eigenen Fürsten verliehen haben mag (vgl. Antonios Verse 1647f.: »Gar leicht gehorcht man einem edlen Herrn, / Der überzeugt, indem er uns gebietet« – der also nicht im absolutistischen Sinne dem ›Untertanen‹ das Recht selbständiger Beurteilung des Gebotenen abstreitet, sondern dasselbe von der Vernunft akzeptiert wissen will), treten jene Ansprüche, anders als der Melancholiker Tasso in seinem realitätsblinden Mißtrauen wähnt, freilich nur sehr bedingt und mittelbar zutage (vgl. Vs. 377f., doch auch Vs. 2843ff.). Weit rigoroser werden sie von seinem Staatssekretär Antonio, zumal in den z.T. schon zitierten Versen 665ff. vertreten. Antonio ist es zugleich, der Tasso gegenüber das ethisch-rhetorische Gesetz des Dekorum, des ›Schicklichen‹ – das Grundgesetz der alteuropäischen Gesellschaft – zur Geltung bringt, das die Anpassung des Gebarens und der Rede an die durch das herrschende Wertsystem hierarchisch abgestuften gesellschaftlichen Umstände, an das, was Ort und Zeit verlangen, zum Inhalt hat. In der verhängnisvollen Szene II/3 tritt Tasso mit dem Überschwang des spontanen Gefühls, das alle Regeln des Schicklichen und die gesellschaftlichen Abstufungen negiert (selbst den Vorrang des Geburtsadels zugunsten der ›Hoheit der Seele‹ preisgibt), dem geschulten Hofmann gegenüber, der ›Anstand‹ gelernt hat: die Fähigkeit, alle spontanen, irrationalen Äußerungen zugunsten eines präzise kalkulierten Verhaltens auszuschalten, der weiß, mit wem und wo er spricht – während er Tasso immer wieder auf die Würde des »Ortes«, an dem sie reden, und die anderen ›Umstände‹, an welche es sich anzupassen gilt, hinweisen muß: »Du weißt so wenig, wer, also wo du bist« (Vs. 1385).

Antonios doktrinäre Besserwisserei ist freilich nicht eine von persönlichem Interesse ungetrübte Verteidigung der convenance, sondern von Mißgunst, ja Neid geprägt. Unverhüllt gesteht er Leonore, daß er sich durch Tasso aus der Gunst der Frauen verdrängt sieht, die für den Hofmann und Kavalier das Lebenselement, der Inhalt seiner Muße nach der »sauren Arbeit« des politischen Tagesgeschäfts ist (Vs. 1998ff.). Daß sogar ein gewisser Poetenneid Antonios auf Tasso zutage tritt, ist bisher kaum beachtet worden. Antonio ist, wie seine Ariost-Huldigung Vs. 709–741 zeigt, ein enthusiastischer Liebhaber der Poesie. Wenn er den Topos vom »Wahnsinn« der Dichter verwendet, sich vor der Herme Ariosts so »begeistert« fühlt, daß er die Empfindung vorgibt, fast wie Tasso nach der Lorbeerbekränzung »aus mir selbst in ein fremdes Land« versetzt zu sein, und »wie ein Verzückter weder Zeit noch Ort, / Noch was ich sage, wohl bedenken kann« (Vs. 737ff.) – der Zustand der ›ekstasis‹ des Dichters –, so scheint wenig mehr von dem »prosaischen« Politiker zu spüren zu sein. Darüber hinaus aber erfahren wir aus Tassos Versen 2318ff., daß Antonio selbst als Dichter hervorgetreten ist; daraus resultiere sein »enger Neid«. (Dieses Motiv geht wohl auf das historische Faktum zurück, daß Giambattista Pigna, der in Goethes Drama ursprünglich die Rolle von Tassos Widerpart spielen sollte, mit diesem tatsächlich als Dichter zu konkurrieren suchte.) »Er, der mit steifem Sinn / Die Gunst der Musen zu ertrotzen glaubt«, mißgönnt Tasso nach dessen Überzeugung die poetische Naturbegabung, »das Talent, das jene Himmlischen / Dem armen, dem verwaisten Jüngling gaben«. Wenn Tasso über Antonio sagt, daß er, »wenn er die Gedanken mancher Dichter / Zusammenreiht, sich selbst ein Dichter scheint«, so entspricht diese Kritik an der Kavaliers- und Nebenstundenpoesie (der Dichtung die ganze Existenz zu widmen, verachtet Antonio) genau Goethes und Schillers späterer kritischer Auseinandersetzung mit dem typisch höfischen Phänomen des »Dilettantismus« (vgl. H.R. Vaget).

Das überschwengliche Gefühl Tassos, nach Wieland ein konstitutiver Zug der Psyche des modernen Dichters, prallt in der Begegnung mit Antonio (II/3) gegen einen solchen Wall »kalter«

Vornehmheit und Schicklichkeit, daß es schließlich umschlägt in jähe »Wut«. Das entspricht jener Inkonsistenz des Gefühls, dem unhöfischen, ›unziemlichen‹ Schwanken zwischen extremen Gemütszuständen, das Antonio immer wieder an Tasso tadelt. Daß dieser sich zur körperlichen Gewalttat hinreißen läßt – die mit der gesetzlichen Abschaffung des ritterlichen Fehderechts (vgl. Goethes *Götz*) und der zunehmenden Rationalisierung des Gefühlslebens aus dem Horizont des Adels und Hofes verdrängt, d.h. auf den Krieg beschränkt worden ist –, daß er Antonio zum Duell herausfordert, auf das im befriedeten, Gewalt und aggressive Leidenschaft perhorreszierenden Bezirk des Hofes (vgl. Vs. 1495–1518) strenge Strafe, in Frankreich seit Richelieu sogar die Todesstrafe steht, ist die logische Folge seiner maßlosen Gefühlsreaktion. Tassos Phantasie ist bezeichnenderweise noch ganz vom Geist des ritterlichen Mittelalters erfüllt, wie ja auch seine große epische Dichtung die Tugend des alten Feudaladels besingt, der noch wirklich das Schwert zu führen wußte, noch nicht die weitgehend pazifierte Kaste von Höflingen darstellte, die den (Galanterie-)Degen, den sie nicht ziehen darf, bloß als Statussymbol an der Seite trägt. Daher die Faszination, welche die einstigen Turniere zu Ferrara auf Tasso ausgeübt haben, daher auch sein anachronistischer Traum einer engen Verbindung von »Held« und »Dichter« (Vs. 545ff.). All dies deutet darauf hin, daß Tasso die Domestizierung des Adels und die Rationalisierung seines Lebens nicht wahrhaben will.

Die Fremdheit Tassos in seiner Gegenwart zeigt sich ebenso in seinem Verhältnis zu Prinzessin Leonore. Auch sie hat das »Schickliche« ganz zu ihrer Lebensregel gemacht, freilich nicht in der doktrinären Weise Antonios. Diese Regel, welche den Strom der Gefühle und Leidenschaften in strenge Bahnen weist, entspricht vielmehr innigster Erfahrung der Prinzessin, der Weisheit langen, todesnahen Leidens, für die Entsagung höchste Tugend ist. So setzt sie, der Rolle der höfischen Frau als »Muster des guten Tons« (Christian Garve) gemäß, die Maxime »Erlaubt ist, was sich ziemt« (Vs. 1006) der in ihren Augen spezifisch männlichen Maxime Tassos »Erlaubt ist, was gefällt« (Vs. 994) entgegen. Diese beiden Maximen stammen in leichter Abwandlung aus dem Schäferspiel *Il pastor fido* (1590) von Guarini, dem Gegenspieler des historischen Tasso, und aus dessen eigenem Schäferspiel *Aminta* (1573). Tassos Maxime bezieht sich auf die Freiheit der arkadischen Urzeit, des goldenen Zeitalters, beschwört eine natürliche Moral in Widerspruch zu den konventionellen Zwängen des Hofes.

Die »goldene Zeit« ist freilich ein geläufiger Topos im Kosmos der höfischen Gesellschaft. Auch die beiden Leonoren treten ja in der ersten Szene des Stücks als idyllische Schäferinnen auf, die sich »in die goldne Zeit der Dichter träumen« (Vs. 23) und Kränze winden wie in Goethes dramatischem Erstling: dem Pastoraleinakter *Die Laune des Verliebten* (1767/68). Ihnen fällt freilich nicht ein, die Existenz des Naturmenschen gegen das zivilisierte Leben auszuspielen, es handelt sich bloß um konventionelles Spiel (das Goethe von Weimar, besonders von den Sommerfesten in Ettersburg her wohlbekannt war). Tasso hingegen spürt hinter dem »Zeichen« die »Sache selbst« (Wieland), hinter der Konvention die ursprüngliche erlebnishafte Wirklichkeit, die so zum gefährlichen Gegenbild des Bestehenden wird. (Tasso ist freilich kein Revolutionär; sein heftiges Aufbegehren bleibt immer im Subjektiven, in der Sphäre reiner Innerlichkeit befangen, erstreckt sich gerade nicht auf die Welt des ›Handelns‹.) Wie in Tassos Versen 978ff. die Topoi der arkadischen Welt von neuem schöpferischen Leben erfüllt werden, das die Schalen der Konvention von ihnen abfallen läßt, so gewinnen auch die Tradition gewordenen, in Konvention und Ritus gleichsam eingefrorenen Vorstellungen und Vorgänge des antiken Mythos, denen Tasso in der höfisch-humanistischen Bildungswelt begegnet, im Schmelztiegel seiner Phantasie ihr vermeintlich ursprüngliches Leben zurück. Besonders deutlich zeigt sich das bei seiner Lorbeerbekränzung im ersten Aufzug: diese, als zierendes Zeichen höfischer Gunst gemeint, Akt der Repräsentation, in dem die Gesellschaft sich und ›ihren‹ Poeten feiert, transzendiert für Tasso vollkommen die höfische Wirklichkeit. Der Dichter gibt ihr ein so ungeheures symbolisches Gewicht, daß er sie nicht ertragen zu können glaubt; sie evoziert für ihn einen die Gegenwart in nichts auflösenden mythisch-archaischen Zustand.

Die in der Vertrautheit mit mythischen Urzuständen der Menschheit sich kundgebende Fremdheit des Dichters in seiner gesellschaftlichen Umwelt ist der tiefere Grund der »Disproportion des Talents mit dem Leben«. Selbst Tassos Versuch, sich in der Weise der dissimulatio, der ›Verstellung‹ die »Kunst des höfischen Gewebes« (Vs. 2749) anzueignen, scheitert schließlich bei der letzten Begegnung mit der Prinzessin, als er zum zweitenmal (nach der Duellforderung) eine heilige Grenze der Gesellschaft verletzt. Die Umarmung der Prinzessin, der in unverbindlichem, platonisch-literarischem Minnedienst zu huldigen ihm nicht verwehrt war, stellt der entsetzten Hofgesellschaft seine Neigung als unverhüllte Leidenschaft dar – ein noch unerträglicherer Anblick als das nackte

Schwert in Tassos Händen –; damit schließt er sich für immer aus dem gesellschaftlichen Reigen aus.

Eine Ironie des tragischen Endes liegt darin, daß Tasso in dem Moment, da seine totale Fremdheit in der höfischen Welt am unheilbarsten hervortritt, sich ausgerechnet an die Person »klammert«, welche die Normen dieser für ihn nun endgültig verlorenen Welt am rigorosesten vertritt und die, äußerlich betrachtet, der Grund seines tragischen Scheiterns ist: Antonio. Wenn Tasso am Ende überhaupt noch eine Rettung vor dem Versinken in eine sinnlose Existenz bleibt, so die Befreiung vom Leiden durch das dichterische »Sagen« des Leidens (Vs. 3426ff.).

Goethe hat – wie zahllose Poeten der Moderne (vgl. etwa Schillers Gedicht *Sehnsucht*, 1803) – die Existenz des Dichters wiederholt im Symbol der Schiffahrt gedeutet. In seiner Hymne *Seefahrt* und in der *Italienischen Reise* hat das Symbol, wie gezeigt wurde, einen durchaus glückhaften Sinn, es drückt dort die überschwengliche Zuversicht aus, das Leben im Vertrauen auf den eigenen Dämon meistern zu können: »Herrschend blickt er auf die grimme Tiefe / Und vertrauet, scheiternd oder landend, / Seinen Göttern.« In den Schlußversen des *Tasso* (Vs. 3434–3453) steht demgegenüber das Bild des schiffbrüchigen, des ›scheiternden‹ Dichters. Scheint dort zunächst im emblematischen Bild von Bewegung und Ruhe, Welle und Fels (Tasso und Antonio) ein Ausgleich der Gegensätze des Dramas möglich, so verdüstert sich die Symbolfolge zusehends. Die Welle (Brust des Dichters), die einst die Gestirne spiegelte, ist nun blind geworden. Anstelle der Welle (deren Macht Tasso doch dem Felsen Antonio gegenüber demonstrieren wollte) wird schließlich der scheiternde Schiffer, dem der Boden unter den Füßen aufreißt, zum Selbstsymbol Tassos. Das ausgleichende emblematische Bild zerbricht.

Goethe hat im *Tasso* zum erstenmal, in kaum je wieder erreichter Vieldimensionalität, den Kanonkonflikt zwischen dem modernen, sich auf das Für-sich-Sein der Kunst besinnenden bürgerlichen Künstler und einer Gesellschaft dargestellt, der sein Anspruch fremd bleiben muß, wie er selbst ihren Ansprüchen entfremdet ist. Das Künstlerdrama im Gefolge *Tassos* hat diesen Konflikt zu einem existentiellen Widerspruch zwischen Kunst und Leben verabsolutiert, zum »malheur d'être poète« (Grillparzer). In seiner *Sappho* (1818) hat Grillparzer das Motiv der beiden Kränze, welche die beiden Leonoren winden – des bunten Blumenkranzes der Liebe und Lebensfreude und des Lorbeerkranzes der Dichtergabe – wieder aufgegriffen. Leonore Sanvitales Wort vom »unfruchtbaren

Zweig« des Lorbeers – »Ein Zeichen mehr des Leidens als des Glücks« (Vs. 2032, 2039) – gewinnt im Munde Sapphos eine neue Bedeutung: wer diesen Zweig erwählt, ist auf immer – wie Proserpina nach dem Genuß des Granatapfels – vom Leben getrennt. Der Künstler, so wird es in Thomas Manns *Tonio Kröger* heißen – auch hier kehrt das Goethesche Symbol des unfruchtbaren Lorbeers wieder –, trägt ein »Mal an seiner Stirn«, das ihn für immer aus dem Kreis der Lebendigen ausschließt: kein Blatt läßt sich pflücken »vom Lorbeerbaum der Kunst, ohne mit seinem Leben dafür zu zahlen«.

Literatur

Schanze, Helmut: Goethes Dramatik. Theater der Erinnerung. Tübingen 1989 [zu *Iphigenie*, *Egmont* u. *Tasso*: S. 71–112].

Reiss, Hans: Formgestaltung und Politik. Goethe-Studien. Würzburg 1993 [*Egmont*, *Iphigenie*, *Tasso*, vorrevolutionäre Dramatik Goethes: S. 143–225].

Wagner, Irmgard: Critical approaches to Goethe's classical dramas: *Iphigenie*, *Torquato Tasso* and *Die natürliche Tochter*. Columbia / SC 1995.

Adorno, Theodor W.: Zum Klassizismus von Goethes *Iphigenie*. In: Th. W. A.: Noten zur Literatur IV. Frankfurt a. M. 1974, S. 7–33.

Angst, Joachim / Hackert, Fritz (Hrsg): J.W.v. Goethe. *Iphigenie auf Tauris*. Erläuterungen und Dokumente. Stuttgart 1969 [u.ö.].

Borchmeyer, Dieter: J.W.v. Goethe. *Iphigenie auf Tauris*. In: Harro Müller-Michaels (Hrsg.): Deutsche Dramen. Interpretationen zu Werken von der Aufklärung bis zur Gegenwart. 3. Aufl. Frankfurt 1994. Bd. I, S. 52–86.

Borchmeyer, Dieter: Das gebannte Schicksal und seine Wiederkehr. Goethes *Iphigenie* im Blick auf das Drama um 1800: *Wallenstein*. In: Roger Bauer (Hrsg.): Inevitabilis Vis Fatorum. Der Triumph des Schicksalsdramas auf der europäischen Bühne um 1800. Bern 1990, S. 102–112.

Borchmeyer, Dieter: *Iphigenie auf Tauris*. In: Walter Hinderer (Hrsg.): Goethes Dramen. Stuttgart 1993, S. 117–157.

Brendel, Otto J.: Iphigenie auf Tauris – Euripides und Goethe. In: Antike und Abendland 27 (1981), S. 52–97.

Bürger, Christa: Der Ursprung der bürgerlichen Institution Kunst im höfischen Weimar. Literatursoziologische Untersuchungen zum klassischen Goethe. Frankfurt a. M. 1977 (Kap.7: *Iphigenie*, S. 177–207).

Fischer-Lichte, Erika: Probleme der Rezeption klassischer Werke – am Beispiel von Goethes *Iphigenie*. In: Karl Otto Conrady (Hrsg.): Deutsche Literatur zur Zeit der Klassik. Stuttgart 1977, S. 114–140.

Fowler, Frank M.: The Problem of Goethe's Orest: New Light on *Iphigenie auf Tauris*. In: Publications of the English Goethe Society 51 (1981), S. 1–26.

Henkel, Arthur: Iphigenie auf Tauris. In: Benno von Wiese (Hrsg.): Das deutsche Drama. Vom Barock bis zur Gegenwart. Interpretationen. Düsseldorf 1958 [u.ö.], Bd.I, S. 169–192. Auch in: A. Henkel: Goethe-Erfahrungen. Stuttgart 1982, S. 61–83.

Jauß, Hans Robert: Racines und Goethes Iphigenie. Mit einem Nachwort über die Partialität der rezeptionsästhetischen Methode. In: Rainer Warning (Hrsg.): Rezeptionsästhetik. Theorie und Praxis. München 1975, S. 353–400.

Kimpel, Dieter: Ethos und Nomos als poetologische Kategorien bei Platon – Aristoteles und das Problem der substantiellen Sittlichkeit in Goethes *Iphigenie auf Tauris*. In: Germ.-Rom. Monatsschr. 33 (1984), S. 367–393.

Klingmann, Ulrich: Arbeit am Mythos: Goethes *Iphigenie auf Tauris*. in: German Quaterly 68 (1995), S. 19–31

Loeb, Ernst: Tantalus absconditus in Goethes *Iphigenie*. In: Literaturwissenschaftliches Jahrbuch N.F. 18 (1977), S. 105–114.

Maillard, Christine: Loslösung – Begegnung – Bestimmung: Goethes *Iphigenie auf Tauris*: Mythos und Archetyp. In: Germanic Review 69 (1994), S. 98–105.

May, Kurt: *Iphigenie*. In: K. M.: Form und Bedeutung. Stuttgart 1972 (3.A.), S. 73–88.

Neubauer, John: Sprache und Distanz in Goethe's *Iphigenie*. In: Wolfgang Wittkowski (Hrsg.): Verlorene Klassik? Ein Symposium. Tübingen 1986, S. 27–39.

Niggl, Günter: Die Geburt der deutschen Klassik. Zu den Entstehungsbedingungen von Goethes *Iphigenie*. In: Roger Bauer (Hrsg.): Der theatralische Neoklassizismus um 1800. Ein europäisches Phänomen? Bern, Frankfurt a. M. [u.a.] 1986, S. 11–25.

Pestalozzi, Karl: Goethe's *Iphigenie* als Antwort an Lavater betrachtet. In: Goethe-Jb. 98 (1981), S. 113–130.

Pfaff, Peter: Die Stimme des Gewissens. Über Goethes Versuch zu einer Genealogie der Moral, vor allem in der *Iphigenie*. In: Euphorion 72 (1978), S. 20–41.

Rasch, Wolfdietrich: Goethes *Iphigenie auf Tauris* als Drama der Autonomie. München 1979. [Dazu Rezension von Dieter Borchmeyer. In: Poetica XII (1980), S. 126–140.]

Reynolds, Susan Helen: »Erstaunlich modern und ungriechisch?« Goethe's *Iphigenie auf Tauris* and its Classical Background. In: Publications of the English Goethe Society 57 (1986/87), S. 55–74.

Rohmer, Rolf: Klassizität und Realität in Goethes Frühweimarer Dramen (besonders *Iphigenie auf Tauris*). In: Goethe Jb. 93 (1976), S. 38–50.

Swales, Martin: »Die neue Sitte« and metaphers of secular existence: reflections on Goethes *Iphigenie*. In: Modern Language Review 89 (1994), S. 902–915.

Varwig, Freyr R.: *L'Iphigénie* de Goethe et la *Prosodie* de K. Ph. Moritz. In: Goethe et les arts du spectacle. Textes réunis par Michel Corvin. Actes du Colloque de Francfort, Bron 1985, S. 123–146.

Weimar, Klaus: »Ihr Götter!« In: Wilfried Barner [u. a.] (Hrsg.): Unser Commercium. Goethes und Schillers Literaturpolitik. Stuttgart 1984, S. 303–327.

Wierlacher, Alois: Entfremdete Fremde. Goethes *Iphigenie auf Tauris* als Drama des Völkerrechts. In: Ztschr. f. dt. Philologie 102 (1983), S. 161–180.

Böckmann, Paul: *Egmont*. In: Benno von Wiese (Hrsg.): Das deutsche Drama. Vom Barock bis zur Gegenwart. Düsseldorf 1958 [u. ö.], Bd. I, S. 148–169.

Borchmeyer, Dieter: Der aufgeklärte Herrscher im Spiegel von Goethes Schauspiel. In: Günter Birtsch (Hrsg.): Der Idealtyp des aufgeklärten Herrschers. In: Aufklärung 2 (1987), S. 49–74.

Dahnke, Hans-Dietrich: Geschichtsprozeß und Individualitätsverwirklichung in Goethes *Egmont*. In: Hans-Günther Thalheim / Ursula Wertheim (Hrsg.): Studien zur Literaturgeschichte und Literaturtheorie. Berlin 1970, S. 59–100.

Fink, Gonthier-Louis: Bild und Bedeutung des Volkes in Goethes *Egmont*. In: Das Subjekt der Dichtung. Festschrift für Gerhard Kaiser. Würzburg 1990, S. 223–242.

Hobson, Irmgard: Orania and Alba. The Two Political Dialogues in *Egmont*. In: Germanic Review 50 (1975), S. 260–274.

Michelsen, Peter: Egmonts Freiheit. In: Euphorion 65 (1971), S. 274–297.

Reinhardt, Hartmut: *Egmont*. In: Walter Hinderer (Hrsg.): Goethes Dramen. Stuttgart 1992, S. 158–198.

Hans Reiss: Goethe, Möser and the Aufklärung: The Holy Roman Empire in *Götz von Berlichingen* and *Egmont*. In: Deutsche Vierteljahrsschr. 60 (1986), S. 609–644.

Schings, Hans-Jürgen: Freiheit in der Geschichte. Egmont und Marquis Posa im Vergleich. In: Goethe Jb. (110) 1993, S. 61–76.

Schröder, Jürgen: Poetische Erlösung der Geschichte – Goethes *Egmont*. In: Walter Hinck (Hrsg.): Geschichte als Schauspiel. Deutsche Geschichtsdramen. Interpretationen. Frankfurt a.M. 1981, S. 101–115.

Schwan, Werner: Egmonts Glücksphantasien und Verblendung. Eine Studie zu Goethes Drama *Egmont*. In: Jb. d. Freien Dt. Hochstifts 1986, S. 61–90.

Sharpe, Lesley: Schiller and Goethe's *Egmont*. In: Modern Language Review 77 (1982), S. 629–645.

Siedhoff, Sigrid: Der Dramaturg Schiller und *Egmont*: Goethes Text – Schillers Bearbeitung. Bonn 1983.

Wagener, Hans (Hrsg.): J.W.v. Goethe. *Egmont*. Erläuterungen und Dokumente. Stuttgart 1974 [u. ö.]

Wells, George A.: Criticism and the Quest for Analogies. Some Recent Discussions of Goethes *Egmont*. In: New German Studies 15 (1988/89), S. 1–15.

Wilkinson, Elizabeth M.: Sprachliche Feinstruktur in Goethes *Egmont*. In: E.M. Wilkinson / L.A. Willoughby: Goethe. Dichter und Denker. Frankfurt a.M. 1974, S. 61–91.

Ziegler, Klaus: Goethes *Egmont* als politisches Drama. In: Verstehen und Vertrauen. Festschrift für Otto Friedrich Bollnow zum 65. Geburtstag. Stuttgart 1968, S. 272–292.

Ammerlahn, Helmut: Aufbau und Krise der Sinn-Gestalt: Tasso und die Prinzessin im Kontext der Goetheschen Werke. Bern u.a. 1990.

Atkins, Stuart: Observations on Goethe's *Torquato Tasso*. In: Carleton Germanic Papers 1 (Ottawa 1973), S. 41–59.

Aurnhammer, Achim (Hrsg.): Torquato Tasso in Deutschland: seine Wirkung in Literatur, Kunst und Musik seit der Mitte des 18. Jahrhunderts. Berlin u.a. 1995.

Blumenthal, Lieselotte: Arkadien in Goethes *Tasso*. In. Goethe N.F. 21 (1959), S. 1–24.

Borchmeyer, Dieter: Höfische Gesellschaft und Französische Revolution bei Goethe. Adliges und bürgerliches Wertsystem im Urteil der Weimarer Klassik. Kronberg/Ts. 1977 [*Tasso*: S. 55–115].

Borchmeyer, Dieter: Der unfruchtbare Lorbeer. Über ein Existenzsymbol des modernen Dichters: Goethe – Grillparzer – Richard Wagner. In: Wolfgang Wittkowski (Hrsg.): Goethe im Kontext [...]. Tübingen 1984, S. 148–162.

Borchmeyer, Dieter: Tasso oder das Unglück, Dichter zu sein. In: Dieter Kimpel (Hrsg.): Allerhand Goethe. Seine wissenschaftliche Sendung [...]. Frankfurt a.M. 1985, S. 67–88.

Bürger, Christa: Der bürgerliche Schriftsteller im höfischen Mäzenat. Literatursoziologische Bemerkungen zu Goethes *Tasso*. In: Karl O. Conrady (Hrsg.): Deutsche Literatur zur Zeit der Klassik. Stuttgart 1977, S. 141–153.

Elias, Norbert: Die höfische Gesellschaft. Neuwied/Berlin 1969.

Girschner, Gabriele: Goethes *Tasso*. Klassizismus als ästhetische Regression. Königstein/Ts. 1981.

Gockel, Heinz: Goethes *Tasso* – die Sprache des Symbols. In: Dt. Vierteljahrsschr. 54 (1980), S. 636–655.

Graham, Ilse: *Torquato Tasso*. A Poet's No Man's Land. In: I. G.: Goethe and Lessing. The Wellsprings of Creation. London 1973, S. 137–163.

Grawe, Christian: J.W. Goethe: *Torquato Tasso*. Erläuterungen und Dokumente. Stuttgart 1981 [u.ö.].

Grimm, Reinhold: Dichter-Helden: Tasso, Empedokles und die Folgen. In: Basis 7 (1977), S. 7–25.

Hart, Gail K.: Goethe's *Tasso*: Reading the Directions. In: Goethe Yearbook 3 (1986), S. 125–138.

Hinderer, Walter: *Torquato Tasso*. In. W. H. (Hrsg.): Goethes Dramen. Stuttgart 1992, S. 199–257.

Kaiser, Gerhard: Der Dichter und die Gesellschaft in Goethes *Torquato Tasso*. In: G. K.: Wandrer und Idylle. Göttingen 1977, S. 175–208.

Merkl, Helmut: Spiel zum Abschied. Betrachtungen zur Kunst des Leidens in Goethes *Torquato Tasso*. In: Euphorion 82 (1988), S. 1–24.

Nahler, Horst: Dichtertum und Moralität in Goethes *Torquato Tasso*. In: Festschrift f. Lieselotte Blumenthal. Weimar 1968, S. 285–301.

Neumann, Gerhard: Konfiguration. Studien zu Goethes *Torquato Tasso*. München 1965.

Rasch, Wolfdietrich: Goethes *Torquato Tasso*. Die Tragödie des Künstlers. Stuttgart 1954.

Reed, T. James: Tasso und die Besserwisser. In: Texte, Motive und Gestalten der Goethezeit. Festschrift f. Hans Reiss. Tübingen 1983, S. 95–112.

Ronell, Avital: Taking it Philosophically: *Torquato Tasso's* Women as Theorists. In: Modern Language Notes 100 (1985), S. 599–631.

Ryan, Lawrence: Die Tragödie des Dichters in Goethes *Torquato Tasso*. In: Jb. d. Dt. Schillergesellschaft 9 (1965), S. 283–322.

Schmidt-Neubauer, Joachim: Der verhinderte Bürger Torquato Tasso. Ein Beitrag zur eudämonistischen Ökonomie des Goetheschen Schauspiels. In: J. S.-N.: Tyrannei und Mythos vom Glück. Frankfurt a.M. 1981, S. 100–150.

Schulz, Karlheinz: Goethes und Goldonis *Tasso*. Bern 1986.

Stadler, Ulrich: Der Augenblick am Hofe. Allgemeines und Besonderes in Goethes Schauspiel *Torquato Tasso*. In: Wahrheit und Wort. Festschrift f. Rolf Tarot. Hrsg. v. Beatrice Wehrli u.a. Bern 1996, S. 463–481.

Turk, Horst: Wie und wo entsteht ein klassischer Nationalautor? Zum Fremdverstehen in Goethes *Tasso*. In: H.L. Arnold (Hrsg.): J. W. v. Goethe. München 1982, S. 153–172.

Vaget, Hans R.: Um einen Tasso von außen bittend. Kunst und Dilettantismus am Musenhof von Ferrara. In: Dt. Vierteljahrsschr. 54 (1980), S. 232–258.

Wilkinson, Elizabeth M.: J. W. Goethe. *Torquato Tasso*. In: Benno von Wiese (Hrsg.): Das deutsche Drama vom Barock bis zur Gegenwart. Bd. I. Düsseldorf 1958, S. 195–216.

Williams, John R.: Reflections on Tasso's Final Speech. In: Publications of the English Goethe Society 47 (1977), S. 47–67.

III Erotica und Phallica

Goethe hat *Tasso* im Sommer 1789: im welterschütternden Moment des Ausbruchs der Französischen Revolution gerade noch abgeschlossen – »glücklicherweise«, denn alsdann, so schreibt er später in der *Campagne in Frankreich*, »nahm die weltgeschichtliche Gegenwart meinen Geist völlig ein«. Das bezeugt zumal seine politische Tendenzdramatik. Nach der Rückkehr aus Italien hat er bis in die Zeit der Freundschaft mit Schiller außer lyrischer Poesie und den (später zu würdigenden) Revolutionskomödien keine neue Originaldichtung geschrieben. Was neben der ›weltgeschichtlichen Gegenwart‹ – als Gegenwelt zu ihr – seinen Geist und seine Zeit ganz ausfüllt, sind die Naturforschung sowie die Traktate, welche die Italienische Reise und die aus ihr gezogenen Lehren zum Gegenstand haben. Er, der sich in Italien als Dichter wiedergefunden zu haben glaubte, hört in fast noch größerem Maße als im ersten Weimarer Jahrzehnt auf, Poet zu sein. Daß der größte Dichter deutscher Zunge nahezu zwei Jahrzehnte – zwischen 1775 und 1795 – die Poesie weit hinter Politik, Kunstbetrachtung und Naturwissenschaft (der überhaupt die meiste Zeit seines Lebens gewidmet ist) hat zurücktreten lassen, ist ein höchst merkwürdiges Faktum.

Auch die bedeutendste Dichtung der ersten nachitalienischen Jahre ist erst 1795 in Schillers »Horen« der Öffentlichkeit bekannt geworden: seine »Erotica Romana« in Distichen, die später von ihm so betitelten *Römischen Elegien* (1788/90). Dieser erste Gedichtzyklus Goethes steht zusammen mit Einzelgedichten, welche an den deskriptiv-erzählenden Stil des in Italien entstandenen Gedichts *Amor als Landschaftsmaler* anknüpfen (*Der Besuch*; *Morgenklagen*, 1788) in Verbindung mit seiner Liebesbeziehung zu Christiane Vulpius, der Schwester des Romanschriftstellers Christian August Vulpuis, der als Verfasser des Räuberromans *Rinaldo Rinaldini* (1799) europäische Berühmtheit erlangen sollte.

Die unstandesgemäße freie Ehe mit der dreiundzwanzigjährigen Christiane, die bis zu ihrer Begegnung mit Goethe in Bertuchs Fabrik Stoffblumen herstellte, ließ ihn die Entfremdung von Frau von Stein und das Gefühl zunehmender Vereinsamung in Weimar – deren Schatten auch den *Tasso* noch gestreift haben mögen – zu einem guten Teil verschmerzen, auch wenn ihn diese Beziehung nach einem zeitgenössischen Urteil in einen »Mißstand mit der ganzen Sozietät« (der adligen wie bürgerlichen) gebracht hat.

(Selbst Schiller erwähnt im Briefwechsel mit Goethe Christiane, die er anderen gegenüber fast immer mit einer Mischung aus Malice und Moralin beschreibt, nur ein einziges Mal, während Goethe Schillers Frau immer wieder liebenswürdig grüßen läßt.) Wie jene Liaison, so hat die Gesellschaft Goethe auch die Freizügigkeit seiner »Erotica« verübelt, ganz besonders natürlich Charlotte von Stein, die das platonische Liebesideal der ersten Weimarer Jahre Goethes hier verraten sehen mußte. »Alle ehrbaren Frauen sind empört über die bordellmäßige Nacktheit«, die sich in den Elegien zeige, und Herder habe geäußert, Schiller müßte seine »Horen« nun Huren nennen, berichtet Carl August Böttiger (an Schulz, 27. Juli 1795). Er bestätigt damit das spätere Urteil Nietzsches über die Geschichte der Goethe-Rezeption: »Man kennt das Schicksal Goethes im moralinsauren altjungfernhaften Deutschland. Er war den Deutschen immer anstößig«, heißt es im *Fall Wagner*. »Schon Klopstock hielt ihm [aufgrund des Gerüchts über sein angeblich sittenloses Treiben in der ersten Weimarer Zeit] eine Sittenpredigt; es gab eine Zeit, wo Herder, wenn er von Goethe sprach, mit Vorliebe das Wort ›Priap‹ gebrauchte. [...] Vor allem aber war die höhere Jungfrau empört: alle kleinen Höfe, alle Art ›Wartburg‹ in Deutschland bekreuzigte sich vor Goethe, vor dem ›unsauberen Geist‹ in Goethe.«

Selbst Carl August – bekanntlich kein Kostverächter; Goethe hat für ihn im Februar 1790 gar zwei lateinische »Phallica« verfaßt: einen Kommentar zu den spätantiken *Carmina priapea* und eine Paraphrase der parodistisch-mythologischen Beschreibung des Geschlechtsakts in Augustinus' *De civitate Dei* – riet Goethe von der Veröffentlichung der *Römischen Elegien* ab. Ihr Herausgeber Schiller indessen, in literarischen Dingen keineswegs der »Moraltrompeter«, zu dem ihn Nietzsches Bonmot gestempelt hat, sieht durch Goethes Erotica »zwar eine konventionelle, aber nicht die wahre und natürliche Dezenz [...] verletzt«, wie er am 5. Juli 1795 an den Prinzen von Augustenburg schreibt. Und er kündigt an, daß er in seinem Traktat über naive Dichtung sich die »Freiheit nehmen« werde, »mein Glaubensbekenntnis über das, was dem Dichter in Rücksicht auf das Anständige erlaubt und nicht erlaubt ist, ausführlich abzulegen«.

Die versteckte Apologie der *Römischen Elegien* lautet im genannten Traktat folgendermaßen: »Die Gesetze des Anstandes sind der unschuldigen Natur fremd; nur die Erfahrung der Verderbnis hat ihnen den Ursprung gegeben. [...] Aber eben das macht ja den Dichter aus, daß er [...] die Natur in ihrer ursprünglichen Einfalt wieder in sich herzustellen weiß. Hat er aber dies getan, so ist er eben dadurch von allen Gesetzen losgesprochen, durch die ein verführtes Herz sich gegen sich selbst sicherstellt. Er ist rein, er ist unschuldig, und was der unschuldigen Natur erlaubt ist, ist es auch ihm; bist du, der du ihn liesest oder hörst, nicht mehr schuldlos und kannst du es nicht einmal momentweise durch seine reinigende Gegenwart werden, so ist es *dein* Unglück und nicht das seine; du verlässest ihn, er hat für dich nicht gesungen.« Mit diesen Sätzen dreht Schiller den Spieß der moralinsauren Kritiker, die sich über die Freiheiten der *Römischen Elegien* entrüstet haben, genau herum: er bezichtigt sie selber der Unmoral; dem Dichter aber, als dem Repräsentanten einer natürlichen Moral, bescheinigt er seine Unschuld.

Schillers ästhetische Billigung der *Römischen Elegien* ist um so bemerkenswerter, als seiner eigenen Lyrik-Theorie zufolge (*Über Bürgers Gedichte*, 1791) der Poet auch und gerade im Gedicht sich niemals als bloße, private »Individualität«, nämlich »als der und der bestimmte Mensch« kundgeben darf. Solle Individualität es verdienen, »vor Welt und Nachwelt ausgestellt zu werden«, müsse sie sich gewissermaßen »ausgelöscht und zur Gattung gesteigert haben«. Nun haben aber gerade die konservativen Kritiker der *Römischen Elegien*, so Johann Baptist von Alxinger (1755–1797), der ›österreichische Wieland‹, es als unerträglichen Verstoß gegen die Dezenz empfunden, daß Goethe den Leser zwinge, sich die private Individualität des Poeten mit den geschilderten oder angedeuteten erotischen Situationen verbunden zu denken. »Properz durfte es laut sagen, daß er eine glückliche Nacht bei seiner Freundin zugebracht habe. Wenn aber Hr. v. Goethe mit seiner italienischen Mätresse vor dem ganzen Deutschland in den Horen den con-cubitum [Beischlaf] exerziert, wer will das billigen? Das Ärgerliche und Anstößige liegt nicht in der Sache, sondern in der Individualität; darin liegt es, daß hier nicht der Dichter, sondern der Geheime Rat, die bestimmte Person redet und uns keine Dichtung, sondern eine wahre Geschichte scheint auftischen zu wollen« (so Alxinger an Böttiger am 25. März 1797).

Einige Formulierungen Alxingers entsprechen fast wörtlich der Bürger-Rezension Schillers. Und doch stehen hinter den gleichen Begriffen gänzlich andere poetologische Grundpositionen. Schiller geht es um eine ›idealisierende‹ Generalisierung des individuellen Falls – und gerade diese scheint ihm durch die antik-mythologische Typisierung des erotischen Erlebnisses gewährleistet zu sein –, Alxinger dagegen argumentiert vom Standpunkt konventioneller

Rollenpoesie aus, deren erotische Motive in den Grenzen der Fiktion bleiben. Solange sie in diesem Sinne »Dichtung« sind, ist Alxinger ebenso wie sein großes Vorbild Wieland keineswegs zimperlich. Schiller verlangt, daß der lyrische Dichter über seine Individualität hinausgeht, Alxinger, daß er hinter sie zurückgeht – im Sinne der rollenhaften Mittelbarkeit des lyrischen Stils, die Goethe in den *Römischen Elegien* freilich entschieden durchbricht. (Antikisierende Gedichte hat er übrigens schon seit 1781 im »Tiefurter Journal« veröffentlicht. An sie knüpfen auch die beiden während der Italienischen Reise entstandenen Gedichte an.)

Gegenstand der Elegien, in denen das Christiane-Erlebnis in das Gewand römischer Erinnerungen und Allusionen an die antike Mythologie gekleidet wird, ist eine »sinnlich-glückliche Liebe auf dem klassischen Boden« (Friedrich Gundolf). Die Liebesklage, wie sie die Gedichte der römischen Elegiker, Petrarcas *Canzoniere* oder Shakespeares *Sonnets* durchziehen, fehlt in den *Römischen Elegien* ganz. Anders als die Zyklen Petrarcas und Shakespeares stehen sie nicht im Zeichen der Vergangenheit, sondern erfüllter Gegenwart. Goethe, der während der Italienischen Reise die »Gegenwart des klassischen Bodens« so lebendig empfunden hat, sucht Rom »nach Jahrhunderten des Vergangenheitskultes und eines melancholischen Ruinenpathos« nun auch poetisch zu revitalisieren (Horst Rüdiger) – eine bewußte Abkehr von den »törichten« wertherischen Stimmungen, die in der Urfassung der zweiten Elegie »verwünscht« werden (»Wäre Werther mein Bruder gewesen, ich hätt ihn erschlagen«).

Durch die bewußte Anknüpfung an die erotische Elegie der Spätantike, den Wetteifer mit den »triumviri amoris« Catull, Tibull und Properz – hinzu kommt Ovid – wird das erotische Erlebnis, anders als Alxinger wähnt (»keine Dichtung, sondern eine wahre Geschichte«), weit über alle faktische Realität in eine fiktive Kunstsphäre erhoben, die den Eindruck des Lasziven vor allem in den veröffentlichten Teilen niemals aufkommen läßt. A.W. Schlegel hat diese Einbettung des Individuellen in Formen und motivische Modelle der antiken erotischen Dichtung treffend mit den Worten gekennzeichnet, die Elegien seien »originell und dennoch echt antik. Der Genius, der in ihnen waltet, begrüßt die Alten mit freier Huldigung.«

Konnte Goethe in den *Römischen Elegien* das Italienerlebnis noch einmal in einer für ihn sich mehr und mehr verdüsternden gesellschaftlichen Umwelt freudig nachklingen lassen, so wird in den erst 1795 publizierten *Venezianischen Epigrammen*, dem Produkt der unfreiwilligen zweiten Italien(Venedig) – Reise im Jahre 1790, auch die Erinnerung an jenes schöpferische Erlebnis empfindlich getrübt. (»Das ist Italien nicht mehr, das ich mit Schmerzen verließ.«) Die politisch-sozialen Mißständnisse Italiens, die Schattenseiten seiner Zivilisation, die Goethe bei der ersten Reise gern in ein idealisierendes Licht getaucht hatte, werden nun von einem z.T. bitter satirischen Blick entlarvt. Zudem läßt die ›weltgeschichtliche Gegenwart‹ den ruhigen Genuß des Schönen kaum zu: die Epigramme enthalten die frühesten und gleich polemisch verwerfenden Äußerungen über die Französische Revolution, nicht minder scharfe Seitenhiebe aber auch auf die Repräsentanten des Ancien Régime in Deutschland und Frankreich.

Freilich enthalten die Epigramme auch Stücke, in denen der unbeschwerte Ton der *Römischen Elegien* noch einmal wiederkehrt. Das gilt zumindest für den Zyklus über die Gauklerin Bettine, ein androgynes Wesen wie Mignon in *Wilhelm Meister*, anders als diese freilich mit einem erotischen Ambiente, das die priapische Phantasie des Dichters zu Stücken von einer in der deutschen Poesie beispiellosen Obszönität inspiriert – so zu dem folgenden Epigramm über die akrobatische Beweglichkeit Bettines:

> Was ich am meisten besorge: Bettine wird immer geschickter,
> Immer beweglicher wird jegliches Gliedchen an ihr;
> Endlich bringt sie das Züngelchen noch ins zierliche Fötzchen,
> Spielt mit dem artigen Selbst, achtet die Männer nicht viel.

Im Bettine-Zyklus lassen sich fast schon Grundzüge des Baudelaireschen Flaneurs entdecken, der sich ins »Labyrinth der Großstadt« wirft (Goethe) und im Vorübergehen, unbeteiligt, deren beauté fugitive, ihre transitorischen Schönheiten rezipiert (vgl. W. Rasch).

> Müde war ich geworden, nur immer Gemälde zu sehen,
> Herrliche Schätze der Kunst, wie sie Venedig bewahrt.
> Denn auch dieser Genuß verlangt Erholung und Muße;
> Nach lebendigem Reiz suchte mein schmachtender Blick.

Von der bildenden Kunst, als der Sphäre der Schönheit, »unveränderlicher Dauer«, um mit Lessings *Laokoon* zu reden, kehrt der Dichter sich ab, wendet sich dem zu, was kommt und geht, dem »Reiz«, dem »Transitorischen« in Lessings Terminologie.

Dem korrespondiert eine veränderte Rezeptionsweise: statt der

»Muße«, des konzentrierten Stillstehens vor dem (dauernden) Kunstwerk, ein Passieren an den wechselnden Erscheinungen vorbei. Dieses Motiv weist auf die *Römischen Elegien* zurück. Auch dort wendet der Dichter sich von der »ewigen Roma« ab, will er sich nicht mehr »wie ein bedächtiger Mann« (in »Muße«, heißt es in den *Venezianischen Epigrammen*) »Kirch und Palast, Ruinen und Säulen« betrachten. Hier wie dort bedeutet der Wechsel des ästhetischen Rezeptionsmodus zugleich einen solchen des sozialen Milieus. Damit hängt die bewußte Verletzung der ›Schicklichkeit‹, der sexuellen Tabus der ›guten Gesellschaft‹ zusammen. Auch seine erotischen Neigungen richtet der Dichter auf weibliche Wesen an der unteren Peripherie der Gesellschaft. Die Faustine der Elegien ist die ›mantenuta‹, die sich von ihren Liebhabern aushalten läßt; die Bettine der Epigramme (anders als Faustine, der Flaneur-Situation entsprechend, freilich keine Geliebte des Dichters) gehört einer Artistengruppe an. Goethes Vorliebe für Straßenartisten gemahnt an seine Sympathie für die Commedia dell'arte, das improvisierte, nicht literarisch ›verewigte‹ Volkstheater in Venedig: »denn Gaukler und Dichter / Sind gar nahe verwandt, suchen und finden sich gern«, heißt es im Bettine-Zyklus.

Die *Venezianischen Epigramme* haben noch mehr als die *Römischen Elegien* die ästhetisch-moralische Toleranzgrenze der Zeit überschritten. Hier wie dort ließ Goethe sich bereden, die anstößigsten Stücke zu sekretieren (so natürlich auch das oben zitierte Bettine-Epigramm). Zu den unterdrückten Stücken gehört jene Elegie, die mit der Entkleidung der Geliebten und den Versen endet: »Uns ergötzen die Freuden des echten nacketen Amors / Und des geschaukelten Betts lieblicher knarrender Ton« – der nackte als Gegenbild des schlüpfrig drapierten Amor der Rokokopoesie, an dem die Philister keinen Anstoß nahmen –, ferner das zweideutige Gedicht auf den Gott Hermes (= Merkur: in der Alchemie die Chiffre für Quecksilber, das zur Zeit Goethes als Heilmittel gegen die Syphilis verabreicht wurde), schließlich zwei Gedichte auf den »letzten der Götter«, den hellenistischen Vegetationsdämon Priapos, deren Abdruck Goethe von vornherein für undenkbar hielt.

Dieser bäurische, aus Kleinasien stammende und seine phallische Herrschaft von Griechenland bis ins römische Imperium ausdehnende Gott der animalischen und vegetabilischen Fruchtbarkeit, begegnet besonders häufig auf den Gemmenabgüssen, die Goethe neben anderen erotischen Kunstobjekten (Druckgraphik und Zeichnungen, Majolika und Kleinbronzen) gesammelt hat. Er selbst hat um 1790 eine Priap-Herme mit Schilfrohr (dem ländlichen Szepter des Gottes, das vor allem die Vögel verscheuchen soll) und steil aufgerichtetem Phallos gezeichnet. In Gestalt der Herme oder als Vollfigur hat Priapos, mit der rot bemalten keulenförmigen Waffe seines membrum virile, die Funktion eines ›custos hortorum‹, eines Wächters der Gemüse- und Obstgärten ausgeübt: Glücksbringer, Vogel- und Diebesscheuche, Übelabwehrer in jeder Hinsicht, nicht zuletzt der strafende Dämon des prüden Heuchlers. Von seiner Beliebtheit zeugen die *Carmina Priapea*, derb-erotische Kleingedichte der römischen Kaiserzeit. Deren Tradition setzt Goethe – der zu ihnen, wie gesagt, 1790 einen lateinischen Kommentar verfaßt hat – mit den beiden erwähnten Gedichten unmittelbar fort. Im ersten Gedicht stellt der Dichter Priap in einem Liebesgarten auf, aus dem es freilich keine Diebe zu verscheuchen gibt, dessen »Blumen der Liebe« und »goldene Früchte des Lebens« vielmehr jeder genießen darf, der dazu imstande ist. Kommen aber die moralinsauren »Heuchler«, welche sich vor den »Früchten der reinen Natur« ekeln, aber doch verstohlen nach ihnen blinzeln, dann gilt der Auftrag des Dichters an Priap: »so straf ihn von hinten / Mit dem Pfahle, der dir rot von den Hüften entspringt.« Goethe greift hier das in den antiken Priapea häufig verwendete Motiv der »Strafvergewaltigung« (B. Kytzler) wieder auf.

Das zweite Gedicht ist ein Monolog Priaps, des verachteten und vergessenen Gartengottes, dessen Statue Wind und Wetter ausgesetzt ist, den die Raben oben und die Knechte (»Die, sich entladend, frech zeigen das rohe Gesäß«) unten besudeln. Nun aber wird die ramponierte Statue von einem Künstler restauriert, ein Symbol für die Nobilitierung des ›niedrigen‹ Fruchtbarkeitsgottes (d.h. der körperlichen Liebe) durch die Dichter: Priap gewinnt »unter Göttern den Platz«.

Gern erblicken mich nun verständige Männer, und denken
Mag sich jeder so gern, wie es der Künstler gedacht.
Nicht das Mädchen entsetzt sich vor mir, und nicht die Matrone,
Häßlich bin ich nicht mehr, bin ungeheuer nur stark.
Dafür soll dir denn auch halbfußlang die prächtige Rute
Strotzen vom Mittel herauf, wenn es die Liebste gebeut,
Soll das Glied nicht ermüden, als bis ihr die Dutzend Figuren
Durchgenossen, wie sie künstlich Philänis erfand.

(Die Hetäre Philänis war die angebliche Verfasserin eines Lehrbuchs über die Stellungen bei der geschlechtlichen Vereinigung.) Daß derlei nicht publizierbar war, liegt auf der Hand.

In den Kreis der Erotica gehört auch die Satansmesse innerhalb der Walpurgisnacht des *Faust I*, die Goethe jedoch nicht in die endgültige Fassung der Szene aufgenommen, sondern in dem von ihm so genannten »Walpurgissack« (Gespräch mit Falk um 1808) geheimgehalten hat. Das war zweifellos nicht nur ein Akt der Selbstzensur, sondern ist primär darauf zurückzuführen, daß die wüstparodistische Satansfigur mit ihren grobianischen sexuellen Appellen in die Konzeption der Walpurgisnacht – und des *Faust* überhaupt – nicht gepaßt hätte, d.h. in einen Widerspruch zu Goethes Auffassung von der Polarität des Guten und Bösen geraten wäre sowie die von Mephisto gespielte Rolle des Teufels gegen alle philosophische und poetische Logik verdoppelt hätte. Für sich genommen, als in den *Faust* nicht mehr integrierbares Paralipomenon, ist die Satansmesse jedoch ein zündendes Beispiel für Goethes satirische Phantasie. Ohne von dieser Szene zu wissen, hat 1851 Heinrich Heine in seinem »Tanzpoem« *Der Doktor Faust* ebenfalls einen »Hexensabbat« vorgesehen, dessen ritueller Höhepunkt das »Homagium des Kusses« in den Hintern Satans ist. Goethe pointiert die gleiche Szene mit beispiellosem Zynismus als typisch höfische ›Arschkriecherei‹. Satan hält eine »Audienz«, sein »Zeremonienmeister« weist einen Untertanen an, »dem Herrn den hintern Teil zu küssen«. Dieser macht sich dazu nicht nur ohne Zögern erbötig (»bin ich gleich von Haus aus Demokrat«), sondern er verbindet das »Ritual« auch noch mit einem Panegyrikus auf den Hintern Satans: »So wohl kann's nicht im Paradiese riechen. / Und dieser wohlgebaute Schlund / erregt den Wunsch, hineinzukriechen.« Satan aber prophezeit dem Lobredner: »wer des Teufels Arsch so gut wie du gelobt, / dem soll es nie an Schmeichelphrasen fehlen.« Eine bissigere Hofsatire ist in Goethes Gesamtwerk nicht zu finden.

Einer der kühnsten Versuche, sich über moralische Tabus hinwegzusetzen, welche die künstlerische Darstellung der körperlichen Liebe hemmen, stellt Goethes ebenfalls sekretiertes Gedicht *Das Tagebuch* (1810) dar. Dieses »unbeschreibliche Gedicht, das lange als unsittlich galt und doch zutiefst sittlich ist« (Anton Kippenberg), stellt eine moralische Verserzählung dar, die als solche von der Intention der erotischen Elegien und Epigramme Goethes zu unterscheiden ist. Goethe hat hier die Form der Stanze gewählt, die zu dieser Zeit – nach dem Vorbild Ariosts und Wielands – als erotische Strophenform katexochen galt und sich für den spöttisch-ironischen Parlandostil besonders eignet, den Goethe gleich in den ersten Versen anschlägt. (Die Stanze hat in der deutschen Dichtung freilich meist ein eher erhaben-feierliches Gepräge, das von ihrem epischen Ursprung in Italien nicht mehr viel spüren läßt.)

Das von Tibull übernommene Motto des *Tagebuchs* deutet den wesentlichen Inhalt bereits an: »Aliam tenui, sed iam quum gaudia adirem, / Admonuit dominae deseruitque Venus.« (Eine andere hielt ich in Armen, als ich aber schon die Freude genießen wollte, mahnte mich Venus an die Herrin und ließ mich im Stich.) Es geht um das (in der Literatur weit verbreitete) Motiv der vorübergehenden Impotenz, als der verheiratete Erzähler sich auf ein erotisches Abenteuer einläßt. Das Impotenzmotiv taucht schon in den antiken Priapea auf und ist hier häufig mit einer »Penis-Schelte« (B. Kytzler) verbunden, die sich auch im *Tagebuch* findet: »Verfluchter Knecht, wie unerwecklich liegst du! / Und deinen Herrn ums schönste Glück betriegst du.« Bei Goethe wird das Motiv jedoch moralisch bedeutend verinnerlicht. Erst die Erinnerung an die Liebesbegegnung mit seiner Frau, an »jenes Bild, das ihm auf ewig teuer, / Mit dem er sich in Jugendlust vermählet«, gibt dem »Iste«: dem Phallus seine Kraft zurück. »Auf einmal ist er da, und ganz im stillen / Erhebt er sich zu allen seinen Prachten« – doch nicht, um den Erzähler zur Untreue zu verleiten, sondern um ihn zur »Liebsten« eilen zu lassen. Die moralische Quintessenz der Erzählung lautet: »Die Krankheit erst bewähret den Gesunden.« Mehr als die »Pflicht« hat die »Liebe« die Treue neu befestigt. Nur wo sie waltet, so will es hier die Natur selbst, soll der geschlechtliche Akt möglich sein.

Die merkwürdigste Eingebung Goethes in diesem inkommensurablen Gedicht ist die Benennung des membrum virile durch das lateinische »iste« (der da). Goethe hat sich immer wieder scherzhaft darüber beklagt, daß der dem Poeten zumutbare Ausdruck für dieses Organ im Deutschen fehle. In einem (natürlich unterdrückten) Epigramm heißt es:

Gib mir statt »der Schwanz« ein ander Wort, o Priapus!
  Denn ich Deutscher, ich bin übel als Dichter geplagt.
Griechisch nennt ich dich Phallos, das klänge doch prächtig den Ohren,
  Und lateinisch ist auch Mentula leidlich ein Wort.
Mentula käme von Mens, der Schwanz ist etwas von hinten,
  Und nach hinten war mir niemals ein froher Genuß.

Das größte Ärgernis bedeutete für spätere Leser und Herausgeber des *Tagebuches* nicht die unverhüllte Darstellung der Erektion, sondern der blasphemische Kontext: der Name »Iste« scheint nämlich um des Reims auf »Christe« willen gewählt zu sein:

> Und als ich endlich sie zur Kirche führte,
> Gesteh ich's nur, vor Priester und Altare,
> Vor deinem Jammerkreuz blutrünstger Christe,
> Verzeih mir's Gott, es regte sich der Iste.

Das Kreuz als Ausdruck der gemarterten Natur, als Beleidigung der Sinnlichkeit war Goethe bekanntlich stets ein Ärgernis. Seine blasphemischen Äußerungen über das Zentralsymbol des Christentums an anderem Ort lassen keinen Zweifel daran, daß es sich auch in den zitierten Versen im wahrsten Sinne um einen Aufstand der Natur gegen das Kreuz handelt. (Erst in den *Wanderjahren* hat Goethe für das »Martergerüst« als das Symbol der Religion des Leidens ernsthaft-wesentliche Worte gefunden. Im »Heiligtum des Schmerzes« wird den Zöglingen der »Pädagogischen Provinz« der Anblick des Kreuzes zwar nicht alltäglich, doch in seltenen bedeutungsvollen Momenten gewährt.)

Goethe hat im Alter die Sekretierung seiner zahlreichen Erotica und Priapea Eckermann gegenüber am 25. Februar 1824 folgendermaßen begründet: »Könnten Geist und höhere Bildung ein Gemeingut werden, so hätte der Dichter ein gutes Spiel; er könnte immer durchaus wahr sein und brauchte sich nicht zu scheuen, das Beste zu sagen.« In einer »gemischten Welt« aber muß er beachten, daß ein Werk wie dieses unter Menschen kommt, die seine Intention nicht zu fassen vermögen und es durch ihre Art der Auffassung den »guten Menschen« zum Ärgernis werden lassen. Überdies: »Was den alten Griechen zu sagen erlaubt war, will uns zu sagen nicht mehr anstehen, und was Shakespeares kräftigen Mitmenschen durchaus anmutete, kann der Engländer von 1820 nicht mehr ertragen, so daß in der neuesten Zeit ein Family-Shakespeare ein gefühltes Bedürfnis wird.« Wenn Goethe mit dieser Begründung an seinen eigenen Werken Selbstzensur übt, könnte man ihm freilich vorhalten, daß er sich selbst zum Family-Goethe gemacht hat. Kein Zweifel aber, daß er auf eine Zeit hofft, in der, mit Schiller zu reden, nur noch die Norm der »wahren und natürlichen Dezenz« gilt und keine »konventionelle Dezenz« dem Künstler mehr die offene Darstellung eines Bereichs verwehrt, ohne welche dem dichterischen Bild des Menschen eine wesentliche Dimension fehlt.

Oberstes Postulat beim Umgang mit erotischer Kunst ist für Goethe deren ästhetische Autonomie, welche jede amoralische Wirkung ausschließt. »Die guten Menschen, wenn sie der Sache näher kommen wollten«, schreibt Goethe 1831 anläßlich seiner detaillierten Beschreibung eines erotischen Gemäldes an Zelter, »müßten Kants Kritik der Urteilskraft studieren.« Das erotische als ›interesseloses‹ ästhetisches Gefallen, das den sinnlichen Appetit wie die moralische Nutzanwendung ausschließt. »Lehret!« hält Goethe 1797 den Moralaposteln unter den Kunstrichtern entgegen, »Es ziemet euch wohl, auch wir verehren die Sitte / Aber die Muse läßt sich nicht gebieten von euch.«

Goethes »Phallica« und »Priapea« sind erst im Laufe dieses Jahrhunderts vollständig publiziert worden. Als nach dem Tode von Goethes letztem Nachkommen, seinem Enkel Walther, der handschriftliche Nachlaß der Forschung zugänglich wurde, ordnete die Erbin des Goetheschen Familienarchivs: die Großherzogin Sophie von Sachsen an, daß in der von ihr initiierten historisch-kritischen Weimarer Ausgabe die erotischen Dichtungen nicht enthalten sein dürften. Es wird berichtet, die Großherzogin habe im Kreise ihrer Hofdamen *Das Tagebuch* und die sekretierten Epigramme vorlesen lassen. Die Hofdamen hätten dann die schlimmsten Stellen mit Federmesserchen weggeschabt. (Sie haben sich z.T. bis heute nicht restituieren lassen.) »Wir haben uns für die Goetheausgabe [...] in den Dienst einer Frau gestellt«, teilt Wilhelm Scherer am 7. Juni 1885 Erich Schmidt mit; deshalb seien die Erotica von der Publikation auszuschließen, und er nimmt das auf sich, »wie Bismarck die Wünsche des Kaisers auf sich nimmt, gleichviel ob er sie mißbilligt.« So sind die sekretierten erotischen Dichtungen erst in den Nachlaßbänden der Weimarer Ausgabe zu Beginn dieses Jahrhunderts veröffentlicht worden. Nietzsche, der von ihnen noch nichts wußte, konnte nicht ahnen, wie recht er mit seinem Wort vom »Schicksal Goethes im moralinsauren altjungfernhaften Deutschland« hatte: »Er war den Deutschen immer anstößig«.

Literatur

J.W. Goethe. Erotische Gedichte. Gedichte, Skizzen und Fragmente. Hrsg. v. Andreas Ammer. Frankfurt a.M. 1991.

J.W. Goethe: Erotic Poems. Verse translation by David Luke. Introducing by Hans Rudolf Vaget. Oxford / New York 1997.

Albertsen, Leif Ludwig: Die Anerkennung des Sexuellen vor und bei Goethe.

Was war an den *Römischen Elegien* so aufregend? In: Text & Kontext 9 (1981), S. 331–42.

Althaus, Thomas: Lyrik der Klassik: Goethes *Römische Elegien.* In: Th. Althaus u.a. (Hrsg.): Interpretationen zur neueren deutschen Literaturgeschichte. Münster u.a. 1994.

Bernhardt, Eva D.: Goethe's *Römische Elegien*: The lover and the poet. Bern u.a. 1990.

Borchmeyer, Dieter: Die geheimgehaltenen Dichtungen des Geheimrats Goethe. Kritische Anmerkungen zu ihrer Wiederentdeckung. Der »Walpurgissack« und *Das Tagebuch.* In: Wolfgang Wittkowski (Hrsg.): Verlorene Klassik? Ein Symposion. Tübingen 1986, S. 99–111 [siehe dazu unten Albrecht Schöne, S. 261–265].

Dietrich, Wolfgang: *Das Tagebuch.* In: Paul Michael Lützeler [...] (Hrsg.): Goethes Erzählwerk. Interpretationen. Stuttgart 1985, S. 279–289.

Dietrich, Wolfgang: Die erotische Novelle in Stanzen. Ihre Entwicklung in Italien (1340–1789) und Deutschland (1773–1810). Frankfurt a.M. 1985.

Eissler, K. R.: Goethe. Eine psychoanalytische Studie 1775–1786. 2 Bde. München 1987.

Gfrereis, Heike: Die Einweihung ins Gewöhnliche. Goethes *Venezianische Epigramme.* In: Goethe Jb. 110 (1993), S. 227–242.

Hahn, Karl-Heinz: »Der Augenblick ist Ewigkeit«. Goethes *Römische Elegien.* In: Goethe Jb. 105 (1988), S. 165–80.

Haile, Harry G.: Prudery in the publication history of Goethe's Roman elegies. In: The German Quarterly 49 (1976), S. 287–294.

Hillenbrand, Rainer: Das Denkmal der Lust: Amor und die Musen in Goethes 13. Römischer Elegie. In: Goethe Yearbook 7 (1994), S. 85–96.

Hinck, Walter: Durchs Augenglas der Liebe. Goethes erotische Poetik. In: Monatshefte 76 (1984), S. 10–20.

Jost, Dominik: Deutsche Klassik – Goethes *Römische Elegien.* Pullach bei München 1974.

Kaiser, Gerhard: Wandrer und Idylle. Die zyklische Ordnung der *Römischen Elegien.* In: G. K.: Wandrer und Idylle. Goethe und die Phänomenologie der Natur in der deutschen Dichtung von Geßner bis Keller. Göttingen 1977, S. 1–27.

Klinger, Friedrich: Liebeselegien. Goethes römische Vorbilder. In: F. K.: Römische Geisteswelt. München 1965 (5.A.), S. 419–429.

Kytzler, Bernhard (Hrsg.): Carmina priapea. Gedichte an den Gartengott. Zürich u. München 1978.

Lippert-Adelberger, Eberhard: Die »köstlichen Vier«: zu einem sensus obscenus in Goethes fünfzehnter »Römischen Elegie«. In: Germanisch-Romanische Monatsschr. 45 (1995), S. 288–300.

Lorenz, Otto: Verschwiegenheit. Zum Geheimnis-Motiv der *Römischen Elegien.* In: Heinz Ludwig Arnold (Hrsg.): J. W. v. Goethe. München: Edition Text + Kritik 1982, S. 130–52.

Malsch, Wilfried: Vorzeit und Gegenwart des Liebesglücks in den *Römischen Elegien* Goethes. In: Geist und Zeichen. Festschrift f. Arthur Henkel. Heidelberg 1977, S. 241–267.

Femmel, Gerhard / Michel, Christoph: Die Erotica und Priapea aus den Sammlungen Goethes. Frankfurt a.M. 1990 (2. A.: 1992).

Neumeister, Christoff: Goethe und die römische Liebeselegie. In: Dieter Kimpel (Hrsg.): Allerhand Goethe. Seine wissenschaftliche Sendung aus Anlaß des 150.Todestages [...] Frankfurt a. M./Bern/New York 1985, S. 273–301.

Oettinger, Klaus: Verrucht, aber schön ... Zum Skandal um Goethes *Römische Elegien*. In: Deutschunterricht 35 (1983), S. 18–30.

Rasch, Wolfdietrich: Die Gauklerin Bettine: Zu Goethes *Venezianischen Epigrammen*. In: Stanley A. Corngold [u.a.]: Aspekte der Goethezeit. Göttingen 1977, S. 115–136.

Riedel, Wolfgang: Eros und Ethos. Goethes *Römische Elegien* und *Das Tagebuch*. In: Jb. d. Dt. Schillergesellschaft XL (1996), S. 147–180.

Ross, Werner: Liebeserfüllung. Goethe, die Römerin Faustina und Wielands Horaz. In: arcadia 24 (1989), S. 148–156.

Rüdiger, Horst: Goethes *Römische Elegien* und die antike Tradition. In: Goethe Jb. 95 (1978), S. 174–198.

Sachse, Hans: Textkritisches zu den Drucken von Goethes Gedicht *Das Tagebuch*. In: Goethe Jb. 96 (1979), S. 291–298.

Schlaffer, Heinz: Musa iocosa. Gattungspoetik und Gattungsgeschichte der erotischen Dichtung in Deutschland. Stuttgart 1971.

Schöne, Albrecht: Götterzeichen. Liebeszauber. Satanskult. Neue Einblicke in alte Goethetexte. München 1982. Dritte, ergänzte Auflage 1993 [darin bes.: Kap. 3: Satanskult: Walpurgisnacht, S. 107–230 und die Replik auf die Kritik an diesem Kapitel, S. 255–265].

Sengle, Friedrich: Johann Baptist von Alxinger (1755–1797). In: Herbert Zeman (Hrsg.): Die österreichische Literatur. Ihr Profil an der Wende vom 18. zum 19. Jahrhundert. Graz 1979, S. 773–803.

Unseld, Siegfried: *Das Tagebuch* Goethes und Rilkes *Sieben Gedichte*. Frankfurt a.M. 1978.

Vaget, Hans Rudolf: Goethe. Der Mann von 60 Jahren. Königstein Ts. 1982.

Vaget, Hans Rudolf: Goethe als erotischer Dichter. In: Wolfgang Wittkowski (Hrsg.): Verlorene Klassik? Ein Symposium. Tübingen 1986, S. 112–33.

Zeman, Herbert: Goethes Elegiendichtung in der Tradition der Liebeslyrik des 18. Jahrhunderts. In: Goethe Jb. 95 (1978), S. 163–173.

IV Goethe und die moderne Naturwissenschaft

Wird Goethes Italienische Reise ihre dichterischen Früchte zum größten Teil erst wesentlich später zeitigen, so schlägt sich die Erweiterung seines naturwissenschaftlichen Horizonts sofort in einer Reihe von Schriften sowohl grundsätzlich-methodischer Art (z.B. *Der Versuch als Vermittler von Objekt und Subjekt*, 1792) als auch zu Einzeldisziplinen – Morphologie und Optik – nieder. Daß Goethe, »unwiederbringlich aus dem herrlichen Kunstelement« Italiens verstoßen und »der Verzweiflung übergeben«, im »Naturelement« die Heilung des verletzten Gemüts sucht, erklärt seine eminente naturwissenschaftliche Produktivität in den folgenden Jahren.

Aus der Fülle seiner botanischen und zoologischen Untersuchungen zur Morphologie, für welche er sich später ein eigenes Publikationsorgan schaffen wird: »Zur Naturwissenschaft überhaupt, besonders zur Morphologie« (1817–24), ragt der *Versuch die Metamorphose der Pflanzen zu erklären* (1790) als die bedeutendste naturwissenschaftliche Leistung Goethes hervor. Daß sich noch die moderne Morphologie von Goethe hat inspirieren lassen, bezeugt das Urteil des Biologen Adolf Portmann (*Vom Lebendigen*, 1973): dieser stützt seinen Begriff der »Selbstdarstellung« des Organismus, im Sinne des gesetzmäßigen Aufbaus einer Form, welche über die bloß funktionale Bedeutung und Notwendigkeit hinaus das Besondere einer Art darstellt, nicht zuletzt auf die Pflanzenstudien Goethes, die den Organismus nicht von »Zwekken«, sondern von inneren Gesetzmäßigkeiten her zu begreifen streben. In diesem Punkt, in der Absage an die herkömmliche Teleologie zugunsten der Bestimmung des Eigenrechts des Organismus – daß dieser »Zweck sein selbst« ist (Kant) – fühlte Goethe sich dem Verfasser der soeben erschienenen *Kritik der Urteilskraft* eng verbunden. Der teleologische Teil derselben hat ihn noch stärker beschäftigt als der ästhetische; Kants »grenzenloses Verdienst« sei es, so schreibt Goethe in einem Brief an Zelter vom 29. Januar 1830, daß er »Kunst und Natur kräftig nebeneinander stellt und beiden das Recht zugesteht: aus großen Prinzipien zwecklos zu handeln«. Wieder zeigt sich die innige Verquickung, ja Identität der ästhetischen und naturwissenschaftlichen Ideen Goethes.

Bereits während der Italienischen Reise hat er sich intensiv mit der Morphologie der Pflanze befaßt. Seine Überlegungen kreisen lange um die »Grille« der realen Existenz einer »Urpflanze«; denn wie wäre ohne die Annahme einer solchen erkennbar, »daß dieses oder jenes Gebilde eine Pflanze sei, wenn sie nicht alle nach einem Muster gebildet wären?« Der Urpflanze entspricht in der Osteologie der »Typus«, das »Urtier« (*Versuch über die Gestalt der Tiere*, 1790; *Allgemeine Einleitung in die vergleichende Anatomie*, 1795). In seinem so folgenreichen Gespräch mit Schiller im Juli 1794 hat letzterer gegen Goethes »symbolische Pflanze«, die dieser für ihn aufzeichnete, den berühmten Einwand erhoben: »Das ist keine Erfahrung, das ist eine Idee.« Goethe darauf: »Das kann mir sehr lieb sein, daß ich Ideen habe, ohne es zu wissen, und sie sogar mit Augen sehe.« (Goethe, *Glückliches Ereignis*, 1817) Der Begriff »Idee« kommt allerdings von dem griechischen Wort für ›sehen‹ (ideîn) her, und es ist gut platonisch von Goethe gedacht, wenn er das Sein einer derartigen Grundgestalt, eines Urbildes als Bedingung der Möglichkeit der Erkenntnis postuliert; freilich ist es nicht im Sinne Platos, wenn er dieses Urbild für körperlich sichtbar hält. Eine sichtbare Urpflanze kann ja nicht allgemeine, sondern nur ganz bestimmte Formen – z. B. entweder längliche oder runde Blätter – haben (vgl. E. Staiger). In diesem Sinne hatte Schiller recht, wenn er Goethe zufolge in jenem Gespräch behauptete, das »Eigentümliche« der »Idee« sei es, »daß ihr niemals eine Erfahrung« – ein einzelnes, den Sinnen vorgestelltes Wirkliches – »kongruieren könne«. Schiller versteht Idee freilich im Kantschen Sinne als einen Entwurf der menschlichen Subjektivität – als »Vernunftbegriff, dem kein kongruierender Gegenstand in den Sinnen gegeben werden kann« (*Kritik der reinen Vernunft*), während Goethe mit seinen morphologischen Ur- oder Formbildern objektive Grundmuster meint (was ihn wieder mit Plato verbindet, wenn dessen ideelle Urbilder auch nur durch intellektuelle Anschauung – a priori – vorauszusetzen sind).

In der *Metamorphose der Pflanzen* ist der Gedanke der Umbildung der Urpflanze zu den mannigfaltigen Pflanzengestalten abgelöst worden von einem anderen, der Goethe ebenfalls schon in Italien gekommen ist: »daß in demjenigen Organ der Pflanze, welches wir als Blatt gewöhnlich anzusprechen pflegen, der wahre Proteus verborgen liege, der sich in allen Gestaltungen verstecken und offenbaren könne« (Rom, 17. Mai 1787). Es geht in der *Metamorphose* also um die in jeder Pflanze sich vollziehende Umgestaltung des als »Blatt« bezeichneten Urorgans, als des Identischen aller Teile der Pflanze, in Stengel, Kelch, Blüte, Frucht und Samen. (Im gleichen Sinne hat Goethe den Schädel durch die Umgestaltung eines einzigen Urorgans, des Wirbels, zu erklären versucht.) Goethe sucht in der Natur überall im Mannigfaltigen das Eine – ob er es

»Urbild«, »Typus«, »Idee« oder »Urphänomen« nennt – und das Eine im Mannigfaltigen, im »Symbol« des einzelnen Phänomens. Diese ›symbolische‹ Anschauung prägt nicht nur Goethes Denken, sondern auch seine poetische Bildwelt. (Beim Symbol ›schauen‹ wir in der sinnlichen Gestalt, »im Besonderen das Allgemeine«, während bei der Allegorie zum begrifflich gefaßten Allgemeinen das sinnlich Besondere ›gesucht‹ wird, heißt es in den *Maximen und Reflexionen*.)

Das »Urphänomen« im Bereich der optischen Phänomene – denen Goethe seit 1791 seine unter dem Titel *Beiträge zur Optik* zusammengefaßten chromatischen Untersuchungen widmet, die schließlich in dem monumentalen dreibändigen Opus *Zur Farbenlehre* (1810) gipfeln (sie werden freilich bis zu seinem Lebensende als sein eigentliches Lebenswerk in Experiment, wissenschaftlichem Dialog und Publikation fortgeführt) – ist der »uranfängliche ungeheure Gegensatz von Licht und Finsternis« sowie das »Trübe« als »Vermittlung« zwischen diesen Elementen. Die Initialzündung der Farbenlehre, deren naturmystische ›Vororientierung‹ nicht zu verkennen ist (vgl. R. Chr. Zimmermann), war 1790 der Blick durch die Prismen des Hofrats Büttner: irrigerweise glaubte Goethe, er müßte nun nach Newtons Theorie das weiße Licht in Farben zerlegt sehen; da diese sich aber nur an Rändern, beim Übergang vom Hellen zum Dunklen zeigten (was der Newtonschen Lehre durchaus nicht widerspricht, da sich auf einer völlig weißen Fläche die durch Brechung entstandenen Farben wieder zu reinem Weiß überdecken), glaubte Goethe, »die Newtonsche Hypothese sei falsch und nicht zu halten« (*Tag- und Jahreshefte* zu 1790).

Damit beginnt die in Goethes Leben beispiellose Reihe von abwegigen, sich immer mehr in eine fixe Idee hineinsteigernden polemischen Attacken auf Werk und Person Newtons. Seine Farbenlehre gewinnt – da für ihn das Licht das Göttlich-Eine ist – förmlich den Charakter einer Religionslehre, ihre Geschichte verwandelt sich in eine Arnoldsche *Kirchen- und Ketzerhistorie* (vgl. A. Schöne). »Es geht mir mit meiner Farbenlehre«, bemerkt er am 19. Februar 1829 ironisch Eckermann gegenüber, der sich einen kritischen Einwand erlaubt hatte, »wie mit der christlichen Religion. Man glaubt eine Weile treue Schüler zu haben, und ehe man es sich versieht, weichen sie ab und bilden eine Sekte. Sie sind ein Ketzer wie die anderen auch, denn Sie sind der erste nicht, der von mir abgewichen ist.« Derartige Parallelen kehren in seinen Äußerungen zur Farbenlehre immer wieder. So vergleicht er in einem Brief an Zelter vom 13. März 1822 seine Gegner unter den Physikern mit den »katholischen Pfaffen, die einen Protestanten [nämlich Goethe selber] aus dem tridentinischen Concilium widerlegen wollten«.

Schon Eckermann hat sich darüber gewundert, daß Goethe, der sich, was die Kritik an seinen poetischen Werken betraf, durch große Konzilianz auszeichnete, »in seiner Farbenlehre nicht gut Widersprüche vertragen konnte«, wie Eckermann selber in seinem Gespräch am 19. Februar 1829 erfahren mußte. Und er zitiert Goethes Äußerung, er gebe wenig auf seine Rolle in der Geschichte der Poesie; daß er aber in der Farbenlehre »der Einzige« sei, der »das Rechte« wisse, darauf gründe sich das Bewußtsein der »Superiorität« über seine Zeit. Man hat hier von einer Wahnidee gesprochen oder von einer »partiellen Psychose«, wie der Psychoanalytiker K. R. Eissler, der in seiner monumentalen Goethe-Monographie (1963) der Geschichte dieser vermeintlichen Psychose ein ausführliches Kapitel gewidmet hat. Eissler stellt die These auf, Goethe habe »den ganzen Komplex Licht mit der unbewußten Vorstellung von der jungfräulichen Mutter assoziiert«. Seiner Obsession liege die Idee zugrunde, daß Newton, indem er das Licht ›zerspalte‹, »einen feigen Angriff auf die weibliche Reinheit begehe. [...] Eine Vaterfigur (Newton) versuche einer unberührten, reinen unveränderlichen, jungfräulichen Mutter (Licht) Gewalt anzutun. [...] Goethe aber sei es, der die Unschuld der erniedrigten Mutter wiederherstelle.« Was von diesem psychoanalytischen Deutungsversuch zu halten ist, bleibe dahingestellt. Unleugbar ist jedenfalls, daß Goethes mystische Verehrung, seine Theologie des Lichts, dessen Spaltung in Farben für ihn eine Art »Gotteslästerung« ist (E. Staiger), den Grund für die in seinem Persönlichkeitsbild atypische Unduldsamkeit auf diesem Gebiet bildet.

Die Grundthese Goethes ist, daß die Farben nicht Bestandteil des Lichts sind, sondern durch Gegensatz und Zusammenwirken von Licht und Finsternis, durch die Mischung von Hell und Dunkel entstehen. Die unmittelbare Mischung dieser Grundelemente würde freilich nur Grau ergeben, die Farben entstehen mithin erst im Durchgang des Lichts durch ein »trübes« Medium (z.B. der Sonnenstrahlen durch die dunstige Atmosphäre). Auch die Farbenlehre ist bestimmt von den beiden Grundbegriffen der Goetheschen Natur- und Lebensanschauung; den »zwei großen Triebrädern aller Natur: dem Begriff von Polarität und Steigerung« (an Kanzler von Müller, 24. Mai 1828) – jene zu verstehen als Gegensätzlichkeit mit der Tendenz der Vereinigung, als Prozeß »immerwährenden Anziehens und Abstoßens« (Magnetismus), diese als Fortschreiten nach dem Vollkommenen hin.

Ist Newtons Optik gewissermaßen eine Farbenlehre für Blinde, da die Farben ja eine vom Auge unabhängige, objektiv dem Licht zugehörende Realität sind, so ist die Farbe für Goethe in erster Linie eine gesehene! Die Farben im Zusammenspiel von Subjekt und Objekt sind der Gegenstand seiner *Farbenlehre*. Deshalb beginnt ihr erster Teil, der »didaktische« – dem ein gegen die Newtonsche Schule gerichteter »polemischer« und ein »historischer«: die »Materialien zur Geschichte der Farbenlehre« folgen –, in betontem Gegensatz zu Newton, aber auch in deutlicher Anlehnung an Kants Verankerung der Gesetze der Gegenständlichkeit im Subjekt, mit den »subjektiven« Farben, d.h. den »physiologischen, welche dem Organ des Auges vorzüglich zugehören«. Für Goethe, der von Meßinstrumenten und physikalischen Versuchsapparaturen nichts wissen will, da sie den unmittelbaren Sinneseindruck verfälschen, ist der Mensch, sind seine »gesunden Sinne« der geeignetste »physikalische Apparat«. Im Sinne einer an Kant anknüpfendenden Wissenschaftsmethodik sucht Goethe das Physisch-Reale mittels einer Kritik der subjektiven Farbwahrnehmung zu erfassen. Eben dies will die Analyse der »physiologischen« Farben leisten. Ihr folgt die Untersuchung der »physischen« Farben, die sich »objektiv wie subjektiv« zeigen, indem sie sowohl »Gegenstände« als auch »dem Auge zugehörig« sind, schließlich die Untersuchung der »chemischen« Farben, welche »wir uns nun objektiv als den Gegenständen angehörig denken« (zitiert nach Goethes Selbstanzeige der *Farbenlehre* in Cottas »Morgenblatt«, 1810).

Ist Goethes Analyse der physischen und chemischen Farben aufgrund ihrer verfehlten Prämissen nicht mehr diskutabel, so stellt die Bestimmung der subjektiven Farben eine gültige wissenschaftliche Leistung dar, welche die Physiologie des Sehens bis in unsere Gegenwart befruchtet hat. Zukunftsweisend sind vor allem Goethes Gedanken über das Kontrastbedürfnis des Auges (auch hier waltet das Gesetz der Polarität): angesichts des Dunklen verlangt das Auge nach dem Hellen, zu jeder Farbe erzeugt es die Komplementärfarbe – eine »physiologische Erscheinung«, die Goethe auch zum »Gleichnis« für das Streben nach »sittlicher Totalität« wird (wie A. Schöne am Bild des »Regenbogens auf schwarzgrauem Grunde« in Goethes Dornburger Brief an Zelter zum Tode des Großherzogs gezeigt hat). »Wenn das Auge die Farbe erblickt, so wird es gleich in Tätigkeit gesetzt, und es ist seiner Natur gemäß, auf der Stelle eine andre, so unbewußt als notwendig, hervorzubringen, welche mit der gegebenen die Totalität des ganzen Farbenkreises enthält«, heißt es im 805 des Didaktischen Teils der *Farbenlehre*.

Die Evidenz dieser Theorie ist durch die moderne Wahrnehmungspsychologie und Neurophysiologie bestätigt worden. Sie hat demonstriert, daß die Rezeptoren der Retina sowohl Goethes Grundfarben als auch die von ihm beschriebene Komplementärreaktion hervorbringen, daß der menschlichen Farbwahrnehmung also eine Struktur zugrundeliegt, die aus der mathematisch-physikalischen Theorie des Lichts allein nicht abzuleiten sei (vgl. W. Abraham). Bereits 1976 hat Arthur G. Zajonc darauf aufmerksam gemacht, daß das menschliche Auge auf einen schmalen, von der Sonne ausgesendeten Frequenzbereich reagiert, welcher sich durch die bemerkenswerte Eigenschaft auszeichnet, daß er ein Maximum an Strahlungsintensität umfaßt. Vertreter der ›evolutionären Erkenntnistheorie‹ (Lorenz, Riedle, Vollmer) halten das Auge demgemäß mit Goethe für »sonnenhaft«, da es im ›genetischen Lernen‹ alle Gesetze der Optik schon erfaßt habe (vgl. die Nachweise bei F. Höpfner).

Haben mit Ausnahme der Physiologen (Johannes Müller) die Naturwissenschaftler Goethes Farbenlehre von vornherein verworfen – ein Verdikt, dem sich die spätere positivistische Naturforschung angeschlossen hat (vgl. das durchwegs negative Echo der *Farbenlehre* bei Virchow, Helmholtz, Du Bois-Reymond, Tyndall oder Dove, denen sie immerhin noch so wichtig war, daß sie sich mit ihr kritisch auseinandergesetzt haben) –, so ist sie bezeichnenderweise von den naturmystisch inspirierten romantischen Poeten (Novalis nennt Goethe im Hinblick auf seine *Beiträge zur Optik* den »ersten Physiker seiner Zeit«), aber auch von den idealistischen Philosophen (Schiller, Schelling, Hegel) überwiegend positiv gewürdigt worden. (Schopenhauer hingegen ließ in seiner Theorie der Farben Goethe nach dessen Einschätzung schließlich doch im Stich, so sehr er ihn gegenüber der Schulphysik verteidigt hat.) Ihren wesentlichsten Einfluß – abgesehen von ihrer ungeheuren Bedeutung für das Goethesche Alterswerk, namentlich die Lyrik – hat die Farbenlehre jedoch auf die Maler der Zeit ausgeübt, zumal auf Philipp Otto Runge. Das nimmt nicht wunder, hat Goethe doch 1810 in seiner Selbstanzeige zu der letzten Abteilung des »didaktischen Teils«, welche die »sinnliche Wirkung der Farbe« und in diesem Zusammenhang die »ästhetische Wirkung« zum Gegenstand hat, bemerkt: »Hier treffen wir auf den Maler, demzuliebe wir uns in dieses Feld gewagt.« In der Tat hat Goethe den Entschluß, sich systematisch mit der Farbe zu beschäftigen, zuerst in

Italien gefaßt – angesichts des von ihm empfundenen Fehlens fester Regeln bei der Farbgebung in Gemälden.

Es ist nicht zu bezweifeln, daß die Prämissen von Goethes Farbenlehre jenseits des Horizonts der neuzeitlichen Physik liegen, sind ja Max Planck zufolge »die unmittelbar erlebten Sinneseindrücke, von denen doch die wissenschaftliche Arbeit ihren Anfang nahm«, aus dem physikalischen Weltbild bis an die Schwelle unseres Jahrhunderts verschwunden: »von Sehen, Hören, Tasten ist darin nicht die Rede« (*Sinn und Grenzen der exakten Wissenschaft*, 1947). Das gilt freilich nicht mehr für Planck und die von ihm mitbegründete Quantenphysik, in der Goethe aufgrund ihrer erkenntniskritischen Einsichten zu neuen Ehren gelangt ist. »Wenn von einem Naturbild der exakten Naturwissenschaft in unserer Zeit gesprochen werden kann, so handelt es sich also nicht mehr um ein Bild der Natur, sondern um ein Bild unserer Beziehungen zur Natur«, schreibt Werner Heisenberg. »Die alte Einteilung der Welt in einen objektiven Ablauf in Raum und Zeit auf der einen Seite und die Seele, in der sich dieser Ablauf spiegelt, auf der anderen, also die Descartessche Unterscheidung von res cogitans und res extensa, eignet sich nicht mehr als Ausgangspunkt zum Verständnis der modernen Naturwissenschaft« (*Das Naturbild der heutigen Physik*, 1955). Das erklärt die besondere Faszination, die Goethes Naturforschung gerade auf Heisenberg ausgeübt hat.

Ein Jahrhundert zuvor hat Hermann von Helmholtz in seiner Studie über *Goethes naturwissenschaftliche Arbeiten* (1853) konstatiert: »Seine Farbenlehre müssen wir als den Versuch betrachten, die unmittelbare Wahrheit des sinnlichen Eindrucks gegen die Angriffe der Wissenschaft zu retten.« Die Sinnesempfindungen lassen aber für Helmholtz keinen Schluß auf die Beschaffenheit eines wahrgenommenen Gegenstandes zu, sondern werden durch die Eigenart des Sinnesorgans selbst bestimmt, vermöge dessen wir den Gegenstand wahrnehmen. Die neuzeitliche Physik verdankte – im Gegensatz zu Goethes Forderung, man solle »keine der menschlichen Kräfte bei der wissenschaftlichen Tätigkeit ausschließen« (*Farbenlehre*) – ihren Erfolg einer bestimmten methodischen Askese: der Selbstbeschränkung und Einschränkung der ›Natur‹ auf wenige Momente, auf den Zusammenhang von Masse, Bewegung, Kraft, Raum und Zeit. Natur trat also nicht, wie Goethe will, als ›Ganzes‹ ins Blickfeld, sondern a priori wurde von allem, was in diesen berechenbaren Momenten nicht faßbar war, abstrahiert (was für die Quantenphysik eben nicht mehr gilt). Dieses notwendige Wegsehen vom Ganzen zu einem beschränkten, teilhaften Horizont hat die ihre eigenen Voraussetzungen nicht mehr bedenkende positivistische Naturwissenschaft des 19. Jahrhunderts dazu verführt, die Grenzen des Geltungsbereichs ihrer Wahrheit nicht mehr zuzugeben, die berechenbare Natur für die Natur überhaupt zu halten. Gegen diese Anmaßung lehnt Goethes Naturforschung sich auf; sie sucht eine andere Seinsweise der Natur in Erinnerung zu rufen, verfällt freilich dem gleichen Fehler wie die ihre Erkenntnis verabsolutierende experimentell-mathematische Naturwissenschaft: das innerhalb eines anderen Horizonts Gültige einfach für ›falsch‹ zu halten.

Die Methodik der neuzeitlichen Naturwissenschaft lautet: »Beobachtung, die zum Experiment verfeinert wird, und rationale Analyse, die in mathematischer Darstellung ihre präzise Gestalt annimmt« (Werner Heisenberg). Gegen die quantitative Berechenbarkeit, Mathematisierung der Erscheinungen – welche diese als solche ausmerzt – wehrt sich Goethes (qualitative) Farbenlehre. Die mathematische Darstellung löscht den unmittelbar sinnlichen Eindruck aus, von dem Goethes Naturbetrachtung ausgeht. Sein »gegenständliches Denken« (*Bedeutende Fördernis durch ein einziges geistreiches Wort*, 1823), das, was er in einem auf Kant verweisenden Aufsatz 1820 *Anschauende Urteilskraft* genannt hat, dringt nicht auf abstrakte, d.h. mathematische Gesetze, sondern auf anschauliche Grundgestalten, »Urphänomene«, hinter denen als den »Grenzen des Schauens« nichts gesucht werden darf (*Farbenlehre*, 177). Hier zeigt sich, daß Goethes Naturwissenschaft eben von der Biologie seiner Zeit (z.B. Buffons *Histoire naturelle*) herkommt, sich also mit der Variation und Genese von *Gestalten*, ihrer Herleitung von einem *Urtypus* beschäftigt. Mit seiner substantialistisch-genetischen Gestaltenlehre konnte Goethe auf dem Gebiet der Botanik und Osteologie beachtliche Erfolge erzielen, nicht aber da, wo es um mathematisierbare Sachverhalte, um quantifizierbare Größen ging. Ist die *Farbenlehre* nur als Physiologie, nicht aber als Physik eine gültige wissenschaftliche Leistung, so nimmt Goethe überhaupt in der Geschichte der biologischen, nicht aber der exakten Naturwissenschaften einen legitimen Platz ein. Die via triumphalis der letzteren: der Weg der Abstraktion wird von Goethe ebenso verworfen wie der des Experiments – im modernen, seit Galilei eingeführten Sinne –, das man »vom Menschen abgesondert hat«, um »bloß in dem, was künstliche Instrumente zeigen, die Natur erkennen« zu lassen. Die durch das isolierende Experiment auf die »Folter« gespannte Natur, so meint Goethe, »verstummt« jedoch (*Über Naturwissenschaft im Allgemeinen*).

Goethes Newton-Kritik entspricht mit umgekehrtem Vorzeichen dem reduzierten Bild des Begründers der modernen Mechanik und Optik, das zu seiner Zeit dominiert. In Wirklichkeit huldigte auch Newton noch einem ganzheitlichen Wissenschaftsideal, das in einer Zusammenführung von mechanistischen und hermetischen (alchemischen) Denkformen bestand. Newton hat zahllose alchemistische Experimente unternommen, wovon ein ausufernder Teil des handschriftlichen Nachlasses zeugt, der erst in den letzten Jahrzehnten ausgearbeitet worden ist. Davon hat die »vernünftige Hermetik« (R. Chr. Zimmermann): die religiöse Popularphilosophie des späten 18. Jahrhunderts noch einiges geahnt. So behauptet Friedrich Christoph Oetinger, der den jungen Schiller bedeutend beeinflußt hat, Newton müsse für seine »Attraktionslehre« (Gravitationslehre) »aufs fleißigste« Jakob Böhme studiert haben (was natürlich ganz abwegig ist, da sie schon rein physikalische Vorgänger hat, von ihm nur konsequent quantitativ formuliert worden ist). Schon Newtons zeitgenössische Gegner haben behauptet, die Kräfte, die jener in seinem Opus magnum *Philosophiae naturalis principia mathematica* aufgezeigt habe, seien in Wirklichkeit nichts anderes als magisch-okkulte Qualitäten. Als eine Art vernünftige Magie deutet auch die Popularphilosophie des 18. Jahrhunderts das Newtonsche Gesetz der Attraktion. Der junge Schiller überträgt es beispielsweise in seinem Gedicht *Die Freundschaft* als Sympathie und Liebe auf die geistige Welt: »Geisterreich und Körperweltgewühle / Wälzet *eines* Rades Schwung zum Ziele, / Hier sah es mein Newton gehn.« Die gleiche Kraft, welche die Planeten auf ihren Bahnen hält, fügt auch das Band der Freundschaft: »Nicht geringer als die allwirkende Kraft der Anziehung in der Körperwelt, die Welten um Welten wendet und Sonnen in ewigen Ketten hält, nicht geringer, sag ich, ist in der Geisterwelt das Band der allgemeinen Liebe«, heißt es in Schillers Karlsschulrede *Die Tugend in ihren Folgen betrachtet*. Die Lehre von der Anziehungskraft hat auch für Goethe eine beträchtliche Rolle gespielt, wie zumal die Idee der chemischen Verwandtschaft in den *Wahlverwandtschaften* zeigt. Er scheint mithin seinem Erzfeind auf dem Gebiet der Farbenlehre: Newton durch die auf hermetische Traditionen zurückweisende Attraktionslehre sowie sein ganzheitliches Wissenschaftsverständnis so eng verbunden zu sein, daß »sich die Verabsolutierung des historischen Konfliktes zwischen Goethe und Newton als falsch erweist« (Jeremy Adler).

Ein wesentlicher Grund für Goethes Abneigung gegen die moderne ›exakte‹ Naturwissenschaft liegt wohl darin, daß sie für ihn der Erbe des (im »historischen Teil« der *Farbenlehre* beschriebenen) römischen Geistes ist, den die Natur nur interessiert, sofern man ihr »etwas abgewinnen kann«. Sie ist für ihn also Herrschaftswissen, jene Form des Umgangs mit der Natur, die seiner Einleitung der Hefte »Zur Morphologie« (1817) zufolge sucht, »die Gegenstände sich zu unterwerfen«, anstatt sie als Subjekt eigenen Rechts »zu verehren«. (In diesem Zusammenhang ist auch Goethes Ablehnung der teleologischen Deutung der Natur zu sehen, welche dieselbe vom Standpunkt der Zweckrationalität aus beurteilt.) In der Schöpfung des künstlichen Menschen durch Wagner – die Karikatur des ›exakten‹ Naturwissenschaftlers – im *Faust II* gipfelt Goethes Kritik an der mathematisch-experimentellen Machtausübung über die Natur.

Unbekümmert um die Tatsachen, daß die problematische Anwendung einer Wissenschaft deren Gesetze als solche nicht falsifizieren kann und daß die Naturwissenschaft unseres Jahrhunderts die Erkenntnisgrundlagen der neuzeitlichen Physik selber in wesentlichen Punkten in Zweifel gezogen hat, ist in jüngster Zeit Goethes Opposition gegen die Dominanz der exakten Naturwissenschaften, sein »Versuch die Neuzeit zu hintergehen« (Heinz Schlaffer) auf beträchtliche Zustimmung bei Wissenschaftsskeptikern und ökologisch orientierten Zivilisationskritikern gestoßen. Vor dem Hintergrund von Umweltvergiftung, Waldsterben und Atomkatastrophe sehen sie in seiner Naturforschung, als einer kommunikativen Begegnung mit der Natur, die ›Alternative‹ zu einer technisch-instrumentalistischen Wissenschaft, welche zum »Krieg des Menschen gegen die Natur« (Horst Fritz) geführt habe. So hat sich Adolf Muschg 1986 gar auf die »Suche nach dem Grünen« bei dem aus der modernen technizistischen Zivilisation »emigrierten« Goethe begeben. Dessen Versuch, die Spaltung der Wissenssphären noch einmal zu überbrücken, sie zu einer einheitlichen Wissenschaft zusammenzuschließen, welche den ganzen Menschen umgreift, scheint jedenfalls dem integralistischen Bedürfnis einer Generation, die an den Folgen einer Wissenschaft leidet, welche die Natur vom Menschen separiert, in hohem Maße entgegenzukommen.

Goethe hat sich bis zum »Bund« mit Schiller in einem Maße auf die Naturforschung zurückgezogen, daß die dichterische Produktion dadurch in Gefahr geriet. Daß die von Schiller vor Beginn der Freundschaft so heftig kritisierte »Vorstellungsart« Goethes – sie sei »zu sinnlich und betastet mir zu viel« (an Körner, 1. November 1790) – dem Naturforscher von Vorteil, dem Dichter aber nachteilig sei, hat Goethe selbst später zugegeben. In seinem Brief an Schiller vom 6. Januar 1798 schreibt er, der Freund habe ihn »von der allzu strengen Beobachtung der äußern Dinge und ihrer Verhältnisse auf mich selbst zurückgeführt«. Hochbedeutsam in dieser Hinsicht sind Goethes Bemerkungen im Brief an Schiller vom 16. August 1797. Er spricht hier von der »Sentimentalität«, die ihn, den an einen »ruhigen und kalten Weg des Beobachtens, ja des bloßen Sehens« Gewöhnten, neuerdings bei »gewissen Gegenständen« anwandle. Die subjektive emotionale Affektion durch das Gesehene aber ist der Funke, der nun von der Naturforschung zur Poesie überspringt (vgl. auch Schillers Antwort vom 7. September 1797).

»Sie haben mich die Vielseitigkeit des innern Menschen mit mehr Billigkeit anzuschauen gelehrt«, gesteht Goethe Schiller (6. Januar 1798). »Sie haben mir eine zweite Jugend verschafft und mich wieder zum Dichter gemacht, welches zu sein ich so gut wie aufgehört hatte.« Ein angesichts des nüchternen Grundtons, den Goethe in seinem Briefwechsel anschlägt, erstaunlich emphatisches Bekenntnis. – Goethe wie Schiller haben in den Jahren vor ihrer Freundschaft in einer merkwürdigen, freilich gegensätzlich motivierten, Entfremdung von ihrem eigentlichen Dichterberuf gelebt. Nicht nur Schiller ist durch Goethe – ebensosehr ist Goethe durch Schiller wieder zum eigentlichen Dichter geworden. Das bedeutet freilich im Falle Goethes nicht die Reduzierung der Naturforschung. Schiller hat ihn im Gegenteil in derselben bestärkt und namentlich durch die Vermittlung der Kantschen Philosophie bei der Ausarbeitung der *Farbenlehre* bedeutend gefördert. Dieser Einfluß Kants (vgl. Goethes Aufsatz *Einwirkung der neuern Philosophie*, 1820) dokumentiert einen bedeutenden Tendenzwandel gegenüber der vom Antikantianismus Herders mitgeprägten Geisteshaltung des ersten Weimarer Dezenniums. Was aber nun erst gelingt, ist die Verbindung von Poesie und Naturforschung, wie sie ihren sinnfälligsten Ausdruck in dem Plan eines durch Lukrez inspirierten großen Naturgedichts findet, das zwar wie der 1781 geplante »Roman über das Weltall« nicht zustandekommt, von dem jedoch die beiden großen Hexametergedichte *Die Metamorphosen der Pflanzen* und *Metamorphose der Tiere* (1798/99) bedeutend Zeugnis geben.

Literatur

Abraham, Werner: Bemerkungen zu Goethes Farbenlehre im Lichte der Wahrnehmungspsychologie und der kognitiven Psychologie. Goethe als »Gast in einer fremden Wohnung«. In: Euphorion 77 (1983), S. 144–175.

Adler, Jeremy: Goethe und Newton. Ansätze zu einer Neuorientierung am Beispiel der chemischen Verwandtschaft. In: Wolfgang Wittkowski (Hrsg.): Goethe im Kontext. Tübingen 1984, S. 300–312.

Amrine, Frederick [u.a.] (Hrsg.): Goethe and the sciences: a reappraisal. Dordrecht [u.a.] 1987.

Arnold, Heinrich: Goethes Wissenschaft von der herrlich leuchtenden Natur. In: Goethe Jb. 106 (1989), S. 106–118.

Benn, Gottfried: Goethe und die Naturwissenschaften (1932). In: G. B.: Gesammelte Werke, hrsg. v. Dieter Wellershoff. Bd. I. Wiesbaden 1973, S. 724–762.

Becker, Hans-Joachim: Goethe – seine Biologie und seine räumliche Wahrnehmung. München 1994.

Beyer, Wilhelm Raimund: Gegenwartsbezüge Hegelscher Themen. Mit unbekannten Hegel-Texten zur Farbenlehre. Königstein Ts. 1985.

Böhler, Michael: Naturwissenschaft und Dichtung bei Goethe. In: Wolfgang Wittkowski (Hrsg.): Goethe im Kontext. Tübingen 1984, S. 313–340.

Böhme, Gernot: Ist Goethes Farbenlehre Wissenschaft? In: G. B.: Alternativen der Wissenschaft. Frankfurt a.M. 1980, S. 123–153.

Böhme, Hartmut: Lebendige Natur. Wissenschaftskritik, Naturforschung und allegorische Hermetik bei Goethe. In: Deutsche Vierteljahrsschr. 60 (1986), S. 249–272.

Bräuning-Oktavio, Hermann: Goethes naturwissenschaftliche Schriften und die Freiheit von Forschung und Lehre. In: Jb. d. Freien Deutschen Hochstifts (1982), S. 110–215.

Bürger, Peter: Wissenschaft als Kunst. Zu Goethes naturwissenschaftlichem Verfahren. In: P. B.: Zur Kritik der idealistischen Ästhetik. Frankfurt a.M. 1983, S. 25–30.

Burwick, Frederic: Goethes *Farbenlehre* und ihre Wirkung auf die deutsche und englische Romantik. In: Goethe Jb. 111 (1994), S. 213–229.

Callot, Emile: La philosophie biologique de Goethe. Paris 1971.

Cassirer, Ernst: Goethe und die mathematische Physik. Eine erkenntnistheoretische Betrachtung. In: E. C.: Idee und Gestalt. Goethe, Schiller, Hölderlin, Kleist. Darmstadt 1971 (Neudruck d. 2. Aufl. Berlin 1924), S. 33–80.

Eigen, Manfred: Goethe und das Gestaltproblem in der modernen Biologie. In: H. Rössner (Hrsg.): Rückblick auf die Zukunft. Berlin 1981, S. 209–255.

Einem, Herbert von: Philipp Otto Runge und Goethe. In: Jb. d. Freien Deutschen Hochstifts 1977, S. 92–110.

Eissler, K. R.: Goethe. Eine psychoanalytische Studie (1963). 2 Bde. München 1987.

Erpenbeck, John: »die Gegenstände der Natur an sich selbst«. Subjekt und Objekt in Goethes naturwissenschaftlichem Denken seit der *Italienischen Reise*. In: Goethe Jb. 105 (1988), S. 212–233.

Fink, Karl J.: »Dualisten«, »Trinitarier«, »Solitarier«: Formen der Autorität in Goethes *Geschichte der Farbenlehre*. In: Goethe Jb. 99 (1982), S. 230–249.

Fink, Karl J.: Goethe's History of Science. Cambridge University Press 1991.

Flügge, Johannes: Goethes morphologische Naturanschauung und die Macht der exakten Naturwissenschaften. In: Scheidewege 12 (1982), S. 429–47.

Fritz, Horst: Der Krieg des Menschen gegen die Natur. Zu einigen ›Vorahnungen‹ Goethes. In: Literatur für Leser 1985, S. 116–131.

Glaser, Horst Albert (Hrsg.): Goethe und die Natur. Frankfurt a.M./Bern 1988 (2. A.).

Graham, Ilse: Goethe. Schauen und Glauben. Berlin 1988.

Hahn, Karl-Heinz: »Die Wissenschaft erhält ihren Wert, indem sie nützt.« Über Goethe und die Anfänge der technisch-wissenschaftlichen Welt. In: Goethe Jb. 96 (1979), S. 243–257.

Heisenberg, Werner: Gedanken zur »Reise der Kunst ins Innere«. In: Versuche zu Goethe. Festschrift f. Erich Heller. Heidelberg 1976, S. 321–325.

Heisenberg, Werner: Das Naturbild Goethes und die technisch-naturwissenschaftliche Welt. In: Goethe 29 (1967), S. 27–42.

Heisenberg, Werner: Die Goethesche und die Newtonsche Farbenlehre im Lichte der modernen Physik. In: Hans Mayer (Hrsg.): Goethe im 20. Jahrhundert. Spiegelungen und Deutungen. Hamburg. 1967, S. 261–275.

Heitler, Walter: Die Naturwissenschaft Goethes. Eine Gegenüberstellung Goethescher und modern-exakter Naturwissenschaft. In: Berliner Germanistentag 1968. Heidelberg 1970, S. 13–23.

Heller, Erich: Goethe und die Idee der wissenschaftlichen Wahrheit. In: E. H.: Enterbter Geist. Essays über modernes Dichten und Denken. Frankfurt a. M. 1981, S. 15–60.

Höpfner, Felix: Wissenschaft wider die Zeit: Goethes Farbenlehre aus rezeptionsgeschichtlicher Sicht. Heidelberg 1990 [dazu Rezension von Rolf Christian Zimmermann, in: Deutsche Literaturzeitung 113 (1992), S. 303–305].

Höpfner, Felix: »Wirkungen werden wir gewahr«: Goethes *Farbenlehre* im Widerstreit der Meinungen. In: Goethe Jb. 111 (1994), S. 203–211.

Käfer, Dieter: Methodenprobleme und ihre Behandlung in Goethes Schriften zur Naturwissenschaft. Köln/Wien 1982.

Kanajew, Iwan Iwanowitsch: Goethe und Buffon. In: Goethe Jb. 33 (1971), S. 157–177.

Kanajew, Iwan Iwanowitsch: Goethes Arbeiten zum Problem der Physiologie des Farbsehens. In: Goethe Jb. 94 (1977), S. 113–126.

Kapitza, Peter: Zeitgenosse im chemischen Zeitalter. Zu Goethes Rezeption der Chemie. In: Goethe Jb. 89 (1972), S. 11–31.

Kleinschnieder, Manfred: Goethes Naturstudien. Wissenschaftstheoretische und -geschichtliche Untersuchungen. Bonn 1971.

Krätz, Otto: Goethe und die Naturwissenschaften. München 1992.
Kreutzer, Leo: Wie herrlich leuchtet uns die Natur? Der Naturwissenschaftler Goethe – Portrait eines Verlierers, daher aus erstaunlicher Nähe. In: Akzente 25 (1978), S. 381–390.
Kuhn, Dorothea: Typus und Metamorphose: Goethe-Studien. Marbach 1988.
Matthaei, Ruprecht: Goethes Gesetz der Farbe. In: Gestalt und Wirklichkeit. Festgabe f. Ferdinand Weinhandl. Berlin 1967, S. 453–475.
Meyer-Abich, Adolf: Biologie der Goethe-Zeit. Stuttgart 1949.
Mólnar, Géza von: Novalis' »Blaue Blume« im Blickfeld von Goethes Optik. In: Gerhard Schulz (Hrsg.): Novalis. Beiträge zu Werk und Persönlichkeit Friedrich von Hardenbergs. Darmstadt 1986, S. 424–449.
Müller-Seidel, Walter: Naturforschung und deutsche Klassik. Die Jenaer Gespräche im Juli 1974. In: W. M.-S.: Die Geschichtlichkeit der deutschen Klassik. Literatur und Denkformen um 1800. Stuttgart 1983, S. 105–118.
Muschg, Adolf: Goethe als Emigrant. Auf der Suche nach dem Grünen bei einem alten Dichter. Frankfurt a.M. 1986.
Nager, Frank: »Der heilkundige Dichter«. Goethe und die Medizin. Zürich u. München 1990.
Nette, Herbert: Die Methode. Goethe und die Naturwissenschaft seiner Zeit. In: H. N.: Varia aus vier Jahrzehnten. Darmstadt 1975, S. 22–25. Darin auch: Goethes Naturanschauung. Die zwei Grundbegriffe: Typus und Metamorphose, S. 18–22.
Neubauer, John: »Die Abstraktion vor der wir uns fürchten«: Goethes Auffassung der Mathematik und das Goethebild in der Geschichte der Naturwissenschaft. In: Versuche zu Goethe. Festschrift f. Erich Heller. Heidelberg 1976, S. 305–320.
Nisbet, H.B.: Goethe and the Scientific Tradition. London 1972.
Noé-Rumberg, Dorothea: Naturgesetze als Dichtungsprinzipien. Goethes verborgene Poetik im Spiegel seiner Dichtungen. Freiburg 1993.
Partenheimer, Maren: Goethes Tragweite in der Naturwissenschaft. Berlin 1989.
Peters, Günter: Das Schauspiel der Natur. Goethes Elegien *Die Metarmorphose der Pflanzen* und *Euphrosyne* im Kontext einer Naturästhetik der szenischen Anschauung. In: Poetica 22 (1990), S. 46–83.
Peters, Günter: Die Kunst der Natur. Ästhetische Reflexion in Blumengedichten von Brockes, Goethe und Gautier. München 1993 [darin: Enträtselung des Weltganzen durch Wissenschaft und Poesie. Goethes Elegie *Die Metamorphose der Pflanzen*, S. 163–241].
Portmann, Adolf: Goethes Naturforschung. In: A. P.: Biologie und Geist. Zürich 1956, S. 273–292.
Rehbock, Theda: Goethe und die »Rettung der Phänomene«: philosophische Kritik des naturwissenschaftlichen Weltbilds am Beispiel der Farbenlehre. Konstanz 1995.

Requardt, Manfred: Goethe und die »Anschauende Urteilskraft« oder »Feinsinn« contra »Geometrie«. In: Text und Kritik. Goethe. 1982, S. 240–257.

Sachtleben, Peter: Das Phänomen Forschung und die Naturwissenschaft Goethes. Frankfurt a.M. [u.a.] 1988.

Schlaffer, Heinz: Goethes Versuch, die Neuzeit zu hintergehen. In: Paolo Chiarini (Hrsg.): Bausteine zu einem neuen Goethe. Frankfurt a.M. 1987.

Schmidt, Alfred: Goethes herrlich leuchtende Natur. Philosophische Studie zur deutschen Spätaufklärung. München/Wien 1984.

Schöne, Albrecht: »Regenbogen auf schwarzgrauem Grunde«. Goethes Dornburger Brief an Zelter zum Tode seines Großherzogs. Göttinger Universitätsreden 65. Göttingen 1979.

Schöne, Albrecht: Goethes Farbentheologie. München 1987.

Schrimpf, Hans Joachim: Über die geschichtliche Bedeutung von Goethes Newton-Polemik und Romantik-Kritik. In: H. J. S.: Der Schriftsteller als öffentliche Person: von Lessing bis Hochhuth. Berlin 1977, S. 126–143.

Segala, Marco: Contro Newton: retorica, scienzae metafisica nella *Farbenlehre* di Goethe. In: Nuncius. Annali di storia della scienza 8 (1993), S. 671–688.

Sepper, Dennis: Goethe contra Newton, Polemics and the Project for a New Science of Color. Cambridge University Press 1988.

Staiger, Emil: Goethe. Bd.II. Zürich 1956 [u.ö.], S. 104–127 (*Morphologie*) u. S. 403–427 (*Farbenlehre*).

Voigt, Wolfram / Sucker, Ulrich: J. W. v. Goethe als Naturwissenschaftler. Leipzig 1987 (3.A.).

Wells, George A.: Goethes qualitative optics. In: Journal of the History of Ideas 32 (1971), S. 617–626.

Wilhelmi, Bernd (Hrsg.): Goethe und die Wissenschaften. Veröffentlichung der Friedrich-Schiller-Universität Jena. Jena 1984.

Wilhelmi, Bernd: Licht. Einige Bemerkungen aus der Sicht eines Naturwissenschaftlers. In: Goethe Jb. 1988, S. 234–246.

Wolffheim, Elsbeth: Des Lehrers Bürden. Zur Kontroverse zwischen Goethe und Schopenhauer. In: Text und Kritik. Goethe. 1982, S. 267–287.

Zajonc, Arthur G.: Goethe's Theory of Color and Scientific Intuition. In: American Journal of Physics 44 (1976), S. 327–333.

Zimmermann, Rolf Christian: Das Weltbild des jungen Goethe. Studien zur hermetischen Tradition des deutschen 18. Jahrhunderts. 2 Bde. München 1969/79.

Zimmermann, Rolf Christian: Goethes Polaritätsdenken im geistigen Kontext des 18. Jahrhunderts. Jb. d. Dt. Schillergesellschaft XVIII (1974), S. 304–347.

Zimmermann, Rolf Christian: Goethes Verhältnis zur Naturmystik am Beispiel seiner Farbenlehre. In: Antoine Faivre / R. Chr. Z. (Hrsg.): Epochen der Naturmystik. Hermetische Tradition im wissenschaftlichen Fortschritt. Berlin 1979, S. 333–363.

Schiller und Weimar: 1787–1794

I *Begegnung mit Goethes Schatten – Ästhetik und Poetik der Geschichtsschreibung*

Sieben Jahre lebt Schiller in Weimar und Jena, ohne daß es über sporadische Begegnungen hinaus zu einer engeren Verbindung mit Goethe kommt. Dieser selbst hatte die Fremdheit zwischen ihm und Schiller auf die Aversion gegen den »verhaßten« Autor der *Räuber* (1781) zurückgeführt, deren Tendenzen seiner eigenen Kunstanschauung nach der Rückkehr aus Italien diametral entgegengesetzt waren. Daß Schiller sich zu diesem Zeitpunkt längst auf einem ganz anderen Weg befand, der mit Goethes eigenem allmählich konvergierte, scheint diesem kaum bewußt geworden zu sein. Auch *Don Carlos* (1787), erst recht aber die philosophischen Studien konnten ihm Schiller nicht näher bringen. Der Traktat *Über Anmut und Würde* (1793), in dem Goethe an einigen Stellen zu Unrecht eine Polemik gegen sich argwöhnte, machte ihm die »ungeheure Kluft zwischen unsern Denkweisen« nur allzu deutlich (*Glückliches Ereignis*, 1817).

Diese Kluft hat Schiller nicht weniger empfunden; der Ausdruck »verhaßt« kommt auch in der Kennzeichnung seiner inneren Beziehung zu Goethe in den Briefen an Christian Gottfried Körner vor – »ob ich gleich seinen Geist von ganzem Herzen liebe«. Diese »sonderbare Mischung von Haß und Liebe« in seinem Verhältnis zu Goethe vergleicht er Körner gegenüber am 2. Februar 1789 der Empfindung, »die Brutus und Cassius gegen Cäsar gehabt haben müssen; ich könnte seinen Geist umbringen und ihn wieder von Herzen lieben.« Schiller als potentieller Vatermörder aus Haßliebe oder Liebeshaß! Man denkt an Karl Moors Zwiegesang von Cäsar und Brutus im vierten Akt der *Räuber*: »Wo ein Brutus lebt, muß Cäsar sterben, / Geh du linkswärts, laß mich rechtswärts gehn.« Dieser Vers mag Schiller seit seinem ersten Aufenthalt in Weimar im Jahre 1787 öfter durch den Kopf gegangen sein. Goethe war zu dieser Zeit noch in Italien, und doch blieb er – wie ein gerade abwesender Herrscher – in Weimar gegenwärtig. Schiller bekam das überdeutlich zu spüren, als er am 28. August Goethes Geburtstag im Gartenhaus an der Ilm mit dessen Freundeskreis (oder »Sekte«, wie Schiller sich ausdrückt) feierte. Nicht ohne aggressiven Humor bemerkt er: »Wir fraßen herzhaft, und Goethes Gesundheit wurde von mir in Rheinwein getrunken« (an Körner, 29. August 1787).

Schillers zwiespältige Empfindungen gegenüber Goethe sind nicht nur auf ihre unterschiedliche Vorstellungs- und Denkweise oder die vermeintliche Kälte des – als göttlicher »Egoist« charakterisierten – Menschen Goethe zurückzuführen, sondern nicht weniger auf die Bitterkeit eines Autors, der sich aus bedrückenden sozialen Verhältnissen emporringen mußte, angesichts eines durch Geburt und Schicksal begünstigten Talents. »Dieser Mensch, dieser Goethe ist mir einmal im Wege, und er erinnert mich so oft, daß das Schicksal mich hart behandelt hat. Wie leicht ward *sein* Genie von seinem Schicksal getragen, und wie muß *ich* bis auf diese Minute noch kämpfen!« (9. März 1789) Später wird Schiller in einem seiner bedeutendsten Gedichte: der Elegie *Das Glück*(1798) dem Genius, »welchen die Götter, die gnädigen, vor der Geburt schon liebten«, eine nunmehr von keinerlei Bitterkeit und Mißgunst mehr geprägte Huldigung darbringen. Als ein »Liebesgedicht des Geistes, des Willens, der ›Mühe‹, der Tugend ans verdienstlos Göttliche« hat Thomas Mann diese Elegie in seinem *Versuch über Schiller* gerühmt.

Als Schiller im Juli 1787 nach Weimar reist, ahnt er ebensowenig wie gut ein Jahrzehnt zuvor Goethe, daß sein Lebensweg ihn, abgesehen von der Reise nach Württemberg 1793/94, bis zu seinem Tod über die nähere und weitere Umgebung des provinziellen Herzogtums nicht mehr hinausführen wird. Übrigens ist er schon 1784 dem weimarischen Herzog begegnet. In dessen Gegenwart hatte er am Darmstädter Hof den ersten Akt des *Don Carlos* vorgelesen und wurde daraufhin zum Rat in weimarischen Diensten ernannt.

Das eigentliche Motiv des ersten Aufenthalts von Schiller in Weimar ist ohne Zweifel der Vorsatz, sich an den »drei Weimarischen Riesen« Wieland, Goethe und Herder zu messen. Zunächst steht sein Besuch in der Residenzstadt unter einem ungünstigen Stern. Wider Erwarten ist der politisch geschäftige Herzog wieder einmal abwesend, Goethe nach Italien beurlaubt. Die Begegnung mit Herder und Wieland verläuft zunächst wenig fruchtbar. Erst nach einiger Zeit entwickelt sich zu Wieland ein freundschaftliches Verhältnis, das durch die Mitarbeit am »Teutschen Merkur« zugleich wirtschaftlichen Nutzen bringt. Schiller erwägt sogar, Wielands Tochter zu heiraten – gewiß nicht ohne die diplomatische Absicht, auf diese Weise Ebenbürtigkeit im geselligen und literarischen Weimar zu erlangen. Daß der sozialkritische Autor der *Luise Millerin* und des *Don Carlos* der ›guten Gesellschaft‹, namentlich auch der Herzoginmutter Anna Amalia, mit starken Vorbehalten gegenübertritt, ist ebensowenig verwunderlich wie sein Unbehagen, überall dem Schatten Goethes zu begegnen. Über ein Gespräch mit Knebel bemerkte er, Goethe habe den Geist der Menschen seines »Zirkels« durch seine naturwissenschaftlichen Interessen, die Verachtung philosophischer Spekulation »mit einem bis zur Affektation getriebenen Attachement an die Natur und einer Resignation in die fünf Sinne« ganz und gar in seinem Sinne »gemodelt« (an Körner, 12. August 1787). Diese Resignation muß ihm um so ferner liegen, als gerade jetzt, vermittelt durch den Jenaer Philosophen und entschiedenen Kantianer *Karl Leonhard Reinhold* (1758–1823), der übermächtige Einfluß Kants auf ihn beginnt.

Bezeichnenderweise steht am Anfang seines Kant-Studiums die *Idee zu einer allgemeinen Geschichte in weltbürgerlicher Absicht* (1784), von der als einem Gegenmodell zur Herder-Goetheschen Konzeption der Menschheitsgeschichte schon die Rede war. Sie hat in Schillers Geschichtsbild ihre unverkennbaren Spuren hinterlassen. Gerade die auf den Schultern der Herderschen Geschichtsphilosophie stehenden Historiker wie Friedrich Meinecke haben bezeichnenderweise Schillers Geschichtswerke am entschiedensten getadelt; ihrer individualisierend-genetischen Geschichtsauffassung mußte Schillers Hang zum Generalisieren, zur Unterwerfung der unverwechselbaren Individualität und Vielgestaltigkeit der geschichtlichen Erscheinungen unter apriorische Kategorien gründlich widerstreben.

Die erste Weimarer Zeit steht ganz im Zeichen der Zuwendung Schillers zur Geschichte. Von Beginn des neuen Jahrzehnts an wird sie – bis zum nahezu völligen Stillstand der poetischen Produktion – von der philosophisch-ästhetischen Spekulation abgelöst. Daß Schillers wie Goethes erstes Weimarer Jahrzehnt jeweils von einer bewußten Zurückstellung des dichterischen Schaffens geprägt ist, stellt eine merkwürdige Parallele zwischen beiden Dichterbiographien dar. Treten für Goethe politische Praxis und Naturwissenschaft, so für Schiller Geschichtsforschung und Philosophie in den Vordergrund. Daß diese wie jene freilich auf die Poesie befruchtend zurückgewirkt haben – die philosophisch-historische Beschäftigung kann von Schillers Dichtung ebensowenig wie die Naturwissenschaft von derjenigen Goethes abgelöst werden –, ist freilich nicht zu verkennen. Schillers historische Forschung, die mit der *Geschichte des Abfalls der vereinigten Niederlande von der spanischen Regierung* (Erstdruck 1788) beginnt, steht natürlich in Zusammenhang mit dem Stoff seines letzten Dramas, des *Don Carlos.* (Die *Briefe über Don Carlos* erschienen im gleichen Jahr 1788 – wie übrigens auch die Rezension des Goetheschen *Egmont.*) Nicht nur intellektuelle Interessen sind es freilich, die Schiller zu seinem Geschichtswerk veranlassen. Ökonomische Erwägungen spielen – wie im Falle der gleichzeitigen, recht einträglichen Arbeit am Roman *Der Geisterseher* (1787–89) – zumindest eine zweite Rolle. Die freie Schriftstellerexistenz ist ja nur dadurch garantiert, daß der Autor von seinem Einkommen leben kann. »Ich muß von Schriftstellerei leben, also auf das sehen, was einträgt« (an Körner, 18. Januar 1788). »Mit der Hälfte des Werts, den ich einer historischen Arbeit zu geben weiß, erreiche ich mehr Anerkennung [und somit auch ökonomischen Erfolg] in der sogenannten gelehrten und in der bürgerlichen Welt als mit dem größten Aufwand meines Geistes für die Frivolität einer Tragödie« (an Körner, 7. Januar 1788). Kein Fach tauge so gut dazu, seine »ökonomische Schriftstellerei darauf zu gründen, sowie auch eine gewisse Art von Reputation; denn es gibt auch einen ökonomischen Ruhm« (an Körner, 17. März 1788).

Diese Rechtfertigungsversuche trägt Schiller gerade Körner immer wieder vor, der seine Hinwendung zur ›Prosa‹ mißbilligt: er solle sich nicht zum »Handlanger für die niedrigen Bedürfnisse gemeiner Menschen« herabwürdigen. Körner ist nicht klar geworden, daß es Schiller um etwas ganz anderes geht als um materielle Interessen, daß er gerade als ›Idealist‹ ökonomisch denken muß, weiß er doch, daß das Höchste in der Kunst, die Autonomie des literarischen Schaffens, nur gewährleistet ist, wenn die ökonomische Unabhängigkeit des Autors gewährleistet ist. (Freilich liegt ihm auch daran, sich durch bessere Einkünfte in Weimar zu ›etablieren‹, eine »bürgerliche und häusliche Existenz« zu gründen: 1790 heiratet er Charlotte von Lengefeld.) Der seiner Berufung bewußte Autor muß nach Schiller »durch Schriftstellerei allein existieren und auf jeden Profit« sehen. In diesem Sinne sind seine höchst nüchtern kalkulierenden Geschäftsbriefe an seine Verleger zu verstehen, vor allem aber auch seine journalistischen Unternehmungen vom »Wirtembergischen Repertorium«, der »Rheinischen« und »Neuen Thalia« bis zu den »Horen« und dem »Musenalmanach«. Schiller ist nicht nur der erste Dichter der

Weltliteratur, der die erst von Karl Philipp Moritz (1788) und Kant (1789) mit unzweifelhafter philosophischer Deutlichkeit formulierte Idee der ästhetischen Autonomie theoretisch rezipiert, zur Grundlage einer konkreten Dichtungstheorie gemacht, sondern zugleich – als literarischer Unternehmer – auch ihre ökonomischen Bedingungen erfaßt hat: erst der literarische Markt ermöglicht die literarische Autonomie.

Schillers *Abfall der vereinigten Niederlande* ist Fragment geblieben. Dieses schildert die politischen Ereignisse zwischen 1522 (Einsetzung der Inquisition) und 1567 (Abreise der Herzogin von Parma), beschränkt sich also auf die Epoche, in welcher die »niederländische Revolution« sich erst anbahnt. Darüber hinaus bezieht er aber auch die niederländische Frühgeschichte ein. Obwohl Einzelcharaktere (Philipp II., Oranien, Egmont usw.) im Vordergrund stehen, spielen auch soziologisch-wirtschaftsgeschichtliche, kulturhistorische, geographische und klimatische Aspekte bei Schiller eine wichtige Rolle (eine fast wesentlichere als rein ideengeschichtliche). Die Fülle von Informationen über Bevölkerungsdichte und soziale Schichtung, Eigentumsverhältnisse, Handelsstraßen und Märkte dokumentieren das intensive Quellenstudium Schillers. Im Unterschied zu seinem zweiten großen Geschichtswerk, der *Geschichte des Dreißigjährigen Kriegs* (1791/93) ist die Darstellung noch durch unverhüllte Parteilichkeit geprägt. (Anderseits ist nicht zu verkennen, daß die klare Verteilung von Gut und Böse, die Antithetik von Despotismus und Freiheit, wie sie sich aus Schillers »Einleitung« seines Werks ergibt, im Verlauf der Darstellung selbst mehr und mehr verwischt wird, daß also die apriorischen Vorentscheidungen durch die geschilderten Ereignisse immer wieder in Frage gestellt werden.) Das Tendenziöse des Werks hängt mit der bewußten Applikation des historisch Erfaßten an die politische Gegenwart zusammen. Sie hat Schiller später den heftigen Tadel zumal der positivistischen Historikerzunft eingetragen.

Die Modernität seiner Sicht, die einige anachronistische Züge trägt, besteht unter anderem darin, daß er den regionalistisch-ständischen Sondergeist, der die niederländische Erhebung durchwirkt, durch die integrierende Kraft eines gemeinsamen, »nationalen« Prinzips gesteigert sieht. Die »ganze Nation« mit der »wundervollen Kraft« der »Eintracht« habe über den spanischen Despotismus die Oberhand gewonnen. Hier bereitet sich schon der moderne Revolutionsbegriff vor, der nicht mehr als Wiederherstellung alten, urkundlich verbürgten Rechts zu verstehen ist, sondern einen geschichtlichen Neubeginn bezeichnet (vgl. oben zu

Egmont). Idealisierend wird von Schiller die – dem historischen Geschehen adäquatere, bei ihm auch keineswegs fehlende – regionalistische Perspektive durch eine moderne nationalstaatliche Sicht überblendet.

Die niederländische Revolution soll der Nachwelt zum Vorbild dienen, als ein »Denkmal bürgerlicher Stärke vor der Welt« erscheinen. Karl Friedrich Reinhard hatte nicht Unrecht, wenn er die Darstellung des Abfalls der Niederlande in seinem Brief an Schiller vom 16. November 1791 wie eine Vorwegnahme der Französischen Revolution empfand, hatte der Autor doch selbst die Überzeugung zum Ausdruck gebracht, daß die »Kraft« und der »glückliche Erfolg« des niederländischen Volks »auch uns nicht versagt« seien, »wenn die Zeitläufte wiederkehren und ähnliche Anlässe uns zu ähnlichen Taten rufen.« Bei der Neuauflage des Werks von 1801 hat Schiller diesen Satz, der nun wie eine Verteidigung der Französischen Revolution wirken mußte, gestrichen und überhaupt die aktualisierende Tendenz des Werks gemildert. Es kommt so dem Stil der *Geschichte des Dreißigjährigen Kriegs* näher, die eine noch ausgedehntere Quellenarbeit als das frühere Werk verrät. Die Wandlung von Parteilichkeit zu größtmöglicher historischer Treue und Objektivität spiegelt die Enttäuschung über die Zeitläufte, über den Verlauf der Französischen Revolution wider, der Schiller eine ähnlich appellative Anwendung auf die Gegenwart wie beim *Abfall der Niederlande* verleidete.

Wie das erste Geschichtswerk sich direkt von der Arbeit an einem Drama (*Don Carlos*) herleitet, so weist das zweite auf eine spätere Tragödie voraus: *Wallenstein*. Die Gestalt des kaiserlichen Generalissimus weist schon hier einige jener zwielichtig-abgründigen ›saturnischen‹ Züge auf, welche die Titelgestalt der Trilogie prägen werden. Die für den *Abfall der vereinigten Niederlande* charakteristischen Massenszenen rücken in Schillers zweiter historiographischer Abhandlung in den Hintergrund; das Geschehen wird noch stärker als dort um die großen realistisch scharf umrissenen geschichtlichen Persönlichkeiten gruppiert.

Schillers Bedeutung in der Geschichte der Historiographie besteht darin, daß er diese in den Rang einer hohen epischen Kunst erhob und ein politisches Vokabular in der deutschen Sprache heimisch machte, das zum unentbehrlichen Wortschatz noch der modernen Politik geworden ist: Begriffe wie Staatenbund, Machtverhältnis, Wahlfreiheit, Beistandsversprechen, Selbsthilfe, Nationalcharakter und viele andere sind erst durch seine *Geschichte des Dreißigjährigen Kriegs* Bestandteil des allgemeinen politischen

Sprachschatzes geworden. – Der *Abfall der vereinigten Niederlande* hat für Schiller die Berufung an die Universität Jena zur Folge gehabt. Sie wurde vor allem von Goethe betrieben, der seine persönlichen Bedenken gegenüber dem Autor der *Räuber* hier zurückstellte. Der Ruf nach Jena brachte Schiller freilich kaum mehr als das Jahresgehalt eines Hofkutschers ein. Ohne die Pension, welche ihm auf Anregung seiner dänischen Verehrer 1791 vom Prinzen von Augustenburg gewährt wurde, hätte er sich materiell kaum über Wasser halten können. Seine Vorlesungstätigkeit – die durch seine schwere Krankheit seit Anfang 1791 stark beeinträchtigt wurde – umfaßte zunächst historische, später auch ästhetische und dramaturgische Gegenstände.

In seiner Antrittsvorlesung *Was heißt und zu welchem Ende studiert man Universalgeschichte?* (Mai 1789) hat Schiller sein Konzept der Geschichtsschreibung und seine Auffassung des gelehrten Berufs überhaupt dargelegt. Er unterscheidet hier den wahren Gelehrten: den »philosophischen Kopf« von dem bloßen »Brotgelehrten«. Während diesem allein darum zu tun ist, »die Bedingungen zu erfüllen, unter denen er zu seinem Amte fähig und der Vorteile desselben teilhaftig werden kann«, findet der »philosophische Kopf« in seinem »Gegenstand« selbst »Reiz und Belohnung«. Deshalb verschreibt er sich auch nicht ängstlich einem »Schulsystem«, dem der Brotgelehrte sein Amt verdankt und für das er nun wie für sein »ganzes Dasein« kämpfen muß, sondern er öffnet sich jeder neuen Entdeckung, die sein Ideengebäude erweitert – oder es auch zertrümmert. Sollte eine neue Gedankenreihe auch den »ganzen Bau seiner Wissenschaft umstürzen: so hat er die Wahrheit immer mehr geliebt als sein System« – während der Brotgelehrte »den Fortgang nützlicher Revolutionen im Reiche des Wissens« unnachsichtig aufhält und »im Reiche der vollkommensten Freiheit eine Sklavenseele mit sich herumträgt«.

Hier wendet sich im Jahre des Ausbruchs der Französischen Revolution ein revolutionärer intellektueller Republikanismus gegen das geistige Ancien Régime! Die von Schiller dem wahren Gelehrten zugeschriebene emanzipatorisch-revolutionäre Rolle steht in einer merkwürdigen Affinität zu seinem spezifischen historischen Interesse, das vor allem dem Bereich der Revolutionen und Rebellionen gilt (vgl. neben seiner historischen Erstlingsschrift die von ihm herausgegebene Sammlung *Zur Geschichte der merkwürdigsten Rebellionen und Verschwörungen*, deren einziger Band, mit den Verschwörungen des Rienzi und der Pazzi, 1788 erschienen ist).

Daß Schiller selbst sich vor den Konsequenzen seiner Idee des wahren Gelehrten nicht gescheut hat, zeigt wenig später seine unbedingte Bejahung der philosophischen Revolution durch den Kritizismus Kants. »Die Revolution in der philosophischen Welt«, so schreibt er am 9. Februar 1793 an den Prinzen von Augustenburg, habe auch »den Grund, auf dem die Ästhetik aufgeführt war, erschüttert und das bisherige System derselben [...] über den Haufen geworfen.« Hier zeigt sich die Berechtigung jener seit K. F. Reinhard und Fichte immer wieder vertretenen These einer Parallelität der philosophischen Revolution in Deutschland und der politischen in Frankreich: »unsere deutsche Philosophie sei nichts anderes als der Traum der französischen Revolution« (Heinrich Heine, *Einleitung zu Kahldorf über den Adel*, 1830). Schillers Bestimmung der wahren Wissenschaft gipfelt gar in der Idee eines gewissen intellektuellen Kommunismus: während der Brotgelehrte sein vermeintliches geistiges Eigentum ängstlich gegen seine Nachbarn abzäunt, weiß der philosophische Kopf »alles, was um ihn geschiehet und gedacht wird, in sein Eigentum zu verwandeln – zwischen den Köpfen gilt eine innige Gemeinschaft aller Güter des Geistes; was einer im Reiche der Wahrheit erwirbt, hat er allen erworben«.

Nach dieser Bestimmung der Wissenschaft im allgemeinen behandelt Schiller die Prinzipien der Universalgeschichte. Ganz im Sinne jener rhetorischen applicatio des historischen Gegenstandes an die eigene Gegenwart im *Abfall der vereinigten Niederlande* sucht Schiller seine Hörer für den Gedanken zu gewinnen, daß die Aufgabe der Universalgeschichte in der Erhellung, ja praktischen Beeinflussung der »heutigen Weltverfassung« bestehe. Das hic et nunc, die Gegenwart hat der Fluchtpunkt und zugleich der Ausgangspunkt der Universalgeschichte zu sein. Der Historiker hebt also aus den historischen Begebenheiten »diejenigen heraus, welche auf die *heutige* Gestalt der Welt und den Zustand der jetzt lebenden Generation einen wesentlichen [...] Einfluß gehabt haben« und kehrt zweitens die »wirkliche Folge der Begebenheiten« um, indem er »von der neuesten Weltlage aufwärts zum Ursprung der Dinge entgegen« rückt.

Da sich die Weltgeschichte aufgrund der Lücken in der Überlieferung zunächst als ein »Aggregat von Bruchstücken« darbietet, so folgert Schiller, muß die Wissenschaft, will sie diesen Namen verdienen, mit Hilfe des »philosophischen Verstandes« das »Aggregat zum System, zu einem vernunftmäßig zusammenhängenden Ganzen« erheben. Dazu dient dem Historiker vor allem die dem rhetorischen Denken enstammende »Methode, nach der Analogie zu schließen«, und zwar nach der Analogie zu besser dokumentierten, zumal zu den neueren Perioden der Geschichte. Dem Geschichtsforscher der Zukunft wird es dann vorbehalten sein (jetzt würde ein solcher – vorschneller – Versuch noch bedeuten, »den Begebenheiten Gewalt anzutun«), die Weltgeschichte »zu einem übereinstimmenden Ganzen (das freilich nur in seiner Vorstellung vorhanden ist)«, mithin zu einer vernunftmäßig-harmonischen Folge von Erscheinungen zu formen. »Er nimmt also diese Harmonie aus sich selbst heraus und verpflanzt sie außer sich in die Ordnung der Dinge, d.i. er bringt einen vernünftigen Zweck in den Gang der Welt und ein teleologisches Prinzip in die Weltgeschichte« (das diese ›an sich‹ nicht besitzt). Dieses Prinzip ist ein idealer Maßstab, der »prüfend gegen jede Erscheinung« zu halten ist und dabei teils »bestätigt«, teils »widerlegt« wird.

Die Vernunft in der Geschichte ist also nur die Vernunft des auffassenden Subjekts. Nach Berichten Wilhelm von Humboldts hat Schiller behauptet, der Geschichtsschreiber müsse den durch das Quellenstudium gesammelten Stoff »erst wieder aus sich heraus zur Geschichte konstruieren«. In ähnlichem Sinne sind auch die Verse 235f. des Gedichts *Die Künstler* zu verstehen: »Still wandelte von Thespis' Wagen [von der tragischen Bühne] / Die Vorsicht in den Weltenlauf.« Die letztere ist mithin ›Dichtung‹, und eben die Vermischung von Dichtung und Wissenschaft haben die Historiker Schiller – ähnlich wie die Naturwissenschaftler Goethe – immer wieder vorgehalten. Schiller selbst hat bereits auf solche Vorwürfe geantwortet und Humboldt gegenüber geäußert, der Geschichtsschreiber müsse in der Tat »ganz wie der Dichter verfahren. Wenn er den Stoff in sich aufgenommen hat, muß er ihn wieder ganz neu aus sich schaffen« (nach Humboldts Bericht an Goethe, 18. März 1822).

Diese Maxime Schillers befremdet heute nicht mehr so, wie sie die positivistische Geschichtsschreibung früherer Jahrzehnte brüskieren mußte. So hat Hayden White in seinem Buch *Metahistory* (1973) am Beispiel der großen Historiker des 19. Jahrhunderts das Moment der Einbildungskraft, der »Dichtung« in der Geschichtsschreibung untersucht und ist zu dem Ergebnis gekommen, daß es ›Stile‹ historischer Darstellung gibt, für die sich eine regelrechte Rhetorik und Poetik entwickeln läßt. Er demonstriert, daß die Historiker von Ranke bis Burckhardt bestimmten literarischen, zumal epischen Gattungsgesetzen folgen und daß die Grundformen der Geschichtsschreibung Formalisierungen poetischer Einsichten sind. Historische Abläufe werden mithin immer wieder nach poetologischen Gattungserwartungen modelliert, durch archetypische Erzählmodi strukturiert, bleiben durch ihre narrative Darstellung an Fiktion gebunden: Geschichte als Romanze, Tragödie, Komödie oder Satire. Bei keinem Geschichtsschreiber lassen sich aber diese Erzählmodi und poetischen Gattungen deutlicher dingfest machen als bei Schiller.

Seine Ansichten über den literarischen Charakter der Historiographie haben vor allem im Denken Humboldts ihre Spuren hinterlassen. Das zeigt zumal seine Schrift *Über die Aufgabe des Geschichtsschreibers* (1822). Hier vertritt er ganz im Sinne Schillers die Auffassung, die Darstellung des »wirklich Geschehenen« sei nur die erste Aufgabe der Geschichtsschreibung. Mit der »nackten Absonderung« des Faktischen sei »aber noch kaum das Gerippe der Begebenheit gewonnen«. Jede Tatsache habe einen gewissermaßen »unsichtbaren Teil«, den der Geschichtsschreiber durch Spekulation erschließen und »hinzufügen« müsse. »Daher gleicht die historische Wahrheit gewissermaßen den Wolken, die erst in der Ferne vor den Augen Gestalt erhalten: und daher sind die Tatsachen der Geschichte in ihren einzelnen verknüpfenden Umständen wenig mehr als die Resultate der Überlieferung und Forschung, die man übereingekommen ist für wahr anzunehmen.« Damit ist zum Ausdruck gebracht, daß die ›historische Wahrheit‹ nicht ein für allemal dasselbe ist, sondern sich mit dem jeweiligen geschichtlichen Standort des Historikers wandelt.

Eben das ist auch mit Goethes berühmtem Wort in der *Farbenlehre* gemeint, »daß die Weltgeschichte von Zeit zu Zeit umgeschrieben werden müsse«, und zwar nicht etwa, »weil viel Geschehenes nachentdeckt worden, sondern weil neue Ansichten gegeben werden, weil der Genosse einer fortschreitenden Zeit auf Standpunkte geführt wird, von welchen sich das Vergangene auf eine neue Weise überschauen und beurteilen läßt. Ebenso ist es in den Wissenschaften.« Humboldt hat freilich die Gefahr nicht übersehen, die in der notwendigen Subjektivität der Geschichtsschreibung liegt. Klar grenzt er dieselbe von der Dichtung ab und schließt seine Abhandlung mit der Mahnung an die Geschichtsschreiber (die sich auch der Literaturhistoriker zu Herzen nehmen mag): »Er muß vor allen Dingen sich hüten, der Wirklichkeit eigenmächtig geschaffene Ideen anzubilden oder auch nur über dem Suchen des Zusammenhanges des Ganzen etwas von dem lebendigen Reichtum des einzelnen aufzuopfern.«

Für Schiller freilich bleiben die Grenzen zwischen Historie und

Poesie fließend: diese Auffassung birgt die Gefahr in sich, daß die geschichtlichen Fakten der Poesie dienstbar gemacht werden, und in der Tat hat Schiller geäußert: »Die Geschichte ist überhaupt nur ein [freilich notwendiges!] Magazin für meine Phantasie, und die Gegenstände müssen sich gefallen lassen, was sie unter meinen Händen werden« (an Karoline von Beulwitz, 10. Dezember 1788). In ein besonders problematisches Verhältnis rücken Poesie und Geschichte in der Tragödie. Bereits im 9. Kapitel der aristotelischen *Poetik* heißt es, der Dichter habe nicht die Aufgabe, zu berichten, was geschehen ist, sondern was geschehen könnte, und in dieser Hinsicht unterscheide er sich vom Geschichtsschreiber. Dieser behandle nur das Besondere, während die Dichtung das Allgemeine zum Gegenstand habe, weshalb sie »philosophischer« sei. Demgemäß hat Lessing in der *Hamburgischen Dramaturgie* den Standpunkt vertreten, der tragische Dichter brauche sich um die »historische Wahrheit« als solche nicht zu kümmern. Im gleichen Sinne setzt Schiller im Traktat *Über die tragische Kunst* (1792) die Tragödie der historischen Darstellung entgegen, deren Zweck es sei, »von geschehenen [...] Dingen zu unterrichten«. Die Tragödie hingegen, welche eine Handlung nur darstellt, »um zu rühren [tragisches Mitleid] und durch Rührung zu ergötzen [tragische Lust]«, hat »die historische Wahrheit den Gesetzen der Dichtkunst unterzuordnen und den gegebenen Stoff nach ihrem Bedürfnis zu bearbeiten.« Und er folgert: »Es verrät daher sehr beschränkte Begriffe von der tragischen Kunst, ja von der Dichtkunst überhaupt, den Tragödiendichter vor das Tribunal der Geschichte zu ziehen und Unterricht von demjenigen zu fordern, der sich schon vermöge seines Namens bloß zu Rührung und Ergötzung verbindlich macht.«

Zu Schillers Jenaer Tätigkeit als Historiker gehört neben den großen Geschichtswerken, den geschichtsphilosophischen Vorlesungen und kleinen Einzelschriften auch das umfangreiche herausgeberische Werk. Von 1789 an ließ er die *Allgemeine Sammlung historischer Memoires* erscheinen, deren einzelne Bände er durch »universalhistorische Übersichten« einleitete; die wohl bedeutendste darunter ist die auch von Herder hochgeschätzte *Universalhistorische Übersicht der vornehmsten an den Kreuzzügen teilnehmenden Nationen*. Von Schillers Jenaer Vorlesungstätigkeit geben die 1790 in der »Thalia« erschienenen Traktate *Etwas über die erste Menschengesellschaft*, *Die Sendung Moses* und *Die Gesetzgebung des Lykurgus und Solon* einen ungefähren Eindruck.

In der erstgenannten Schrift, die von Kants Aufsatz *Mutmaßli-*

cher Anfang der Menschengeschichte (1786) inspiriert ist, kommt ein Grundmodell des Schillerschen, ja des idealistischen Denkens überhaupt zur Sprache. Schiller vertritt hier die kühne These, der Sündenfall sei die »glücklichste und größte Begebenheit in der Menschengeschichte«, denn sie bedeute des Menschen »Abfall von seinem Instinkte«, die Befreiung aus der »Vormundschaft des Naturtriebes«, als welche Schiller die Stimme Gottes in Eden deutet. Das Essen vom Baum der Erkenntnis wird mithin im Sinne des Autonomiegedankens der Aufklärung als »erste Äußerung seiner Selbsttätigkeit, erstes Wagstück seiner Vernunft, erster Anfang seines moralischen Daseins« gedeutet. Der Abfall vom Instinkt brachte zwar mit der sittlichen Freiheit das »moralische Übel« in die Schöpfung, »aber nur um das moralische Gute darin möglich zu machen«. Das verlorene Paradies gilt es jedoch wiederzufinden. Der Mensch »sollte den Stand der Unschuld, den er jetzt verlor, wieder aufsuchen lernen durch seine Vernunft und als freier vernünftiger Geist dahin zurückkommen, wovon er als Pflanze und als eine Kreatur des Instinkts ausgegangen war; aus einem Paradies der Unwissenheit und Knechtschaft sollte er sich, wär es auch nach späten Jahrtausenden, zu einem Paradies der Erkenntnis und der Freiheit hinaufarbeiten«. Das ist der Keim der Schillerschen Theorie des Sentimentalischen, ja überhaupt einer idealistischen Denkfigur, die in Kleists Aufsatz *Über das Marionettentheater* ihre berühmteste Fortbildung finden wird.

Literatur

Albrecht, Michael von: Tacitus' *Historien* in niederländischer Spiegelung und in Schillers Sicht. In: M.v. Albrecht: Rom: Spiegel Europas. Heidelberg 1988, S. 13–37.

Bennet, Benjamin: Trinitarische Humanität: Dichtung und Geschichte bei Schiller. In: Wolfgang Wittkowski (Hrsg.): Friedrich Schiller. Kunst, Humanität und Politik in der späten Aufklärung. Ein Symposium. Tübingen 1982, S. 164–177.

Burschell, Friedrich: Schiller. Reinbek bei Hamburg 1968.

Dann, Otto / Oellers, Norbert / Osterkamp, Ernst (Hrsg.): Schiller als Historiker. Stuttgart / Weimar 1995. Darin u.a.: Dieter Borchmeyer: Goethes und Schillers Sicht der niederländischen »Revolution«, S. 149–155.

Engelberg, Ernst: Friedrich Schiller der Historiker. In: Joachim Streisand (Hrsg.): Die deutsche Geschichtswissenschaft vom Beginn des 19.Jahrhunderts bis zur Reichseinigung von oben. Berlin 1969.

Haferkorn, Hans J.: Zur Entstehung der bürgerlich-literarischen Intelligenz und des Schriftstellers in Deutschland zwischen 1750 und 1800. In: Bernd Lutz (Hrsg.): Deutsches Bürgertum und Literarische Intelligenz 1750–1800. Literaturwissenschaft und Sozialwissenschaft 3. Stuttgart 1974, S. 114–275.

Hahn, Karl-Heinz: Schiller und die Geschichte. In: Klaus L. Berghahn (Hrsg.): Friedrich Schiller. Zur Geschichtlichkeit seines Werkes. Kronberg Ts. 1975, S. 25–54.

Hahn, Karl-Heinz: Schillers Beitrag zur Theorie der Geschichtswissenschaft. In: Helmut Brandt (Hrsg.): Friedrich Schiller. Angebot und Diskurs. Berlin u. Weimar 1987, S. 78–91.

Hart-Nibbrig, Christiaan L.: »Die Weltgeschichte ist das Weltgericht«. Zur Aktualität von Schillers ästhetischer Geschichtsdeutung. In: Jb. d. Dt. Schillergesellschaft XX (1976), S. 255–277.

Kiesel, Helmuth / Münch, Paul: Gesellschaft und Literatur im 18. Jahrhundert. Voraussetzungen und Entstehung des literarischen Markts in Deutschland. München 1977.

Lützeler, Paul Michael: Fiktion in der Geschichte – Geschichte in der Fiktion. In: Dieter Borchmeyer (Hrsg.): Poetik und Geschichte. Viktor Žmegač zum 60. Geburtstag. Tübingen 1989, S. 11–21.

Mann, Golo: Schiller als Historiker. In: Bernhard Zeller (Hrsg.): Schiller. Reden im Gedenkjahr 1959. Stuttgart 1961, S. 102–123.

Martinson, Steven D.: Filling the Gaps. »The Problem of World-Order« in Friedrich Schiller's Essay on Universal History. In: Eighteenth-Century Studies 22 (1988/89), S. 24–46.

Meinecke, Friedrich: Schiller und der Individualitätsgedanke. Leipzig 1937.

Namowicz, Tadeuz: Schillers Schriften zur Geschichte in komparatistischer Sicht. In: Helmut Brandt (Hrsg.): Friedrich Schiller. Angebot und Diskurs. Berlin u. Weimar 1987, S. 99–116.

Rasch, Wolfdietrich: Schillers Aufsatz über die Anfänge der Menschengeschichte. In: Wolfgang Wittkowski (Hrsg.): Friedrich Schiller. Kunst, Humanität und Politik in der späten Aufklärung. Ein Symposium. Tübingen 1982, S. 220–227.

Rainer, Ulrike: Schillers Prosa. Poetologie und Praxis. Berlin 1988.

Rüsen, Jörn: Bürgerliche Identität zwischen Geschichtsbewußtsein und Utopie: Friedrich Schiller. In: German Studies Review 9 (1986), S. 11–64.

Scheiffele, Eberhard: Belangbarkeit. Zu Schillers »Antrittsrede«. In: Wolfgang Wittkowski (Hrsg.): Verantwortung und Utopie. Zur Literatur der Goethezeit. Ein Symposium. Tübingen 1988, S. 190–205.

Schieder, Theodor: Schiller als Historiker. In: Th. Sch.: Begegnungen mit der Geschichte. Göttingen 1962, S. 56–79.

Seeba, Hinrich C.: Historiographischer Idealismus? Fragen zu Schillers Geschichtsbild. In: Wolfgang Wittkowski (Hrsg.): Friedrich Schiller. Kunst, Humanität und Politik in der späten Aufklärung. Ein Symposium. Tübingen 1982, S. 229–49.

Sharpe, Lesley: Schiller and the Historical Character: Presentation and Interpretation in the Historiographical Works and in the Historical Dramas. Oxford 1982.

Stahl, Jürgen: Dialektisches Denken in der Geschichtsphilosophie Friedrich Schillers unter besonderer Beachtung der theoretischen Schriften. In: Wissenschaftliche Zs. (Jena) 33 (1984), S. 65–74.

Thalheim, Hans-Günther: Zum Problem des geschichtlich handelnden Menschen bei Schiller. In: Deutsche Klassik und Revolution. Texte eines literaturwissenschaftlichen Kolloquiums. Hrsg. von Paolo Chiarini und Walter Dietze. Roma 1981 (Atti del'Instituto italiano di studi germanici 1), S. 241–63.

White, Hayden: Metahistory. The Historical Imagination in Nineteenth-Century Europe. Baltimoore 1973.

Wiese, Benno von: Schiller als Geschichtsphilosoph und Geschichtsschreiber. In: B. v. W.: Von Lessing bis Grabbe. Düsseldorf 1968, S. 41–57.

Wiese, Benno von: Friedrich Schiller. Stuttgart 1978 (4. Aufl.), S. 330–394.

II Poetische Projekte und ›Konversion‹ zur antiken Kunst

Neben der historischen Arbeit hat Schiller nur wenig Zeit für dichterische Projekte gefunden. 1790 erscheint in der »Thalia« das sprachlich und philosophisch hochbedeutsame Prosa-Dramenfragment *Der versöhnte Menschenfeind*. Der Gutsbesitzer von Hutten ist durch sein Ideal der »menschlichen Natur« zum Feind der »Menschen« in ihrem faktischen Sosein geworden. Dieser Umschlag der – aus einer apriorisch überspannten Idee ›des‹ Menschen resultierenden – Philanthropie in Misanthropie (da der einzelne Mensch in seinen Schwächen mit jener Idee nicht kongruieren will) ist ein Problem, das, wie die Menschenhaßthematik überhaupt, Schiller seit seinem *Räuber*-Drama immer wieder beschäftigt hat. In seiner Tochter Angelika sucht Hutten nun sein Ideal – »ein höheres Wesen unter diesem gesunkenen Geschlecht« – wiederherzustellen, und zwar durch ihre Absonderung von der ›Welt‹ in einem künstlichen Naturparadies; dieses ist der Spiegel der vollkommenen Schöpfungsordnung, der allein die Natur noch entspricht, während die Menschen sie zugrunde gerichtet haben. Durch Angelikas Erziehung zum »vollendeten Engel« soll den Menschen der Abfall von ihrem Ursprung und Urbild vor Augen geführt, sollen ihnen gleichsam glühende Kohlen aufs Haupt gelegt werden. Angelikas Vollkommenheit wird die Menschen nach Huttens Plan zu »nie empfundenen Gefühlen« hinreißen, ihre Unnahbarkeit aber soll sie zur Verzweiflung bringen. So wird die Tochter für Hutten zum Instrument der Rache am Menschengeschlecht. (Der Titel des Fragments verheißt jedoch, daß er von seinem furchtbaren Plan absteht und von der Misanthropie geheilt wird.)

Sozialgeschichtlich bedeutungsvoll ist die 6. Szene: Hutten hat aufgrund seines Ideals der menschlichen Natur die »Leibeigenschaft« auf seinen Gütern beseitigt und seine Vasallen durch die Gewährung aller Güter des aufgeklärten Zeitalters (Wohlstand, freie Religionsausübung, Erziehung und Rechtsprechung) »zu Menschen gemacht«. Mit folgenden Worten führt er ihnen vor Augen, was er für sie geleistet hat: »Euer Fleiß war nicht euer, mit ungerührtem Auge saht ihr die Saaten grünen und die Halmen sich vergolden, und der Vater verbot sich jede Regung der Freude, wenn ihm ein Sohn geboren war. Ich zerbrach diese Fesseln, schenkte dem Vater seinen Sohn und dem Sämann seine Ernte.« Nun aber zeigt er den Vasallen seine Verachtung, da sie ihm immer noch mit der alten feudalen Untertänigkeit gegenübertreten, das Verdienst an ihrem besseren Los immer noch ihm, nicht sich selber zu danken haben wollen. »Diese Genügsamkeit beweist mir, daß meine Arbeit an euch verloren ist«, daß »ihr da liegen bleibet, wo ich euch hinwarf«. Wieder einmal offenbart sich für Hutten die faktische Unfähigkeit des Menschen, seiner idealen Bestimmung zu folgen.

In die Jahre 1788/89 fällt auch der Beginn der Arbeit an dem Ordensdrama *Die Malteser* sowie der Plan einer *Fridericiade*, eines Epos über Friedrich den Großen, in dem nach dem Muster der homerischen Epopöe die Totalität des modernen Weltzustandes in Erscheinung treten sollte. (Lange, bis Humboldt ihm das ausredete, hielt Schiller sich, wohl nicht zuletzt aufgrund des Erfolgs seiner Erzählungen und Geschichtswerke, für einen spezifisch epischen Dichter!) Hinzu kommen Übertragungen des Euripides, aufgrund der mangelnden Griechischkenntnisse Schillers nach der französischen Übersetzung des Père Brumoy (*Iphigenie in Aulis*, 1789) und aus Vergils *Aeneis* (1781). Diese Übersetzungen lassen zwar aufgrund der Verwendung moderner Versmaße den Geist der Originale nur »wie ein Schatten durch das ihm geliehene Gewand« blicken (W. v. Humboldt), sind aber von größter Bedeutung für Schillers dichterische Entwicklung. Sie dokumentieren seine erste schöpferische Begegnung mit der antiken Dichtung, welche in poetischer Hinsicht die Signatur seines ersten Weimarer Aufenthaltes bildet. Das höchste künstlerische Ideal ist für Schiller nun eine an der griechischen Dichtung geschulte »Simplizität« (als »Resultat der Reife«) und »Klassizität«, wie er wiederholt Körner gegenüber äußert. Wichtigstes Vorbild in Hinblick auf die poetische Form und die glückliche Verbindung antiken Geistes mit der »schöneren Humanität unsrer neuern Sitten« ist ihm Goethes *Iphigenie*, der er 1788 eine erste Besprechung widmet; sie wird anders als die *Egmont*-Rezension dem Charakter der Goetheschen Poesie – zum erstenmal – wirklich gerecht.

Vor Weimar hat die antike Dichtung für Schiller eine durchaus untergeordnete Rolle gespielt. Ein Werk wie die lyrische Operette *Semele* (1782) bildet mit ihrem antiken Stoff – der freilich mehr im Sinne der Oper des 18. Jahrhunderts als im Geiste griechischer Dichtung behandelt ist – eine Ausnahme in Schillers Jugendwerk. Erst im *Brief eines reisenden Dänen* (1785) über den Antikensaal zu Mannheim deutet sich der allmähliche Beginn des systematischen

Studiums der antiken Kunst an, das auch bei Schiller von Anfang an im Zeichen Winckelmanns steht. Den Mittelpunkt des Briefs bildet bezeichnenderweise eine Beschreibung der Laokoon-Gruppe, an der sich ja der Griechenlandmythos des 18. Jahrhunderts vor allem entzündet hat. Alle großen Wegbereiter und Repräsentanten der Weimarer Klassik haben ihre Laokoon-Studien geschrieben: Winckelmann (1755) wie Lessing (*Laokoon*, 1766), Herder (u.a. 1769 im ersten der *Kritischen Wälder*: »Herrn Lessings Laokoon gewidmet« und in der Ode *Laokoons Haupte*, 1770), Goethe (*Über Laokoon*, 1789) und Schiller (in dem genannten Brief, ferner im Traktat *Über das Pathetische* und in dem großen Ideengedicht *Das Ideal und das Leben*). Der Brief über den Mannheimer Antikensaal ist eines der frühesten Zeugnisse für den im 18. Jahrhundert einsetzenden, quasi sakralen Kultus des Museums als einer ästhetischen Kirche – vom »Tempel der Kunst« redet Schiller –, der in den Museumsbauten Schinkels und Klenzes (Münchner Glyptothek) gipfeln wird.

Der *Brief eines reisenden Dänen* enthält auch schon ein Hauptmotiv jenes großen philosophischen Gedichts, das die ›Konversion‹ Schillers zur antiken Kunst am eindrucksvollsten manifestiert: *Die Götter Griechenlands* (1788). »Die Griechen malen ihre Götter nur als edlere Menschen und näherten ihre Menschen den Göttern«, heißt es im *Brief*. »Da die Götter menschlicher noch waren, / Waren Menschen göttlicher«, lauten die entsprechenden Zeilen des Gedichts. Dieses ist nach Hegels Interpretation in seinen *Vorlesungen über die Ästhetik* aus einer »von der Gedankenabstraktion seiner Zeit zurückgestoßenen Sehnsucht« nach der sinnlichen Konkretheit der griechischen Götter entstanden. Der (von Franz Schubert 1819 kongenial vertonte) sehnsüchtige Appell »Schöne Welt, wo bist du? Kehre wieder, / Holdes Blütenalter der Natur!« steht in scheinbarem Widerspruch zu der Huldigung an den Fortschritt und an das gegenwärtige Zeitalter im nächsten großen Gedicht Schillers: *Die Künstler* sowie in der Jenaer Antrittsvorlesung, wo von der »übertriebenen Bewunderung des Altertums und von der kindischen Sehnsucht nach vergangenen Zeiten« die Rede ist, welche »unsre eigenen Besitzungen« vergessen läßt. Diese liegen freilich vornehmlich im Bereich des Verstandes als des Gegenspielers der Phantasie. Schillers Klage über die »entgötterte Natur« weist demgegenüber auf die Kehrseite, den Preis des Fortschritts hin, den er vom Standpunkt des Verstandes aus noch zu rühmen vermag.

Und so hat auch ein leidenschaftlicher Apologet des Fortschritts wie Georg Forster Schillers Gedicht nachdrücklich verteidigen können. »Ein Grieche würde so klagen, der nach Jahrtausenden erwachte und seine Götter nicht mehr fände: ein Grieche, dessen junge, in Bildern spielende Vernunft noch keinen Sinn hat für einen metaphysischen Gott«, so heißt es in Forsters *Fragment [...] über Schillers »Götter Griechenlands«* (1788), das sich gegen die im gleichen Jahr erschienenen *Gedanken über Herrn Schillers Gedicht »Die Götter Griechenlands«* von F. L. Stolberg richtet. Dieser hatte Schillers vermeintlichen Angriff auf das Christentum, dessen monotheistisch-transzendenter Gottesbegriff in dem Gedicht allenfalls als der weit zurückliegende Grund jener Entgötterung, Entnuminosierung der Welt erscheint (»Einen zu bereichern unter allen, / Mußte diese Götterwelt vergehen«), vom streng orthodoxen Standpunkt aus scharf zurückgewiesen. Damit hat er den gleichen Geist militanter religiöser Intoleranz an den Tag gelegt, wie ihn Forster zu Beginn seines Fragments an der Religionspolitik Preußens kritisiert. Nach Forster lästert der »Verteidiger der olympischen Götter« nicht »einen wirklich existierenden, geoffenbarten Gott«, sondern den »philosophischen Gott«. Nur auf ihn könne sich die drittletzte Strophe beziehen; und in der Tat: der absolut einsame, von der Welt radikal getrennte Gott dieser Strophe ist das genaue Gegenteil des trinitarischen Gottes des Christentums. Dennoch hat Schiller sich 1800 veranlaßt gefühlt, das Gedicht nicht nur stark zu kürzen, sondern die als Polemik gegen das Christentum mißzuverstehenden Teile zu unterdrücken oder abzuschwächen.

Nach Hegels Interpretation enthält auch die christliche Religion aufgrund des Glaubens an die Menschwerdung Gottes – also aufgrund seiner sinnlichen Darstellbarkeit, im Unterschied zur Bildlosigkeit des jüdisch-islamischen wie des Gottes der Aufklärung – »das Moment der Kunst in sich, aber sie hat im Verlaufe ihrer Entfaltung zur Zeit der Aufklärung auch einen Punkt erreicht, auf welchem der Gedanke, der Verstand das Element verdrängt hat, dessen die Kunst schlechthin bedarf, die wirkliche Menschengestalt.« Die Wahrheit ist für Hegel nämlich nur soweit im Element des Kunstwerks darstellbar, als sie selbst dem Sinnlichen zustrebt; das ist im griechischen Götterkreis der Fall. Die Auflösung desselben durch das Christentum – eines der zentralen Themen der Hegelschen Ästhetik – manifestiere hingegen »eine tiefere Fassung der Wahrheit, in welcher sie nicht mehr dem Sinnlichen so verwandt und freundlich ist, um von diesem Material in angemessener Weise aufgenommen und ausgedrückt werden zu können.«

Nicht nur der Gottesbegriff des Christentums und der Aufklärung erscheint in den *Göttern Griechenlands* als Widersacher des ästhetischen Ideals, sondern auch – als seine unmittelbare Folge – die naturwissenschaftliche Welterklärung. Hier deutet sich eine Brücke an zu Goethes Protest gegen die Newtonsche Physik. Hatte der junge Schiller noch, ganz im Sinne der ›vernünftigen Hermetik‹ des 18. Jahrhunderts, die Attraktions- und Gravitationslehre Newtons als eine Art planetarisches Liebesgesetz gedeutet (vgl. oben: »Goethe und die moderne Naturwissenschaft«), so reduziert er nun das Newtonsche Weltbild auf den mechanischen Erklärungsaspekt. Die »entgötterte Natur« ist »fühllos« geworden, dient nur noch dem »Gesetz der Schwere«; die Sonne ist ein »seelenlos« sich drehender »Feuerball« etc. Damit hat die Natur aber ihre immanente poetische Substanz verloren. Poetisch wird sie nur noch, indem der Künstler sie zum symbolischen Spiegel seiner Innerlichkeit macht. In der ersten poetischen Arbeit nach seinen philosophischen Studien, in dem Gedicht *Die Ideale* (1795) vergleicht Schiller den Dichter deshalb mit Pygmalion: wie durch dessen »flehendes Verlangen« der Marmor belebt wurde, so findet erst durch den Dichter die Natur (wieder) eine Sprache: »Da lebte mir der Baum, die Rose, / Mir sang der Quellen Silberfall, / Es fühlte selbst das Seelenlose / Von meines Lebens Widerhall.« Die Natur, welche ihre göttliche ›Seele‹ verloren hat, gewinnt durch den Künstler eine menschliche zurück.

Das Verhältnis von Wahrheit und Sinnlichkeit steht auch im Mittelpunkt des fast 500 Verse umfassenden Gedichts *Die Künstler* (1789), das eine Art ästhetische Anthropogenie und Eschatologie darstellt. Die Wahrheit, welche nur »von reineren Dämonen« angeschaut zu werden vermag – das Motiv der späteren Ballade *Das verschleierte Bild zu Sais* (1795), das von der Hybris eines Jünglings handelt, der den Schleier der Wahrheit hebt –, entäußert sich für die Menschen in die Sinnenwelt: in die Gestalt der Schönheit, während sie »am reifen Ziel der Zeiten« dem »mündigen« Menschen unverhüllt offenbar wird. »Was wir als Schönheit hier empfunden, / Wird einst als Wahrheit uns entgegengehn.« Die Rolle des Schönen und der Kunst im universalgeschichtlichen Prozeß besteht in der ›symbolischen‹ Antizipation der Erkenntnisse, die erst einer »alternden Vernunft« zugänglich sind, und der im Laufe der Menschheitsgeschichte sich schrittweise artikulierenden Postulate der Sittlichkeit, des Rechts und Staatslebens, der Religion und Humanität. Die Kunst ist also Wegbereiter der Freiheit und des »Menschenrechts«!

In den Versen 66ff. wird die Schönheit für den Menschen, den Gott von seinem Angesicht in die »Sterblichkeit« verwiesen, jedoch nicht ohne Hoffnung auf eine »Wiederkehr zum Lichte« gelassen hat – das ist eine Anknüpfung an den biblischen Mythos von der Verbannung des Menschen aus dem Paradies und die Verheißung des Messias –, zum förmlichen Heilsmittler und Erlöser. Wie nach der christlichen Theologie der Mensch nur zu Gott gelangen kann, weil Gott Mensch geworden ist, so bedarf er, aus der Sicht der Ästhetik, des Schönen als der ›Inkarnation‹ der Wahrheit, um am Absoluten teilzuhaben. »Der Weg zu der Gottheit«, so wird es im 11. Brief *Über die ästhetische Erziehung des Menschen* heißen, ist dem Menschen »aufgetan in den Sinnen«. Die christliche Erlösungsidee wird mithin zur ästhetischen Utopie.

In den *Künstlern* sind – vor dem Erscheinen der *Kritik der Urteilskraft* und vor dem Beginn von Schillers systematischen philosophischen Studien, deren unmittelbaren Auftakt dieses Gedicht bildet –, bereits einige Grundvorstellungen der Schillerschen Ästhetik in nuce enthalten, so die Idee des interesselosen Wohlgefallens am Schönen, der ästhetischen Sphäre als einer »Schattenwelt«, des Schönen als Symbol der Sittlichkeit u.a. Manche dieser Ideen gehen auf den Einfluß von K. Ph. Moritz zurück. Dessen ästhetische Theorie bildet auch eine gewisse Brücke Schillers zu Goethe, für den Moritz seit der Italienischen Reise die Rolle eines philosophisch-ästhetischen Mentors gespielt hat.

Literatur

Berghahn, Klaus L.: Schillers mythologische Symbolik, erläutert am Beispiel der *Götter Griechenlands*. In: Helmut Brandt (Hrsg.): Friedrich Schiller. Angebot und Diskurs. Berlin u. Weimar 1987, S. 361–381. Auch in: Dirk Grathoff / Erwin Leibfried: Schiller. Vorträge aus Anlaß seines 225. Geburtstages. Bern [u.a.] 1991, S. 29–48.

Böckmann, Paul: Schillers Dramenübersetzungen. In: Studien zur Goethezeit. Festschrift für Lieselotte Blumenthal. Weimar 1968, S. 30–52.

Böhler, Michael J.: Die Bedeutung Schillers für Hegels Ästhetik. In: PMLA 87 (1972), S. 182–191.

Dahnke, Hans-Dietrich: Die Debatte um *Die Götter Griechenlands*. In: H.-D. Dahnke (Hrsg.): Debatten und Kontroversen. Bd. 1. Berlin, Weimar 1989, S. 193–269.

Demmer, Sybille: Von der Kunst über Religion zur Kunst-Religion. Zu Schillers Gedicht *Die Götter Griechenlands*. In: Wulf Segebrecht (Hrsg.): Gedichte und Interpretationen. Klassik und Romantik. Stuttgart 1984, S. 37–47.

Friedl, Gerhard: Verhüllte Wahrheit und entfesselte Phantasie. Die Mythologie in der vorklassischen und klassischen Lyrik Schillers. Würzburg 1987.

Frühwald, Wolfgang: Die Auseinandersetzung um Schillers Gedicht *Die Götter Griechenlands*. In: Jb. d. Dt. Schillergesellschaft XIII (1969), S. 251–271.

Gerhard, Melitta: Antike Götterwelt in Wielands und Schillers Sicht. Zur Entstehung der *Götter Griechenlands*. In: M. G.: Auf dem Wege zu neuer Weltsicht. Aufsätze zum deutschen Schrifttum vom 18.-20. Jahrhundert. Bern/ München 1976, S. 90–100.

Hamburger, Käte: Schillers Fragment *Der Menschenfeind* und die Idee der Kalokagathie. In: Deutsche Vierteljahrsschr. 30 (1956), S. 367–400.

Haupt, Johannes: Geschichtsperspektive und Griechenverständnis im ästhetischen Programm Schillers. In: Jb. d. Dt. Schillergesellschaft XVIII (1974), S. 407–430.

Horn, Gisela: Schillers Gedicht *Die Künstler*. Entwurf zwischen »ökonomischer Schriftstellerei« und menschheitlicher Poesie. In: Helmut Brandt (Hrsg.): Friedrich Schiller. Angebot und Diskurs. Berlin u. Weimar 1987, S. 382–391.

Jørgensen, Sven-Aage: Vermischte Anmerkungen zu Schillers Gedicht *Die Künstler*. In: Text und Kontext 6 (1978), S. 86–100.

Jones, Michael T.: Twilight of the gods. The Greeks in Schiller und Lukács. In: Germanic Review 59 (1984), S. 49–56.

Klatt, Norbert: »Des Wissens heißer Durst«. Ein literarkritischer Beitrag zu Schillers Gedicht *Das verschleierte Bild zu Sais*. In. Jb. d. Dt. Schillergesellschaft XXIX (1985), S. 98–112.

Marks, Hanna H.: *Der Menschenfeind*. In: Walter Hinderer (Hrsg.): Schillers Dramen. Neue Interpretationen. Stuttgart 1979, S. 109–125.

Schilling, Diana: Das Ideal und seine Bedingungen: Schillers Dramenfragment *Der versöhnte Menschenfeind*. In: Jb. d. Dt. Schillergesellschaft XXXIX (1995), S. 162–177.

Schubert, Werner: Antike Mythologie und sittliche Weltordnung. Anmerkungen zum poetischen Werk Friedrich Schillers. In: Daß eine Nation die andere verstehen möge. Festschrift für Marian Szyrocki zu seinem 60. Geburtstag. Amsterdam 1988, S. 677–93.

Wentzlaff-Eggebert, Friedrich Wilhelm: Schiller und die Antike. In: F. W. W.: Belehrung und Verkündigung. Schriften zur deutschen Literatur vom Mittelalter bis zur Neuzeit. Berlin 1975, S. 254–267.

Wiese, Benno von: Die Utopie des Ästhetischen bei Schiller. In: B. v. W.: Zwischen Utopie und Wirklichkeit. Düsseldorf 1963, S. 81–101.

III Theorie der Tragödie

Erst die *Kritik der Urteilskraft* (1790) hat Schiller den Zugang zur kritischen Philosophie Kants geöffnet. Wie seine historische Forschung unmittelbar an die dramatische Praxis anknüpft, so auch die ästhetische. Die ersten Schriften, die aus dem Kant-Studium hervorgehen, sind die (auf Jenaer Vorlesungen Schillers basierenden) Traktate *Über den Grund des Vergnügens an tragischen Gegenständen* und *Über die tragische Kunst* (1790/91). In ihnen hat Schiller versucht, die Poetik der Tragödie als Ästhetik dieser Gattung im Kantschen Sinne zu begründen. Das bedeutet zunächst das entschiedene Abrücken von der Konzeption der »Schaubühne als moralischer Anstalt« im Sinne der berühmten Rede aus dem Jahre 1784, die vom Standpunkt der ästhetischen Autonomie aus nun als widerlegt zu gelten hat. »Die wohlgemeinte Absicht, das Moralischgute überall als höchsten Zweck zu verfolgen, die in der Kunst schon so manches Mittelmäßige erzeugte und in Schutz nahm, hat auch in der Theorie einen ähnlichen Schaden angerichtet.« So heißt es zu Beginn des ersten der beiden Traktate. Nicht das Moralisch-Gute, sondern das »Vergnügen« ist der »Zweck« der Kunst. Bezüglich der tragischen Kunst setzt Schiller das ästhetische Vergnügen ohne weiters mit der Lustempfindung im tragischen Affekt gleich, wie sie in der Poetik der Tragödie von Plato und Augustinus bis zu Mendelssohn und Lessing immer wieder erörtert worden ist.

Schiller sucht hier unmittelbar an die Grundgedanken der *Kritik der Urteilskraft* anzuknüpfen. Diese hat nach der Kritik der reinen (theoretischen) und praktischen Vernunft, also des »Erkenntnis«- und »Begehrungsvermögens« auch für das dritte der drei »Gemütsvermögen«, nämlich für das »Gefühl der Lust und Unlust« – in dem das Ästhetische, der »Geschmack« verankert ist –, ein apriorisches Prinzip aufgestellt, eben das der Urteilskraft. Kant unterscheidet die ästhetische und die teleologische Urteilskraft; ist jene das »Vermögen, die formale Zweckmäßigkeit (sonst auch subjektive genannt) durch das Gefühl der Lust und Unlust«, so diese das »Vermögen, die reale Zweckmäßigkeit (objektive) der Natur durch Verstand und Vernunft zu beurteilen«. Diese Idee des Zusammenhangs zwischen Zweckmäßigkeit und Lustempfindung hat Schiller aufgegriffen, ohne sich freilich an die Kantsche Voraussetzung zu halten, daß die dem Gefühl der Lust entsprechende Zweckmäßigkeit eine subjektiv-formale (die »Behaglichkeit« des Subjekts, »eine gegebene Form in die Einbildungskraft aufzufassen«) ist, also eben keine objektive, begrifflich bestimmte Zweckmäßigkeit. (Das Schöne wird von Kant ja durch das interesselose und begriffslose Wohlgefallen definiert.)

Schiller deutet das »tragische Vergnügen«, also die aus Lust und Unlust »vermischte Empfindung« des tragischen Affekts (Furcht, Schrecken, Mitleid), über die von ihm genau rezipierten Deutungen dieses paradoxen Phänomens bei Mendelssohn und Lessing hinaus durch die Erfahrung eines Antagonismus von Zweckmäßigkeiten. Solange wir den Menschen als ein (zur Glückseligkeit bestimmtes) Sinnenwesen ansehen, stellen Leiden und Tod des tragischen Helden eine Zweckwidrigkeit dar, die Unlust im Zuschauer erregt; vom Standpunkt der Vernunft und des Sittengesetzes aus können dieselben jedoch zweckmäßig sein, d.h. Lust erwecken. Der Widerstreit von Zweckmäßigkeiten, die »Kollision« von Leben und Sittlichkeit, Neigung und Pflicht, niederer und höherer Pflicht, ist das spezifische Thema der Tragödie. Bei der Pflichtenkollision ist z.B. das öffentliche Interesse, die »bürgerliche Verbindlichkeit« für Schiller – in Widerspruch zu den Tendenzen des bürgerlichen Trauerspiels – dem privaten Interesse, zumal der familiären Pflicht prinzipiell übergeordnet; die höhere Zweckmäßigkeit sei nicht selten eine solche »für die menschliche Gesellschaft«.

Schiller glaubt nun gar, aus dem »Prinzip der Zweckmäßigkeit« eine »Stufenleiter des Vergnügens«, der Arten und Intensitätsgrade von Lust und Unlust im Sinne der Kantschen Transzendentalphilosophie a priori angeben, »alle möglichen Klassen« der Tragödie »in einer vollständigen Tafel erschöpfen« und somit die »Rührung« des Zuschauers im voraus »berechnen« zu können. Ganz abgesehen von der Verwegenheit des Gedankens, etwas nur empirisch Feststellbares a priori dingfest machen zu können, ist es Schiller in den beiden Tragödientraktaten noch nicht gelungen, die tragische als ästhetische Lust von der Vorstellung einer objektiven, im ›Begriff‹ gründenden Zweckmäßigkeit, also vom moralischen Urteil unabhängig zu machen; die Hierarchie ethischer Zweckmäßigkeiten bildet für ihn ja die Basis der Tragödie. Aus diesem Grund wird die einleitend so nachdrücklich behauptete Eigengesetzlichkeit des Ästhetischen philosophisch-poetologisch noch nicht gesichert.

Schiller definiert die Tragödie in völliger Übereinstimmung mit der *Hamburgischen Dramaturgie* von Lessing als »Nachahmung einer mitleidswürdigen Handlung«; d.h. ihr »Zweck« ist es, »den mitleidigen Affekt zu erregen«. Er verläßt sich hier ganz auf Lessing, der die Furcht bzw. den Schrecken aus der aristotelischen

Tragödiendefinition hinausmanövriert hat. Dennoch unterscheidet sich Schillers Bestimmung der tragischen Kunst in zentralen Punkten beträchtlich von derjenigen Lessings. Aus seiner Bestimmung des Mitleids scheidet der philanthropisch-ethische Sinn, die Tugendidee – als mit der ästhetischen Autonomie unvereinbar – nunmehr aus. In diesem Zusammenhang ist auch bedeutsam, daß Schiller dem »konsequenten Bösewicht«, den Lessing als moralisch bedenkliche und mitleidhemmende Gestalt aus der Tragödie ausgeschlossen hatte, wieder größte Beachtung schenkt. Seine »Besiegung des moralischen Gefühls« sei als eine Art von »Verdienst« anzusehen, »weil es von einer gewissen Stärke der Seele [...] zeugt, sich durch keine moralische Regung in seinem Handeln irre machen zu lassen.« Ähnliche (auf Corneille und seine dramaturgische Apologie des heroischen Verbrechers zurückweisende) Äußerungen finden sich später im Traktat *Über das Pathetische*, hier verbunden mit deutlichen Feststellungen über die Divergenz des ästhetischen und moralischen Urteils (daß »der nämliche Gegenstand uns in der moralischen Schätzung mißfällt und in der ästhetischen sehr anziehend für uns sein kann«).

Überdies zeigen die nächsten ästhetischen Versuche Schillers, zumal die *Zerstreuten Betrachtungen über verschiedene ästhetische Gegenstände* (1793) und die *Gedanken über den Gebrauch des Gemeinen und Niedrigen in der Kunst* (um 1793) sowie zahlreiche briefliche Äußerungen, daß er den aristotelischen Affekt des phóbos im Gegensatz zu Lessing (der ihn mit »Furcht« übersetzt) nun wieder als Schrecken und Schauder versteht, daß er ferner die tragische Furcht nicht mehr wie jener als Furcht des Zuschauers für sich selber (»daß wir der bemitleidete Gegenstand selbst werden können«), sondern durchaus als eine solche für den tragischen Helden deutet. Schließlich verleiht er den Momenten der »Furcht«, des »Schreckens«, des »Entsetzens« u.ä. in Widerspruch zu Lessings Zurückweisung derselben nicht nur wieder volle Legitimität in der Tragödie, sondern mißt ihnen zumal in bezug auf seine eigene dramatische Praxis vielfach größere Bedeutung bei als dem tragischen Mitleid. Deutlich zeigt sich hier, daß Schiller von den Erfahrungen des bürgerlich-empfindsamen Dramas her befürchtet, durch den Affekt des Mitleids sinke die Tragödie zur Sentimentalität ab. So schreibt er am 28. November 1797 an Goethe über Shakespeares *Richard III.*, es komme der »hohen Wirkung« des Stücks zugute, »daß der Stoff schon alles Weichliche, Schmelzende, Weinerliche ausschließt« und auf die »reine Form des tragisch Furchtbaren« abzielt. Ebenso sieht er den Vorzug der von ihm nach 1800 geplanten Tragödie *Agrippina* darin, daß hier für das »sentimentalische Mitleid« kaum Raum sei: »der Untergang der Agrippina erregt mehr die tragische Furcht und das tragische Schrecken«, welch letzteres »durch kein weiches Gefühl geschwächt« werde.

Der wesentlichste Unterschied zu Lessing ist aber in der Überzeugung Schillers zu sehen, daß nicht die affektive Erschütterung allein der ›Zweck‹ der Tragödie sei, sondern das Wechselspiel von Erregung und Verwindung des Affekts. In dieser Hinsicht stellt sich Schillers Tragödientheorie als eine Art von Synthese des stoisch-heroischen und des bürgerlichen Trauerspiels dar. Den eben angedeuteten Gedanken hat Schiller in einer Reihe von Schriften entfaltet, die sich mit dem Problemkreis des Pathetischen und Erhabenen befassen. Hier ist namentlich dic Abhandlung *Vom Erhabenen* (1793) zu nennen, deren zweiten Teil Schiller in den »Kleineren prosaischen Schriften« (1801) unter dem Titel *Über das Pathetische* wiederabgedruckt hat, ferner *Über Anmut und Würde* (1793) und der 1801 gedruckte Aufsatz *Über das Erhabene*.

Das Erhabene ist ein Grundbegriff der europäische Rhetorik und Poetik seit ihren griechischen Anfängen (vgl. die aus dem 1. Jahrhundert stammende, fälschlich dem Longin zugeschriebene Schrift *peri hypsous* – Vom Erhabenen). Als genus sublime konstituiert dieser Begriff die höchste der drei genera dicendi (erhabener, mittlerer, niedriger Stil), die gewissermaßen das Koordinatensystem der gesamten europäischen Rede- und Kunsttheorie bis zum Ausgang des 18. Jahrhunderts bilden. In dessen zweiter Hälfte erfährt das Erhabene als Komplementärbegriff des Schönen (Edmund Burke, *A Philosophical Enquiry into the Origin of our Ideas of the Sublime and Beautiful*, 1757; Kant, *Beobachtungen über das Gefühl des Schönen und Erhabenen*, 1764) eine ästhetische Umwertung, die ihre bedeutendste Ausprägung in der *Kritik der Urteilskraft* gefunden hat. An die »Analytik des Erhabenen« dortselbst hat Schiller bereits in den Tragödientraktaten von 1791/92 angeknüpft. Kants Gedanke, daß ein als crhaben qualifizierter Gegenstand »mit einer Lust aufgenommen« wird, »die nur vermittelst einer Unlust möglich ist«, diente ihm hier zur Erklärung des »Vergnügens an tragischen Gegenständen«, die traditionsgemäß ins Gebiet des Erhabenen gehören. »Erhaben nennen wir ein Objekt«, so beginnt der Traktat *Vom Erhabenen*, »bei dessen Vorstellung unsre sinnliche Natur ihre Schranken [daher das Gefühl der Unlust], unsre vernünftige Natur aber ihre Überlegenheit, ihre Freiheit von Schranken fühlt [Gefühl der Lust], gegen das wir also physisch den kürzern ziehen, über welches wir uns aber moralisch, d.i. durch Ideen erheben.« Schiller ergänzt Kants Unterscheidung des Mathematisch- und Dynamisch-Erhabenen (Schiller: des Theoretisch- und Praktisch-Erhabenen) durch die Einteilung des letzteren in das Kontemplativ- und Pathetisch-Erhabene. (Der Begriff des Pathos und des Pathetischen ist bei Schiller überwiegend im ursprünglichen Sinne des griechischen Begriffs: als Leiden, Affekt zu verstehen.) Beim Pathetisch-Erhabenen erfährt die sinnliche Natur ihre Schranken nicht in der bloßen Betrachtung, sondern im Leiden. Da es hier aber um das ästhetische Urteil geht, darf das urteilende Subjekt »nicht selbst, sondern bloß sympathetisch leiden«, d.h. mitleiden. »Die Vorstellung fremden Leidens, verbunden mit Affekt und mit dem Bewußtsein unserer innern moralischen Freiheit, ist pathetisch-erhaben.« Hier sind wir mitten in der Ästhetik des Tragischen.

Zum Pathetisch-Erhabenen gehört »erstlich eine lebhafte Vorstellung des Leidens, um den mitleidenden Affekt in der gehörigen Stärke zu erregen« – das ist noch im Sinne Lessings gesagt, während das folgende über seine Dramaturgie entschieden hinausgreift: »zweitens eine Vorstellung des Widerstandes gegen das Leiden, um die innre Gemütsfreiheit ins Bewußtsein zu rufen. Nur durch das erste wird der Gegenstand pathetisch, nur durch das zweite wird das Pathetische zugleich erhaben.« (Lessing wäre demnach auf der Stufe des Pathetischen stehengeblieben.) Aus diesem Grundsatz leitet Schiller die beiden »Fundamentalgesetze der tragischen Kunst« ab: Affekterregung und Affektausgleichung im Zuschauer durch die Vergegenwärtigung des Leidens und durch die moralische Erhebung über dasselbe. Diese Gedanken hat Schiller im zweiten Teil seiner Abhandlung *Vom Erhabenen: Über das Pathetische* an Beispielen aus der Kunst- und Dichtungsgeschichte – gipfelnd in einer umfangreichen Laokoon-Studie – erläutert.

Vom Ideal der bildenden und tragischen Kunst der Griechen ausgehend, übt Schiller auf den Spuren Lessings scharfe Kritik an der vermeintlichen ›Pathos‹-Feindlichkeit der tragédie classique, welche bedingt sei durch die »Regel des Schicklichen«, also die höfische Affektreglementierung, aber ebenso an der empfindsamen Musik, Roman- und Dramenflut, welche »bloß Ausleerung des Tränensacks und eine wollüstige Erleichterung der Gefäße« bewirken. Demgegenüber ist es das Ziel der wahren tragischen Kunst, dem Gemüt, das sich im Leiden aus allen »Verschanzungen« der Sinnenwelt herausgeschlagen fühlt, »den Übergang zum Gefühl seiner herrlichsten Kraftwirkung« zu ermöglichen, den Weg in die »unbezwingliche Burg unsrer moralischen Freiheit« zu öffnen.

Diese Idee – in dem Aufsatz *Über das Erhabene* gedanklich und sprachlich am großartigsten entfaltet – hat Schiller in einer Studie aus dem Nachlaß folgendermaßen bündig formuliert: »Die Tragödie fordert, daß wir leiden; durch den Schmerz führt sie uns zur Freiheit.«

Schiller ist wohl der letzte große Theoretiker der Tragödie, der diese noch ganz von ihrer spezifisch theatralischen, affektiven Wirkungsdynamik her bestimmt. Das Tragische ist bei ihm noch keineswegs als ›Tragik‹ (ein ihm noch unbekanntes Wort) im Sinne einer metaphysischen Krise zu verstehen, wie man sie seit dem 19. Jahrhundert mit jenem Begriff verbindet. Erst die idealistische Philosophie im Gefolge von Schellings *Philosophischen Briefen über Dogmatismus und Kritizismus* (1795) hat jene Krise aus der Kunstform der Tragödie abgeleitet und als etwas zur Seinsverfassung des Menschen schlechthin Gehörendes von deren Formgesetzlichkeit abgelöst. Bei Schiller bleibt demgegenüber das Tragische notwendig ans Theater und an die dramatische Kunstform gebunden; dieser Begriff bezeichnet mithin nichts anderes als die inhaltlichen und formalen Qualitäten des Dramas, welche den Zuschauer affektiv zu erschüttern vermögen.

Damit die Tragödie ihr Gattungsgesetz erfüllt, muß der Dichter den Schillerschen Tragödientraktaten zufolge nach einem exakten psychagogischen »Kunstplan« vorgehen, durch den die affektiven Eindrücke »geordnet, verstärkt oder gemäßigt werden«. Es gilt also die Erregung von Furcht und Mitleid wohl zu dosieren, die Empfindungen zu unterbrechen und abzuwechseln, Affekt und Vernunft ins reine Gleichgewicht zu bringen. »Wenn der Anfänger den ganzen Donnerstrahl des Schreckens und der Furcht auf einmal und fruchtlos in die Gemüter schleudert«, so gelangt der erfahrene, »wirtschaftlich« vorgehende Künstler »Schritt vor Schritt durch lauter kleine Schläge zum Ziel und durchdringt eben dadurch die Seele ganz, daß er sie nur allmählich und gradweise rührte« (*Über die tragische Kunst*).

Wie stark die dramatische Praxis Schillers von derartigen psychagogischen Erwägungen bestimmt ist, dokumentieren eindrucksvoll seine Fragmente. In dem Plan des Dramas *Warbeck* (seit 1799) etwa wird in nahezu jeder Zeile erwogen, inwieweit die einzelnen Handlungsmomente und Charaktere »mitleidenswürdig«, auf »Rührung« angelegt, »affektvoll«, »pathetisch« u.ä. sind, also geeignet, »Furcht« für den Helden oder »Schrecken« zu erregen. – Besonders wichtig sind Schiller die dramatischen Mittel, durch welche die Affektregung des Zuschauers kathartisch ausgeglichen werden kann: Sentenzen, handlungsunterbrechende und so affekteindämmende Reflexion u.ä. oder das Organ des Chors, das er in der Vorrede zur *Braut von Messina* durch die Tendenz rechtfertigen wird, die »Gewalt der Affekte« zu brechen. Diese Mittel der Affektkontrolle und -verwindung sind für Schiller spezifisch epischer Provenienz; davon wird im Zusammenhang mit seiner Theorie der wechselseitigen Annäherung von Tragödie und Epopöe aneinander (im Briefwechsel mit Goethe) noch einmal die Rede sein.

Literatur

Berghahn, Klaus Ludwig / Grimm, Reinhold (Hrsg.): Schiller. Zur Theorie und Praxis der Dramen. Darmstadt 1972. Darin bes.: K. L. Berghahn: »Das Pathetischerhabene«. Schillers Dramentheorien, S. 485–522.

Borchmeyer, Dieter: Tragödie und Öffentlichkeit. Schillers Dramaturgie im Zusammenhang seiner ästhetisch-politischen Theorie und die rhetorische Tradition. München 1973.

Maurer, Karl: Eine formalistische Theorie der Tragödie. Boris Eichenbaum über Schillers Dramaturgie. In: Poetica 1 (1967), S. 383–389.

Schadewaldt, Wolfgang: Zur Tragik Schillers. In: W. Sch.: Hellas und Hesperien. Zürich 1970 (2.Aufl.). Bd.II, S. 133–144.

Schings, Hans Jürgen: Der mitleidigste Mensch ist der beste Mensch. Poetik des Mitleids von Lessing bis Büchner. München 1980, bes. S. 46–53.

Schulz, Georg-Michael: Tugend, Gewalt und Tod. Das Trauerspiel der Aufklärung und die Dramaturgie des Pathetischen und des Erhabenen. Tübingen 1988.

Staiger, Emil: Schillers *Agrippina.* In: E. St.: Die Kunst der Interpretation. Zürich 1955, S. 132–160.

Staiger, Emil: Friedrich Schiller. Zürich 1967.

Sudhof, Siegfried: Der Begriff der Tragödie und des Tragischen bei Schiller. In: Literaturwissenschaftliches Jb. 19 (1978), S. 65–76.

Ueding, Gert: Schillers Rhetorik. Idealistische Wirkungsästhetik und rhetorische Tradition. Tübingen 1971.

Zelle, Carsten: Schiffbruch vor Zuschauer. Über einige popularphilosophische Parallelschriften zu Schillers Abhandlungen über den Grund des Vergnügens an tragischen Gegenständen in den achtziger Jahren des 18. Jahrhunderts. In: Jb. d. Dt. Schillergesellschaft XXXIV (1990), S. 289–316.

IV Ästhetische Philosophie und Poetik des »großen Stils«

Geht es Schiller in den bisher referierten Traktaten vornehmlich um eine Neubegründung der tragischen Kunst auf der Grundlage der philosophischen Ästhetik, so in der Abhandlung *Über Anmut und Würde* (1793) um ein allgemeines ethisches und ästhetisches Problem. Ausgehend von der Allegorie des Anmut verleihenden Gürtels, welcher der Göttin der Schönheit verliehen wurde, definiert Schiller die Anmut bzw. Grazie – im Unterschied zu der statischen, von der Natur gegebenen (»architektonischen«) Schönheit des Körperbaus – als eine vom Subjekt hervorgebrachte »Schönheit des Spiels«, der »durch Freiheit bewegten Gestalt«. Durch diesen Begriff der Anmut als »Schönheit der Gestalt unter dem Einfluß der Freiheit« sucht Schiller eine Brücke zwischen mundus sensibilis und mundus intelligibilis zu schlagen, den Menschen, der durch den Dualismus von Vernunft und Sinnlichkeit zerrissen ist, als Einheit und Ganzheit wiederherzustellen. Die Grundtendenz seiner gesamten ästhetischen Theorie!

»Wenn sich der Geist in der [...] sinnlichen Natur auf eine solche Art äußert, daß sie seinen Willen aufs treueste ausrichtet [...], ohne doch gegen die Anforderungen zu verstoßen, welche der Sinn an sie, als Erscheinungen, macht, so wird dasjenige entstehen, was man Anmut nennt. Man würde aber gleich weit entfernt sein, es Anmut zu nennen, wenn entweder der Geist sich in der Sinnlichkeit durch Zwang offenbarte, oder wenn dem freien Effekt der Sinnlichkeit der Ausdruck des Geistes fehlte. Denn in dem ersten Fall wäre keine Schönheit vorhanden, in dem zweiten wäre es keine Schönheit des Spiels.« Die hier umrissenen drei Modi des Verhältnisses von Geist und Sinnlichkeit hat Schiller – die Einbeziehung des deutlich politisch getönten Freiheitsbegriffs in die Ästhetik legt das von vornherein nahe – durch die Metaphern politischer Herrschaftsformen bezeichnet. Herrscht der Geist über die Sinne, so gemahnt das an die »Monarchie«, unterdrücken die Sinne den Geist, so ist von »Ochlokratie« (»Despotismus der untersten Klassen«) die Rede, harmonieren beide – und das ist die Bedingung der Schönheit des Spiels –, so entspricht das der »liberalen Regierung«. Ohne Zweifel spricht aus dieser politischen Metaphorik die Erfahrung der Französischen Revolution: der Versuch, in der Abwehr der absolutistischen ›Monarchie‹ wie des revolutionären »Despotismus« die Freiheitsidee in die Ästhetik zu retten.

Hier ist zurückzuverweisen auf die Briefe an Körner über den (nicht ausgeführten) Plan des philosophischen Dialogs *Kallias oder über die Schönheit* (Anfang 1793). Dort hatte Schiller versucht, den »objektiven Begriff des Schönen«, an welchem Kant »verzweifelt« sei, zu definieren. Die *Kritik der Urteilskraft* hatte ja die Möglichkeit eines »objektiven Prinzips des Geschmacks« geleugnet (vgl. bes. 34), was für Kant freilich nicht bedeutet, daß die Urteile über das Schöne bloß empirische Gültigkeit haben; sie sind zwar subjektiv, aber dennoch a priori gültig, denn der Geschmack ist »eine Art von sensus communis« (40), seinen Urteilen kommt »subjektive Allgemeinheit« zu. Dieser Definition des Schönen vom Subjekt her, »als Objekt eines allgemeinen Wohlgefallens«, sucht Schiller nun einen objektiven Begriff desselben entgegenzusetzen. Damit weist er voraus auf die spätere idealistische Ästhetik, zumal auf Hegel, der diesen Begriff in der Definition des Schönen als des »sinnlichen Scheinens der Idee«, der absoluten Idee »in ihrer sich selbst gemäßen Erscheinung« (griechischer Götterkreis!) gefunden hat. Schillers vermeintlich ›objektive‹ Bestimmung des Schönen als »Freiheit in der Erscheinung« (*Kallias*-Briefe) geht jedoch nur scheinbar über die Grenzen der Ästhetik Kants hinaus. Deshalb konnte letzterer den Traktat *Über Anmut und Würde*, in den jene Bestimmung in ähnlicher Formulierung aufgenommen ist, im Prinzip als Bestätigung seiner Ethik und Ästhetik ansehen (was Schiller tief beglückt hat).

Bereits in den *Kallias*-Briefen hat Schiller, von der zitierten Definition des Schönen her zwingend, die »ästhetische Welt« in politischen Bildern – als Republik beschrieben. In ihr sei »jedes Naturwesen ein freier Bürger, der mit dem Edelsten gleiche Rechte hat und nicht einmal um des Ganzen willen darf gezwungen werden [!], sondern zu allem schlechterdings konsentieren muß«. Diese Gedanken setzen sich bei Schiller fort bis hin zur Idee des »ästhetischen Staats« am Ende der Briefe *Über die ästhetische Erziehung des Menschen*.

Die der liberalen Regierung entsprechende Idee der Harmonie von Vernunft und Sinnlichkeit, welcher die ›Zusammenstimmung‹ von Pflicht und Neigung entspricht, bildet im Traktat *Über Anmut und Würde* die Voraussetzung für die Kritik Schillers an der »Kantischen Moralphilosophie«; in ihr werde »die Idee der Pflicht mit einer Härte vorgetragen, die alle Grazien davor zurückschreckt«. Solchem vermeintlichen ethischen Rigorismus setzt Schiller, hier zweifellos von Wieland beeinflußt, das Ideal der »schönen Seele« entgegen, eines der prägenden Kulturideale der Weimarer Klassik (vgl. die »Bekenntnisse einer schönen Seele« in *Wilhelm Meisters Lehrjahre*). »In einer schönen Seele ist es also, wo Sinnlichkeit und Vernunft, Pflicht und Neigung harmonieren, und Grazie ist ihr Ausdruck in der Erscheinung.« Schiller hat sein Urteil über Kants Moralphilosophie (das erstaunlich demjenigen August Wilhelm Rehbergs, des reformkonservativen Kant- und Revolutionsskritikers, nahekommt; vgl. E.G. Schulz) später in den Xenien *Gewissensskrupel* und *Decisum* ironisch überspitzt: »Gerne dien ich den Freunden, doch tu ich es leider mit Neigung, / Und so wurmt es mir oft, daß ich nicht tugendhaft bin.« Dagegen ist freilich sogar vor dem rigorosen Kant-Gegner Max Scheler (*Der Formalismus in der Ethik*, 1913) eingewandt worden, man könne Kant schwerlich vorhalten, für ihn »sei es ein Wesensmerkmal der tugendhaften Handlung, daß sie gegen die Neigung erfolge«. Nicht um realen gegenseitigen Ausschluß von Pflicht und Neigung, sondern nur um ihre prinzipielle logische Unterscheidung ist es Kant zu tun. Eine Tugend »in Begleitung der Grazien« ist auch für ihn nicht ausgeschlossen, weshalb er die Zuversicht geäußert hat, sich mit dem Autor des Traktats *Über Anmut und Würde* vergleichen zu können.

Bei dem Ideal der schönen Seele bleibt Schillers Abhandlung freilich nicht stehen, sondern in dem »Würde« überschriebenen zweiten Teil derselben kehrt er von der Höhe des »aufgegebenen« Ideals auf den Boden der Realität zurück, die es dem Menschen nicht erlaubt, ein »harmonierendes Ganze« zu sein. In diesem Zusammenhang setzt er die Würde als »Ausdruck einer erhabenen Seele« von der Anmut als »Ausdruck einer schönen Seele« ab. Die erhabene Gesinnung erläutert Schiller wieder an der Situation des (schmerzhaften) »Affekts«, in der die »Zusammenstimmung zwischen Neigung und Pflicht, Vernunft und Sinnlichkeit« nicht möglich ist; hier kann der Mensch »nicht mit seiner ganzen harmonierenden Natur, sondern ausschließungsweise nur mit seiner vernünftigen handeln«. Auf dem Höhepunkt des Traktats entwirft Schiller schließlich das Ideal eines die schöne und die erhabene Gesinnung, Anmut und Würde in sich vereinigenden Menschen, für das ihm die Skulpturen der griechischen Antike Vorbild und Bestätigung sind. In der Komödie wird er später das poetische Äquivalent für dieses Ideal finden.

In die frühen neunziger Jahre fallen neben den philosophisch-ästhetischen Traktaten auch zwei bedeutsame Rezensionen Schillers, in denen er seine neuen poetologischen Prinzipien, vor allem in Hinblick auf die lyrische Dichtung entfaltet hat: *Über Bürgers*

Gedichte (1791) und *Über Matthissons Gedichte* (1794). Daß Schiller den rezensierten Autoren keineswegs gerecht geworden ist, Bürger mit ungerechtfertigter Härte (die für diesen tragische Folgen hatte) behandelt, Matthisson hingegen weit überschätzt hat, ist nicht zu bezweifeln. Schiller lag offenbar weniger an den rezensierten Gedichten selbst als an der – ihnen gleichsam übergestülpten – Darstellung seiner Poetik. Was die beiden drei Jahre auseinanderliegenden Rezensionen eng miteinander verbindet, ist das Problem der »Individualität« des Dichters. Damit diese es wert ist, an die Öffentlichkeit zu treten, »vor Welt und Nachwelt ausgestellt zu werden«, sei sie »zur reinsten, herrlichsten Menschheit hinaufzuläutern« (Bürger-Rezension). Der Dichter müsse sich »an die reine Gattung in den Individuen« wenden und deshalb »das Individuum in sich selbst ausgelöscht und zur Gattung gesteigert haben«. Selbst in der scheinbar privatesten poetischen Gattung, in der lyrischen, hat der Dichter sich mithin nicht »als der und der bestimmte Mensch«, sondern »als Mensch überhaupt« zu äußern (Matthisson-Rezension).

Für irgendeine private ›Erlebnislyrik‹ ist hier kein Raum. Was Lessing dem tragischen Dichter vorschreibt: »keine streng individuellen Charaktere und Situationen darzustellen, gilt noch weit mehr [!] von dem lyrischen«. Dieser müsse sich also in acht nehmen, »mitten im Schmerz den Schmerz zu besingen«; er habe »sich selbst fremd zu werden« (eine frappierend auf die moderne Lyrik vorausweisende Forderung), »den Gegenstand seiner Begeisterung von seiner Individualität loszuwickeln, seine Leidenschaft aus einer milderen Ferne anzuschauen« (Bürger-R.). Die Forderung einer Generalisierung der dichterischen Individualität – die zu berücksichtigen ist, wenn man Schillers eigener Lyrik gerecht werden will – hat notwendig eine »Idealisierung« der Gegenstände zur Folge, wie Schiller sie bei Bürger vermißt: die Erhebung »des Individuellen und Lokalen zum Allgemeinen«.

»Jeder individuelle Mensch ist gerade um so viel weniger Mensch, als er individuell ist, jede Empfindungsweise ist gerade um so viel weniger notwendig und rein menschlich, als sie einem bestimmten Subjekt eigentümlich ist. Nur in Wegwerfung des Zufälligen und in dem reinen Ausdruck des Notwendigen liegt der große Stil.« (Matthisson-R.) Durch diese Idee des »großen Stils« als Bedingung der »eigentlich schönen Kunst« scheint Schiller dem Autor der *Italienischen Reise* recht nahe zu kommen (vgl. dessen oben zitiertes Urteil über die »hohen Kunstwerke«: »Alles Willkürliche, Eingebildete fällt zusammen, da ist Notwendigkeit, da ist Gott«).

Und so ist es kein Zufall, daß Schiller in den *Kallias*-Briefen ebenso wie Goethe in seinem Aufsatz von 1789 (*Einfache Nachahmung der Natur, Manier, Stil*) eine Theorie entwickelt, welche der subjektiven »Manier« den »Stil« gegenüberstellt, der »eine völlige Erhebung über das Zufällige zum Allgemeinen und Notwendigen« bedeutet. Als solcher entspricht der Stil aber dem Wesen jener an den Griechen geschulten »Klassizität«, die Schiller seiner Dichtung nunmehr zum Ziel setzt. Hier ist die Brücke zu Goethe geschlagen!

Von den Anfängen der Freundschaft Goethes mit Schiller – in *Glückliches Ereignis* als »Bund« bezeichnet – war schon in den letzten Kapiteln die Rede. Ihre erste große Manifestation stellt der Brief Schillers zu Goethes Geburtstag 1794 dar. In ihm spielen die soeben erörterten Begriffe der »idealisierenden Kunst«, der »Form des Notwendigen«, des »großen Stils« und des Individuums »mit dem Charakter der Gattung« eine zentrale Rolle. Schiller stellt in dieser großen Deutung des Goetheschen »Geistes« dessen »intuitives« Vorgehen, das zwar von der »Mannigfaltigkeit«, von »Individuen« ausgehe, aber diesen den »Charakter der Notwendigkeit« und der »Gattung« aufpräge, zwei anderen Verfahren gegenüber: einmal dem »spekulativen« (seinem eigenen) Verfahren, das von der »Einheit«, von »Gattungen« ausgehe, aber diese zu Individuen konkretisiere, zum andern »der willkürlichen und bloß sich selbst gehorchenden Einbildungskraft« (Manier).

Im Mittelpunkt des Briefs steht die Nachzeichnung der dichterischen Entwicklung Goethes, die Schillers eigener nicht unähnlich scheint und von seiner späteren Deutung Goethes im Sinne des naiven Dichtertypus bedeutsam abweicht. Da Goethe nicht wie der griechische Künstler »schon von der Wiege an eine auserlesene Natur und eine idealisierende Kunst« vorgefunden habe, seien ihm die »Form des Notwendigen« und der »große Stil« nicht von vornherein vergönnt gewesen; vielmehr habe er das, was ihm die Wirklichkeit, d.h. die äußere Welt des Nordens mit ihren »mangelhaften Gestalten«, welche sich seiner Einbildungskraft zunächst aufdrängten, vorenthielt, »durch Nachhilfe der Denkkraft [...] ersetzen und so gleichsam von innen heraus und auf einem rationalen Wege ein Griechenland [...] gebären« müssen. Dieser Weg ist aber vom Standpunkt der späteren Typologie Schillers aus nicht anders als »sentimentalisch« zu nennen! Ja, er gleicht recht genau der eigenen Entwicklung Schillers von den *Räubern* bis zur ›Klassizität‹ einer Dichtung wie *Das Ideal und das Leben*. Auch die theoretische Reflexion, welche dadurch bedingt ist, daß die von der äußeren

Welt »aufgedrungene schlechtere Natur nach dem besseren Muster« der Griechen zu »korrigieren« war, das Vorgehen also nach »leitenden Begriffen«, das notwendig eine Hemmung der ästhetischen Tätigkeit bewirkt, findet weit mehr eine Entsprechung in Schillers als in Goethes Biographie. Schiller sieht sich Goethe hier bereits so nahe, daß ihm dessen künstlerischer Werdegang zum Spiegel des eigenen werden kann.

Literatur

Behler, Constantin M.: Nostalgie teleology: Friedrich Schiller and the schemata of aesthetic humanism. Bern u. a. 1995.

Berghahn, Klaus L.: Ästhetische Reflexion als Utopie des Ästhetischen. Am Beispiel Schillers. In: Wilhelm Voßkamp (Hrsg.): Utopieforschung. Interdisziplinäre Studien zur neuzeitlichen Utopie. Bd. 3, Stuttgart 1982, S. 146–171.

Binder, Wolfgang: Ästhetik und Dichtung in Schillers Werk. In: Klaus Ludwig Berghahn / Reinhold Grimm (Hrsg.): Schiller. Zur Theorie und Praxis der Dramen. Darmstadt 1972, S. 206–232.

Blum, Gerhard: Zum Begriff des Schönen in Kants und Schillers ästhetischen Schriften. Fulda 1988.

Borchmeyer, Dieter: »Der ganze Mensch ist wie ein versiegelter Brief« – Schillers Kritik und Apologie der Hofkunst. In: Achim Aurnhammer [u. a.] (Hrsg.): Schiller und die höfische Welt. Tübingen 1990, S. 460–476.

Brandstetter, Gabriele: »Die Bilderschrift der Empfindungen« – Jean-Georges Noverres *Lettres sur la Danse [...]* und Friedrich Schillers Abhandlung *Über Anmut und Würde*. In: Achim Aurnhammer [u. a.] (Hrsg.): Schiller und die höfische Welt. Tübingen 1990, S. 77–93.

Camigliano, Albert J.: Friedrich Schiller and Christian Gottfried Körner. A Critical Relationship. Stuttgart 1976.

Düsing, Wolfgang: Ästhetische Form als Darstellung der Subjektivität. Zur Rezeption Kantischer Begriffe in Schillers Ästhetik. In: Klaus L. Berghahn (Hrsg.): Friedrich Schiller. Zur Geschichtlichkeit seines Werkes. Kronberg/Ts. 1975, S. 197–239.

Feger, Hans: Schillers ästhetische Suche nach einem Grund: zur Divergenz der Rolle der Einbildungskraft bei Kant und Schiller. In: Deutsche Vierteljahrsschrift 69 (1995), S. 28–70.

Gerhard, Melitta: Wahrheit und Dichtung in der Überlieferung des Zusammentreffens von Goethe und Schiller im Juli 1794. Eine Klarstellung. In: M. Gerhard: Auf dem Wege zu neuer Weltsicht. [...] Bern/München 1976, S. 84–89.

Hamburger, Käte: Schillers Lyriktheorie. In: K. H.: Kleine Schriften. Stuttgart 1976, S. 137–169.

Henrich, Dieter: Der Begriff der Schönheit in Schillers Ästhetik. In: Ztsch.f. philosophische Forschung 11 (1957), S. 527–547.

Heuer, Fritz: Zu Schillers Plan einer transzendentalphilosophischen Analytik des Schönen. In: Philosophisches Jahrbuch 80 (1973), S. 90–132.

Hinderer, Walter: Utopische Elemente in Schillers ästhetischer Anthropologie. In: Hiltrud Gnüg (Hrsg.): Literarische Utopie-Entwürfe. Frankfurt a.M. 1982, S. 173–186.

Hinderer, Walter: Schiller und Bürger: die ästhetische Kontroverse als Paradigma. In: Jb. d. Freien Dt. Hochstifts 1986, S. 130–154.

Hinderer, Walter: Aspects of Schiller's Philosophy of Art. In: Daniel O. Dahlstrom (Hrsg.): Philosophy and Art. Washington D.C 1991.

Huebner, Kathinka: Die *Kallias*-Briefe von Friedrich Schiller – eine Analyse des Kunstschönen. Eine Darstellung der Kunsttheorie Friedrich Schillers mit semiotischen Mitteln. In: LiLi (1977), S. 173–187.

Jones, Michael T.: From History to Aesthetics. Schillers Early Jena Years. In: German Studies Review 6 (1983), S. 195–213.

Köpf, Gerhard: Friedrich Schiller: *Über Bürgers Gedichte*. Historizität als Norm einer Theorie des Lesers. In: Jb. d. Wiener Goethe-Vereins 81–83 (1977–79), S. 263–273.

Koopmann, Helmut: Der Dichter als Kunstrichter. Zu Schillers Rezensionsstrategie. In: Jb. d. Dt. Schillergesellschaft XX (1976), S. 229–246.

Latzel, Sigbert: Die ästhetische Vernunft. Bemerkungen zu Schillers *Kallias* mit Bezug auf die Ästhetik des 18. Jahrhunderts. In: Klaus L. Berghahn (Hrsg.): Friedrich Schiller. Zur Geschichtlichkeit seines Werkes. Kronberg/Ts. 1975, S. 241–252.

Lohner, Edgar: Schiller und die moderne Lyrik. Göttingen 1964.

Menges, Karl: Schönheit als Freiheit in der Erscheinung. Zur semiotischen Transformation des Autonomiegedankens in den ästhetischen Schriften Schillers. In: Wolfgang Wittkowski (Hrsg.): Friedrich Schiller. Kunst, Humanität und Politik in der späten Aufklärung. Ein Symposium. Tübingen 1982, S. 181–99.

Müller-Seidel, Walter: Schillers Kontroverse mit Bürger und ihr geschichtlicher Sinn. In: Formenwandel. Festschrift zum 65.Geburtstag von Paul Böckmann. Hamburg 1964, S. 294–318.

Neumann, Thomas: Der Künstler in der bürgerlichen Gesellschaft. Entwurf einer Kunstsoziologie am Beispiel der Künstlerästhetik Friedrich Schillers. Stuttgart 1968.

Nitschak, Horst: Kritik der ästhetischen Wirklichkeitskonstitution. Eine Untersuchung zu den ästhetischen Schriften Kants und Schillers. Frankfurt a.M. 1976.

Ohlenroth, Markus: Bilderschrift: Schillers Arbeit am Bild. Frankfurt a.M. u.a. 1995.

Pareyson, Luigi: Etica ed estetica in Schiller. Milano 1983.

Puntel, Kai: Die Struktur künstlerischer Darstellung. Schillers Theorie der Versinnlichung in Kunst und Literatur. München 1986.

Puntel, Kai: Empfindung, Reflexion und »ästhetischer Sinn«. Die Eigengesetzlichkeit von Kunst und Kunstrezeption in Schillers Theorie der Ästhetik. In: Hans Körner [u.a.] (Hrsg.): Empfindung und Reflexion. Ein Problem des 18. Jahrhunderts. Hildesheim 1986, S. 117–48.

Saviane, Renato: Il sentimentale e il sublime. Appunti sull'estetica di Schiller. In: R. S.: Goethezeit. Studi di letteratura tedesca classico-romantica. Napoli 1987, S. 129–227.

Schulz, Eberhard Günter: Rehbergs Opposition gegen Kants Ethik. Eine Untersuchung ihrer Grundlagen, ihrer Berücksichtigung durch Kant und ihrer Wirkungen auf Reinhold, Schiller und Fichte. Köln/Wien 1975.

Strube, Werner: Schillers *Kallias*-Briefe oder über die Objektivität des Schönen. In: Literaturwissenschaftliches Jb. 18 (1977), S. 115–131.

Szondi, Peter: Das Naive ist das Sentimentalische. Zur Begriffsdialektitk in Schillers Abhandlung. In: P. S.: Lektüre und Lektion. Frankfurt a.M. 1973, S. 47–99.

Träger,Claus (Hrsg.): Über Kunst und Wirklichkeit. Schriften und Briefe zur Ästhetik. Leipzig 1985. Darin: C. T.: Schiller als Theoretiker des Übergangs vom Ideal zur Wirklichkeit, S. 5–44.

Wellek, René: Kant and Schiller (1955). Dt. in: R. W.: Geschichte der Literaturkritik 1750–1830. Berlin 1978, S. 231–257.

Wentzlaff-Eggebert, Friedrich Wilhelm: Schillers Weg zu Goethe. Berlin 1963 (2.Aufl.).

Wiese, Benno von: Friedrich Schiller. Stuttgart 1959, bes. S. 446–506.

Wirth, Andreas: Das schwierige Schöne. Zu Schillers Ästhetik. Auch eine Interpretation der Abhandlung *Über Matthissons Gedichte* (1794). Bonn 1975.

Weimarer Klassik und Französische Revolution – Goethes und Schillers ästhetische Koalition

I *Ein epochaler Freundschaftsbund: ästhetische Basis und politische Implikationen*

Unter dem Eindruck des großen Schillerschen Geburtstagsbriefes, der endgültig die Brücke zwischen beiden Dichtern geschlagen hat, schreibt Goethe an eben diesem Geburtstag des Jahres 1794 einen Brief an seinen Zögling Fritz von Stein, in dem er unter Anspielung auf die Französische Revolution die Hoffnung ausdrückt, mit Schiller »gemeinschaftlich zu arbeiten, zu einer Zeit, wo die leidige Politik und der unselige körperlose Parteigeist alle freundschaftliche Verhältnisse [...] zu zerstören droht.« Damit ist die Signatur seines Wirkens und Zusammenwirkens mit Schiller im kommenden Jahrzehnt deutlich bezeichnet. Die ›gemeinschaftliche Arbeit‹ stellt sich als eine Koalition im Zeichen politischen Desengagements vor dem Hintergrund der Französischen Revolution dar.

Politische Parteilichkeit und künstlerische Wirksamkeit schließen sich für Goethe aus. »Sowie ein Dichter politisch wirken will, muß er sich einer Partei hingeben; und sowie er dieses tut, ist er als Poet verloren [...]« (zu Eckermann, März 1832). Daß Schiller in dieser Hinsicht nicht anders gedacht hat – die Kunst vermag aufgrund ihrer ›Interesselosigkeit‹, ihrer wesensnotwendigen Autonomie Politisches zwar darzustellen, aber nicht unmittelbar politisch zu wirken, d.h. parteiliche Zwecke zu verfolgen –, das zeigt das Vorzeichen politischer Neutralität, das er seiner Zeitschrift »Die Horen« programmatisch verleiht. (Die Planung dieser Zeitschrift ist der Ausgangspunkt und die Arbeitsgrundlage seiner engeren Verbindung mit Goethe.) »Einer heitern und leidenschaftfreien Unterhaltung soll sie gewidmet sein«, mithin dem Ideal einer vom »guten Ton« bestimmten Konversation. »Mitten in diesem politischen Tumult soll sie für Musen und Charitinnen einen engen vertraulichen Zirkel schließen, aus welchem alles verbannt sein wird, was mit einem unreinen Parteigeist gestempelt ist.« In »strengem Stillschweigen« über das aktuelle politische Geschehen, geleitet von dem über alles Zeitbedingte erhabenen »rein menschlichen« Interesse soll sie eine Insel der Neutralität inmitten der »politisch geteilten Welt« bilden. Daß sie, ja die Kultur von Weimar überhaupt in der Tat eine solche glückliche Insel im erschütterten Europa sein konnte, ist kaum ohne den geschichtlichen Rahmen der zehn Friedensjahre begreiflich, welche Weimar durch den Vertrag von Basel 1795 vergönnt waren. Dieser Vertrag garantierte dem Großherzogtum wirklich auf einige Jahre einen neutralen Status.

Carl August war der erste weltliche Fürst, der sich für den Anschluß der deutschen Klein- und Mittelstaaten an den politisch und moralisch umstrittenen Sonderfrieden von Basel einsetzte, den Preußen am 5. April 1795 mit dem revolutionären Frankreich geschlossen hatte. In einem beschwörenden Brief an den Kurfürsten von Sachsen vom 22. Februar 1796 drückt er seine Überzeugung aus, daß der »Norden Deutschlands« alles daran setzen müsse, in vollkommener Neutralität das Kriegstheater von seinen Staaten »fernzuhalten [...], um durch Festigkeit Eindruck machen und schließlich den entscheidenden Anstoß zur Wiederherstellung des allgemeinen Friedens geben zu können«. Goethe und Schiller haben an den Friedensbemühungen Carl Augusts lebhaft Anteil genommen, war ihnen doch klar, daß die von ihnen erstrebte ästhetische Neutralität mit der politischen des Herzogtums Sachsen-Weimar eng verbunden war. Durch den Beitritt Kursachsens und seiner Verbündeten zu dem preußisch-französischen Abkommen Ende 1796 wurde der »Friede des klassischen Weimar« (Hans Tümmler) bis 1806 gesichert. Genau in diese Zeit fällt der »Bund« Goethes und Schillers! Bereits Leopold von Ranke hat darauf aufmerksam gemacht, »daß diese Jahre der Neutralität fast die fruchtbarsten in der deutschen Literatur gewesen sind, fruchtbar an originalen und für die Nation unschätzbaren Hervorbringungen.« (Neben der Dichtung der Hochklassik und der Frühromantik ist an die in den gleichen Jahren zur Hochblüte gelangende Universität Jena zu erinnern.)

Es ist kein Zufall, daß der erste Band der »Horen« 1795 durch Goethes Novellendichtung *Unterhaltungen deutscher Ausgewanderten* eingeleitet wurde. In ihrer Rahmenerzählung begegnen wir fast denselben Gedanken wie in Schillers »Horen«-Ankündigung. Sie handelt von einer »edlen Familie«, die sich vor der Invasion der französischen Revolutionsarmee in den linksrheinischen Gebieten (1792) auf eines ihrer rechtsrheinischen Güter geflüchtet hat. Dort kommt es zu einem heftigen Streitgespräch über die Revolution, das die Familie und ihre Freunde in feindliche Parteien auseinanderreißt. Wie hatte doch Schiller in der »Horen«-Ankündigung geschrieben? »Zu einer Zeit, wo das nahe Geräusch des Kriegs das

Vaterland ängstiget, wo der Kampf politischer Meinungen und Interessen diesen Krieg beinahe in jedem Zirkel erneuert und nur allzuoft Musen und Grazien daraus verscheucht, [...] möchte es ebenso gewagt als verdienstlich sein, [...] zu einer Unterhaltung ganz entgegengesetzter Art einzuladen.« Eben das tut in Goethes *Unterhaltungen* auch die Baronesse von C.. Ihrem geselligen Talent gelingt es, durch die Erinnerung an die aristokratische Gesittungstraditon, im Namen des »guten Tons« und der »Höflichkeit« die zerstrittene Gesellschaft wieder zu geselliger Einheit zu versammeln. An die Stelle des politischen Tagesstreits soll wieder Konversation – in diesem Sinne sind die »Unterhaltungen« zu verstehen – und Erzählung treten. Damit öffnet die Baronesse den Raum für die allem »Parteigeist« (»Horen«-Ankündigung) ferne Poesie und motiviert so den ganzen Novellenzyklus. Personen von Stand finden sich hier zusammen, die gemäß der Tradition romanischer Novellistik (Boccaccio, Bassompierre), im Geiste adliger Muße Geschichten erzählen und konversieren. Die Erzählungen steigern sich von Gespenster- und Liebesgeschichten am ersten Abend über »moralische Erzählungen« am nächsten Vormittag bis zur rein symbolischen Erzählung des *Märchens* am zweiten Abend.

Daß Goethe seinem Märchen die Gattungsbezeichnung als Titel gegeben hat, deutet – ebenso wie später bei der *Ballade* (1820) und der *Novelle* (1828) – darauf hin, daß die Gattung als solche hier in symbolischer Reinheit dargestellt werden soll. Das Märchen, das bedeutenden Einfluß auf das Kunstmärchen von der Romantik bis zu Hofmannsthals *Frau ohne Schatten* ausgeübt hat, spielt in einer Traumrealität, deren änigmatische symbolische Bezüge zu immer neuen Deutungen angeregt haben. Auf der einen Seite ist versucht worden, den Gehalt der Dichtung in dezidierten spekulativ-ästhetischen oder politischen Aussagen einzufangen, sie wie eine Allegorie Zug um Zug aufzuschlüsseln, auf der anderen Seite hat man in ihr nichts als eine freie Phantasiekomposition gesehen, die nach den Worten Hofmannsthals (*Goethes Opern und Singspiele*, 1925) »eine undeutbare innere Musik aus schönen Bildern und Lebensbezügen« entstehen lasse, »deren Deutung aber auch das Gemüt nicht verlangt, da es sich an der Harmonie des Vorgestellten völlig zur Genüge ergötzt.«

Hofmannsthal identifiziert sich hier offenbar mit den poetologischen Forderungen, die in der Rahmenerzählung der *Unterhaltungen* von seiten Karls an die Gattung des Märchens gestellt werden: Die »Einbildungskraft« solle nicht versuchen, »das, was wirklich geschehen ist«, zu »verarbeiten«; »die luftigen Gestalten, die sie erschafft, sind uns als Wesen einer eigenen Gattung sehr willkommen; verbunden mit der Wahrheit bringt sie meist nur Ungeheuer hervor. [...] Sie muß sich, deucht mich, an keinen Gegenstand hängen, sie muß uns keinen Gegenstand aufdringen wollen, sie soll, wenn sie Kunstwerke hervorbringt, nur wie eine Musik auf uns spielen, uns in uns selbst bewegen, und zwar so, daß wir vergessen, daß etwas außer uns sei, das diese Bewegung hervorbringt.« Das Märchen als abstrakte, gegenstandslose Kunst wie die Musik! Hofmannsthal erinnert daran, daß Novalis das Märchen eine »erzählte Oper« genannt hat. (Und in der Tat hat ein Komponist unserer Zeit die Erzählung in eine Oper verwandelt: Giselher Klebe in seinem *Märchen von der schönen Lilie*, 1969).

Karl wird in der Rahmenerzählung jedoch von dem Märchenerzähler selbst unterbrochen: »Fahren Sie nicht fort, Ihre Anforderungen an ein Produkt der Einbildungskraft umständlicher auszuführen. [...] Sie macht keine Pläne, nimmt sich keinen Weg vor, sondern sie wird von ihren eigenen Flügeln getragen und geführt, und indem sie sich hin und her schwingt, bezeichnet sie die wunderlichsten Bahnen, die sich in ihrer Richtung stets verändern und wenden.« Und er verspricht nun der Gesellschaft »ein Märchen, durch das Sie an nichts und an alles erinnert werden sollen.« Das ist doch mehr als Karl vom Märchen verlangt! Das Nichts und Alles entspricht Goethes eigener Charakterisierung des *Märchens* in seinem Brief an Humboldt vom 27. Mai 1796: es sei »zugleich bedeutend und deutungslos«; aufgrund dieser Beschaffenheit sei es von der »allegorischen« Dichtung wohl zu unterscheiden. Das Bedeutend-Bedeutungslose, Vieldeutige, Vieldeutbare hat Goethe noch in einem Gespräch mit Riemer (21. März 1809) betont: »Es fühlt ein jeder, daß noch etwas drin steckt, er weiß nur nicht, was.« Goethe hat sich, wiewohl immer wieder zur Erklärung gedrängt, gehütet, den änigmatischen Charakter der Dichtung durch eine klare rationale Formel, die das Ganze aufschlüsseln könnte, preiszugeben. Ein einziges Mal scheint er Schiller gegenüber von einer »Idee« gesprochen zu haben, wie wir noch sehen werden, aber auch hier ist nur etwas gesagt, was in der Dichtung selbst steht.

Jüngere französische Untersuchungen (G.-L. Fink, Yvette K. Centeno) haben gewiß den richtigen Weg eingeschlagen, wenn sie das *Märchen* von seinen deutlich nachweisbaren Zusammenhängen mit der hermetischen Literatur her (etwa im Vergleich mit J. V. Andreaes *Die chymische Hochzeit Christiani Rosenkreutz*, 1616) interpretieren, seine Symbole aus der alchemischen und freimaurerischen Tradition herleiten. Dabei zeigt sich, daß Goethe – weit davon entfernt, vor der politischen Realität in eine Phantasiewelt auszuweichen – die hermetische Symbolik in eine politische Chiffrensprache übersetzt, die als »offenbares Geheimnis » (eine bei Goethe beliebte, auch im *Märchen* vorkommende Wendung) sein politisches Glaubensbekenntnis zugleich verbirgt und enthüllt. Daß dies nicht in der Eindeutigkeit und Parteilichkeit einer politischen Tendenzdichtung geschieht, entspricht dem Programm der »Horen« und dem Consensus des novellenerzählenden Kreises, der den Friedensgeist der »Unterhaltungen« dem Haß entzündenden Parteigeist entgegenhält.

Auch inhaltlich ist das *Märchen* mit der Rahmenerzählung eng verknüpft. Wie vieldeutig die einzelnen symbolischen Bezüge auch sein mögen, eine Grundidee der Dichtung ist offenbar: die Wiederherstellung der gestörten Integrität aller gesellschaftlichen Kräfte. Deren Desintegration ist für Goethe eine schmerzliche Grunderfahrung angesichts der Französischen Revolutionen gewesen.

> Die zum großen Leben
> Gefugten Elemente wollen sich
> Nicht wechselseitig mehr mit Liebeskraft
> Zu stets erneuter Einigkeit umfangen.
> Sie fliehen sich, und einzeln tritt nun jedes
> Kalt in sich selbst zurück.

So die Einsicht Eugenies in den Versen 2826–31 des Trauerspiels *Die natürliche Tochter*. Der (chemisch symbolisierte) Zustand kalter, egoistisch-feindseliger Trennung wird auch in der alchemischen Chiffrensprache des *Märchens* vergegenwärtigt. Am deutlichsten drückt jener Zustand sich in der (schließlich durch das Opfer der Schlange überbrückten) Trennung der beiden Ufer aus. – Schillers Brief an Goethe vom 29. August 1795 zufolge ist das »gegenseitige Hülfeleisten der Kräfte und das Zurückweisen aufeinander« die angeblich vom Autor selbst geäußerte »Idee« des *Märchens*. Die sich fliehenden Elemente vereinigen sich, wirken wieder zusammen; das wird in einem ganzen Bündel alchemisch-symbolischer Prozesse dargestellt. Die von Schiller wiedergegebene Äußerung Goethes geht über den Text übrigens nicht hinaus, entspricht den Worten des »Alten« im *Märchen* selbst: »ein einzelner hilft nicht, sondern wer sich mit vielen zur rechten Stunde vereinigt« – oder wenig später: »[...] jeder verrichte sein Amt, jeder tue seine Pflicht, und ein allgemeines Glück wird die einzelnen Schmerzen in sich auflösen, wie ein allgemeines Unglück einzelne Freuden verzehrt.«

Das klingt fast wie die Reflexion Eugenies in der *Natürlichen Tochter* (V/8), bevor sie sich, das »eigne Elend« vergessend, entschließt, ihren fürstlichen Stand zugunsten des allgemeinen Wohls aufzuopfern. Ein solches Opfer bildet aber auch den Höhepunkt des *Märchens*.

Die rechte Stunde, von welcher der Alte spricht, das dreimal verkündete »Es ist an der Zeit«, der Kairos der Erlösung ist der Fluchtpunkt der magischen Bildfolge der Dichtung. Er bedeutet die große Wandlung durch das Zusammenwirken, die helfende Vereinigung aller, auch der zuvor einander entgegengesetzten Kräfte, gipfelnd im gemeinnützigen Selbstopfer der Schlange. Ihr »aufgeopferter Körper« wird zur Brücke, »wodurch diese nachbarlichen Ufer erst zu Ländern belebt und verbunden werden«. Hier ist ein eschatologischer Glückszustand, der Anbruch eines Endreichs gestaltet, das nicht durch Gewalt, sondern durch Verwandlung zustandekommt. Deutlich drückt sich das in der Übertragung der Insignien der drei Könige, der Verleihung von »Weisheit«, »Schein« (die notwendige repräsentative Selbstdarstellung der Herrschaft!) und »Gewalt« an den Jüngling aus, der nun die Herrschaft antritt. Diese stellt keinen revolutionären Neubeginn dar, sondern schlägt – Goethes politischer Grundüberzeugung gemäß – eine Brücke zur Vergangenheit, zum »Reich unserer Väter«. Die neue Herrschaft gründet sich aber nicht nur auf Weisheit, Schein und Gewalt, sondern auf eine Kraft, die nach den Worten des Jünglings »noch früher, allgemeiner, gewisser die Welt beherrscht: die Kraft der Liebe«. Sie freilich, so verbessert der Alte den Jüngling lächelnd, »herrscht nicht, aber sie bildet, und das ist mehr«. Worin diese Bildung besteht, ist offenbar; um an die oben zitierten Verse der *Natürlichen Tochter* anzuknüpfen; die Elemente der Gesellschaft sollen sich nun wieder wechselseitig »zu stets erneuter Einigkeit umfangen«. Durch den herrschaftsfreien Geist der Liebe und des Opfers für die Allgemeinheit (die gewissermaßen republikanische Aufopferung der Schlange) wird die Herrschaft geläutert, des Despotismus entkleidet. (Nach G.-L. Fink ist Novalis durch diese symbolischen Bezüge 1798 zu seinen Friedrich Wilhelm III. von Preußen gewidmeten Aphorismen *Glauben und Liebe oder Der König und die Königin* inspiriert worden, welche um die Versöhnung von Monarchie und Republikanismus kreisen.) Liegt hier nicht doch im Gegensatz zu Karls Poetik des Märchens eine ›Verarbeitung‹ dessen vor, »was wirklich geschehen ist«: der Ereignisse und Probleme der Revolutionsperiode? Gewiß wird nicht vordergründig auf die faktische Realität angespielt, aber die moralischpolitische Tendenz des Märchens erlaubt es dem Leser auch nicht, zu »vergessen, daß etwas außer uns sei«.

In der neueren Forschung hat sich die Tendenz durchgesetzt, im *Märchen*, aber auch in den *Unterhaltungen* im allgemeinen eine Kritik an Schillers Programm der ästhetischen Erziehung (Bernd Bräutigam u. a.), ja eine »satirische Antithese« zu derselben im Geiste »sozialer Bildung« zu sehen (Ulrich Gaier). Der Versuch, im *Märchen* die Lehre, daß die Revolution der verbotene Versuch sei, »abstrakte Theorie« zu realisieren, und die Opposition »einer natürlich und geschichtlich bedingten Vernunft« gegen Schillers Konzentration auf das Ideal dingfest zu machen (Peter Pfaff), bewegt sich zwar durchaus in Goetheschen Denkbahnen, doch fragt sich, ob der änigmatischen Vieldeutigkeit der Goetheschen Dichtung hier nicht eine zu eindeutige allegorische Auslegung zuteil wird.

Das Thema gestörter und wiederhergestellter Solidarität der gesellschaftlichen Elemente hat Goethe schon früher in einem Prosawerk dargestellt, das die Ereignisse der Französischen Revolution auf eine poetische, hier freilich mehr allegorische als symbolische Realitätsebene hinüberspiegelt: in der fragmentarischen Romansatire *Reise der Söhne Megaprazons* (1793). Wie in der Rahmenerzählung der *Unterhaltungen* geraten hier die auf einem Schiff zunächst »friedlich beieinander« sitzenden Brüder plötzlich in einen heftigen Parteienstreit über den Krieg der Kraniche und Pygmäen, ein Motiv, das in der »Klassischen Walpurgisnacht« des *Faust II* wiederkehren wird. Offensichtlich geht es um die Parteien der Revolution: ›Aristokraten‹ und ›Demokraten‹. Einige Brüder schlagen sich auf die Seite der Kraniche, die unverkennbar für die privilegierten Stände stehen, andere auf die Seite der ›unterprivilegierten‹, nur für die Kraniche schaffenden Pygmäen. Der fast mit einem Fiasko endende Streit geht auf eine Ansteckung durch die bis zum Wahnsinn führende Krankheit des »Zeitfiebers« zurück, welche sich die Brüder in der Atmosphäre der drei schwimmenden Inseln geholt haben. Die Inseln sind die durch einen Vulkanausbruch auseinandergesprengten Teile eines ehemals großen Eilands. Dieses – mit der Residenz des Königs, der Küste, an der die »Vornehmen des Reichs« wohnen, und der Ebene, die vom »Landvolk« bearbeitet wird – ist eine Allegorie der vorrevolutionären Ständegesellschaft. Der Vulkanausbruch steht für die Revolution, welche die Stände, die vorher eine Einheit gebildet hatten, gewaltsam getrennt, einander feindlich entgegengesetzt hat. Die ›vulkanische‹ Trennung der Gesellschaftselemente reißt auch die Gemüter durch das Fieber der Parteilichkeit auseinander.

Goethe hat als Anhänger des ›Neptunismus‹, jener geologischen Richtung, welche die Entstehung der Erde in Widerspruch zu den ›Vulkanisten‹ auf die Bildung des Wassers: die allmähliche Sedimentation zurückführte, in den vulkanischen Katastrophen stets ein Sinnbild der gewaltsamen politischen Umwälzungen gesehen, so wie ihn seine neptunistische Überzeugung zum Freund evolutionärer politischer Prozesse gemacht hat. Jener geologische Streit und seine politische Sinnbildlichkeit wird in der »Klassischen Walpurgisnacht« im Wirken des Seismos und seinen Folgen sowie im Streit zwischen dem Neptunisten Thales und dem Vulkanisten Anaxagoras ihre bedeutendste symbolisch-satirische Darstellung finden. – Die Revolution bedeutete für Goethe einen unerträglichen Einbruch in sein vom morphologischen Entwicklungsgedanken bestimmtes Natur- und Geschichtsbild. Die intensive Naturforschung in den neunziger Jahren ist daher ein konsequenter Versuch der geistigen Abwehr der Französischen Revolution.

Schon von den Zeitgenossen ist Goethe und Schiller das Streben nach politisch-ästhetischer Neutralität verübelt worden – nicht nur von Anhängern der Revolution, sondern auch von liberaler und konservativer Seite. So hat Wilhelm von Humboldt in einem Brief an seine Frau vom Neujahrstag 1814 Goethe deprimiert »zu den gleichgültigen Naturen für alles Politische und Deutsche« gerechnet, und auch Humboldts restaurativer politischer Gegenspieler Friedrich von Gentz spricht anläßlich seiner Gespräche mit Goethe in Karlsbad 1818 mißbilligend von dessen »affektiertem Streben nach Neutralität«. Schiller hat in der Urfassung seiner »Ästhetischen Briefe« an den Prinzen von Augustenburg (13. Juli 1793) auf ein Gesetz Solons verwiesen, das jeden Bürger verdammt, »der bei einem Aufstand keine Partei nimmt«. Dieses Gesetz scheine gerade im gegenwärtigen revolutionären Moment wieder gültig zu sein, da »das große Schicksal der Menschheit zur Frage gebracht ist und wo man also, wie es scheint, nicht neutral bleiben kann«, ohne sich »strafbarster Gleichgültigkeit« schuldig zu machen. In seiner *Gesetzgebung des Lykurgus und Solon* hat Schiller jedoch gegen das Solonische Gesetz eingewandt, »daß oft das feurigste Interesse am Vaterland diese Neutralität gebietet – alsdann nämlich, wenn beide Parteien Unrecht haben und das Vaterland bei beiden gleichviel zu verlieren haben würde«. Und eben das gilt für Schiller und Goethe gerade im gegenwärtigen Fall. Sie sind ebensowenig bereit, den Apologeten des Ancien Régime wie den Anhängern der Französischen Revolution recht zu geben. Schiller hat deshalb Goethe sogar zu einer Korrektur der Rahmenerzählung der *Unterhaltungen* veranlaßt, da einige Stellen wie eine Parteinahme für das Ancien Régime wirken konnten, was mit dem Vorsatz »unserer Keuschheit in politischen Urteilen« nicht vereinbar schien (an Goethe, 29. November 1794).

Daß auch Goethe Neutralität als grundsätzliche Überparteilichkeit verstanden hat, zeigt eine Äußerung am Ende der *Campagne in Frankreich* , die sich nicht zuletzt auf die Parteien der Französischen Revolution bezieht: »Der Dichter [...], der seiner Natur nach unparteiisch sein und bleiben muß, sucht sich von den Zuständen beider kämpfenden Teile zu durchdringen, wo er denn, wenn Vermittlung unmöglich wird, sich entschließen muß, tragisch zu endigen. Und mit welchem Zyklus von Tragödien sahen wir uns von der tosenden Weltbewegung bedroht!« (Als »Tragödie« hat immerhin auch Karl Marx in seiner Einleitung *Zur Kritik der Hegelschen Rechtsphilosophie* den Untergang des Ancien Régime bezeichnet: »Tragisch war seine Geschichte, solange es die präexistierende Gewalt der Welt, die Freiheit dagegen ein persönlicher Einfall war, mit einem Wort, solange es selbst an seine Berechtigung glaubte und glauben mußte.«)

Der Standort der Weimarer Klassik ist ein – nicht nur in der gegenwärtigen politischen Konstellation, sondern in der Autonomie der Kunst überhaupt begründetes – metapolitisches Jenseits von Ancien Régime und Revolution. Bedeutet das Ausweichen vor politischer Parteinahme aber nicht notwendig eine Sanktionierung des Status quo, somit doch eine uneingestandene Parteinahme für das ›Bestehende‹? Dieser Vorwurf ließe sich vom Standpunkt Goethes und Schillers aus zurückweisen. Wie letzterer seine »ästhetische Erziehung« als Vorbereitung einer politischen Reform verstanden, ihr also doch eine *mittelbare* Einflußnahme auf die Lösung des »politischen Problems« der Zeit zugebilligt hat, so stand Goethe den sozialen Reformbewegungen seiner Zeit nahe, die zwischen den Extremen der Revolution und starrer Bewahrung des Alten vermittelten.

Daß Goethes Bündnis mit Schiller in das Jahr 1794 fällt, ist nicht nur von den früher beschriebenen biographischen Voraussetzungen, sondern auch von den politischen Implikationen dieses Bündnisses her kein Zufall. Erst seit 1793 haben sich die politischen Standpunkte Goethes und Schillers einander so weit angenähert, daß eine Koalition aus dem Geiste des Widerspruchs zur Revolution zustande kommen konnte. Hat Goethe sich nämlich aufgrund der an Justus Möser orientierten konservativen Prämissen seines politischen Denkens (die auch seine Reformpraxis im ersten Weimarer Jahrzehnt prägen und ihren deutlichsten Ausdruck im *Egmont* finden) von vornherein als Gegner der Französischen Revolution bekannt, so ist Schiller erst seit dem Ende der konstitutionell-monarchischen, von der großbürgerlichen Gironde geprägten Phase der Revolution (1789–92), also seit der Diktatur der Jakobiner zum eindeutigen Gegner der französischen »Staatsumwälzung« geworden. Seine Ablehnung derselben geht, wie wir sehen werden, von gänzlich anderen Denkvoraussetzungen aus als diejenige Goethes; sie entspricht weithin der Argumentation der durch den Terror der Jakobinerrepublik (1792–94) von der Revolution enttäuschten Liberalen. Daß gerade in dem Moment, als Goethe und Schiller ihren Freundschaftsbund schlossen, eine neue entscheidende Wende der Revolution einsetzte: deren Rückkehr zur liberalen Anfangsphase unter den Thermidorianern (nach dem Sturz Robespierres am 27. Juli, dem 9. Thermidor des Revolutionskalenders, bis zum Oktober 1795) und der Herrschaft des Direktoriums (bis November 1799) ist von ihnen nicht deutlich erkannt worden. Auch Schillers Urteil über die Französische Revolution bleibt – wie das der meisten Liberalen in Deutschland – durch den Eindruck der Terreur-Phase geprägt.

Literatur

Arens, Katherine M.: Humboldt and Goethes *Märchen*. A generic interpretation. In: The German Quarterly 57 (1984) S. 42–58.

Bauschinger, Sigrid: *Unterhaltungen deutscher Ausgewanderten* (1795). In: Paul Michael Lützeler / James McLeod. (Hrsg.): Goethes Erzählwerk. Interpretationen. Stuttgart 1985, S. 134–167.

Bersier, Gabrielle: *Reise der Söhne Megaprazons*. Goethe, Rabelais und die Französische Revolution. In: Wolfgang Wittkowski (Hrsg.): Goethe im Kontext. Kunst und Humanität, Naturwissenschaft und Politik von der Aufklärung bis zur Restauration. Ein Symposium. Tübingen 1984, S. 230–240.

Beyer, Wilhelm Raimund: Goethe im Themenfeld von »Flüchtlingsgesprächen«. In: Goethe Jb. 98 (1981), S. 156–178.

Borchmeyer, Dieter: Höfische Gesellschaft und Französische Revolution bei Goethe. Adliges und bürgerliches Wertsystem im Urteil der Weimarer Klassik. Kronberg Ts. 1977, bes. S. 223–235.

Brandt, Helmut: Entsagung und französische Revolution. Goethes *Prokurator und Ferdinand*-Novelle in weiterführender Betrachtung. In: Impulse 6 (1983), S. 37–65.

Bräutigam, Bernhard: Die ästhetische Erziehung der deutschen Ausgewanderten. In: Zeitschr. f. Dt. Philologie 96 (1977), S. 508–539.

Brown, Jane K.: Goethe's cyclical narratives. *Die Unterhaltungen deutscher Ausgewanderten* and *Wilhelm Meisters Wanderjahre*. Chapel Hill 1975.

Bürger, Christa: Der Ursprung der bürgerlichen Institution Kunst im höfischen Weimar. Literatursoziologische Untersuchungen zum klassischen Goethe. Frankfurt a.M. 1977.

Disselbeck, Klaus: Geschmack und Kunst. Eine systemtheoretische Untersuchung zu Schillers Briefen *Über die ästhetische Erziehung des Menschen*. Opladen 1987.

Faivre, Antoine / Tristan Fréderick (Hrsg.): Goethe. In: Cahiers de l'Hermétisme. Paris 1980.

Darin:

Gonthier-Louis Fink: Les mille et une lectures du *Conte [Märchen]* de Goethe: Bilan de la critique, S. 37–72.

Gonthier-Louis Fink: Le *conte* de Goethe: De l'hermétisme à l'ésotérisme politique, S. 73–104.

Centeno, Yvette K.: *Le serpent vert [Märchen]*: Essai d'interprétation, S. 105–126.

Fink, Gonthier-Louis: ›Nachlese‹ zu Goethes *Die Reise der Söhne Megaprazons*. In: Jb. d. Dt. Schillergesellschaft XXXIV (1990), S. 257–279.

Gaier, Ulrich: Soziale Bildung gegen ästhetische Erziehung. Goethes Rahmen der *Unterhaltungen* als satirische Antithese zu Schillers *Ästhetischen Briefen* I-IX. In: Helmut Bachmaier / Thomas Rentsch (Hrsg.): Poetische Autonomie? Zur Wechselwirkung von Dichtung und Philosophie in der Epoche Goethes und Hölderlins. Stuttgart 1987, S. 207–272.

Gajek, Bernhard: Sittlichkeit statt Revolution. Die Versöhnung von Pflicht und Neigung als »Unerhörte Begebenheit«. Zu Goethes *Unterhaltungen deutscher Ausgewanderten* 1794/95). In: Hans Werner Eroms / Hartmut Laufhütte (Hrsg.): Vielfalt der Perspektiven. Wissenschaft und Kunst in der Auseinandersetzung mit Goethes Werk. Passau 1984, S. 149–163.

High, Jeffrey L.: Schillers Plan, Ludwig XVI. in Paris zu verteidigen. In: Jb. d. Dt. Schillergesellschaft XXXIX (1995), S. 178–194.

Hoffmann, Ernst Fedor: Die Geschichte von der Sängerin Antonelli in Goethes *Unterhaltungen* und ihre Quelle in der *Correspondance littéraire*. In: Goethe Jb. 102 (1985), S. 105–143.

Horn, Gisela: »Glückliches Ereignis»: der Bund zwischen Goethe und Schiller. In: Palmbaum 2 (1994), S. 6–10.

Kreuzer, Ingrid: Strukturprinzipien in Goethes *Märchen*. In: Jb. d. Dt. Schillergesellschaft XXI (1977), S. 221–235.

Mathes, Jürg: Die »Disproportion der Kräfte«. Zu einer Buchstabenkonfiguration in Goethes *Unterhaltungen deutscher Ausgewanderten*. In: Jb. d. Freien Dt. Hochstifts (1981), S. 116–130.

Mayer, Hans: Vergebliche Renaissance. Das Märchen bei Goethe und Gerhart

Hauptmann. In: H. Mayer: Von Lessing bis Thomas Mann. Pfullingen 1959, S. 356–382.

Mettler, Heinrich: Entfremdung und Revolution. Studien zu Schillers Briefen *Über die ästhetische Erziehung des Menschen* im Hinblick auf die Begegnung mit Goethe. Bern/München 1977.

Mommsen, Katharina: Bilde Künstler! Rede nicht! Goethes Botschaft an Schiller im *Märchen*. In: Theatrum Europaeum (1982) S. 491–516.

Mommsen, Katharina: »Märchen des Utopien«. Goethes *Märchen* und Schillers *Ästhetische Briefe*. In: Literaturwissenschaft und Geistesgeschichte. Festschrift für Richard Brinkmann. Tübingen 1981, S. 244–257.

Morgan, Peter: The Fairy-Tale als Radical Perspective. Enlightenment as Barrier und Bridge to Civic Values in Goethes's *Märchen*. In: Orbis litterarum 40 (1985), S. 222–243.

Müller, Joachim: Zur Entwicklung der deutschen Novelle. Die Rahmenhandlung in Goethes *Unterhaltungen deutscher Ausgewanderten* und die Thematik der Französischen Revolution. In: Helmut Kreuzer / Käte Hamburger (Hrsg.): Gestaltungsgeschichte und Gesellschaftsgeschichte. Stuttgart 1969, S. 152–175.

Niekerk, Carl: Bildungskrisen: Die Frage nach dem Subjekt in Goethes *Unterhaltung deutscher Ausgewanderten*. Tübingen 1995.

Niggl, Günter: Verantwortliches Handeln als Utopie? Überlegungen zu Goethes *Märchen*. In: Wolfgang Wittkowski (Hrsg.): Verantwortung und Utopie. Zur Literatur der Goethezeit. Ein Symposion. Tübingen 1988, S. 91–108.

Osinski, Jutta: Goethes *Märchen*. Noch eine Interpretation. In: Zeitschr.f. Dt. Philologie 103 (1984) Sonderheft, S. 38–64.

Pfaff, Peter: Das »Horen«-*Märchen*. Eine Replik auf Schillers Briefe über die ästhetische Erziehung. In: Herbert Anton / Bernhard Gajek / Peter Pfaff (Hrsg.): Geist und Zeichen. Festschrift für Arthur Henkel dargebracht von Freunden und Schülern. Heidelberg 1977, S. 320–332.

De Pol, Roberto: Alle soglie della rivolutione: Schiller e la politica. Genova 1989.

Praschek, Helmut: Goethes Fragmente *Die Reise der Söhne Megaprazons*. In: Helmut Holtzhauer / Bernhard Zeller / Hans Henning (Hrsg.): Studien zur Goethezeit. Festschrift für Liselotte Blumenthal. Weimar 1968, S. 330–356.

Ranke, Leopold von: Die deutschen Mächte und der Fürstenbund. Deutsche Geschichte von 1780 bis 1790. In: L. v. Ranke: Sämtliche Werke. Bd. 31/32. Leipzig 1875.

Schulz, Günther: Schillers »Horen«. Politik und Erziehung. Heidelberg 1960.

Segebrecht, Wulf: Geselligkeit und Gesellschaft: Überlegungen zur Situation des Erzählers im geselligen Rahmen. In: Germ. Rom. Monatsschr. N. F. 25 (1975), S. 306–322.

Söring, Jürgen: Die Verwirrung und das Wunderbare in Goethes *Unterhaltungen deutscher Ausgewanderten*. In: Zeitschr.f. Dt. Philologie 100 (1981), S. 544–559.

Träger, Christine: Goethes *Unterhaltungen deutscher Ausgewanderten* als Ausdruck eines novellistischen Zeitbewußtseins. In: Goethe Jb. 107 (1990), S. 144–157.

Tümmler, Hans: Der Friede des klassischen Weimar. Wege und Erfolge weimarischen Friedensbemühens am Beginn der hohen Klassik (1795–96). In: H. Tümmler: Goethe in Staat und Politik. Köln 1964.

Wild, Reiner: Naivität und Terror. Die Französische Revolution im Urteil des klassischen Weimar. In: Harro Zimmermann: Schreckensmythen – Hoffnungsbilder. Die Französische Revolution in der deutschen Literatur. Essays. Frankfurt a.M. 1989, S. 47–80.

Witte, Bernd: Das Opfer der Schlange. Zur Auseinandersetzung Goethes mit Schiller in den *Unterhaltungen deutscher Ausgewanderten* und im *Märchen*. In: Wilfried Barner / Eberhard Lämmert / Norbert Oellers (Hrsg.): Unser Commercium. Goethes und Schillers Literaturpolitik. 1984, S. 461–484.

Zimmermann, Rolf Christian: Das Weltbild des jungen Goethe. Studien zur hermetischen Tradition des deutschen 18. Jahrhunderts. 2 Bde. München 1969/79.

II Die Revolution in Goethes Dichtung und autobiographischer Rückschau

In welchem Maße Goethes geistiges Leben von Anfang an in den Bann der Französischen Revolution geraten ist, hat er in der *Campagne in Frankreich* (1822) deutlich zum Ausdruck gebracht: »Glücklicherweise ward mein *Tasso* noch abgeschlossen« – gerade noch kurz vor und nach dem Sturm auf die Bastille –, »aber alsdann nahm die weltgeschichtliche Gegenwart meinen Geist völlig ein«. Tatsächlich markiert die Publikation des *Tasso* (1790) eine deutliche Pause in Goethes dramatischer Produktion, nach der er mit drei Komödien (*Der Groß-Cophta*, *Der Bürgergeneral* und dem Fragment des »politischen Dramas« *Die Aufgeregten*) hervortritt, die ganz und gar von der »weltgeschichtlichen Gegenwart« eingenommen sind. Auch fast alle anderen dramatischen Versuche Goethes in den beiden Jahrzehnten nach 1789 (zu den unmittelbar auf die französischen Ereignisse bezogenen Projekten gehört noch das Fragment *Das Mädchen von Oberkirch* und das Trauerspiel *Die natürliche Tochter*) sind von dem Schockerlebnis der Revolution geprägt. »Schau ich die vielen Jahre zurück, so seh' ich klar«, schreibt Goethe in seinem Essay *Bedeutende Fördernis durch ein einziges geistreiches Wort* (1823), »wie die Anhänglichkeit an diesen unübersehlichen Gegenstand so lange Zeit her mein poetisches Vermögen fast unnützer Weise aufgezehrt.«

Goethe hat die Revolution nicht nur aus der Ferne verfolgt, sondern ist selber auf einigen ihrer Randschauplätze gewesen. Die *Campagne in Frankreich* ist ein autobiographischer Bericht über den schmählich gescheiterten gegenrevolutionären Feldzug der preußisch-österreichischen Koalitionsarmee 1792, an dem Goethe im Auftrag seines Herzogs als erstaunlich objektiver Beobachter teilnahm. In gleicher Funktion war er im folgenden Jahr Zeuge der *Belagerung von Mainz*, durch die der revolutionären Mainzer Republik ein Ende bereitet wurde. *Campagne in Frankreich* und *Belagerung von Mainz* sind Spätwerke, die Goethe – aus der Distanz von drei Jahrzehnten – ursprünglich als Teile seines autobiographischen Gesamtwerks *Aus meinem Leben* geschrieben hat, als dessen letzter Teil sie 1822 veröffentlicht wurden. Die große zeitliche Distanz zu den erlebten Ereignissen, der Standort, von dem aus der Selbstbiograph schreibt, ist hier immer mitzubedenken. Als zeit- und gegenstandsnahe Lebenszeugnisse Goethes, gar als real- und kulturgeschichtliche Quellen für die dargestellte Epoche können diese Schriften nur cum grano salis gelten (vor allem die *Campagne in Frankreich*, die sich weithin auf fremde Quellen stützt). Sie setzten bereits das Wissen vom Ende der revolutionären und napoleonischen Ära, den Bewußtseinsstand der Restauration voraus. Deshalb seien sie an den Schluß dieses Kapitels gestellt.

Frühestes dichterisches Zeugnis der Auseinandersetzung Goethes mit der Revolution sind die auf der zweiten Italienreise geschriebenen *Venezianischen Epigramme*. In den nächsten Jahren entstand eine Reihe weiterer satirischer Dichtungen über die französischen Ereignisse und ihre Folgen. Neben der schon gewürdigten allegorisch-symbolischen Erzählprosa (*Megaprazon*-Fragmente, *Das Märchen*) ist es vor allem die Gattung der Komödie, die Goethe zum Instrument seiner antirevolutionären, aber auch antiabsolutistischen Polemik macht.

In dem Lustspiel *Der Groß-Cophta* (1791), das an die Stelle der in Italien geplanten Oper über den Scharlatan Cagliostro (*Die Mystifizierten*) getreten ist, wirft die Revolution in den Verfallstendenzen des Ancien Régime erst ihre Schatten voraus. Goethe hat schon lange vor der Revolution das Auftreten von Spiritisten und Magiern (Graf St. Germain, Gaßner, Schrepfer u.a.), die sich durch ihre obskuren Machenschaften Zugang zu den höchsten Gesellschaftskreisen, ja zu den Fürsten zu verschaffen wußten (noch die Anfälligkeit des Kaisers in *Faust II* für die Zauberei Mephistos spielt darauf an), als gefährliches Krisensymptom des Ancien Régime, als Vorzeichen eines Umsturzes der ganzen politischen Ordnung empfunden. In einem Brief an den Cagliostro-Anhänger Lavater vom 22. Juni 1781 warnt Goethe vor der »großen Masse Lügen, die im Finstern schleicht« und durch die »unsere moralische und politische Welt [...] mit unterirdischen Gängen, Kellern und Kloaken minieret« ist. In eben diesem Sinne und mit einem ähnlichen Bild hat später Eichendorff in seinem Aufsatz *Der Adel und die Revolution* Cagliostro und andere Geisterseher als »Emissäre der Zukunft« bezeichnet. »Der Boden war längst von heimlichen Minen, welche die Vergangenheit und Gegenwart in die Luft sprengen sollten, gründlich unterwühlt, man hörte überall ein spukhaftes unterirdisches Hämmern und Klopfen, darüber aber wuchs noch lustig der Rasen, auf dem die fetten Herden ruhig weideten.«

Schon der junge Goethe war, wie sein *Fastnachtsspiel vom Pater Brey* und die Farce *Satyros oder der vergötterte Waldteufel* (1774) zeigen, ein besonders hellhöriger Kritiker der »falschen Propheten«, deren einer ihm in Gestalt des pietistisch-empfindsamen

Apostels Leuchsenring, des Urbilds seines Pater Brey, im Darmstädter Kreis begegnet war. »Und besonders hütet euch vor den falschen Propheten«, heißt es im *Brief des Pastors* von 1772. Goethe durchschaute ganz und gar die demagogische Wirkung der selbsternannten Propheten auf eine für irrationalistische Umtriebe anfällige Gesellschaft. »Es ist erbärmlich anzusehen, wie die Menschen nach Wundern schnappen, um nur in ihrem Unsinn und Albernheit beharren zu dürfen, und um sich gegen die Obermacht des Menschenverstandes und der Vernunft wehren zu können«, schreibt er am 1. Juni 1791 an Fritz Jacobi. Als sich 1785 die Verwicklung Cagliostros in die Halsbandaffäre herausstellte, welche eine Staatskrise in Frankreich auslöste, durfte Goethe sich in seinen Ahnungen bestätigt fühlen. Jene Betrugsaffäre um ein unermeßlich teures Collier, in deren Mittelpunkt – ohne echtes Verschulden von ihrer Seite – Königin Marie Antoinette geriet, war für Goethe »düstere Vorbedeutung«, die in der Revolution »gräßlichste Erfüllung« fand; sie erschütterte »die Grundfesten des Staates, vernichtete die Achtung gegen die Königin und gegen die obern Stände überhaupt«, denn sie machte »das greuliche Verderben deutlich, worin der Hof und die Vornehmern befangen lagen« (*Campagne in Frankreich*).

Fast zur gleichen Zeit, als Goethe sich in den *Mystifizierten* mit der Halsbandaffäre befaßte, hat übrigens Wieland in seinem Märchen *Der Stein der Weisen* (in: *Dschinnistan*, 1786/89) die Betrügereien der Geisterseher und die Naivität, mit der die ›Großen‹ ihnen hörig sind, satirisch entlarvt. Auch Schiller hat im gleichen Jahr wie Goethe in seinem Roman *Der Geisterseher* Cagliostros Machenschaften literarisch verarbeitet und ein gesellschaftskritisches Zeitgemälde darstellt, das die Anfälligkeit der ›Großen‹ für jeden okkultistischen Schwindel als Symptom einer auf den Untergang zutreibenden Gesellschaft diagnostiziert. Schauplatz der Handlung ist Venedig, schon hier – wohl zum erstenmal in der deutschen Literatur – die Stadt des raffinierten Verfalls und Abenteuers, der Geheimnisse und rätselhaften Verbrechen, die sie zur symbolischen Metropole der europäischen Décadence bis zu Thomas Manns *Tod in Venedig* (1912) machen werden.

Hinter Schillers Fragment gebliebenem Zeitroman steht Goethes *Groß-Cophta* gewiß an Welthaltigkeit zurück. Durch die Verlegung des Schauplatzes des historischen Skandals in ein Duodezfürstentum werden die politischen Dimensionen des Falls verkleinert, der zudem im Schutz der Dunkelheit durch die Schweizer Garde des Landesherren aus der Welt geschafft wird. Im Bilde eines demoralisierten Gesellschaftskreises am Rande des Staates wird gleichwohl eine schonungslose Kritik an den höheren Ständen geübt, an einem Adel, der sich durch die innere Aushöhlung seines traditionalen Wertsystems längst selbst zugrunde gerichtet hat, ehe er durch aufgeklärte Zyniker ruiniert wird, die sich seine Schwächen und seine Anfälligkeit für okkultistische Manipulationen virtuos zunutze machen.

»Die Menschen lieben die Dämmerung mehr als den hellen Tag,« konstatiert die Marquise, die Initiatorin der Betrugsaffäre, »und eben in der Dämmerung erscheinen die Gespenster« – mit denen die pervertierte Voltairianerin nun ihre Geschäfte macht. Sie, ihr Mann und der falsche Graf gehören zu jener Schicht des Adels, die sich nach Schillers Worten im fünften seiner Briefe *Über die ästhetische Erziehung des Menschen* nicht zu Unrecht der »Aufklärung des Verstandes« rühmt, welche ihnen aber nur dazu dient, »die Verderbnis durch Maximen« zu befestigen. »Der sinnliche Mensch kann nicht tiefer als zum Tier herabstürzen; fällt aber der aufgeklärte, so fällt er bis zum Teuflischen herab und treibt ein ruchloses Spiel mit dem Heiligsten der Menschheit«, heißt es in Schillers Brief an den Prinzen von Augustenburg vom 13. Juli 1793. Nichts anderes ist das Thema des *Groß-Cophta*.

Hier begegnen wir einem Geschlecht materialistischer Zyniker aufgeklärt-aristokratischer Provenienz, denen ihr Stand nur noch ein egoistisch ausgebeutetes Privileg ist, auf das sie sogar noch pochen, als sie es durch ihre kriminellen Praktiken längst ad absurdum geführt haben. Die Worte des Marquis: »Geburt, Rang Gestalt, was sind sie allen gegen das Geld?« drücken den wahren moralischen Zustand der Adelsgesellschaft aus, von der ein Homme d'honneur alten Zuschnitts wie der »Ritter« mit seinem altruistischen Lebensideal – dem freilich auch er am Ende aus recht unritterlichen Karrieregründen nicht treu bleibt – als donquijoteske Gestalt verspottet wird.

Vergleicht man den unmittelbar vor Ausbruch der Revolution abgeschlossenen *Tasso* mit dem nur zwei Jahre später entstandenen *Groß-Cophta*, so wird offenbar, wie sehr sich Goethes dramatischer Blick auf die Hofwelt, die hier wie da in Gestalt einer kleinen fürstlichen Residenz den Schauplatz oder Hintergrund der Handlung bildet, unter dem Einfluß der Französischen Revolution gewandelt hat. Wird das dramatische Personal im *Tasso* von einem – bei aller Beschränkung, die er dem Künstler auferlegt – hochgebildeten und sensiblen, durch Gemeinsinn und Humanität geprägten, seine traditionelle Lebensform noch glaubwürdig repräsentierenden höfischen Kreis gebildet, so im *Groß-Cophta* von einem durch Geldgier, Genußsucht und Obskurantismus gänzlich korrumpierten Adel. Wenn anders als im *Tasso* der Fürst des Kleinstaats mit seinem Hof aus offensichtlichen Dezenzgründen die Bühne nicht mehr betritt, so hat er allen Anlaß, deren Licht zu scheuen, liegt ihm doch nur im Sinn, eine für ihn peinliche kriminelle Affäre unter den Teppich zu kehren und deren Drahtzieher aus rechtsbeugenden Standesrücksichten straffrei ausgehen zu lassen. Der Schein soll auch hier – auf seiten der Täter wie ihrer Richter, die sich in diesem Punkt einig sind – aufrechterhalten werden. Daß die Revolution dieser überständigen Scheinwelt den Garaus machen wird, ist – so zweifellos Goethes Hintergedanke – die geschichtslogische Folge. Was er in der *Campagne in Frankreich* über die historische Halsbandaffäre schreibt, das gilt auch mit entsprechend verkleinertem Maßstab für ihre Nachbildung in den Dimensionen seiner Komödie: »Durch dieses unerhört frevelhafte Beginnen sah ich die Würde der Majestät untergraben, schon im voraus vernichtet, und alle Folgeschritte von dieser Zeit an bestätigten leider allzusehr die furchtbaren Ahnungen.«

Der *Groß-Cophta* gehört zu Goethes umstrittensten Dramen. Er ist eher eine Tragikomödie als eine Komödie, deren schonungslose Figurenzeichnung das Identifikationsbedürfnis des Zuschauers ständig verletzt. Waren in dem Opernplan der *Mystifizierten* Tugend und Laster noch einigermaßen auf verschiedene Personen verteilt, so werden im Lustspiel ausnahmslos alle Personen moralisch in Zweifel gezogen. Keiner von ihnen kann der Zuschauer seine Sympathie ungeteilt zuwenden. Das mußte das zeitgenössische Publikum um so mehr schockieren, als es in Goethes Stück die Personenkonstellationen der Commedia dell'arte und der Opera buffa wiedererkannte, welche traditionell bestimmte positive und negative moralische Positionen implizierten. Der vorgebliche (auf Cagliostro anspielende) Graf ist eine Art Abkömmling des bramarbasierenden Capitano, der betrogene Domherr (hinter dem der historische Kardinal Rohan steht) gemahnt an den stets düpierten verliebten Vecchio, die Nichte und der Ritter sind die Amorosi etc. Freilich ist die Nichte keine herkömmliche »Innocenza«, wie ihre Vorgängerin in den *Mystifizierten* noch durchgängig heißt, sondern allenfalls eine verführte Unschuld, wird sie doch in eine recht gemeine erotische Affäre mit dem Marquis verwickelt, die noch dazu von seiner Frau (deren geschichtliches Vorbild die Marquise de La Motte ist) aus intrigantem Kalkül toleriert wird. Und selbst der Ritter, der lange die einzige integre Figur scheint, wird am Ende als

Denunziant aus eigensüchtigen Motiven moralisch desavouiert. Wie sehr das Publikum sich dadurch in seinem Einfühlungsbedürfnis betrogen sah, zeigt die Reaktion von Charlotte von Stein (in einem Brief an Charlotte Schiller Ende März 1792): »Nicht einmal den Ritter läßt er ganz rein, und das ohne Not. Man mag doch wenigstens auf der Bühne noch gerne solche Charaktere sehen, eben je weniger sie vielleicht im wirklichen Leben zu finden sind.«

Der »kühn und schonungslos« behandelte Stoff, so Goethe selber in der *Campagne in Frankreich*, »schreckte jedermann, kein Herz klang an«, das Publikum fühlte sich »entfremdet« und das »weibliche Zartgefühl« durch die befremdliche Liebesaffäre verletzt. Kurz, der *Groß-Cophta* verstieß gegen elementare Rezeptionsbedingungen des Theaters am Ausgang des 18. Jahrhunderts. Für eine Zeitkomödie wie diese, die nicht mehr nach der überlebten Ständeklausel den Bürgerstand, sondern den Adel zu ihrem satirischen Gegenstand macht, mochte in Frankreich seit Beaumarchais' *Le mariage de Figaro* das adäquate Verständnis vorhanden sein, in Deutschland stieß sie noch auf Befremden. Der *Groß-Cophta* weist also weit über seine Zeit hinaus und gemahnt in mancher Hinsicht bereits an die Komödien Carl Sternheims. – Goethe wollte dieses deutlich in didaktischer Absicht entworfene Stück »wenigstens alle Jahre einmal als ein Wahrzeichen aufführen lassen« (an J.F. Reichardt, 29.7.1792). Der Mißerfolg bei einem Publikum, das weit davon entfernt war, seine Lehre zu akzeptieren, hat diese Absicht verhindert.

Erscheint die Französische Revolution im *Groß-Cophta* erst als ›düstere Vorbedeutung‹, so werden in dem einaktigen Lustspiel *Der Bürgergeneral* und dem Fragment des »politischen Dramas« *Die Aufgeregten* (1793) bereits ihre Folgen, die Auswüchse deutschen Revoluzzertums dargestellt. Goethe geht es hier weniger um die Französische Revolution selber – so sehr er in seiner Aversion gegen sie durch die Hinrichtung Ludwigs XVI. und durch das Schreckensregime der Jakobiner bestärkt wurde – als um ihre voreilige Nachahmung in Deutschland. Der Versuch, eine gewaltige großstädtische Massenbewegung in der Provinz zu wiederholen, die Revolution im Dorfe anzufangen, wird komisch ad absurdum geführt. Er habe »nicht gleichgültig dabei sein« können, gesteht er Eckermann am 4. Januar 1824, »daß man in Deutschland künstlicherweise ähnliche Szenen herbeizuführen trachtete, die in Frankreich Folge einer großen Notwendigkeit waren«. Für eine Nation sei »nur das gut, was aus ihrem eigenen Kern und ihrem eigenen allgemeinen Bedürfnis hervorgegangen, ohne Nachäffung eines anderen. [...] Alle Versuche, irgendeine ausländische Neuerung einzuführen, wozu das Bedürfnis nicht im tiefen Kern der eigenen Nation wurzelt, sind daher töricht, und alle beabsichtigten Revolutionen solcher Art ohne Erfolg«; sie bleiben »Pfuschereien«. Den politischen Pfuscher hat Goethe immer wieder gebrandmarkt und in seinen beiden Revolutionskomödien an den komischen Pranger gestellt. Diese sind eine Art moralisch-politischer Fürsten- und Untertanenspiegel, der auf eine harmonische Koexistenz der Stände zielt.

In den *Aufgeregten* (schon der Titel zeigt deutlich, wie Goethe die revolutionären Unruhen in Deutschland bewertet) zetteln ein Barbier und ein Hofmeister, das typische Gespann von »Pfuscher« und »Schwärmer«, das Goethe in allen revolutionären Umtrieben am Werke sieht, wegen eines nicht eingehaltenen Vertrags einen Aufstand der Bauern gegen ihre Gutsherrin an. Entlarvt Goethe die Wortführer des Aufstandes und ihre pathetischen politischen Phrasen fast nur durch ihre Charaktermängel, so hat er sich bemüht, den Aufstand selber – zu dessen Darstellung er zumal durch Bauernunruhen auf sachsen-weimarischem Gebiet angeregt wurde – objektiver zu begründen. Prozesse von Gemeinden gegen Gutsherrschaften und die Verschleppung dieser Prozesse beim Reichskammergericht in Wetzlar über Jahrzehnte hinweg – derlei war Goethe aufgrund seiner Tätigkeit an dem personell hoffnungslos unterbesetzten obersten Gericht im Jahre 1772 nur allzu geläufig.

Während der Revolution erwachte begreiflicherweise das Bedürfnis der Untertanen, die Rechtsgrundlagen ihrer Fronen und sonstigen Dienste, die sie ihrer Herrschaft zu leisten hatten, auf eigene Faust zu überprüfen. Auch in Frankreich stürmten Bauern die Schlösser ihrer Gutsherren, um die Archive nach einschlägigen Urkunden abzusuchen. Nach einem solchen Dokument, einem Vergleich, den der Großvater des jetzigen Grafen mit den Gemeinden geschlossen hatte und der sie gegen die Abtretung einiger Ländereien von ihren Fronen weitgehend entband, suchen auch die Landleute in den *Aufgeregten*, und es stellt sich am Ende heraus, daß ein korrupter Amtmann diesen »Rezeß« heimlich in seinen Besitz gebracht hat. Dergestalt wird die Schuld von der Herrschaft selber auf einen ungetreuen Verwalter abgeschoben, ein gerade in der Publizistik des Revolutionszeitalters beliebtes Mittel, die eigentlich Verantwortlichen zu entlasten – bis hinauf zum Fürsten, zu dessen Gunsten man nur den Hof- und Beamtenapparat wegen der Untaten anklagt, die in seinem Namen begangen worden sind.

Den rebellierenden Bauern und Kleinbürgern stehen als vernünftiger Widerpart auf der Herrschaftsseite die Gräfin und ein Hofrat gegenüber. Sie haben aus der Französischen Revolution die Konsequenzen gezogen, welche auch Goethes eigene sind. Die Gräfin kommt soeben mit ihrer Tochter von einer Reise nach Paris zurück, wo sie sich an Ort und Stelle ein Bild von der Revolution zu machen versucht hat. Sie gehört also zu den vielen politisch Engagierten oder Neugierigen aus allen Ständen, die sich während der ersten Phase der Revolution auf die Reise nach Paris machten – von regelrechtem Revolutionstourismus hat man gesprochen – und den erstaunten Lesern zu Hause Augenzeugenberichte lieferten. Aus ihren Revolutionseindrücken folgert die Gräfin, daß man sozialer Unzufriedenheit durch zeitige gerechte Maßnahmen zuvorkommen muß. Unruhen lassen sich nach ihrer Überzeugung beschwichtigen, »wenn man sich nur vernünftig gegen die Menschen beträgt und ihnen ihren wahren Vorteil zeigt«. Mit dieser Einstellung kann sie auch die »aufgeregte Schar« am Ende beruhigen. Der vom entlarvten Amtmann vorenthaltene »Originalrezeß« wird vorgewiesen und das darin ausgesprochene Recht der Landleute anerkannt. So kann das Stück dem Entwurf zufolge »zu allgemeiner Zufriedenheit« schließen. Ein nicht untypischer Vorgang! Tatsächlich gab es eine ganze Reihe von linksrheinischen deutschen Fürsten, die (wie die Gräfin Marianne von der Leyen) in den Jahren zwischen 1789 und 1792, also vor der Besetzung des linken Rheinufers durch die Franzosen, rebellierende Bauern, deren Erhebungen meist nur lokale Gravamina zur Ursache hatten, durch Konzessionen und Reformen zur Loyalität veranlaßten.

Der von Goethe nur skizzierte Höhepunkt des Stücks sollte eine Szene auf dem Schloß werden, in der alle Personen die französische Nationalversammlung spielen, wobei Theater und Wirklichkeit, Sein und Schein sich vermischen. Diese Szene, welche schon auf Schnitzlers *Grünen Kakadu* (1899) vorausweist, ist szenisch virtuos von Adolf Muschg in seinen *Aufgeregten von Goethe* (1971) ausgeführt worden, einem satirischen Gegenentwurf zu Goethes Lustspiel, der das Fragment nicht nur vollendet, sondern zugleich an dessen beiden großen Lücken den »Bazillus« einer Ironie ansetzen läßt, welche Goethes Darstellung der gesellschaftlichen Verhältnisse als bloßen Schein zu decouvrieren strebt.

In der Gräfin seines Stücks hat Goethe eine ideale Repräsentantin ihres Standes, wie in dem Hofrat eine vorbildliche Verkörperung des Bürgertums darzustellen versucht; als solche kontrastiert er sie mit einer korrupten Aristokratie und einem kleinbürgerlichen Revoluzzertum. In der Szene III/1, dem gedanklichen Mittelpunkt des Fragments, läßt er die Gräfin und den Hofrat in einem Dialog ihrem »eignen Stande Widerpart [...] halten«, sich jeweils auf den Standpunkt des anderen Standes stellen, um dessen Vorzüge zu preisen und die Untugenden des eigenen zu entlarven. Die Gräfin bekennt sich als Schülerin der Aufklärungsphilosophen, »die uns durch ihre Schriften in Freiheit gesetzt haben«, wehrt sich dagegen, daß Ungleichheit des Standes Ungleichheit des Rechts bedeutet und daß, wer »hat«, auch im Recht sein, das Recht haben soll, andere zu unterdrücken und zum Objekt seines »Eigennutzes« zu machen. »Zu keiner Ungerechtigkeit will ich mehr schweigen, keine Kleinheit unter einem großen Scheine ertragen, und wenn ich auch unter dem verhaßten Namen einer Demokratin verschrieen werden sollte.« Die Gräfin artikuliert durchaus die Gesinnung eines Teils der deutschen Aristokratie, des aufgeklärten Reformadels, dem Goethe einige Jahre später in der Turmgesellschaft des *Wilhelm Meister*, insbesondere in der Gestalt Lotharios ein Denkmal setzen wird. Auf der anderen Seite wehrt sich der Hofrat gegen die egalisierenden und nivellierenden Tendenzen seines Standes, gegen den Neid gegenüber ererbten »Vorzügen« und erkennt »das große Gewicht des höheren Standes im Staate« an – »und wenn man mir auch den verhaßten Namen eines Aristokraten zueignete«. Die Gräfin wie der Hofrat nehmen es also auf sich, wegen ihrer dem jeweils anderen Stand entgegenkommenden Ansichten mit den Denunziationsvokabeln der radikalen Vertreter ihres Standes bedacht zu werden. Die Selbstkritik des Adels wie des Bürgertums zielt auf einen ständischen und politischen Kompromiß – auf der Basis einer sozialen Reform und unter Wahrung der alteuropäischen Gesittungstradition –, den man als Goethes »Idee von Weimar« bezeichnen könnte.

In seinem Gespräch mit Eckermann am 4. Januar 1824, seiner wichtigsten und umfassendsten Äußerung über die Revolution, hat Goethe die *Aufgeregten* als sein »politisches Glaubensbekenntnis« bezeichnet und namentlich die Gesinnung der Gräfin als die seinige ausgegeben. Hier wie so oft nimmt er einen Standort jenseits einer Verteidigung der Revolution wie des Ancien Régime ein. Für ihn sind Revolutionen »nie Schuld des Volkes [...], sondern der Regierung«. Die korrupte Herrschaft der Bourbonen hat er wiederholt angeprangert und ihr die Haltung seines Herzogs gegenübergestellt, dessen »Herrschen [...] ein beständiges Dienen« gewesen sei. Nur aus diesem Grund habe er es ertragen können, im Dienste eines Fürsten zu stehen (Eckermann, 27. April 1825). Goethe vertritt denselben Standpunkt wie die Reformer in Frankreich am Vorabend der Revolution (Turgot) oder die deutschen Reformkonservativen, etwa A. W. Rehberg oder der Freiherr vom Stein, wenn er sagt: »Revolutionen sind ganz unmöglich, sobald die Regierungen [...] ihnen durch zeitgemäße Verbesserungen entgegenkommen und sich nicht so lange sträuben, bis das Notwendige von unten her erzwungen wird.« Ständige Reformen aber sind auch notwendig, da die Zeit »in ewigem Fortschreiten begriffen« ist; »die menschlichen Dinge haben alle fünfzig Jahre eine andere Gestalt, so daß eine Einrichtung, die im Jahre 1800 eine Vollkommenheit war, schon im Jahre 1850 vielleicht ein Gebrechen ist«. Aus seinem Haß auf Revolutionen, d.h. auf die gewaltsame, sprunghafte Einführung des Neuen dürfe man daher, so betont er mit größtem Nachdruck, nicht schließen, er sei ein »Freund des Bestehenden« (zu Eckermann, 4. Januar 1824). – In seinem Revolutionsgespräch mit Eckermann hat Goethe deutlich zwischen dem deutschen Revolutionsdilettantismus und der Französischen Revolution unterschieden. War jener nur »Nachäffung«, so gesteht er im Alter der Französischen Revolution bei allem Abscheu doch zu, daß sie »Folge einer großen Notwendigkeit« gewesen sei, ja »wohltätige Folgen« gezeigt habe, die für ihn freilich während ihres Verlaufs noch nicht erkennbar gewesen seien.

Bereits in der bürgerlichen Epopöe *Hermann und Dorothea* (1797) scheint Goethes Urteil zumindest über die erste Phase der Französischen Revolution gemildert. So läßt er in den Worten des Richters im 6. Gesang die Begeisterung von 1789, sogar den Jubel über den Einmarsch der französischen Truppen in den linksrheinischen Gebieten als Ausdruck einer begreiflichen, freilich bald entlarvten Illusion erscheinen. Die fundamentalen Ideen der Revolution: das »Recht der Menschen, das allen gemein« ist, »Gleichheit«, »Freiheit« als Vermögen, »sich selbst zu leben«, die Absage an ein durch »Müßiggang« und »Eigennutz« zusammengehaltenes Europa, all dies erhält im Munde des Richters ein positives Vorzeichen. Gewiß hat Goethe selber über jene Ideen, zumal über das revolutionäre Junktim von Freiheit und Gleichheit in mancher Beziehung anders gedacht (Freiheit und Gleichheit lassen sich nach seiner Überzeugung niemals zugleich verwirklichen), doch zollt er dem anfänglichen Revolutionsenthusiasmus der Liberalen in der Gestalt des würdigen Richters nun einen gewissen Respekt, da er sich im gegenwärtigen Moment mit den meisten von ihnen in der Ablehnung der französischen Vorgänge einig weiß. Hat Goethe sich 1789 in seiner unbedingten Ablehnung der Revolution in Widerspruch zu den meisten führenden Geistern in Deutschland befunden, so sieht er die Mehrzahl von denen, die sich zu seinem Entsetzen der französischen Staatsumwälzung zunächst leidenschaftlich zugewandt haben, seit der jakobinischen Terrorepoche zu einer Einstellung zurückkehren, die der seinigen wenigstens äußerlich gleicht und es ihm nun ermöglicht, ihre frühere Begeisterung mit verzeihendem Verständnis zu würdigen.

Der Umschlag von Begeisterung in Enttäuschung über den Verlauf der Revolution, wie er die Haltung des liberalen Deutschlands seit der ›Terreur‹-Periode prägt, hat Goethe in *Hermann und Dorothea* im Schicksal der linksrheinischen Deutschen gespiegelt, die zunächst die Freiheitsbäume umtanzen, dann aber, als der missionarische Eifer der Franzosen in Eigennutz und Erobererallüre umschlägt, zur Flucht über den Rhein gezwungen sind. Exemplarisch hat Goethe den Stimmungsumschlag der Liberalen in der Gestalt von Dorotheas erstem Bräutigam dargestellt. Um dem Schauplatz der Revolution näher zu sein, geht jener nach Paris und erleidet, durch den Despotismus ihrer Führer zu ihrem Gegner geworden, den Tod auf dem Schafott. Möglicherweise spielt Goethe hier auf den Jakobiner Adam Lux an, der als Abgeordneter der Mainzer Republik 1793 mit Georg Forster nach Paris gegangen und später als Verteidiger der Charlotte Corday hingerichtet worden ist. (Jean Paul hat ihm 1800 in seinem Aufsatz *Über Charlotte Corday* ein bewegendes Denkmal gesetzt.) Dorothea ist durch die revolutionären Ereignisse ein Bräutigam geraubt und ein Bräutigam geschenkt worden. Der Tote und der Lebende verkörpern zwei gegensätzliche Haltungen des deutschen Bürgertums angesichts der Revolution: jener seine ›Citoyen‹-, dieser seine ›Bourgeois‹-Seite, jener eine als tragische Illusion decouvrierte politische Begeisterung, dieser eine im privaten Kreis des Hauses und der Familie sich vollendende Bürgerlichkeit, die sich freilich bewußt in den Dienst des Gemeinwesens stellt (Vs. IX, 313ff.).

Wie durch das bürgerliche Trauerspiel die einst inhaltlich notwendig auf das öffentliche Leben bezogene Tragödie privatisiert worden ist, so hat sich nach den Worten Hegels (in seiner *Ästhetik*) auch die moderne Epopöe »aus den großen Völkerereignissen in die Beschränktheit privater häuslicher Zustände auf dem Lande und in der kleinen Stadt geflüchtet, um hier die Stoffe aufzufinden, welche sich einer epischen Darstellung fügen könnten. Dadurch ist denn besonders bei uns Deutschen das Epos idyllisch geworden.« So werde in *Hermann und Dorothea* zwar der »Blick auf den Hintergrund der in unserer Zeit größten Weltbegebenheit eröffnet«, aber diese bleibe eben Hintergrund, »ganz in die Ferne zurückgestellt«. Nur solche Zustände der Revolution habe Goethe »in die Handlung eingeflochten, welche sich in ihrer einfachen Menschlichkeit an jene häuslichen und städtischen Verhältnisse und Situationen durchaus zwanglos anschließen.« Die Verwandlung der Epopöe in die Idylle resultiert nach Hegel aus dem Faktum, daß das öffentliche Leben, daß »der ganze heutige Weltzustand eine Gestalt angenommen hat, welche in ihrer prosaischen Ordnung sich schnurstracks den Anforderungen entgegenstellt, welche wir für das echte Epos unerläßlich fanden.« Der dem Epos gemäße Weltzustand ist für Hegel nämlich der heroische, d.h. der Zustand der »individuellen Selbständigkeit«, in dem Sittlichkeit, Recht etc. noch ganz vom Wirken der Individuen abhängen, während jene substantiellen Mächte sich heute zu einer von individuellen Antrieben unabhängigen, institutionell-bürokratischen Ordnung verfestigt haben. Bereits Goethe und Schiller haben in ihrem Aufsatz *Über epische und dramatische Dichtung* (1797) festgestellt, daß die Personen des Epos »am besten auf einem gewissen Grade der Kultur stehen, wo die Selbständigkeit noch auf sich selbst angewiesen ist, wo man nicht moralisch, politisch, mechanisch, sondern persönlich wirkt.«

An der Frage, ob sich in der Epopöe »die Darstellung lieber auf das öffentliche oder auf das Privatleben wenden soll« (A. W. Schlegel), haben sich die kritischen Gemüter gleich nach Erscheinen von *Hermann und Dorothea* entzündet. So kommt A. W. Schlegel in seiner Rezension von 1789 zu dem Schluß: »Ein in unserem Zeitalter und unsern Sitten einheimisches Epos wird [...] mehr eine Odyssee als eine Ilias sein, sich mehr mit dem Privatleben als mit öffentlichen Taten und Verhältnissen beschäftigen müssen.« Auch Humboldt bemerkt in seinen *Ästhetischen Versuchen* (1799), welche Goethes Epos zum Gegenstand haben, daß der Dichter angesichts der »unpoetischen Lage unserer Zeit [...] seinen Stoff aus demjenigen Teil der Gesellschaft hernehmen« muß, »in welchem die ursprüngliche Natur noch die Kultur überwiegt, und ihn überhaupt mehr im bürgerlichen [alltäglich-privaten] als im öffentlichen Leben aufsuchen«. Bezeichnenderweise sind zwei Versuche Goethes, an die *Ilias* anzuknüpfen, in Anfängen steckengeblieben: von der *Achilleis*, einer unmittelbaren Fortsetzung des homerischen Epos ist 1799 nur der freilich bedeutende erste Gesang entstanden. Auch der unmittelbar nach Vollendung von *Hermann und Dorothea* unternommene Versuch, gewissermaßen eine Ilias des modernen Lebens mit dem Titel *Die Jagd* zu schreiben, ist gescheitert. Allein bei der Jagd, so meinte Goethe Humboldt gegenüber, trete noch die für das eigentliche Epos notwendige heroische Selbständigkeit hervor, »zeige sich noch etwas dem Heldenalter gleichsam Ähnliches, weil doch da jeder selbst tätig sein, selbst Hand anlegen muß«. Das neue Projekt sollte nach Humboldts Worten daher »weniger idyllenartig« sein, sondern »mehr episch auf große Massen, Staaten und Völker« hinweisen. Gerade daran scheint Goethe aber innerhalb der Form des Epos gescheitert zu sein. Wie er sich nach der Mitteilung Riemers eine Zeitlang mit dem Gedanken trug, »die *Achilleis* in einen Roman zu verwandeln«, so hat er auch den Stoff der *Jagd* dreißig Jahre später in eine andere Gattung und einen privateren Rahmen hinübergespielt: in die *Novelle*.

Eine poetisch legitime Wiederbelebung der antiken Epopöe war für Goethe also nur in der Form der Idylle möglich. Für sie hatte sowohl inhaltlich als auch von der Form des Hexameter-Epos her Johann Heinrich Voß in seiner *Luise* (1781) sowie in seinen klassischen Übertragungen der *Odyssee* (1781) und der *Ilias* (1793) den Weg bereitet, welche zu den größten sprachschöpferischen Ereignissen in der Geschichte der neueren deutschen Literatur gehören. Der Hexameter war Goethe bereits seit dem *Reineke Fuchs* (1794) vertraut, einer Übertragung des niederdeutschen *Reinke de vos* (1498), die er unter dem Eindruck des kläglich beendeten Frankreichfeldzuges begonnen und im Heerlager vor Mainz durchgefeilt hat, ein Zeichen, daß er hinter dem spätmittelalterlichen Kostüm dieses »Hof- und Regentenspiegels« Analogien zu zeitgenössischen Verhältnissen, namentlich in der absolutistischen Hofhaltung und Staatsführung entdeckte. Die Übertragung in das antike Versmaß sollte solche Analogien verdeutlichen, die mittelalterlichen Vorgänge ins überzeitlich Typische verwandeln.

Nach einer derartigen Typisierung des Geschehens strebt Goethe auch in *Hermann und Dorothea* durch die Anknüpfung an die homerische Epopöe: Verwendung des Hexameters, Einteilung des Werks in neun, nach den antiken Musen benannte Gesänge, ornamentale Stilfiguren, typisierende Kennzeichnungen der Personen und Dinge (die »kluge, verständige Hausfrau«, der »treffliche Pfarrer«, das »reichliche Obst«) usw. Auf diese Weise sollten die Grundverhältnisse der häuslich-bürgerlichen Welt, besonders die spezifischen Beziehungen der Kleinfamilie ins Allgemeingültige erhoben werden, als »Naturformen des Menschenlebens« (Victor Hehn) erscheinen. Man solle, so meinte Goethe selber, »unter dem modernen Kostüm die wahren, echten Menschenproportionen und Gliederformen« erkennen (an Meyer, 28. April 1797). Freilich geht das Bürgerliche in solcher Idealisierung nicht auf, sondern Goethe weist immer wieder mit liebenswürdiger Ironie gerade durch den Kontrast der antiken Form, auch auf seine Grenzen, seine Beschränktheit und Flachheit hin. Durch diese Ironie sowie den monumentalen Hintergrund der Revolution und des Emigrantenschicksals meidet Goethe die Klippen des unfreiwillig Komischen und Philiströsen, in dessen Nähe die Idyllen von Voß immer wieder geraten. Goethes *Hermann und Dorothea* ist neben Schillers *Glokke* »die einzige Dichtung höchsten Rangs, in der die deutsche Bürgerlichkeit sich klassischer Gestaltung fügt« (Emil Staiger). Daraus erklärt sich auch die beispiellose Popularität beider Dichtungen im 19. Jahrhundert.

Der »heilge Kreis«, die Friedenssphäre des Hauses, das »Glück [...], das im Kreise / Des Bürgerstandes hold genügsam weilt« (Vs. 1766) erscheint auch – wenngleich nur vorübergehend – in Goethes Trauerspiel *Die natürliche Tochter* (1803) als ungefährdeter Bezirk reiner Menschlichkeit vor dem dunklen Hintergrund einer auf das Chaos zutreibenden Welt. Dieses Trauerspiel – das nach dem Lebenswerk *Faust* bedeutendste Drama Goethes in seiner zweiten Lebenshälfte – ist der einzig abgeschlossene Teil einer Trilogie, die er, angeregt durch Schiller, Ende 1799 auf der Quellenbasis der soeben erschienenen *Mémoires historiques* von Stéphanie-Louise de Bourbon-Conti (1798) plante. »In dem Plane bereitete ich mir ein Gefäß«, schreibt Goethe in den *Tag- und Jahresheften* zu 1799, »worin ich alles, was ich so manches Jahr über die Französische Revolution und deren Folgen geschrieben und gedacht, mit geziemendem Ernste niederzulegen hoffte.« Der Versuch wurde jedoch nach dem 1803 erschienenen ersten Drama nicht fortgeführt. Dem Anspruch einer umfassenden poetischen Sichtung der Revolution konnte Goethe mit der *Natürlichen Tochter* noch nicht genügen, wird hier doch weithin nur ein Privatschicksal entfaltet, dem die Darstellung der großen geschichtlichen Mächte erst folgen sollte.

In Goethes Quelle, den *Mémoires historiques*, beschreibt die vermeintliche außereheliche Tochter des mit dem Königshaus verwandten Prinzen von Bourbon-Conti ihr trostloses Schicksal. Angeblich wurde sie – unmittelbar vor dem Fest ihrer Legitimation als »princesse du sang« durch Ludwig XV. – auf Betreiben ihrer Mutter und ihres Halbbruders, der um sein Erbe fürchtete, entführt, mußte in ein Kloster eintreten und wurde später mit einem Advokaten verheiratet, doch sträubte sie sich erfolgreich gegen den Vollzug der Ehe, da sie sonst alle Ansprüche ihrer Geburt verloren hätte. Nach mehreren gescheiterten Fluchtversuchen gelang ihr endlich die Rückkehr nach Paris. Obwohl ihr Vater inzwischen verstorben war, konnte sie ihre Rehabilitation bei Hofe durchsetzen. Doch die Revolution machte ihre aufblühenden Hoffnungen endgültig zunichte. Daß es Goethe gelang, diese teilweise krude Lebensgeschichte der angeblichen Prinzessin zur Tragödie nach antikem Schicksalsmaß zu steigern, ist wahrhaft bewundernswert.

In der *Natürlichen Tochter* prägt sich Goethes symbolisierender Spätstil zum ersten Mal deutlich aus. Riemer berichtet von einem Gespräch mit Goethe am 4. April 1814, in dem dieser bemerkt, »daß nur die Jugend die Varietät und Spezifikationen, das Alter aber die Genera, ja die Familias habe«. Diese Bemerkung wird schon durch das Personenenverzeichnis der *Natürlichen Tochter* gestützt, das sich ganz auf Standesbezeichnungen beschränkt; allein die Titelheldin trägt einen Namen, aber nicht den der Quelle, sondern den hochsymbolischen Namen Eugenie (= die Wohlgeborene). Goethe vergleicht sich in dem genannten Gespräch mit dem späten Tizian, »der zuletzt den Samt nur symbolisch malte«. Er selbst gibt die *Natürliche Tochter* als die Wende an, seit der er »ins Generische gegangen; im *Meister* sei noch die Varietät«. Diese Tendenz zum Generischen als symbolische Steigerung des Realen ist den Zeitgenossen fremd geblieben und wurde nur von wenigen – bezeichnenderweise philosophisch orientierten – Autoren wie Herder, Schiller und Fichte in ihrer Bedeutung erkannt.

Goethe hat in seinem Trauerspiel die konkreten zeitgeschichtlichen Hintergründe des tragischen Falls durch dessen Mythisierung und Symbolisierung verschleiert, obwohl sie den Zeitgenossen durch diesen Schleier hindurch immer noch sichtbar blieben. Die Revolution zeichnet sich erst als Folge korrupter Staatsverhältnisse am Horizont der Handlung ab. Dem Aufstand der Massen geht die Fronde der Aristokratie gegen einen schwachen und dem Intrigenspiel der feindlichen Adelsparteien charakterlos ausgelieferten König voraus. Die drei großen politischen Mächte des Handlungskomplexes: Ancien Régime, Adelsfronde und drohende Revolution der Massen sind durch den Ungeist verbunden, der Rechtlosigkeit, Willkür, Gewalt, Parteilichkeit heißt. Der »Bürgerstand«, das besitzende Bürgertum, dessen Haltung Goethe weithin teilt, findet zwar in der Person des Gerichtsrats eine Stimme, bildet aber in der *Natürlichen Tochter* noch keine deutlich greifbare, von den ›Großen‹ und der amorphen ›Masse‹ abgesetzte politische Macht; es grenzt sich noch rein moralisch von der adlig-geistlichen Oberschicht wie vom ›Pöbel‹: der kleinbürgerlich-plebejischen Unterschicht ab – als rechtliche Mitte zwischen der rechtlosen Gewalt von oben und unten:

> In abgeschloßnen Kreisen lenken wir,
> Gesetzlich streng, das in der Mittelhöhe
> Des Lebens wiederkehrend Schwebende.
> Was droben sich, in ungemeßnen Räumen,
> Gewaltig seltsam hin und her bewegt,
> Belebt und tötet ohne Rat und Urteil,
> Das wird nach anderem Maß, nach andrer
> Zahl vielleicht berechnet, bleibt uns rätselhaft.
> (Vs. 2009–2016)

Lediglich die in der häuslich-familiären Intimsphäre beheimateten, nur peripher jedoch die gesellschaftlich-politisch bestimmten Werthaltungen des Bürgertums werden deutlich artikuliert. In der geplanten Fortsetzung sollte dann freilich der Gerichtsrat zum Führer eines revolutionären Bundes werden, Moral in Politik umschlagen.

Zwischen die Gewalt der Großen und die Gewalt der Massen hat Goethe in der geplanten Trilogie das exemplarische tragische Schicksal Eugenies gestellt, exemplarisch, weil es wirklich das »Schicksal einer Welt« (Vs. 1941) bedeuten soll. Am Ende des ausgeführten ersten Dramas vergönnt Goethe Eugenie noch Ruhe auf einer Insel der Entsagung zwischen jenen Elementen der Gewalt, doch bald wird diese Insel von den über ihr zusammenschlagenden Elementen hinweggespült werden. Eugenie erfährt zu ihrer Bestürzung, daß der Gerichtsrat der revolutionären Partei angehört und trennt sich von ihm, um nach Paris zu eilen und dem König beizustehen. Im weiteren Verlauf wären vermutlich sowohl Eugenie als auch der Gerichtsrat zu Opfern der sich radikalisierenden Revolution geworden.

Eugenie erscheint bis zu ihrer Entführung als ein selbstsicher im Bewußtsein ihres fürstlichen Geblütes ruhendes Wesen, und in dieser Selbstsicherheit, in dem leichtfertig-hochmütigen Nichtbedenken der Möglichkeit eines Sturzes aus der Höhe liegt ihre – standestypische – Hybris. Eugenie, die »natürliche Tochter«, ist so ganz auf den glanzvollen Akt ihrer öffentlichen Legitimation eingestellt, daß sie das erst Zukünftige eigenmächtig in die Gegenwart herüberzieht und durch das vorzeitige Anlegen von Festgewand und Schmuck, gegen das ausdrückliche Verbot des Vaters, den Akt der Präsentation vorwegnimmt, der durch das Komplott ihres Bruders verhindert werden soll. Dieser hybriden symbolischen Selbsterhöhung Eugenies folgt als tragische Konsequenz ihre Erniedrigung – die Entführung, welche ihr nur die Wahl der Verbannung oder des Verzichts auf ihren fürstlichen Rang in einer bürgerlichen Ehe läßt. »Entsagte sie der nicht gegönnten Höhe« und wendete »Ins Häusliche den liebevollen Blick: / Gelöst wär‹ alles ...« (Vs. 1808ff.). – Mit dem Anlegen des Schmucks, der fürstlichen Insignien hat sie den Talisman zerbrochen, der den Dämon der Vernichtung gefesselt hielt. Eugenies Fall aus der Höhe (symbolisch antizipiert durch ihren Sturz von der Felsenwand zu Beginn des Dramas) wird im letzten Akt aufgefangen durch ihre freiwillige Selbsterniedrigung – indem sie, um einen Ausdruck der *Maximen und Reflexionen* zu verwenden, ihrem »Privilegiengefühl entsagt«. Die »Entsagung« (Vs. 2888) als Verzicht auf die ihr durch Geburt eingeräumte Ranghöhe in der Ehe mit dem bürgerlichen Gerichtsrat wird ihr durch die Not des Vaterlandes, dem ein »jäher Umsturz« droht, zur Pflicht. Nicht durch die Behauptung ihres Rangs, sondern durch dessen Aufopferung (es sei an die Opferthematik des *Märchens* erinnert!), durch die Entsagung im Dienste des Gemeinwesens beweist Eugenie sich ihrer »hohen Ahnen würdig« (Vs. 2842).

Hier läßt sich eine Brücke schlagen zu Attinghausens Zukunftsvision in Schillers fast gleichzeitig mit der *Natürlichen Tochter* vollendetem *Wilhelm Tell*. Auch hier wird die Selbstentäußerung des Adels im Dienste des Gemeinwesens als das der neuen Zeit Angemessene gepriesen: »Der Adel steigt von seinen alten Burgen / Und schwört den Städten einen Bürgereid.« (Vs. 2431) Freilich schließt Goethes Trauerspiel nicht mit solch hoffnungsvollem Ausblick. Eugenies patriotische Entsagung und das Glück der Ehe, die in den Worten des Gerichtsrats als ein heiliger Bezirk des Rechts und Friedens, als utopisches Kontrastbild einer chaotisch verworrenen Welt erscheint, sie werden, den Aufzeichnungen Goethes über den Fortgang der Handlung zufolge, in den sinnlosen Strudel des Geschichtsverlaufs hineingezogen, welcher auf einen Zustand zutreibt, den Goethe in einem Schema der Fortsetzung mit fast nihilistisch anmutender Resignation beschreibt: »Die Masse wird absolut. Vertreibt die Schwankenden. Erdrückt die Widerstrebenden. Erniedrigt das Hohe. Erhöhet das Niedrige. Um es wieder zu erniedrigen.«

Ganz ähnlich wird das Wirken der Masse in dem Fragment eines früheren Revolutionsdramas: *Das Mädchen von Oberkirch*

(1795/96) geschildert, das zum einzigenmal bei Goethe mitten auf den revolutionären Schauplatz: nach Paris führen sollte. Es ist aber bezeichnend, daß Goethes Arbeit immer dann stockte, wenn es um die Darstellung der Revolution selbst ging. Keine seiner Revolutionsdichtungen geht über die Darstellung ihrer vorausgeworfenen Schatten, ihrer Folgen und Fernwirkungen oder eine allegorisch-symbolisch verschlüsselte Gestaltung ihres Geschehens (*Megaprazon*-Fragment, Seismos-Szene in der »Klassischen Walpurgisnacht«) hinaus. Sie selbst entzieht sich dem immer wieder unternommenen Versuch, »das schrecklichste aller Ereignisse [...] dichterisch zu gewältigen« (*Bedeutende Fördernis durch ein einziges geistreiches Wort*, 1823). So bleibt auch das kunstvolle Symbolgewebe der *Natürlichen Tochter* mit seiner Silberstift-Zeichnung, die Herder rühmte, und den bis zur Anonymität, zu quasi chorischen Rollen typisierten Personen ein wie durch Schleier gedämpftes Gegenbild zur Revolution, hinter dessen verhaltenen Aktionen und Gestalten freilich immer wieder die apokalyptischen Bilder des nahen Endes einer Welt bestürzend aufleuchten.

Der Sieg der moralischen Autonomie über den geschichtlichen Verhängniszusammenhang, wie Goethe ihn noch in seiner *Iphigenie* darstellen konnte, er ist in der *Natürlichen Tochter* versperrt. Sie ist eine Art Zurücknahme der *Iphigenie*, und man versteht, warum Goethe letztere – in der Zeit der Entstehung der *Natürlichen Tochter* – in seinem berühmten Brief an Schiller vom 19. Januar 1802 als »ganz verteufelt human« bezeichnen konnte: weil er durch die revolutionären Zeitereignisse den Glauben an die Kraft des Humanen, der moralischen Autonomie gegenüber der »ungeheuern Empirie« verloren hatte. In einem Brief an Schiller vom 9. März 1802 (wenige Wochen nach dem *Iphigenien*-Brief) schreibt Goethe in Bezug auf die Revolution: »Im ganzen ist es der ungeheure Anblick von Bächen und Strömen, die sich, nach Naturnotwendigkeit, von vielen Höhen und aus vielen Tälern, gegen einander stürzen und endlich das Übersteigen eines großen Flusses und eine Überschwemmung veranlassen, in der zu Grunde geht wer sie vorgesehen hat so gut als der sie nicht ahndete. Man sieht in dieser ungeheuern Empirie nichts als Natur und nichts von dem, was wir Philosophen so gern Freiheit nennen möchten.«

Im Alter hat Goethe die Revolution, wie das schon mehrfach zitierte Gespräch mit Eckermann vom 4. Januar 1824 zeigt, mit größerer Gelassenheit berurteilt als ihm das unter dem unmittelbaren Druck der Zeitereignisse möglich war. Das demonstrieren auch die beiden autobiographischen Berichte *Campagne in Frank-*

reich und *Belagerung von Mainz*. Sie bildeten, wie erwähnt, ursprünglich gemeinsam den letzten Teil von Goethes autobiographischem Gesamtunternehmen *Aus meinem Leben*. Mit seinem Titel *Auch ich in der Champagne* knüpfte dieser Teil in ironischer Parallelbildung an die vorangegangene *Italienische Reise* an, deren ursrpünglicher Titel *Auch ich in Arkadien* lautete. (Erst in der »Ausgabe letzter Hand« wurden diese Schriften als eigenständige Werke unter den uns geläufigen Titeln wiederabgedruckt.)

Während Goethe in seinen anderen autobiographischen Schriften, zumal in *Dichtung und Wahrheit*, die ständige Wechselwirkung von Ich und Welt zu zeigen sucht, treten in *Campagne* und *Belagerung* Ich und Welt bis zu zeitweiliger Beziehungslosigkeit auseinander. Das ist in gewissem Maße bewußte Demonstration des Nichtbeteiligtseins – war Goethe doch, wie er am 18. August 1792 an Jacobi schrieb, »weder am Tode der aristokratischen noch demokratischen Sünder im mindesten etwas gelegen«. Gleich auf den ersten Seiten der *Campagne* wird die Distanz zu den gegnerischen Parteien der Revolution deutlich. In Mainz begegnet Goethe französischen Emigranten – diese werden im ganzen Buch von ihm durchweg mit Ironie oder Geringschätzung geschildert –, die »schnellste Rückkehr ins Vaterland« wünschen, um von den Assignaten, dem revolutionären Papiergeld, also »der Erfindung ihrer Feinde, Vorteil ziehen, wohlfeiler und bequemer leben zu können«. Und wenig später verbringt er im Freundeskreis um Georg Forster – dem leidenschaftlichen Anhänger der Französischen Revolution, der bald eine führende Rolle in der Mainzer Republik spielen wird – »zwei muntere Abende«. Goethe versagt es sich nicht, diesen verdächtigen, von den Konservativen der Vaterlandsverräterei bezichtigten und verteufelten Kreis mit Sympathie zu schildern und mit gewisser Selbstironie die politischen Meinungsgegensätze zu streifen, die doch im Geiste stillschweigender Toleranz, durch Humor und unparteiische Intellektualität überbrückt wurden: »Die Freiheit eines wohlwollenden Scherzes auf dem Boden der Wissenschaft und Einsicht verlieh die heiterste Stimmung. Von politischen Dingen war die Rede nicht, man fühlte, daß man sich wechselseitig zu schonen habe: denn wenn sie republikanische Gesinnungen nicht ganz verleugneten, so eilte ich offenbar mit einer Armee zu ziehen, die eben diesen Gesinnungen und ihrer Wirkung ein entschiedenes Ende machen sollte.«

Damit ist die Tonart der *Campagne* angegeben. Obwohl Goethe aus seiner antirevolutionären Überzeugung kein Hehl macht, schildert und wertet er doch nie blind-parteiisch – im Gegenteil:

die Emigranten, mit denen er gegen das revolutionäre Frankreich zieht, behandelt er spöttisch, die Revolutionsfreunde mit warmer Sympathie. Sie gilt auch der durch Revolution und Krieg gebeutelten französischen Bevölkerung. So manches Beispiel revolutionären Heldenmuts und revolutionärer Tragik führt Goethe dem Leser vor Augen, während das Invasionsheer, in dem er selber mitzieht, alles andere als schmeichelhaft geschildert wird. »Der Dichter«, so schreibt Goethe am Schluß der *Campagne*, »der seiner Natur nach unparteiisch sein und bleiben muß, sucht sich von den Zuständen beider kämpfender Teile zu durchdringen, wo er denn, wenn Vermittlung unmöglich wird, sich entschließen muß, tragisch zu endigen.« Genau das aber ist auch die Grundtendenz der *Campagne* und *Belagerung*.

Goethe treibt also keine offizielle Kriegsberichterstattung, sondern er beobachtet und schreibt eher aus der Distanz des Schlachtenbummlers. Diese Distanz und gewisse Selbstisolation drückt sich schon darin aus, daß Goethe die Armee in eigener Chaise begleitet. Er ist gewissermaßen bloßer Zuschauer des »Kriegstheaters«, wie der Feldzug auf der ersten und letzten Seite der *Campagne* beziehungsreich genannt wird. (Theatermetaphern tauchen bezeichnenderweise wiederholt in der Schilderung der militärischen Ereignisse auf.) Ganz bewußt widmet er sich inmitten von Krieg und Zerstörung dem friedlichen Geschäft der »Farbenlehre« – »ohne sich durch Kanonenkugeln und Feuerballen im mindesten stören zu lassen«.

Dem zerstörenden Walten des Kriegs stellt er die Residuen des Friedens auf dem Lande, den »französischen ländlichen, idyllisch homerischen Zustand« gegenüber. Eindringlich analysiert er den Gemütszustand des Kriegers, entwickelt förmlich eine Psychologie des Soldaten, der »zwischen Ordnung und Unordnung, zwischen Erhalten und Verderben, zwischen Rauben und Bezahlen« lebt, der um des Durchhaltens willen in Selbstbetrug und »Heuchelei« verfällt, sich angesichts der ständig drohenden Gefahr einen blinden »Fatalismus« zu eigen macht und mit der Relativierung der sozialen Rangordnung leben muß, da der Krieg ein »Vortod« ist, der »alle Menschen gleich« macht, allen »Besitz« aufhebt und jedem ohne Ansehen der Person »Pein und Gefahr« bringt.

Auch die *Belagerung* ist von irenischen Momenten durchzogen, aus denen der stille Widerspruch gegen eine von Haß und Gewalt zerrissene Welt spricht. Einem Mainzer Perückenmacher, der auf Rache an den überwundenen revolutionären Klubbisten sinnt, sucht Goethe durch »begütigende Worte« und Hilfsbereitschaft begreiflich zu machen, »daß die Rückkehr in einen friedlichen und häuslichen Zustand nicht mit einem neuen bürgerlichen Krieg, Haß und Rache müsse verunreinigt werden, weil sich das Unglück ja sonst verewige«. In diesem Sinne verhindert er im Namen des Herzogs von Weimar einen Fall brutaler »Selbsthülfe« und Lynchjustiz. Wieder trifft er da auf jenen Perückenmacher, dem er am Tag zuvor Gutes getan hatte, und mahnt ihn: »Habt Ihr nicht darüber nachgedacht, daß man durch Selbstrache sich schuldig macht, daß man Gott und seinen Oberen die Strafe der Verbrecher überlassen soll«? Goethe verteidigt sein Eingreifen schließlich durch die berühmte Maxime: »ich will lieber eine Ungerechtigkeit begehen als Unordnung ertragen«. Diese Maxime wird von Goethe-Kritikern gern, aus dem Zusammenhang herausgelöst, als Beispiel für sein starr-konservatives Ordnungsdenken angeführt. In Wirklichkeit plädiert er hier nur für einen Grundsatz des modernen Staats: die Monopolisierung der Gewalt – und immerhin hat der »konservative« Goethe durch dieses Plädoyer und die Verhinderung der Selbstjustiz einem aktiven Revolutionär das Leben gerettet!

In unmittelbarem Anschluß an diese Affäre schildert Goethe den Zustand des eroberten Mainz: »In Schutt und Trümmer war zusammengestürzt, was Jahrhunderten aufzubauen gelang, wo in der schönsten Lage der Welt Reichtümer von Provinzen zusammenflossen und Religion das, was ihre Diener besaßen, zu befestigen und zu vermehren trachtete.« Einmal mehr zeigt sich hier die irenische Grundhaltung Goethes, der sich selbst im *Zweiten römischen Aufenthalt* ein »Kind des Friedens« genannt hat. Im Geiste dieses Friedens setzt er sein eigenes dichterisches Schaffen und seine Naturforschung – gerade inmitten des Kriegs – den Gewalten der Zerstörung entgegen. »Manches Herrliche der Welt / Ist in Krieg und Streit zerronnen; / Wer beschützet und erhält, / Hat das schönste Los gewonnen«, lautet ein Vierzeiler Goethes aus dem Jahre 1826, der seine vom Geist des Friedens geprägte Lebenstendenz bewegend zum Ausdruck bringt.

Literatur

Arntzen, Helmut: Die Gesellschaft als Schein. Klingers und Goethes »Theaterkomödien«. In: H. Arntzen: Die ernste Komödie. Das deutsche Lustspiel von Lessing bis Kleist. München 1968, S. 102–112.

Bahr, Ehrhard: Goethes *Natürliche Tochter.* Weimarer Hofklassik und Französische Revolution. In: Karl Otto Conrady (Hrsg.): Deutsche Literatur zur Zeit der Klassik. Stuttgart 1977, S. 226–242.

Baioni, Giuliano: Classicismo e rivoluzione. Goethe e la Rivoluzione francese. Napoli 1969.

Beaujean, Marion: Zweimal Prinzenerziehung: *Don Carlos* und *Geisterseher*. Schillers Reaktion auf Illuminaten und Rosenkreuzer. In: Poetica 10 (1978), S. 217–235.

Binder, Alwin (Hrsg.): Johann Wolfgang Goethe: Der Groß-Cophta [mit Quellen, Anmerkungen u. Nachwort]. Stuttgart 1989.

Blumenthal, Lieselotte: Goethes *Großkophta*. Weimarer Beiträge 7 (1961), S. 1–26.

Böschenstein, Bernhard: Goethes *Natürliche Tochter* als Antwort auf die Französische Revolution. In: Paolo Chiarini (Hrsg.): Bausteine zu einem neuen Goethe. Frankfurt am Main, Bern 1987, S. 93–106.

Böschenstein, Bernhard (Hrsg.): J. W. Goethe: Die natürliche Tochter. Mit den Memoiren der Stéphanie-Louise de Bourbon-Conti und drei Studien von B. Böschenstein. Frankfurt a.M. 1990.

Borchmeyer, Dieter: Höfische Gesellschaft und Französische Revolution bei Goethe. Adliges und bürgerliches Wertsystem im Urteil der Weimarer Klassik. Kronberg im Taunus 1977.

Borchmeyer, Dieter: Die Französische Revolution im Blickwandel Goethes. In: liberal. Vierteljahrsheftef. Politik u. Kultur. Heft 4. November 1989. 31. Jg. S. 64–76.

Brown, Jane K.: Schiller und die Ironie von *Hermann und Dorothea*. In: Gerhart Hoffmeister (Hrsg.): Goethezeit. Studium zur Erkenntnis und Rezeption Goethes und seiner Zeitgenossen. Festschrift für Stuart Atkins. Bern/München 1981, S. 203–216.

Bürger, Christa: *Hermann und Dorothea* oder Die Wirklichkeit als Ideal. In: Wilfried Barner / Eberhard Lämmert / Norbert Oellers (Hrsg.): Unser Commercium. Goethes und Schillers Literaturpolitik. 1984, S. 485–505.

Cape, Ruth I.: Das französische Ungewitter: Goethes Bildersprache zur Französischen Revolution. Heidelberg 1991.

Conrady, Karl Otto (Hrsg.): Goethe und die Französische Revolution. Insel Almanach auf das Jahr 1989. Frankfurt a.M. 1988.

David, Claude: Goethe und die Französische Revolution. In: Deutsche Literatur und Französische Revolution. Göttingen 1974, S. 63–86.

Demetz, Peter: Goethes *Die Aufgeregten*. Zur Frage der politischen Dichtung in Deutschland. Hannoversch-Münden 1952.

Dreisbach, Elke: Goethes *Achilleis*. Heidelberg 1994.

Ehrlich, Lothar: Goethes Revolutionskomödien. In: Goethe Jb. 107 (1990), S. 179–199.

Eibl, Karl: Anamnesis des »Augenblicks«. Goethes poetischer Gesellschaftsentwurf in *Hermann und Dorothea*. In: Dt. Vierteljahrsschrift 58 (1984), S. 111–138.

Emrich, Wilhelm: Goethes Trauerspiel *Die natürliche Tochter.* Zur Ursprungsgeschichte der modernen Welt. In: Stanley A. Corngold u.a. (Hrsg.): Aspekte der Goethezeit. Göttingen 1977, S. 163–182.

Fink, Gonthier-Louis: Wieland und die Französische Revolution. In: Deutsche Literatur und Französische Revolution. Göttingen 1974, S. 5–38.

Fink, Gonthier-Louis: Le *Conte* de Goethe: De l'hermetisme à l'esotérisme politique. In: G.-L. Fink / Yvette K. Centeno u.a. (Hrsg.): Goethe. (Cahiers de l'hérmetisme). Paris 1980, S. 73–104.

Fink, Gonthier-Louis: Goethe et la Révolution Française. In: Recherches Germaniques 20 (1990), S. 3–47.

Fisher, Richard: Credo in context: justice, order and Goethe's table of values in *Belagerung von Mainz.* In: Seminar 31 (1995), S. 129–144.

Fügen, Hans Norbert: Stabilität, Konflikt und Wandel in Goethes bürgerlichem Epos. In: H. N. Fügen: Dichtung in der bürgerlichen Gesellschaft. Bonn 1972, S. 14–27.

Geulen, Hans: Goethes *Hermann und Dorothea.* Zur Problematik und inneren Genese des epischen Gedichts. In: Jb. d. Freien Dt. Hochstifts (1983) S. 1–20.

Hass, Hans-Egon: Goethe. *Die natürliche Tochter.* In: Benno von Wiese (Hrsg.): Das deutsche Drama vom Barock bis zur Gegenwart. Interpretationen. Bd. 1. Düsseldorf 1964, S. 215–247.

Hömig, Herbert: Revolution, Landschaft und Verfassung. Zu Goethes politischer Weltanschauung. In: Herbert Hömig / Dietrich Pfaehler (Hrsg.):Im Bannkreis des klassischen Weimar. Festgabe für Hans Tümmler zum 75. Geburtstag. Bad Neustadt an der Saale 1982, S. 75–86.

Horn, Gisela: Goethes autobiographische Schriften *Kampagne in Frankreich* und *Belagerung von Mainz.* Historische Tatsachen und ästhetische Struktur. In: Helmut Brandt u. Manfred Beyer (Hrsg.): Ansichten der deutschen Klassik. Berlin u. Weimar 1981, S. 233–249.

Jäger, Hans-Wolf: *Reineke Fuchs.* In: Paul Michael Lützeler / James McLeod (Hrsg.): Goethes Erzählwerk. Interpretationen. Stuttgart 1985, S. 103–133.

Kiefer, Klaus H.: Okkultismus und Aufklärung aus medienkritischer Sicht. Zur Cagliostro-Rezeption Goethes und Schillers im zeitgenössischen Kontext. In: Karl Richter / Jörg Schönert (Hrsg.): Klassik und Moderne. Die Weimarer Klassik als historisches Ereignis und Herausforderung im kulturgeschichtlichen Prozeß. Stuttgart 1983, S. 207–227.

Kiefer, Klaus H. (Hrsg.): Cagliostro. Dokumente zu Aufklärung und Okkultismus. Leipzig u. Weimar 1991.

Kraft, Herbert: »... Alle Jahre einmal als ein Wahrzeichen«. Goethes Lustspiel *Der Groß-Cophta.* In: In: Wilfried Barner / Eberhard Lämmert / Norbert Oellers (Hrsg.): Unser Commercium. Goethes und Schillers Literaturpolitik. Stuttgart 1984, S. 275–288.

Krauss, Werner: Goethe und die Französische Revolution. In: Goethe Jb. 94 (1977), S. 127–136.

Lamport, Francis J.: »Entfernten Weltgetöses Widerhall«. Politics in Goethe's plays. In: Publications of the English Goethe Society N. S. 44 (1974), S. 41–62.

Leroux, Robert: La Révolution Francaise dans *Hermann und Dorothea*. In: Études Germaniques 4 (1949), S. 174–186.

Lüderssen, Klaus: »Ich will lieber eine Ungerechtigkeit begehen als Unordnung ertragen.« Notizen über Goethes Verhältnis zum Recht: In: Dieter Kimpel [u.a.]: Allerhand Goethe. Seine wissenschaftliche Sendung aus Anlaß des 150. Todestages [...]. Frankfurt a.M. 1985, S. 221–236.

Lützeler, Paul Michael: *Hermann und Dorothea* (1797). In: P. M. Lützeler / James McLeod (Hrsg.): Goethes Erzählwerk. Interpretationen. Stuttgart 1985, S. 216–267.

Lukács, Georg: Goethe und seine Zeit. Bern 1947 [u.ö.].

Mannack, Eberhard: Goethes *Belagerung von Mainz* – eine Korrektur von Mißverständnissen. In: Études Germaniques 38 (1983), S. 102–117.

Martens, Wolfgang: Geheimnis und Logenwesen als Elemente des Betrugs in Goethes Lustspiel *Der Groß-Cophta*. In: Peter Christian Ludz (Hrsg.): Geheime Gesellschaften. Heidelberg 1979, S. 325–333.

Martens, Wolfgang: Halten und Dauern? Gedanken zu Goethes *Hermann und Dorothea*. In: Wolfgang Wittkowski (Hrsg.): Verlorene Klassik? Ein Symposium. Tübingen 1986, S. 79–98.

Martini, Fritz: Goethes »verfehlte« Lustspiele *Die Mitschuldigen* und *Der Groß-Cophta*. In Helmut Holtzhauer (Hrsg.): Natur und Idee. Andreas Bruno Wachsmuth zugeeignet. Weimar 1966, S. 164–210.

Mehra, Marlies: Die Geheimnisthematik in Goethes Trauerspiel *Die natürliche Tochter*. In: Edward R. Haymes (Hrsg.): Theatrum Mundi. München 1980, S. 59–71.

Mehra, Marlies: Goethes *Groß-Cophta* und das zeitgenössische Lustspiel um 1790. In: Goethe Yearbook 1 (1982), S. 93–111.

Mickel, Karl: *Die natürliche Tochter* oder: Goethes soziologischer Blick. In: Goethe Jb. 107 (1990), S. 56–70.

Müller, Joachim: Goethes *Campagne in Frankreich*. Epochenkritik, Umweltanalyse und Kontraststruktur. Berlin 1974 (Sitzungsbericht der Sächsischen Akademie der Wissenschaft, Philosophisch – historische Klasse, Bd. 117,3).

Müller, Klaus-Detlev: Goethes *Campagne in Frankreich* – Innenansicht eines Krieges. In: Goethe Jb. 107 (1990), S. 115–126.

Müller-Seidel, Walter: Das Zeitalter der Französischen Revolution. In: W. Müller-Seidel: Die Geschichtlichkeit der deutschen Klassik. Literatur und Denkformen um 1800. Stuttgart 1983, S. 31–84.

Pott, Hans-Georg: Zivilisationskritik in Goethes Trauerspiel *Die natürliche Tochter*. In: Literatur für Leser 2 (1980), S. 21–230.

Rahe, Konrad: Cagliostro und Christus. Zu den biblischen Anspielungen in Goethes Komödie *Der Groß-Cophta*. Hamburg 1994.

Rasmussen, Detlef: Georg Forster und Goethes *Hermann und Dorothea*. Ein

Versuch über gegenständliche Dichtung. In: Detlef Rasmussen (Hrsg.): Goethe und Forster. Studien zum gegenständlichen Dichten. Bonn 1985, S. 54–79.

Redslob, Edwin: *Hermann und Dorothea*. In: E. Redslob: Schicksal und Dichtung. Goethe-Aufsätze. Berlin 1985, S. 141–164.

Reiss, Hans: Formgestaltung und Politik. Goethe-Studien. Würzburg 1993 [Darin Beiträge über Goethe und die Französische Revolution, *Campagne in Frankreich* und *Belagerung von Mainz*, S. 226–290].

Richter, Karl: Das »Regellose« und das »Gesetz«. Die Auseinandersetzung des Naturwissenschaftlers Goethe mit der Französischen Revolution. In: Goethe Jb. 107 (1990), S. 127–143.

Ricker-Abderhalden, Judith: Muschg, Goethe und die bürgerliche Revolution: *Die Aufgeregten von Goethe* von Muschg. In: Goethe Yearbook 2 (1984), S. 91–104.

Ritzer, Monika: »Wer das Gesetz verkennt, verzweifelt an der Erfahrung«: Goethes Naturforschung und das Geschichtsmodell der *Natürlichen Tochter*. In: Richard Fisher (Hrsg.): Ethik und Ästhetik. [...] Festschrift f. Wolfgang Wittkowski. Frankfurt a.M. u.a. 1995, S. 199–221.

Rothe, Wolfgang: Deutsche Revolutionsdramatik seit Goethe. Darmstadt 1989.

Ryder, Frank: Goethes *Natürliche Tochter*. In: Walter Veit (Hrsg.): Antipodische Aufklärungen. Frankfurt a.M. u. Bern 1987, S. 423–437.

Saine, Thomas P.: Campagne in Frankreich / Belagerung von Mainz. In: Paul Michael Lützeler / James McLeod (Hrsg.): Goethes Erzählwerk. Interpretationen. Stuttgart 1985, S. 396–428.

Saine, Thomas P.: Revolution und Reform in Goethes politisch-geschichtlichem Denken und in seiner amtlichen Tätigkeit zwischen 1790 und 1800. In: Goethe Jb. 110 (1993), S. 147–162.

Schanze, Helmut: Goethes Dramatik. Theater der Erinnerung. Tübingen 1989 [*Die Natürliche Tochter*: S. 142–149].

Schneider, Helmut J.: Idylle und bürgerliches Epos. In: H. A. Glaser (Hrsg.): Deutsche Literatur. Eine Sozialgeschichte, Bd. 5: Zwischen Revolution und Restauration: Klassik, Romantik. Reinbek bei Hamburg 1980, S. 130–143.

Schröder, Winfried: Goethes *Groß-Cophta* – Cagliostro und die Vorgeschichte der Französischen Revolution. In: Goethe Jb. 105 (1988), S. 181–211.

Segeberg, Harro: Deutsche Literatur und Französische Revolution. Zum Verhältnis von Weimarer Klassik, Frühromantik und Spätaufklärung. In: Karl Otto Conrady (Hrsg.): Deutsche Literatur zur Zeit der Klassik. Stuttgart 1977, S. 243–266.

Seidlin, Oskar: Über *Hermann und Dorothea*. In: O. Seidlin: Klassische und moderne Klassiker. Göttingen 1972, S. 20–37.

Staiger, Emil: Goethe, Bd. 2 (1786–1814). Zürich 1956 [u. ö.] [*Hermann und Dorothea* S. 220–266 – *Die natürliche Tochter* S. 366–402].

Stammen, Theo: Goethe und die Französische Revolution. Eine Interpretation der *Natürlichen Tochter*. München 1966.

Sternberger, Dolf: Wahrheit in der Dichtung. Das Exempel der *Natürlichen Tochter* von Goethe. In: Jb. d. Dt. Akademie f. Sprache und Dichtung (1982) H. 2, S. 9–22.
Treder, Uta: Wundermann oder Scharlatan? Die Figur Cagliostros bei Schiller und Goethe. In: Monatshefte 79 (1987), S. 30–43.
Uerlings, Herbert: *Die natürliche Tochter.* Zur Rolle des Bürgertums in Goethes Trauerspiel. In: Goethe Jb. 104 (1987), S. 96–112.
Vaget, Hans Rudolf: *Die natürliche Tochter.* In: W. Hinderer (Hrsg.): Goethes Dramen. Neue Interpretationen. Stuttgart 1980, S. 210–225.
Vogel, Martin: Cagliostro, Goethes *Groß-Coptha.* Bonn 1995.
Volke, Werner [u.a.] (Hrsg.): »O Freyheit! Silberton dem Ohre ...«. Französische Revolution und deutsche Literatur 1789–1799. Eine Ausstellung des deutschen Literaturarchivs. Marbach a.N. 1989.
Wagner, Irmgard: *Die natürliche Tochter* and the problem of representation. In: Goethe Yearbook 4 (1988), S. 185–207.
Waidson, Herbert M.: Goethe, *Die Aufgeregten* and Adolf Muschg. In: Publications of the English Goethe Society N. S. 43 (1973), S. 96–116.
Weis, Eberhard: Der Durchbruch des Bürgertums 1776–1847. Propyläen Geschichte Europas Bd. 4. Frankfurt am Main/Berlin/Wien 1978.
Weiß, Walter: Goethe, *Die natürliche Tochter.* Metamorphose durch Revolution? In: Dieter Borchmeyer (Hrsg.): Poetik und Geschichte. Festschrift für Viktor Žmegač. Tübingen 1989, S. 55–62.
Wilson, W. Daniel: Geheimräte gegen Geheimbünde. Ein unbekanntes Kapitel der klassisch-romantischen Geschichte Weimars. Stuttgart 1991.
Würffel, Stephan Bodo: »...ein Werk, das einen nicht los läßt ...«. Goethes Soulavie-Lektüre und *Die natürliche Tochter.* In: Jb. d. Freien Dt. Hochstifts 1986, S. 91–117.
Zehm, Edith: Der Frankreichfeldzug von 1792. Formen seiner Literarisierung im Tagebuch Johann Conrad Wagners und in Goethes *Campagne in Frankreich.* Bern 1985.
Zimmermann, Harro (Hrsg.): Die Französische Revolution in der deutschen Literatur. Essays. Frankfurt a.M. 1989.
Ziolkowski, Theodore: The imperiled sanctuary. Toward a paradigm of Goethe's classical dramas. In: Studies in the German drama. A Festschrift in honor of Walter Silz. Chapel Hill 1974, S. 71–87.

III Ästhetische Erziehung als politische Propädeutik

Im Unterschied zu Goethe hat Schiller keine einzige Dichtung geschrieben, welche sich – über mehr oder weniger weitreichende Anspielungen hinaus – stofflich direkt auf die Französische Revolution bezieht. Das ist um so bemerkenswerter, als ihm die Darstellung politischer Stoffe wesentlich näher lag als Goethe und sein Interesse als Historiker ja gerade dem Bereich der Rebellionen und Revolutionen galt. Überdies war seine Einstellung zur Französischen Revolution nicht von vornherein so dezidiert ablehnend wie diejenige Goethes. Schillers unmittelbare Antwort auf die Revolution finden wir nicht in seiner Dichtung – so spürbar namentlich *Wallenstein* und *Wilhelm Tell* von ihr geprägt sind –, sondern in seiner Ästhetik. Wie sehr diese von politischen Ideen bestimmt ist, das zeigten schon die früher gewürdigten philosophischen Schriften (*Kallias*-Briefe, *Über Anmut und Würde*). Und so nimmt es nicht wunder, daß Schiller sein philosophisches Hauptwerk *Über die ästhetische Erziehung des Menschen, in einer Reihe von Briefen*, das 1795 in den »Horen« erschienen ist, in einem Brief an Christian Garve vom 25. Januar 1795 als sein »politisches Glaubensbekenntnis« bezeichnet. Ein solches war in den »Horen« aufgrund ihres politischen Desengagements freilich nur schwer unterzubringen. Deshalb hat Schiller alle konkreten Beziehungen auf die französischen Ereignisse, die sich noch in der Urfassung der »Ästhetischen Briefe« an den Erbprinzen von Augustenburg (1793) finden, in der endgültigen Fassung fortgelassen.

Die »Ästhetischen Briefe« haben als Kulturtheorie in der zweiten Periode der Weimarer Klassik etwa den gleichen Stellenwert wie Herders *Ideen* (die gleichzeitig, 1793–97, durch die *Briefe zur Beförderung der Humanität* fortgesetzt werden) in der ersten Periode. Sie sind keine werkbezogene Kunsttheorie – es geht hier überhaupt nicht um ›Kunstwerke‹ –, sondern eine Ästhetik der Bildung und des ›Umgangs‹. Der Briefform gemäß sind sie kein streng systematisches Werk (anders als Herders »Humanitätsbriefe« freilich auch keine bloße Sammlung von Einzelaufsätzen); transzendentalphilosophische Deduktion verbindet sich mit kritischer Analyse des Zeitalters und utopischem Entwurf. In den ersten zehn Briefen sucht Schiller die Rolle der Kunst innerhalb der Kulturentwicklung der Menschheit zu erhellen und analysiert gleichzeitig mit ungemein kritischen Vorzeichen den Geist seines Zeitalters. Dessen »großes Idol«: der »Nutzen« und dessen Tendenz zu philosophischer Abstraktheit haben die Kunst mehr und mehr aus ihren Rechten vertrieben. Das »Drama der jetzigen Zeit« zeigt auf allen Ebenen der Gesellschaft ein Bild tiefen »menschlichen Verfalls«. Schiller übt nicht nur unter deutlicher Anspielung auf die Exzesse der Massen während der Revolution scharfe Kritik an der »Verwilderung« der »niedern und zahlreichern Klassen«, sondern greift noch weit unerbittlicher die »Erschlaffung« und »Depravation des Charakters« in den »zivilisierten Klassen«, d.h. die Korruption der Adelskultur an. Seine Polemik trifft ebenso das Ancien Régime wie die Revolution. Für die Lösung des »politischen Problems« der Zeit hat er ein eigenes Konzept, das von beiden gleich weit entfernt ist.

Schillers Idee der ästhetischen Erziehung ist ein latent politischer Gedanke, geboren aus der Enttäuschung über die blutigen Ereignisse der Revolution. Niemand hat diese durch den Jakobinerterror im ganzen liberalen Deutschland ausgelöste Desillusion – angesichts des verfehlten Kairos einer großen Staatsumwälzung auf der Basis der Aufklärungsphilosophie – bedeutender geschildert als Schiller in der Urfassung der »Ästhetischen Briefe« (13. Juli 1793): »Ehe diese Ereignisse eintraten, [...] konnte man sich allenfalls mit dem lieblichen Wahne schmeicheln, daß der unmerkliche, aber ununterbrochene Einfluß denkender Köpfe [...] die Gemüter allmählich zum Empfang des Bessern gestimmt und so eine Epoche vorbereitet haben müßten, wo die Philosophie den moralischen Weltbau übernehmen und das Licht über die Finsternis siegen könnte. [...] Nichts schien mehr zu fehlen als das *Signal* zur großen Veränderung und eine Vereinigung der Gemüter. Beides ist nun gegeben – aber wie ist es ausgeschlagen? Der Versuch des französischen Volks, sich in seine heiligen Menschenrechte einzusetzen und eine politische Freiheit zu erringen, hat bloß das Unvermögen und die Unwürdigkeit desselben an den Tag gebracht und nicht nur dieses unglückliche Volk, sondern mit ihm auch einen beträchtlichen Teil Europas und ein ganzes Jahrhundert in Barbarei und Knechtschaft zurückgeschleudert. Der Moment war der günstigste, aber er fand eine verderbte Generation, die ihn nicht wert war und weder zu würdigen noch zu benutzen wußte.«

Aus Äußerungen wie diesen hat man später gefolgert, Schiller habe die Revolution anfänglich leidenschaftlich bejaht. Das trifft freilich nicht zu; er hat vielmehr ein abwartendes Stillschweigen bewahrt. Erst die Radikalisierung der Revolution seit den Septembermorden 1792 veranlaßt ihn zu einer klaren – nunmehr deutlich ablehnenden – Stellungnahme zu den französischen Ereignissen.

Daß er diese zunächst mit gespannter, durchaus hoffnungsvoller Erwartung verfolgt hat, ist nicht nur von seiner gesamten historisch-politischen Einstellung um das Jahr 1789 her wahrscheinlich, sondern läßt sich auch aus dem zitierten Brief erschließen. Schiller hat nicht das Ziel der Revolution: die ›große Veränderung‹ des herrschenden politischen Systems, sondern ihre Methode verworfen. Daß politische Probleme nun nicht mehr »durch das blinde Recht des Stärkeren« gelöst, sondern vor dem »Richterstuhl reiner Vernunft«, also nach Gesetzen entschieden werden sollen, die jeder Vernunftbegabte »selbst zu diktieren fähig und berechtigt ist« (2. Brief), diesen naturrechtlichen Grundgedanken – also die von der Revolution auf ihre Fahne geschriebene Verankerung des Rechts in der Vernunft – hat Schiller vorbehaltlos gebilligt. »Wäre das Faktum wahr [...], daß die politische Gesetzgebung der Vernunft übertragen, der Mensch als Selbstzweck respektiert und behandelt, das Gesetz auf den Thron erhoben und wahre Freiheit zur Grundlage des Staatsgebäudes gemacht worden, so wollte ich auf ewig von den Musen Abschied nehmen und dem herrlichsten aller Kunstwerke, der Monarchie der Vernunft, alle meine Tätigkeit widmen. Aber dieses Faktum ist es eben, was ich zu bezweifeln wage.« (13. Juli 1793) Deshalb nimmt er von den Musen nicht Abschied, sondern wählt gerade sie als Führerinnen auf dem Weg zum ›Kunstwerk‹ des vernünftigen Gemeinwesens. Die ästhetische Erziehung ist also auf ein politisches Ziel hingeordnet, Wegbereiterin des Vernunftstaates.

Diese Auffassung, die Überzeugung, daß man, um das »politische Problem« lösen zu können, »durch das ästhetische den Weg nehmen muß« (2. Ästhetischer Brief), resultiert einmal aus der Überzeugung, daß die ästhetische die Sphäre der Vermittlung von Vernunft und Sinnlichkeit ist, zum andern aus der Begründung der politischen Antagonismen der Zeit durch die Spaltung des Menschen in ein Vernunft- und ein Natur- oder Sinnenwesen. So stellt Schiller den angestrebten Vernunftstaat dem bisherigen, nur von dynamischen »Kräften« bestimmten Staat als einem »Naturstaat« gegenüber. Die Maxime der Ästhetik, es gebe »keinen anderen Weg, den sinnlichen Menschen vernünftig zu machen, als daß man denselben zuvor ästhetisch macht«, ist daher zugleich ein implizit politischer Grundsatz.

Die ästhetische Erziehung ist gewissermaßen der Versuch, das Ziel der Revolution »ohne Revolution zu verwirklichen, die Revolution also überflüssig zu machen«. Diese Formulierung von Georg Lukács gemahnt an den Aphorismus »Die Gefährlichkeit der Aufklärung« in Nietzsches *Menschliches, Allzumenschliches* (2. Bd., 2. Abt., Aph. 221), wo es heißt, die Aufklärung habe sich ursprünglich als allmählichen Bildungsprozeß begriffen; durch die Revolution sei jedoch ihr Wesen verändert worden. »Wer dies begreift, wird auch wissen, [...] von welcher Verunreinigung man sie zu läutern hat: um dann, *an sich selber*, das Werk der Aufklärung *fortzusetzen* und die Revolution nachträglich in der Geburt zu ersticken, ungeschehen zu machen.« Ein Schiller sehr nahe kommender Gedanke: die ästhetische Erziehung als eine Art Aufhebung der Revolution im Geiste und unter ›Fortsetzung‹ der Aufklärung.

Diese Fortsetzung bedeutet freilich auch eine Revision der Aufklärung. Die Revolution hat die Ohnmacht der rein rationalen »theoretischen Kultur« offenbart. Die ästhetische Erziehung ist demgegenüber »praktische Kultur«, welche die »Ausbildung des Empfindungsvermögens« zum Ziel hat. »Aufklärung der Begriffe« allein kann den Charakter der Menschen nicht verändern, wird doch der größere Teil von ihnen mehr »durch Empfindungen zum Handeln bestimmt«. Die Saat der rationalen Erkenntnis geht also nicht auf, wenn sie nicht auf einen für sie bereiten Boden des Gefühls und der Einbildungskraft fällt. »Der Weg zum Kopf« muß »durch das Herz geöffnet werden« (8./9. Brief und Urfassung). In dieser Hinsicht knüpft Schiller bewußt an die Tradition der (auf die außerrationalen Seelenkräfte zielenden) rhetorischen Erziehung an; zumal die pädagogischen Teile in Quintilians *Institutio oratoria* haben ihn in diesem Zusammenhang beschäftigt.

Es ist aufschlußreich, seine »Ästhetischen Briefe« vor dem Hintergrund der rhetorischen Tradition mit der bedeutendsten und folgenreichsten Streitschrift gegen die Französische Revolution zu vergleichen: mit Edmund Burkes *Reflections on the Revolution in France* (1790), die auch Schiller in der epochemachenden Übertragung von Friedrich Gentz (1793) kennengelernt hat. Burke opponiert im Namen der spezifisch englischen Tradition der empirischen Philosophie, eines vom Common Sense bestimmten praktisch-politischen Denkens, das ständig auf die Argumentationsmuster der Rhetorik rekurriert, gegen die abstrakten Prämissen der Französischen Revolution, die er bezeichnend eine »philosophische Revolution« nennt. Was Schiller von Burke freilich unterscheidet, ist das Faktum, daß seine »praktische Kultur« doch transzendentalphilosophisch überwölbt, der »theoeretischen Kultur« hierarchisch untergeordnet bleibt. So ist auch die ästhetische Erziehung – als Inbegriff der praktischen Kultur – bei Schiller im

Grunde die List der aufgeklärten Vernunft. Sie übernimmt, was nach Burke die alten empirischen Traditionen leisteten, nämlich Einsichten nicht nur im Kopf, sondern im Herzen zu verankern und sie so zu unmittelbaren Handlungsmotiven und Lebensmaximen zu machen. Doch bei Burke haben diese praktischen Maximen ihr Telos in sich, während sie bei Schiller zur höheren theoretischen Einsicht hinführen sollen. (Zu Burke vgl. auch folgendes Kapitel.)

Daß Schillers Konzeption der ästhetischen Erziehung eine gewaltlose Umbildung der Revolutionstheorie des 18. Jahrhunderts sein will, erhellt deutlich aus ihren naturrechtlichen Prämissen. Im 3. Brief charakterisiert Schiller folgendermaßen die Bedingungen des alten Staats: Der Mensch finde sich von Natur aus bereits in einem Staat vor, ehe er sich in Freiheit für denselben entscheiden könne. Da er sich aber als »moralische Person« nicht mit dem zufrieden geben kann, was die bloße Natur für ihn getan, muß er das »Werk der Not« in ein »Werk seiner freien Wahl« umschaffen, d.h. den Natur- und Notstaat durch ein Gemeinwesen der Vernunft und Freiheit ersetzen. Zu diesem Zweck bedient er sich der Fiktion des Naturzustandes, der für Schiller kein historisches Faktum, sondern eine bloß gedankliche Voraussetzung (ein »idealischer Stand«) ist, um die Geltung des Naturrechts vor, d.h. unabhängig von allem staatlichen, positiven Recht zu betonen. Auf diese Fiktion gestützt, verfährt der Mensch nun so, »als ob er von vorn anfinge und den Stand der Unabhängigkeit aus heller Einsicht und freiem Entschluß mit dem Stand der Verträge vertauschte« (Rousseaus Idee des »contrat social«).

Diese Vertauschung des unabhängigen Naturzustandes gegen den gesellschaftlichen Vertragszustand – für Schiller ein bloß gedankliches ›Als ob‹ – hat am Ende des 18. Jahrhunderts allgemein die Rolle eines »Deutungsschemas der revolutionären Handlungen« gespielt (Jürgen Habermas). So charakterisiert z.B. auch Fichte in seiner Schiller wohlbekannten *Berichtigung der Urteile des Publikums über die französische Revolution* (1793) die letztere als Lossagung vom bisherigen Gesellschaftszustand, der durch einen neuen contrat social abgelöst werden soll, mithin als Wiederherstellung eines Naturzustandes. Im gleichen Sinne schreibt Schiller in der Urfassung der »Ästhetischen Briefe«: »Eine geistreiche, mutvolle, lange Zeit als Muster betrachtete Nation hat angefangen, ihren positiven Gesellschaftszustand gewaltsam zu verlassen und sich in den Naturstand zurückzuversetzen, für den die Vernunft die alleinige und absolute Gesetzgeberin ist.« (13. Juli

1793) Was hier allerdings Tat der Gewalt ist, bleibt im 3. Ästhetischen Brief eine rein gedankliche Operation. In beiden Fällen stellt sich jedoch der bestehende als ein aufzulösender Gesellschaftszustand dar.

Der alte Staat ist für Schiller ein Werk »blinder Willkür«, dessen »Schein von Ehrwürdigkeit« vor der Vernunft nichts gilt; »das Werk blinder Kräfte besitzt keine Autorität, vor welcher die Freiheit sich zu beugen brauchte«. So betrachtet, »rechtfertigt sich der Versuch eines mündig gewordenen Volkes seinen Naturstaat in einen sittlichen umzuformen«. Wirkt Schillers Gedankengang bis zu diesem Punkt wie eine Apologie der Revolution, so wird deren Legitimität durch ein anderes Argument doch negiert. Hat der Naturstaat auch keine Gültigkeit für die Vernunft, so doch für den »physischen und wirklichen Menschen«. Ob Willkür- oder Vernunftstaat – der Staat als solcher ist dem physischen Menschen notwendig. Deshalb darf man den wirklich bestehenden Staat nicht an ein bloß mögliches, wenn auch moralisch notwendiges Ideal desselben wagen und dem Menschen etwas nehmen, »das er wirklich besitzt«, um ihm stattdessen etwas anzuweisen, »das er besitzen könnte und sollte«.

Die Menschheit darf also nicht einem anarchischen Zwischenzustand (Naturzustand) preisgegeben werden, dessen fürchterliche Folgen – die Entfesselung der »Tierheit« im Menschen – die Exzesse der revolutionären Massen gezeigt haben, vielmehr: das »Uhrwerk des Staats muß gebessert werden, indem es schlägt«. »Man muß also für die Fortdauer der Gesellschaft eine Stütze aufsuchen, die sie von dem Naturstaate, den man auflösen will, unabhängig macht.« Diese Stütze findet sich in dem ästhetischen Charakter des Menschen, der zwischen dem physischen, an dem sich der Naturstaat orientiert, und dem moralischen Charakter, auf den sich der Vernunftstaat einstellen soll, vermittelt. Der ästhetischen Erziehung kommt demgemäß die Aufgabe zu, den »Übergang« zu bahnen »von der Herrschaft bloßer Kräfte zu der Herrschaft der Gesetze«, vom Natur- zum Vernunftstaat. Die ›Übergangs‹-Funktion der ästhetischen Erziehung macht diese zum genauen Analogon der Revolution. An die Stelle des gewaltsamen Umsturzes tritt die evolutionäre Überwindung des bisherigen Staates. Dieser bleibt so lange äußerlich bestehen, bis die ästhetische Erziehung die Gesellschaft so weit geführt hat, daß er als bloße Schale wie von selbst von ihr abfällt und den Blick auf den Vernunftstaat freigibt, der sich gleichsam unter dieser Schale ausgebildet hat. Evolution als Alternative zur Revolution bedeutet hier nicht wie für die auf geschichtliche Kontinuität bedachten Konservativen, etwa für Edmund Burke oder Goethe (vgl. folgendes Kapitel), das reformierende Umbilden des bestehenden Staates – von dem die ästhetische Erziehung ja gerade unabhängig machen will, demgegenüber sie »absolute Immunität« beansprucht (9. Brief) –, sondern dessen allmähliche Auflösung. Der ästhetischen Erziehung kommt also eine sozusagen ›subversive‹ Tendenz zu. Was sie mit der Revolution verbindet, ist die Negation des alten Staates vom Standpunkt der Vernunft aus; was sie von ihr fundamental trennt, ist die Methode seiner Überwindung. Nur in Hinblick auf diese Methode sind Goethes und Schillers Einstellung zur Französischen Revolution identisch. Erst im Zuge der Radikalisierung der letzteren trat diese Gemeinsamkeit hervor, konnten Goethe und Schiller daher ihr antirevolutionäres ästhetisches Bündnis schließen. Vor 1793 hätte ihr prinzipiell anderes Verständnis der Revolution, die Divergenz naturrechtlich-liberalen und geschichtlich-konservativen Denkens, ein solches Bündnis unmöglich gemacht.

Im 4. Brief bestimmt Schiller in Anknüpfung an Fichtes Jenaer Vorlesungen *Über die Bestimmung des Gelehrten* (1794) den Staat als Repräsentation des »reinen idealischen Menschen«, den jeder »individuelle Mensch« in sich trage, als die »objektive und gleichsam kanonische Form, in der sich die Mannigfaltigkeit der Subjekte zu vereinigen trachtet.« Der Staat kann sich nun entweder so in den Individuen behaupten, daß er dieselben »aufhebt«, oder »daß das Individuum Staat wird«. Nur im zweiten Falle kann ein ideales Gemeinwesen entstehen. Mensch als Individuum und Mensch als Gattung müssen eins werden. Die Versöhnung der Mannigfaltigkeit der Individuen und der Einheit des Staates ist Aufgabe der ästhetischen Erziehung, die zwischen der Vernunft, welche Einheit fordert, und der Natur, welche Mannigfaltigkeit verlangt, vermittelt.

Welchen Anblick bietet in Hinblick auf diese Tendenz der ästhetischen Erziehung der moderne Staat? Schiller läßt keinen Zweifel daran, daß dieser Staat den denkbar größten Gegensatz zu dem erstrebten Gemeinwesen bildet. Im 6. Brief wird dargestellt – hier geht es zweifellos vor allem um den von Schiller, Goethe und Humboldt (siehe das folgende Kapitel) gleichermaßen attackierten aufgeklärten Absolutismus –, wie sehr sich die immer bürokratischer, immer abstrakter werdende öffentliche Gewalt und das individuelle Leben auseinanderentwickelt haben. Das »Abstrakt des Ganzen« vertilgt das »einzelne konkrete Leben«, »und ewig bleibt der Staat seinen Bürgern fremd, weil ihn das Gefühl nirgends findet«. Dieser Gedanke der Entfremdung zwischen Staat und Individuum, zwischen dem Menschen als Individuum und als Gattung weist voraus auf die Analyse der Situation des Menschen in der ›bürgerlichen Gesellschaft‹ bei Hegel und beim jungen Marx. Der moderne Mensch, so wird dieser konstatieren, führe ein »doppeltes Leben« als Individuum und als Gattungswesen, als Bourgeois und als Citoyen, als konkreter Privatmensch und als abstrakter Staatsbürger. Ziel der Geschichte sei demgegenüber ein Zustand, in dem »der Konflikt der individuell-sinnlichen Existenz mit der Gattungsexistenz des Menschen aufgehoben ist« (Marx: *Zur Judenfrage*, 1844). Die Auflösung dieses Konflikts, die Aufhebung also des abstrakten, dem Individuum entfremdeten Staats ist auch das Ziel der ästhetischen Erziehung – genießen wir doch das Schöne »als Individuum und als Gattung zugleich«. Historisches Vorbild eines Gemeinwesens, in dem das Individuell-Menschliche und das im Staat repräsentierte Allgemeinmenschliche noch eine unmittelbare Einheit bildeten, ist für Schiller die griechische Polis (6. Brief).

Im transzendentalphilosophischen, auf den »reinen Vernunftbegriff der Schönheit« zielenden Teil der »Ästhetischen Briefe« (11–15) hat Schiller die »Vermittlungs«-Funktion des Ästhetischen im dualistischen Wider- und Wechselspiel von Vernunft und Natur durch die Lehre vom Stoff-, Form- und Spieltrieb begründet. Sucht der sinnliche oder Stofftrieb den Menschen »in die Schranken der Zeit zu setzen und zur Materie zu machen«, reduziert sie ihn also auf den »Zustand« als das unaufhörlich sich Verändernde im Menschen, so strebt der Formtrieb die Vielfalt der Materie in die Einheit der Vernunft zu überführen und das (»bei allem Wechsel des Zustands«) Bleibende im Menschen: die »Person« zu behaupten; der Formtrieb »hebt die Zeit, er hebt die Veränderung auf«. Zwischen diesen beiden Trieben nun vermittelt der ästhetische »Spieltrieb«, der »die Zeit in der Zeit aufzuheben, Werden mit absolutem Sein, Veränderung mit Identität zu vereinbaren« sucht. Während sich der sinnliche Trieb nur auf das Leben und der geistige auf die formal-rationale Gestalt richtet, ist der Gegenstand des Spieltriebs die »lebende Gestalt«. Dieser Begriff ist für Schiller mit dem der »Schönheit« identisch. Wie die Schönheit die »Konsummation seiner Menschheit« ist, so ist der Mensch »nur da ganz Mensch, wo er spielt«. In der Anschauung der »lebenden Gestalt« erfährt er die ideale Einheit von Vernunft und Sinnlichkeit. Freilich ist diese Einheit nur eine »Idee«, d.h. »ein Unendliches, dem er sich im Laufe der Zeit immer mehr nähern kann, aber ohne es jemals zu erreichen«. Der lebenden Gestalt als dem »Symbol« der »ausgeführten Bestimmung« des Menschen kommt also eine utopische Bedeutung zu. Der Idealzustand, auf den sie symbolisch vorausweist, ist wie die Gerade von der Asymptote nur im Unendlichen erreichbar.

Von der neu gewonnenen Position aus greift Schiller am Ende der Briefe noch einmal den Staatsgedanken auf. Das »Reich des Spiels« bildet den »ästhetischen Staat«, dessen »Grundgesetz« lautet, »Freiheit zu geben durch Freiheit«. Er vermittelt zwischen den Staaten, die sich auf dem »Zwang«, sei er physischer, sei er moralischer Art, aufbauen: zwischen dem »dynamischen Staat« der physischen Kräfte und dem »ethischen Staat« der Gesetze und Pflichten. Diese beiden Staaten sind nicht mehr identisch mit dem Natur- bzw. Vernunftstaat der ersten Briefe. Der letztere sollte eben kein Reich des ›Zwangs‹ sein, sondern das ideale Gemeinwesen der Freiheit und Menschenrechte, das alle Liberalen ersehnten. Die ästhetische Erziehung war der Weg, der zu diesem Staat hinführen sollte, nun aber kristallisiert sich das Ästhetische selbst zum »Staat«, auf den Bestimmungen des erstrebten Vernunftstaats übertragen werden: der ästhetische Staat befreit von den »Fesseln der Leibeigenschaft«, macht jeden zum »freien Bürger«, erfüllt das »Ideal der Gleichheit« und versöhnt das »Individuum« mit der »Gattung«. An die Stelle der historisch-horizontalen Trias von Naturstaat (Ancien Régime), ästhetischer Erziehung und aufklärerischem Vernunftstaat ist die metahistorisch-vertikale Trias des dynamischen, ästhetischen und ethischen Staates getreten, dreier rein philosophischer Idealtypen, deren Bezeichnung als Staat eher eine Metapher ist. – Wie der Traktat *Über naive und sentimentalische Dichtung* sind die »Ästhetischen Briefe« – das wird schon durch ihre Erscheinungsweise in einer Zeitschriftenfolge nahegelegt – ein work in progress, kein von Anfang an in sich abgerundetes Ganzes. Daraus erklären sich die typologischen Verschiebungen zwischen Anfang und Ende beider Abhandlungen, die keine Widersprüche sind, da hier wie da von der Prämisse der Autonomie des Ästhetischen ausgegangen wird, dem kein unmittelbarer Eingriff in die (politische) Wirklichkeit gestattet ist, sondern das nur die Bedingungen vernünftigen Handelns schaffen will.

Schillers »Staat des schönen Scheins« weist zurück auf das Ziel, das Schiller den »Horen« gesetzt hat: die Bildung eines gesellig-ästhetischen Zirkels, der sich an den Umgangsformen der ›guten Gesellschaft‹ orientiert. Schon der Begriff des Scheins läßt an das aristokratische Geselligkeitsideal denken. Die ganze Existenz des Edelmanns, so heißt es in *Wilhelm Meisters Lehrjahren*, ziele auf das »Scheinen«, auf Repräsentation. »Der Bürgerliche arbeitet, und der Adelige repräsentiert«, schreibt Schiller in seinem Aufsatz *Über die notwendigen Grenzen beim Gebrauch schöner Formen* (1795), der die »Ästhetischen Briefe« in einigen Punkten differenzierend ergänzt. Diese repräsentative Existenz, die »Kompetenz« des Adligen im »Umgang mit der großen Welt« sei aber »in Absicht auf die äußere und ästhetische Bildung unstreitig als Vorteil zu betrachten«. Ein Beleg für den Zusammenhang zwischen aristokratischer und ästhetischer Erziehung! Letztere sucht gewissermaßen den aus den »Prärogativen des adligen Jünglings« resultierenden »Vorteil« gesellschaftlich zu verallgemeinern, aus einem ständischen Vorrecht ein allgemeines Recht zu machen. Ist Repräsentation für den Adligen die notwendige Demonstration seines sozialen Status, entbehrt hier also das Scheinen, als sinnfällige Selbstdarstellung der Person, der Autonomie, so ist der Schein für Schiller in der »moralischen Welt« nur dann legitim, wenn er in den Grenzen der reinen Form bleibt, wenn er also ohne jedes außerästhetische ›Interesse‹ geschätzt wird, sich »aufrichtig« als Schein zu erkennen gibt und als solcher »selbständig«, d.h. unabhängig von der »Realität« bleibt (26. Brief).

Schiller verwandelt so den repräsentativen in autonomen ästhetischen Schein, entkleidet diesen mithin der sozialen Valenz, die ihm in der höfisch-aristokratischen Welt zukommt. Von diesen Voraussetzungen her kann Schiller nun die ganze Welt vornehmer Umgangsformen: »gefällige Form«, »Höflichkeit«, »schöne Mitteilung« (Konversation) etc. restaurieren, ohne aus seiner Sicht Gefahr zu laufen, mit ihnen überholte Herrschafts- und Standesverhältnisse zu legitimieren. Was Schiller wie Goethe (*Wilhelm Meisters Lehrjahre*) erstreben, ist eine wechselseitige Approximation der Stände, d.h. nicht nur eine Verbürgerlichung des politisch-ökonomischen Lebens, sondern ebenso eine ästhetische Nobilitierung der prosaisch-formlosen bürgerlichen Existenz. Diese Tendenz erklärt die bewußte Restauration der geselligen Verhaltensnormen und ästhetischen Formen des Ancien Régime (bis hin zur Wiederanknüpfung an die seit Lessing in Mißkredit geratene tragédie classique). Hatten Goethe und Schiller diese Formen im Zeichen des ›Sturm und Drang‹ einst heftig befehdet, als anachronistisch entlarvt, so werden sie nun vor dem Hintergrund der Revolution, aus Opposition gegen die ›sansculottische‹ Banalisierung des Lebens rehabilitiert. Die Anknüpfung an die Tradition der höfischen Gesittung und des classicisme ist ein konstituierendes Element der ›Klassik‹ von Weimar.

Literatur

Aissen-Crewett, Meike: Von den Schwierigkeiten der Veränderung der Realität aus dem ästhetischen Ideal. Zum Verhältnis von Ästhetik und Geschichte in Schillers Ästhetischer Erziehung. In: Wirkendes Wort 39 (1989), S. 44–63.

Aurnhammer, Achim / Manger, Klaus / Strack, Friedrich (Hrsg.): Schiller und die höfische Welt. Tübingen 1990.

Barnouw, Jeffrey: »Freiheit zu geben durch Freiheit.« Ästhetischer Zustand – Ästhetischer Staat. In: Wolfgang Wittkowski (Hrsg.): Friedrich Schiller. Kunst, Humanität und Politik in der späten Aufklärung. Ein Symposion. Tübingen 1982, S. 138–161.

Berghahn, Klaus L.: Schiller. Ansichten eines Idealisten. Frankfurt a.M. 1986.

Böhler, Michael J.: Soziale Rolle und Ästhetische Vermittlung. Studien zur Literatursoziologie von A.G. Baumgarten bis F. Schiller. Bern / Frankfurt a.M. 1975.

Bolten, Jürgen: Friedrich Schiller. Poesie, Reflexion und gesellschaftliche Selbstdeutung. München 1985.

Borchmeyer, Dieter: Rhetorische und ästhetische Revolutionskritik. Edmund Burke und Schiller. In: Karl Richter / Jörg Schönert (Hrsg.): Klassik und Moderne. Die Weimarer Klassik als historisches Ereignis und Herausforderung im kulturgeschichtlichen Prozeß. Stuttgart 1983, S. 56–79.

Borchmeyer, Dieter: Aufklärung und praktische Kultur. Schillers Idee der ästhetischen Erziehung. In: Helmut Brackert / Fritz Wefelmeyer: Naturplan und Verfallskritik. Zu Begriff und Geschichte der Kultur. Frankfurt a.M. 1984, S. 122–147.

Borchmeyer, Dieter: Kritik der Aufklärung im Geiste der Aufklärung: Friedrich Schiller. In: Jochen Schmidt (Hrsg.): Aufklärung und Gegenaufklärung in der europäischen Literatur, Philosophie und Politik von der Antike bis zur Gegenwart. Darmstadt 1989, S. 361–376.

Bräutigam, Bernd: Kritik ästhetischer Versöhnung. Eine Problemvorgabe der Bildungsästhetik Schillers. In: Jb. d. Dt. Schillerges. XXXI (1987), S. 137–155.

Bürger, Peter: Theorie der Avantgarde. Frankfurt a.M. 1981, S. 49–63.

Disselbeck, Klaus: Geschmack und Kunst. Eine systemtheoretische Untersuchung zu Schillers Briefen *Über die ästhetische Erziehung des Menschen*. Opladen 1987.

Emrich, Wilhelm: Schiller und die Antinomien der menschlichen Gesellschaft. In: W. Emrich: Protest und Verheißung. Frankfurt am Main 1968 (3.Aufl.), S. 95–103.

Ewers, Hans-Heino: Die schöne Individualität. Zur Genesis des bürgerlichen Kunstideals. Stuttgart 1978.

Floß, Ulrich: Kunst und Mensch in den ästhetischen Schriften Friedrich Schillers. Versuch einer kritischen Interpretation. Köln/Wien 1989.

Gethmann-Siefert, Annemarie: Idylle und Utopie. Zur gesellschaftskritischen

Funktion der Kunst in Schillers Ästhetik. In: Jb. d. Dt. Schillergesellschaft XXIV (1980), S. 32–67.

Ghasempour, Morteza: Die Theorie des ästhetischen Scheins bei Schiller und Hegel. Köln 1994.

Grimminger, Rolf: Die ästhetische Versöhnung. Ideologiekritische Aspekte zum Autonomiebegriff am Beispiel Schiller. In: Acta Germanica (1974), S. 141–159.

Habermas, Jürgen: Naturrecht und Revolution. In: J. Habermas: Theorie und Praxis. Sozialphilosophische Studien. Neuwied am Rhein 1963.

Heuer, Fritz: Darstellung der Freiheit. Schillers transzendentale Frage nach der Kunst. Köln, Wien 1970.

Hinderer, Walter: Zwischen Person und Existenz: Vergleichende Bemerkungen zu Schillers philosophischer Anthropologie. In: Germanisch-Romanische Monatsschrift N.F. 21 (1971), S. 257–268.

Hinderer, Walter: Utopische Elemente in Schillers ästhetischer Anthropologie. In: Hiltrud Gnüg (Hrsg.): Literarische Utopie-Entwürfe. Frankfurt am Main 1982, S. 173–186.

Janz, Rolf-Peter: Autonomie und soziale Funktion der Kunst. Studien zur Ästhetik von Schiller und Novalis. Stuttgart 1973.

Johnston, Otto W.: Schiller und das borgeois-liberale Programm der Französischen Revolution. In: Wolfgang Wittkowski (Hrsg.): Verlorene Klassik? Ein Symposion. Tübingen 1986, S. 328–352.

Ulrich Karthaus: Schiller und die Französische Revolution. In: Jb. d. Dt. Schillergesellschaft XXXIII (1989), S. 210–239.

Kiesel, Helmuth: »Bei Hof, bei Höll«: Untersuchungen zur literarischen Hofkritik von Sebastian Brant bis zu Friedrich Schiller. Tübingen 1979.

Kontje, Todd Curtis: Constructing reality. A rhetorical analysis of Friedrich Schiller's *Letters on the education of man*. New York/Bern 1987.

Lukács, Georg: Zur Ästhetik Schillers. In: G. Lukács: Beiträge zur Geschichte der Ästhetik. Berlin 1956, S. 11–96.

Malsch, Wilfried: Der ästhetische Schein des poetischen Staates: Zur Bedeutung Schillers für Novalis. In: Aurora 51 (1991), S. 23–39.

Mettler, Heinrich: Entfremdung und Revolution: Brennpunkt des Klassischen. Studien zu Schillers Briefen *Über die ästhetische Erziehung des Menschen* in Hinblick auf die Begegnung mit Goethe. Bern 1977.

Meyer, Hermann: Schillers philosophische Rhetorik. In: Euphorion 53 (1959), S. 313–350.

Muehleck-Müller, Cathleen: Schönheit und Freiheit. Die Vollendung der Moderne in der Kunst. Schiller und Kant. Würzburg 1989.

Murray, Patrick T.: The development of German aesthetic theory from Kant to Schiller: a philosophical commentary in Schiller's *Aesthetic education of man*. Lewiston u.a. 1994.

Noetzel, Wilfried: Humanistische ästhetische Erziehung: Friedrich Schillers moderne Umgangs- und Geschmackspädagogik. Weinheim 1992.

Pott, Hans-Georg: Die schöne Freiheit. Eine Interpretation zu Schillers Schrift *Über die ästhetische Erziehung*. München 1980.

Puntel, Kai: Die Struktur künstlerischer Darstellung. Schillers Theorie der Versinnlichung in Kunst und Literatur. München 1986.

Riecke-Niklewski, Rose: Die Metaphorik des Schönen. Eine kritische Lektüre der Versöhnung in Schillers *Über die ästhetische Erziehung des Menschen in einer Reihe von Briefen*. Tübingen 1986.

Sauerland, Karol: Schiller und die Französische Revolution. In: Skamandros 1986, S. 79–89.

Scheiffele, Eberhard: Welchen Stellenwert hat das Konzept von »einigen wenigen auserlesenen Zirkeln« im »Context des Ganzen« der ›Ästhetischen Briefe‹. In: Richard Fisher (Hrsg.): Ethik und Ästhetik [...]. Festschrift f. Wolfgang Wittkowski. Frankfurt a.M. u.a. 1995, S. 259–276.

Tschierske, Ulrich: Vernunftkritik und ästhetische Subjektivität. Studien zur Anthropologie Schillers. Tübingen 1988.

Ueding, Gert: Schillers Rhetorik. Idealistische Wirkungsästhetik und rhetorische Tradition. Tübingen 1971.

Volkmann-Schluck, Karl-Heinz: Die Kunst und der Mensch. Schillers *Briefe über die ästhetische Erziehung des Menschen*. In: K.-H. Volkmann-Schluck: Von der Wahrheit der Dichtung. Würzburg/Amsterdam 1984, S. 105–120.

Wessel, Leonard P.: The philosophical background to Friedrich Schillers aesthetics of living form. Frankfurt am Main, Bern 1982.

Wilkinson, E. M. / Willoughby, L. A.: Schillers *Ästhetische Erziehung des Menschen*. Eine Einführung. München 1977.

Wittkowski, Wolfgang (Hrsg.): Revolution und Autonomie. Deutsche Autonomieästhetik im Zeitalter der Französischen Revolution. Ein Symposion. Tübingen 1990.

Darin bes.:

Dieter Borchmeyer: Ästhetische und politische Autonomie: Schillers »Ästhetische Briefe« im Gegenlicht der Französischen Revolution, S. 277–296.

Bernd Bräutigam: Konstitution und Destruktion ästhetischer Autonomie im Zeichen des Kompensationsverdachts, S. 244–263.

Walter H. Sokel: Die politische Funktion botschaftsloser Kunst. Zum Verhältnis von Politik und Ästhetik in Schillers Briefen *Über die ästhetische Erziehung des Menschen*, S. 264–276.

Zelle, Carsten: Die Notstandsgesetzgebung im ästhetischen Staat. Anthropologische Aporien in Schillers philosophischen Schriften. In: Hans-Jürgen Schings (Hrsg.): Der ganze Mensch. Anthropologie und Literatur im 18. Jahrhundert. Stuttgart 1994.

IV *Weimarer Klassik und preußische Reformen – Wilhelm von Humboldt als Humanist und Staatsmann*

Nachdem in den vorausgegangenen Kapiteln so ausführlich über die Beziehung zwischen Weimarer Klassik und Französischer Revolution die Rede war – einer rein theoretischen und literarischen Beziehung –, ist es an dieser Stelle angezeigt, nun das Lebenswerk eines Autors zu würdigen, der zwischen Literatur und Politik eine praktische Brücke gebildet hat und der nicht zuletzt wegen dieser brückenbildenden Rolle, aber auch als theoretischer Weggefährte zu den wichtigsten Charakteren im Umkreis der Weimarer Klassik gehört: *Wilhelm von Humboldt* (1767–1835).

In seinem Nachruf vor der Preußischen Akademie der Wissenschaften hat der klassische Philologe August Böckh Humboldt als einen »Staatsmann von perikleischer Hoheit des Sinnes« bezeichnet. Humboldt ist der Humanist par excellence, nicht nur als homo humanus, aufgrund seiner universalen gelehrten Bildung und Sprachkenntnis, sondern nach dem Vorbild des antiken Polis-Bürgers auch als homo politicus. Humboldt hat stets davor gewarnt, »den Menschen vom Bürger zu trennen«, wenn er sich auch die »Art, wie beide im Individuum miteinander verschmolzen sind«, nicht wie die »Alten« als »Vertilgung des Menschen im Bürger« denken mochte – so 1807 im Fragment seiner *Geschichte des Verfalls und Untergangs der griechischen Freistaaten*. Diese Schrift, zu Beginn der napoleonischen Fremdherrschaft verfaßt, stellt eine Mahnung zur Anteilnahme an der Politik an die Gebildeten unter ihren Verächtern dar. Daß zu diesen, »zu den gleichgültigen Naturen für alles Politische und Deutsche«, auch Goethe gehörte (an Caroline von Humboldt, 1. Januar 1814), hat Humboldt während des Befreiungskriegs tief geschmerzt, vor allem angesichts der unverhohlenen Napoleon-Bewunderung des großen Freundes in der Zeit schwerster Gefährdung Deutschlands. (Daß Goethes ›Gleichgültigkeit‹ gegenüber der Politik freilich nicht so prinzipieller Natur war, wie Humboldt meint, daß sie aus der einstigen Zurückstellung des Poeten hinter dem Staatsmann während der ersten Weimarer Zeit Goethes resultiert, wurde hier eingehend begründet.)

Humboldt war nicht weniger, ja mehr noch als Goethe ein Kosmopolit – hat er doch einen großen Teil seines Lebens in den europäischen Zentren gelebt und beherrschte die Hauptsprachen der alten und neuen Welt –, aber er fühlte sich nicht weniger als Patriot und wußte, daß politisches Engagement zu seiner Zeit nur ein nationales sein konnte, Weltbürgerlichkeit keine Flucht vor der politischen Verantwortung sein durfte. In dieser Hinsicht distanzierte er sich auch nachdrücklich von seinem Bruder Alexander von Humboldt, dem großen Weltreisenden und Naturgelehrten. Gerade, weil er in sich selbst die Neigung und Gefahr spürte, sich zurückzuziehen und nur seinen wissenschaftlichen Forschungen zu leben, haderte er in diesem Punkt mit dem Bruder oder auch mit dem klassischen Philologen Friedrich August Wolf, den er für die kulturpolitische Mitarbeit zu gewinnen suchte. »Ich trage eigentlich einen zweifachen Menschen in mir«, hat Humboldt seiner Frau bekannt, »einen, der immer von der Welt ab nach der Einsamkeit gerichtet ist, und einen, der sich durch die Umstände und manchmal zu leicht durch die Lust, sich in einer Lage zu versuchen, nach der Welt hinstoßen läßt.« Dieses Schwanken zwischen gelehrter und politischer Berufung prägt das Charakterbild Humboldts. Auch während der turbulentesten Perioden diplomatischer Aktivität hat er sich die Zeit für seine Forschungs- und Übersetzungstätigkeit genommen.

Humboldt, der nur wenige – allerdings nach eigener Überzeugung die für seine geistige Entwicklung entscheidenden – Jahre im Herzogtum Sachsen-Weimar gelebt hat, war weniger Repräsentant als philosophisch-ästhetischer Wegbegleiter der Weimarer Klassik und zugleich ihr »Botschafter« (Herbert Scurla) in den europäischen Metropolen: in Paris, Rom, Wien, London oder Berlin, wo immer er privat oder in preußischen Diensten wirkte. Wegbegleiter der Klassik wurde er vor allem durch den Briefwechsel mit Schiller und Goethe – dessen großer letzter Brief am 17. März 1832, fünf Tage vor seinem Tode, an Humboldt gerichtet ist. Bedeutungsvoll in diesem Zusammenhang sind ferner seine Aufsätze für die »Horen« (*Über den Geschlechtsunterschied*, 1794 und *Über männliche und weibliche Form*, 1795 – Beiträge zu einer philosophischen Erotik, deren Spuren zumal in Schillers Schriften deutlich nachweisbar sind) oder die von Goethe aus Humboldts Pariser Briefen in den »Propyläen« (1800) zusammengestellten Betrachtungen *Über die gegenwärtige französische tragische Bühne*, welche die Theaterkultur der Weimarer Klassik (Goethes *Regeln für Schauspieler*) und die Goethe-Schillersche Rezeption der tragédie classique nachhaltig inspiriert haben. Hinzu kommen Humboldts Schriften über Künstlertum und Einzelwerke Goethes und Schillers, so die umfangreichen *Ästhetischen Versuche* über *Hermann und Dorothea* (1799) und die von ihm der Ausgabe seines Briefwechsels mit Schiller als »Vorerinnerung« vorangestellte Abhandlung *Über Schiller und den Gang seiner Geistesentwicklung* (1830).

Obwohl Humboldt als Übersetzer (Aischylos, Pindar) und Verfasser von 1183 Alterssonetten – poetischen Tagesresümees – auch literarische Ambitionen hatte, blieb ihm als dem einzigen unter den Großen im Umkreis der Klassik ein schöpferisches Sprachvermögen versagt. Der Sprache seiner Abhandlungen fehlt jeder bildliche und rhythmische Glanz, sie bleibt unliterarisch, nicht selten vertrackt. Auch aus diesem Grunde ist Humboldt weniger Teil als Anreger und Begleiter der klassischen deutschen Literatur, vor allem aber ihr Vermittler mit der Kulturpolitik Preußens. Humboldts Reorganisation des preußischen Bildungswesens hat eine Brücke zwischen den wichtigsten und fruchtbarsten Tendenzen des Zeitalters in Deutschland geschlagen: zwischen der idealistischen Philosophie, den modernen Geisteswissenschaften und der Weimarer Klassik einerseits und den mit dem Namen des Freiherrn vom Stein (*Karl Reichsfreiherr vom und zum Stein,* 1757–1831) verbundenen preußischen Reformen anderseits.

Der Zusammenbruch des preußischen Heeres in der Doppelschlacht von Jena und Auerstedt (Oktober 1806) – auf dem Boden des Herzogtums Sachsen-Weimar also – hatte die militärische und politisch-soziale Rückständigkeit Preußens deutlich offenbart. Stein, sein Nachfolger Hardenberg und ihre Mitarbeiter suchten das zusammengebrochene Staatswesen nun einer durchgreifenden inneren Reform zu unterziehen. Stein fühlte sich in der Rolle der Turgot, Necker und anderer Reformgesinnter am Vorabend der Französischen Revolution; für ihn galt es, durch die rechtzeitige Erneuerung des gesamten Staatswesens »Revolutionen zuvorzukommen«. Die Reformidee schließt bei den Reorganisatoren Preußens also die entschiedene Gegnerschaft zur Französischen Revolution ein. Diese progressive Opposition zur ›Staatsumwälzung‹ in Frankreich verbindet die preußischen Reformen besonders eng mit der Weimarer Klassik.

Stein ist ein leidenschaftlicher Bewunderer Edmund Burkes gewesen, dessen *Reflections on the Revolution in France* (1790) vor allem durch die bedeutende Übersetzung von Friedrich Gentz – dem Jugendfreund und späteren politischen Gegner Humboldts – eine ungeheure Resonanz in Deutschland gefunden haben. Auf sie beriefen sich die Revolutionsgegner aller Varianten. Was Stein aus ihnen ableitete, war die Position eines Liberal- oder Reformkonservatismus, der Vergangenes und Gegenwärtiges zu vermitteln sucht, das Bestehende zu verändern, aber nicht zu liquidieren strebt – ein progressiver Reformismus, wie er auch das politisch-soziale Wirken Goethes während des ersten Weimarer Jahrzehnts geprägt hat. (Die politische Theorie Justus Mösers, der Goethe sich bis ins Alter verpflichtet gefühlt hat, geht ja von fast den gleichen Prämissen aus wie die Revolutionskritik Burkes.)

Die folgende Äußerung Burkes nimmt gewissermaßen das Stein-Hardenbergsche Reformprogramm theoretisch vorweg: »Es gibt ein Drittes zwischen absoluter Ausrottung [Revolution] und unveränderter Beibehaltung [Status quo-Konservatismus]. Spartam nactus es; hanc exorna. Dies ist, meiner Meinung nach, eine Regel voll tiefer Weisheit, die einem redlichen Verbesserer unablässig vor dem Gemüt schweben sollte. [...] Ein tätiger Geist voll lebhafter und wohlwollender Spekulationen kann wünschen, daß die Gesellschaft, in der er lebt, anders organisiert sein möchte, als er sie findet: aber ein guter Patriot und wahrer Staatsmann sucht allemal aus dem schon vorhandenen Stoff, den ihm sein Vaterland darbietet, soviel zu machen, als möglich ist. Neigung zum Erhalten und Geschicklichkeit zum Verbessern sind die beiden Elemente, deren Vereinigung in meinen Augen den Charakter des großen Staatsmannes bilden.« (Übers. von Gentz) – Burke wirft (wie Möser) den französischen Revolutionären vor, daß sie ihre Staatsverfassung aus abstrakten Prinzipien abgeleitet haben. Um die Schriftzüge, welche die Geschichte ihrem Vaterland eingeprägt habe, hätten sie sich nicht gekümmert, sondern dasselbe »wie ein Stück weißes Papier« betrachtet, worauf sie kritzeln konnten, was im Belieben ihrer subjektiven Vernunft lag. Dieser Kritik an einer abstrakten »Metapolitik« (Freiherr v. Stein) begegnen wir in den Schriften von August Wilhelm Rehberg, Ernst Brandes und anderen deutschen Reformkonservativen immer wieder. Auch Humboldt hat sie sich zu eigen gemacht.

Humboldt ist 1789 in Paris selbst Zeuge der beginnenden Revolution gewesen. In seinen *Ideen über Staatsverfassung, durch die neue französische Konstitution veranlaßt* (1792) schreibt er, die konstitutierende Nationalversammlung habe es unternommen, »ein völlig neues Staatsgebäude nach bloßen Grundsätzen der Vernunft aufzuführen. [...] Nun aber kann keine Staatsverfassung gelingen, welche die Vernunft [...] nach einem angelegten Plane gleichsam von vornher gründet; nur eine solche kann gedeihen, welche aus dem Kampfe des mächtigeren Zufalls mit der entgegenstrebenden Vernunft hervorgeht.« Mit dem Zufall meint Humboldt die gegebene geschichtliche Lage, das, was Burke die »Umstände« nennt, an die es sich anzupassen gelte. Noch in seiner an Stein gerichteten »Denkschrift« *Über die künftige Verfassung Deutschlands* (1813) kehrt dieser Gedanke wieder. Er ist hier jedoch zugleich gegen den aufgeklärten Absolutismus gerichtet: »Die der neuesten Zeit sehr eigne Methode, allgemeine, theoretisch gebildete Reglements ganzen Ländern vorzuschreiben und dadurch alle Mannigfaltigkeit und Eigentümlichkeit niederzuschlagen, gehört zu den gefährlichsten Mißgriffen, die aus einem unrichtig verstandenen Verhältnis der Theorie zur Praxis entspringen können.« (Das wirkt wie ein Resümee des Möserschen Traktats *Der jetzige Hang zu allgemeinen Gesetzen und Verordnungen ist der gemeinen Freiheit gefährlich* (1772), der auch für Goethe, zumal bei der Konzeption des *Egmont*, große Bedeutung gehabt hat (vgl. obiges Kapitel) – Das ›unrichtig verstandene‹ Verhältnis zwischen Theorie und Praxis entspringt für Humboldt aus dem Irrtum, eine a priori aufgestellte Theorie umstandslos ›anwenden‹ zu können. Er sucht demgegenüber, um einen Ausdruck Rehbergs zu verwenden, nach einer »Theorie aus Erfahrung«, welche den Zufall, die Umstände nüchtern einkalkuliert.

In seiner Abhandlung *L'ancien régime et la révolution* (1856) hat Alexis de Tocqueville einmal das Verhältnis der englischen, französischen und deutschen Schriftsteller zur Politik im 18. Jahrhundert verglichen. Während in England politische Theorie und Praxis in ständiger Wechselwirkung gestanden hätten, die Praktiker auch die Theoretiker gewesen seien (Burke ist dafür ein Musterbeispiel), hätten die französischen Schriftsteller völlig unabhängig von der Praxis eine Art »abstrakter literarischer Politik« getrieben und den komplizierten bestehenden Verhältnissen einen »vollständig neuen Plan« der Gesellschaft entgegengesetzt, »den jeder von ihnen nur im Lichte seiner Vernunft entwarf«, also »eine imaginäre Gesellschaft, in der alles einfach und koordiniert, gleichförmig, gerecht und vernunftgemäß erschien.« Dieser »ideale Staat, den die Schriftsteller gegründet hatten«, habe nun in der Französischen Revolution Wirklichkeit werden sollen! Die Mehrzahl der deutschen Schriftsteller hingegen hat nach Tocqueville der Politik gänzlich fremd gegenübergestanden und sich auf das Gebiet der reinen Theorie beschränkt. Man könnte Tocquevilles Vergleich des deutschen und französischen Schriftstellers mit den Worten aus Hegels *Philosophie der Geschichte* präzisieren: Die Franzosen seien »sogleich vom Theoretischen zum Praktischen übergegangen, wogegen die Deutschen bei der theoretischen Abstraktion stehenblieben«. Die im letzten Kapitel analysierte ästhetische Staatstheorie Schillers ist dafür ein Beispiel. Wenn wir einmal von der Typologie Tocquevilles ausgehen, beschreitet Humboldt nun weder den französischen noch den deutschen, sondern den englischen Weg: Seine politische Theorie ist von der Erfahrung her gedacht, und so kann er als Staatsmann in Einklang mit ihr handeln, ohne der Realität Gewalt antun zu müssen.

Es stellt einen seltenen, freilich nur kurz währenden Glücksfall in der deutschen Bildungsgeschichte dar, daß der mit den bedeutendsten intellektuell-ästhetischen Tendenzen seiner Zeit schöpferisch vertraute Humboldt 1809 auf Vorschlag Steins zum Direktor der Sektion für Kultus und Unterricht im preußischen Innenministerium ernannt wurde. Wie seinem Gönner Stein, an dessen Reformkonzept seine Reformation des Bildungswesens anknüpfte, blieben Humboldt bis zu seiner Demissionierung nur wenige (ganze sechzehn) Monate, um seine tiefgreifenden Reformen, die äußerlich in der Gründung der Berliner Universität (1810) – mit Fichte als erstem Rektor – gipfelten, durchzuführen oder in die Wege zu leiten. Daß er wie Stein in dieser kurzen Zeit mehr Keime legen als zur Entfaltung bringen konnte, daß diese Entfaltung vielfach zudem in eine Richtung ging, die beiden fremd war, ist freilich nicht zu verkennen. Dennoch sind die Spuren des Humboldtschen Wirkens in der deutschen Bildungspolitik bis in die Gegenwart nicht zu übersehen. Das ist freilich nicht zuletzt das Verdienst seiner Mitarbeiter, z.B. von Nicolovius, und vor allem von Johann Wilhelm Süvern, der nach Humboldts Rücktritt die Neugestaltung des preußischen Schulwesens fortsetzte. (Süvern ist übrigens der Autor der ersten großen *Wallenstein*-Untersuchung [1800], an den Schiller am 26. Juli 1800 seinen berühmten Brief über die Verschiedenheit der antiken und modernen Tragödie geschrieben hat.)

Humboldts politische Begabung war keineswegs auf den kulturellen Sektor beschränkt. Seine außen- und innenpolitischen Qualitäten – Talleyrand bezeichnete ihn als einen der drei oder vier fähigsten Politiker der Epoche – fanden jedoch aufgrund der zunehmenden Reaktion in Preußen und der Konkurrenzfurcht des preußischen Staatskanzlers von Hardenberg nicht den angemessenen Wirkungskreis. Humboldts Reorganisation des preußischen Bildungswesens ist zweifellos noch stark von der Auffassung des Staats bestimmt, die er in seinen (wegen der Behinderung durch die Zensur erst 1851 als Ganzes publizierten) *Ideen zu einem Versuch die Grenzen der Wirksamkeit des Staats zu bestimmen* (1792) dargelegt hat.

In dieser auf die Entbehrlichkeit des Staats zielenden, der »Sucht zu regieren« entgegenwirkenden Auseinandersetzung mit dem nachfriderizianischen Absolutismus in Preußen und den zentralistisch-bürokratischen Tendenzen des aufgeklärten Despotismus überhaupt finden wir die klassische Formulierung der Humboldtschen Humanitätsidee: »Der wahre Zweck des Menschen [...] ist die höchste und proportionierlichste Bildung seiner Kräfte zu einem Ganzen. Zu dieser Bildung ist Freiheit die erste und unerläßlichste Bedingung.« Diese Bildungsidee bedingt – ebenso wie später die Konzeption der ästhetischen Erziehung bei Schiller, der ein Bruchstück der Humboldtschen Schrift 1792 in der »Neuen Thalia« veröffentlicht hat – die weitgehende Abwesenheit des bürokratisch-abstrakt gewordenen Staates, in dessen Interesse es liegt, die ursprüngliche Mannigfaltigkeit der individuellen Bestrebungen zu vereinheitlichen und den Menschen zugunsten des Bürgers aufzuopfern. (Auch diese Idee, die zweifellos der Staatsauffassung des reifen Humboldt nicht mehr entspricht, kehrt bei Schiller wieder, wenngleich sein dem bürokratisierten Staat entgegengesetzter ästhetisch-utopischer Staatsentwurf über den Horizont der Humboldtschen Abhandlung weit hinausgeht.) Humboldt räumt ein, daß ein Land vielfach schnellere Fortschritte machen, »ja sogar in gewissem Grade aufgeklärt werden« könne, »wenn die Regierung alles selbst tut, den Bürgern das von ihr anerkannte Gut aufdringt, als wenn sie dieselben den freilich langsameren, aber auch sicheren Weg der eigenen Ausbildung gehen läßt.« Das wirkt wie eine unmittelbare Kritik an den überstürzten Reformen Joseph II. und seinem besserwisserischen Bürokratismus.

Was also bleibt dem Staat? Humboldt schränkt seine Kompetenzen im Sinne des Subsidiaritätsprinzips ein, des Prinzips also, »daß die Wirksamkeit des Staats nie anders an die Stelle der Wirksamkeit der Bürger treten darf als da, wo es auf die Verschaffung solcher notwendigen Dinge ankommt, welche diese allein und durch sich nicht zu erwerben vermag, und als ein solches zeichnet sich meines Bedünkens allein die Sicherheit aus.« Das ist die klassische liberale Einschätzung des Staates als eines bloßen Mittels zum Zweck, auf welche später die (Lassalle zugeschriebene) Formel »Nachtwächterstaat« gemünzt ist. »Nur die Erhaltung der Sicherheit« (und zwar »gegen auswärtige Feinde wie gegen innere Zwistigkeiten«), »da hier aus jedem Kampf immer neue entstehen würden, fordert eine letzte widerspruchslose Macht, und da dies der eigentliche Charakter eines Staats ist, nur diese eine Staatseinrichtung. Dehnt man die Wirksamkeit des Staats weiter aus, so schränkt man die

Selbsttätigkeit auf eine nachteilige Weise ein, bringt Einförmigkeit hervor und schadet, mit einem Wort, der inneren Ausbildung des Menschen.«

Als Humboldts Schrift 1851 der Öffentlichkeit bekannt wurde, fand sie – kurz nach der Revolution von 1848 – die lebhafte Zustimmung der Liberalen. Das politische Humboldt-Bild des 19. Jahrhunderts ist entscheidend durch sie geprägt – gewiß ein Mißverständnis, ist Humboldt doch im Laufe seines politischen Wirkens von der Auffassung des Staats als einer bloßen »Sicherheitsanstalt« mehr und mehr abgerückt. Kein Zweifel aber, daß sein kulturpolitisches Reformprogramm 1809/10 noch von den Tendenzen seiner staatstheoretischen Jugendschrift geprägt ist. »Der Staat ist der Menschen wegen, nicht der Mensch des Staates wegen. Die Staatseinrichtung ist an sich nicht Zweck, sondern Mittel zur Bildung des Menschen. Hinweg daher mit aller positiven Sorge für das Wohl der Nation [...]. Das Positivste, was er [der Staat] leisten kann, ist Enthaltung von aller Einwirkung auf die selbständige Tätigkeit der Bürger.«

In diesem Sinne sucht der Staatsmann Humboldt dem Staat so wenig reglementierenden Einfluß auf das Bildungswesen zu gönnen wie eben möglich. »Je weniger der Mensch zu handeln vermocht wird, als sein Wille verlangt oder seine Kraft ihm erlaubt, desto günstiger ist seine Lage im Staat.« In dieser Idee der Selbstbestimmung und Selbstbildung des einzelnen im Gegensatz zu staatlicher Bevormundung, friderizianisch-josephinischer Volksbeglückung gründet auch die im wesentlichen auf Humboldt zurückgehende klassische deutsche Universitätsidee. Ihre einzelnen Facetten seien hier stichwortartig zusammengestellt: Freiheit von Forschung und Lehre, freier Wechsel der Universitäten während des Studiums (auch über die Landesgrenzen hinweg), Selbstverwaltung der Hochschulen, Trennung zwischen Universität und Höherer Schule (das Gymnasium soll nicht wie einst die Lateinschule mit der Universität konkurrieren, sondern gesichertes Wissen, »fertige und abgemachte Kenntnisse« vermitteln, die Universität dagegen »Wissenschaft immer als ein noch nicht ganz aufgelöstes Problem behandeln«) – schließlich: die Universität soll nicht Fachhochschule, »Spezialschule« sein, sondern vorrangig der möglichst universalen Bildung der Individualität dienen.

Analog bevorzugte, ja monopolisierte Humboldt das neuhumanistische Gymnasium und sträubte sich gegen die Einführung eines Realgymnasiums. »Dem Bedürfnis des Bürgertums nach einer seinen Interessen gemäßen fachlichen Ausbildung entsprach Humboldts Erziehungsideal nicht.« (Herbert Scurla). Die Priorität der Allgemeinbildung vor der speziellen Berufsausbildung ist jedoch aus der historischen Situation des Bürgertums zu verstehen, das sich noch am Ende des 18. Jahrhunderts nach dem herrschenden gesellschaftlichen Wertsystem darauf zurückverwiesen sieht, zu »leisten« und zu »schaffen«, um Goethes *Wilhelm Meister* zu zitieren: der Bürger »soll einzelne Fähigkeiten ausbilden, um brauchbar zu werden; und es wird schon vorausgesetzt, daß in seinem Wesen keine Harmonie sei noch sein dürfe« – diese, die zweckfrei-universale »personelle Ausbildung« bleibe dem Adel vorbehalten –, »weil er, um sich auf eine Weise brauchbar zu machen, alles übrige vernachlässigen muß« (*Lehrjahre* V/3).

Das humanistische Erziehungsideal Humboldts zielt demgegenüber auf die Universalbildung auch des Bürgers, die Aufhebung seiner gesellschaftlichen Festlegung auf die ausschließlich heteronome, ›brauchbare‹ das bedeutet: von spezieller Fertigkeit geprägte Tätigkeit. Auch der Bürger, ja jeder Mensch soll autonome ›Person‹ sein dürfen. Man solle, schreibt Humboldt an Caroline (20. August 1814), »nie den Menschen abrichten«, sondern »immer bilden«. – »Es gibt schlechterdings gewisse Kenntnisse, die allgemein sein müssen, und noch mehr eine Bildung der Gesinnungen und des Charakters, die keinem fehlen darf«, heißt es im Bericht der Sektion für Kultus und Unterricht an den König vom 1. Dezember 1809. »Jeder ist offenbar nur dann guter Handwerker, Kaufmann, Soldat und Geschäftsmann, wenn er an sich und ohne Hinsicht auf seinen besonderen Beruf ein guter, anständiger, seinem Stande nach aufgeklärter Bürger ist. Gibt ihm der Schulunterricht, was hierzu erforderlich ist, so erwirbt er die besondere Fähigkeit seines Berufs nachher sehr sehr leicht und behält immer die Fähigkeit, wie im Leben so oft geschieht, von einem zum andern überzugehen.«

Was Stein und seine Mitarbeiter durch ihre Agrar-, Heeres- und Verwaltungsreform (Einführung der kommunalen Selbstverwaltung usw.) zu erreichen suchten, das erstrebte Humboldt auch und vor allem im Bildungswesen: die Umwandlung des spätfeudalen Beamten- und Untertanenstaats in ein auf Selbsttätigkeit und Selbstverantwortung freier Staatsbürger beruhendes Gemeinwesen. – Im allgemeinen Bewußtsein ist Humboldt bis heute als Schöpfer der bürgerlichen deutschen Universitätsidee und des humanistischen Gymnasiums relativ gegenwärtig, als vermeintlicher Propagator einer ›elitären‹ Bildungsidee. Davon kann indessen angesichts seines Arbeitsgebiets, das von der Dorfschule bis zur Universität und Akademie reichte, nicht die Rede sein. (Im Gegensatz zu einem weit verbreiteten Vorurteil sollte übrigens das humanistische Gymnasium nach dem Willen seines Initiators den mathematisch-naturwissenschaftlichen Unterricht »gleich gut mit dem in den alten Sprachen« einrichten.)

In dem Brief an seine Frau vom 28. Juli 1800, nach seiner Entlassung als Leiter der Sektion für Kultus und Unterricht infolge der zunehmenden feudalen Reaktion, schreibt Humboldt: »Ich hatte einen allgemeinen Plan gemacht, der von der kleinsten Schule bis zur Universität alles umfaßte und in dem alles ineinandergriff, ich war in jedem der Teile desselben zu Hause, ich nahm mich des kleinsten wie des größesten ohne Vorliebe mit gleicher Tätigkeit an ...« Deutlich lag ihm also an einer Integration des gesamten Erziehungswesens und der Gleichheit der Bildungschancen. Er weigerte sich deshalb auch, anzuerkennen, »daß eine adlige Erziehung von einer anderen verschieden sein müsse«. Humboldt brach mit dem Prinzip der Standeserziehung und öffnete die reinen Adelsschulen allen Ständen. Gerade diese unitarische Tendenz seiner Schulreform wurde ihm vom reaktionären Adel und Klerus verübelt. Humboldts Gedanke des zweigliedrigen Einheitsschulwesens – der allgemeinen Volksschule für Stadt und Land und des Gymnasiums – blieb auch nach seinem Rücktritt für die preußischen Schulreformen verbindlich. Mehr noch als um das Gymnasium kümmerte Humboldt sich, in enger Zusammenarbeit mit Nicolovius, um die Elementarschule, und zwar nicht nur am Schreibtisch, hat er sich doch immer wieder persönlich an Ort und Stelle ein Bild von der Schulpraxis gemacht. Schon 1809 rühmte Pestalozzi die Regierung Preußens, »die mit gehaltvollem Ernste zuerst das Erziehungswesen nach den umfassendsten Gesichtspunkten als Nationalangelegenheit ins Auge faßte«.

Später, in einem Brief an seine Frau vom 20. August 1814 hat Humboldt seine Auffassung von der Volksschule und vom humanistischen Gymnasium in einer Weise formuliert, die jeden, der ihn für einen ›elitären‹ Schultypus verantwortlich machen möchte, eines Besseren belehren kann: »Nur sehr wenige [...] fühlen recht lebendig, wie notwendig es ist, eine so enge Verbindung als möglich zwischen dem Volk und den höheren Ständen anzuknüpfen. [...] In die höheren Stände bringt man aber das Volksmäßige nicht, wenn man nicht den Volksunterricht so anordnet, daß er eine allgemeine Grundlage wird, die niemand verschmähen kann, ohne sich selbst verachten zu müssen, und auf der nachher jedes andere aufgebaut werden kann. Es muß daher gar keinen doppelten, sondern nur einen in beschränkterem Raume stehenbleibenden und einen weitergehenden Unterricht für die Geringsten und Vornehmsten geben, und die Erziehung leidet kaum nur noch diesen Unterschied. Ebenso ist es da, wo in der Nation die zweite Trennung angeht, die des Gelehrten- und die des Geschäftslebens.« Humboldt verweist hier auf reine Fachhochschulen, wie man sie in Bayern eingerichtet habe. »Aber da man nie den Menschen abrichten darf und ein bloß abgerichteter auch immer ein unnützer und gefährlicher wäre, sondern immer bilden muß, so muß auch zwischen diesen beiden Ständen der Weg derselbe sein und nur ein Punkt eintreten, wo die einen stehenbleiben, die anderen weitergehen.«

Humboldt hat sich in den Jahren nach seiner Entlassung aus der Sektion für Kultus und Unterricht mehr und mehr auf anderen Gebieten der Innen- und Außenpolitik bewährt, zumal als Bevollmächtigter auf dem Wiener Kongreß. Den hier das Übergewicht gewinnenden restaurativen Kräften, allen voran Metternich und seinem Sekretär Gentz, war er freilich ein Dorn im Auge. Die liberalen Kräfte Preußens – zumal auch der Freiherr vom Stein – hofften demgegenüber, daß Humboldt als Minister des Auswärtigen oder gar als Nachfolger des immer mehr ins Lager der Reaktion abwandernden Hardenberg (+ 1822) endlich das ihm angemessene politische Amt erhalten werde. Daran war jedoch angesichts der zunehmend an Terrain gewinnenden Restauration – die im Grunde ebenso alt ist wie die preußischen Reformen und die deren konsequente Verwirklichung von Anfang an verhindert hat – nicht zu denken. Als Humboldt 1819 schließlich doch noch ins Kabinett berufen wurde – als Minister für ständische Angelegenheiten (Verfassungsminister) –, ahnten er wie Stein die politische Wirkungslosigkeit dieser Ernennung. Humboldts Verfassungspläne wurden von Hardenberg verworfen, und noch im gleichen Jahr führte seine entschiedene Opposition gegen die Karlsbader Beschlüsse zu seiner Entlassung.

Humboldts großes politisches Ziel nach dem Wiener Kongreß war die Verwirklichung des Artikels XIII der Bundesakte: »In allen Bundesstaaten wird eine landständische Verfassung stattfinden.« Dieser Artikel war ungefähr das einzige, was von den liberalen Hoffnungen Humboldts und den Entwürfen, die er dem Kongreß vorgelegt hatte, übriggeblieben war. Um so nachdrücklicher setzte er sich, zumal während seiner Tätigkeit beim Bundestag in Frankfurt, für die Verwirklichung des Verfassungsversprechens ein. Die bedeutendsten verfassungstheoretischen Schriften Humboldts sind seine *Denkschrift über die deutsche Verfassung an den Freiherrn vom Stein* (1813) und *Über Einrichtung landständischer Verfassun-*

gen in den Preußischen Staaten (1819). Diese Denkschriften offenbaren eine tiefgreifende Wandlung im Staatsverständnis Humboldts seit seiner staatstheoretischen Jugendschrift. Hatte er während der ersten Zeit seines politischen Wirkens als die natürliche Verbindung der Menschen gleicher Sprache nur die Nation anerkannt – ihr wollte er die materielle und ideelle Verantwortung für das Bildungswesen übertragen – und den Staat lediglich als notwendiges Übel bejaht, so wurde ihm in den Jahren nach seiner ersten Entlassung die positive Notwendigkeit des Staates immer klarer. Sein extrem liberalistisches politisches Denken wandelt sich zum aktiven Bekenntnis zur konstitutionellen Monarchie, zu einem liberalen patriotischen Staatsbewußtsein.

Humboldts Ziel ist ein Bildungsstaat, in dem sich der Untertan zum mündigen Bürger wandelt, zum bewußten Träger politischen Willens und politischer Verantwortung (vor allem im Rahmen der kommunalen Selbstverwaltung). Im Sinne des Reformkonservatismus Steinscher Prägung stellt Humboldt die geschichtlichen ›Umstände‹ in Rechnung, knüpft er an das Überkommene an und sucht das Neue aus dem Vorhandenen zu entwickeln. »Eine fast gänzliche Umänderung der jetzt bestehenden Verwaltung« müsse die Aufgabe der Verfassung sein, »wie gelinde und allmählich sie auch vorgenommen werden möge«. Das bewahrende Element in den Reformplänen Humboldts zeigt sich exemplarisch an seiner Stellung zum Adel. Obwohl er anachronistische und unsoziale Privilegien desselben (Steuerfreiheit usw.) rigoros verwirft, sucht er ihm doch eine Sonderstellung einzuräumen. Das soll vor allem durch das nach englischem Vorbild sowohl auf provinzialer als auch auf gesamtstaatlicher Ebene einzurichtende Zweikammersystem geschehen. Das ›Oberhaus‹ soll vornehmlich aus dem erblichen Adel, das ›Unterhaus‹ aus direkten Wahlen hervorgehen. Gewählt wird – an politische Parteien ist natürlich noch nicht zu denken – nach Ständen und Korporationen. Die Berufszugehörigkeit ist für Humboldt immer noch der Orientierungsrahmen des Bürgers auch auf kommunaler, provinzialer und gesamtstaatlicher Ebene. Die »Gründung volksvertretender Versammlungen nach bloß numerischen Verhältnissen« lehnt er (auch hier auf den Spuren Burkes und Steins) als Nivellierung aller natürlich und geschichtlich gewachsenen Unterschiede zwischen den Menschen ab.

Eines der wichtigsten Elemente der Verfassung ist für Humboldt die Sicherung der Grundrechte: der Rechtssicherheit jedes Bürgers, der Integrität des Eigentums, der Gewissensfreiheit und der Freiheit der Presse (Zensurfreiheit). Besondere Beachtung verdient

Humboldts Forderung der Gleichstellung der Juden schon während seiner Tätigkeit im Innenministerium. Der Staat müsse »die inhumane und vorurteilsvolle Denkungsart [...] aufheben, die einen Menschen nicht nach seinen eigentümlichen Eigenschaften, sondern nach seiner Abstammung und Religion beurteilt und ihn gegen allen wahren Begriff von Menschenwürde nicht wie ein Individuum, sondern wie zu einer Rasse gehörig und gewisse Eigenschaften gleichsam notwendig mit ihr teilend ansieht. Dies aber kann der Staat nur, indem er laut und deutlich erklärt, daß er keinen Unterschied zwischen Juden und Christen mehr anerkennt.«

Daß Preußen den Weg zur konstitutionellen Monarchie nicht einschlagen wollte, daß das Verfassungsversprechen der Bundesakte 1820 gar durch eine Neuformulierung des Artikels XIII praktisch zurückgenommen wurde, hat Humboldt tief deprimiert. Um so größer war seine Freude, daß gerade der Herzog von Sachsen-Weimar 1816 seinem Land gegenüber das Versprechen einer landständischen Verfassung einlöste – einer der ersten frühkonstitutionellen Verfassungen Deutschlands, die nicht wenig vom Geiste Steins geprägt ist –, wenn sie auch weit hinter den Verfassungsentwürfen Humboldts zurückblieb. Die Liberalen feierten Carl August nach 1816 als den Fürsten, der sein Wort (Artikel XIII der Bundesakte) gehalten habe. Als 1817 das Wartburgfest stattfindet, das unter den Kräften der Restauration einen Sturm der Entrüstung hervorruft und Weimar in eine höchst gefährliche politisch-militärische Lage bringt, schreibt Humboldt beglückt an seine Frau: »So etwas wäre ehemals in Deutschland unerhört gewesen, und der Geist hat sich, wie man auch daran ersieht, wahrhaftig gehoben.« Als besonderes »Glück« aber empfindet Humboldt es, »daß die Wartburg gerade Weimar gehört« – daß sich also der Geist Weimars, der ihn so sehr geprägt und sein staatsmännisches Wirken bestimmt hat, nun auch politisch zu verwirklichen scheint.

Humboldts politisches Idealziel ist, wie gesagt, der freiheitliche Bildungsstaat. Dabei ist nicht zu übersehen, daß dieser Staat sich für ihn immer nur in den gegebenen territorialen Grenzen, also nicht in einem deutschen Einheitsstaat verwirklichen kann. Die politische Einheit der deutschen Nation stellt Humboldt sich nur als Staatenbund vor: »Der Deutsche ist sich nur bewußt, daß er ein Deutscher ist, indem er sich als Bewohner eines besonderen Landes in dem gemeinsamen Vaterlande fühlt, und seine Kraft und sein Streben werden gelähmt, wenn er mit Aufopferung seiner Provinzialselbständigkeit einem fremden, ihm durch nichts ansprechenden Ganzen beigeordnet wird.« Diese Überzeugung teilt Humboldt mit Möser, vor allem aber auch mit Goethe. »Die Nationen haben wie die Individuen ihre durch keine Politik abzuändernden Richtungen. Die Richtung Deutschlands ist, ein Staatenverein zu sein« – ein Bund souveräner Staaten ohne Oberhaupt. In dieser Hinsicht ist Humboldt ein rigoroser Gegner Steins gewesen, der für die Wiederherstellung des alten Reichs mit einem österreichischen Kaiser eintrat. Humboldt hat jedoch aufgrund der Erfahrungen mit der österreichischen Machtpolitik unter Joseph II. (gegen die sich der zumal von Sachsen-Weimar propagierte Fürstenbund gestellt hatte) die Idee der an Österreich zu übertragenden Kaiserwürde nachdrücklich verworfen. Die Sicherheit Deutschlands schien ihm – und in diesem Punkt ist er zweifellos der bessere Realpolitiker gewesen – nur durch das Gleichgewicht zwischen Preußen und Österreich gewährleistet.

Auch Humboldt hat in der Vielfalt der deutschen Staatenwelt eine historische Analogie zur griechischen Poliswelt gesehen. Es war bereits davon die Rede, daß diese Analogie gewissermaßen eine konstituierende Idee der Weimarer Klassik gewesen ist. Goethe hat sie von Möser übernommen und in seinem Nachruf auf Wieland expliziert. Dieser selbst hat schon davon gesprochen, daß »die deutsche Nation nicht eigentlich eine Nation, sondern ein Aggregat aus vielen Nationen, wie das antike Griechenland, ist.« Im gleichen Sinne bemerkt Humboldt in seiner *Geschichte des Verfalls und Unterganges der griechischen Freistaaten*, Deutschland zeige »in der föderalistischen Verfassung und seinen neuesten Schicksalen eine unleugbare Ähnlichkeit mit Griechenland«. Das ist für Humboldt gewissermaßen das politisch-geographische Symbol der welthistorischen Rolle Deutschlands als der »Brücke zwischen der antiken und modernen Welt«. »Die Verbindung der Eigentümlichkeiten der Alten und Neueren in eine einzige Form hervorzubringen, könnte man gleichsam die Endabsicht des deutschen Charakters nennen« – die für ihn im dichterischen Charakter Schillers am reinsten verwirklicht ist – »oder vielmehr das, wohin jeder von seinem Teil mitzuwirken streben muß, dem es um eine wahrhaft idealische Veredelung unseres Nationalcharakters zu tun ist. Zwar läßt sich im Grunde sagen, daß dies Ziel jeder Nation vorgesteckt ist. Aber nur eine, die eine solche Geschmeidigkeit besitzt, sich fremden Eigentümlichkeiten anzupassen, hat eine sichere Hoffnung, demselben näherzukommen« (an Friedrich August Wolf, 20. August 1797). Diese Gedanken sind zweifellos aus Gesprächen mit Schiller hervorgegangen. Die Berührung etwa mit dessen Gedichtfragment »Deutsche Größe« aus dem gleichen Jahr ist nicht zu verkennen. (Wenn Humboldt wenig später in einem Gedicht für ein noch ungeborenes Kind dem deutschen Volk prophezeit: »Nicht mit Waffen wird es, nicht kämpfen in blutigen Kriegen, / Sicher herrscht durch das Wort edler sein schaffender Geist«, so lassen sich fast wörtliche Parallelen zu jenem Fragment entdekken.)

Die Humboldt durch seine Entlassung 1819 aufgezwungene Muße kam einer, und vielleicht der wesentlicheren Seite seines Wesens zugute. »Ich bin bei weitem mehr und in allem kontemplativ als handelnd und bin ins Handeln wirklich nur so durch den Zufall gestoßen«, schreibt er am 12. Mai 1817 an seine Frau. »Darum hätte ich auch sehr gern, ehe ich stürbe, einige Jahre bloße Ruhe, reine Abgezogenheit von den irdischen Dingen der Welt.« Diese Abgezogenheit war ihm nun auf seinem Schloß Tegel vergönnt, das Schinkel in klassizistischem Sinne umgebaut und zu einem Privatmuseum mit antiken Skulpturen umgestaltet hat: das Vorbild des Rosenhauses in Stifters *Nachsommer.* Der Freiherr von Risach, die Hauptgestalt dieses Romans, hat sich wie (so scheint es) Humboldt aus dem seinem Wesen eigentlich fremden Staatsdienst zurückgezogen, um sich im Altersraum des otium cum dignitate der seinen Anlagen wahrhaft gemäßen retrospektiven ästhetischen Tätigkeit zu widmen. Die erst 1847 veröffentlichten *Briefe an eine Freundin* (Charlotte Diede), in denen Humboldt seine »Abendansicht des Lebens« zum Ausdruck gebracht hat, sind eine der wichtigsten Quellen auch des *Nachsommer.* Spüren wir in der Tegeler Altersexistenz Humboldts, der Goethe um drei Jahre überlebt hat, das Licht der untergehenden Sonne des ästhetischen Humanismus, wie er von der Weimarer Klassik geprägt worden ist, so leuchtet er in Stifters *Nachsommer* noch einmal wie der Glanz des Mondes auf, nicht mehr selber Licht spendend, sondern fremdes Licht reflektierend.

Freilich bleibt Humboldts Leben in Tegel nicht reine Retrospektion, sind doch in den Jahren seit 1819 seine revolutionären Untersuchungen zum »vergleichenden Sprachstudium« entstanden, u.a. die Studien über die Sprache der Urbevölkerung Spaniens und Amerikas, Sanskrit, das Chinesische, Japanische, über grammatikalische Formen (Dualismus, Tempusbildung) etc. In den letzten Lebensjahren arbeitete er an der (unvollendeten) Abhandlung *Über die Kawi-Sprache auf der Insel Java*, deren umfangreiche Einleitung »Über die Verschiedenheit des menschlichen Sprachbaues und ihren Einfluß auf die geistige Entwickelung des Menschengeschlechts« die Summe seiner sprachtheoretischen Einsichten darstellt. Sie geht von der Grundthese aus, daß »in jeder Sprache eine eigentümliche Weltansicht« liegt, in welcher sich die Individualität einer Sprachgemeinschaft ausdrückt. Sprache ist nichts Fertiges, nicht »ergon«, ein vom Sprechenden, vom Akt des Sprechens ablösbares Werk, sondern »energeia«, eine im Sprechen und Verstehen, in der kommunikativen Einheit von Ich und Du sich aktualisierende Tätigkeit.

Kaum ein Gelehrter seiner Zeit hat über so umfassende linguistische Kenntnisse verfügt wie Humboldt, ja seine Untersuchungen zu Lautsystem und Wortbildung, Lexikographie und Syntax werfen Fragen auf, auf die vielfach erst die Sprachwissenschaft des 20. Jahrhunderts eingegangen ist. Erwähnt sei nur die Humboldt-Rezeption in der Transformationsgrammatik (Chomsky) und der strukturalistisch-funktionellen Grammatik (Coseriu) sowie in der modernen Sprachphilosophie. Auf diesem Gebiet ist seine Wirkung bis heute wohl am lebendigsten geblieben, wie die anhaltende internationale linguistische Diskussion über seine Sprachtheorie zeigt, während im gegenwärtigen Deutschland seine Konzeption des Bildungswesens im Zuge immer stärkerer staatlicher Bevormundung, Bürokratisierung und Verfachlichung der Universität, durch die Nivellierung zwischen Hochschule und Gymnasium (Verschulung der Universität, Verwissenschaftlichung der Schule) sowie die Liquidierung der Allgemeinbildung mehr und mehr in Frage gestellt wird.

Humboldts überragende Rolle in der deutschen Bildungsgeschichte, welche in der Vermittlung der bedeutendsten geistigen Tendenzen seiner Zeit, zumal der idealistischen Philosophie und der ästhetischen Kultur Weimars mit der politischen Reform in Hinblick auf einen modernen Verfassungs- und Bildungsstaat besteht, scheint – wie die Gestalt des Geist und Politik vereinigenden Staatsmanns – mehr und mehr historisch zu werden.

Literatur

Baumann, Hans-Heinrich: Die generative Grammatik und Wilhelm von Humboldt. In: Poetica 4 (1971), S. 1–12.

Berglar, Peter: Wilhelm von Humboldt in Selbstzeugnissen und Bilddokumenten. Reinbek bei Hamburg 1960 u. ö.

Bertram, Franz: Ist der *Nachsommer* Adalbert Stifters eine Gestaltung der Humboldtschen Bildungsideen? (Diss.). Frankfurt am Main 1957.

Böhle, Rüdiger E.: Der Begriff der Sprache bei Wilhelm von Humboldt und

Ludwig Wittgenstein. In: Brigitte Scheer / Günter Wohlfart (Hrsg.): Dimensionen der Sprache in der Philosophie des Deutschen Idealismus. Würzburg 1982, S. 190–213.

Borsche, Tilman: Sprachansichten. Der Begriff der menschlichen Rede in der Sprachphilosophie Wilhelm von Humboldts. Stuttgart 1981.

Borsche, Tilman: Wilhelm von Humboldt. München 1990.

Bruford, Walter Horace: Wilhelm von Humboldt in his letters. In: W. H. Bruford: The German tradition of self-cultivation. »Bildung« from Humboldt to Thomas Mann. London 1975, S. 1–28.

Conte, Maria-Elisabeth: Semantische und pragmatische Ansätze in der Sprachtheorie Wilhelm von Humboldts. In: H. Parret (Hrsg.): History of linguistic thought and contemporary linguistics. Berlin/New York 1975, S. 616–632.

Epstein, Klaus: Die Ursprünge des Konservativismus in Deutschland. Berlin 1973.

Gebhardt, Jürgen (Hrsg.): Die Revolution des Geistes. Politisches Denken in Deutschland 1770–1830. München 1968.

Gebhardt, Marlis: Wilhelm von Humboldt und die moderne Sprachtheorie. In: M. Gebhardt (Hrsg.): Linguistik und Sprachphilosophie. München 1974, S. 11–27.

Gipper, Helmut: Wilhelm von Humboldt als Begründer der modernen Sprachforschung. In: Wirkendes Wort 15 (1965), S. 1–19.

Hoberg, Rudolf (Hrsg.): Sprache und Bildung. Beiträge zum 150. Todestag Wilhelm von Humboldts. Darmstadt 1987.

Kaehler, Siegfried August: Wilhelm von Humboldt und der Staat. Ein Beitrag zur Geschichte deutscher Lebensgestaltung um 1800. Göttingen 1963 (2. Aufl.).

Kessel, Eberhard: Wihelm von Humboldt. Idee und Wirklichkeit. Stuttgart 1967.

Knopp, Werner: Wilhelm von Humboldt. Ein Staatsmann in Preussen. In: Jb. Preussischer Kulturbesitz 22 (1986), S. 141–155.

Koselleck, Reinhart: Preußen zwischen Reform und Revolution. Allgemeines Landrecht, Verwaltung und soziale Bewegung von 1791–1848. Stuttgart 1967.

Liebrucks, Bruno: Sprache und Bewußtsein. Bd. II: Sprache. Wilhelm von Humboldt. Frankfurt a.M. 1965.

Menze, Clemens: Die Bildungsreform Wilhelm von Humboldts. Hannover/Dortmund 1975.

Menze, Clemens: Sprechen, Denken, Bilder. Eine Erörterung zu Grundaspekten der Sprachtheorie Wilhelm von Humboldts. In: Pädagogische Rundschau 32 (1978), S. 829–844.

Menze, Clemens: Wilhelm von Humboldt und die Französische Revolution. In: Jb. d. Freien Dt. Hochstifts (1987), S. 158–193.

Müller-Sievers, Helmut: Epigenesis: Naturphilosophie im Sprachdenken Wilhelm von Humboldts. Paderborn u.a. 1993.

Müller-Vollmer, Kurt: Poesie und Einbildungskraft. Zur Dichtungstheorie Wilhelm von Humboldts. Stuttgart 1967.

Mumm, Susanne: Zur Propädeutik der Linguistik: Wort und Zeichen. Mit einem Beitrag zur hermeneutischen Humboldt-Rezeption. In: Germanist. Linguistik (1977), S. 101–170.

Neumann, Werner: Über die Aktualität vom Humboldts Sprachauffassung. In: J. Schildt (Hrsg.): Erbe – Vermächtnis und Verpflichtung. Berlin 1977, S. 101–118.

Pascal, Roy. Culture and the division of labour. Three essays on literary culture in Germany. Conventry 1974 [Humboldt: S. 5–30].

Peters, Robert: Mythische Sprachphilosophie. Eine Studie zum Verhältnis mythologischer Sprachtheorie und Wilhelm von Humboldts Sprachphilosophie am Beispiel ausgewählter Positionen (Diss.). Düsseldorf 1986.

Pleines, Jürgen: Das Problem der Sprache bei Humboldt. Voraussetzungen und Möglichkeiten einer neuzeitlich-kritischen Sprachphilosophie. In: H.-G. Gadamer (Hrsg.): Das Problem der Sprache. München 1967, S. 31–43.

Price, Cora Lee: Wilhelm von Humboldt und Schillers Briefe *Über die ästhetische Erziehung des Menschen*. In: Jb. d. Dt. Schillergesellschaft XI (1967), S. 358–373.

Raith, Werner: Humboldts Idee der Sprache als philosophischer Grundgedanke seiner humanistischen Reformkonzeption. In: Studie humanitatis. Ernesto Grassi zum 70. Geburtstag. München 1973, S. 273–288.

Reiss, Hans: Justus Möser und Wilhelm von Humboldt. In: Polit. Vierteljahresschrift 8 (1967), S. 23–39.

Riedel, Manfred: Wilhelm von Humboldts ursprünglicher Begriff des Wissens. In: Universitas 32 (1977), S. 842–847.

Ritter, Gerhard: Stein. Eine politische Biographie. Stuttgart 1958 (3. Aufl.).

Scharf, Hans-Werner: Chomskys Humboldt-Interpretation. Ein Beitrag zur Diskontinuität der Sprachtheorie in der Geschichte der neueren Linguistik (Diss.). Düsseldorf 1977.

Scharf, Hans-Werner (Hrsg.): Wilhelm von Humboldts Sprachdenken. Essen 1988.

Schiewe, Jürgen: »Allein der Hauptgesichtspunkt bleibt die Wissenschaft«: Wilhelm von Humboldts Universitätsreform und der Übergang der Wissenschaften vom Gelehrtendasein zur Volkssprache. In: Wirkendes Wort 45 (1995), S. 47–64.

Schlerath, Bernhard (Hrsg.): Wilhelm von Humboldt. Vortragszyklus zum 150. Todestag. Berlin 1986.

Schmitter, Peter: Kunst und Sprache. Über den Zusammenhang von Sprachphilosophie und Ästhetik bei Wilhelm von Humboldt. In: Sprachwissenschaft 7 (1982), S. 40–57.

Schneider, Franz: Das Rechts- und Staatsdenken Edmund Burkes. Bonn 1965.

Scurla, Herbert: Wilhelm von Humboldt. Werden und Wirken. Berlin 1975 (2. Aufl.).

Spreu, Arwed / Bondzio, Wilhelm (Hrsg.): Sprache, Mensch und Gesellschaft. Werk und Wirkungen von Wilhelm von Humboldt und Jacob und Wilhelm Grimm in Vergangenheit und Gegenwart. Humboldt-Grimm-Konferenz. 3 Bde. Berlin (DDR) 1986.

Staiger, Emil: Wilhelm von Humboldt. In: Berliner Geist. Fünf Vorträge der Bayerischen Akademie der Schönen Künste. Berlin 1963, S. 83–106.

Sweet, Paul R.: Wilhelm von Humboldt. 2 Bde. Columbia/Ohio 1978–1980.

Trabant, Jürgen: Apeliotes oder der Sinn der Sprache. München 1986.

Trabant, Jürgen: Traditionen Humboldts. Frankfurt 1990.

Vogel, Ursula: Konservative Kritik an der bürgerlichen Revolution. August Wilhelm Rehberg. Darmstadt/Neuwied am Rhein 1972.

Wachsmuth, Andreas B.: Goethe und die Brüder von Humboldt. In: A. Schaefer (Hrsg.): Goethe und seine großen Zeitgenossen. München 1968, S. 53–85.

Welke, Klaus (Hrsg.): Sprache, Bewußtsein, Tätigkeit. Zur Sprachkonzeption Wilhelm von Humboldts. Berlin (DDR) 1986.

Wohlfart, Günter: Überlegungen zum Verhältnis von Sprache und Kunst im Anschluß an Wilhelm von Humboldt. In: Brigitte Scheer / G. Wohlfahrt (Hrsg.): Dimensionen der Sprache in der Philosophie des Deutschen Idealismus. Würzburg 1982, S. 40–66.

V *Theorie der modernen Dichtung: Schillers und Humboldts typologische Poetik*

Die in unmittelbarem Zusammenhang mit der Weimarer Klassik vielleicht produktivste Rolle hat Humboldt bei der Entstehung von Schillers Traktat *Über naive und sentimentalische Dichtung* gespielt, der aus drei 1795/96 in den »Horen« erschienenen Einzelstudien hervorgegangen ist. Stellen die Briefe *Über die ästhetische Erziehung des Menschen* die wichtigste Standortbestimmung der ästhetischen Kultur Weimars dar, so ist *Über naive und sentimentalische Dichtung* die zentrale dichtungstheoretische Stellungnahme und Selbstdefinition der Weimarer Klassik. Thomas Mann hat in seinem Essay *Goethe und Tolstoi* (1921/25), einer Art revidierender Fortsetzung des Schillerschen Traktats, denselben als den »klassischen und umfassenden Essay der Deutschen« bezeichnet, »welcher eigentlich alle übrigen in sich enthält und überflüssig macht«. Thomas Mann denkt da sicher zumal an Kleists Aufsatz *Über das Marionettentheater* oder Nietzsches *Geburt der Tragödie*, die beide ohne den von Schiller eröffneten theoretischen Horizont nicht hätten geschrieben werden können.

Bildet die Begegnung mit Goethe, der Versuch, sein eigenes gegenüber dem künstlerischen Verfahren Goethes zu rechtfertigen, den Hintergrund des Traktats, so ist das Gespräch und der Briefwechsel mit Humboldt, der zu dieser Zeit (1794–97) als Privatgelehrter in Jena lebt, für die Entfaltung der Typologie des Naiven und Sentimentalischen doch von mindestens gleicher Bedeutung. Mit Humboldt und seinem langjährigen Freund, dem in Dresden lebenden Appellationsgerichtsrat *Christian Gottfried Körner* (1756–1831) schloß Schiller 1794 eine »Dreifaltigkeit«, ein Triumvirat, das zwar mit gewissem Recht im Schatten seiner Produktionsgemeinschaft mit Goethe steht, aber für seine künstlerische Entwicklung auf ganz andere Weise kaum weniger folgenreich war, erfuhr er doch von Körner und Humboldt jene ständige intensive Anteilnahme und kritische Förderung, die ihm Goethe durch die Konzentration auf das eigene Schaffen naturgemäß nicht in gleichem Maße zukommen lassen konnte.

Der Briefwechsel zwischen Humboldt und Schiller in der Enstehungszeit des Traktats *Über naive und sentimentalische Dichtung* ist ein hochbedeutsamer Kommentar dieser dichtungstypologischen Abhandlung, ja führt durch die aus schöpferischem

Mitdenken resultierenden Fragen und Impulse Humboldts nicht selten erhellend über sie hinaus. Mehr noch als die »Ästhetischen Briefe« ist der aus drei Aufsätzen zusammengefügte Traktat ein work in progress. Vor allem die Kategorien des Naiven und Sentimentalischen wandeln ihren Sinn im Laufe des Gedankengangs, so daß es schwer fällt, sie auf einen eindeutigen Nenner zu bringen. Der Grundgedanke der Abhandlung ist die Bestimmung des Dichters als des »Bewahrers der Natur«, welche als »das freiwillige Dasein, das Bestehen der Dinge durch sich selbst, die Existenz nach eigenen und unabänderlichen Gesetzen« definiert wird. Der Dichter kann nun entweder Natur »sein« oder die verlorene Natur »suchen«. Der »natürlich empfindende«, mit der Natur eins seiende Dichter ist der naive, der »das Natürliche empfindende«, dieses aus der Distanz des Verlusts betrachtende und suchende hingegen der sentimentalische Dichter.

Das Naive ist für Schiller indessen nicht, wie man oft gemeint hat, eine natürliche Gegebenheit, sondern ein sentimentalischer Befund. Es ist nicht einfach ursprüngliche Natur, sondern diese nur, insofern sie mit der »Kunst« d.h. der Künstlichkeit der Kultur (Zivilisation), welch letztere nicht durch sich selbst zu existieren vermag, »im Kontrast stehe und sie beschäme.« Das Naive bezeichnet also nicht den Naturzustand vor Ausbildung der Zwänge der Zivilisation, sondern setzt diese als Contrepoids bereits voraus. »Zum Naiven wird erfodert, daß die Natur über die Kunst den Sieg davontrage«; es ist »eine Kindlichkeit, wo sie nicht mehr erwartet wird«. Deshalb bedeutet Erfahrung des Naiven notwendig Beschämung über den Verlust der Natur. Diese ist jedoch nicht nur ein Objekt der »Wehmut«, repräsentiert nicht nur das, »was wir waren«, sondern versetzt uns zugleich in »erhabene Rührung«, indem sie auch das, »was wir wieder werden sollen«, darstellt. »Wir waren Natur [...], und unsere Kultur soll uns, auf dem Wege der Vernunft und der Freiheit, zur Natur zurückführen.«

Die Natur als das Aufgegebene (als »Darstellung unserer höchsten Vollendung«) bezeichnet Schiller als das »Ideal«. Ihm können wir uns – hier begegnen wir wieder dem Grundgedanken seines utopischen Denkens – nur asymptotisch, »in einem unendlichen Fortschritte« nähern. Wie stark das dreistufige Geschichtsschema Schillers (Natur – Kultur – Ideal) das idealistische Denken in der Folgezeit beeinflußt hat, zeigt etwa Kleists Aufsatz *Über das Marionettentheater* (1810), der den Fortschritt der Menschheit im Bilde des Kreises erfaßt, so daß gerade auf dem Wege der Reflexion, welche zum Verlust des Paradieses der Bewußtlosigkeit geführt hat, dieses Paradies – im Durchgang »durch ein Unendliches« – wiedererlangt werden kann. In jenes Geschichtsschema hat Schiller nun auch die Dichtung eingespannt. Der verlorenen Natur wird die naive, dem aufgegebenen Ideal die sentimentalische Dichtung zugeordnet, wobei diese nur so lange sentimentalisch bleibt, als das Ideal, nach dem sie strebt, nicht erreicht ist. Hat sie ihr Ziel erreicht, hebt sie sich selbst in der »idealischen« Dichtung auf, wie Schiller am 25. Dezember 1795 an Humboldt schreibt. In dieser idealischen Dichtung – einer reinen Idee, da sie nur im Prozeß unendlicher Approximation erreichbar ist – würde der Gegensatz des Naiven und Sentimentalischen verschwinden.

Greift Schiller mit dem Terminus des Naiven auf eine zu seiner Zeit geläufige Kategorie zurück, so ist sein Begriff des Sentimentalischen eine gänzlich neue Prägung. Vor Schiller – ja vielfach auch noch bei ihm selber – wird dieser Begriff im Sinne von sentimental (engl.) = empfindsam verwendet. Daß diese Bedeutung in Schillers typologischen Terminus durchaus aufgenommen ist, zeigt sein Vergleich zweier verwandter »rührender« Szenen bei Homer und Ariost. Während letzterer als sentimentalischer Dichter bei der Erzählung »seine Rührung nicht verbergen« kann, zeigt Homer aufgrund seiner ›naiven‹ Identität mit dem Gegenstand keinerlei Beteiligung des Herzens. Der naive Dichter hängt nicht mit »Empfindsamkeit« und »süßer Wehmut«, d.h. mit »sentimentalischem Interesse« an den Dingen, da er diese noch nicht aus der Distanz des Verlusts schildert. Welche Verbindung besteht also zwischen dem Sentimentalischen als dem Empfindsamen und der spezifisch Schillerschen Idee desselben? Der sentimentalische Dichter »reflektiert über den Eindruck, den die Gegenstände auf ihn machen, und nur auf jene Reflexion ist die Rührung gegründet, in die er selbst versetzt wird und uns versetzt.« Das Empfindsame und »Sentimentalische« gründen mithin in der Reflexion; hier wie dort wird das Objekt nach ›innen‹ gezogen, in die Gefühls- und Verstandeswelt des Subjekts.

Zeichnet sich die naive Dichtung durch entschiedene Gegenständlichkeit aus, so die sentimentalische durch die Beziehung des Gegenstandes auf eine Idee (darin gründet ihre ›Rührung‹). Demgemäß ist die naive Dichtung »Nachahmung des Wirklichen«, die sentimentalische hingegen »Darstellung des Ideals«. Den drei a priori möglichen Beziehungen zwischen Ideal und Wirklichkeit entsprechen die drei sentimentalischen Dichtungsarten der Satire (in ihr »wird die Wirklichkeit als Mangel dem Ideal als der höchsten Realität gegenübergestellt«), der Elegie («die Natur und das Ideal«

als »Gegenstand der Trauer, wenn jene als verloren, dieses als unerreichbar dargestellt wird«) und der Idylle (Natur/Ideal als »Gegenstand der Freude, indem sie als wirklich vorgestellt werden«). Stellt die Idylle traditionsgemäß den harmonischen Zustand »vor dem Anfange der Kultur« dar (»Hirtenidylle«), in welchem Geist und Sinnlichkeit noch eins sind, so könnte sie diesen »Zustand der Harmonie und des Friedens« zwischen Vernunft und Natur doch auch als das »letzte Ziel« der Kultur darstellen. Und in der Idee einer solchen Idylle, welche den Menschen nicht im Zustand der Kindheit, sondern auf dem höchsten Gipfel seiner individuellen und gesellschaftlichen Fähigkeiten zeigt, welche ihn, »der nun einmal nicht mehr nach Arkadien zurück kann, bis nach Elysium führt« (der Name des Schillerschen Utopia!), gipfelt die Theorie der sentimentalischen Dichtung. Die Idylle ist aus einer traditionsgemäß retrospektiven – in das genus humile, die niedrige Stillage verwiesenen – Gattung in eine utopische verwandelt worden und ist als solche für Schiller das »höchste poetische Werk« überhaupt (an Humboldt, 30. November 1795): Antizipation der idealischen Dichtung, in welcher die sentimentalische als eine ›strebende‹ zur Ruhe kommt.

In Schillers Traktat überschneiden sich zwei nicht restlos in Einklang zu bringende Tendenzen: eine übergeschichtliche Typologie, d.h. die auf Goethes respektive sein eigenes künstlerisches Verfahren gemünzte Gegenüberstellung der naiven Dichtung als einer »realistischen« und der sentimentalischen als einer »idealistischen« auf der einen Seite, die Kontrastierung antiker (griechischer) und moderner Dichtung auf der anderen Seite. Mit der Kategorie des Sentimentalischen ist es zum erstenmal gelungen, die Eigenart der modernen Poesie gegenüber der antiken positiv zu bestimmen. Schiller hat so – davon war schon im einleitenden Kapitel ausführlich die Rede – vor allem das Tor zur Theorie der romantischen Dichtung aufgestoßen. Besonders deutlich zeigt das die Konversion Friedrich Schlegels vom »Gräkomanen« zum Begründer der romantischen Theorie. Der junge Schlegel hat in der gleichzeitig mit Schillers Traktat entstandenen Abhandlung *Über das Studium der griechischen Poesie* (ersch. 1797) ebenfalls versucht, die Eigenart der modernen gegenüber der antiken Poesie zu bestimmen, und er kommt hier in manchen Punkten der Schillerschen Definition des Sentimentalischen erstaunlich nahe, so z.B. bezüglich der Tendenz unendlicher Progression, welche er wie Schiller der modernen Poesie zuschreibt. Was Schlegel jedoch von Schiller trennt, ist seine fast ausschließlich negative Wertung der modernen (»interessanten«)

Poesie, ihre eindeutige Herabsetzung gegenüber der antiken (»objektiven«).

Unter dem Einfluß Schillers werden die ästhetischen Erscheinungen der Moderne bei Schlegel wenig später eine gänzlich andere, nun positive Wertung erfahren, die sich von der »klassischen« Ästhetik löst. An Schillers Traktat wird unmittelbar erinnert, wenn Schlegel in den »Athenäums-Fragmenten« (1798) seine Idee der modernen als einer »Transzendentalpoesie« begründet, »deren Eins und Alles das Verhältnis des Idealen und Realen ist«; dieselbe beginnt nämlich »als Satire mit der absoluten Verschiedenheit des Idealen und Realen, schwebt als Elegie in der Mitte und endigt als Idylle mit der absoluten Identität beider«. Zum Vergleich sei Humboldts Präzisierung der Unterscheidung des naiven und sentimentalischen Dichters im Briefwechsel mit Schiller zitiert: Ersterer befinde sich »in dem Zustande, in welchem wir noch nicht die beschränkte Wirklichkeit von dem unendlichen Ideal durch Reflexion zu trennen gelernt haben. [...] Da hier also noch gar keine Trennung angenommen ist, so bleibt dem Dichter freilich nichts zu tun übrig, als die Natur zu schildern, wie sie ist, ihre Form mit allen Grenzen genau darzustellen.« Der sentimentalische Dichter unterscheidet sich nun vom naiven »durch die Absonderung des Ideals von der Wirklichkeit, woraus eben seine drei Arten möglicher Äußerung aus den verschiedenen Verhältnissen beider gegeneinander herfließen« (18. Dezember 1795). Hier ist die romantische Idee der Transzendentalpoesie also schon voll ausgebildet – eine Bestätigung für Goethes Behauptung, Schiller habe »den ersten Grund zur ganzen neuen Ästhetik« gelegt, »denn hellenisch und romantisch und was sonst noch für Synonymen mochten aufgefunden werden, lassen sich alle dorthin zurückführen, wo vom Übergewicht reeller oder ideeller Behandlung die Rede war« (*Einwirkung der neuern Philosophie*).

Die Romantiker haben freilich aus ihren von Schiller inspirierten neuen ästhetischen Prämissen weit radikalere poetische Konsequenzen gezogen als dieser. »Alle klassischen Dichtarten in ihrer strengen Reinheit sind jetzt lächerlich«, heißt es etwa in F. Schlegels *Kritischen Fragmenten* (1797). Zu diesem Bruch mit dem antik-humanistischen Gattungskanon hat Schiller sich nicht imstande gesehen. Vor allem der Briefwechsel mit Humboldt dokumentiert, wie stark er trotz seiner Ablehnung einer Abstraktion des Gattungsbegriffs der Poesie aus der griechischen Dichtung, bei aller Betonung des Eigenrechts der modernen Poesie, in seinen konkreten poetologischen Vorstellungen doch der »antiken Kunstform«

verpflichtet bleibt. (Das ist auch einer der Gründe für die unerbittliche Feindschaft zwischen ihm und der Romantischen Schule.) Ist die moderne Poesie in Hinblick auf den »Gehalt für den Geist« der antiken auch unendlich überlegen, so vermag sie sich doch hinsichtlich der »Form« nicht mit ihr zu messen. Humboldt gegenüber gesteht Schiller (25. Dezember 1795), »daß die sentimentalische Poesie, qua Poesie, die naive nicht erreicht«, wenn sie auch »auf dem Wege« zu einer höheren Form der Poesie ist, ja daß sie die gegenständliche Darstellungsweise der naiven Dichtung auch in ihrem Bereich nicht entbehren kann, wenn sie im eigentlichen Sinne Dichtung sein will. Humboldt hat also nicht Unrecht, wenn er in seinem Brief vom 18. Dezember 1795 konstatiert, »daß der sentimentalische Dichter immer in gewissem Sinne auch naiv ist« – wenn er wirklich Dichter ist. Was die modern-sentimentalische Poesie vor der antik-naiven voraus hat, ist demnach nicht eine eigentlich poetische Qualität, sondern das, was Humboldt und Schiller »Geist« nennen; dieser sei die spezifisch »moderne Realität«. Weil aber nach Humboldts Überzeugung eben diese Realität bei niemandem stärker ausgeprägt ist als bei Schiller, deshalb hat er diesen in seinem berühmten Brief vom 6. November 1795 den »modernsten« Dichter überhaupt genannt.

Schillers und Humboldts Analyse der jeweiligen Präferenzen der antiken und modernen Poesie – größere Vollkommenheit der rein poetischen Form dort, größerer Reichtum des Geistes hier – weist bereits deutlich auf Hegels Unterscheidung der klassischen (griechischen) und romantischen (mittelalterlich-modernen) Kunstform in der »Ästhetik« voraus. Am Anfang der Kunstgeschichte steht nach Hegel die symbolische (morgenländische) Kunstform, in der Idee und sinnliche Gestalt einander noch unangemessen, fremd sind; die zweite, die klassische Kunstform dagegen ist charakterisiert durch die adäquate Ineinsbildung von Idee und Gestalt. Die letzte, die romantische Kunstform nun löst die klassische Einheit von Geist und sinnlicher Gestalt wieder auf, weil der Geist in ihr »nicht seinem wahren Begriffe nach zur Darstellung« kommt; sie bedeutet also die Erhebung des Geistes zu sich selber.

Weil aber das Schöne »das sinnliche Scheinen der Idee« ist, identifiziert Hegel – so wie Schiller das eigentlich Poetische mit dem Naiven in eins setzt – die klassische Kunst notwendig mit dem wahren Begriff der Kunst und des Schönen. Wie daher die symbolische noch nicht im Vollsinn Kunst ist, so ist es die romantische nicht mehr; sie bedeutet »das Hinausgehen der Kunst über sich selbst«. Darin drückt sich für Hegel aus, daß die Kunst »unser höchstes Bedürfnis nicht mehr ausfüllt«, dem »Geist unserer heutigen Welt« nicht mehr voll entspricht, daß sie ›aufgehoben‹ ist in der Philosophie, welche dem Geist allein seine wahren Interessen zum Bewußtsein bringt. »Der Gedanke und die Reflexion hat die schöne Kunst überflügelt.« Diese Hegelsche Konsequenz steht freilich in größtem Gegensatz zur Dichtungstheorie Schillers. Die moderne sentimentalische Dichtung mit ihrer die Sinnenwelt, die gegenständliche Form transzendierenden Geistigkeit ist bei ihm nicht die ›letzte‹ Kunstform, wie bei Hegel die romantische; das scheinbare Hinausgehen der Poesie über sich selbst aufgrund ihrer größeren Gedanklichkeit drückt vielmehr das Streben nach einer utopischen Poesie aus, in der Geist und Gestalt sich auf höherer Ebene wieder verbinden.

Das Problematische der Schillerschen Theorie der modernen Dichtung ist vor allem darin zu sehen, daß es ihm im Unterschied zu den Romantikern nicht gelungen ist, seinen apriorischen Entwurf in einer konkreten Poetik zu elaborieren. Einerseits fällt er, wie z.B. seine Auffassung des Romans zeigen wird, immer wieder in die Vorstellungen der antik-humanistischen Poetik zurück, aus der auch die Namen seiner drei sentimentalischen Dichtungsarten entlehnt sind – sieht er doch anders als die Romantiker und Hegel den Ursprung der modernen Poesie nicht im Mittelalter, sondern deutet sie in Analogie zur Absetzung der römischen von der griechischen Kunst –, anderseits bleibt seine Bestimmung der spezifischen ästhetisch-formalen Struktur der modernen Poesie im ganzen so abstrakt, daß sich von ihr aus nur schwer eine Brücke zur künstlerischen Praxis schlagen läßt. Aus diesem Grunde hat Schiller durch seine theoretischen Spekulationen auch sich selbst als Dichter in höchste Gefahr gebracht.

Nirgends zeigt sich das deutlicher als in dem Plan einer »Idylle«, die sein Ideengedicht *Das Ideal und das Leben* fortsetzen sollte, wie er sie – auf dem Höhepunkt der Periode praxisferner ästhetischer Spekulation – in seinem Brief an Humboldt vom 29. November 1795 entworfen hat. In dieser Idylle hoffte Schiller »mit der sentimentalischen Poesie über die naive« zu triumphieren. Er gab sich so der Täuschung hin, das utopische, nur asymptotisch erreichbare Ziel der sentimentalischen Dichtung in einem poetischen Einzelfall hic et nunc erreichen zu können. Daß er indessen Gefahr lief, im Aufblick zu einer überspannten, nicht mehr realisierbaren Idee der Dichtung in eine bodenlose Tiefe zu stürzen, die für ihn das Ende des poetischen Schaffens überhaupt bedeutet hätte, das hat später Goethe in Hinblick auf den »Idyllen«-Plan Eckermann gegenüber

(14. November 1823) mit Recht zum Ausdruck gebracht. Schiller hat sich indessen nicht lange nach jenem Plan von der »Kunstmetaphysik« zunehmend abgekehrt (vgl. den Brief an Humboldt vom 27. Juni 1798) und einen neuen Weg zu künstlerischer Praxis weitab von philosophisch-ästhetischer Spekulation gesucht. Deshalb trat der Briefwechsel mit Humboldt, der in der Zeit seiner größten Dichte (1795/96) ganz im Zeichen der von letzterem aufgestellten Fiktion eines in Schiller verkörperten neuen – Bild und Begriff verschmelzenden – philosophischen Dichtertypus stand, gänzlich in den Schatten des Briefwechsels mit Goethe, der im wesentlichen das eigene künstlerische Schaffen der beiden Autoren reflektierend begleitet und auf eine rein empirische Poetik zielt.

Literatur

Borchmeyer, Dieter: Über eine ästhetische Aporie in Schillers Theorie der modernen Dichtung. Zu seinen ›sentimentalischen Forderungen‹ an Goethes *Wilhelm Meister* und *Faust*. In: Jb. d. Dt. Schillergesellschaft XXII (1978), S. 303–354.

Brinkmann, Richard: Romantische Dichtungstheorie in Friedrich Schlegels Frühschriften und Schillers Begriffe des Naiven und Sentimentalischen. In: Dt. Vierteljahrsschrift 32 (1958), S. 344–371.

Dahnke, Hans-Dietrich: Zeitverständnis und Literaturtheorie – Goethes Stellung zu den theoretischen Bemühungen Schillers und Friedrich Schlegels um eine Poesie der Moderne. In: Goethe Jb. 95 (1978), S. 65–84.

Doppler, Alfred: Schiller und die Frühromantik. In: Jb. d. Wiener Goethe-Vereins 64 (1960), S. 71–91.

Fischer, Bernhard: Goethes Klassizismus und Schillers Poetologie der Moderne: *Über naive und sentimentalische Dichtung*. In: Zeitschr. f. Dt. Philologie 113 (1994), S. 225–245.

Fues, Wolfram M.: Verbergen ist Enthüllen: Schillers Theorie der Idylle. In: W.M. Fuess u.a. (Hrsg.): »Verbergendes Enthüllen« [...] Festschrift f. Martin Stern. Würzburg 1995, S. 145–157.

Gethmann-Siefert, Annemarie: Idyll und Utopie. Zur gesellschaftskritischen Funktion der Kunst in Schillers Ästhetik. In: Jb. d. Dt. Schillerges. XXIV (1980), S. 32–67.

Göbels, Arnim: Das Verfahren der Einbildung: ästhetische Erfahrung bei Schiller und Humboldt. Frankfurt a.M. u.a. 1994.

Hermand, Jost: Schillers Abhandlung *Über naive und sentimentalische Dichtung* im Lichte der Popularphilosophie des 18. Jahrhunderts. In: Klaus Ludwig Berghahn (Hrsg.): Friedrich Schiller. Zur Geschichtlichkeit seines Werks. Kronberg im Taunus 1975, S. 253–279.

Jäger, Hella: Naivität. Eine kritisch-utopische Kategorie in der bürgerlichen Literatur und Ästhetik des 18. Jahrhunderts. Kronberg/Ts. 1975.

Japp, Uwe: Vermittlung der Modernität. Naives und Sentimentalisches bei Schiller. In: U. Japp: Literatur und Modernität. Frankfurt a.M. 1987, S. 148–184.

Jauß, Hans Robert: Schlegels und Schillers Replik auf die »Querelle des Anciens et des Modernes«. In: H. R. Jauß: Literaturgeschichte als Provokation. Frankfurt am Main 1970, S. 67–106.

Kaiser, Gerhard: Wandrer und Idylle. Goethe und die Phänomenologie der Natur in der deutschen Dichtung von Geßner bis Gottfried Keller. Göttingen 1977.

Lukács, Georg: Schillers Theorie der modernen Literatur. In: Klaus Ludwig Berghahn (Hrsg.): Friedrich Schiller. Zur Geschichtlichkeit seines Werkes. Kronberg im Taunus 1975, S. 95–132.

Malsch, Wilfried: Schillers und Friedrich Schlegels Poesiebegriffe im Lichte von Herders typologischer Griechenlanddeutung. In: Perspektiven der Romantik. Beiträge des Marburger Kolloquiums zum 80. Geburtstag Erich Ruprechts. Bonn 1987, S. 9–35.

Marx, Wolfgang: Schillers »sentimentalische« Philosophie und ihre »naiven« Komponenten. In: Jb. d. Dt. Schillerges. XXX (1986), S. 251–254.

Meier, Albert: Der Grieche, die Natur und die Geschichte. Ein Motivzusammenhang in Schillers Briefen *Über die ästhetische Erziehung* und *Über naive und sentimentalische Dichtung*. In: Jb. d. Dt. Schillerges. XXIX (1985), S. 113–124.

Michel, Willy: Ästhetische Hermeneutik und frühromantische Kritik. Friedrich Schillers fragmentarische Entwürfe, Rezensionen, Charakteristiken und Kritiken (1795–1801). Göttingen 1982.

Roche, Mark William: Dynamic stillness. Philosophical conceptions of »Ruhe« in Schiller, Hölderlin, Büchner and Heine. Tübingen 1987 [*Über naive und sentimentalische Dichtung*: S. 4–47].

Schanze, Helmut (Hrsg.): Friedrich Schiller und die Kunsttheorie seiner Zeit. Darmstadt 1985.

Sewitz, Christine: Dichtungskonzeptionen Schillers und Friedrich Schlegels. Reflexe einer Epochenwende. Zwickau 1985.

Staiger, Emil: Friedrich Schlegels Sieg über Schiller. Heidelberg 1981.

Szondi, Peter: Das Naive ist das Sentimentalische. Zur Begriffsdialektik in Schillers Abhandlung. In: P. Szondi: Lektüre und Lektionen. Frankfurt am Main 1973, S. 47–99.

Szondi, Peter: Poetik und Geschichtsphilosophie. Zu Schillers Abhandlung *Über naive und sentimentalische Dichtung*. In: Reinhard Koselleck / Wolf-Dieter Stempel (Hrsg.) Geschichte – Ereignis und Erzählung. München 1973, S. 377–410.

Winkler, Markus: La distinction entre les anciens et les modernes chez Constant, Schiller et Frédéric Schlegel. In: Études de lettres 4 (1981) Nr. 4, S. 59–84.

VI Der neue Roman: *Wilhelm Meisters Lehrjahre*

Daß Schiller auch in der Korrespondenz mit Goethe seine spekulativen Neigungen nicht verbergen konnte, zeigen seine ausführlichen Kommentare zu *Wilhelm Meisters Lehrjahre* (erschienen 1795/96 in vier Bänden), die großenteils in die gleiche Zeit fallen wie der kunstphilosophische Dialog mit Humboldt. Die Zusammenarbeit Goethes mit Schiller bei der Entstehung der *Lehrjahre* ist das dauerhafte Fundament ihres »Bundes« geworden und bildet zweifellos den bedeutendsten Teil ihres Briefwechsels. Nie vorher und nachher hat Goethe einem anderen Autor einen derart intensiven schöpferischen Anteil an der Konzeption eines eigenen dichterischen Werks gegönnt. Hatte Schiller bei seiner ersten Lektüre des Goetheschen Romans noch dessen Abstinenz von aller metaphysischen Abstraktion, seinen antik-naiven, realistischen Charakter als so wohltuend empfunden, daß es ihm gar »peinlich« wurde, »von einem Produkt dieser Art in das philosophische Wesen hineinzusehen« (7. Januar 1795), so wird im Verlauf des Briefwechsels doch immer nachdrücklicher Kritik an dem gänzlichen Verzicht auf Spekulation laut. Die »leitenden Ideen« sind Schiller »zu leise angedeutet« (17. August 1795), er erwartet die deutlichere »Beziehung aller einzelnen Glieder des Romans« auf den »philosophischen Begriff« der Lehrjahre und Meisterschaft (8. Juli 1796), ja er tadelt, daß in einem Werk, dessen Held ein durchaus »sentimentalischer Charakter« sei, die »Metaphysik« eine derart geringe Rolle spiele (9. Juli 1796). Er erhebt somit im Sinne seines Traktats *Über naive und sentimentalische Dichtung* regelrechte »sentimentalische Forderungen« an den Roman (2. Juli 1796), die zeigen, daß er Goethe durchaus über den Spielraum der ›naiven‹ Poesie hinauszudrängen versucht hat. In dem gleichen Maße, da er selber von den Tendenzen philosophischer Poesie abrückt, sucht er Goethe also auf deren Feld, ins ›sentimentalische‹ Gebiet hinüberzuziehen. Seinen Höhepunkt erreicht dieses Bestreben in seinem Brief vom 23. Juni 1797, in dem er, der sich gleichzeitig im *Wallenstein* als »Realist« zu bewähren sucht, von Goethe eine »philosophische Behandlung« des *Faust*, die Unterordnung der »Einbildungskraft« unter die »Vernunftidee« erwartet. Hier scheint, aus Schillers Perspektive, ein förmlicher Rollentausch des naiven und sentimentalischen Dichters stattzufinden.

So tritt der in Goethes Schaffen einzigartige Fall ein, daß dieser selbst erwägt, Schiller zu bitten, seinem Roman die fehlenden philosophischen Lichter aufzusetzen: »Und sollte mirs ja begegnen, [...] daß mir doch die letzten bedeutenden Worte nicht aus der Brust wollten, so werde ich Sie bitten, zuletzt mit einigen kecken Pinselstrichen das noch selbst hinzuzufügen, was ich, durch die sonderbarste Naturnotwendigkeit gebunden, nicht auszusprechen vermag.« (9. Juli 1796) Goethe hat wohl gespürt, daß der Freund von den *Lehrjahren* etwas erwartete, was er künstlerisch noch nicht einzulösen vermochte: die paradigmatische Darstellung der spekulativen Bildung der Moderne. Sie wird ihm erst in *Wilhelm Meisters Wanderjahren* gelingen – auf eine weit kühnere Weise als Schiller ahnen konnte, indem er nämlich die Form des traditionellen Romans sprengt, der Spekulation ein weites Feld jenseits der Grenzen herkömmlicher Narrativik eröffnet, etwa in den großen Aphorismensammlungen innerhalb des Romans. Dessen Form selbst wird, wie wir später sehen werden, in einem Maße ›spekulativ‹, daß Schillers einstige sentimentalischen Forderungen auf eine sie weit überbietende Weise (nämlich durchaus nicht nur in Gestalt philosophischer Reflexion) erfüllt werden. In den *Lehrjahren* sieht Goethe jedoch noch keine künstlerische Möglichkeit, wie er jene Forderungen erfüllen könnte. So siegt schließlich sein »realistischer Tic« (ebenda) über das Verlangen nach größerer philosophischer Evidenz des Romans – den er im Alter (Eckermanns Gespräche, 18. Januar 1825) als eine seiner »inkalkulabelsten Produktionen« bezeichnet hat.

Wilhelm Meisters theatralische Sendung sollte der Roman ursrpünglich heißen, den Goethe gut ein Jahr nach seiner Ankunft in Weimar (im November 1775) zu diktieren begann. Der erste Hinweis darauf findet sich in seinem Tagebuch unter dem Datum des 16. Februar 1777. Die immer wieder unterbrochene Arbeit an dem Roman geriet bis zum Abschluß des sechsten Buchs im November 1785. (Die Handlung reichte bis an den Anfang des fünften Buchs der späteren *Lehrjahre*.) Auch das siebente Buch wurde noch begonnen, aber dann mußte die Weiterführung des Werks wegen der Italienreise unterbrochen werden. Die Vollendung der großen dramatischen Dichtungen des ersten Weimarer Dezenniums drängte sich vor. Nach der Rückkehr aus Italien traten die naturwissenschaftlichen Forschungen in den Vordergrund, die Französische Revolution hemmte Goethes poetische Produktivität. Was ihn zudem gewiß von der Fortsetzung des Romans abhielt, war dessen Theaterthematik. Es ist ein merkwürdiges Faktum, daß gerade in den Jahren, da er Weimarer Theaterdirektor wurde (1791), »die eigentliche Zeit meines Theater-Interesses schon vorüber« war, wie er im Gespräch mit Eckermann am 27. Juli 1826 bekennt. Ein Theaterroman konnte ihn nicht mehr reizen. Erst die Möglichkeit, *Wilhelm Meister* über dieses Genre hinauszuführen, vermochte ihn neu zu motivieren. Ende 1793 begann Goethe nach fast achtjähriger Unterbrechung mit der Umarbeitung und Vollendung des Fragments. Vor allem die »antizipierende Kritik« Schillers, wie dieser selbst seinen Anteil an der Entstehung von Goethes Roman in einem Brief an Körner vom 9. Oktober 1794 treffend bezeichnet, bewirkte den zügigen Abschluß der *Lehrjahre*. »Sie haben mir eine zweite Jugend verschafft und mich wieder zum Dichter gemacht, welches zu sein ich so gut als aufgehört hatte«, gesteht Goethe Schiller in seinem Brief vom 6. Januar 1798.

Von der Urgestalt des Romans hatte man lange keine konkrete Vorstellung. Erst 1910 tauchte eine Abschrift aus dem Nachlaß der Züricherin Barbara Schultheß auf, der Goethe seinen zweiten Roman (nach dem *Werther*) Buch für Buch zugeschickt hatte. Hofmannsthal schrieb aus Anlaß dieses überaus glücklichen Funds seinen Essay *›Wilhelm Meister‹ in der Urform*. Er vergleicht darin die Neufassung des ursprünglichen Theaterromans mit dem Umbau eines älteren Hauses: »Wir kannten ein geräumiges, palastähnliches Wohnhaus der besondersten Art und wußten, es sei auf den Fundamenten eines älteren, eingeschränkten Bürgerhauses errichtet«, wobei »manches von den Mauern, ja von Treppen und Gemächern des alten Hauses in das neue einbezogen« worden sei. »Nun steht das Alte vor unseren Augen, wir können sie nebeneinander sehen, können vergleichen, und nun erst hat unsere Bewunderung für den Baumeister keine Grenzen.«

Eingeschränkter ist die Welt der *Theatralischen Sendung* in der Tat: Wilhelm stammt hier nicht wie in den *Lehrjahren* aus einer Kaufmannsfamilie von patrizischem Gepräge, sondern aus durchaus kleinbürgerlichen Verhältnissen. Auch der Adel hat noch einen provinzielleren Zuschnitt als im fertigen Roman. Die geistigen und sozialen Dimensionen der epischen Handlung werden in den *Lehrjahren* entschieden großzügiger; erst diese sind ein echter »Sozialroman« – als solchen hat ihn schon Karl Rosenkranz 1847 gedeutet –, der den in der Periode der Französischen Revolution höchst aktuellen Gegensatz der feudal-adligen und bürgerlich-ökonomischen Lebenshaltung thematisiert. Goethes Absicht sei es gewesen, schreibt Rosenkranz in seinem Goethe-Buch (1847), die »Emanzipation der Individualität« darzustellen. »Diese pädagogische Aufgabe sich stellen zu können, ist erst durch das Prinzip möglich geworden, welches die moderne Welt beherrscht, durch das Prinzip der freien Subjektivität, welches [...] in der Französischen Revolution den Staat umzubilden angefangen hat.« Das Individuum geht nun nicht mehr in einem bestimmten Stande auf, sondern sucht sich – wie Wilhelm Meister – unabhängig einen Standort im Gefüge der Gesellschaft. In diesem Sinne haben *Wilhelm Meisters Lehrjahre* den Weg für den »Bildungsroman« des 19. Jahrhunderts bereitet. (Dieser folgenreiche Terminus ist schon 1803 von dem Dorpater Universitätsprofessor Karl Morgenstern geprägt worden.)

Die *Lehrjahre* gehen also weit über die Theaterwelt des ›Urmeister‹ hinaus. Diese wird dem Personal und den Motiven nach stark reduziert. Ihre repräsentativen Erscheinungsformen – Puppenspiel, Liebhaber- und Wanderbühne, stehende Schaubühne und Hoftheater, vor allem aber Bohème, Kabalen und Amouren der Schauspieler – treten freilich immer noch plastisch, in bunter Fülle in Erscheinung. In der *Theatralischen Sendung* wird die Lebensgeschichte Wilhelm Meisters von Kindheit an in chronologischer Reihenfolge erzählt, verglichen mit den *Lehrjahren* kunstlos-linear, dafür realistisch-nah an den Ereignissen und Gegenständen. Manche liebenswerte Züge der Urfassung vermissen wir in den *Lehrjahren*. So wird die theaterfreundliche Großmutter der höheren ästhetischen Ökonomie des ausgereiften Romans geopfert, und die Welt des Puppenspiels, das aufgrund seiner Gegenwärtigkeit in der *Theatralischen Sendung* noch seinen ganzen atmosphärischen Zauber verströmt, steckt in den *Lehrjahren* nach Hofmannsthals Worten »eingequetscht in der Exposition, wo wir seiner nicht recht froh werden«. Das empfanden vielfach schon die ersten Leser, obwohl sie den ›Urmeister‹ nicht kannten.

Bleibt der Erzähler in der *Theatralischen Sendung* den Dingen noch in unmittelbar-realistischer Zeitsukzession auf der Spur, so tritt er in den *Lehrjahren* zu ihnen in eine Distanz, die von der Ironie geprägt ist, welche für die frühromantische Poetik paradigmatisch werden soll. Der auktoriale Erzähler schaltet in Vor- und Rückgriffen, symbolischen Verweisungen und Reflexionen souverän mit den Handlungselementen, wobei schon eine ausgefeilte Leitmotivtechnik dominiert: denken wir nur an das Bild vom »kranken Königssohn«, an die Gestalten aus Tassos *Befreitem Jerusalem* oder die Allegorie des Streits zwischen tragischer Muse und Gewerbe. Zumal dieses subtile symbolisch-leitmotivische Netz, mit dem Goethe die Handlung überzieht, erklärt seine Äußerung, die *Lehrjahre* seien »unter allen meinen Arbeiten, die ich jemals gemacht habe, die obligateste«, d.h. die am strengsten durchkomponierte (an Unger, Briefkonzept, ca. 7. März 1796). Der poetische Fortschritt der *Lehrjahre* liegt also weniger in der Gestaltenfindung als in der dichterischen Verarbeitung und geistigen Durchdringung des bereits Erfundenen. Die wesentlichen Gestalten, die eigentliche poetische Substanz des Romans finden wir schon in der Urfassung. An der ironisch-parodistischen Behandlung mancher Personen und Handlungselemente, zumal an der Desillusionierung der abgründigen Gestalten Mignons und des Harfners, bei der Goethe gezielt auf Elemente des Trivialromans zurückgreift, spürt man allerdings – und das hat eine populäre Breitenwirkung des Romans verhindert –, wie fern der Stoff Goethe in den neunziger Jahren vielfach schon gerückt ist. Mit dem fünften Buch der *Lehrjahre* ist freilich das Handlungspotential des ›Urmeister‹ erschöpft. Die als eine Art Zwischenaktmusik im sechsten Buch eingeschalteten »Bekenntnisse einer schönen Seele«, welche den Leser auf die Personen und Motive der folgenden Bücher vorbereiten, bilden die Grenze zwischen dem alten Theaterroman und einer gänzlich neuen epischen Welt. Blieben die ersten fünf Bücher noch von den – in Grundzügen durchaus wirklichkeitsgetreu wiedergegebenen – sozialen Verhältnissen des späten 18. Jahrhunderts geprägt, öffnet sich nach dem sechsten Buch der Vorhang über einer Welt, welche die bestehenden gesellschaftlichen Realitäten, zumal die Standesgegensätze vielfach wie selbstverständlich hinter sich läßt und schon auf die sozialen Reformen der nächsten Jahrzehnte (zumal die Stein-Hardenbergschen Reformen in Preußen) vorausweist.

Die ersten fünf Bücher stellen Wilhelms Weg zum Theater dar, im Widerstreit mit dem Geschäftsleben, zu dem ihn sein Vater bestimmt hat und das in seinem Schwager Werner einen typischen, seiner Person kontrapunktisch zugeordneten Repräsentanten findet. Das Theater aber steht nicht für sich, sondern ist für Wilhelm bis zu scheinbarer Identität mit der ›großen Welt‹ des Adels und Hofes verbunden. Die Kontrastierung der Adels- und Theaterwelt mit der bürgerlich-ökonomischen Welt, welche den Roman leitmotivisch durchzieht, findet ihre deutlichste Ausprägung in Wilhelms Brief an Werner im dritten Kapitel des fünften Buches. In diesem Brief fließen die zahllosen Erörterungen über adliges und bürgerliches Wertsystem im 17. und 18. Jahrhundert zusammen, wie sie vor allem in den *Versuchen über verschiedene Gegenstände aus der Moral, der Literatur und dem gesellschaftlichen Leben* (1792ff.) von Christian Garve (1742–98) zusammengefaßt sind.

Wilhelm Meister bestimmt als die Grundtendenz seines Lebens die »Ausbildung« seiner »Person«. Diesen Begriff versteht Goethe noch nicht im modernen verinnerlichten, sondern im alteuropäischen Sinne: ›persona‹ ist ursprünglich die Maske des Schauspielers, die Rolle, die er spielt. Im wirklichen Leben heißt ›Person‹ sein demgemäß: sich nach außen hin sinnfällig darstellen, in der Gesellschaft ›Figur‹ machen. Eben dies ist aber in Deutschland nach Wilhelms Überzeugung allein dem Edelmann vorbehalten. Nur er ist »öffentliche Person«, denn seine Aufgabe ist es, ständig in und vor der Gesellschaft zu »scheinen«, d.h. zu repräsentieren. Dem Bürger hingegen ist eine solche öffentlich-ostentative Selbstdarstellung verwehrt, er bleibt auf die Privatsphäre und die Einseitigkeit eines ›nützlichen‹ Berufs beschränkt. – Die Wilhelm Meister vom Autor in die Feder diktierten Einsichten entsprechen genau dem, was Schiller in seinem Aufsatz *Über die notwendigen Grenzen beim Gebrauch schöner Formen* (1795) zu Christian Garves »einsichtsvoller Vergleichung bürgerlicher und adeliger Sitten« in seinen kultursoziologischen Versuchen bemerkt: »einer Schrift, von der ich voraussetzen darf, daß sie in jedermanns Händen sein werde« – so wie sie mit Sicherheit in Goethes Händen war. Garve habe »unter den Prärogativen des adeligen Jünglings auch die frühzeitige Kompetenz desselben zu dem Umgange mit der großen Welt angeführt, von welchem der Bürgerliche schon durch seine Geburt ausgeschlossen ist«. So habe sich die »Einrichtung« durchgesetzt, »daß der Bürgerliche arbeitet, während der Adelige repräsentiert«.

Nicht »allgemeine« Ausbildung und »Darstellung seiner Person« wird vom Bürger verlangt, so Wilhelm Meister, er soll vielmehr »einzelne Fähigkeiten ausbilden, um brauchbar zu werden«. Hier wird zum Ausdruck gebracht, daß das Bild des universal gebildeten Menschen in der berufslosen aristokratischen (Muße-) Welt beheimatet ist – weil nur hier die Person als solche gilt –, während der Bürger nach Wilhelm als Person uninteressant ist, nicht durch das gilt, was er ›ist‹, sondern durch das, was er ›hat‹ und ›leistet‹, besitzt und produziert. Der Vorrang der »Kategorie des Habens« (mit Karl Marx zu reden) vor der des Seins!

Daß dieser Gegensatz eines spezialisierten – weil sachorientierten – Berufsbürgertums und eines universal – weil ›personell‹ gebildeten – Adels in anderen Ländern nicht so schroff ausgeprägt ist, klingt zwischen den Zeilen von Wilhelms Brief an. In der Tat gab es z.B. in Frankreich schon im 17. Jahrhundert eine breite Schicht von Bürgern, die sich von Berufs- und Erwerbstätigkeit unabhängig machte und sich in ihrer Lebensform an den Adel assimilierte. Ein Bürger konnte ebenso wie ein Edelmann ein universal gebildeter ›honnête homme‹ sein, sofern er nicht von einem

›métier‹ lebte. Diese Möglichkeit blieb dem deutschen Bürgertum weithin versperrt. Weil Wilhelm aber »nun einmal gerade zu jener harmonischen Ausbildung meiner Natur, die mir meine Geburt versagt, eine unwiderstehliche Neigung« hat, deshalb gibt er sich der Illusion hin, auf der Bühne ebenso wie der Edelmann in der höfischen Welt »scheinen« und »öffentliche Person« sein zu können. Die Bühne wird ihm zum Surrogat der höfisch-repräsentativen Aura.

Die Tatsache, daß das Theater im Kosmos der Aristokratie in der Tat die Rolle einer Metapher des Hofes und seines ostentativen Lebensgestus spielt (»das Dekorationswesen der Repräsentation war [...] ihr eigentliches Fach und Studium, und bühnengerecht zu sein ihr Stolz«, schreibt Eichendorff später in seiner Studie *Der Adel und die Revolution*), verführt Wilhelm dazu, repräsentativen und theatralisch-ästhetischen ›Schein‹ zu verwechseln. Der erste Teil des Romans kontrastiert sein Ideal des Theaters immer wieder ironisch mit der recht kümmerlichen Wirklichkeit der Schauspielerei – der Wanderbühne, die Wilhelm auf seiner eigentlich geschäftlichen Zwecken gewidmeten großen Reise mitbegründet – wie auch mit der realen Adelswelt, in der er jenes Ideal und seine Idee der Poesie überhaupt ansiedelt. Auf dem Grafenschloß (drittes Buch) bekommt er deutlich zu spüren, daß seine ›aristokratische‹ Auffassung des Schauspiels und der Poesie sich mit dem eigenen Interesse des Adels an Dichtung und Theater kaum verträgt. Diese sind für die Aristokratie nichts anderes als Elemente der Repräsentation, also der Demonstration von Rang und Macht, werden keineswegs in ästhetischem Sinne um ihrer selbst willen, als autonomer Bereich geschätzt. Zu seinem Verdruß muß Wilhelm bemerken, daß die vornehme Gesellschaft nicht um des Schauspiels, sondern um ihrer selbst, ihrer Selbstdarstellung willen ins Theater kommt und nicht im entferntesten daran denkt, den Schauspieler aufgrund seines öffentlichen ›Scheinens‹ als gesellschaftlich ebenbürtig anzusehen.

Die Kollision des Bildes, das Wilhelm sich von Adel und Hof gemacht hat, mit deren Wirklichkeit und Selbsteinschätzung dokumentiert, daß sein Aristokratismus nichts anderes ist als eine bürgerliche Illusion. Wilhelm ist bei seinem Abschied vom Schloß nahe daran, das klar zu erkennen. Er hat zudem durch Jarno eine Erscheinung der dramatischen Kunst kennengelernt, welche die Kongruenz von Theater und Adelswelt, die vornehmlich an der Tragödie Racines als dem Hofdrama par excellence orientiert ist, im Grunde aufhebt: die Welt Shakespeares. Jarno hat Wilhelm mit dem Elisabethaner bekanntgemacht, um ihn dem Theater zu entfremden und der »wirklichen Welt«, dem »tätigen Leben« näherzubringen (III/11). Das ist nur verständlich, wenn man berücksichtigt, daß Shakespeare zur Zeit Goethes, auch von diesem selbst, nicht als spezifischer Theaterdichter angesehen wurde. Shakespeares »Verfahrensart« habe vielmehr »an der eigentlichen Bühne etwas Widerstrebendes« gefunden, denn sie sei kein »würdiger Raum für sein Genie« gewesen, wird Goethe später in seinem Aufsatz *Shakespeare und kein Ende* (1816) behaupten. Von diesem Standpunkt aus darf Wilhelms Shakespeare-Studium, das ihm einen völlig neuen ästhetischen Horizont eröffnet, als erster Schritt über das Theater hinaus angesehen werden.

Die Aufführung des *Hamlet*, der Höhepunkt in Wilhelms Theaterlaufbahn, bedeutet indessen einen Rückfall in die höfisch-klassizistische Tradition. Im Gegensatz zu Wilhelms ursprünglicher Absicht einer ungekürzten Aufführung des Shakespeareschen Dramas wird dieses nun doch den Konventionen der zeitgenössischen Bühne und den ganz an der höfisch-strengen Form des französischen Theaters orientierten dramaturgischen Vorstellungen des Theaterdirektors Serlo angepaßt. So ist die *Hamlet*-Aufführung der problematische Versuch Wilhelms, eine geistige Erfahrung, die seinen bisherigen Lebenskreis entschieden transzendiert, in denselben zurückzuholen.

Auch der große Brief an Werner mit seiner Parallelisierung von Theater und Adelswelt, die von der Shakespeare-Begeisterung nichts merken läßt, kommt in der Situation, da Wilhelm ihn schreibt, eigentlich schon viel zu spät, da er nicht mehr seinen wahren Bewußtseinsstand ausdrückt. Selbst seine Absage an die »ökonomische Weisheit« seines Schwagers Werner entspricht nicht mehr recht seiner längst gewandelten Auffassung von der Erwerbstätigkeit und vom Handel (vor denen er seit seiner mit Laertes angefertigten fingierten Reisebeschreibung höheren Respekt gewonnen hat). Am Ende des vierten Buchs (19. Kapitel) ist Wilhelm fast schon bereit gewesen, der ihm durch seine Herkunft vorgezeichneten ökonomischen Lebenslinie zu folgen. Erst Werners philiströses Lob des Geschäftslebens (V/2) treibt ihn »durch einen heimlichen Geist des Widerspruchs« wieder »auf die entgegengesetzte Seite«. Am Ende desselben Buches jedoch, an dessen Beginn Wilhelms vermeintlich endgültige Entscheidung für das Theater steht, trennt er sich von der Bühne – für immer, wie sich herausstellen wird, als er im Kreise Lotharios heimisch geworden ist. »Ich verlasse das Theater und verbinde mich mit Männern, deren Umgang mich in jedem Sinne zu einer reinen und sichern Tätigkeit führen muß«, teilt er im achten Kapitel des siebenten Buches seinem Schwager ganz in dessen Sinne mit.

Wenn nach dem Zwischenspiel der »Bekenntnisse« der Vorhang wieder aufgeht, finden wir uns, wie gesagt, in einer tiefgreifend veränderten Welt wieder. In diesen »Bekenntnissen« lernt Wilhelm, der sein Leben nach seiner eigenen Einsicht bisher zweck- und planlos vergeudet hat, zum ersten Mal den überzeugenden Versuch einer streng methodischen Lebensführung kennen. Der vom »Hallischen Bekehrungssystem« und vom Gedankengut der herrnhutischen Gemeinde beeinflußte pietistische Lebensplan der ›schönen Seele‹ (deren Urbild Goethes 1774 verstorbene Freundin Susanna Katharina Klettenberg gewesen ist, die ihn in den Frankfurter Genesungsmonaten zwischen der Leipziger und Straßburger Studienzeit bedeutend beeinflußt hatte) bereitet auf das Erziehungssystem der Turmgesellschaft vor. Diese hat sich ebenfalls eine konsequente Methode der Lebensführung zur Aufgabe gemacht, freilich nicht im Sinne der weltablehnenden Askese der Verfasserin der »Bekenntnisse«, sondern einer innerweltlichen Askese, die auf tätige Aneignung der Welt zielt.

»Tätig zu sein«, so lautet eine der Maximen des Oheims, welche die ›schöne Seele‹ zitiert, »ist des Menschen erste Bestimmung, und alle Zwischenzeiten, in denen er auszuruhen genötigt ist, sollte er anwenden, eine deutliche Erkenntnis der äußerlichen Dinge zu erlangen, die ihm in der Folge abermals seine Tätigkeit erleichtert.« Das ist nicht nur die Gegenposition zu der Lebenshaltung der Verfasserin der »Bekenntnisse«, sondern auch zu der Lebensführung Wilhelm Meisters, der bisher nach seinen eigenen Worten die Augen seines Geistes »mehr nach innen als nach außen gerichtet«, nur »ein schwaches Interesse [...] an den Dingen außer sich genommen hatte« (VIII/1). Durch die »Bekenntnisse einer schönen Seele« wird der Typus der religiösen Konfession in das Handlungsgefüge des Romans transformiert – als Kontrapunkt zur Bildungsgeschichte Wilhelm Meisters. Dessen ›Bildungsroman‹ ist der epischen Intarsie dieser kunstvoll fiktionalisierten und psychologisierten pietistischen Selbstbiographie ähnlich entgegengesetzt, wie später Goethes eigene Autobiographie (*Dichtung und Wahrheit*) – deren Erzählstruktur durch den vorangegangenen Bildungsroman erst ermöglicht worden ist – gegen die säkularisierten Nachfolger der religiösen Konfession (von Rousseaus *Confessions* bis zu Karl Philipp Moritz' *Anton Reiser*) opponieren wird, deren hypochondrische Selbstbeobachtung und Selbstquälerei ihm suspekt sind. Wie

Goethe in *Dichtung und Wahrheit* die reine Introspektion mit ihren melancholischen Implikationen meidet und seine Lebensbeschreibung programmatisch unter das Vorzeichen der Heiterkeit stellt (wie später gezeigt werden soll), so verschreiben sich auch die *Lehrjahre* dem Heiterkeitspostulat einer vita activa, die dem Ich verwehrt, schwermütig in sich selbst zu versinken, und es aus sich heraus in die äußere Welt führt.

Diese äußere Welt bietet sich Wilhelm zumal in den Bestrebungen der Turmgesellschaft dar. Sie wird von einem Adelskreis gebildet, der einen der bisherigen Lebensrichtung Wilhelms genau entgegengesetzten Weg einzuschlagen begonnen hat: von der feudalhöfischen zur bürgerlich-ökonomischen Welt. Am Ende des Romans triumphiere das »Evangelium der Ökonomie«, hat Novalis mit bitterer Ironie bemerkt. Der Edelmann Lothario vertritt im achten Buch Ideen, die nach Goethes eigenen Worten eine »Aufhebung des Feudalsystems« bedeuten (an Schiller, 9. Juli 1796). Lothario versucht diese sozialen und ökonomischen Ideen, welche auf die Stein/Hardenbergschen Reformen voraus- und auf Goethes eigene Reformtätigkeit während des ersten Weimarer Jahrzehnts zurückweisen, in den geplanten »Veränderungen« auf seinen Gütern nach Möglichkeit zur Geltung zu bringen. Er übt Kritik an dem patriarchalischen Rechtsverhältnis zwischen Rittergutsbesitzer und Bauer, wehrt sich gegen die Steuerfreiheit des Adels, durch welche dieser zum Parasiten geworden ist – nach seiner Vorstellung soll an die Stelle des »Lehns-Hokuspokus«, der an Grund und Boden haftenden Hoheitsrechte die Steuerpflichtigkeit des feudalen Besitzes treten –, er fordert die rechtliche Gleichstellung des adligen, bürgerlichen und bäuerlichen Besitzes, die freie Disposition über die adligen Landgüter, d.h. deren Umwandlung in beliebig käuflichen und verkäuflichen Besitz, die Aufhebung der Fideikommisse u.ä.

Lothario erscheint hier nicht mehr als feudaler Grundherr, sondern als ein moderner rationeller Landwirt, der in dem Bestreben, seinen Besitz durch Zukauf abzurunden, sich nicht scheut, mit einem Bürger – mit Wilhelms Schwager Werner – gemeinsame Sache zu machen. Darin muß man nicht unbedingt die Konversion des Junkers Lothario zum bürgerlichen Wirtschaftsethos sehen, war doch selbst beim vorrevolutionären Adel in Frankreich die Kapitalisierung des Grundbesitzes schon fortgeschritten, und Lotharios Ansichten entsprechen durchaus repräsentativen Überzeugungen auch des deutschen Reformadels. Indem Goethe die Lebenswege der adligen und bürgerlichen Hauptpersonen des Romans konvergieren läßt, Lothario mit Werner zu einer gemeinsamen Wirtschaftsoperation und mit der bürgerlichen Therese, die auf höherem Niveau eine Art weiblicher Werner ist, zu einer Ehe zusammenführt (einer eigentlich ständisch disqualifizierenden ›Mißheirat‹), verwirklicht Goethe in den *Lehrjahren* jene wechselseitige Annäherung und Allianz der Stände, die seinem eigenen Gesellschaftsideal – in Opposition gegen die gewaltsame Liquidierung des Feudalsystems in der Französischen Revolution – entspricht.

Der Bürger Wilhelm Meister sagt sich im ersten Teil des Romans von der ökonomischen Welt seines Elternhauses und Werners los, um sich der Welt aristokratischen ›Scheins‹ zuzuwenden, Lothario und die Seinen bewegen sich im umgekehrt proportionalen Verhältnis von dieser Welt auf die von Wilhelm verlassene kommerzielle Welt (Werner) zu. Der darin zum Ausdruck kommende Ausgleich zwischen bürgerlichem und adligem Wertsystem wird symbolisch-zukunftsweisend überhöht durch die ›Mesalliancen‹ am Ende des Romans, zumal durch die Ehe Wilhelms mit Lotharios Schwester Natalie. In ihnen verwirklicht sich jene gesellschaftliche »Gleichheit«, die seit Lessings »Freimäurer-Gesprächen« *Ernst und Falk* (1778) als »Grundgesetz« der Freimaurerei und der Geheimgesellschaften überhaupt gilt, zu denen ja auch die Turmgesellschaft der *Lehrjahre* gehört.

Unter der Obhut dieser Gesellschaft, die quasi als säkularisiertes Fatum über Wilhelms Dasein waltet, verfolgt der Held des Romans nun eine völlig neue Lebenstendenz. Theater und Poesie überhaupt treten ganz in den Hintergrund des »tätigen Lebens«. (In den *Wanderjahren* wird Wilhelm in der Tätigkeit des Wundarztes den ihm angemessenen Beruf finden.) Das bedeutet die weitgehende Abwendung vom aristokratischen Bildungsideal des zitierten Briefs an Werner. Im fünften Kapitel des achten Buches führt Jarno Wilhelm vor Augen, daß der Mensch nicht eher glücklich sei, »als bis sein unbedingtes Streben sich selbst seine Begrenzung bestimmt«. Dazu erfährt Wilhelm aus seinem »Lehrbrief«, daß das tätige Leben den Menschen »beschränkt« Das steht durchaus in Gegensatz zum humanistischen Bild des ›uomo universale‹ oder ›honnête homme‹ und initiiert bereits das Entsagungsethos der *Wanderjahre*.

In seiner Zeitaltercharakteristik *Das achtzehnte Jahrhundert* (1796/97) spricht Humboldt einmal von der »Scham und Niedergeschlagenheit«, welche sich des modernen Menschen bemächtigen kann, wenn er die »harmonische Ausbildung aller Kräfte« bei den Griechen mit der heutigen Situation vergleicht: »daß unter uns fast jeder nur einzelne Anlagen einseitig entwickelt.« Niemand hat dies moderne Los der Einseitigkeit plastischer beschrieben als Schiller im sechsten Brief *Über die ästhetische Erziehung des Menschen.* War bei den Griechen noch die »ganze Menschheit« im einzelnen Menschen versammelt, so muß man heute, da die Komplizierung der Staatsorganisation eine rigorosere Arbeitsteilung (»strengere Absonderung der Stände und Geschäfte«) notwendig gemacht hat, welche dem Individuum nur eine fragmentarische Bildung erlaubt, »von Individuum zu Individuum herumfragen [...], um die Totalität der Gattung zusammenzulesen«. Die Gattung kann also nicht mehr durch das einzelne Individuum repräsentiert werden! Schiller zweifelt nicht daran, daß eine solche »Einseitigkeit in Übung der Kräfte« für das Individuum zwar von Nachteil, für die Gattung jedoch von größtem Vorteil ist. Gleichwohl weigert er sich, die »Zerstückelung« des menschlichen Wesens in der modernen Gesellschaft als etwas Unabänderliches hinzunehmen und es zur Pflicht des Individuums zu machen, sich auf die Entfaltung einer einzelnen Fähigkeit zu beschränken.

Von daher betrachtet, besteht der denkbar größte Gegensatz zwischen dem Bildungsziel der »Ästhetischen Briefe« und dem der Turmgesellschaft im *Wilhelm Meister.* »Wieviel also auch für das Ganze der Welt durch diese getrennte Ausbildung der menschlichen Kräfte gewonnen werden mag, so ist nicht zu leugnen, daß die Individuen, welche sie trifft, unter dem Fluch dieses Weltzweckes leiden.« So Schiller. Sie von diesem Fluch zu befreien, ihnen individuelle Totalität zurückzugeben, ist das utopische Ziel der ästhetischen Erziehung. Im Unterschied zu Schiller und in gewisser Übereinstimmung mit Goethe hat Humboldt in der erwähnten Zeitaltercharakteristik der Spezialisierung, dem Los der »Einseitigkeit« von der »Idee eines allgemeinen und planmäßigen Zusammenwirkens der Menschheit, als eines Ganzen« her eine vorsichtig positive Wertung zuteil werden lassen, die merkwürdig von früheren und späteren Äußerungen Humboldts über die Notwendigkeit der Allgemeinbildung absticht: Die aufgrund ihrer Spezialisierung mangelhaften Einzelglieder der Menschheit vermögen doch durch ihre Verbindung und gesellschaftliche Unterstützung ein »vollkommenes Ganze« zu bilden und so »die unendliche Mannigfaltigkeit menschlicher Züge, deren Verbindung in *einem* Individuum unmöglich ist, *gesellschaftlich*« darzustellen. Das »Ideal der Menschheit«, so heißt es auch im *Plan einer vergleichenden Anthropologie* (1795), könne »nie anders als in der Totalität der Individuen erscheinen«. »Denn nur gesellschaftlich kann die Menschheit ihren höchsten Gipfel erreichen.« So denkt bei allem ironischen Vorbehalt auch Goethe, wie der letzte Teil der *Lehrjahre* und vor allem die *Wanderjahre* zeigen.

Die bürgerliche Spezialisierung des Menschen, für Wilhelm einst, im Lichte seines ästhetischen Totalitätsideals, ein beklagenswerter Zustand – jetzt wird sie zur Forderung. Nicht mehr der einzelne Mensch, sondern nur der Mensch als Gattung kann und muß jenes Ideal erfüllen. »Nur alle Menschen machen die Menschheit [=das Menschenwesen] aus, alle Kräfte zusammengenommen die Welt.« So Jarno (VIII/5). Äußerungen wie diese weisen voraus auf die *Wanderjahre*, in denen gerade Jarno wiederum den Wert der »allgemeinen Bildung« in Zweifel zieht: »Ja, es ist jetzo die Zeit der Einseitigkeiten«; sie erlege dem einzelnen auf, »sich auf ein Handwerk zu beschränken« und abzuwarten, welche »Stelle« einem »die Menschheit im allgemeinen Leben« zugestehe (I/4). Daß diese Ansicht von Goethes eigener Meinung nicht weit entfernt ist, zeigt sein Gespräch mit Eckermann vom 20. April 1825, in dem letzterer ausdrücklich auf die zitierten Äußerungen Jarnos in beiden Wilhelm Meister-Romanen verweist. »Man sagt mit Recht«, so bemerkt Goethe daraufhin, »daß die gemeinsame Ausbildung menschlicher Kräfte zu wünschen und auch das Vorzüglichste sei. Der Mensch aber ist dazu nicht geboren, jeder muß sich eigentlich als ein besonderes Wesen bilden, aber den Begriff zu erlangen suchen, was alle zusammen sind.« In ähnlichem Zusammenhang schreibt Goethe auch im neunten Buch von *Dichtung und Wahrheit*, »daß die Menschheit zusammen erst der wahre Mensch ist« und der einzelne den Mut haben muß, »sich im Ganzen zu fühlen«. Eben dies verlangt Jarno in den *Lehrjahren* von Wilhelm. Er stehe jetzt an einem Punkt, wo es nicht mehr darum gehe, »alles möglich zu machen«, sondern sich »in einer größern Masse« zu verlieren, »um anderer willen zu leben«.

Über das »selbstische« Bildungsstreben hinaus wird Wilhelm sich jetzt seiner familiären Verantwortung (für seinen Sohn Felix und sein Adoptivkind Mignon) bewußt, und mit dieser auch seiner staatsbürgerlichen Verpflichtung. Der Bürger will nicht mehr zum Edelmann (Novalis‹ Spott über Wilhelms »Wallfahrt nach dem Adelsdiplom« verfehlt die Intention des Romans ganz und gar), sondern der Bourgeois sucht zum Citoyen zu werden! »In diesem Sinne«, so heißt es zu Beginn des achten Buchs, »waren seine Lehrjahre geendigt, und mit dem Gefühl des Vaters hatte er auch alle Tugenden eines Bürgers [d.h. eines Citoyen] erworben.«

Noch einen anderen Preis als den Verzicht auf sein aristokratisches Bildungsideal muß Wilhelm Meister für den Eintritt in die Turmgesellschaft zahlen: die Aufopferung der Kunst. Das hat freilich nichts mit »künstlerischem Atheismus« zu tun, wie Novalis polemisch konstatiert hat (die *Lehrjahre* seien, so behauptet er gar unter Anspielung auf Voltaires berühmten satirischen Roman, ein »Candide, gegen die Poesie gerichtet«), sondern es geht Goethe ausschließlich um die Überwindung des Dilettantismus. Die hochproblematische Seite dieses von ihm und Schiller als repräsentativ für die zeitgenössische Bildungs- und Empfindungswelt empfundenen Phänomens hat er bereits an der Titelgestalt seines *Werther* tragisch exemplifiziert. Auch Karl Philipp Moritz hat sich (gewiß unter dem Einfluß Goethes) im vierten Teil seines *Anton Reiser* (1790) am Beispiel der Theatromanie des Titelhelden mit dem Dilettantismus unerbittlich-kritisch auseinandergesetzt. Goethe und Schiller werden dieser Erscheinung schließlich gemeinsam ein weitläufiges Projekt widmen (vgl. dazu das folgende Kapitel).

Im »Lehrbrief« für Wilhelm Meister heißt es: »Wer sie [die Kunst] halb kennt, ist immer irre und redet viel; wer sie ganz besitzt, mag nur tun und redet selten oder spät.« Hier ist der Unterschied zwischen dem Künstler und dem Dilettanten auf den Punkt gebracht. Man fühlt sich an Goethes berühmten Appell: »Bilde, Künstler! Rede nicht!« erinnert, der nichts anderes als eine Warnung vor dem Dilettantismus ist. In dessen Spielraum bewegen sich auch – das zeigt schon seine unermüdliche Redseligkeit in ästhetischen Dingen – Wilhelm Meisters künstlerische Aktivitäten immer wieder. (Deshalb verzichtet Goethe in den *Lehrjahren* auch darauf, ihn als wirklichen Dichter in Erscheinung treten zu lassen – im Gegensatz zur *Theatralischen Sendung*, wo er immerhin als der Schöpfer von Goethes eigenem, 1767 dem Feuer übergebenem Belsazar-Drama fingiert wird).

Was Wilhelms Schauspielerei betrifft, so führt ihm Jarno ganz unverblümt vor Augen, daß er nichts als ein Dilettant ist, der eben nie von der eigenen Person und ihren Empfindungen absehen kann. Für Jarno steht fest, »daß, wer sich nur selbst spielen kann, kein Schauspieler ist. Wer sich nicht dem Sinn und der Gestalt nach in viele Gestalten verwandeln kann, verdient nicht diesen Namen.« In seinem Aufsatz *Weimarisches Hoftheater* (1802) wird Goethe sich für seine Maxime: »der Schauspieler müsse seine Persönlichkeit verleugnen und dergestalt umbilden lernen, daß es von ihm abhange, in gewissen Rollen seine Individualität unkenntlich zu machen«, auf August Wilhelm Iffland berufen, dessen Darstellungskunst bei seinen Gastspielen in Weimar (1796 und 1798) Epoche gemacht hat. »Die Weisheit, womit dieser vortreffliche Künstler seine Rollen von einander sondert, aus einer jeden ein Ganzes zu machen weiß und sich somit ins Edle als ins Gemeine, und immer kunstmäßig und schön, zu maskieren versteht, war zu eminent, als daß sie nicht hätte fruchtbar werden sollen.« Zu eben dieser Verleugnung seiner Persönlichkeit ist Wilhelm aber nicht imstande. »So haben Sie«, fährt Jarno an der zuletzt zitierten Stelle fort, »zum Beispiel den Hamlet und einige andere Rollen recht gut gespielt, bei denen Ihr Charakter, Ihre Gestalt und die Stimmung des Augenblicks Ihnen zugute kamen.« Für ein »Liebhabertheater« möge das langen, nicht aber für einen Berufsschauspieler, der auch in Rollen schlüpfen muß, die seinem Charakter, seiner Gestalt und seiner Augenblicksstimmung fremd sind. Und Jarno liest aus dem »Lehrbrief« die Maxime vor: »Man soll sich vor einem Talente hüten, das man in Vollkommenheit auszuüben nicht Hoffnung hat. Man mag es darin so weit bringen, als man will, so wird man doch immer zuletzt, wenn uns einmal das Verdienst des Meisters klar wird, den Verlust von Zeit und Kräften, den man auf eine solche Pfuscherei gewendet hat, schmerzlich bedauern.« (VIII/5)

Bezeichnend, daß Wilhelm gerade den melancholischen Prinzen Hamlet ›recht gut‹ zu spielen vermag. Er hat ja überhaupt eine sonderbare Affinität zu solchen von Schwermut angekränkelten Prinzen, wie dem »kranken Königssohn« Antiochus, der sich in Liebe zur Braut seines Vater verzehrt – der Fall des Schillerschen Don Carlos! –, dem unglücklichen Ritter Tankred, der seine Geliebte Chlorinde im Zweikampf tötet, und schließlich Hamlet, der unter der Last der ihm auferlegten Rachetat in Schwermut verfällt. Schon im ersten Buch des Romans kommt im Falle des Gemäldes vom kranken Königssohn Wilhelms typisch dilettantische Neigung zum Ausdruck, die Kunst nicht nach der »Kunst«, sondern nach dem »Gegenstand« zu beurteilen. Im Gespräch mit dem Unbekannten bekennt Wilhelm seine gefühlsmäßige Identifikation mit der Gestalt des kranken Königssohns, wohingegen sein Gesprächspartner ganz im Sinne der in Italien zur Reife gelangten Ästhetik Goethes betont: »Diese Gefühle sind freilich sehr weit von jenen Betrachtungen entfernt, unter denen ein Kunstliebhaber die Werke großer Meister anzusehen pflegt.« Wilhelm sehe bisher, so der Unbekannte, nicht »die Werke selbst«, sondern in denselben »immer nur sich« und seine »Neigung« (I/17). Wilhelm verkörpert also genau die ›wertherische‹ Haltung gegenüber der Kunst, die Goethe in Italien entschlossen überwunden hat und die vom Abbé am Ende des siebenten Kapitels des achten Buchs abschließend falsifiziert wird: »Wie schwer ist es, was so natürlich scheint, eine gute Statue, ein treffliches Gemälde an und für sich zu beschauen, den Gesang um des Gesangs willen zu vernehmen, den Schauspieler im Schauspieler zu bewundern, sich eines Gebäudes um seiner eigenen Harmonie und seiner Dauer willen zu erfreuen.«

Auch beim *Hamlet* verfällt Wilhelm, wie er selbst erkennt, in den »Fehler, das Stück aus einer Rolle [nämlich derjenigen des Titelhelden] zu beurteilen«, anstatt es in seiner Ganzheit zu sehen, ja er sucht die »Last der tiefen Schwermut« des dänischen Prinzen auf sich selbst zu nehmen und so mit dem Helden »zu einer Person zu werden«. Es hätte ihm nur noch die Lektüre der *Leiden des jungen Werthers* gefehlt! In der Mischung von Dilettantismus und Melancholie, zu der ersterer aufgrund seines Insuffizienzgefühls konstitutionell neigt, erscheint Wilhelm Meister – wie nach Goethes berühmter Äußerung der Titelheld seines *Tasso* – als ein »gesteigerter Werther«. Am Ende des ersten Buchs gerät er fast wie der Held von Goethes erstem Roman durch die Katastrophe seiner Liebe zu Mariane an den Rand der Selbstvernichtung. Und in den melancholischen Gestalten, die sein Leben begleiten – dem Harfner und Mignon – bleibt ihm das Mal de siècle ständig auf der Spur.

Beim Harfner steigert sich die Melancholie weltloser Introspektion bis zum Wahnsinn. Nicht alle Lebensgeschichten, welche den Bildungsgang Wilhelm Meisters begleiten, enden so blutig-gräßlich wie die Geschichte des Harfners, aber auffallend bleibt doch, wie stark dieser zum ›happy ending‹ führende Bildungsgang von tragischen Gegengeschichten, von Fällen tödlicher Melancholie gekreuzt wird. Sie sind der dunkle Fond, von dem sich der Lebensweg Wilhelms als ein Weg der Heilung von der wertherischen »Krankheit zum Tode« abhebt – als ein Weg zum »Glück«. Mit dessen ›Evangelium‹ schließt der Roman, ungeachtet alles Unglücks, mit dem er uns in seinem zweiten Teil konfrontiert hat.

Mit der Melancholie überwindet Wilhelm auch den Dilettantismus seiner Theatromanie. Wie sehr beide miteinander verbunden sind, hat Goethe in auffallender Nähe zu der oben zitierten Maxime des »Lehrbriefs« in den *Tag- und Jahresheften bis 1786* gerade im Hinblick auf Wilhelm Meister begründet: dieser ist für ihn ein Exempel der »großen Wahrheit, daß der Mensch oft etwas versuchen möchte, wozu ihm Anlage von der Natur versagt ist, unternehmen und ausüben möchte, wozu ihm Fertigkeit nicht werden kann; ein inneres Gefühl warnt ihn, abzustehen, er kann aber mit sich nicht ins klare kommen und wird auf falschem Wege zu falschem Zwecke getrieben, ohne daß er weiß, wie es zugeht. Hiezu kann alles gerechnet werden, was man falsche Tendenz, Dilettantismus usw. genannt hat. Geht ihm hierüber von Zeit zu Zeit ein halbes Licht auf, so entsteht ein Gefühl, das an Verzweiflung grenzt, und doch läßt er sich wieder gelegentlich von der Welle, nur halb widerstrebend, fortreißen. Gar viele vergeuden hiedurch den schönsten Teil ihres Lebens und verfallen zuletzt in wundersamen Trübsinn.« Es ist ein Trübsinn, der demjenigen Hamlets nicht unverwandt ist, dessen Schwermut Wilhelm Meister ja auf das Gefühl zurückführt, zu einer Tat aufgerufen zu sein, deren er nicht »gewachsen« ist. Bezeichnenderweise wird es Wilhelms eigene theatrale Verkörperung des Melancholikers Hamlet sein, in der sich seine verfehlte Lebenstendenz gewissermaßen aufhebt, seine »ganze Lust gebüßt« scheint (VIII/5).

Wilhelms Verabschiedung des Theaters ist, anders als Novalis wähnte, keine Verabschiedung der Kunst, sondern ganz im Gegenteil die Verabschiedung des ästhetischen Dilettantismus im Namen des höchsten und reinen Begriffes der Kunst. Wenn die Kunst Wilhelms weiteren Lebensgang nicht als prägende Kraft begleitet, dann deshalb, weil er zu ihr keine wahre Anlage hat; doch er erbt von ihr das Beste, was sie dem Menschen bescheren kann: jene Heiterkeit, die als Widerpart der Melancholie nach Goethes und Schillers Überzeugung die Grundbefindlichkeit wahrer Kunst ausmacht. Sie ist auch die Grundstimmung der *Lehrjahre*.

Die Heiterkeitsentschlossenheit, mit der im zweiten Teil des Romans auch die tragischen Schicksale überspielt werden, welche Wilhelm Meisters Weg zum Glück kreuzen und kontrapunktieren, haben freilich bis heute das Unbehagen vieler Leser hervorgerufen und ihr Identifikationsbedürfnis verletzt. Das ist zweifellos auch der Hauptgrund für die mangelnde Popularität des Romans. An dessen allzu ungerührtem Hinweggehen zumal über den Tod Mignons hat schon Schiller leise Kritik geübt (Brief vom 2. Juli 1796), erst recht hat es romantische Leser (Novalis) befremdet. Es fragt sich allerdings, ob die Intention des Romanautors so ohne weiteres mit den Maximen der Turmgesellschaft gleichzusetzen ist, die mit solcher Gelassenheit dem Tod des Harfners und Mignons gegenübersteht. Goethe hätte den Roman im Alter schwerlich als eine seiner »inkalkulabelsten Produktionen« bezeichnet, wenn die Verlautbarungen dieser Gesellschaft wirklich die Stimme des Autors wären, wenn nicht auch die Gegenstimmen ein – wenigstens relatives – Recht behielten.

Die Grundmaxime der Turmgesellschaft ist das »Gedenke zu leben« auf dem Grabmonument des Oheims – der Gegenappell zum christlichen Memento mori. Die heitere Lebensentschlossenheit der Männer des Turms, die vom Ende des Romans alle Schatten des Todes und der Schwermut fernhält, kulminiert in den Exequien Mignons, die den Tod durch den »Schein des Lebens« verhüllen. Es ist ein Tod, wie ihn die säkularisierte Welt des späten 18. Jahrhunderts gern gesehen hat. Lessings Abhandlung *Wie die Alten den Tod gebildet* gab hier den Ton an. Der Tod als Bruder des Schlafs, als Genius mit gesenkter Fackel war erwünschter als der Totenkopf mit seiner abschreckenden Mahnung an die Hinfälligkeit aller Kreatur.

In den Reihen der Turmgesellschaft haben Gestalten wie der Harfner oder Mignon, solange sie sich nicht im Geiste dieser Gesellschaft erziehen lassen, keinen Platz. Mignons zu Herzen gehender Widerspruch gegen den aufgeklärt-despotischen Zugriff der Turm-Pädagogen: »Ich bin gebildet genug, um zu lieben und zu trauern« – und: »Die Vernunft ist grausam, das Herz ist besser« (VII/8) wird überhört. Die Grausamkeit der Vernunft ist ein Stück ›Dialektik der Aufklärung‹, welche der Autor der *Lehrjahre* hinter den Bildungstendenzen der Turmgesellschaft deutlich spüren läßt, die dunkle Wolke, die über den heiteren Himmel zieht, welcher sich über dem glücklichen Ende des Romans wölbt.

Als Goethe Ende 1796 die vier Bände von *Wilhelm Meisters Lehrjahre* an Johann Heinrich Voß schickt, drückt er seine Erleichterung darüber aus, »daß ich diese Komposition, die ihrer Natur nach nicht rein poetisch sein kann, nunmehr hinter mir sehe, um an etwas zu gehen, das nicht so lang und, wie ich für mich und andere hoffe, befriedigender ist« – eine »epische Arbeit« nämlich, bei der er dem Homer-Übersetzer Voß einiges »schuldig« ist: *Hermann und Dorothea*. Hier artikuliert sich noch einmal der alte Vorbehalt der humanistischen Poetik gegenüber der Gattung des Romans, den bereits Schiller anläßlich einer neuen Lektüre der *Lehrjahre* in seinem Brief an Goethe vom 20. Oktober 1797 in die Worte gefaßt hat: »Die Form des Meisters, wie überhaupt jede Romanform, ist schlechterdings nicht poetisch.« Goethe bestärkt ihn in seinem Antwortbrief vom 30. Oktober in dieser Meinung: »Was Sie von Meister sagen, verstehe ich recht gut, es ist alles wahr und noch mehr.« Wegen der »Unvollkommenheit« der Gattung habe ihm die Vollendung dieses Romans auch solche Mühe bereitet. »Eine reine Form hilft und trägt, da eine unreine überall hindert und zerrt.« Doch Goethe verspricht dem Freund: »es wird mir nicht leicht wieder begegnen, daß ich mich im Gegenstand und in der Form vergreife«. Goethe und Schiller reden ganz unter dem Eindruck des soeben abgeschlossenen Epos *Hermann und Dorothea*. Die Rückkehr vom (modernen) Roman zum (antiken) Epos wird von ihnen also gegen den Strich der historischen Entwicklung als ästhetischer Fortschritt gedeutet! Zu keinem Zeitpunkt ihrer Beziehung waren sie mehr auf eine klassizistische Normierung der Poesie eingeschworen als in der Phase der Vollendung von *Hermann und Dorothea*. Zwei Jahre nach Schillers Tod ›vergreift‹ Goethe sich jedoch – im Zuge der Öffnung seines ästhetischen Horizonts unter dem Einfluß zumal der romantischen Poetik – noch einmal in der Form und entwirft die Fortsetzung des *Wilhelm Meister*, deren Möglichkeit und Sinn im Briefwechsel mit Schiller freilich schon längst erörtert worden ist (Juli 1796).

Anders als Schiller – und zunächst Goethe selber – haben die Romantiker in Goethes neuem Roman gleich ein epochemachendes Ereignis gesehen. Friedrich Schlegel hat in ihm das für die Romantik so wesentliche ironische Prinzip entdeckt und ihn mit der Französischen Revolution und Fichtes *Wissenschaftslehre* zu den »größten Tendenzen des Zeitalters« gerechnet, offenbar weil er in ihm – als Roman – das Modell der romantischen Poesie überhaupt sah. (Freilich wissen wir aus Schlegels Privataufzeichnungen, daß ›Tendenz‹ für ihn etwas noch nicht zur Vollendung Gelangtes, noch zu Vervollkommnendes ist. Tendenzen gehören in die Familie der »Skizzen, Studien, Fragmente«. Und so heißt es auch über die »drei größten Tendenzen des Zeitalters«: »Aber alle drei sind doch nur Tendenzen ohne gründliche Ausführung.«) Das Paradigma des romantischen Romans ist *Wilhelm Meister* auch für Novalis gewesen – freilich nur nach der Seite der »Darstellung«, denn was den »Geist« betrifft, sei Goethes Roman »undichterisch in höchstem Grade«. Damit zielt Novalis auf das vermeintlich uneingeschränkt herrschende »Evangelium der Ökonomie« im Schlußteil der *Lehrjahre*, das alle Poesie schließlich ins Prosaische auflöse. Von einem solchen Überwiegen des Prosaischen spricht auch Schiller anläßlich einer neuen Lektüre des Romans im Brief an Goethe vom 20. Oktober 1797, der sich auf den ersten Blick mit der Kritik von Novalis eng zu berühren scheint. Im Gegensatz zu ihm sieht Schiller das Unpoetische aber nicht im Geist des Romans, dessen ›ökonomische‹, seinen eigenen ästhetischen Ideen zuwiderlaufende Tendenz im Schlußteil er offenbar nicht wahrgenommen hat, sondern wie erwähnt in seiner Form. Die eminente Modernität des Goetheschen Romans – aufgrund eben dieser Form – haben er wie der Autor selbst nicht wahrhaben wollen, vielmehr hat Schiller Modernität in den *Lehrjah-*

ren eben vermißt, da er unter ihr das spekulativ-philosophische Element verstand. Ein Zeichen dafür, daß Schiller der modernen Poesie zwar einen neuen intellektuellen und mentalen, aber keinen innovativen formästhetischen Weg zu weisen vermochte.

Literatur

Ammerlahn, Hellmut: Goethe und Wilhelm Meister, Shakespeare und Natalie: Die klassische Heilung des kranken Königssohnes. In: Jb. d. Freien Dt. Hochstifts 1978, S. 47–84.

Ammerlahn, Hellmut: Puppe – Tänzer – Dämon – Genius – Engel: Naturkind, Poesiekind und Kunstwerdung bei Goethe. In: The German Quarterly 54 (1981), S. 19–32.

Bahr, Ehrhard: Erläuterungen und Dokumente: Johann Wolfgang Goethe, *Wilhelm Meisters Lehrjahre*. Stuttgart 1982.

Baioni, Giuliano: Märchen – Wilhelm Meisters Lehrjahre – Hermann und Dorothea. Zur Gesellschaftsidee der deutschen Klassik. In: Goethe Jb. 92 (1975), S. 73–127.

Barner, Wilfried: Geheime Lenkung. Zur Turmgesellschaft in Goethes *Wilhelm Meister*. In: William J. Lillyman (Hrsg.): Goethe's narrative fiction. The Irvine Goethe Symposion. Berlin/New York 1983, S. 85–109.

Barner, Wilfried: »Die Verschiedenheit unserer Naturen.« Zu Goethes und Schillers Briefwechsel über *Wilhelm Meisters Lehrjahre*. In: Wilfried Barner / Eberhard Lämmert / Norbert Oellers (Hrsg.): Unser Commercium. Goethes und Schillers Literaturpolitik. Stuttgart 1984, S. 379–404.

Beck, Hans-Joachim: Friedrich von Hardenberg. ›Oeconomie des Styls‹. Die *Wilhelm Meister*-Rezeption im *Heinrich von Ofterdingen*. Bonn 1976.

Berger, Albert: Ästhetik und Bildungsroman. Goethes *Wilhelm Meisters Lehrjahre*. Wien 1977.

Borchmeyer, Dieter: Höfische Gesellschaft und Französische Revolution bei Goethe. Adliges und bürgerliches Wertsystem im Urteil der Weimarer Klassik. Kronberg im Taunus 1977.

Borchmeyer, Dieter: Über eine ästhetische Aporie in Schillers Theorie der modernen Dichtung. Zu seinen ›sentimentalischen Forderungen‹ an Goethes *Wilhelm Meister* und *Faust*. In: Jb. d. Dt. Schillergesellschaft XXII (1978), S. 303–354.

Borchmeyer, Dieter: Repräsentation als ästhetische Existenz. *Königliche Hoheit* und *Wilhelm Meister*. Thomas Manns Kritik an der formalen Existenz. In: Recherches germaniques XIII (1983), S. S. 105–136.

Born-Wagendorf, Monika: Identitätsprobleme des bürgerlichen Subjekts in der Frühphase der bürgerlichen Gesellschaft: Untersuchungen zu *Anton Reiser* und *Wilhelm Meister*. Pfaffenweiler 1989.

Burger, Heinz Otto: Europäisches Adelsideal und deutsche Klassik. In: H. O.

Burger: Dasein heißt eine Rolle spielen. Studien zur deutschen Literaturgeschichte. München 1963, S. 211–232.

Cersowsky, Peter: Von der Anthropologie zur Kunst. Zu Wilhelm Meisters *Hamlet*-Aufführung. In: Archiv f. d. Studium d. neueren Sprachen u. Literaturen 229 (1992), S. 1–15.

Eigler, Friederike: Wer hat ›Wilhelm Schüler‹ zum ›Wilhelm Meister‹ gebildet? *Wilhelm Meisters Lehrjahre* und die Aussparungen einer hermeneutischen Verstehens- und Bildungspraxis. In: Goethe Yearbook 3 (1986), S. 93–119.

Engel, Manfred: Der Roman der Goethezeit. Bd. I: Anfänge in Klassik und Frühromantik – Transzendentale Geschichten. Stuttgart/Weimar 1993.

Fick, Monika: Destruktive Imagination. Die Tragödie der Dichterexistenz in *Wilhelm Meisters Lehrjahren*. In: Jb. der Dt. Schillergesellschaft XXIX (1985), S. 182–247.

Fick, Monika: Das Scheitern des Genius. Mignon und die Symbolik der Liebesgeschichten in *Wilhelm Meisters Lehrjahren*. Würzburg 1987.

Fink, Gonthier-Louis: Die Bildung des Bürgers zum ›Bürger‹. Individuum und Gesellschaft in *Wilhelm Meisters Lehrjahren*. In: Recherches Germaniques II (1972), S. 3–37.

Gille, Klaus F. (Hrsg.): Goethes *Wilhelm Meister*. Zur Rezeptionsgeschichte der Lehr- und Wanderjahre. Königstein im Taunus 1979.

Graham, Ilse: An Eye for the World: Stages of Realisation in *Wilhelm Meister*. In: I. Graham: Goethe. Portrait of the Artist. Berlin/New York 1977, S. 182–226.

Greiner, Bernhard: Puppenspiel und Hamlet-Nachfolge: Wilhelm Meisters »Aufgabe« der theatralischen Sendung. In: Euphorion 83 (1989), S. 282–296.

Grimminger, Rolf: Löcher in der Ordnung der Dinge: *Wilhelm Meisters Lehr-* und *Wanderjahre*. In: R. Grimminger: Die Ordnung, das Chaos und die Kunst. Frankfurt a.M. 1986, S. 203–244.

Haas, Rosemarie: Die Turmgesellschaft in *Wilhelm Meisters Lehrjahren*. Bern/Frankfurt am Main 1975.

Habermas, Jürgen: Strukturwandel der Öffentlichkeit. Neuwied am Rhein/Berlin 1968 (3. Aufl.). Darin: Das Ende der repräsentativen Öffentlichkeit, illustriert am Beispiel Wilhelm Meisters, S. 22–24.

Hahn, Karl-Heinz: Adel und Bürgertum im Spiegel Goethescher Dichtungen zwischen 1790 und 1810 unter besonderer Berücksichtigung von *Wilhelm Meisters Lehrjahren*. In: Goethe Jb. 95 (1978), S. 150–162.

Hahn, Karl-Heinz: Zeitgeschichte in Goethes Roman *Wilhelm Meisters Lehrjahre*. In: Paolo Chiarini u. Walter Dietze (Hrsg.) Deutsche Klassik und Revolution. Rom 1981, S. 169–194.

Hass, Hans Egon: Goethe. *Wilhelm Meisters Lehrjahre*. In: Benno von Wiese (Hrsg.): Der deutsche Roman, Bd. 1. Düsseldorf 1963, S. 132–210.

Hartung, Günter: *Wilhelm Meisters Lehrjahre* und das Faustische. In: Weimarer Beiträge 36 (1990), S. 284–312.

Heselhaus, Clemens: Die *Wilhelm Meister*-Kritik der Romantiker und die romantische Romantheorie, In: Hans Robert Jauß (Hrsg.): Nachahmung und Illusion. München 1964, S. 113–127.

Hoffmeister, Gerhart (Hrsg.): Goethes Mignon und ihre Schwestern: Interpretationen und Rezeptionen. New York, Frankfurt u.a. 1993.

Hörisch, Jochen: Gott, Geld und Glück. Zur Logik der Liebe in den Bildungsromanen Goethes, Kellers und Thomas Manns. Frankfurt a.M. 1983.

Jantz, Harold: Goethe's *Wilhelm Meister.* Image, Configuration and Meaning. In: Hans-Joachim Mähl u. Eberhard Mannack (Hrsg.): Studien zur Goethezeit. Erich Trunz zum 75. Geburtstag. Heidelberg 1981, S. 103–120.

Jacobs, Jürgen: Wilhelm Meister und seine Brüder. Untersuchungen zum deutschen Bildungsroman. München 1972.

Janz, Rolf-Peter: Zum sozialen Gehalt der *Lehrjahre.* In: Literaturwissenschaft und Geschichtsphilosophie. Festschrift für Wilhelm Emrich. Berlin 1975, S. 320–340.

Kallweit, Hilmar: Szenerien der Individualisierung. In: Manfred Frank/Anselm Haferkamp (Hrsg.): Individualität. München 1988, S. 384–420.

Kittler, Friedrich A.: Über die Sozialisation Wilhelm Meisters, In: Gerhard Kaiser / F. A. Kittler: Dichtung als Sozialisationstempel. Studien zu Goethe und Gottfried Keller. Göttingen 1978, S. 13–124.

Köpke, Wulf: *Wilhelm Meisters theatralische Sendung* In: Paul Michael Lützeler u. James E. McLeod (Hrsg.): Goethes Erzählwerk. Interpretationen. Stuttgart 1985, S. 73–102.

Kommerell, Max: *Wilhelm Meister.* In: M. Kommerell: Essays, Notizen poetische Fragmente. Freiburg im Breisgau 1969, S. 81–186.

Ladendorf, Ingrid: Zwischen Tradition und Revolution: die Frauengestalten in *Wilhelm Meisters Lehrjahre* und ihr Verhältnis zu den deutschen Originalromanen des 18. Jahrhunderts. Frankfurt a.M. [u.a.] 1990.

Lukács, Georg: *Wilhelm Meisters Lehrjahre.* In: G. Lukács: Faust und Faustus. Ausgewählte Schriften II. Reinbek bei Hamburg 1967, S. 30–45.

Mannack, Eberhard: Der Roman zur Zeit der Klassik: *Wilhelm Meisters Lehrjahre.* In: Karl Otto Conrady (Hrsg.): Deutsche Literatur zur Zeit der Klassik. Stuttgart 1977, S. 211–225.

Marx, Friedhelm: Erlesene Helden: Don Sylvio, Werther, Wilhelm Meister und die Literatur. Heidelberg 1995.

May, Kurt: *Wilhelm Meisters Lehrjahre*, ein Bildungsroman? Deutsche Vierteljahrsschr. 31 (1957), S. 1–37.

Mayer, Gerhart: *Wilhelm Meisters Lehrjahre.* Gestaltbegriff und Werkstruktur. In: Goethe Jb. 92 (1975), S. 140–164.

Mayer, Mathias: Selbstbewußte Illusion: Selbstreflexion und Legitimation der Dichtung im *Wilhelm Meister.* Heidelberg 1989.

Molnár, Géza von: *Wilhelm Meister* from a romantic perspective. Aspects of Novalis' predisposition that resulted in the intial preference for Goethe's novel. In: Versuche zu Goethe. Festschrift für Erich Heller. Heidelberg 1976, S. 235–247.

Neumann, Gerhard: »Ich bin gebildet genug, um zu lieben und zu trauern«: die Erziehung zur Liebe in Goethes *Wilhelm Meister.* In: Titus Heydenreich (Hrsg.): Liebesroman – Liebe im Roman. Erlangen 1987, S. 41–82.

Neumann, Michael: Roman und Ritus. Wilhelm Meisters Lehrjahre. Frankfurt a.M. 1992.

Øhrgaard, Per: Die Genesung des Narcissus. Eine Studie zu Goethe: *Wilhelm Meisters Lehrhjahre.* Kopenhagen 1978.

Pfaff, Peter: Plädoyer für eine typologische Interpretation von *Wilhelm Meisters Lehrjahren.* In: Text und Kontext 5 (1977), S. 37–55.

Reiss, Hans: Formgestaltung und Politik. Goethe-Studien. Würzburg 1993 [*Wilhelm Meister*: S. 12–73].

Reuchlin, Georg: Die Heilung des Wahnsinns bei Goethe: Orest, Lila, der Harfner und Sperata. Zum Verhältnis von Literatur, Seelenkunde und Moral im späten 18. Jahrhundert. Frankfurt a.M. 1983.

Roberts, David: The Indirections of Desire. Hamlet in Goethe's *Wilhelm Meister.* Heidelberg 1980.

Röder, Gerda: Glück und glückliches Ende im deutschen Bildungsroman. Eine Studie zu Goethes *Wilhelm Meister.* München 1968.

Sagmo, Ivar: Bildungsroman und Geschichtsphilosophie. Eine Studie zu Goethes Roman *Wilhelm Meisters Lehrjahre.* Bonn 1982.

Saine, Thomas P.: Über Wilhelm Meisters »Bildung«. In: Lebendige Form. Festschrift f. H.E.K. Henel. München 1970, S. 63–81.

Saine, Thomas P.: What Time is it in *Wilhelm Meisters Lehrjahre.* In: Hannelore Mundt [u.a.] (Hrsg.) Horizonte. [Festschrift f. Herbert Lehnert]. Tübingen 1990, S. 52–69.

Schings, Hans-Jürgen: Symbolik des Glücks. Zu Wilhelm Meisters Bildergeschichte. In: U. Göbel u. W.T. Zyla (Hrsg.): J.W.v. Goethe. One Hundred and Fifty Years of Continuing Vitality. Lubbock/Texas 1984, S. 157–177.

Schings, Hans-Jürgen: Agathon – Anton Reiser – Wilhelm Meister. Zur Pathogenese des modernen Subjekts im Bildungsroman. In: Wolfgang Wittkowski (Hrsg.) Goethe im Kontext [...]. Ein Symposion. Tübingen 1984, S. 42–67.

Schings, Hans-Jürgen: Wilhelm Meisters schöne Amazone. In: Jb. der Dt. Schillergesellschaft XXIX (1985), S. 141–206.

Schings, Hans-Jürgen: Wilhelm Meister und die Geschichte. In: Gerhard Schulz (Hrsg.): Literatur und Geschichte: 1788–1988. Bern [u.a.] 1990, S. 13–26.

Schödlbauer, Ulrich: Kunsterfahrung als Weltverstehen. Die ästhetische Form von *Wilhelm Meisters Lehrjahre.* Heidelberg 1984.

Schlaffer, Heinz: Exoterik und Esoterik in Goethes Romanen. In: Goethe Jb. 95 (1978), S. 212–227.

Schlechta, Karl: Goethes *Wilhelm Meister.* Frankfurt am Main 1953.

Selbmann, Rolf: Theaterroman als Bildungsroman: Wilhelm Meister. In: R. Selbmann: Theater im Roman. Studien zum Strukturwandel des deutschen Bildungsromans. München 1982, S. 62–87.

Stadler, Ulrich: Wilhelm Meisters unterlassene Revolte. Individuelle Geschichte und Gesellschaftsgeschichte in Goethes *Lehrjahren*. In: Euphorion 74 (1989), S. 360–374.

Steiner, Jacob: Goethes Wilhelm Meister. Sprache und Stilwandel. Mit einem Nachwort zur Neuauflage. Stuttgart 1966.

Storck, Joachim W.: Das Ideal der klassischen Gesellschaft in *Wilhelm Meisters Lehrjahren*. In: Versuche zu Goethe. Festschrift für Erich Heller. Heidelberg 1976, S. 212–234.

Strack, Friedrich: Selbst-Erfahrung oder Selbst-Entsagung. Goethes Deutung und Kritik des Pietismus in *Wilhelm Meisters Lehrjahre*. In: Wolfgang Wittkowski (Hrsg.): Verlorene Klassik? Ein Symposium. Tübingen 1986, S. 52–73.

Südhoff, Rüdiger: Die intertextuelle Sinnkonstitution im Bildungsroman der Weimarer Klassik: poetologische Paradigmen der Aufklärungsliteratur in Goethes *Lehrjahren*. Stuttgart 1994.

Vaget, Hans Rudolf: Liebe und Grundeigentum in *Wilhelm Meisters Lehrjahren*. In: Peter Uwe Hohendahl / Paul Michael Lützeler (Hrsg.): Legitimationskrisen des deutschen Adels 1200–1900. Literaturwissenschaft und Sozialwissenschaften 11. Stuttgart 1979, S. 137–157.

Voßkamp, Wilhelm: Utopie und Utopiekritik in Goethes Romanen *Wilhelm Meisters Lehrjahre* und *Wilhelm Meisters Wanderjahre*. In: W. Voßkamp (Hrsg.): Utopieforschung. Bd. III. Frankfurt a.M. 1985, S. 227–249.

Walter-Schneider, Margret: Die Kunst des Hintergrunds in *Wilhelm Meisters Lehrjahre*. In: Jb. d. Dt. Schillergesellschaft 24 (1980), S. 87–101.

Wilkinson, Elizabeth M. / Willoughby, L. A.: Having and being, or bourgeois versus nobility. Notes for a chapter on social and cultural history or for a commentary on *Wilhelm Meister*. In: German Life and Letters 22 (1968/69), S. 101–105.

Wuthenow, Ralph-Rainer: Wilhelm Meister als Leser. In: R.-R. Wuthenow: Im Buch die Bücher oder der Held als Leser. Frankfurt a.M. 1980, S. 74–86.

Žmegač, Viktor: Der europäische Roman. Geschichte seiner Poetik. Tübingen 1990.

VII Goethes und Schillers Duumvirat: Ästhetik, Poetik, Polemik

Goethe und Schiller leiten die Maßstäbe der epischen Dichtung noch nicht vom Roman, sondern weitgehend immer noch von der Gattung der Epopöe ab. Das zeigt ihr Briefwechsel *Über epische und dramatische Dichtung* – so der Titel eines Aufsatzes, den Goethe seinem Brief vom 23. Dezember 1797 beigelegt hat –, der den wichtigsten Teil ihrer genrepoetologischen Erörterungen darstellt. Ihre gemeinsamen theoretischen Prämissen sollen nach Goethe der »barbarischen« Neigung der »Modernen« entgegenwirken, »die Genres so sehr zu vermischen«. In Widerspruch zu dieser Tendenz solle der Künstler also »Kunstwerk von Kunstwerk durch undurchdringliche Zauberkreise sondern, jedes bei seiner Eigenschaft und seinen Eigenheiten erhalten, so wie es die Alten getan haben und dadurch eben solche Künstler wurden und waren«. Nirgends, so scheint es, wird der Gegensatz zwischen den theoretischen Positionen der Weimarer Klassik und der Romantischen Schule deutlicher als hier, hat letztere doch die »Reinheit« der »klassischen Dichtarten« für anachronistisch erklärt (F. Schlegel), da die Tendenz unendlicher Progression in der modernen Poesie sich nicht mit den abgeschlossenen Organismen der herkömmlichen Gattungen verträgt; die Grenzen zwischen diesen sollen also aufgehoben und die Gattungspoetik durch die »universalpoetische« Bestimmung zumal des Romans abgelöst werden.

Freilich hat auch Schiller anscheinend der rigorosen Trennung der Gattungen bei Goethe nicht ganz zugestimmt und ihr die Konzeption einer dialektischen Wechselwirkung derselben entgegengesetzt (26. Dezember 1797), d.h. die Idee ihres »wechselseitigen Hinstrebens zueinander«: »Die Tragödie in ihrem höchsten Begriffe wird also immer zu dem epischen Charakter *hinauf*streben« und umgekehrt das epische Gedicht zur Tragödie »*herunter*streben«, ohne daß dies freilich zu »Vermischung und Grenzverwirrung« ausarten darf. Vor einer solchen hat Schiller sich in der Praxis weit entschiedener zu bewahren gesucht als der dem obigen Brief zufolge rigorosere Goethe. Im *Faust* hat dieser bewußt eine die epischen und dramatischen Strukturelemente verquickende »barbarische« – weil antiklassische – Komposition angestrebt (27. Juni 1797). In der Anmerkung »Geschmack« zu seiner Übersetzung des Diderotschen Dialogs *Rameaus Neffe* (1805) hat er später ganz unverhüllt zugegeben, er wolle auf die »barbarischen Avantagen« nicht verzichten, welche »durch die romantische Wendung ungebildeter Jahrhunderte« geschaffen worden seien. Die »geschmackvolle Sonderung und Läuterung der verschiednen Dichtarten« bei den Alten könne uns nicht mehr ausschließlich »Muster« sein.

In ihrer Erörterung der Gesetze epischer und dramatischer Dichtung im April und Dezember 1797 gehen Goethe und Schiller ausschließlich von der Epopöe und der Tragödie aus, während in dem poetologischen siebten Kapitel des fünften Buches der *Lehrjahre* das Drama noch dem Roman (diesem mit ähnlichen Strukturmerkmalen wie später der Epopöe) gegenübergestellt wird. Nicht die moderne gelesene, sondern die durch den Rhapsoden öffentlich vorgetragene wie entsprechend das durch den Mimen aufgeführte Drama bilden das jeweilige Gattungsmodell. Wichtigste Unterscheidungsmerkmale des Epischen und Dramatischen sind erstens die Darstellung des »außer sich wirkenden Menschen« (größere Extensität derselben) in der Epopöe und des »nach innen geführten Menschen« (größere Intensität) in der Tragödie, zweitens die Präsentation einer »vollkommen vergangenen« Begebenheit dort und einer »vollkommen gegenwärtigen« hier. (Die zweite Unterscheidung findet sich schon im 57. Stück der *Hamburgischen Dramaturgie* von Lessing und in Schillers Traktat *Über die tragische Kunst*).

Treibt im Drama alles auf das Ende zu, haben also dessen einzelne Handlungsschritte ihren Zweck nicht in sich selbst, so ruhen im Epos alle Teile selbständig in sich; das (häufig schon antizipierte) Ende ist nur ein Teil unter anderen. Schreitet das Drama rastlos und kontinuierlich voran, so bricht der Epiker die Kontinuität der Handlung ständig durch Vor- und Rückgriffe auf. Dementsprechend steht das Publikum der Handlung des epischen Gedichts freier gegenüber, es ist weder so stark an deren sinnliche Gegenwart gefesselt noch befindet es sich dauernd im Zustand einer affektvollen Spannung (»Neugierde«) auf den Ausgang. Demgegenüber raubt die Tragödie dem Zuschauer seine Gemütsfreiheit und reißt ihn ständig zu Affekten hin. Das entspricht der traditionellen (aristotelischen) Definition der Tragödie als ›psychagogischer‹, affekterregender Kunst.

Würden Epos und Tragödie freilich nach dieser idealtypischen Bestimmung ›rein‹ verwirklicht, dann fehlte jenem nach Schiller die zum Wesen der Poesie gehörende »Sinnlichkeit«, dieser hingegen die poetisch ebenso notwendige »Freiheit« (26. Dezember 1797). Deshalb müssen beide wechselseitig zueinander hinstreben. Für die

Tragödie bedeutet dies: sie muß die Affekterregung der Zuschauer ständig durch ›epische‹ Mittel ausgleichen (wie Schiller sie schon im Traktat *Über die tragische Kunst* zusammengestellt hat). Das ist der Sinn des »Hinaufstrebens« der Tragödie zur Epopöe. In dieser Metapher drückt sich aus (was schon Thomas Mann in seinem *Versuch über das Theater* 1908 bemerkt hat), daß Schiller der epischen Gattung einen höheren ästhetisch-ethischen Rang als dem Drama einräumt – so wie er im Traktat *Über naive und sentimentalische Dichtung* und an anderem Ort auch die Komödie über die Tragödie stellt, weil sie uns über den Affekt erhebt und so zum höchsten Ziel des Menschen führt: »frei von Leidenschaft zu sein, immer klar, immer ruhig um sich und in sich zu schauen«.

Das theoretische Zusammenwirken Goethes und Schillers dokumentiert sich außer in ihrem Briefwechsel vor allem in ihren Zeitschriftenunternehmungen »Die Horen« (1795–97) und »Die Propyläen« (1798–1800). Daß beide Zeitschriften, mit weitreichenden Hoffnungen begonnen, nach kurzer Zeit recht trostlos eingingen, manifestiert, wie fremd Publikum und literarische Intelligenz der Zeit den ästhetischen Bestrebungen Goethes und Schillers gegenüberstanden. Die in ihrem Briefwechsel sich bekundende zunehmende Publikumsfeindlichkeit (für Henry Peyre u.a. ein Argument gegen die Weimarer ›Klassik‹, da eine solche den Consensus zwischen Künstler und Publikum impliziere) ist aus ihrer Sicht also nicht unbegreiflich.

Wie Goethe Schillers »Horen« durch eine stattliche Reihe von novellistisch-essayistischen Arbeiten unterstützt hat, so hat auch Schiller an den von Goethe in Verbindung mit Heinrich Meyer herausgegebenen »Propyläen« tätig Anteil genommen. Sein wichtigster Beitrag ist der Brief *An den Herausgeber der Propyläen* (1800). Er bezieht sich auf eine der klassizistischen Kunstausstellungen, die von Goethe und Meyer 1799–1805 durch Preisaufgaben angeregt wurden. In Schillers Brief geht es um Probleme der modernen bildlichen Behandlung homerischer Sujets; besonders seine Ausführungen über das Motiv des Abschieds Hektors von Andromache (vgl. sein in die *Räuber* eingelegtes Gedicht *Hektors Abschied)* geben einen bedeutenden Eindruck von seiner Auffassung der griechischen Polis-Kultur und des ›modernen‹ Umgangs mit antik-naiven Stoffen.

Goethe hat in den »Propyläen« einige seiner wichtigsten kunsttheoretischen Schriften veröffentlicht, so den Dialog *Über Wahrheit und Wahrscheinlichkeit der Kunstwerke* (1798), der in Widerspruch gegen die naturalistische Wahrscheinlichkeits- und Illusionsforderung auf eine Unterscheidung des »Kunstwahren« vom »Naturwahren« dringt, und den von ihm und Schiller gemeinsam konzipierten novellistischen Essay *Der Sammler und die Seinigen* (1799). Dieser richtet sich gegen bestimmte einseitige ästhetische Theoreme, die nicht vom »Ganzen der Kunst« ausgehen, sondern durch Verabsolutierung von Teilaspekten zu schiefen Urteilen gelangen. Unter anderem spielt der *Sammler* auf die von Schiller 1797 in die »Horen« aufgenommenen Traktate *Versuch über das Kunstschöne* und *Laokoon* von Aloys Hirt an, in denen dieser gegen die Winckelmannsche Idee des Kunstschönen polemisiert, weil dieselbe die Darstellung des Häßlichen, Unedlen, Abscheulichen bei den Griechen eliminiere. Nicht das »Schöne« im Sinne Lessings und Winckelmanns, sondern das »Charakteristische« sei der eigentliche Gegenstand der griechischen Kunstwerke gewesen.

Schiller hat trotz einiger Vorbehalte mit den Hirtschen Ideen anfänglich sympathisiert (Brief an Goethe, 7. Juli 1797), stimmten sie doch mit seinen eigenen Vorstellungen vom griechischen Trauerspiel (vgl. seine verwandten Ausführungen in den *Zerstreuten Betrachtungen über verschiedene ästhetische Gegenstände*, 1793) vielfach überein. Und auch Goethe gesteht Hirt das Verdienst zu, »daß er den Kunstwerken auch das Charakteristische und Leidenschaftliche als Stoff zuschreibt, welches durch den Mißverstand des Begriffs von Schönheit und göttlicher Ruhe allzu sehr verdrängt worden war« (an Meyer, 14. Juli 1797). Der *Sammler* sucht nun indessen die einseitigen Positionen Winckelmanns und Hirts synthetisch zu einem umfassenden Begriff der Kunst und des Schönen zu verbinden, der das Charakteristisch-Leidenschaftliche einbezieht. In die gleiche vermittelnde Richtung weist auch der durch Hirts Aufsatz angeregte Traktat *Über Laokoon*, den Goethe 1798 in den »Propyläen« veröffentlicht hat und in dem die Laokoon-Diskussionen des 18. Jahrhunderts auf ihren abschließenden Höhepunkt gelangen.

Wichtiger noch ist *Der Sammler und die Seinigen* durch die an ihn anschließende Dilettantismus-Diskussion geworden, in der wir das geheime Hauptdokument jener »›hochgesinnten‹ Verschwörung gegen das Publikum« sehen dürfen, als die Bertolt Brecht in seinem *Arbeitsjournal* vom 2. Januar 1948 die Allianz Goethes und Schillers im Hinblick auf ihren Briefwechsel einmal bezeichnet hat. »Das einzige Verhältnis gegen das Publikum, das einen nicht reuen kann, ist der Krieg, und ich bin dafür, daß auch der Dilettantismus angegriffen wird«, heißt es in Schillers Brief an Goethe vom 25. Juni 1799.

Anders als im Falle der *Xenien* zwei Jahre zuvor (siehe unten) wurde dieser zweite ›Koalitionskrieg‹ Goethes und Schillers gegen das Publikum freilich nicht öffentlich ausgetragen, sondern es blieb bei den Vorarbeiten vom Frühjahr 1799: einem Konvolut von Schemata, Stichwörtern und Fragmenten, das nie zu der geplanten gemeinsamen Abhandlung ausreifte (nicht zuletzt wohl, weil Goethe, anders als Schiller, nach der Erfahrung mit den *Xenien* einen weiteren ästhetischen Feldzug aufgrund seiner eher konzilianten Natur scheute). Die einschlägigen Ausführungen sind erst 1833 von Eckermann in sehr unbefriedigender Form und Auswahl herausgegeben worden. Eine kritische Edition aller erhaltenen Fragmente mußte bis zur »Weimarer Ausgabe« (1896) warten.

Bereits in Schillers und Goethes gemeinsamem Schema zum *Sammler* sind die Grundzüge des Dilettantismus umrissen, obwohl das Wort selbst noch nicht vorkommt, so die »Tendenz ins Endlose« im Gegensatz zu dem, was den wahren Künstler und die wahre Kunst auszeichnet: »Gefühl für das Ganze. Einheit«. Die Typologie des Künstlers und Liebhabers im *Sammler* bereitet die später systematisierte Dilettantismusproblematik vor, zumal im achten Brief mit den hier aufgestellten sechs Klassen des (immer noch nicht so genannten) Dilettanten, die erst durch ihre Verbindung den »vollendeten Künstler« ergeben: »Nachahmer«, »Imaginanten« (= »Scheinmänner«, »Phantomisten«, »Phantasmisten«, »Nebulisten«, »Schwebler und Nebler« und andere satirisch getönte Wortschöpfungen Goethes mehr), »Charakteristiker«, »Kleinkünstler« und »Skizzisten«. Die Eigentümlichkeiten des Dilettantismus sind Extreme, die immer noch auf der Skala zwischen »einfacher Nachahmung« und »Manier« aus Goethes nachitalienischem Traktat (*Einfache Nachahmung der Natur, Manier, Stil*, 1789) angesiedelt sind und im synthetischen Ideal des »Stils« ihre Aufhebung finden.

Goethes Kritik des Dilettantismus reicht bis in die frühen siebziger Jahre zurück (seine Sulzer-Rezension von 1772, die Künstler-Gedichte von 1774); das wichtigste Dokument sind jedoch die *Leiden des jungen Werthers* (1774). »Ich könnte jetzt nicht zeichnen, nicht einen Strich, und bin nie ein größerer Maler gewesen als in diesen Augenblicken«, heißt es in Werthers Brief vom 10. Mai (1771). Werther verwechselt das Gefühl der Natur mit deren künstlerischer Darstellung und ist damit das Musterbeispiel des Dilettanten, von dem es in Goethes Aufzeichnungen von 1799 heißt, daß er »in seiner Selbstverkennung das Passive an die Stelle des Aktiven setzen« möchte – oder: »weil er auf eine lebhafte Weise Wirkungen erleidet, so glaubt er mit diesen erlittenen Wirkungen wirken zu können« – oder: »Weil der Dilettant seinen Beruf zum Selbstproduzieren erst aus den Wirkungen der Kunstwerke auf sich empfängt, so verwechselt er diese Wirkungen mit den objektiven Ursachen und Motiven, und meint nun den Empfindungszustand, in den er versetzt ist, auch produktiv und praktisch zu machen.« Wie sehr Werther die schöpferische Gabe fehlt, erkennt er halbwegs selbst. Von Wilhelm auf sein »Zeichnen« angesprochen, bekennt er: »Noch nie war ich glücklicher, noch nie war meine Empfindung an der Natur, bis aufs Steinchen, aufs Gräschen herunter, voller und inniger, und doch – Ich weiß nicht, wie ich mich ausdrücken soll, meine vorstellende Kraft ist so schwach, alles schwimmt und schwankt so vor meiner Seele, daß ich keinen Umriß packen kann« (24. Julius). Werthers Welt lebt »mehr in Ahnung und dunkler Begier als in Darstellung und lebendiger Kraft« (22. Mai). Er wird überwältigt von Gefühlen und Eindrücken, die vor seinen Augen schwimmen und nie zur faßlichen Gestalt gerinnen.

Durch die Erfahrungen mit dem Weimarer Liebhabertheater und überhaupt durch die Kunstübung im höfischen wie im bürgerlich-empfindsamen Umkreis, nicht zuletzt durch die *Werther*-Rezeption, die den Briefroman mitnichten als Kritik am Dilettantismus nahm, sondern diesem eine neue Sumpfblüte bescherte, wurde Goethe in seinen Bedenken gegenüber diesem Epochenphänomen bestärkt. In *Wilhelm Meisters Lehrjahren* hat er, wie das letzte Kapitel zeigte, die Titelgestalt geradezu als Verkörperung des Dilettantismus dargestellt, und zwar in einem Gebiet, auf dem er in besonderem Maße seine fragwürdigen Triumphe feierte: dem Theater. Es ist Jarno, der Wilhelm mit den Maximen, die auch für das Dilettantismus-Projekt Goethes und Schillers maßgebend sein werden, seine Theaterliebhaberei – die bei ihm eben nie wahre Künstlerschaft ist – austreibt und ihn auf das Feld verweist, wo er allein zum »Meister« werden kann. Auch Schiller hat bereits in seinem Aufsatz *Über die notwendigen Grenzen beim Gebrauch schöner Formen* (1795) »den bloßen Dilettanten [anders als Goethe also schon mit diesem Begriff!] von dem wahrhaften Kunstgenie« unterschieden. »Der verführerische Reiz des Großen und Schönen; das Feuer, womit es die jugendliche Imagination entzündet [...], haben schon manchen Unerfahrnen beredet, Palette oder Leier zu ergreifen und auszugießen in Gestalten und Tönen, was in ihm lebendig wurde.«

Bei der Entwicklung der Dilettantismuskonzeption Goethes

und Schillers hat zweifellos der Einfluß von Karl Philipp Moritz eine nicht zu unterschätzende Rolle gespielt. Moritz gehört zu den wichtigsten Anregern der Weimarer Klassik. Mindestens dreimal hat er ihr (abgesehen von seinen bedeutenden empirisch-psychologischen, mythologischen und linguistischen Anregungen) einen epochalen Anstoß gegeben: bei der Entstehung der Versfassung der *Iphigenie*, die – und damit die Versstruktur des klassischen Dramas überhaupt – ohne den Einfluß seines *Versuchs einer deutschen Prosodie* (1786) kaum denkbar gewesen wäre, bei der Entwicklung des ästhetischen Autonomiegedankens, der seine erste deutliche Ausprägung in Moritz' Traktat *Über die bildende Nachahmung des Schönen* (1788) gefunden hat – und eben beim Dilettantismusprojekt (auch wenn man in Rechnung stellt, daß Moritz' Einsichten ihrerseits durch *Werther* mitangeregt sind).

Im vierten Teil seines autobiographischen Romans *Anton Reiser* und schon im soeben genannten Traktat von 1788 wird der (auch bei ihm noch nicht so genannte) Dilettantismus als die Verwechslung des »Empfindungsvermögens« mit der »Bildungskraft« diagnostiziert. In einem Auszug aus dem vierten Teil des *Anton Reiser*, der unter dem Titel *Warnung an junge Dichter* in Wielands »Neuem Teutschen Merkur vom Jahre 1792« erschienen ist, heißt es: »Die warnende Stimme kann nicht früh genug dem Jüngling zurufen, sein Innerstes zu prüfen, ob nicht der Wunsch bei ihm an die Stelle der Kraft tritt, und, weil er diese Stelle nie ausfüllen kann, ein ewiges Unbehagen die Strafe verbotenen Genusses bleiben wird.« (Diese warnende Stimme erreichte z.B. Wilhelm Meister durch Jarno zwar nicht früh genug, aber gerade noch rechtzeitig!)

Das Dilettantismusschema, das Schiller im Frühjahr 1799 niedergeschrieben und Goethe mit eigenen Zusätzen versehen hat, bringt in ein (vor allem Schiller zu verdankendes) System, was beide Autoren, zumal Goethe im Prinzip schon viele Jahre erwogen haben. Dabei ist nicht zu verkennen, daß der Dilettantismus nicht nur als negatives Phänomen, sondern auch in seinen positiven Seiten gesehen wird. Die in ihm dominierende (wenn auch falsche) Subjektivität bewirkt doch auf der Seite der ästhetischen Rezeptivität auch ihr Gutes, wenngleich dieses in dem Schema deutlich hinter den Nachteilen zurücktritt und öfter mehr um der theoretischen Objektivität willen denn aus wirklicher Überzeugung hervorgehoben scheint. (Sogar die Kategorie des »Sentimentalischen«, die trotz aller in ihr liegenden Gefahren zuvor positiv bestimmte, spezifisch moderne poetische Darstellungsart, erhält nun ein eher negatives Vorzeichen.)

In der geplanten Abhandlung sollte der Dilettantismus als kritische Erscheinung der ästhetischen und nicht nur ästhetischen Moderne umfassend gesichtet werden. Alle Zweige der Kunst sollten zur Geltung kommen: Poesie, bildende Kunst von der Zeichnung und Malerei bis zur Architektur, Theater und Gartenkunst. Ein besonders kritisches Licht fällt dabei bezeichnenderweise auf die Schauspielkunst. Der nur sich selbst spielende Schauspieler – siehe Jarnos Kritik an Wilhelm Meister! – wird geradezu zum Paradigma der bedenklichsten Seiten des Dilettantismus, was verständlich macht, daß das Theater vom späten Goethe schließlich aus der »Pädagogischen Provinz« seiner *Wanderjahre* ausgeschlossen wird. (»Höchst verderblicher Gebrauch der Liebhaber-Schauspiele zur Bildung der Kinder, wo es ganz zur Fratze wird«, heißt es schon im Dilettantismusschema zur Schauspielkunst.)

Die sich von der Bindung an den Gegenstand lösende Subjektivität, die »herrschende Unart der Zeit, im Ästhetischen unbedingt und gesetzlos sein zu wollen und willkürlich zu phantasieren« (Schema zur Gartenkunst) ist das eigentliche Verhängnis des Dilettantismus. Kein Zweifel, daß hier auch an die romantische Schule gedacht ist. Das legen zumal die scharfen Bemerkungen über die (von den Romantikern ja ausdrücklich propagierte) »Vermischung der Gattungen«, den »pathologischen Charakter« dieser Art von Poesie und die Feststellung: »Der Dilettant glaubt mit dem Witz an die Poesie zu reichen« im Schema zur Pragmatischen Poesie nahe. Die gedankliche Nähe zu Schillers Brief an Goethe über F. Schlegels *Lucinde* vom 19. Juli 1799 ist auffallend. Den »Gipfel moderner Unform und Unnatur« nennt er Schlegels Roman. »Da er fühlt, wie schlecht er im Poetischen fortkommt, so hat er [Schlegel] sich ein Ideal seiner selbst aus der *Liebe* und dem *Witz* zusammengesetzt« – und: »Auch hier ist das ewig Formlose und Fragmentarische und eine höchst seltsame Paarung des Nebulistischen mit dem Charakteristischen«, bemerkt Schiller unter Anwendung der eben erarbeiteten Begrifflichkeit aus dem *Sammler* und dem Dilettantismus-Projekt. (Bezeichnend, daß er in unmittelbarem Anschluß an seine Polemik gegen Schlegel auf dieses Projekt zu sprechen kommt.)

Goethes und Schillers Dilettantismusprojekt ist einer der faszinierendsten Versuche des späten 18. Jahrhunderts, die Signatur der ästhetischen Moderne zu bestimmen. Der junge Nietzsche wird in seinem Brief an Erwin Rohde vom 8. Oktober 1868 und auch in späteren Äußerungen – ohne daß von einer direkten Rezeption des Goethe-Schillerschen Dilettantismusschemas die Rede sein könnte –

in ganz ähnlichem Sinne, freilich in der Ambivalenz der Wertung weit stärker zum Positiven neigend, Richard Wagner als den typischen »Repräsentanten eines modernen, alle Kunstinteressen in sich aufsaugenden und verdauenden Dilettantismus« bezeichnen, und Thomas Mann wird sich dieser These in seinem Aufsatz *Leiden und Größe Richard Wagners* (1933) anschließen (»die Vereinigungsidee der Künste selbst hat etwas Dilettantisches«). Die von Goethe und Schiller beschriebene Vermischung der Künste ist die eine Seite der Dilettantismusidee, die aufs späte 19. Jahrhundert vorausweist. Die andere Seite ist in Anknüpfung an Goethe vom jungen Hofmannsthal in seiner Auseinandersetzung mit dem neuen Dilettantismus der Décadence hervorgehoben worden, wie er zuerst von Paul Bourget analysiert worden ist. So sei Bourgets *Physiologie de l'amour moderne* »wie *Werthers Leiden* eine Auflösungsgeschichte, ihr Held, Claude Larcher aus den *Mensonges*, wie Werther eine Halbnatur mit Dilettantenkräften und überkünstlerischer Sensibilität« – mit der Neigung »à sentir sentir«, schreibt Hofmannsthal 1891. Und in seinem Essay *Tagebuch eines Willenskranken* charakterisiert er das *Journal intime* von Amiel als das Werk eines »dilettantischen Dichters«, der eben wie Werther kein Werk hervorbringen kann, denn »was kann der gestalten, dem alles zu allem verwogt und zerrinnt«, der »sich nicht entscheiden, nicht entsagen kann. Ein Fluidum, das keine Temperatur zu kristallisieren vermag: es wird endlich verdampfen.« Hier berühren sich die Dilettantismusdiagnosen zweier Jahrhundertwenden – was demonstriert, wie hellsichtig Goethe und Schiller die Pathologie der ästhetischen Moderne analysiert haben.

Das dritte Organ des Zusammenwirkens Goethes und Schillers neben ihrem Briefwechsel und ihren Zeitschriften ist der von Schiller herausgegebene »Musenalmanach« (1796–1800). Der Almanach für das Jahr 1797 enthält das spektakulärste, die heftigsten Gegenreaktionen auslösende Dokument ihres Duumvirats: die *Xenien*. Mit diesem Wort (»Gastgeschenke«) hat der römische Dichter Martial (geb. um 40 n. Chr.) ironisch das 13. Buch seiner Epigramme tituliert. Dadurch wurde Goethe angeregt, mit Schiller über 900 satirisch-polemische Distichen zu schreiben, in denen sie vor allem mit der Kümmerlichkeit der »Horen«-Kritiker und der den literarischen Markt beherrschenden Journale abzurechnen dachten. Keine Unternehmung Goethes und Schillers manifestiert deutlicher die Kluft, welche ihre Bestrebungen vom bürgerlichen Geschmack und literarischen Betrieb ihrer Zeit trennt. Nur knapp die Hälfte der gemeinsam verfaßten Distichen sind von Schiller in den »Musenalmanach« aufgenommen und zu einem Zyklus geordnet worden. Was in diesen nicht passen wollte, zumal die Mehrzahl der unpolemischen, auf Grundsätzliches zielenden Distichen, wurde z.T. unter dem Titel *Tabulae votivae* gesondert zusammengestellt.

Hauptgegner der *Xenien*-Dichter sind die vermeintlich rückständigen Anhänger der Spätaufklärung, vor allem Nicolai, der Irrationalismus der Brüder Stolberg, Friedrich Heinrich Jacobi, Lavater u.a., die revolutionsfreundlichen Journale »Deutschland« und »Frankreich« von Johann Friedrich Reichardt – auch Freunde und Mitarbeiter haben die Weimarer Dioskuren also nicht immer geschont –, die Trivialliteratur (zumal Kotzebue), aber auch z.B. die Brüder Schlegel. Das letzte Beispiel zeigt, daß (vor allem von Schiller) auch einzelne bedeutende literarische Erscheinungen in jenen allgemeinen Topf der Mittelmäßigkeit geworfen wurden, unter dem die *Xenien*-Dichter nun ihr satirisches Feuer entfachten.

Der zyklische Zusammenhang wird hergestellt durch das Thema einer Wanderung der allegorisch personifizierten Xenien von der Leipziger Buchmesse empor zum literarischen Tierkreis des Himmels, zurück auf deutschen Boden und schließlich hinab zur Unterwelt. Dort endet die Reise mit der von Schiller allein stammenden grandiosen Anrufung Shakespeares. Dessen Theater elementarer Größe und »gigantischen Schicksals« wird kontrastiert mit der sentimentalen Trivialdramatik, welche die zeitgenössische Bühne beherrscht – ein Thema, das für die Ästhetik der Weimarer Klassik, vor allem für ihre Theaterreform von grundsätzlicher Bedeutung ist.

Literatur

Barner, Wilfried / Lämmert, Eberhard / Oellers, Norbert (Hrsg.): Unser Commercium. Goethes und Schillers Literaturpolitik. Stuttgart 1984. – Vgl. darin besonders die Beiträge von Helmut Brandt (»›Die hochgesinnte Verschwörung gegen das Publikum‹. Anmerkungen zum Goethe-Schiller-Bündnis«), Terence J. Reed (»Ecclesia militans: Weimarer Klassik als Opposition«), Friedrich Sengle (»Die *Xenien* Goethes und Schillers als Dokument eines Generationskampfes«), Horst Günther (»Politik der Balance literarischer Mächte«) u.a. in Teil I: »Bedingungen der Klassik – ›Bündnispolitik‹ – Publikum«, S. 15–200.

Baumann, Gerhart: *Über den Dilettantismus.* In: Euphorion 46 (1952), S. 348–369.

Bitzer, Hermann: Goethe über den Dilettantismus. Bern 1969.

Böhler, Michael: Die Freundschaft von Schiller und Goethe als literatursoziologisches Paradigma. In: Internationales Archiv f. Sozialgeschichte d. dt. Lit. 5 (1980), S. 33–67.

Borchmeyer, Dieter: Hektors Abschied. Schillers Aneignung einer homerischen Szene. In: Jb. d. Dt. Schillergesellschaft XVI (1972), S. 277–298.

Dahnke, Hans-Dietrich: Zur weltanschaulich-ästhetischen Konzeption von Goethe und Schiller. In: Weimarer Beiträge 16. H. 8 (1970), S. 10–50.

Gerhard, Melitta: Formprobleme oder Fragen des Weltganzen? Zu Auseinandersetzungen im Schiller-Goethe-Briefwechsel. In: M. Gerhard: Auf dem Wege zu neuer Weltsicht. [...] Bern 1976, S. 75–83.

Graham, Ilse: »Zweiheit im Einklang«. Der Briefwechsel zwischen Schiller und Goethe. In: Goethe Jb. 95 (1979), S. 29–64.

Gross, Michael: Ästhetik und Öffentlichkeit: die Publizistik der Weimarer Klassik. Hildesheim u. a. 1994.

Hamm, Heinz: Der Theoretiker Goethe. Grundpositionen seiner Weltanschauung, Philosophie und Kunsttheorie. Kronberg im Taunus 1976.

Hinderer, Walter: Die Rhetorik der Parabel: zu ihrem ästhetischen Funktionszusammenhang und Funktionswechsel bei Friedrich Schiller. In: Theo Elm / Peter Hasubek (Hrsg.): Fabel und Parabel: kulturgeschichtliche Prozesse im 18. Jahrhundert. München 1994, S. 109–127.

Höfer, Anja: Heiterkeit auf dunklem Grund. Zu einem zentralen Begriff in Goethes Kunstanschauung. In: Heiterkeit. Konzepte in Literatur und Geistesgeschichte. Hrsg. v. Petra Kiedaisch / Jochen A. Bär. München 1997, S. 85–110.

Jolles, Mattijs: Goethes Kunstanschauung. Bern 1957.

Klinger, Kurt: Der Xenienkrieg. Ein deutscher Bürgerkrieg der Worte. In: Horen 25 (1980), 3, S. 39–52.

Köpke, Wulf: »... das Werk einer glücklichen Konstellation«: Schillers »Horen« und die deutsche Literaturgeschichte. In: Wolfgang Wittkowski (Hrsg.): Friedrich Schiller. Kunst, Humanität und Politik in der späten Aufklärung. Ein Symposion. Tübingen 1982, S. 366–386.

Koopmann, Helmut: Dilettantismus. Bemerkungen zu einem Phänomen der Goethezeit. In: Studien zur Goethezeit. Festschrift für Liselotte Blumenthal. Weimar 1968, S. 178–208.

Kurscheidt, Georg/Oellers, Norbert: Zum Verständnis poetischer Texte aus Varianten. Goethes und Schillers *Tabulae votivae* und *Xenien*. In: Editio 4 (1990), S. 160–182.

Leistner, Bernd: Der *Xenien*-Streit. In: Hans-Dietrich Dahnke (Hrsg.): Debatten und Kontroversen. Bd. 1. Berlin/Weimar 1989, S. 451–539.

Lenz, Christian: Goethes Kunstbeschreibung – erläutert an dem Aufsatz *Über Laokoon*. In: Gottfried Böhm / Helmut Pfotenhauer (Hrsg.): Beschreibungskunst – Kunstbeschreibung: Ekphrasis von der Antike bis zur Gegenwart. München 1995, S. 341–355.

Osterkamp, Ernst: »Aus dem Gesichtspunkt reiner Menschlichkeit«. Goethes Preisaufgaben für bildende Künstler 1799–1805. In: Sabine Schulze (Hrsg.): Goethe und die Kunst [Ausstellungskatalog]. Stuttgart 1994.

Pfotenhauer, Helmut: Um 1800: Konfigurationen der Literatur, Kunstliteratur und Ästhetik. Tübingen 1991.

Preisendanz, Wolfgang: Die Spruchform in der Lyrik des alten Goethe. Heidelberg 1952. [*Xenien*: S. 83–100]

Scheiffele, Eberhard: Die *Xenien*, eine »wahre poetische Teufelei« am Beginn der Kanonbildung. In: Goethe Jb. Tokyo 24 (1982), S. 13–34.

Schubert, Werner: Schiller und seine Begegnung mit Goethe. In: Deutsch als Fremdsprache 17 (Sonderheft 1980), S. 3–20.

Schwarzbauer, Franz: Die *Xenien*: Studien zur Vorgeschichte der Weimarer Klassik. Stuttgart 1993.

Sengle, Friedrich: Die *Xenien* Goethes und Schillers als Teilstück der frühen antibürgerlichen Bewegung. In: F. Sengle: Neues zu Goethe. Essays und Vorträge. Stuttgart 1989, S. 86–111.

Staiger, Emil: Fruchtbare Mißverständnisse Goethes und Schillers. In: E. Staiger: Spätzeit. Studien zur deutschen Literatur. Zürich/München 1973, S. 31–54.

Unseld, Siegfried: Goethe und seine Verleger. Frankfurt a.M. / Leipzig 1991.

Vaget, Hans Rudolf: Der Dilettant. Eine Skizze der Wort- und Bedeutungsgeschichte. In: Jb. d. Dt. Schillergesellschaft XIV (1970), S. 131–158.

Vaget, Hans Rudolf: Dilettantismus und Meisterschaft. Zum Problem des Dilettantismus bei Goethe: Praxis, Theorie, Zeitkritik. München 1971.

Wohlleben, Joachim: Goethes Literaturkritik. Die Wandlungen der Grundeinstellung Goethes als Kritiker von der Rückkehr aus Italien bis zu seinem Tode. Diss. Berlin 1955.

VIII Weimarer Trivialliteratur: Kotzebue und Vulpius

Es ist kein Zufall, daß der Angriff auf die Misere der deutschen Bühne und den Publikumsgeschmack, dem nur gefällt, »was recht populär, häuslich und bürgerlich ist«, das weitgespannte polemische Unternehmen der *Xenien* beschließt. Das bürgerliche Rührstück, das den durch Lessings *Miß Sara Sampson* (1755) begründeten empfindsamen Typus des bürgerlichen Trauerspiels sowie das rührende Lustspiel gänzlich trivialisiert und seine gegen die bürgerliche Alltagsmoral gerichtete Gefühlswelt zu einer im Grunde rein affirmativen Sentimentalität verwässert, hat in der Tat die deutsche Bühne für höhere Kunstforderungen weithin untauglich gemacht, wie zumal die aufreibenden Bemühungen Goethes als Theaterdirektor (1791–1817) zeigen.

Einflußreichster Unterhaltungsdramatiker der Zeit ist *August von Kotzebue* (1761–1819). In Weimar geboren und zeitweilig dort lebend, hat er die tonangebende Hochliteratur – ihre klassischen wie romantischen Repräsentanten – immer wieder mit ernsten und satirischen Nadelstichen bedacht. Noch sein Tod hat für seine Vaterstadt unheilvolle Folgen gehabt. Als er 1819 von dem (Goethe übrigens persönlich bekannten) radikalen Jenaer Burschenschafter Karl Ludwig Sand ermordet wurde (war er doch eine der meistgehaßten Symbolfiguren der Reaktion), nahm die Bundesversammlung in Frankfurt das zum Anlaß für die Karlsbader Beschlüsse, durch welche auch die drei Jahre zuvor geschaffene Weimarer Verfassung praktisch außer Kraft gesetzt wurde. – Kotzebues Einfallsreichtum und sicherer dramaturgischer Instinkt sind freilich auch von Goethe anerkannt worden, der über 90 seiner ca. 230 Dramen in Weimar aufführen ließ, obwohl Kotzebue, vor allem in seiner Zeitschrift »Der Freimütige« (1803–06), keine Gelegenheit ausgelassen hat, gegen ihn zu polemisieren. Auch die Weimarer Bühne konnte indessen auf die Trivialdramatik nicht verzichten, da das Unterhaltungsbedürfnis des Publikums durch das eigentliche Kunstdrama allein nicht befriedigt werden konnte.

Der große Durchbruch gelang Kotzebue mit seinem empfindsamen Ehebruchsdrama *Menschenhaß und Reue* (1789), dessen beispielloser Erfolg, mit dem die Wirkung kaum eines anderen deutschen Dramas des 18. oder 19. Jahrhunderts verglichen werden kann, durch die zahllosen Aufführungen in Deutschland, vielen europäischen Ländern, ja sogar in New York bezeugt ist. Unbekümmert um die aggressive sozialkritische Zuspitzung des bürgerlichen Trauerspiels durch den Sturm und Drang und Schillers *Kabale und Liebe* (1784) schreibt Kotzebue sein »Schauspiel«, als wäre seit Lessings *Miß Sara Sampson* keine Zeit vergangen. Hier wie dort werden die genuin bürgerlich-familiären Lebensspannungen auf ein aristokratisches Milieu projiziert, bildet die Idealgestalt der Kleinfamilie den empfindsamen Goldgrund der Handlung. Kotzebue verlegt diese ganz in eine »ländliche Gegend«, um, dem längst zur Mode gewordenen Klischee gemäß, das Land gegen die (Residenz-)Stadt, die Einsamkeit gegen die Gesellschaft im Sinne des Kontrastes von idealer Menschlichkeit dort und Sittenlosigkeit oder öder Konvention hier auszuspielen. Stadt und Hof, das ist die Sphäre »kahler Galanterie« (III/4), »ewig ekelhaften Einerleis«, »eitler Konvenienz«; dort bieten sich nur »Bilder des Überdrusses und der Reue« (III/5).

Aus dieser Sphäre glanzvoll verbrämter Niedertracht haben sich die Hauptpersonen des Dramas mit verschiedenen Motiven aufs Land zurückgezogen. Der Baron Mainau, durch die Untreue seiner Frau und andere üble Erfahrungen in der ›großen Welt‹ zum Menschenfeind geworden, sucht auf dem Land völlige Abgeschiedenheit (vgl. Schillers *Menschenfeind*-Fragment), seine unwissentlich in seiner Nähe lebende Frau hingegen will in der Natur, im wohltätigen Umgang mit naiven Menschen ihre Schuld sühnen. Der Major von der Holst ist des Lebens in der ›großen Welt‹ überdrüssig und sucht auf dem Land »häusliche Ruhe und Zufriedenheit«, strebt nur ›sich selbst zu leben‹ (eine Modeformulierung des empfindsamen Zeitalters) und »meine Bauern glücklich zu machen«. Unter diesen äußerlich wie innerlich hof- und stadtfernen Menschen walten nun ganz die Kommunikationsformen empfindsamer Innerlichkeit, überwölbt von der Kardinaltugend der Großmut. Eine menschenfreundliche Tat löst die andere ab, namentlich der großzügig-wohltätige Umgang mit Geld spielt wie in der comédie larmoyante eine ausschlaggebende Rolle. Dabei wird in wortreich beredetem Gegensatz zu den ganz auf eine zuschauende Öffentlichkeit ausgerichteten Umgangsformen der ›großen Welt‹ mit peinlicher Sorgfalt darauf geachtet, daß solche guten Taten ohne Zeugen bleiben und auf keinen Dank zielen. Dieses Ritual der Selbstlosigkeit erreicht seinen Gipfel in der Verzeihungsszene der Gatten am Schluß des Dramas, welche, grundiert von den ›rührenden‹ »Vater, Mutter«-Rufen der Kinder, die desintegrierte Familie in ihren heilen Idealzustand zurückführt. Hier zerfloß das Theaterpublikum ganz Europas in Tränen!

Kein Zweifel, daß trotz aller banalen Sentimentalität Kotzebues erstes Erfolgsdrama noch in einer relativ glaubwürdigen Tradition des empfindsamen Familiendramas steht. Verlogen, Bestehendes ohne weiteres bestätigend wird man die Rührung, auf die hier alles zielt, noch nicht nennen dürfen, weist doch das Schauspiel mit seiner Kritik an der höfisch-aristokratischen Gesellschaft und dem Ideal einer ständisch nicht gebundenen Lebensführung (das auch die Möglichkeit einer Mesalliance vorsichtig-positiv einschließt), vor allem aber durch seinen Schluß über den herrschenden Sittenkanon z.T. provozierend hinaus, welcher eine derartige Tilgung der Schuld des Ehebruchs keineswegs zuließ. Das zeigen aufs deutlichste die gerade an diesem Punkt ansetzenden Fortsetzungen von F.J.W. Ziegler (*Eulalia Mainau oder die Folgen der Wiedervereinigung*, 1791), von Kotzebue selber (*Die edle Lüge*, 1792) und von F.H. von Soden (*Versöhnung und Ruhe oder Menschenhaß und Reue zweiter Teil*, 1801), die nicht nur die ungeheure Popularität des Stücks, sondern auch das Skandalon seines Schlusses dokumentieren.

Zweifellos wäre in der Literaturgeschichte ein ganz anderes Bild von Kotzebues Erfolgserstling entstanden, hätte er sich nicht durch dessen Wirkung verleiten lassen, nun serienweise sentimentale Herzensgemälde zu produzieren. Diese ständige Selbstplagiierung, durch welche die auch bei Kotzebue noch vorhandenen sozialkritischen Akzente des rührenden Dramas mehr und mehr abgeschliffen werden, ist ein Hauptkennzeichen der Trivialliteratur. – Künstlerisch beachtlicher als die sentimentalen Dramen sind Kotzebues Lustspiele, namentlich *Die beiden Klingsberg* (1801) und *Die deutschen Kleinstädter* (1803), welch letztere Gogol zu seinem *Revisor* (1836) inspiriert und noch in Richard Wagners *Die Meistersinger von Nürnberg* (1868) ihre unverkennbaren Handlungsspuren hinterlassen haben. Ihr (schon bei Jean Paul vorkommender) Schauplatz Krähwinkel ist durch Kotzebue bis hin zu Nestroys Posse *Die Freiheit in Krähwinkel* (1848) und Heinrich Heines Gedicht *Erinnerung aus Krähwinkels Schreckenstagen* (1854) zum satirischen Symbol kleinstädtischer Beschränktheit geworden. Anders als in *Menschenhaß und Reue* wird hier das Land nicht mehr in empfindsamer Verklärung gegen die depravierte Residenz ausgespielt, sondern diese, die vornehme Lebensart ist nun das positive Gegenbild zum kleinbürgerlichen Philisterium.

Der neben Kotzebue erfolgreichste, freilich künstlerisch und ethisch weit verantwortungsbewußtere Dramatiker der Goethezeit ist August Wilhelm Iffland, der als Schauspieler (er feierte auch in Weimar Triumphe!), Regisseur, Intendant und Autor zu den wichtigsten Theaterpersönlichkeiten der Goethezeit gehört. Zu seinen meistgespielten Stücken zählen *Verbrechen aus Ehrsucht* (1784), *Die Jäger* (1785) und *Die Hagestolzen* (1791). Obwohl Zeitgenossen und Nachwelt Kotzebue und Iffland gern in einem Atemzug genannt haben, sind ihre Werke nicht ohne weiteres auf einen Nenner zu bringen. Beide haben wenig voneinander wissen wollen. Beschränkte sich Iffland nach dem Urteil Kotzebues »allein auf Darstellung häuslicher Verhältnisse und drehte sich dabei in einem engen Kreise herum«, so hat Kotzebue das Handlungsmilieu ständig gewechselt, ja sogar exotische Stoffe nicht gescheut, wie in dem historischen Schauspiel *Die Sonnenjungfrau* (1791), das in Peru, oder in *La Peyrouse* (1798), das auf einer unbewohnten Südseeinsel spielt (übrigens mit seiner Konstellation des Mannes zwischen zwei Frauen eine unverblümte Nachahmung von Goethes *Stella*, 1776). Freilich werden auch hier nur die üblichen sentimentalen Großmutsrituale zelebriert, und die entfernte Insel ist nichts anderes als ein imaginäres bürgerliches Asyl, nach dem schon Mainau in *Menschenhaß und Reue* sich aus dem »kultivierten, moralischen Lazarett« des höfisch-städtischen Lebens sehnte.

Es versteht sich von selbst, daß das Häuslich-Sentimentale auch den zeitgenössischen Unterhaltungsroman prägt, namentlich den auf das Vorbild Richardsons zurückgehenden moralischen Roman, dessen erfolgreichster Repräsentant August Lafontaine mit seinen »Gemälden des menschlichen Herzens«: an die 70 umfangreichen Romanen gewesen ist (*Clara du Plessis und Clairant*, 1794; *Familie Saint-Julien*, 1798; *Henriette Bellmann*, 1802 usw.). Lafontaine ist gewissermaßen der Kotzebue des deutschen Romans, an Beliebtheit hinter diesem in Deutschland und Europa, bei allen sozialen Schichten bis hinauf zu den Fürstenhöfen, kaum zurückstehend. – Aus der ungeheuren Flut von Unterhaltungsromanen im späten 18. Jahrhundert (moralischen und historischen, Ritter-, Abenteurer-, Räuber-, Geheimbund- und Geisterromanen) ragt durch seine außerordentliche Beliebtheit in ganz Europa die »romantische Geschichte« des Räuberhauptmanns *Rinaldo Rinaldini* (1799) von Goethes Schwager und Mitarbeiter am Weimarischen Theater *Christian August Vulpius* (1762–1827) hervor. Kein Zweifel – die im literarischen Bewußtsein Europas um 1800 präsentesten, jedenfalls aber meistgelesenen Weimarer Autoren hießen nicht Wieland, Goethe oder Schiller, sondern Kotzebue und Vulpius.

Im Typus des Räuberromans werden neben älteren literarischen Überlieferungen Motive aus Goethes *Götz* und Schillers *Räubern* vermischt und trivialisiert. So entsteht die Figur des zum Räuberhauptmann pervertierten Ritters oder Helden, dem »die Verkehrtheit der bürgerlichen Einrichtungen keinen freien Spielraum« mehr gönnt und der deshalb »aus der Heldenlaufbahn in die nahe angrenzenden Diebeswege hinübergedrängt« wird. »Nur wenig fehlte, und auch diese Räuber wären ein Alexander, ein Cäsar geworden« (C. Müller-Fraureuth, *Die Ritter- und Räuberromane*, 1894). Der große Erfolg der Räuberromane und -dramen in dieser Zeit ist nicht nur von der psychologischen Funktion des Räubers als einer Projektionsfigur her zu begreifen, sondern auch vor dem Hintergrund der enormen Verbreitung des Bandenwesens nach dem Siebenjährigen Krieg und während der Revolutionskriege zu sehen.

Rinaldo Rinaldinis »Einbildungskraft« ist durch die frühe Lektüre des Plutarch und Livius ein »romantischer Schwung« verliehen worden; die dort berichteten großen Taten erwecken in ihm die »Sehnsucht nach einem Heldenleben«, wie er es unter den Soldaten zu verwirklichen sucht. Durch einen subjektiv gerechtfertigten Rachemord schließt er sich jedoch aus der bürgerlichen Gesellschaft aus und kann jetzt sein heroisches »Ideal« nur noch in der Perversion des Verbrechens realisieren. »Rom kann keine Männer mehr ertragen. Sie sind ein üppiges grausames Volk die Römer.« Er bricht deshalb für immer aus der »polizierten Welt«, den »bangen Wänden der Konvenienz« aus. In Widerspruch gegen eine bürokratisch-starr gewordene, von sozialen Ungerechtigkeiten geprägte Lebens- und Rechtsordnung kreiert er sich gewissermaßen im Sinne Hegels einen »heroischen Weltzustand« und wird in der Nachfolge Robin Hoods zum Rächer des Unrechts und Schützer der Schwachen oder Unterdrückten. Noch Robert Walser hat in seinem Prosastück *Rinaldini* (1914) und seinem *Räuber-Roman* (1925) dem berühmten Räuberhauptmann als einem »freien Gewalt- und Renaissancemenschen« gehuldigt, der »das Kapital und den feigen Geldsack haßte«, dagegen dem Freund war, der »irgendwie unterdrückt war«.

»Du hast Handlungen ausgeübt, um die dich die edelsten Menschen beneiden könnten«, wird Rinaldo von seinen Kameraden vor Augen gehalten. »Hast du nicht oft weit besser Recht und Gerechtigkeit gepflegt als die dazu bestellte Obrigkeit?« Die Handlung des Romans beginnt in einem Moment, da Rinaldo freilich schon von des Gedankens Blässe, von Schuldgefühl und Reue angekränkelt ist. Er sehnt sich zurück nach dem schuldlosen idyllischen Hirtenleben, in dem er aufgewachsen ist, strebt danach, dem Räuberdasein zu entsagen und »endlich doch noch, unter guten, unverdorbenen, reinen Naturmenschen eine stille, friedliche Stelle zu finden und ruhig dort mir selbst und meiner Reue zu leben«. Diese Rückkehr ins arkadische Paradies wird jedoch durch das Schicksal, das er in Gestalt der unausweichlichen Folgen seiner eigenen Taten auf sich geladen hat, verhindert, so daß sich seiner schließlich eine fatalistische Resignation bemächtigt. Diese erstickt in ihm auch den Glauben an die anfänglich mit Begeisterung ergriffene Möglichkeit, sein Verbrechertum doch noch in ein legitimes Heldentum zu verwandeln.

Wie im Bildungsgang Wilhelm Meisters häufen sich nämlich auch auf dem Lebensweg Rinaldos die Symptome dafür, daß eine geheimnisvolle Macht, ein säkularisiertes Fatum über seinem Dasein waltet, das sich schließlich wie bei Goethe als eine Geheimgesellschaft offenbart, an deren Spitze der »Alte von Fronteja« (Rinaldos einstiger Erzieher Honorio) steht. Hier verbindet sich der Räuber- mit dem Geheimbundroman (für den Vulpius selber in seinem Roman *Aurora*, 1794, ein Musterbeispiel geliefert hat). Der Geheimbund des Räuberromans ist eine korsische Befreiungsbewegung, die Rinaldo zu ihrem Führer ausersehen hat und sein Leben in ihrem Sinne leitet. Rinaldo verzweifelt jedoch an der Möglichkeit, sich in einen Freiheitshelden verwandeln zu können; zudem bäumt sich der ihm eingeborene Unabhängigkeitsdrang dagegen auf, die »Maschine« eines Geheimbundes zu sein. Um ihn vor der Hinrichtung zu bewahren, bleibt dem Alten von Fronteja schließlich nichts anderes übrig, als ihn durch einen Dolchstoß zu töten.

Vulpius hat in seinem Roman alle zugkräftigen Motive des zeitgenössischen Trivialromans verwandt: die heroisch-interessante Kulisse und Personenstaffage des Ritterromans, die unheimlichen Motive des Geister- und Geheimbundromans und das in sämtlichen trivialen Romantypen wiederkehrende Repertoire von Spannungsmomenten: von geheimen Verliesen, Entführungen und unerwarteten Begegnungen bis zu handfesten erotischen Abenteuern. Hinter der Buntheit der Handlung verbirgt sich ein schematischer Situationswechsel: Rinaldo taucht inkognito auf (stets unter adligem Namen), wird Ohrenzeuge der neuesten Berichte über ihn, verliebt sich in eine Schöne, wird erkannt, verraten oder etwa durch einen Räuberüberfall genötigt, seine Identität preiszugeben; sein »Ich bin Rinaldini« genügt, ganze Räuberscharen zur Räson zu bringen.

Der ungeheure Erfolg nötigte Vulpius, seinen Helden vom ›Scheintod‹ wieder zum Leben zu erwecken und in Fortsetzungsbänden neuen Abenteuern entgegenzuschicken. Noch mehr hat er in einem anderen Räuberroman: *Glorioso der große Teufel* (1800) sich selbst plagiiert. Das Gesetz der Serie bewirkt hier wie bei Kotzebue oder Lafontaine die zunehmende Abschleifung früherer sozialutopischer Akzente: der Räuber Glorioso tritt schließlich in die Dienste des Königs von Neapel, kämpft gegen das französische Revolutionsheer und wird gar nobilitiert. Aus der radikalen Gegenfigur zur ›polizierten Welt‹ ist ein gänzlich im royalistisch-konservativen Sinne angepaßter Untertan geworden. Die hier zu beobachtende Paralysierung ursprünglich kritischer Elemente ist ein typisches Symptom für die Anpassung der Literatur an die Gesetze des Marktes, für die formale und inhaltliche Organisation der Werke nach Gesichtspunkten der Absatzstrategie: die erfolgversprechenden Handlungs- und Gestaltungsmuster des Romans werden schematisch repetiert, zu Klischees vermarktet, die ihren ursprünglichen, etwa sozialkritischen, Sinnzusammenhang nicht mehr erkennen lassen. Bereits Kant hat in seiner polemischen Schrift *Über die Buchmacherei* (1798) auf die Tendenz hingewiesen, daß der Verleger »eben nicht den inneren Gehalt und Wert der von ihm verlegten Ware in Betrachtung« zieht, sondern nur noch »den Markt, worauf, und die Liebhaberei des Tages, wozu die allenfalls ephemerischen Produkte der Buchdruckerpresse in lebhaften Umlauf gebracht und, wenn gleich nicht dauerhaften, doch geschwinden Abgang finden können.«

Eine der wichtigsten Erfolgsgarantien der Trivialliteratur ist es, daß sie den Bedürfnissen der Leser nach einer Flucht aus den gesellschaftlichen Alltagsrealitäten entgegenkommt, dieses Bedürfnis durch Möglichkeiten der Harmonisierung im fiktionalen Bereich befriedigt und so zu einer Versöhnung mit dem bestehenden Gesellschaftszustand führt. Ein Musterbeispiel dafür ist die Rückkehr des »großen Teufels« von Vulpius in den Schoß der Gesellschaft. Diese Rückkehr erweckt den Anschein, als hätte die Gesellschaft die anstößigen Momente liquidiert, gegen welche sich die Protestgestalt des Räubers ursprünglich richtet. In ähnlichem Sinne werden die sozialkritischen Spitzen bei Kotzebue immer wieder entschärft, sei es, daß sie von standesbewußten Adligen vorgetragen oder von diesen akzeptiert, also ›integriert‹ werden, sei es, daß sie durch individuelles moralisches Verhalten ihre Grundlage zu verlieren scheinen. Ein Musterbeispiel dafür ist das Schauspiel *Die Negersklaven* (1796), in dem Kotzebue seine Sozialkritik weitgehend wieder aufhebt und dem tragischen Schluß eine versöhnliche Alternativlösung beigibt.

Was den literarischen Wert der Trivialliteratur mindert, ist nicht eigentlich ihre geringere künstlerisch-handwerkliche, dilettantische Qualität, sondern ihre »seriell-industrielle Herstellungsart«, ihre Disposition als Ware. »Jede Kunst kann unter bestimmten Bedingungen Warencharakter annehmen, oder genauer: als Ware gelten, ohne jedoch im strengen Wortsinn Ware zu sein; die Trivialproduktion weist dagegen den Warencharakter als konstitutives Merkmal auf. Der ästhetische Wert wird ganz vom Tauschwert verdrängt.« (V. Žmegač) – Die Absetzung von der Trivialliteratur vollzog sich von seiten der Weimarer Klassik und Romantik nicht allein auf theoretischer Ebene (vgl. etwa A.W. Schlegels Lafontaine-Aufsatz *Moderomane*, 1798, oder seine satirischen Angriffe auf Kotzebue), sondern vor allem auch im Medium der Literatur selber. Das war um so notwendiger, als der Imitationseifer der Trivialautoren sich gerade der Werke der ›hohen‹ Literatur parasitär bemächtigte, denn was wäre z.B. der Ritter-, Räuber- und Geisterroman ohne *Götz*, *Räuber* und *Geisterseher*? Eines der wichtigsten Dokumente in diesem Zusammenhang ist Goethes *Wilhelm Meister*, der – wie beinahe jede große Romanliteratur seit Cervantes' *Don Quijote* – aus dem Gegensatz zum ›Romanhaften‹ des Trivialromans lebt, indem er dessen Handlungselemente vor allem in den letzten Büchern bewußt parodistisch einsetzt oder verwandelnd läutert (Geheimbundmotiv!).

Es ist kein Zufall, daß Goethe gerade für das Schicksal derjenigen Personen, deren Lebenshaltung aus dem Horizont des tonangebenden Menschenkreises im Schlußteil des Romans ausscheidet, nämlich für die Lebensgeschichte des Harfners und Mignons, auf das Motivrepertoire des Trivialromans zurückgreift, um die Romanhaftigkeit dieser Figuren von der tätig-nüchternen Gestaltenwelt der Turmgesellschaft abzusetzen. Der ›Roman‹ wird im Roman aufgehoben! Daß eine solche rationalistisch-ästhetische Exorzierung des Romanhaften innerhalb und durch seine eigene Gattung das kunstrichterliche Mißtrauen gegenüber dem Roman, das nicht zuletzt aus der Anfälligkeit der Gattung und ihrer Leser für jede Art von Trivialität resultiert, auch auf seiten Goethes selber nicht hat beseitigen können, das wird durch sein von Schiller nachdrücklich unterstütztes Abrücken vom Romanschaffen im nächsten Jahrzehnt nahegelegt.

Literatur

Albertsen, Leif Ludwig: Die Eintagsliteratur in der Goethezeit. Berlin 1975.

Albertsen, Leif Ludwig: Internationaler Zeitfaktor Kotzebue: Trivialisierung oder sinnvolle Entliterarisierung des strebenden Bürgers im Frühliberalismus? In: Sprachkunst 9 (1978), S. 220–240.

Bauer, Roger (Hrsg.): Inevitabilis vis fatorum. Der Triumph des Schicksalsdramas auf der europäischen Bühne um 1800. Bern 1990.
Darin:
Michael Neumann: »Das Fatum als Gegensatz der freien Selbstbestimmung« in der Schauerliteratur, S. 210–220.
Ruprecht Wimmer: »Die Vorsicht ist nicht unversöhnlich«. Zu Vorsehung und Schicksal in den Dramen August Wilhelm Ifflands, S. 221–235.
Ruprecht Wimmer: Vehikel des Zufalls oder des Schicksals erkorenes Werkzeug. Zur Dramatik August von Kotzebues, S. 236–248.

Baur, Uwe/Škreb, Zdenko (Hrsg.): Erzählgattungen der Trivialliteratur. Innsbruck 1984.

Beaujean, Marion: Der Trivialroman in der zweiten Hälfte des 18. Jahrhunderts. Die Ursprünge des modernen Unterhaltungsromans. Bonn 1964.

Beaujean, Marion: Frauen-, Familien-, Abenteuer- und Schauerromane. In: Horst Albert Glaser (Hrsg.): Deutsche Literatur. Eine Sozialgeschichte, Bd. 5: Zwischen Revolution und Restauration: Klassik, Romantik. Reinbek bei Hamburg 1980, S. 216–228.

Brunkhorst, Martin: Kotzebue und Sheridan. Erfolgsstrategien von 1799. Orbis literarum 34 (1979), S. 17–32.

Burger, Heinz Otto (Hrsg.): Studien zur Trivialliteratur. Frankfurt am Main 1968.

Dammann, Günther: Antirevolutionärer Roman und romantische Erzählung. Vorläufige konservative Methode bei C.A. Vulpius und E.T.A. Hoffmann. Kronberg im Taunus 1975.

Dau, Rudolf: Friedrich Schiller und die Trivialliteratur. In: Weimarer Beiträge 16 (1970), S. 162–189.

Denis, Andrée: La fortune littéraire et théâtrale de Kotzebue en France pendant la révolution, le consulat et l'empire. 3 Bde. Paris 1976.

Glaser, Horst Albert: Das bürgerliche Rührstück. Stuttgart 1969.

Greiner, Martin: Die Entstehung der modernen Unterhaltungsliteratur. Studien zum Trivialroman des 18. Jahrhunderts. Heidelberg 1964.

Heiderich, Manfred: The German Novel of 1800. Bern 1982.

Jeglin, Rainer: »Die Welt der Ritterbücher war meine Lieblingswelt«. Anmerkungen zu Rinaldo Rinaldini und seinem Einfluß auf Karl May. In: Jb. d. Karl May-Ges. 12 (1982), S. 170–184.

Kaeding, Peter: August von Kotzebue. Auch ein deutsches Dichterleben. Berlin (DDR) 1985.

Klingenberg, Karl-Heinz: Iffland und Kotzebue als Dramatiker. Weimar 1962.

Krause, Markus: Trivialdramatik. In: Horst Albert Glaser (Hrsg.): Deutsche Literatur. Eine Sozialgeschichte, Bd. 5: Zwischen Revolution und Restauration: Klassik, Romantik. Reinbek bei Hamburg 1980, S. 313–326.

Krause, Markus: Das Trivialdrama der Goethezeit 1780–1805. Bonn 1982.

Maurer, Doris: August von Kotzebue. Ursachen seines Erfolges. Bonn 1979.

Maurer, Doris: Alte Anisplätzchen oder ein Abend ungetrübter Heiterkeit? August von Kotzebues *Die deutschen Kleinstädter* im Urteil der Kritik von 1900–78. In: Joachim Krause / Norbert Oellers / Karl Konrad Polheim (Hrsg.): Sammeln und Sichten. Festschrift für Oscar Fambach zum 80. Geburtstag. Bonn 1982, S. 234–245.

Pütz, Peter: Zwei Krähwinkeliaden 1802/1848. Kotzebue: *Die deutschen Kleinstädter.* Nestroy: *Freiheit in Krähwinkel.* In: Walter Hinck (Hrsg.): Die deutsche Komödie. Düsseldorf 1977, S. 175–194.

Riha, Karl: Der Roman vom Räuber Rinaldini – sein Autor, sein historisches Vorbild, seine Wirkung. In: C. A. Vulpius: *Rinaldo Rinaldini, der Räuberhauptmann.* Frankfurt am Main 1980, S. 541–552.

Schulte-Sasse, Jochen: Die Kritik an der Trivialliteratur seit der Aufklärung. München 1971.

Sørensen, Bengt Algot: Herrschaft und Zärtlichkeit. Der Patriarchalismus und das Drama im 18. Jahrhundert. München 1984.

Stock, Frithjof: Kotzebue im literarischen Leben der Goethezeit. Polemik, Kritik, Publikum. Düsseldorf 1971.

Stock, Frithjof: August von Kotzebue. In: Benno von Wiese (Hrsg.) Deutsche Dichter des 18. Jahrhunderts. Berlin 1977, S. 958–971.

Thalmann, Marianne: Der Trivialroman des 18. Jahrhunderts und der romantische Roman. Berlin 1923. Neudruck 1967.

Vulpius, Wolfgang: Goethes Schwager und Schriftstellerkollege Christian August Vulpius. In: Goethe-Almanach auf das Jahr 1867. Berlin/Weimar 1966, S. 219–242.

Žmegač, Viktor: Methodologische Überlegungen zum Begriff der Trivialliteratur. In: Umjetnost Rijeci (Wortkunst. Zeitschr.f. Literaturwissenschaft), Sonderheft »Rezeptionsästhetik und Literaturgeschichte«. Zagreb 1977, S. 97–106.

IX Weimarische Theaterreform

Die Trivialdramatik und -theatralik der Zeit bildet auch den Hintergrund der Theaterreformideen Goethes und Schillers. In der Vorrede zu seinem »Trauerspiel mit Chören« *Die Braut von Messina* (1803) erklärt Schiller einmal mehr (wir erinnern an die *Xenien* und das Dilettantismusprojekt) dem Zeitgeschmack den Krieg, setzt sich zum Ziel, gegen »den gemeinen Begriff des Natürlichen zu kämpfen, welcher alle Poesie und Kunst geradezu aufhebt und vernichtet«, ja, noch schärfer formuliert, »dem Naturalism in der Kunst offen und ehrlich den Krieg zu erklären«. Damit nimmt Schiller den am sentimental-realistischen Trauer- und Lustspiel orientierten Theatergeschmack aufs Korn. Von ihm grenzt er sich durch die Einführung des provozierend-künstlichen Organs des tragischen Chors rigoros ab: Er soll »uns eine lebendige Mauer sein, die die Tragödie um sich herumzieht, um sich von der wirklichen Welt rein abzuschließen und sich ihren idealen Boden, ihre poetische Freiheit zu bewahren«.

Das ist auf die Tragödie gemünzt. Doch auch für die Komödie hat Schiller, nicht anders als Goethe, eine Abkehr vom ›naturalistischen‹ Zeitgeschmack gefordert. Im letzten Jahrgang der »Propyläen« (1800) haben sie z.B. eine Komödien-Preisaufgabe ausgeschrieben (der Text stammt von Schiller), um dem Mangel an Intrigen-Lustspielen bei den Deutschen abzuhelfen und so der Auflösung der ursprünglichen Komödienstruktur durch das zeitgenössiche Rührstück entgegenzuwirken, das die moralisierend-empfindsamen Tendenzen des Lustspiels englischer (sentimental comedy) und französischer Provenienz (comédie larmoyante) gänzlich trivialisiert hat. (Durch diese Preisaufgabe wurde übrigens Brentanos Lustspiel *Ponce de Leon* angeregt, das wegen seiner Bühnenfremdheit bei aller poetischen Qualität die Preisrichter jedoch nicht zu überzeugen vermochte.) – »Man klagt mit Recht, daß die reine Komödie, das lustige Lustspiel, bei uns Deutschen durch das sentimentalische zu sehr verdrängt worden, und es ist allerdings ein herrschender Fehler auf unserer komischen Bühne, daß das Interesse noch viel zu sehr aus der Empfindung und aus sittlichen Rührungen geschöpft wird.« So ist in der *Dramatischen Preisaufgabe* zu lesen. Wir werden sehen, daß Schiller mit dieser Opposition gegen das »sentimentalische« Lustspiel in gewisser Weise auch die Prinzipien der Komödieninszenierungen Goethes auf dem Weimarer Hoftheater artikuliert.

Wie durch den Versuch, die »reine Komödie« wiederzubeleben, haben Goethe und Schiller durch ihre Übertragungen französischer Tragödien (Goethe: Voltaires *Mahomet* und *Trancred*, 1800/01; Schiller: Racines *Phädra*, 1805) ein Gegengewicht zur naturalistischen Stillosigkeit der zeitgenösssichen Bühne schaffen wollen. (Freilich ist zu erwähnen, daß Goethe mit diesen Übersetzungen nicht zuletzt dem Geschmack seines Herzogs entgegenkam, dessen Sympathien den Stücken Voltaires durchaus gehörten, wie diese sich schon vor Goethes Zeit am Sachsen-Weimarischen Hof der größten Beliebtheit erfreuten.) Es sei zu wünschen, »daß, unbeschadet des Originalgangs, den wir eingeschlagen haben, die Vorzüge des französischen Theaters auch auf das unsrige herübergeleitet werden möchten«, heißt es in Goethes Vorrede zu *Szenen aus Mahomet* in den »Propyläen« (1800). Über diese Vorzüge waren die Leser der »Propyläen« durch Wilhelm von Humboldts Aufsatz *Über die gegenwärtige französische tragische Bühne* besonders gut informiert, den Goethe aus einschlägigen Pariser Briefen des Freundes (1799) in seiner Zeitschrift zusammengestellt hat. »Dieser Aufsatz, welcher sehr zur rechten Zeit kam, hat auf mich und Schillern einen besonderen Einfluß gehabt und unser Anschauen des französischen Theaters völlig ins klare gebracht«, schreibt Goethe am 28. Oktober 1799 an Humboldt. Und er betont, ohne dessen Briefe wäre ihm das Experiment der *Mahomet*-Übersetzung »nicht gelungen«.

Die – wie immer auch bedingte – Rehabilitierung der ›französischen tragischen Bühne‹ durch Goethe, Schiller und Humboldt ist im Zusammenhang zu sehen mit der für die Weimarer Klassik grundlegenden Tendenz, die durch die Revolution zerstörte Adelskultur in einer neuen ästhetischen Gesittung ›aufzuheben‹. Freilich ist nicht zu vergessen, daß Humboldts Aufsatz sich auf die *gegenwärtige* Bühne der Franzosen bezieht, nach seinen Worten »bloß von einem einzigen Schauspieler abstrahiert« ist: von François-Joseph Talma, dem großen Erneuerer der Comédie Française, der die äußerlich gewahrten klassizistischen Konventionen verinnerlichte und im Geiste einer romantischen Vorstellung von Natürlichkeit modernisierte, also alles andere als einen restaurativen Stil pflegte. Eben deshalb konnte er für Humboldt und Goethe zum Vorbild werden. (Goethe hat ihn 1808 auf dem Erfurter Fürstentag persönlich kennengelernt, auf der Bühne gesehen und ihn zumal als Britannicus in Racines Trauerspiel überaus bewundert.)

Nietzsche hat in seinem Aphorismus »Die Revolution in der Poesie« (Stück 221 des ersten Teils von *Menschliches, Allzumensch-*

liches) den Rückgriff auf die durch Lessing unterbrochene Tradition der französischen Kunstform in Deutschland als eine der wichtigsten ästhetischen Entscheidungen Goethes gerühmt: »Gerade weil seine Natur ihn lange Zeit in der Bahn der poetischen Revolution festhielt, gerade weil er am gründlichsten auskostete, was alles indirekt durch jenen Abbruch der Tradition an neuen Funden, Aussichten, Hilfsmitteln entdeckt und gleichsam unter den Ruinen der Kunst ausgegraben worden war, so wiegt seine spätere Umwandlung und Bekehrung so viel: sie bedeutet, daß er das tiefste Verlangen empfand, die Tradition der Kunst wieder zu gewinnen und den stehengebliebenen Trümmern und Säulengängen des Tempels mit der Phantasie des Auges wenigstens die alte Vollkommenheit und Ganzheit anzudichten, wenn die Kraft des Arms sich viel zu schwach erweisen sollte, zu bauen, wo so ungeheure Gewalten schon zum Zerstören nötig waren.«

Goethes Voltaire-»Experiment« stellte ohne Zweifel eine Provokation für das bürgerliche Publikum dar. Wozu die Rückkehr zu den durch Lessings Kritik – ja durch den jungen Goethe selbst – vermeintlich ad absurdum geführten ›Regeln‹ und ›Schicklichkeiten‹ der klassizistischen Dramaturgie? Auf diese vielfach gestellte Frage hat Schiller in seinem Gedicht *An Goethe, als er den »Mahomet« von Voltaire auf die Bühne brachte* (1800) eine Antwort versucht. Dieses poetologische und theatrologische Stanzengedicht stellt eine der wichtigsten programmatischen Äußerungen der Weimarer Klassik dar. Schiller sucht hier die ästhetische Kehrtwendung zu legitimieren, die Goethe mit seiner Voltaire-Adaptation vollzogen zu haben scheint. Er, der die deutsche Poesie vom »falschen Regelzwang« befreit und auf den Spuren der Griechen und Shakespeares »zu Wahrheit und Natur zurückgeführt« hat, opfert nun »auf zertrümmerten Altären« einer längst veralteten Kunst?

So wenig Sympathie Schiller der vermeintlichen Prunkrhetorik und Etikette dieser Kunst, die sich der »eitlen Aftergröße« von »Despoten« verschrieben habe, an sich entgegenbringt, die Wiederbegegnung mit ihr ist nach seiner Überzeugung angesichts der naturalistischen Verwilderung des deutschen Theaters doch diätetisch heilsam und notwendig, auch wenn sie der Bühnenkunst niemals mehr ein echtes »Muster« werden dürfe. Es wäre »ein eitel und vergeblich Wagen, / Zu fallen ins bewegte Rad der Zeit« und »uns zurückzuführen zu den Tagen / Charakterloser Minderjährigkeit« – also in den Zustand vor jenem »Ausgang aus der selbstverschuldeten Unmündigkeit« durch den Kant den Begriff der

Aufklärung definiert hat. In der Kunst wie in der Politik gilt: »Das Neue kommt, das Alte ist verschwunden.«

Und doch vermag im Falle der ›haute tragédie‹ der Rückblick auf das Alte eine ›reinigende‹ Wirkung auszuüben. Droht doch die Kunst durch ihre Verwechslung mit der Natur, durch die Vermischung von ästhetischem Schein und Wirklichkeit »vom Schauplatz zu verschwinden«, heißt es unter deutlicher Anspielung auf die Französische Revolution: »Ihr wildes Reich behauptet Phantasie, / Die *Bühne* will sie wie die *Welt* entzünden, / Das Niedrigste und Höchste menget sie.« Im Widerspruch gegen dieses Werk der regellosen Phantasie folgt nun der Rekurs auf die »unveränderlichen Schranken« der tragédie classique. Die folgende Strophe des Gedichts faßt die Eigentümlichkeit der Kunst des »Franken« zusammen, welcher dem deutschen Theater zwar eben nicht mehr »Muster«, aber doch »Führer [...] zum Bessern« sein soll:

> Ein heiliger Bezirk ist ihm die Szene,
> Verbannt aus ihrem festlichen Gebiet
> Sind der Natur nachlässig rohe Töne,
> Die Sprache selbst erhebt sich ihm zum Lied,
> Es ist ein Reich des Wohllauts und der Schöne,
> In edler Ordnung greifet Glied in Glied,
> Zum ernsten Tempel füget sich das Ganze,
> Und die Bewegung borget Reiz vom Tanze.

Diese Strophe enthält Grundvorstellungen sowohl des Humboldtschen Aufsatzes über die französische Bühne (auf der man »einen engern Bund aller Künste zu erblicken« glaube, die Schauspielkunst in der »Verbindung deklamatorischer, musikalischer und malerischer Schönheiten« bestehe, der Akteur dem »pantomimischen Tänzer« nahekomme) als auch der Theaterästhetik Goethes zu dieser Zeit. In den von Eckermann redigierten *Regeln für Schauspieler* prägen sich diese Grundvorstellungen besonders deutlich aus: Trennung der Kunst von der Natur und Abgrenzung der Bühne als eines ›festlichen‹ Bezirks von der rohen Wirklichkeit, Stilisierung des Theaters zum Tempel und Verwandlung des Dramas in ein Gesamtkunstwerk, in dem sich die Sprache zum Lied und die Bewegung zum Tanz erhebt (ohne doch zur ›dilettantischen‹ Verwischung der Grenzen zwischen den Gattungen auszuarten). Die von Humboldt an der französischen Schauspielkunst hervorgehobene Musikalisierung der Deklamation und die tänzerische Rhythmisierung der Bewegung sind erklärte Ziele der Goetheschen Theaterregeln. »Man könnte die Deklamierkunst eine prosaische Tonkunst nennen«, heißt es in den *Regeln für Schauspieler*, »wie sie denn überhaupt mit der Musik sehr viel Analoges hat« (21). Goethes Lieblingsschauspieler Pius Alexander Wolff hat in seinen Aufzeichnungen *Über den Vortrag im Trauerspiel* mitgeteilt: »Die Weise, wie Goethe eine dramatische Dichtung auf die Bühne brachte, war ganz die eines Kapellmeisters, und er liebte es, bei allen Regeln, die er festsetzte, die Musik zum Vorbilde zu nehmen, und gleichnisweise von ihr bei allen seinen Anordnungen zu sprechen. Der Vortrag wurde von ihm auf den Proben ganz in der Art geleitet, wie eine Oper eingeübt wird.«

Die Oper war für Goethe wie für Schiller in der Tat ein Modell ihrer Theaterreformideen, da sie auf die »servile Naturnachahmung« verzichtet, wie Schiller in seinem berühmten Opernbrief an Goethe vom 29. Dezember 1797 schreibt, der auf Wagner und Nietzsche so bedeutenden Eindruck gemacht hat: »Ich hatte immer ein gewisses Vertrauen zur Oper, daß aus ihr wie aus den Chören des alten Bacchusfestes das Trauerspiel in einer edlern Gestalt sich loswickeln solle. In der Oper erläßt man wirklich die servile Naturnachahmung, und obgleich nur unter dem Namen der Indulgenz könnte sich auf diesem Wege das Ideale auf das Theater stehlen.« Auch Goethe hat 1798 in seinem Dialog *Über Wahrheit und Wahrscheinlichkeit der Kunstwerke* die Unterscheidung des »Kunstwahren« vom »Naturwahren« – in Opposition gegen die naturalistische Wahrscheinlichkeits- und Illusionsforderung – gerade am Exempel der Oper entwickelt. Sein konstantes Interesse an dieser Gattung verrät sich in seinen zahlreichen Opernexperimenten und den einschlägigen dramaturgischen Reflexionen. Die »reine Opernform« hat er ja schon in den *Tag- und Jahresheften* zu 1789 als »vielleicht die günstigste aller dramatischen« bezeichnet. Sie sei ihm »so eigen und geläufig geworden, daß ich manchen Gegenstand darin behandelte«. Erwähnt sei vor allem sein Fragment gebliebener Versuch, Mozarts *Zauberflöte* fortzusetzen, der gerade in die Zeit seiner Theaterreformbemühungen fällt (*Der Zauberflöte zweiter Teil*, teilweise erschienen in Wilmans »Taschenkalender auf das Jahr 1802«). Noch *Faust II* hat er sich teilweise als ideale Oper gedacht: »Mozart hätte den *Faust* komponieren müssen«, äußert er am 12. Februar 1829 Eckermann gegenüber. (Die Opern Mozarts gehörten zum festen Bestand des Goetheschen Repertoires in der Zeit seiner Schauspieldirektion, entsprach doch ihre theatrale Struktur seiner Bühnenästhetik in hohem Maße.)

Goethe und Schiller haben mit Vorliebe die Neu- und Umbauten der Theater im Umkreis Weimars zum Anlaß genommen, das jeweils neue Haus als Heimstätte einer besseren Theaterästhetik zu symbolisieren. Immer spielt da, wie in Schillers Gedicht *An Goethe*, der Vergleich des Theatersaals mit einem Tempel, der sich in seiner klassizistischen Architektur sinnfällig manifestiert, eine wesentliche Rolle:

> Und sieh! er hat sich neu verjüngt, ihn hat
> Die Kunst zum heitern Tempel ausgeschmückt,
> Und ein harmonisch hoher Geist spricht uns
> Aus dieser edeln Säulenordnung an,
> Und regt den Sinn zu festlichen Gefühlen.

So heißt es in Schillers Prolog zu *Wallensteins Lager* anläßlich der Wiedereröffnung des Weimarer Theaters im Oktober 1798. Mit dem neuen Theatersaal soll aber auch eine »neue Ära« der dramatischen Dichtung beginnen, soll die »alte Bahn« verlassen und der Zuschauer »aus des Bürgerlebens engem Kreis«, d.h. aus der Sphäre des bürgerlichen Rührstücks, das den Zeitgeschmack so stark bestimmt, »auf einen höhern Schauplatz« versetzt werden. Auch Goethe dient vier Jahre später in dem anspruchsvollsten seiner Theatervorspiele: *Was wir bringen* die Wiedereröffnung des Lauchstädter Theaters dazu, das alte und das neue Haus in dramaturgische Allegorien für die abgelebte bürgerliche Alltagsdramatik und die neue idealisierende Bühnenkunst zu verwandeln. Die Verzauberung des alten verrotteten Theaters in einen Tempel der Kunst soll demonstrieren – so Merkur im 16. Auftritt, der die Prosa der ersten fünfzehn Auftritte nun gegen den jambischen Trimeter, den Sprechvers der griechischen Tragödie vertauscht –, »daß wir, mehr und mehr / Zu höhren Regionen unsrer edlen Kunst / Uns aufzuschwingen, alle vorbereitet sind«.

»Zur Zeit, als Goethe das Theater übernahm [1791], war auf den deutschen Bühnen eine Richtung, eine Art schauspielerischer Darstellung die herrschende: ein Naturalismus, der weniger auf bewußten Kunstprinzipien beruhte«, als aus einer Gedankenlosigkeit, die durch das damalige Repertoire begünstigt wurde; dieses war geprägt durch »bürgerliche Einfachheit einerseits und kraftgenialische Roheit andererseits« (Julius Wahle). Daß auch Goethe in den ersten Jahren seiner Theaterleitung der realistischen Richtung weitgehend gefolgt ist, geht unverkennbar aus dem Repertoire hervor. Erst nach dem zweiten der Gastspiele Ifflands in Weimar (1796 und 1798) verändert sich der Stil des Hoftheaters grundlegend in der nunmehr antinaturalistischen Richtung.

Ihr folgen zumal die von Eckermann unter diesem Titel im vierten Nachlaßband der »Ausgabe letzter Hand« veröffentlichten *Regeln für Schauspieler.* Sie gehen auf extemporierte Weisungen Goethes an seine Schauspielschüler Karl Franz Grüner und Pius Alexander Wolff aus dem Jahre 1803 zurück, die von letzteren mitgeschrieben und dann von Goethes Schreiber Geist kopiert worden sind. (Die eigenen Mitschriften Wolffs sind erst 1949 entdeckt und im folgenden Jahr als »Weilburger Goethe-Funde« veröffentlicht worden.) Es handelt sich da, wie Goethe immer wieder betont, um Etüden vornehmlich für »Anfänger«, deren der ausgebildete Schauspieler nicht mehr bedarf – ein bewußt einseitiges, auf die Verstragödie bezogenes Training. Ihm dient bezeichnenderweise Goethes Bearbeitung von Voltaires *Mahomet* als Übungsbasis, suchte er doch, wie es im Aufsatz *Weimarisches Hoftheater* (1802) heißt, »die sehr vernachlässigte, ja von unsern vaterländischen Bühnen fast verbannte rhythmische Deklamation wieder in Aufnahme zu bringen«. Goethes Regeln haben im Grunde einen – nicht für die Öffentlichkeit bestimmten – Werkstatt-Charakter. Daß Eckermann sie in einer sprachlich stark glättenden Redaktion und einer Einteilung in Paragraphen veröffentlicht hat, die ihnen den Charakter eines Gesetzbuches verleiht, geht schwerlich auf Goethes Absicht zurück. Die *Regeln für Schauspieler* sind im Grunde kein Goethesches, sondern ein Eckermannsches Werk, das wegen seiner Überbewertung mehr Schaden als Nutzen für das Verständnis der Weimarischen Theaterreform gestiftet hat.

Goethes Schauspielerregeln sind übrigens schon ein Vierteljahrhundert, bevor sie in Eckermanns Bearbeitung das Licht der Öffentlichkeit erblickten, in parodistischer Entstellung publiziert worden. *Saat von Göthe gesäet dem Tage der Garben zu reifen. Ein Handbuch für Ästhetiker und junge Schauspieler* – unter diesem Titel erschien mit der beziehungsreichen Ortsangabe Weimar und Leipzig 1808 ein anonymes Pamphlet. Es nimmt das mehrmonatige – und höchst erfolgreiche – Gastspiel des Weimarischen Hoftheaters in Leipzig im Sommer 1807 zum Anlaß einer Polemik gegen den Stil dieses Theaters und die Bühnenästhetik seines Direktors Goethe. Als Autor ist der Publizist Carl Wilhelm Reinhold dingfest gemacht worden, der ein Jahr der Weimarer Bühne angehört hatte und nach deren Leipziger Gastspiel in Ungnade entlassen wurde. In seinem Pamphlet übte er nun – nicht ohne satirischen Witz – Rache an Goethe und seinem Weimarer Ensemble.

Reinholds Streitschrift besteht aus drei Abteilungen: die erste enthält eine grundsätzliche Kritik an der Bühnenästhetik Goethes und Schillers, die an den »Geheimen Statuten oder Theater-Gesetzen und Regeln des löblichen Idealisten-Ordens« parodistisch exemplifiziert werden, die zweite ist eine »Charakteristik einzelner Mitglieder des Weimarischen Hoftheaters«, die dritte und umfangreichste schließlich eine »Revision und Kritik sämtlicher Darstellungen der Weimarischen Hofschauspieler-Gesellschaft in Leipzig«. In seiner »Vorrede« stellt Reinhold die Städte Leipzig und Weimar als die repräsentativen Träger zweier einander diametral entgegengesetzter Theaterstile dar: des realistischen und des idealistischen, und er läßt keinen Zweifel daran, welchem von beiden seine Sympathie gehört. Die Opposition Leipzig – Weimar war keine Erfindung Reinholds. Die beiden Städte repräsentierten auch für Goethe einen entschiedenen Gegensatz zweier Theaterkulturen. Anläßlich eines Besuchs in Leipzig hat Goethe den dort dominierenden Bühnenrealismus einer scharfen Kritik unterzogen: »Der Naturalismus und ein loses, unüberdachtes Betragen, im Ganzen wie im Einzelnen, kann nicht weiter gehen«, schreibt er am 4. Mai 1800 an Schiller. Das Weimarer Gastspiel sieben Jahre später bedeutete also für Leipzig eine scharfe Antithese zu dem hier gewohnten Bühnenstil.

Reinhold bezeichnet Goethes und Schillers Bühnenreform als »dramatische Revolution«, durch die der goldenen Zeit des deutschen Theaters, die er mit den Namen Lessing und Friedrich Ludwig Schröder, aber auch dem jungen Goethe und jungen Schiller verbindet, der Untergang bereitet worden sei. In den fingierten »Geheimen Statuten [...] des löblichen Idealisten-Ordens« sucht er nun Goethes Theatergrundsätze sarkastisch ad absurdum zu führen. Die von ihm parodistisch aufgestellten »Regeln« sind seit Eduard Devrients *Geschichte der deutschen Schauspielkunst* (1848ff.) und Heinrich Laubes Buch *Das norddeutsche Theater* (1872) immer wieder für bare Münze genommen worden und haben so Goethes Theaterreform nachhaltig in Mißkredit gebracht. Gerhart Hauptmann hat im dritten Akt seiner »Berliner Tragikomödie« *Die Ratten* (1911), in dem der abgehalfterte Theaterdirektor Hassenreuter mit seinen Schauspielschülern die Chorstrophen aus der *Braut von Messina* probt, Reinholds Parodie – die er aus Zitaten in einem Aufsatz von Richard Moses Meyer über »Goethes *Regeln für Schauspieler*« im »Goethe-Jahrbuch« 1910 kannte – sogar mit Goethes eigenen Regeln verwechselt, die ihm schwerlich bekannt waren.

Hauptmann greift den Fehdehandschuh auf, den Schiller gut ein Jahrhundert zuvor in der Vorrede zu eben der *Braut von Messina*, die im dritten Akt der Tragikomödie geprobt wird, dem »Naturalism« hingeworfen hat. Spitta, der Adept des Naturalismus, setzt sich da vehement gegen die »Schillerisch-Goethisch-Weimarische Schule der Unnatur« zur Wehr und sagt – wie der ihm unbekannte Reinhold – unter Berufung auf Diderot und Lessing, im Namen aber auch des »jungen Schiller« und des »jungen Goethe des Götz« dem »gestelzten französischen Pseudoklassizismus« den Kampf an. Um zu belegen, wie »grenzenlos läppisch« die Goetheschen Schauspielerregeln seien, zitiert er vermeintlich eine derselben: »jede spielende Person, gleichviel welchen Charakter sie darstellen soll – wörtlich! müsse etwas Menschenfresserartiges in der Physiognomie zeigen – wörtlich –, wodurch man sogleich an ein hohes Trauerspiel erinnert werde.« Das aber ist natürlich keine Formulierung Goethes, sondern die Parodie Reinholds, welche auf die typisierende, das Charakteristische meidende Tendenz des Weimarer Bühnenstils zielt. (Eine ähnliche Verwechslung von Original und Parodie ist die in der Probenszene der *Ratten* von Hassenreuter tatsächlich durchgeführte schachbrettartige Einteilung der Bühne durch Kreidestriche, die bei Goethe nur eine Gedankenoperation oder ein Hilfsmittel des Schauspielers beim Einstudieren seiner Rolle ist.)

Goethes Regeln sind auf einen bestimmten Idealtypus des Trauerspiels angestimmt, der durch die beiden mit der Weimarischen Bühnenreform am engsten verbundenen Tragödienexperimente vertreten wird: eben die *Mahomet*-Adaptation und die *Braut von Messina*. Für die meisten Stücke des Weimarer Repertoires waren diese Regeln aber nur sehr bedingt anwendbar, ja wurden durch die Komödie außer Kraft gesetzt. Das deutet sich in einer Regel an, die Eckermann nicht zu Unrecht an den Schluß seiner Redaktion der Goetheschen Diktate setzt. Dort ist davon die Rede, daß man das von der Norm Abweichende um so vollkommener darstellen werde, wenn man die Norm beherrsche, »wenn man mit Kunst und Bewußtsein das Gegenteil vom Anständigen tut«.

Eben das geschieht in der Komödie. Für ihr Spiel hat Goethe jedoch keine den Vorschriften für die tragische Bühne entsprechenden Regeln fixiert. Sie gibt es nur in Reinholds »Geheimen Statuten«. Aus diesen aber geht hervor, daß Goethe in der reinen Komödie offenbar eine an der Commedia dell'arte orientierte, aller realistischen Charakterisierung der Personen abholde groteske Spielweise bevorzugte. Die Weimaraner haben, so Reinhold, »eigentlich gar kein *Lustspiel*, sondern nur eine *Spiellust*« – was belegt, daß das Hoftheater von edler Langeweile und darstellerischer Monotonie weit entfernt war. Im Interesse der »idealen Karikatur«

habe Goethe auch die Masken eingeführt, deren »Unzulänglichkeit« für die Bühne daraus erhelle, daß sie das für den »Realisten« Reinhold wichtigste Element der Schauspielkunst: die »Mimik« vernichten. Tatsächlich gehörte zu Goethes spektakulärsten Reformideen die Einführung von antikisierenden Masken auf der Bühne, zumal in der epochemachenden Inszenierung der *Brüder* von Terenz (1801 – auch sie wurde 1807 in Leipzig gezeigt). Die durch die Maske erreichte Typisierung entspricht Goethes Tendenz zum »Generischen«, die er in seinem Gespräch mit Riemer am 4. April 1814 als Kennzeichen seiner Altersdichtung bezeichnet, habe doch »nur die Jugend die Varietät und Spezifikationen, das Alter aber die Genera, ja die Familias«. A.W. Schlegel hat in seiner Würdigung der Weimarer Inszenierung der *Brüder* die Maske für ein hervorragendes Mittel erklärt, den Schauspieler »aus dem platten Kopieren der Natürlichkeit heraustreten und einen Styl gewinnen« zu lassen. Nichts anderes ist das Hauptziel des Theaterleiters Goethe gewesen.

Goethes Ideal ist ein absolutes Theater, das auf Kunstwahrheit zielt, nicht ein mimetisches, das sich in den Dienst des Naturwahren stellt. Gegenüber dem naturalistischen Illusionsbegriff hat er schon in seinem 1788 veröffentlichten Aufsatz *Frauenrollen, auf dem Römischen Theater durch Männer gespielt* (was Goethe als eben nicht natur-, sondern kunstwahr begrüßt) den Begriff der »selbstbewußten Illusion« eingeführt. In ihm ist die ganze klassisch-weimarische Theaterästhetik in nuce enthalten, impliziert er doch ein Theater, dessen Sprache, Personen, Bewegungsstil und Requisiten eine Welt reinen symbolischen (selbstbewußten) Scheins bilden. Die Bühne, der Wagen des Thespis, so heißt es in diesem Sinne in Schillers Gedicht *An Goethe*, gleicht dem Nachen des Charon, der nur Schatten tragen kann und kentern muß, wenn die Gestalten des Lebens in ihm Platz finden wollen. »Der Schein soll nie die Wirklichkeit erreichen, / Und siegt Natur, so muß die Kunst entweichen.«

Die Kunst als Reich der Schatten, die Bühne als Totenschiff – so unzeitgemäß diese Anschauung vor dem Hintergrund der deutschen Bühnenpraxis zu Beginn des 19. Jahrhunderts sein mochte, so sehr sie zurückweist auf die alteuropäische Schauspielkunst vor der Morgenröte des bürgerlichen Illusionstheaters, so zukunftsweisend stellt sie sich im Hinblick auf die Theaterreformtendenzen dar, die sich aus der Krise dieses Illusionstheaters am Ende des 19. Jahrhunderts entwickeln werden. Es sei nicht die Aufgabe der Bühne, das »lebendige Leben« noch einmal nachahmend vorzuführen, sondern »die Schönheiten einer imaginären Welt zu beschwören, einen fernen Schimmer jenes Geistes zu erhaschen, den wir Tod nennen«, schreibt der bedeutende Theaterreformer Edward Gordon Craig in seinem Aufsatz *Der Schauspieler und die Über-Marionette* (1908). Mit Tod aber meint Craig das »Leben der Schatten und unbekannten Formen«. Aus einer solchen Vorstellung vom Tode und von der Bühne als Todeswelt könne das Theater eine mächtige Inspiration gewinnen. Damit sind wir ganz nahe bei Schiller:

> Doch leicht gezimmert nur ist Thespis' Wagen.
> Und er ist gleich dem acherontschen Kahn,
> Nur Schatten und Idole kann er tragen,
> Und drängt das rohe Leben sich heran,
> So droht das leichte Fahrzeug umzuschlagen,
> Das nur die flüchtgen Geister tragen kann.

Literatur

Bloch, Peter André: Schiller und die französische klassische Tragödie. Düsseldorf 1968.

Böhme, Hans Georg: Die Weilburger Goethe-Funde. Blätter aus dem Nachlaß von Pius Alexander Wolff. Emsdetten 1950.

Borchmeyer, Dieter: »... dem Naturalism in der Kunst offen und ehrlich den Krieg zu erklären ...« Zu Goethes und Schillers Bühnenreform. In: Wilfried Barner / Eberhard Lämmert / Norbert Oellers (Hrsg.): Unser Commercium. Goethes und Schillers Literaturpolitik. Stuttgart 1984, S. 351–370.

Borchmeyer, Dieter: Der Weimarer Neoklassizismus. Antwort auf die Französische Revolution: Zu Schillers Gedicht *An Goethe, als er den »Mahomet« von Voltaire auf die Bühne brachte*. In: Roger Bauer (Hrsg.): Der theatralische Neoklassizismus um 1800. Ein europäisches Phänomen. Bern 1986, S. 51–63.

Borchmeyer, Dieter: »Saat von Göthe gesäet ...«. Die »Regeln für Schauspieler« – Ein theatergeschichtliches Gerücht. In: Wolfgang Bender (Hrsg.): Schauspielkunst im 18. Jahrhundert. Stuttgart 1992, S. 261–287.

Borchmeyer, Dieter: Goethe, Mozart und die *Zauberflöte*. Göttingen 1994.

Borchmeyer, Dieter: »Götterwert der Töne«. Goethes Theorie der Musik. In: Günter Schnitzler u.a. (Hrsg.): Ein unteilbares Ganzes. Goethe: Kunst und Wissenschaft. Freiburg i. Br. 1997, S. 117–172.

Bruford, Walter H.: Theatre, Drama and Audience in Goethe's Germany. London 1974.

Buchwald, Reinhard: Bühnendrama und dramatisches Gedicht. Untersuchun-

gen zur Geschichte des klassischen deutschen Dramas. In: Goethe 19 (1957), S. 80–95.
Catholy, Eckehard: Bühnenraum und Schauspielkunst. Goethes Theaterkonzeption. In: R. Badenhausen / H. Zielske (Hrsg.): Bühnenformen. Bühnenräume. Bühnendekorationen. Beiträge zur Entwicklung des Bühnenorts. Berlin 1974, S. 136–147.
Flemming, Willi: Goethe und das Theater seiner Zeit. Stuttgart 1968.
Göres, Jörn (Hrsg.): Gesang und Rede, sinniges Bewegen. Goethe als Theaterleiter. Eine Ausstellung des Goethe-Museums Düsseldorf. Düsseldorf 1973.
Hinck, Walter: Goethe – Mann des Theaters. Göttingen 1982.
Hinck, Walter: Schillers Zusammenarbeit mit Goethe auf dem Weimarer Hoftheater. In: Achim Aurnhammer [u. a.]: Schiller und die höfische Welt. Tübingen 1990, S. 271–281.
Huesmann: Goethe als Theaterleiter. Historisches Umfeld und Grundzüge. In: Ein Theatermann. Festschrift zum 70. Geburtstag von Rolf Badenhausen. München 1977, S. 143–160.
Kindermann, Heinz: Goethe und das Theater der Weimarer Klassik. In: H. Kindermann: Theatergeschichte Europas. Bd. V. Salzburg 1962, S. 152–217.
Knudsen, Hans: Goethes Welt des Theaters. Ein Vierteljahrhundert Weimarer Bühnenleitung. Berlin 1949.
Koopmann, Helmut: Schiller und die Komödie. In: Jb. d. Dt. Schillergesellschaft XIII (1969), S. 272–285.
Prudhoe, John E.: The Theatre of Goethe and Schiller. Oxford 1982.
Rudolph, Johanna: »Ein neues Haus, ein neuer Mensch«. Zu Goethes Vorspiel *Was wir bringen* für das Lauchstädter Theater. In: J. Rudolph: Lebendiges Erbe. Leipzig 1972, S. 305–318.
Scheithauer, Lothar J.: Zu Goethes Auffassung der Schauspielkunst. In: Gestaltung. Umgestaltung. Festschrift zum 75. Geburtstag von H.A. Korff. Leipzig 1957, S. 108–117.
Spaethling, Robert: Music and Mozart in the Life of Goethe. Columbia (S. Carolina) 1987.
Stackelberg, Jürgen von: Ein Mahomet aus Fleisch und Blut: zu Goethes Übersetzung von Voltaires Tragödie *Le fanatisme ou Mahomet le Prophète*. In: Colloquium Helveticum 1993, S. 19–38.
Wahle, Julius: Das Weimarer Hoftheater unter Goethes Leitung. Aus neuen Quellen bearbeitet. Weimar 1892.
Watanabe, Tetsuo: Das Weimarer Hoftheater und Ifflands Gastspiel: die Schauspielerregeln von Goethe und Schiller. In: Gête-nenkan. Goethe-Jb. Goethe-Ges. in Japan 37 (1995), S. 75–96.
Žmegač, Viktor: Zur Geschichte ästhetischer Künstlichkeit. In: Žmegač, Viktor: Tradition und Innovation. Studien zur deutschsprachigen Literatur seit der Jahrhundertwende. Wien 1993, S. 26–44 [bezieht sich u.a. auf Goethes Theater- und Opernästhetik].

X Klassische Lyrik und Balladenkunst

Der Bund mit Schiller, der Goethes Weimarer Existenz nach den »Jahren des Unmuts«, seit der Rückkehr von der Italienischen Reise eine neue Signatur und Basis gibt, ist poetologisch vorwiegend auf epische und dramatische Dichtung (und in Verbindung mit der letzteren auf das Theater) ausgerichtet. Goethes Erzählwerke beherrschen die ästhetische Diskussion der Weimarer Freunde ebenso wie Schillers wiedererwachende dramatische Produktivität. Freilich hat Schiller durch die Veröffentlichung der *Römischen Elegien* in den »Horen« und der *Venezianischen Epigramme* in seinem »Musenalmanach für das Jahr 1796« auch zum Wiederhervortreten des Lyrikers Goethe beigetragen – eines ganz anderen Lyrikers freilich als er dem Publikum bisher bekannt war. An jene Epigramme, die Goethe nicht zuletzt als scharfzüngigen Zeitkritiker zeigen, knüpft auch dasjenige Gemeinschaftsunternehmen Goethes und Schillers an, mit dem sie dem zeitgenössischen Literaturbetrieb, ja dem Zeitgeist überhaupt den Krieg erklärten: die *Xenien* im »Musenalmanach für das Jahr 1797«. Danach aber haben Goethe und Schiller das polemische Feld im Rahmen der lyrischen Gattung ausdrücklich verlassen und sich im »Musenalmanach für das Jahr 1798« eine reine poetische Aufgabe gestellt: die Ballade.

Die bedeutendsten der im »Balladenjahr« 1797 (Schiller an Goethe, 22. September 1797) und in den folgenden Jahren entstandenen Balladen sind auf seiten Schillers *Der Ring des Polykrates, Der Handschuh, Der Taucher, Die Kraniche des Ibykus* (1797), *Die Bürgschaft* (1798), *Kassandra* (1802), *Der Graf von Habsburg* (1803) und auf seiten Goethes *Der Schatzgräber, Die Braut von Korinth, Der Gott und die Bajadere, Der Zauberlehrling* (1797), *Hochzeitlied* (1803), *Der Totentanz* (1815), *Ballade* (1813/16) und, wenn sie der Gattung der Ballade überhaupt noch zuzurechnen ist, die *Paria*-Trilogie (1824), eine der großen lyrischen Spätdichtungen Goethes.

Die Hinwendung zum Genre der Ballade – das Goethe schon seit seiner Straßburger Zeit vertraut war und für das er mit den naturmagischen Balladen *Der Fischer* (1878) und *Erlkönig* (1782) paradigmatische Beispiele geschaffen hatte – ist in Zusammenhang mit den Bemühungen Goethes und Schillers um eine neue Gattungspoetik zu sehen, in erster Linie also – das merkt man den schwächeren Balladen auch deutlich an – das Experiment mit einer

Gattung, die bis dahin einen eher subliterarischen Charakter gehabt hat. Im Grunde bleibt die Ballade noch für Goethe und Schiller eine Spezies von untergeordnetem ästhetischen Wert; sie betonen, daß auch ihre eigene Balladenkunst nicht ernster, »ästhetischer« genommen werden dürfe, »als sie gemeint sei«, wie Schiller selbst in Bezug auf die *Braut von Korinth*, die zu Goethes bedeutendsten Gedichten gehört, warnend an Körner schreibt (12. Februar 1798). Eine präzise Poetik der Ballade haben Goethe und Schiller sich im Briefwechsel erspart, da sie sich darüber offenbar im täglichen mündlichen Gespräch einig wurden. Die einzige deutliche theoretische Bestimmung der Gattung finden wir erst in Goethes 1821 veröffentlichter »Auslegung« seiner *Ballade* vom »vertriebenen und zurückkehrenden Grafen« (1813/16), deren mit der Gattungsbezeichnung zusammenfallender Titel ebenso auf das Gattungstypische, ja -symbolische dieses Gedichts hinweisen soll, wie es beim *Märchen* und der *Novelle* der Fall ist. (Den Stoff der *Ballade* hat Goethe übrigens auch unter dem Titel *Der Löwenstuhl* als Drama und als romantische Oper zu bearbeiten versucht; beide Versuche sind jedoch Fragmente geblieben.) Es handelt sich hier um eine Ballade der Ballade, denn ihr Held trägt seine Geschichte, von den Zuhörern zunächst nicht erkannt, selber als Ballade vor, die schließlich in Wirklichkeit übergeht. Fast dem gleichen Motiv begegnen wir schon in Schillers *Graf von Habsburg* (1803), der mit demselben Recht wie Goethes Gedicht *Ballade* heißen könnte. (Der »Sänger« selbst wird schließlich als der Priester erkannt, von dem er berichtet hat.)

Für Goethe und Schiller scheint also die Figur des Sängers – d.h. der öffentliche Vortrag – ebenso gattungsnotwendig zur Ballade zu gehören wie der Rhapsode zur Epopöe und der Mime zum Drama (vgl. Schillers Elegie *Die Sänger der Vorwelt*, 1795). Der Gesang einer Ballade spielt deshalb bei Goethe wiederholt in epischen oder dramatischen Handlungszusammenhängen eine Rolle – wie *Der König in Thule* (1774) in *Faust I* oder *Der Sänger* (1783) in *Wilhelm Meisters Lehrjahre*. Von der spezifischen »Vortragsweise« des Sängers hat Goethe denn auch das wesentliche Gattungsmerkmal der Ballade abgeleitet: das »Geheimnisvolle«. Dieses liege nicht in ihrem Inhalt, sondern in ihrer Form, zumal in der Unentschiedenheit zwischen den »drei Grundarten der Poesie«, d.h. zwischen lyrischer, epischer und dramatischer Behandlung des Stoffs. Die Ballade verkörpert für Goethe gewissermaßen den Urtypus der Poesie, »weil hier die Elemente noch nicht getrennt, sondern wie in einem lebendigen Ur-Ei zusammen sind«, aus dem sich dann durch Differenzierung die einzelnen Dichtungsarten entfalten. Ihre Bedeutung kommt so der Funktion der »Urpflanze« oder des »Blatts« in der Morphologie der Pflanze nahe.

»Die Ballade hat etwas Mysterioses, ohne mystisch zu sein; diese letzte Eigenschaft eines Gedichts liegt im Stoff, jene in der Behandlung.« Das Mysteriose kommt also durch die verrätselnde, mystifizierende Darstellung (Auslassungen, Durchbrechung und Umkehrung der Zeitfolge u.ä.) zustande. Man darf freilich bezweifeln, ob sich, auch in Goethes eigenen Balladen, das Geheimnisvolle derart rationalisieren, auf das Kompositionsgesetz der Gattung reduzieren läßt. Überdies trifft Goethes Poetik auf Schillers Balladen schlechterdings nicht zu; diesen fehlt weithin das ›Geheimnisvolle‹ sowohl in inhaltlicher als auch in formaler Hinsicht. Das zeigt z.B. der Vergleich der bloß andeutenden Darstellung des balladesken Auftritts des Grafen in der *Ballade* mit der breit ausmalenden, nichts im Dunklen lassenden Schilderung des Sängervortrags im *Grafen von Habsburg*.

In Goethes Poetik der Ballade gibt sich eine rationalistische Position kund, eine – in manchen Balladen zumal als Ironie hervortretende – Distanz aufgeklärten Bewußtseins zum gestalteten Stoff als einem Produkt mehr oder weniger sinnreichen Aberglaubens. Auf der anderen Seite drückt sich in solchem ›Aberglauben‹ jedoch eine ältere, magisch-symbolische Denkform und Erfahrungsweise der Wirklichkeit aus, die unterhalb der Schwelle des Bewußtseins ihr Recht gegenüber der aufgeklärten Vernunft behauptet. Der verdrängte Mythos rächt sich immer wieder für seine Unterdrückung. Das Aufbegehren einer älteren, scheinbar schon außer Kraft gesetzten Daseinsordnung oder mythischen Wirklichkeit gegen eine spätere, nach ganz anderen Regeln organisierte Welt oder überhaupt die Beschwörung eines ›Alten‹, »uraltgeschichtlich Überlieferten« (Goethe), einer verschollenen Zeit und Welt (wie in *Der König in Thule*) – das ist der Themenbereich der Goetheschen Ballade. Ihre spezifische Aura ist »Altertümlichkeit des Geschehens, Altertümlichkeit des Fühlens« (Max Kommerell). Gerade deshalb eignet sie sich besonders, verborgene Schichten der Seele bloßzulegen oder eine Person zu charakterisieren, die noch in einer archaisch-mythischen Vorstellungswelt lebt – wie Gretchen, wenn es die Ballade vom König in Thule singt, bezeichnenderweise im Moment, da sie sich zu Bett begibt (»Sie fängt an zu singen, indem sie sich auszieht«), auf der Grenze zwischen Tag und Traum.

In der grandiosen Vampyrballade *Die Braut von Korinth* (oder ähnlich auf germanischem Boden in der *Ersten Walpurgisnacht*,

1799) ist das rächende Aufbegehren der alten Götterreligion mit ihrer Heiligung der Natur und des Eros gegen die asketische Religiosität des Christentums dargestellt, in *Der Gott und die Bajadere* (1797) die Liebesdemut der Dirne, die sie emporhebt zum Göttlichen, in Opposition gegen die starre Gesetzlichkeit des Priestertums und Kastenwesens (durch die Versöhnung des Höchsten und Niedrigsten, Heiligen und Menschlichen vorausweisend auf die späte *Paria*-Trilogie), in *Der Totentanz* (1813) die im letzten Moment abgewehrte Rache der Totenwelt für den frevelhaften Einbruch aufgeklärten Zynismus in ihren Bereich u.ä. Einen besonderen Stellenwert haben in diesem Zusammenhang Goethes Kinderballaden *Die wandelnde Glocke* und *Der getreue Eckart* (1813). Das Sichhineinbegeben Goethes in die mythische Denkform des Kindes – dessen Erfahrungsweise deshalb die Ballade in besonderem Maße entspricht – weist zurück auf den *Erlkönig* von 1782: hier ist es gerade das Kind, das die Dämonen sieht, während der ›aufgeklärte‹ Vater den Gesichten des Kindes die ›wirkliche‹ Natur entgegensetzt.

Bei allen Versuchen Goethes, die Ballade auf ein rationaleres Niveau zu heben, in den Dienst einer sittlichen Idee zu stellen – am deutlichsten im *Schatzgräber* (1797), der wohl gerade deshalb von Schiller besonders geschätzt wurde –, bleibt doch die Bindung an die Volksballade zumal englisch-schottischer Provenienz (Thomas Percy), wie sie unter Herders Einfluß in den Sturm und Drang-Balladen so stark ausgeprägt ist, immer noch erhalten. Die Ballade ist aufgrund ihres ›mysteriosen‹ Charakters und ihrer atemberaubenden, aufwühlenden Wirkung für Goethe etwas typisch »Nordisches« und daher für die Gestaltung von Stoffen aus dem Umkreis und in der Art des griechischen Mythos, die nach seiner ästhetischen Überzeugung gegenständliche Klarheit und Ruhe verlangt, gänzlich ungeeignet. Daher greift er, wenn nicht auf Nordisches und Einheimisches, auf die Spätantike oder den indischen Mythos zurück.

Schiller hingegen wählt aufgrund seiner gänzlich anderen Beziehung zur Ballade wiederholt Stoffe des antiken Mythos oder solche, durch welche die Gestalten und Konstellationen desselben durchscheinen. Die Verbindung zu Lied und Volksballade mit ihren atmosphärischen Wirkungen und unheimlichen magischen Beziehungen geht seinen Balladen gänzlich ab. Die elementare Natur ist hier keine Geisterwelt, sondern ein anarchischer Bereich, der dem Menschen störend oder durch seine Gewalt vernichtend entgegensteht (*Der Taucher*, 1797; *Die Bürgschaft*, 1798). Die Handlung der Schillerschen »Anekdotenballaden« (wie Carl Spitteler sie genannt hat) zeichnet sich durch eine theatralisch-dramatische Grundstruktur aus, gipfelnd meist in einer sittlichen Pointe (z.B. in der *Bürgschaft*: Triumph des in der Gestalt der Freundschaft sich kundgebenden republikanischen Ideals über die Tyrannei), die freilich niemals eine das ganze Geschehen rationalisierend aufschließende Formel ist. Die Balladenhandlung wird bei Schiller mit ihren deutlich umrissenen Gestalten stets in einen großartig inszenierten Natur- und Menschenrahmen hineingestellt, in welchem sich die ethische Entscheidung des einzelnen in effektvoll zugespitzten Kollisionen mit Natur, Menschen und Umständen manifestiert. Der theatralisch-dramatische Grundzug des balladesken Geschehens drückt sich am deutlichsten aus, wo es unmittelbar zum Theater wird: in Schillers vielleicht bedeutendster Ballade *Die Kraniche des Ibykus*, 1797) mit ihrer suggestiven Vergegenwärtigung des griechischen Amphitheaters und des durch die Orchestra ziehenden Chors.

Die Ballade ist nahe verwandt mit einer Grundform der lyrischen Dichtung Schillers: der Versparabel. Die hervorragendsten Beispiele dafür sind, neben den von Schiller selbst unter diesem Titel zusammengefaßten Parabeln und Rätseln (1803), die Gedichte, welche das Fremdlingsdasein des Poeten und der Poesie thematisieren: *Die Teilung der Erde* (1795) und *Pegasus im Joche* (1795). Letzterer ist eine köstlich hintergründige Satire auf den vergeblichen Versuch, die Phantasie zu ›vermarkten‹ und die Poesie, welche hier in dem Musenroß personfiziert ist, das von einem »hungrigen Poeten« – dem freien Schriftsteller, der sich auf dem Markt behaupten muß – als »Ware« veräußert wird, in den Dienst alltäglicher Zwecke ›einzuspannen‹. (Dabei stören seinen Besitzer jedoch ständig die ›unnützen‹ Flügel, das Symbol der ›freischwebenden‹ Phantasie. Am Ende entführt Apoll das heruntergekommene Musenroß wieder auf den Parnaß.) – Von der Parabel ist es nur ein Schritt zur umfangreichen Spruchdichtung Schillers, von der neben den zahlreichen Epigrammen die *Sprüche des Konfuzius* (1795/1800), *Poesie des Lebens* (1795), *Die Worte des Glaubens* (1797) und *Die Worte des Wahns* (1800) genannt seien.

Nirgends hat die schöpferische Eigenart Schillers: die Wechselwirkung von Imagination und gedanklicher Abstraktion einen angemesseneren Ausdruck, ein spezifischeres Organ gefunden als im großen philosophischen Gedicht. Der seit Fichte immer wieder gegen Schillers ästhetische Schriften erhobene Vorwurf, sein Denken sei vorwiegend imaginativ, zu konsequenter philosophischer

Abstraktion nicht fähig, hat sein Komplement in der häufig vorgetragenen Kritik an seiner Lyrik: diese sei nicht eigentlich ›dichterisch‹, schon gar nicht lyrisch, da sie zu begrifflich organisiert sei. Beide Vorwürfe greifen indessen zu kurz; Schillers Denken vollzieht sich in der Tat ebensowenig in reinen Begriffen wie sein Dichten in reinen Bildern. Seine große Lyrik ist im ursprünglichen Sinne des griechischen Begriffs Ideen-Lyrik (Idee = sichtbares Urbild), sie bewegt sich in ›Denkbildern‹, welche sich namentlich in den Gestalten des griechischen Mythos verkörpern (*Klage der Ceres*, 1796; *Das eleusische Fest*, 1798 u.a.) und schlechterdings nicht auf einen abstrakten Begriff zu bringen sind. Das großartigste dieser Denkbilder ist die Vergöttlichung des Herakles am Ende von *Das Ideal und das Leben* (1795), in der die Spannung von erhabener und schöner Existenz sich auflöst. In dem unerhörten, das Naturgesetz umkehrenden Bild des ›aufwärts fließenden‹ Gottes – während »des Erdenlebens / Schweres Traumbild sinkt und sinkt und sinkt« – wird die höchste Steigerung des Menschlichen ähnlich vollkommen bildlich-klanglich Gestalt wie in der »Bergschluchten«-Szene am Ende von *Faust II*.

Daß Schiller die intimen und atmosphärischen Stimmungen einer ›Erlebnispoesie‹ fremd geblieben sind, ist angesichts seiner Forderung generalisierter Individualität in den Bürger- und Matthisson-Rezensionen, welche der modernen Privatisierung des ›Lyrischen‹ entgegensteht, nicht verwunderlich. Dennoch sind ihm in seiner Spätzeit fast goethenahe liedhafte Gesänge von höchstem Rang geglückt: *Der Pilgrim* und *Sehnsucht* (1803), beide bezeichnenderweise von Franz Schubert vertont. Daß Schillers Lyrik entgegen einem verbreiteten Vorurteil durchaus nicht ›unmusikalisch‹ ist, zeigt eine Fülle von Liedern, vor allem geselligen Charakters (das bedeutendste: *Das Siegesfest*, 1803), wie für ihn überhaupt die lyrische Poesie in erster Linie Gesang gewesen ist. Dieser Tatsache entspricht auch die von ihm immer wieder bekundete ›musikalische‹ Inspiration seiner Dichtung: das »Musikalische eines Gedichts« (an Körner, 25. Mai 1792) schwebe ihm im Sinne einer »dunklen Totalidee« meist zuerst vor. Der Grundton des lyrischen ›Gesangs‹ bei Schiller ist zweifellos der elegische (die Grundstimmung der sentimentalischen Dichtung), zu dem freilich ebenso das Komplement des hymnischen Tons gehört wie die Idylle als Gattung der »Freude« zur Elegie als Gattung der »Trauer« in der Theorie der sentimentalischen Dichtungsarten.

Zu den hymnischen Dichtungen Schillers in der hier behandelten Periode gehören etwa *Die Macht des Gesanges* (1795), *Dithyrambe*

(1796), *An die Freunde* (1803) u. a. Die Elegie ist sowohl als Gedicht in Distichen wie als Klagegesang bei Schiller reich vertreten. In der ersteren Bedeutung kann sie sowohl Klage sein – das eindrucksvollste Beispiel dafür, schon vom Titel her auf die antike Totenklage zurückweisend, ist die *Nänie* (1800) – als auch hymnischer Gesang – wie *Der Tanz* (1795) und vor allem *Das Glück* (1798). Wie freilich das Hymnische den elegischen Rückblick immer wieder einschließt (am deutlichsten wird das in dem antithetischen Strophenbau von *An die Freunde*), so wächst aus dem Elegischen immer wieder das Hymnische heraus; auf diese Weise kann, wie am Schluß der *Nänie*, das »Klagelied« zum Hymnus werden: die Klage über den Untergang des Schönen ist als solche Rühmung, die das dem Tod Unterworfene, Hinfällige in die Unvergänglichkeit des Gesangs hinüberrettet.

In der Elegie im metrischen Sinne hat Schiller schließlich auch die geeignete Form für ein parabolisches Menschheitsgedicht gesehen: *Der Spaziergang* (1795). Hier wird im Gleichnis der Wanderung durch eine Landschaft die Geschichte der Menschheit von arkadischer Urzeit über die Stadtgründung bis hin zu Naturentfremdung und Kulturverfall der Gegenwart beschworen. Die Elegie gipfelt (parabolisch verbunden mit der Verirrung des Wanderers) in einer apokalyptischen Vision, welche mit der Utopie der wiedergeschenkten Natur ausklingt. – Spiegelt der *Spaziergang* im Mikrokosmos des Gedichts die Totalität der Menschheitsgeschichte, so hat Schiller ähnlich, freilich nicht in der Form der Elegie, sondern mit wechselnden Metren, im *Lied von der Glocke* (1799) versucht, das Ganze eines geschlossenen Lebensraums, nämlich die bürgerliche Welt in exemplarischen, zu mythischer Urbildlichkeit stilisierten Szenen einzufangen. Wie dort der Spaziergang, so bildet hier der Glockenguß den parabolischen Rahmen der Szenenfolge. Schiller zeigt nach den Worten Humboldts dergestalt »auf ganz lyrische Weise das Leben wie ein durch natürliche Grenzen umschlossenes Epos.«

Schillers umfangreiche klassische Lyrik fällt genau in die Phase seiner Freundschaft mit Goethe; in der Zeit zwischen 1790 und 1795 war er als Lyriker nahezu völlig verstummt! Für Goethe ist umgekehrt diese Epoche im Vergleich mit der Sturm und Drang-Zeit, dem ersten Weimarer Dezennium und den letzten Lebensjahrzehnten eine auf lyrischem Gebiet eher unproduktive Phase. Vor allem die liedhaften Formen mit ihren intim-atmosphärischen Stimmungen, durch die sich Goethes Lyrik so stark von den Gedichten Schillers unterscheidet, treten (von der Italienischen Reise bis zur Zeit des *West-östlichen Divan* deutlich zurück hinter objektiveren, deskriptiv-gegenständlichen Formen wie der Elegie.

Die Gedichte Goethes, welche noch am stärksten auf die frühe Weimarer Zeit zurückweisen, wie *Meeresstille* und *Glückliche Fahrt* oder *Nähe des Geliebten* (sie stehen sämtlich im »Musenalmanach für das Jahr 1796«) zeigen eine erheblich größere Distanz gegenüber dem subjektiven Gefühl. Das letzte Gedicht ist bezeichnenderweise die Bearbeitung eines Poems der empfindsamen Dichterin Friederike Brun (*Ich denke dein*, 1795), dessen sentimental zerlaufende Form Goethe im Sinne gestalthafter Dichte und Geschlossenheit umformt. – Die bedeutendsten Gedichte Goethes aus dieser Zeit sind aber zweifellos seine Elegien (im metrischen Sinne). Neben den schon gewürdigten naturwissenschaftlichen Lehrgedichten sind hier die in doppelter Bedeutung elegische *Euphrosyne*, eine der großen Totenklagen der deutschen Literatur (auf die früh verstorbene Weimarer Schauspielerin Christiane Neumann), und der mehr auf die Tradition der Idylle zurückweisende *Amyntas* zu nennen (beide im »Musenalmanach für das Jahr 1799« veröffentlicht) – ferner die kleine epische Dichtung *Alexis und Dora* (1796), die mit ihrem antik-mediterranen Gepräge und ihrer plastischen Gegenständlichkeit – trotz des eigentlich ›sentimentalischen‹ Sujets: der Rückschau des Alexis, der sich erst seit dem Moment seiner Abreise geliebt weiß – in größtem Kontrast steht zu den nicht lange danach entstandenen Balladen und ihrer nordisch-›mysteriosen‹ Gestaltenwelt.

Literatur

Albertsen, Leif Ludwig: Das Lied von der Glocke oder die ästhetische Erziehung zweiter Klasse. In: Literatur als Dialog. Festschrift zum 50.Geburtstag von Karl Tober. Johannesburg 1979, S. 249–263.

Berghahn, Klaus L. (Hrsg.): Friedrich Schiller. Zur Geschichtlichkeit seines Werkes. Kronberg im Taunus 1975.

Darin:

Mayer, Hans: Schillers Gedichte und die Traditionen deutscher Lyrik, S. 379–397.

Voßkamp, Wilhelm: Emblematisches Zitat und emblematische Struktur in Schillers Gedichten, S. 355–377.

Habel, Reinhardt: Schiller und die Tradition des Herakles-Mythos, S. 67–94.

Borchmeyer, Dieter: *Alexis und Dora*. In: Paul Michael Lützeler/James

McLeod (Hrsg.): Goethes Erzählwerk. Interpretationen. Stuttgart 1985 [vgl. dazu unten Albrecht Schöne, S. 246–254].

Dieckmann, Friedrich: *An die Freunde*. Hilfsmittel wider die alternde Zeit. In: F. Dieckmann: Hilfsmittel wider die alternde Zeit. Essays. Leipzig u.a. 1990, S. 21–52.

Dyck, Martin: Die Gedichte Schillers. Figuren der Dynamik des Bildes. Bern u. München 1967.

Dye, R. Ellis: Goethe's *Die Braut von Korinth*. Anti-Christian Polemic or Hymn of Love and Death? In: Goethe Yearbook 4 (1988), S. 83–98.

Fähnrich, Hermann: Schillers Musikalität und Musikanschauung. Hildesheim 1977.

Fancelli, Maria: Klassische Lyrik. In: Horst Albert Glaser (Hrsg.): Deutsche Literatur. Eine Sozialgeschichte, Bd. 5. Reinbek bei Hamburg 1980, S. 246–254.

Forster, Leonhard: A cool fresh look at Schillers *Das Lied von der Glocke*. In: Publications of the English Goethe Society N.S. 42 (1972), S. 90–115.

Freund, Winfried: Die Deutsche Ballade. Theorie, Analysen, Didaktik. Paderborn 1978.

Golz, Jochen: Vom Bewußtsein des Künstlers. Fragen an Schillers klassische Lyrik. In: Weimarer Beiträge 30 (1984), S. 1780–1795.

Golz, Jochen: Individuum, Natur und Geschichte in Schillers *Spaziergang*. In: Helmut Brandt: Friedrich Schiller. Angebot und Diskurs. Berlin u. Weimar 1987, S. 393–400.

Graham, Ilse: Die Theologie tanzt. Goethes Balladen *Die Braut von Korinth* und *Der Gott und die Bajadere*. In: I. Graham: Goethe. Schauen und Glauben. Berlin 1988, S. 253–284.

Grimm, Gunter E. (Hrsg.): Gedichte und Interpretationen: Deutsche Balladen. Stuttgart 1988.

Haas, Rosemarie: Goethes Elegie *Euphrosyne*: »daß das Poetische durchaus auf dem Wirklichen ruht«. In: Jb. d. Freien Deutschen Hochstifts 1994, S. 1–43.

Hamburger, Käte: Schiller und die Lyrik. In: Jb. d. Dt. Schillergesellschaft XVI (1972), S. 299–329. Wieder abgedruckt unter dem Titel: Schillers Lyriktheorie. In: K. Hamburger: Kleine Schriften. Stuttgart 1976, S. 137–169.

Hillenbrand, Rainer: Die Geburt der Idylle aus dem Geist der Elegie: Aphroditisches und Apollinisches in Goethes *Alexis und Dora*. In: Seminar 31 (1995), S. 288–299.

Hinck, Walter: Die deutsche Ballade von Bürger bis Brecht. Kritik und Versuch einer Neuorientierung. Göttingen 1968 u. ö.

Hinderer, Walter (Hrsg.): Geschichte der deutschen Lyrik. Stuttgart 1983.

Kaiser, Gerhard: »Als ob die Gottheit nahe wär ...« Mensch und Weltlauf in Schillers Balladen. In: G. Kaiser: Von Arkadien nach Elysium. Schiller-Studien. Göttingen 1978, S. 59–78.

Kaiser, Gerhard: Geschichte der deutschen Lyrik von Goethe bis zur Gegenwart, Bd. I: Von Goethe bis Heine. Frankfurt a.M. 1988.

Köhnke, Klaus: »Des Schicksals dunkler Knäuel«. Zu Schillers Ballade *Die Kraniche des Ibykus*. In: Zeitschr. f. dt. Philologie 108 (1989), S. 481–495.

Kommerell, Max: Gedanken über Gedichte. Frankfurt am Main 1956 (2. Aufl.).

Kraft, Herbert: Über sentimentalische und idyllische Dichtung. T. 2: *Das Ideal und das Leben*. In: Jb. d. Dt. Schillergesellschaft XX (1976), S. 247–254.

Kühlmann, Wilhelm: Poetische Legitimität und legitimierte Poesie: Betrachtungen zu Schillers Ballade *Der Graf von Habsburg* und ihrem literarischen Umkreis. In: Achim Aurnhammer / Klaus Manger / Friedrich Strack (Hrsg.): Schiller und die höfische Welt. Tübingen 1990, S. 282–300.

Kurscheidt, Georg: Poesie des Lebens – Schillers Gedicht zwischen Poesie und Philosophie. In: Ztschr.f. dt. Philologie 103 (1984), S. 178–194.

Laufhütte, Hartmut: Die deutsche Kunstballade. Grundlegung einer Gattungsgeschichte. Heidelberg 1979.

Lohner, Edgar: Schiller und die moderne Lyrik. Göttingen 1964.

Matt, Peter von: Lachen in der Literatur: eine Überlegung zur Frage, warum Schillers *Glocke* so ernst ist. In: P. v. Matt: Das Schicksal der Phantasie: Studien zur deutschen Literatur. München 1994, S. 91–101.

Mecklenburg, Norbert: Balladen der Klassik. In: Karl Otto Conrady: Deutsche Literatur zur Zeit der Klassik. Stuttgart 1977, S. 154–171.

Mieth, Günter: Friedrich Schillers *Spaziergang* und die lyrische Aneignung der menschlichen Gattungsgeschichte. In: Helmut Brandt: Friedrich Schiller. Angebot und Diskurs. Berlin u. Weimar 1987, S. 401–409.

Müller-Seidel, Walter: Die deutsche Ballade. Umrisse ihrer Geschichte. In: R. Hirschenauer / A. Weber (Hrsg.): Wege zum Gedicht, Bd. 2. München 1964, S. 17–83.

Müller-Seidel, Walter: Goethes Gedicht *Die Braut von Korinth*. Zum Balladenjahr der deutschen Klassik. In: W. Müller-Seidel: Die Geschichtlichkeit der deutschen Klassik. Literatur und Denkformen um 1800. Stuttgart 1983, S. 119–124.

Neumann, Peter Horst: Goethes Ballade vom *Untreuen Knaben*, das Lied vom *König in Thule* und die *Erste Walpurgisnacht*. In: Herkommen und Erneuerung. Essays für Oskar Seidlin. Tübingen 1976, S. 143–169.

Oellers, Norbert: Der »umgekehrte Zweck« der »Erzählung« *Der Handschuh*. In: Jb. d. Dt. Schillergesellschaft XX (1976), S. 387–401.

Oellers, Norbert: Goethes und Schillers Balladen vom Juni 1797 – auch Nebenwerke zu *Hermann und Dorothea* und *Wallenstein*. In: Wilfried Barner / Eberhard Lämmert / N. Oellers: Unser Commercium. Goethes und Schillers Literaturpolitik. Stuttgart 1984, S. 507–527.

Oellers, Norbert (Hrsg.): Interpretationen: Gedichte von Friedrich Schiller. Stuttgart 1996.

Pestalozzi, Karl: Die Entstehung des lyrischen Ich. Studien zur Erhebung in der Lyrik. Berlin 1970 [*Das Ideal und das Leben*: S. 78–101].

Politzer, Heinz: Szene und Tribunal. Zur Dramaturgie einer Schiller-Ballade [*Die Kraniche des Ibykus*]. In: Neue Rundschau 78 (1967), S. 454–468.

Richter, Karl: Morphologie und Stilwandel. Ein Beitrag zu Goethes Lyrik. In: Jb. d. Dt. Schillergesellschaft XXI (1977), S. 192–215.
Riedel, Wolfgang: *Der Spaziergang*. Ästhetik der Landschaft und Geschichtsphilosophie der Natur bei Schiller. Würzburg 1989.
Rodger, Gillian: Goethe's ›Ur-Ei‹ in theory and in practice. In: The Modern Language Review 59 (1964), S. 225–235.
Sauder, Gerhard: Goethe-Gedichte. Zweiunddreißig Interpretationen. München / Wien 1996.
Schlaffer, Hannelore: Die Ausweisung des Lyrischen aus der Lyrik. Schillers Gedichte. In: Das Subjekt der Dichtung. Festschrift f. Gerhard Kaiser. Würzburg 1990, S. 519–532.
Schöne, Albrecht: *Alexis und Dora*. In: A. Schöne: Götterzeichen – Liebeszauber – Satanskult. München 1982. Dritte, ergänzte Auflage 1993, S. 26–47 [vgl. auch die Replik auf D. Borchmeyer, S. 246–254].
Seeba, Hinrich C.: Das wirkende Wort in Schillers Balladen. In: Jb. d. Dt. Schillergesellschaft XIV (1970), S. 275–322.
Segebrecht, Wulf: Naturphänomen und Kunstidee: Goethe und Schiller in ihrer Zusammenarbeit als Balladendichter, dargestellt am Beispiel der *Kraniche des Ibykus*. In: Karl Richter/Jörg Schönert (Hrsg.): Klassik und Moderne. Die Weimarer Klassik als historisches Ereignis und Herausforderung im kulturgeschichtlichen Prozeß. Stuttgart 1983, S. 194–206.
Segebrecht, Wulf (Hrsg.): Gedichte und Interpretationen, Bd. III: Klassik und Romantik. Stuttgart 1984.
Staiger, Emil: Friedrich Schiller. Zürich 1967.
Staiger, Emil: Goethe. Bd. 2. Zürich 1956 [Balladen: S. 301–315].
Stenzel, Jürgen: »Zum Erhabenen tauglich«. Spaziergang durch Schillers *Elegie*. In: Jb. d. Dt. Schillergesellschaft XIX (1975), S. 167–191.
Träger, Christine: Die Ballade als Modellfall genretheoretischer Erörterung bei Goethe. Goethe Jb. 94 (1977), S. 49–68.
Weißenberger, Klaus: *Euphrosyne*. In: K. Weißenberger: Formen der Elegie von Goethe bis Celan. Bern 1969, S. 28–33.
Weissert, Gottfried: Ballade. 2. Aufl. Stuttgart 1993.
Wentzlaff-Eggebert, Friedrich W.: Friedrich von Schiller: *Das Glück*. In: F. W. Wentzlaff-Eggebert: Belehrung und Verkündigung. Berlin 1975, S. 246–253.
Wright, Elizabeth: Der rhetorische Diskurs der Schiller-Balladen. In: E. Wright: Zur Psychohistorischen Genese der Deutschen. Kassel 1983, S. 87–115.

XI *Schöne Öffentlichkeit – Schillers klassische Dramatik*

Während der Anteil Goethes und Schillers an der Lyrik der Weimarer Klassik in dem Zeitraum zwischen Goethes Rückkehr von der Italienischen Reise und Schillers Tod ungefähr gleich groß ist, während von Goethe die epischen Dichtungen dieser Periode stammen, wird die dramatische Gattung weitgehend von Schiller repräsentiert, da Goethe sich mehr und mehr vom Bühnendrama zurückzieht. Nach Schillers zehnjähriger Bühnen-Absenz gelangen zwischen 1798 und 1804 fünf Schauspiele von ihm in Weimar (bzw. Leipzig) zur Uraufführung: *Wallenstein* (1798/99), *Maria Stuart* (1800), *Die Jungfrau von Orleans* (1801), *Die Braut von Messina* (1803) und *Wilhelm Tell* (1804). Hinzu kommen eine Reihe von dramatischen Plänen und Fragmenten, darunter *Die Malteser* (entst. 1788–1803), *Warbeck* (1799–1804) und Schillers letztes Werk *Demetrius* (1804/05).

In dem »Prolog« zu *Wallensteins Lager*, mit dessen Uraufführung das von Thouret umgebaute Weimarer Theater am 12. Oktober 1798 eröffnet wurde, spricht Schiller von der »neuen Ära«, die – nach langer Theaterpause auch für ihn selbst – mit dieser Wiedereröffnung der Weimarischen Bühne beginne; sie solle den Dichter ermutigen, »die alte Bahn verlassend«, den Zuschauer »aus des Bürgerlebens engem Kreis / Auf einen höhern Schauplatz zu versetzen, / Nicht unwert des erhabenen Moments / Der Zeit, in dem wir strebend uns bewegen« (Vs. 52–56). Kein Zweifel, daß mit diesem Moment, da »um der Menschheit große Gegenstände, / Um Herrschaft und um Freiheit wird gerungen« (Vs. 64f.), die Französische Revolution gemeint ist. Dem gewaltigen geschichtlichen Kairos muß die Bühne sich ebenbürtig erweisen, indem sie sich für den »großen Gegenstand« (Vs. 57): die Welthaltigkeit der historisch-politischen Tragödie entscheidet.

Daß in dieser Hinsicht auch für Schiller eine ›neue Ära‹ beginnt, zeigt der Vergleich des *Wallenstein* selbst noch mit *Don Carlos*. Dieser bleibt bei aller Bemühung, über die »Schranken des bürgerlichen Kothurns« hinauszugelangen (an Dalberg, 24. August 1784), im Grunde doch ein »Familiengemälde aus einem königlichen Hause«, das die ›rein menschlichen‹, häuslich-familiären Situationen und Verhältnisse des bürgerlichen Trauerspiels auf die höfische Ebene transponiert und in ein kontrapunktisches Verhältnis zu den

Zwängen der Etikette oder der als reine Machination aufgefaßten Politik setzt. Positiv gelangt das politische Moment in diesem Schauspiel fast nur in Form von Ideen (Posas Staatsutopie!), in einem privaten, freilich als Urbild eines republikanischen Gemeinwesens gedeuteten Freundschaftsbund zur Geltung, nicht aber in Ereignissen von großer geschichtlicher Tragweite. Die handlungstragenden Momente im *Don Carlos* haben kaum eine über den Umkreis des ›königlichen Hauses‹ hinausreichende Auswirkung; die ›Staatsaktion‹ spielt sich im Gegensatz zu allen späteren Geschichtsdramen hinter den Kulissen der Weltpolitik ab.

Seit dem *Wallenstein* wird nun die für das Jugendwerk charakteristische Antinomie des (Privat-)Menschlichen und Politischen durch eine Vernetzung beider Bereiche abgelöst. Die menschliche Konkretisierung des Politischen sowie die Rückwendung zu Herrscherdrama und Staatsaktion, zur Tragödie des öffentlichen Lebens, in welcher der Fall des Helden »eine Welt im Sturze« mit sich reißt (*Piccolomini*, Vs. 2640), das Schicksal des tragischen Individuums also zugleich das Schicksal des Gemeinwesens ist, steht im Zusammenhang mit Schillers Theorie der ästhetischen Erziehung. Diese zielt ja auf die Einheit des Individuell-Menschlichen und des im Staat repräsentierten Allgemeinmenschlichen – im Widerspruch zum bürokratisch-abstrakten Staat der Moderne: dieser ist »seinen Bürgern fremd« geworden, »weil ihn das Gefühl nirgends findet« (6. Brief); die konkrete Menschlichkeit bleibt also auf die Privatsphäre beschränkt. Hatte Lessing in der *Hamburgischen Dramaturgie* das Herrscherdrama, die tragische Staatsaktion gegenüber dem bürgerlichen Trauerspiel herabgesetzt, weil der Staat »ein viel zu abstrakter Begriff für unsere Empfindungen« sei (14. Stück), so tendiert in Schillers Ästhetik das Drama – in Opposition gegen eine derart gerechtfertigte Privatisierung der Tragödie – zur ästhetischen Utopie, welche die urbildlich in der griechischen Polis verwirklichte Einheit des Menschlichen und Politischen wiederherstellt, die Entfremdung zwischen Staat und Individuum aufhebt.

Die Bühne evoziert so eine ästhetische Öffentlichkeit, wie Schiller sie theoretisch in den »Ästhetischen Briefen« entworfen hat. Die Brücke zwischen ihnen und der klassischen Dramatik bildet die Vorrede zur *Braut von Messina* (»Über den Gebrauch des Chors in der Tragödie«). Hier greift Schiller vom Standpunkt des Dramatikers aus das Thema der Abstraktheit des Staates, der Privatisierung des modernen Lebens und der falschen künstlerischen Konsequenzen aus diesen Erscheinungen (bürgerliches Trauerspiel) noch einmal auf. »Der Palast der Könige ist jetzt geschlossen, die Gerichte haben sich von den Toren der Städte in das Innere der Häuser zurückgezogen, die Schrift hat das lebendige Wort verdrängt, das Volk selbst, die sinnlich lebendige Masse, ist, wo sie nicht als rohe Gewalt wirkt [Revolution!], zum Staat, folglich zu einem abgezogenen Begriff geworden, die Götter sind in die Brust des Menschen zurückgekehrt.« Kurz: das allgemeine Leben hat seine sinnfällige, ›schöne‹ Öffentlichkeit verloren, ist abstrakt und prosaisch geworden.

Schiller zieht aus diesem Faktum nun gerade nicht die Konsequenz etwa Lessings, daß der dramatische Dichter seine Handlungen ins Innere der Häuser verlegen soll, wo allein noch konkrete Menschlichkeit beheimatet sei, sondern er entwickelt eine dramatische Konzeption aus dem Geiste des ästhetischen Widerspruchs gegen den modernen Weltzustand. »Der Dichter muß die Paläste wieder auftun, er muß die Gerichte unter freien Himmel herausführen, er muß die Götter wieder aufstellen, er muß alles Unmittelbare, das durch die künstliche Einrichtung des wirklichen Lebens aufgehoben ist, wieder herstellen [...].«

Das poetische Organ, das Schiller im Sinne dieser ›Veröffentlichung‹ des Lebens in der *Braut von Messina* verwendet, ist der Chor. Dieser war in der »alten Tragödie« die »natürliche« Begleitung der tragischen Aktion, da »die Handlungen und Schicksale der Helden und Könige«, aus denen jene allein bestand, »schon an sich selbst öffentlich« sind. (Diese Öffentlichkeit der Handlung ist auch der Sinn der bis ins 18. Jahrhundert gültigen poetologischen Ständeklausel, welche die Tragödie auf die ihrer Natur nach öffentlich-wichtigen Aktionen hoher Standespersonen beschränkt, während sie die Komödie den Geschäften und Intrigen von Privatpersonen vorbehält.) Ein dergestalt natürliches Organ kann der Chor von den oben skizzierten Gegebenheiten des modernen Lebens her nicht mehr sein, er wird im Gegenteil zum »Kunstorgan«, das die Bühne in Kontrast zu diesen Gegebenheiten setzt, mithin zu einer »lebendigen Mauer [...], die die Tragödie um sich herumzieht, um sich von der wirklichen Welt rein abzuschließen« (während in der antiken Tragödie der Chor im Gegenteil das Bühne und Wirklichkeit verbindende Medium war).

Schillers Konzeption steht somit in diametralem Gegensatz zu Lessings *Hamburgischer Dramaturgie*, in deren 59. Stück das Fehlen des Chors als Hauptgrund angegeben wird, »warum wir uns den Ausdruck der alten Tragödien nicht durchgängig zum Muster nehmen dürfen«. Dort nämlich reden die Personen auf einem »öffentlichen Platz« in Gegenwart des Volks, wodurch sie ständig gezwungen sind, mit »Rücksicht auf ihre Würde« zu sprechen. »Aber wir Neuern«, so fragt Lessing nun, »die wir den Chor abgeschafft, die wir unsere Personen größtenteils zwischen ihren vier Wänden lassen: was können wir für eine Ursache haben, sie demohngeachtet immer eine so geziemende, so ausgesuchte, so rhetorische Sprache führen zu lassen?« Entsprechend dem privaten Charakter des modernen Trauerspiels sucht Lessing also der tragischen Sprache ihr öffentlich-›rhetorisches‹ Gepräge zu nehmen. Das bedeutet die Entscheidung für die Prosa, die alltäglich-natürliche Sprache im Drama. Demgegenüber folgert Schiller: »Nimmt man den Chor hinweg, so muß die Sprache im ganzen sinken.« Seine Wiedereinführung soll daher den tragischen Dichter zu einer »Erhebung des Tons«, also dazu veranlassen, »alle seine Figuren auf den Kothurn zu stellen«. Das bedeutet die rigorose Absage an jeglichen »Naturalism«, die Rückkehr zur »metrischen Sprache« – zum öffentlichen Sprachgestus! (Es sei erinnert an Schillers berühmtes Wort von der höheren »Gerichtsbarkeit«, unter die der ursprünglich in Prosa entworfene *Wallenstein* durch die Versifizierung gerate, im Brief an Goethe vom 24. November 1797.)

Die Idee des Chors als einer konkreten Repräsentanz der Öffentlichkeit ist in der Dramaturgie des 18. Jahrhunderts weit verbreitet. So hat J.M.R. Lenz die Einführung des Chors als »politischen Kunstgriff der Dichter« bezeichnet, der dem Bestreben eines »republikanischen Volks« entgegengekommen sei, »sich bei allen großen und merkwürdigen Handlungen als Teilnehmer, oft als Richter zu sehen« (*Anmerkungen über das Theater*, 1774). Auch Friedrich Schlegel hat in einer unveröffentlichten Studie über die attische Tragödie (1795) den Chor als Symbol des »Republikanismus« und »Repräsentation des Volks« mit der Struktur der griechischen Polis in Verbindung gebracht. Privathandlungen seien bei den Griechen auf dem tragischen Theater undenkbar gewesen. »Der Alte dachte sich bei jeder größern Handlung auf dem öffentlichen Schauplatz des Lebens, konnte sich kaum wohl eine Handlung als groß denken, die sich verkröche, die nicht im Angesicht der Menschheit, der Bürger, des Volks geschähe.« Nietzsche hat später in der *Geburt der Tragödie* all solche Versuche einer »politischen Erklärung des Chors« im Namen einer ›musikalischen‹ Deutung desselben zurückgewiesen.

Doch auch Schiller, auf dessen Vorrede zur *Braut von Messina* Nietzsche sich teilweise stützt, da sie in der Tat die musikalische Funktion des Chors nachdrücklich betont, hat das Chordrama als eine mit der Ordnung der griechischen Polis eng verbundene

Kunstform empfunden. Die vollkommene Ausrichtung der Existenz des griechischen Bürgers auf das öffentliche Leben hat er bereits in seiner Jenaer Vorlesung *Die Gesetzgebung des Lykurgus und Solon* beschrieben und durch die Einrichtung des Sklaventums begründet, welche dem freien Bürger die Besorgung der Privatangelegenheiten abnahm (»daß die Gemüter, durch keine Privatsorge zerstreut, nur dem Staate lebten«). Auch Humboldt hat in seiner von Schiller aufmerksam gelesenen Untersuchung *Über das Studium des Altertums* (1793) die Sklaverei als Bedingung der schönen Bildung und des »tätigen Anteils an der Staatsverwaltung« bei den Griechen beschrieben. Nur die Sklaverei hat also ermöglicht, was Hegel in seinen frühen Jenaer Vorlesungen (1805/06) das »schöne öffentliche Leben« der Griechen genannt hat, wobei er Schönheit ganz im politischen Sinne Schillers als »unmittelbare Einheit des Allgemeinen und Einzelnen« definiert.

Dieses schöne öffentliche Leben, das die Abstraktion des Staats noch nicht kennt, sucht Schiller auf der Bühne poetisch zu rekonstruieren. Wenngleich er dafür meist andere theatralische Mittel wählt als den Chor, der nur in einer synthetischen Kunstwelt, wie er sie in der *Braut von Messina* beschworen hat, aber nicht im modernen Geschichtsdrama denkbar ist, so bleibt jener doch Schillers geheimes Modell für die Veröffentlichung der dramatischen Handlung. Am deutlichsten demonstriert das die Schilderung der antiken Tragödienaufführung in Schillers Ballade *Die Kraniche des Ibykus* (1797). Der Einzug des Chors, »Der streng und ernst, nach alter Sitte, / Mit langsam abgemeßnem Schritte, / Hervortritt aus dem Hintergrund, / Umwandelnd des Theaters Rund«, vollzieht sich da vor der gewaltigen Kulisse der griechischen Volksmasse. Nirgends hat Schiller sein Ideal des Theaters als Öffentlichkeit spiegelnder und Öffentlichkeit schaffender Institution, welche den Menschen in seinen elementaren Empfindungen betrifft – man möchte sagen: seinen Traum vom Theater bezwingender zum Ausdruck gebracht als in dieser Ballade.

Denn Bank an Bank gedränget sitzen,
Es brechen fast der Bühne Stützen,
Herbeigeströmt von fern und nah,
Der Griechen Völker wartend da,
Dumpfbrausend wie des Meeres Wogen;
Von Menschen wimmelnd, wächst der Bau
In weiter stets geschweiftem Bogen
Hinauf bis in des Himmels Blau.

Wie Schiller in der Vorrede zur *Braut von Messina* die Angemessenheit der Tragödie an die Öffentlichkeit der theatralischen Veranstaltung von ihrem Inhalt und der Ausdrucksart ihrer Personen her begründet – durch die vom Chor repräsentierte Öffentlichkeit auf der Bühne stehen die handelnden Personen »auf einem natürlichen Theater [...] und werden ebendeswegen desto tauglicher, von dem Kunsttheater zu einem Publikum zu reden« –, so beweist er in seinen dramaturgischen Traktaten jene Angemessenheit des Dramas an die Öffentlichkeit seiner Darbietung durch die affekthaltige, elementar publikumsbezogene Form der tragischen Kunst. Es ist kein Zufall, daß Schiller in der Zeit wiedererwachender dramatischer Produktivität (1797) gemeinsam mit Goethe die Poetik des Aristoteles wieder studiert und interpretiert. Diese Lektüre bestärkt ihn in seiner dramaturgischen Überzeugung, daß es im Unterschied zur weithin ›apathischen‹ Struktur der Epopöe der ›Zweck‹ der Tragödie ist, die Affekte des Zuschauers zu erregen und – durch Einsatz spezifisch ›epischer‹ Mittel – auszugleichen. Daß die Affektenlehre Schillers dramatische Poesie bis ins Detail bestimmt, belegen namentlich die Fragmente; von ihnen her lassen sich auch die psychagogischen Kompositionsgesetze der abgeschlossenen Dramen erhellen, deren Entwürfe Schiller vernichtet hat.

So ist im *Warbeck*-Plan die Handlung konsequent aus der Perspektive des Zuschauers entworfen; auch der Charakter der einzelnen Gestalten wird von seiner affektiven Wirkung her beschrieben. Das Fragment behandelt das Thema des falschen Kronprätendenten, das Schiller dann weit großartiger und mit einer von ihm bis dahin noch nicht erreichten psychologischen Tiefgründigkeit im *Demetrius* gestalten wird. Warbeck erscheint zunächst als »mitleidenswürdiger Fürst« (der aristotelische Affekt des éleos!), als Gegenstand der »Neugier«, der »Rührung« etc.; »seine sinnliche Erscheinung ist so mächtig, [...] die Umstände so affektvoll, daß der Zuschauer fortgerissen wird. Wenn nachher der vorgebliche Herzog als ein Betrüger und homme du commun behandelt wird, so macht es desto größern Effekt und erregt Schrecken [phóbos]. Die Kunst besteht nun darin, diesen Sturz so bedeutsam pathetisch [d.h. affekthaltig] als möglich zu machen, nie an die Komödie anzustreifen [welche sich nach Schillers Theorie ja durch Affektfreiheit auszeichnet], sondern immer in der Tragödie zu bleiben.« Spricht Schiller oben von »Schrecken«, den die Entdeckung der betrügerischen Rolle des vermeintlichen Herzogs von York im Zuschauer erweckt, so ist später von der »Furcht« die Rede, die der

Zweifel an der Identität der Hauptgestalt im Publikum auslöse und die sich gradweise zu »unruhiger Erwartung« steigere.

Die »affektvolle, unruhige Erwartung, mithin das Gesetz des intensiven und rastlosen Fortschreitens« hat Schiller im Brief an Goethe vom 26. Dezember 1797 als das Wesensmerkmal der tragischen Kunst überhaupt bezeichnet. Im Briefwechsel mit Goethe über seine entstehenden Dramen ist denn auch immer wieder von der Dosierung der jeweiligen Affekte die Rede, wobei Schiller dem Erwartungsaffekt der Furcht eine Vorzugsstellung einräumt. Sie wird auffallend häufig mit dem Motiv der allmählichen Enthüllung einer längst geschehenen Untat, zumal eines Betrugs, verbunden. So entsteht die Furcht im *Warbeck* aus den Zweifeln an der Identität der Titelgestalt, welche im Laufe der Handlung »analytisch aus den gegebenen Daten herausgewickelt« werden. Der Begriff des Analytischen zeigt, daß Schiller beim *Warbeck* wie bei den anderen Betrüger-Fragmenten vom Modell des sophokleischen *König Ödipus* ausgeht (das auch der *Braut von Messina* zugrundeliegt). »Der Ödipus ist gleichsam nur eine tragische Analysis. Alles ist schon da, und es wird nur herausgewickelt« (an Goethe, 2. Oktober 1797). Dieses Faktum ist maßgebend für den Grad der tragischen Furcht; Schiller ist nämlich der Überzeugung, »daß das Geschehene, als unabänderlich, seiner Natur nach viel fürchterlicher ist, und die Furcht, daß etwas geschehen sein möchte, das Gemüt ganz anders affiziert als die Furcht, daß etwas geschehen möchte.«

Das bedeutende Beispiel für ein tragisch Furchtbares, das aus einem unabänderlich Geschehenen entsteht, ist in Schillers dramatischem Werk zweifellos das *Demetrius*-Fragment. Der vermeintliche Zarensohn Demetrius wird, seiner Illegitimität nicht bewußt, in die geschichtliche Welt gestoßen, um schließlich in dem der Peripetie des *Ödipus* kongenialen Anagnorisis(Erkennungs)-Moment mit der Wahrheit seiner Herkunft konfrontiert zu werden. Durch die geschichtliche Laufbahn, welche ihn auf eine schwindelerregende Höhe emporgetragen hat, in seine Rolle hineingedrängt, vermag er diese nun nicht mehr abzulegen. Er entscheidet sich bewußt für die Daseinslüge, der Betrogene wird zum Betrüger. Mit dem ungebrochenen Glauben an sich und seine Sendung verliert sich aber seine charismatische Wirkung; sein Glücksstern sinkt von diesem Augenblick an unaufhaltsam. (Darauf werden wir im Zusammenhang mit *Wallenstein* zurückkommen.)

Schillers Vorliebe für die tragische Analysis erklärt auch sein Interesse an der Kriminalerzählung. Von ihr zeugt neben seinem *Verbrecher aus verlorener Ehre* (1786) und dem weithin analytisch verfahrenden *Geisterseher* namentlich seine Vorrede zu den von ihm herausgegebenen *Merkwürdigen Rechtsfällen* (1792) des Pariser Advokaten Pitaval. Ernst Bloch hat den Ödipus-Stoff als den »Urstoff des Detektorischen« bezeichnet, denn hier wie dort ist das Thema das Herausfinden eines vor Beginn der gestalteten Handlung Geschehenen; ein Furchtbares, das »im Rücken der Geschichte liegt, muß ans Licht gebracht werden, und das Herausbringende ist selber und allein das Thema« (*Philosophische Ansicht des Detektivromans*). Der Zusammenhang des Ödipus-Modells und des Detektorischen zeigt sich bei Schiller am deutlichsten in dem Dramenfragment *Die Kinder des Hauses*, in dem ein Mann polizeiliche Untersuchungen gegen einen Feind anstrengen läßt, in deren Verlauf ein von ihm selbst vor langer Zeit begangenes Verbrechen ans Licht kommt.

Schiller ist wohl der letzte Dramatiker der Weltliteratur, der die Tragödie noch ganz vom Standpunkt aristotelischer Psychagogie aus bestimmt und in der eigenen Praxis komponiert. Nach seinem Tode ist die Wirkungsästhetik im Sinne der alten Affektenlehre mehr und mehr in Mißkredit geraten. Hegel hat in seiner *Ästhetik* nicht nur ihre Legitimität negiert, sondern sogar bestritten, daß es Aristoteles überhaupt um die »bloße Empfindung der Furcht und des Mitleidens« im Zuschauer gehe. Und in Goethes später *Nachlese zu Aristoteles' Poetik* (1827) heißt es: »Wie konnte Aristoteles in seiner jederzeit auf den Gegenstand hinweisenden Art, indem er ganz eigentlich von der Konstruktion des Trauerspiels redet, an die [...] entfernte Wirkung denken, welche eine Tragödie auf den Zuschauer vielleicht machen würde!« Für Goethe ist das poetische Kunstwerk ein grundsätzlich in sich geschlossenes Gebilde, die Wirkung aber etwas Akzidentelles, das keine ästhetische Beachtung verdient. Für Schiller hingegen bleibt das Drama von seiner öffentlichen Darbietungsform her auf den unmittelbar-sinnlichen Kontakt mit dem Publikum angewiesen.

Dieser elementare Publikumsbezug verbindet Schillers Tragödie eng mit der Oper, die anders als das moderne Schauspiel – das mit der Ausbreitung des literarischen Markts vielfach enttheatralisiert, literarisiert, zum Lesedrama wird, das des Theaterpublikums nicht mehr unbedingt bedarf und es sich leisten kann, einer wirkungsdynamisch ausgerichteten Formstruktur zu entsagen – auf Gedeih und Verderb an die Bühne gebunden bleibt. Das Lesepublikum scheidet als Adressat für die Oper aus; deren einziger Rezipient ist die konkrete Zuschauer- und Zuhörermasse vor der Rampe. Daher ist ihr höchstes Gesetz, will sie überleben, die Theatralität. Dieser bleibt auch Schillers Tragödie in so hohem Maße verpflichtet, daß sie zum bevorzugten Stoff- und Formreservoir der Oper des 19. Jahrhunderts vor allem in Italien, Frankreich und Deutschland geworden ist.

Schiller ist einer der meistvertonten Dramatiker der Weltliteratur überhaupt. Von den ca. 40 Opern nach seinen Dramen (sogar ein so sprödes Werk wie *Die Braut von Messina* ist mit vier Opern in der musikdramatischen Rezeptionsgeschichte vertreten) haben sich sieben im modernen Opern- und Schallplattenrepertoire behaupten können: Rossinis *Guillaume Tell* (1829) – ein seinerzeit für die Pariser Grand Opéra epochemachendes Ereignis –, Donizettis *Maria Stuarda* (1834), die vier Schiller-Opern Verdis (*Giovanna d'Arco*, 1545; *I Masnadieri*, 1847; *Luisa Miller*, 1849 und *Don Carlo*, 1867 – hinzu kommt die Kapuzinerpredigt aus *Wallensteins Lager* in *La Forza del Destino*, 1862) und schließlich Tschaikowskis Bearbeitung der *Jungfrau von Orleans* nach dem stilistischen Vorbild der Grand Opéra: die einzige dieser Vertonungen, welche dem Schillerschen Text weithin treu zu bleiben sucht und somit Tendenzen der modernen Literaturoper vorwegnimmt.

Daß sich gerade das italienische Melodramma und die Grand Opéra der Schillerschen Dramatik bemächtigten, hat vor allem seinen Grund in der Vorliebe Schillers für eine affekthaltige öffentliche Szenerie (siehe die Begegnung der Königinnen in *Maria Stuart*, die Krönungsfeier in der *Jungfrau von Orleans*, die Apfelschuß-Szene und das Attentat auf Geßler im *Wilhelm Tell*), die pathetische Konfliktstruktur und die vielfach latent musikalische Dramaturgie (vgl. etwa die ariose Struktur des Abschieds der Titelheldin von der Heimat am Schluß des »Prologs« der *Jungfrau von Orleans* oder ihr von Musikinstrumenten begleiteter, mithin nach Art eines Melodrams gestalteter Monolog zu Beginn des vierten Aufzugs). Daß Schillers Dramaturgie von seinen ersten Dramen an durch die Oper inspiriert ist (schon in der Karlsschulzeit war er ein eifriger Opernbesucher), ist von der Forschung deutlich belegt worden, und sein erster dramatischer Versuch überhaupt ist bezeichnenderweise ein veritables Opernlibretto, freilich sein einziges Experiment in dieser Gattung: *Semele. Eine lyrische Operette in zwo Szenen* (1782). Die Nähe der Schillerschen Dramaturgie zur Oper ist zumal von Richard Wagner wiederholt betont worden (vgl. etwa seinen Essay *Über die Bestimmung der Oper*, 1871). Für Wagners eigenes Musikdrama hat die *Jungfrau von Orleans* – die am meisten ›veroperte‹ Tragödie Schillers – geradezu modellhafte Bedeutung gewonnen.

»Ich hatte immer ein gewisses Vertrauen zur Oper, daß aus ihr wie aus den Chören des alten Bacchusfestes das Trauerspiel in einer edlern Gestalt sich loswickeln sollte«, schreibt Schiller am 29. Dezember 1797 an Goethe. In der *Braut von Messsina* hat er die Chöre selber wieder eingeführt – und zwar durchaus auch in musikalischer Funktion. Gleich im ersten Abschnitt seiner Vorrede betont er, das »tragische Dichterwerk« werde »erst durch die theatralische Vorstellung zu einem Ganzen: nur die Worte gibt der Dichter, Musik und Tanz müssen hinzukommen, sie zu beleben«. Das ist eine deutliche Absage an die ›Literarisierung‹ des Dramas, ein Bekenntnis zu seiner Theatralität, für welche die Einheit von Poesie, Musik und Tanz in der griechischen Tragödie vorbildhaft ist. Schillers Ziel ist das Drama als Gesamtkunstwerk. Tatsächlich hat er Zelter zur Vertonung nicht nur der lyrischen Chorpartien der *Braut von Messina*, sondern auch einzelner Szenen zu bewegen versucht, die wie der ariose erste Monolog Beatrices (Vs. 981–1108) einen musikalischen Charakter haben und bereits auf situationsverwandte Momente der späteren romantischen Oper vorausweisen. (Gerade dieser Monolog zeigt, daß Schillers Chortragödie keineswegs nur antike Formen zu restaurieren strebt, sondern – wie schon die »romantische Tragödie« *Die Jungfrau von Orleans* – auf Strukturelemente des zeitgenössischen romantischen Dramas [Tiecks *Genoveva*, 1800] zurückgreift. Die Verbindung klassischer und romantischer Formen bringt die *Braut von Messina* erstaunlich in die Nähe des Goetheschen Helena-Akts, dessen Anfänge ja ins Jahr 1800 zurückreichen.)

Die Rückkehr Schillers zum Theater: die Wiederaufnahme der Arbeit am *Wallenstein* im Frühjahr 1796 bedeutet seine energische Abkehr von der »Kunstmetaphysik« und einer dieselbe umstandslos ›anwendenden‹ Poesie – wie er sie noch ein Vierteljahr zuvor in dem rein spekulativen Plan einer »Idylle« ins Auge gefaßt hatte, die eine Art Fortsetzung seines philosophischen Poems *Das Ideal und das Leben* sein sollte (vgl. seinen Brief an Humboldt vom 29. November 1795). Suchte er sich hier noch ganz vom Stoff der »Wirklichkeit« zu lösen, so kehrt er im *Wallenstein* bereitwillig auf deren Boden zurück, und zwar auf dem Wege des »Realismus«, wie er ihm durch Goethe vorgezeichnet worden ist. Er selbst gesteht Humboldt am 21. März 1796, daß er nun »in Goethes Gebiet« gerate und sich »mit ihm werde messen müssen«. An Goethe schreibt er am 28. November 1796: »Es will mir ganz gut gelingen, meinen Stoff außer mir zu halten und nur den Gegenstand zu geben.« Der sentimentalischen Tendenz, den Gegenstand nicht um seiner selbst willen, in seiner Äußerlichkeit bestehen zu lassen, sondern nach innen zu ziehen, ideell aufzubereiten oder empfindsam zu internalisieren, setzt er den Grundsatz naiv-realistischer Darstellung entgegen. Ganz im Sinne der ›Unempfindlichkeit‹ Homers oder Shakespeares glaubt er sein Gemüt von »Kälte für meinen Gegenstand« bestimmt, ja er behauptet: »das Sujet interessiert mich gar nicht«, nämlich im Sinne eines in seinem dichtungstypologischen Hauptwerk so genannten »sentimentalischen Interesses«. (Ob es bei dieser ›Kälte‹ im Verlauf der dramatischen Arbeit geblieben ist, darf man freilich bezweifeln, hat der Tragiker doch nach Schillers Theorie seinen Stoff der Empfindung des Zuschauers nahezubringen. Die Tragödie ist nicht zuletzt unter diesem Aspekt eine eher sentimentalische Gattung, wie Schiller und Humboldt in ihrem Briefwechsel betonen.)

Während der Arbeit Schillers an seinem Opus magnum wendet auch Goethe sich seinem Lebenswerk, dem *Faust* wieder zu. Es ist merkwürdig, daß beide – der geborene Epiker wie der in den bühnenfernen Jahren sich mehr zum epischen Dichter berufen fühlende Tragiker – ihren dramatischen Gegenstand zunächst in einem »epischen« Geiste zu behandeln denken. Goethe antwortet am 27. Juni 1797 auf Schillers Frage nach dem »poetischen Reif« für die »hoch aufquellende« Stoffmasse des *Faust*, die doch eine »zu große Umständlichkeit und Breite« für das Drama erfordere (26. Juni 1797), er wolle sich die in diesem Jahr gemeinsam erarbeitete »Theorie des epischen Gedichts« zunutze machen. Diese Theorie sollte freilich der konsequenten Trennung der Gattungen, gerade nicht ihrer Vermischung dienen! Und Schiller schreibt am 1. Dezember 1797 angesichts des sich immer mehr ausdehnenden *Wallenstein*: »Es kommt mir vor, als ob mich ein gewisser epischer Geist angewandelt habe«, der von ihm auf die Einwirkung des Goetheschen Geistes zurückgeführt wird, freilich auch mit der Herkunft des Stoffs aus einem historischen Erzählwerk Schillers zusammenhängt.

Hat Goethe indessen durch die Weite des Zeitraums der *Faust*-Handlung und deren Diskontinuität sowie durch die Vielheit der Schauplätze und Handlungsstränge das Epische gewissermaßen in die dramatische Form des Gesamtwerks integriert, so sondert es Schiller überwiegend im Vorspiel ab. *Wallensteins Lager* ist ein Stück epischen Theaters: durch seine Reihung malerischer Szenen, als Versuch, die Totalität der Epoche Wallensteins im Spiegel des Heereslebens einzufangen (nach Hegel präsentiert das Epos die »Totalität der Objekte«), schließlich durch den Verzicht auf dramatische Progression. »Darum verzeiht dem Dichter«, heißt es im

»Prolog«, »wenn er euch / Nicht raschen Schritts mit einem Mal ans Ziel / der Handlung reißt, den großen Gegenstand / In einer Reihe von Gemälden nur / Vor euren Augen abzurollen wagt«. Die epische Ouvertüre gibt den Raum frei für ein am Formgesetz der klassischen Tragödie orientiertes Drama: die Akteinteilung tritt an die Stelle der bloßen Folge von »Auftritten« im *Lager*, der Blankvers löst den Knittelvers ab, das ›gemeine‹ Niveau der Soldateska weicht der hohen Standesebene etc.

Allerdings hat auch der erste Akt der *Piccolomini* noch episches Gepräge, da er nach Schillers Worten (an Goethe, 1. Dezember 1797) »mehr statistisch oder statisch ist, den Zustand, welcher ist, darstellt, aber ihn noch nicht eigentlich verändert«; jener Akt diene mithin dazu, »die Welt und das Allgemeine, worauf sich die Handlung bezieht«, zu vergegenwärtigen – wieder eine eigentlich epische Aufgabe. Um die dergestalt in die Breite gezogene Dichtung von der Gattungsgesetzlichkeit des Dramas her zu rechtfertigen, gibt Schiller ihr die Form der Trilogie. Sie ist freilich eine die epische Stoffülle verschleiernde Hohlform, da es sich hier keineswegs um eine Folge von drei selbständigen Dramen, sondern um ein einziges durchkomponiertes Werk handelt.

In seinem theoretischen Hauptwerk *Oper und Drama* (1850/51) hat Richard Wagner am Beispiel des Schillerschen Geschichtsdramas eingehend den Widerspruch und das Schwanken des Dichters zwischen »Historie« und »antiker Kunstform« analysiert: die »Unfähigkeit« des »geschichtlichen Stoffes«, in seinen vielfältigen Verzweigungen »zur Darstellung in dramatischer Form« zu gelangen, soweit diese sich vom Modell der griechischen Tragödie herleitet. Geschichte sei nur in epischer Gestalt, im Roman adäquat darstellbar, meint Wagner, während das Drama die »gedrängte Gestalt« des Mythos voraussetze. (Diese prinzipielle Kritik am Geschichtsdrama hat Wagners Bewunderung des *Wallenstein* nicht gemindert; er trug sich einer Tagebucheintragung Cosima Wagners vom 13. Mai 1870 zufolge gar mit dem Gedanken, die Trilogie bei den Bayreuther Festspielen zu inszenieren!) – Auf der anderen Seite ist freilich nicht zu übersehen, daß Schiller die Geschichte gewissermaßen zum Mythos stilisiert hat, um sie an die Kunstform der Tragödie zu akkommodieren. Bereits im Traktat *Über die tragische Kunst* hat Schiller ja betont, daß die Tragödie die »historische Wahrheit« ihren eigenen »Gesetzen« und psychagogischen »Bedürfnissen« anzupassen habe; d.h. der Tragiker muß den Geschichtsstoff auf Handlungsschemata hin typisieren, die geeignet sind, den Zuschauer affektiv zu erschüttern.

Eben das ist dem »Geschichtsschreiber«, d.h. dem Erzähler nichtfiktionaler Begebenheiten verwehrt, wie Schiller in den einleitenden poetologischen Betrachtungen seiner »wahren Geschichte« *Der Verbrecher aus verlorener Ehre* bemerkt. Versucht jener das »Herz« des Lesers »durch hinreißenden Vortrag« zu bestechen, d.h. an seine Affekte zu appellieren, so ist das »eine Usurpation des Schriftstellers und beleidigt die republikanische Freiheit des lesenden Publikums, dem es zukömmt, selbst zu Gericht zu sitzen; sie ist zugleich eine Verletzung der Grenzengerechtigkeit, denn diese Methode gehört ausschließlich dem Redner und Dichter.« Der »Geschichtsschreiber« hat also z.B. den Verbrecher durch die kalte Analyse der »Struktur der menschlichen Seele« und der »Bedingungen, welche sie von außen bestimmen«, dem Leser *verständlich* zu machen, während der Tragiker ihn dem *Herzen* des Zuschauers näherbringen muß. Der Geschichtsschreiber verfährt mithin republikanisch, stört die Gemütsfreiheit des Lesers nicht, während der Tragiker despotisch an die Affekte des Zuschauers appelliert (ihm freilich auch die ›epischen‹ Mittel an die Hand geben muß, sein Gemüt wieder ins republikanische Gleichgewicht zu bringen). Die tragische Bearbeitung eines Geschichtsstoffs bedeutet also die ›pathetische‹ Zurüstung der ›historischen Wahrheit‹.

In diesem Sinne hat Schiller den für den tragischen Zweck an sich ungeeigneten Wallenstein-Stoff (vgl. seinen Brief an Körner vom 28. November 1796) »poetisch organisiert und [...] in eine reine tragische Fabel verwandelt«, indem er z.B. »die Handlung gleich von Anfang an in eine solche Präzipitation und Neigung« gebracht hat, »daß sie in stetiger und beschleunigter Bewegung zu ihrem Ende eilt« (an Goethe, 2. Oktober 1797) – wie es dem in diesem Jahr zusammen mit Goethe analysierten Finalprinzip der dramatischen Kunst entspricht. Als Beispiele für die tragische ›Schematisierung‹ des Stoffs seien angeführt: die virtuose Vorbereitung und Gestaltung einer – die tragische ›Furcht‹ aufs äußerste steigernden – Peripetie (*Wallensteins Tod* III/5), die den Glücksumschwung in Wallensteins Schicksal zu einem Katarakt von Unheilsbotschaften verdichtet und steigert (vergleichbar der von Schiller im Szenar so genannten »Gradation der Unfälle« nach der Peripetie des *Demetrius*), oder die deutliche Affinität der ›Pathosszenen‹ am Ende der Trilogie zum Untergang des Atridenhauses bei den attischen Tragikern.

Daß der auf diese Weise tragisch disponierte und typisierte Stoff eine poetische ›Als ob‹-Ordnung und nicht das geschichtliche ›An sich‹ darstellt, entspricht der Maxime des »Prologs«, demzufolge die Dichtung »die Täuschung, die sie schafft, / Aufrichtig selbst zerstört und ihren Schein / Der Wahrheit nicht betrüglich unterschiebt.« Erst die Rezeption des Schillerschen Geschichtsdramas hat ›Schein‹ und ›Wahrheit‹ verwechselt und die tragische Fabel in Widerspruch zu Schillers Geschichtsauffassung und Poetik zum objektiven Gesetz der Geschichte als eines von der Nemesis bestimmten Sinngefüges hypostasiert. Daß die Vernunft in der Geschichte indessen die Vernunft des auffassenden Subjekts ist, hatte Schiller schon in seiner Jenaer Antrittsvorlesung betont. Die Geschichte stelle nur ein »Aggregat von Bruchstücken« dar, das erst durch den Historiker »zu einem vernunftmäßig zusammenhängenden Ganzen« erhoben werde. Jener verfährt daher in Analogie zum Dichter, wandelte doch den Versen 235f. der *Künstler* zufolge erst von der tragischen Bühne »die Vorsicht in den Weltenlauf« – ein am Ende der *Kraniche des Ibykus* plastisch verdeutlichter Satz: hier greift die Nemesis, die rächende Vergeltung tatsächlich von der Bühne aufs Leben über. So ist auch im *Wallenstein* die mythologisch-symbolische Konstruktion der Nemesis aus der Kunstform der Tragödie abgeleitet und steht im Dienst der spezifisch tragischen Wirkung, zumal der Erregung der Furcht durch die Erwartung der Katastrophe des Helden.

Die Nemesis gehört in den Bereich der symbolischen Vehikel, deren die Tragödie als solche bedarf. Schiller war davon überzeugt, daß die moderne ›entgötterte‹ Welt ein unfruchtbarer Boden für die Tragödie sei; er sucht deshalb nach poetischen Surrogaten für die Götter und numinosen Zeichen der alten Tragödie. »Die Götter sind in die Brust des Menschen zurückgekehrt«, heißt es in der Vorrede zur *Braut von Messina*; daher muß sie der tragische Dichter »wieder aufstellen«. Schiller hat selbstverständlich nicht an Visionen, Wunder oder Wahrträume ›geglaubt‹, und doch werden sie etwa in der *Jungfrau von Orleans* oder der *Braut von Messina* poetisch legitimiert. (Auch an den ›Wahrtraum‹ der Gräfin Terzky vor Wallensteins Tod ist zu denken.) Schiller war nicht Voltaire, dem die literarische Form, auch die der Tragödie, dazu diente, Mythos und Legende zu destruieren, sondern er suchte das ›Wunderbare‹ (im Falle der *Jungfrau von Orleans* bekanntlich in ausdrücklicher Opposition gegen Voltaires *Pucelle d'Orléans*) als ästhetischen Schein zu restituieren.

Von größter Bedeutung in diesem Zusammenhang ist die astrologische Motivik des *Wallenstein*, um die Schiller lange gerungen hat. Die Astrologie war für ihn im Grunde eine »Fratze« (an Goethe, 4. Dezember 1798; an Iffland, 24. Dezember 1798 u.ö.), auf die er sich nur widerwillig einließ, wenn er sie auch um des geschichtlichen Ambientes willen – um dem »Geist des Zeitalters« nahezukommen, wie er Goethe im zuletzt genannten Brief mitteilt – dringend benötigte. (Goethe bezeichnet in seinem Brief vom 5. Dezember 1798 das »Astrologische« durchaus in Schillers Sinne als »Teil des historisch, politisch, barbarisch Temporären« und in dieser Verbindung als Kontrapunkt des »Tragischen«.)

Durch die dramatische Behandlung soll die abergläubische ›Fratze‹ aber »poetische Dignität« gewinnen, schreibt Schiller am 7. April 1797 an Goethe. Diese Dignität besteht in ihrer Analogie zur numinosen Apparatur der antiken Tragödie, zumal zur formbestimmenden Rolle des Orakels, für das sich »aus weniger fabelhaften Zeiten« nur schwer ein Ersatz finden lasse, wie Schiller Goethe am 2. Oktober 1797 gesteht: »Das Orakel hat einen Anteil an der Tragödie, der schlechterdings durch nichts andres zu ersetzen ist«. Im astrologische Motiv des *Wallenstein* hat Schiller freilich einen gewissen Ersatz gefunden, wie schon von dem scharfsinnigen Zeitgenossen Johann Wilhelm Süvern in seinem Buch *Über Schillers Wallenstein in Hinsicht auf griechische Tragödie* (1800, also im selben Jahr wie die Buchausgabe der Trilogie erschienen) erkannt worden ist. Wallenstein selbst redet in der ursprünglichen Fassung der astrologischen Szene zu Beginn des dritten Teils der Trilogie von den »Orakeln« im »Buch der Sterne«. Tatsächlich gleicht die Funktion der letzteren im symbolischen Kosmos des *Wallenstein* genau der intrikaten Rolle des Orakels im sophokleischen *Ödipus* und im antiken Mythos überhaupt. Immer wieder verbirgt sich ja hinter dessen offenbarem Sinn ein dunkler Gegensinn, hinter der vermeintlich glücklichen die wahre unglückliche Bedeutung.

Diese Doppelsinnigkeit des Orakels hat Schiller durch die Doppelgesichtigkeit des Planetenstands im *Wallenstein* nachgebildet – ähnlich wie später in der *Braut von Messina* in den scheinbar sich widersprechenden Traum-»Orakeln« (als solche werden sie ausdrücklich bezeichnet), die in Wahrheit denselben Inhalt haben. Die Bewahrheitung des Orakels, des Traums oder des Planetenstands ist es vor allem, welche *König Ödipus*, *Wallenstein* und *Die Braut von Messina* verbinden. Ihre Helden werden vom ›Schicksalsfluch‹ getroffen, indem sie ihm zu entrinnen meinen; der glückliche Zustand, den sie erreicht wähnen, offenbart sich als die vermeintlich abgewendete Katastrophe.

Das ist die tragische Ironie, welche die Wallenstein-Trilogie bis in die Details der Handlung durchwaltet. Sie besteht genau gesagt darin, daß Wallenstein aufgrund seines Horoskops glaubt, er gehöre den »hellgebornen, heitern Joviskindern« zu (*Piccolomini*, Vs. 985), sein Geschick stehe im Zeichen des siegreichen Jupiter (und der Venus, des anderen glückbringenden Planeten) – während ihm in Wahrheit der im astrologischen wie mythologischen Sinne gestürzte Saturn (und Mars, der andere Unglücksstern) korrespondieren. Das hat erstaunlicherweise bereits – den allerjüngsten Forschungsstand vorwegnehmend – Richard Wagner erkannt, der in einem Gespräch mit Cosima am 24. Mai 1870 die Gestalt Wallensteins auf die Formel bringt: »Unter Saturnus geboren und Jupiter kokettierend, welcher ihm nicht Stich hält.«

Wagner spielt mit diesen Worten auf die astrologische Szene zu Beginn der Buchfassung von *Wallensteins Tod* an. Wallenstein und sein Astrologe Seni betrachten und deuten hier »der Planeten Aspekt«, der sich Wallenstein endlich so darstellt, wie er ihn ersehnt hat:

Glückseliger Aspekt! So stellt sich endlich
Die große Drei verhängnisvoll zusammen,
Und beide Segenssterne, Jupiter
Und Venus, nehmen den verderblichen,
Den tückschen Mars in ihre Mitte, zwingen
Den alten Schadenstifter, mir zu dienen.
[...]
Jetzt haben sie den alten Feind besiegt,
Und bringen ihn am Himmel mir gefangen.

Seni ergänzt: »Und beide große Lumina [Jupiter und Venus] von keinem / Malefico beleidigt! der Saturn / Unschädlich, machtlos, in cadente domo.« (*W.s Tod*, Vs.9–24)

Wallensteins Wertung der verschiedenen Planeten entspricht ganz dem astrologischen Konsensus: Jupiter und Venus sind die beneficae stellae, Saturn und Mars die maleficae. Natürlich hängt diese Wertung mit der Rolle der nunmehr an den Sternenhimmel versetzten Götter der antiken Mythologie zusammen. Die maleficae stellae sind in der von Seni aufgezeichneten Konstellation in einer schwachen Position. Das strategische Vokabular Wallensteins – Jupiter und Venus nehmen Mars »in ihre Mitte«, haben »den alten Feind besiegt« und bringen ihn »gefangen« – läßt die tragische Ironie der Szene besonders deutlich hervortreten, denn der vermeintlich »glückselige Aspekt«, die planetarische Konstellation, so wie Wallenstein sie deutet, steht in diametralem Gegensatz zu der wirklichen, der politisch-militärischen ›Konstellation‹. Wallenstein wähnt, seine Segenssterne brächten ihm den Schadenstifter Mars gefangen. Aber wer ist unmittelbar vorher »gefangen« worden? Wallensteins Unterhändler Sesin (*W.s Tod*, Vs. 40) – die Peripetie des Stücks hat schon eingesetzt! Unmittelbar nach Wallensteins Entschluß zur Tat aufgrund der endlich eingetretenen vermeintlich günstigen Konstellation »geschehen Schläge an die Tür« (nach *W.s Tod*, Vs. 35). Schicksalsschläge! Der planetarische Aspekt scheint mit den tatsächlichen Ereignissen mitnichten übereinzustimmen.

Sind die Sterne also Irrlichter? Nur, solange man davon ausgeht, daß Jupiter der Stern Wallensteins ist. Liest man nun aber den Aspekt gegen den Strich von dessen eigener Deutung, erkennt man also, daß ihm nicht Jupiter, sondern Saturn und Mars symbolisch zugeordnet sind, so entspricht der Planetenstand wirklich den Tatsachen. Wie Saturns Reich »aus« ist (*W.s Tod*, Vs. 25), so auch dasjenige Wallensteins; er selbst ist nunmehr »unschädlich, machtlos, in cadente domo«. Die Metapher seines ›Falls‹ durchzieht die ganze Trilogie; sogar der Terminus des ›fallenden Hauses‹ wird von Gräfin Terzky am Schluß der Tragödie auf Wallenstein bezogen: »Ich überlebte meines Hauses Fall [...]« (*W.s Tod*, Vs. 3857). Während Wallenstein glaubt, sein Geschick stehe im Zeichen des siegreichen Jupiter, gleicht es in Wirklichkeit dem des gestürzten Saturn – astrologisch wie mythologisch gesehen.

Auch wenn er gleich zu Beginn der Szene, nicht im unmittelbar astrologischen, sondern übertragenen Sinne meint: »Mars regiert die Stunde« (*W.s Tod*, Vs. 2), trifft das weit mehr zu, als er ahnt. Nicht Venus gehört ihm zu, sondern Mars, der Kriegsgott. Wallenstein ist das, was er ist, durch den Krieg. Daß er der Friedensbringer sein könnte, ist eine verhängnisvolle Selbsttäuschung (und die Täuschung Max Piccolominis). Das wird gleich in *Wallensteins Lager* deutlich. Der Freiheitsbegriff der Soldaten verabsolutiert den Ausnahmezustand des Kriegs, und nur die Regeln desselben – eines, mit Hegel zu reden, »heroischen Weltzustandes« inmitten einer institutionell feststehenden, ›polizierten‹ Ordnung – gibt Wallenstein überhaupt die Möglichkeit, den Frieden aus eigenen Mitteln zu erreichen. Ein solcher Friede aber, der von einer kriegsbedingten Ausnahmeexistenz abhängt, ist eine Paradoxie. Daß Wallenstein wirklich, wie es sich Max Piccolomini in der vierten Szene des dritten Aufzugs der *Piccolomini* erträumt, aus einem Kriegshelden zu einem kolonisierenden Friedenshelden werden könnte, der baut, pflanzt, Flüsse reguliert und Handelsstraßen bahnt (Vs. 1670ff.), wird niemand ernstlich glauben. Max eröffnet seinen Zukunftstraum mit einer von ihm bewußt entmythologisierend eingesetzten symbolischen Umdeutung der von Wallenstein erwarteten astronomischen Konstellation: das »düstre Reich« des Mars wird bald zuende sein (Vs. 1654). Aber was wird Wallenstein beginnen, wenn die gewünschte Konstellation eintritt? Nicht ein Werk der Kolonisation und des Friedens, sondern eine Tat des Bürgerkriegs. Er (wie sein Planet Mars) ist der »Schadenstifter«, welcher in der von ihm richtig gesehenen, aber falsch gedeuteten Konstellation in eine verhängnisvolle Zwangslage geraten ist.

Saturn und Mars also sind die eigentlichen Sterne Wallensteins. Seine saturnischen Züge gibt er halbwegs selber zu, wenn er in der astrologischen Szene bemerkt:

> Saturnus' Reich ist aus, der die geheime
> Geburt der Dinge in dem Erdenschoß
> Und in den Tiefen des Gemüts beherrscht,
> Und über allem, was das Licht scheut, waltet.
> Nicht Zeit ists mehr zu brüten und zu sinnen,
> Denn Jupiter, der glänzende, regiert
> Und zieht das dunkel zubereitete Werk
> Gewaltig in das Reich des Lichts – Jetzt muß
> Gehandelt werden [...].
> (*W.s Tod, 25–33*)

Das Brüten und Sinnen, seine Anhänger verwirrende »Temporisieren« Wallensteins (*Piccolomini*, Vs. 922) steht mithin im Zeichen Saturns, des von Jupiter in die Unterwelt verbannten, aus der Tiefe – dem gebärenden Mutterschoß – der Erde und des Gemüts wirkenden Gottes. Wallenstein *will* im olympischen Lichtreich der von des Gedankens Blässe nicht angekränkelten Taten leben, will nicht wahrhaben, daß die Wurzeln seines Geistes tief unter die Erde hinabreichen. Im Grunde scheut er sich zu handeln, darum sein Schauder, als er entdecken muß, daß die von ihm nur gedachte Tat, »entlassen aus dem sichern Winkel / Des Herzens, ihrem mütterlichen Boden [!]« nun »hinausgegeben« ist »in des Lebens Fremde« (*W.s Tod*, Vs. 187ff.).

Schiller legt Wallenstein hier Formeln in den Mund, die der mit der Astrologie untrennbar verbundenen, mythologisch durchwirkten alteuropäischen Humoralpathologie (Temperamentenlehre) entstammen, welche im Zeitalter der Aufklärung freilich schon weithin aus dem kulturellen Gedächtnis verschwunden ist. Schiller hat sich jedoch aufgrund seines Studiums von »kabbalistischen und astrologischen Werken« des 16. und 17. Jahrhunderts, die er seinem Brief an Goethe vom 7. April 1797 zufolge aus der Jenaer Bibliothek entliehen hat – auch Körner hat ihm in seinem ausführlichen Brief vom 14. März 1797 eine ganze Reihe von astrologischen Schriften angegeben, deren Inhalt er selbst resümiert –, mit den Grundlagen der Astrologie und Humoralpathologie vertraut gemacht. Aller Wahrscheinlichkeit nach hat er auch das Werk studiert, das von allen wichtigen hermetischen Schriften des 16. Jahrhunderts die wohl größte Verbreitung gefunden hat: des Agrippa von Nettesheim *De occulta philosophia* (1531). Körner hat es ihm empfohlen, und es stand in Goethes Bibliothek – ja die Gestalt des Agrippa von Nettesheim ist eines der Urbilder des *Faust*, an dem Goethe bekanntlich zur gleichen Zeit wie Schiller am *Wallenstein* wieder arbeitet. Goethe ist es auch, der aufgrund seiner Vertrautheit mit dem hermetischen Schrifttum (zumal in der »Urfaust«-Zeit) Schiller manche bedeutende Anregung gegeben hat. Davon zeugt noch der Brief vom 8. Dezember 1798, wo Goethe den »astrologischen Aberglauben« – den er »nicht einmal Aberglauben nennen« möchte – in dem »dunkeln Gefühl eines ungeheueren Weltganzen« verankert sieht, womit er zutreffend das Analogiedenken der hermetischen Disziplinen bezeichnet.

Diejenige Schrift, der Schiller die meisten einschlägigen Informationen verdankt, sind – wie erst in jüngster Zeit bekannt wurde (vgl. Dieter Borchmeyer: *Macht und Melancholie [...]*, 1988) – die 1535 posthum erschienenen *Dialoghi d'amore* des in Italien lebenden portugiesisch-jüdischen Arztes und Philosophen Leone Ebreo, einer der wichtigsten Liebestraktate der Renaissance. Schiller geriet auf der Suche nach astrologischen Quellenschriften an eine lateinische Übersetzung des Werks aus dem Jahre 1587. Davon berichtet er Goethe und Körner in seinen Briefen vom 7. April 1797: »Die Vermischung der chemischen, mythologischen und astronomischen Dinge ist hier recht ins Große getrieben und liegt wirklich zum poetischen Gebrauche da«, bekennt er Goethe. Bei aller Befremdung, ja Belustigung fasziniert ihn die groß angelegte spekulative Verbindung von Mythologie und Astrologie sowie das Analogiedenken, das Mensch und Kosmos in vielfältige Beziehung bringt. Im Mittelpunkt des mythologisch-astrologischen Teils der Dialoge Leone Ebreos steht das kosmologische Drama zwischen Saturn und Jupiter mit seinen Analogien in der menschlichen Natur. Saturn, so führt der Verfasser aus, ist der Sohn von Himmel und Erde (Uranos und Gaia) und partizipiert so an den Wesensarten beider. Aufgrund seiner Herkunft von der Erde beherrsche er alle irdischen Dinge, er mache die Menschen, die unter seinem Zeichen stehen, melancholisch, traurig, ernst und langsam, seine Gaben seien aber auch großes Ingenium und tiefes Denken. Das weist zur väterlich-himmlischen Erbanlage Saturns hinüber, aufgrund welcher er das von ihm regierte Gemüt mit divinatorischen Fähigkeiten begabt, die dasselbe über alles Irdische erheben.

Leone Ebreos *Dialoghi d'amore* sind ganz in der humoralpathologischen Tradition verankert, derzufolge sich die Natur des Menschen nach vier Temperamentstypen unterscheidet, welche durch das Vorwalten eines der vier »Grundsäfte« oder »Humores« im Menschen bestimmt sind. Jede dieser vier Typen wird einem bestimmten Planeten zugeordnet. So gehört das warme und feuchte Blut, also das Temperament des Sanguinikers, dem Planeten Jupiter zu; die warme und trockene gelbe Galle, die das Temperament des Cholerikers bestimmt, entspricht dem Mars; der kalte und feuchte Schleim, der beim Phlegmatiker dominiert, korrespondiert dem Mond; und das Gestirn des von der kalt-trockenen schwarzen Galle bestimmten Melancholikers schließlich ist der sonnenfernste und langsamste der Planeten: Saturn. Diese Zuordnung der Temperamentstypen zu den Planeten resultiert natürlich aus der Mythologiegeschichte der Gottheiten, die den Planeten ihre Namen gegeben haben.

Wie die Melancholie das widersprüchlichste der Temperamente ist, so ist Saturn der widersprüchlichste der Götter unter den Planetengottheiten. Einerseits ist er in der antiken Mythologie der entthronte und geschändete Gott, der einsam im finsteren Tartaros haust – und sich deshalb besonders zum Namengeber des langsamsten, fernsten und lichtschwächsten Planeten eignet –, anderseits ist er der Herrscher des goldenen Zeitalters. Die Orphiker verehrten ihn überdies als höchste seherische Intelligenz. Diese gegensätzlichen Qualitäten prägen auch das Temperament der Melancholie – wie wir noch am Beispiel des Schillerschen Wallenstein sehen werden, der durch und durch als Saturniker im alteuropäischen Sinne, als ein homo melancholicus vom Schlage Hamlets, Tassos und Fausts gezeichnet ist. – Mit dem Epochenbegriff der Klassik verbindet sich in der Regel die Vorstellung ›olympischer‹ Klarheit, Lichtheit, Heiterkeit. Die Melancholie, die Schwarzgalligkeit ist daher schon von ihrer dunklen »Gemütsfarbe« her (Hans-Jürgen Schings: *Melancholie und Aufklärung*, 1977) der bedrohliche Kontrapunkt zur Aufklärung, die sich ja im Zeichen des Lichts sieht, wie auch zur Klassik. Gleichwohl kreisen die beiden Zentralwerke der Weimarer Klassik um Gestalten, die von Saturn, dem in die

Unterwelt verbannten Gegengott der etablierten olympischen Ordnung, gezeichnet sind: Faust und Wallenstein, homines melancholici, deren mentale Wurzeln tief in eine voraufklärerische, dem 18. Jahrhundert schon weithin entfremdete, ja beinahe verschollene Vorstellungswelt hinabreichen.

Schon der historische Wallenstein ist ein typischer Melancholiker gewesen. Das haben die Chronisten und Geschichtsschreiber vom Dreißigjährigen Krieg bis zu Schillers *Geschichte des Dreißigjährigen Kriegs* immer wieder demonstriert. Thomas Mann hat in seinem *Versuch über Schiller* (1955), in dem zum erstenmal die melancholische Disposition Wallensteins in Schillers Drama deutlich-bedeutend erfaßt ist, auf die erstaunliche Übereinstimmung seines Charakterbildes mit dem von Kepler gestellten Horoskop des kaiserlichen Generalissimus aus dem Jahre 1608 hingewiesen, das erst lange nach Schillers Tod veröffentlicht wurde. Kepler habe Wallensteins Schicksalsbestimmung »in der Verbindung von Saturn und Jupiter im ersten astrologischen Hause, dem Hause des Lebens, erblickt. Es ist diese Verbindung saturnischer und jovialischer Elemente, aus denen Schiller instinktiv und mit dem Ergebnis völliger realistischer Überzeugungskraft sein Wallenstein-Bild geformt hat«, konstatiert Thomas Mann. »Saturnus im Aufgang machet tiefsinnige, melancholische, allzeit wachende Gedanken, bringt Neigung zu Alchymiam, Magiam [...], Verachtung und Nichtachtung menschlicher Gebote und Sitten, auch aller Religionen«, heißt es in Keplers Horoskop, und Thomas Mann schreibt, dieses Fazit in Bezug auf Schillers Wallenstein variierend: »Saturn: das ist brütende Melancholie, es sind die abseitigen und im Verborgenen gärenden Gedanken, das selbstherrliche Sich-Erheben über menschliche Gebote, die skeptische Indifferenz in religiösen Dingen, [...] dunkle Verträumtheit, Ehr- und Machtbegierde, Phantastik und nachtwandlerische Verwegenheit. [...] Das Außermenschliche seines Wesens schreckt; aber was Jupiter der saturnischen Unheimlichkeit hinzufügt, ist ein Königlich-Gebietendes, ein unverkennbar Herrscherliches, welches nicht nur Furcht, sondern Ehrfurcht, Glauben, Hingabe erzeugt«. Das Wallenstein-Bild Thomas Manns ist ganz von der »stellarischen Doppelnatur des Helden« geprägt. Er neigt freilich dazu, diese Doppelnatur harmonisierend im Sinne einer Komplementarität der beiden ›Seelen‹ in Wallenstein zu deuten. Dessen Selbstcharakterisierung als ›heiteres Joviskind‹ hat er nicht grundsätzlich in Zweifel gezogen, wenn er sie auch durch den Hinweis auf die saturnischen Züge seines Wesens korrigiert.

Wallenstein selber will lange nichts von seiner saturnischen Anlage wissen. »In allem ist er das Gegenteil von dem, für was er sich selbst hält« (Otto Ludwig: *Schillers Wallenstein*, 1857/58). Das deutlichste Dokument dafür ist sein Dialog mit Illo in der sechsten Szene des zweiten Aufzugs der *Piccolomini*. Nicht sich selber charakterisiert er hier als Saturnkind, sondern Illo:

Dir stieg der Jupiter
Hinab bei der Geburt, der helle Gott;
Du kannst in *die* Geheimnisse nicht schauen.
Nur in der Erde magst du finster wühlen,
Blind, wie der Unterirdische, der mit dem bleichen
Bleifarbnen Schein ins Leben dir geleuchtet.
Das Irdische, Gemeine magst du sehn,
[...]
Doch, was geheimnisvoll bedeutend webt
Und bildet in den Tiefen der Natur, –
Die Geisterleiter, die aus dieser Welt des Staubes
Bis in die Sternenwelt, mit tausend Sprossen,
Hinauf sich baut, an der die himmlischen
Gewalten wirkend auf und nieder wandeln,
[...]
Die sieht das Auge nur, das entsiegelte,
Der hellgebornen, heitern Joviskinder.
(*Piccolomini*, Vs. 966–985)

Jupiter – ganz im Sinne der astrologischen Tradition als heller, Heiterkeit spendender Planetengott charakterisiert – stieg also bei Illos Geburt hinab, d.h. er stand im ›Deszendenten‹ seines Horoskops. Illos Geburtsregent ist Saturn, der »Unterirdische«, wie er unter Anspielung auf die mythologische Überlieferung genannt wird. Da Saturn dem Element der Erde (seiner Mutter; siehe Leone Ebreo) zugeordnet ist, sind seine Kinder finster und dem Irdischen zugeneigt. Was den »bleifarbnen Schein« Saturns betrifft: auch Leone Ebreo sieht in der bleiernen Farbe, die er aus dem Mutterboden ziehe (»nel color' piombale, che tira al terriccio«) eine der Gemeinsamkeiten Saturns mit der Erde. Wenn Wallenstein freilich unter Rückgriff auf das alte hermetische Symbol der »Geisterleiter« – der biblischen Jakobsleiter (*1. Mose* 28, 12) – dem »finsteren« Saturnkind das Vermögen, die geheimnisvollen Zusammenhänge zwischen Himmel und Erde zu sehen, abstreitet und dasselbe dem ›heiteren Joviskind‹ vorbehält, stellt er eine Grundbestimmung der traditionellen Temperamentenlehre auf den Kopf. Ihr zufolge ist es nämlich gerade Saturn, »der höchste unter den Planeten«, der die Seele – in der diesem Planeten eigenen Widersprüchlichkeit, die Leone Ebreo aus seiner Herkunft zugleich von Himmel und Erde ableitet – »von den irdischen Dingen zu dem Höchsten emporzieht« (Agrippa von Nettesheim). Das divinatorische Vermögen, das Wallenstein sich als Joviskind zuschreibt, ist also in Wahrheit die spezifische Gabe des Saturnkindes!

Zu dem Bild der Geisterleiter – welche die Analogien zwischen stellarischer und sublunarischer Welt symbolisiert: das »dunkle Gefühl eines ungeheuren Weltganzen«, von dem Goethe in seinem Brief vom 8. Dezember 1798 spricht – ist Schiller unmittelbar durch die erste Studierzimmerszene des *Faust I* angeregt: Faust, Wallensteins Bruder im Geiste der Melancholie, reflektiert über das »Zeichen des Makrokosmos«, eine der im pansophischen Schrifttum verbreiteten Tafeln, in denen sämtliche Weltbereiche durch Analogien verbunden sind:

> Wie alles sich zum Ganzen webt,
> Eins in dem andern würkt und lebt!
> Wie Himmelskräfte auf und nieder steigen
> Und sich die goldnen Eimer reichen!
> Vom Himmel durch die Erde dringen,
> Harmonisch all das All durchklingen!
> (Vs. 447–453)

Offenbart sich Wallenstein bereits in dem zitierten Dialog mit Illo als Saturniker wider Willen, so erst recht in der astrologischen Szene zu Beginn des dritten Teils der Trilogie. Saturn erscheint dort in den schon zitierten Versen 25–35 als der Gott des ›Brütens und Sinnens‹, während Jupiter die Welt des Handelns und der Tatfreude verkörpert. Eben zum entschlossenen Handeln aber ist der hamletisch-melancholische Zauderer Wallenstein weiterhin nicht imstande. Er bleibt dem dunklen Gott der Erden- und Gemütsabgründe gegen den Strich seiner eigenen Auslegung des Planetenstands unheilvoll verbunden. Das aber wird ihm nach dem Verrat am Kaiser, wie die große Szene mit Max Piccolomini zu Beginn des zweiten Akts von *Wallensteins Tod* beweist, selbst bewußt. Er hat nun den Glauben an Jupiter als an ›seinen‹ Stern verloren – deshalb treibt er keine Astrologie mehr – und bekennt sich unumwunden zu seiner saturnischen Natur.

Mich schuf aus gröberm Stoffe die Natur,
Und zu der Erde zieht mich die Begierde.
Dem bösen Geist gehört die Erde, nicht
Dem guten. Was die Göttlichen uns senden
Von oben, sind nur allgemeine Güter,
Ihr Licht erfreut, doch macht es keinen reich,
In ihrem Staat erringt sich kein Besitz.
Den Edelstein, das allgeschätzte Gold
Muß man den falschen Mächten abgewinnen,
Die unterm Tage schlimmgeartet hausen.
Nicht ohne Opfer macht man sie geneigt,
Und keiner lebet, der aus ihrem Dienst
Die Seele hätte rein zurückgezogen.
(*W.s Tod*, Vs. 797–809)

Wallenstein hat wirklich – eine der zahlreichen Parallelen der Trilogie zu Goethes *Faust* – eine Art Teufelsbund geschlossen, sich dem »bösen Geist« verschrieben, dem die Erde, das Element des Saturnikers, und ihre dämonischen Schätze gehören. (Die Nähe von Satan und Saturn ist ein Topos der Melancholietradition.)

Die Melancholiethematik des *Wallenstein* kann hier nur in Umrissen gewürdigt werden. Wenigstens auf den Schluß der Trilogie soll jedoch unter diesem Gesichtspunkt unser Blick fallen: Der von der Nemesis getroffene Wallenstein strahlt in den beiden letzten Akten den eigentümlichen Glanz eines neuen Charismas aus. Für das Volk ist er nun das Gefäß chiliastischer Hoffnungen. Und er selbst entwickelt im Gespräch mit dem Bürgermeister von Eger merkwürdige endzeitliche Visionen: »Die Erfüllung / Der Zeiten ist gekommen, Bürgermeister. / Die Hohen werden fallen und die Niedrigen / Erheben sich« (*W.s Tod*, Vs. 2604–07). Wallensteins prophetischer Blick reicht über seine eigene Zeit hinaus bis in die – revolutionäre – Gegenwart der dramatischen Dichtung, deren Titelgestalt er ist.

Noch einmal manifestiert sich die divinatorische Begabung des Saturnkindes. Saturn scheint nun sein anderes Gesicht zu zeigen: das des Herrschers der Goldenen Zeit. Ein »Schwindelgeist« habe die ganze Stadt ergriffen, berichtet Buttler. »Sie sehn im Herzog einen Friedensfürsten / Und einen Stifter neuer goldner Zeit.« (*W.s Tod*, Vs. 3216–18). Daß das gewissermaßen aus dem ›Systemzwang‹ des saturnischen Bildes heraus geschieht, wie es sich das Volk von Wallenstein gemacht hat, ist ebenso deutlich wie der Wahncharakter dieser Vorstellung. Man darf nicht vergessen: die

»Goldene Zeit, / Wo das Rechte, das Gute wird siegen« zählt Schiller in seinem 1799 verfaßten Gedicht zu den *Worten des Wahns*, die ein unüberhörbarer Nachklang der Wallenstein-Trilogie sind. Der Vers 16 des Gedichts: »Nicht dem Guten gehört die Erde« ist fast ein Zitat der Maxime Wallensteins: »Dem bösen Geist gehört die Erde, nicht dem guten«. In der politischen Wirklichkeit – der saturnischen Sphäre schlechthin – wird das Gute niemals den Sieg davontragen! Das ist Schillers geschichtspessimistische Überzeugung, die er innerhalb der Wallenstein-Trilogie im freiwilligen Tod Max Piccolominis, des Idealisten, der wähnte, daß auch die Politik den Gesetzen der reinen Moral folgen könne und solle, erschütternd zum dramatischen Ausdruck gebracht hat. Was Rolf-Peter Janz zur *Braut von Messina* bemerkt, gilt für Schillers klassische Dramatik schlechthin: »Moralische Freiheit [...] und geschichtliches Handeln schließen sich kategorisch aus. Schillers Drama kann sie nur tragisch aufeinander beziehen. Die *Braut von Messina* beläßt dem Helden nur die Wahl zwischen Handlungen, die gewalttätig sein müssen, und Freiheit als Auszug aus der Geschichte. Moralisches Handeln in der Geschichte sieht das Drama nicht vor.« Mit den *Worten den Wahns* zu reden: »Der Gute« bleibt auf der »Erde« ein »Fremdling«: »er wandert aus / Und suchet ein unvergänglich Haus« – die Gegenwelt der reinen Moral und des reinen ästhetischen Scheins, die vom circulus vitiosus der Geschichte und Politik geschieden bleibt.

Wallensteins Anfälligkeit für die – schließlich aufgegebene – Astrologie gründet in seinem Verlangen, alles seinem Kalkül zu unterwerfen, nichts dem blinden Ungefähr des »Zufalls« zu überlassen (*W.s Tod*, Vs. 136f.). Doch immer da, wo seine Rechnung am klarsten aufzugehen scheint, wird sie durchkreuzt. Gerade Octavio, dem er sich durch ›Sternenfreundschaft‹, eben durch die Gemeinsamkeit ihrer Nativität (»Wir sind geboren unter gleichen Sternen«; *Piccolomini*, Vs. 889) verbunden glaubt, ist es, der seinen Untergang herbeiführt. Auch hier lügen die Sterne nicht: Wallenstein und Octavio sind wirklich unter gleichen Sternen geboren – als Verräter, dieser an Wallenstein, jener am Kaiser. Schon die Zeitgenossen des historischen Wallenstein und die späteren Geschichtsschreiber haben die gemeinsame Nativität in diesem Sinne gedeutet. So konnte Schiller in einer seiner Quellen: in Johann Christian Herchenhahns *Geschichte Albrechts von Wallenstein*, 1790) lesen: »›In der Nativität des Piccolomini, sagte Friedland, habe ich Übereinstimmung unserer Schutzengel gefunden, seine Konstellation ist genau die meinige, aus dieser Ursache kann mich der Graf nicht hintergehen.‹ Wallenstein konnte leicht in den Aspekten viele Ähnlichkeiten finden, beide, er und Piccolomini waren, nur auf sehr verschiedene Weise, Verräter.« Gerade Treulosigkeit aber wurde Saturn – dem »Saturnus impius« (Horaz), der seine Kinder frißt – und den unter seinem Zeichen stehenden Menschen von der mythologisch-astrologischen Tradition zugeschrieben, zugleich aber auch die Verwaisung, deren Schicksal Octavio wie Wallenstein erleiden.

Der große »Rechenkünstler«, wie Buttler ihn nennt (*W.s Tod*, Vs. 2853), der Menschen, Umstände, ja durch die Astrologie auch das Schicksal kalkulieren zu können glaubt, versieht sich also – das tragische Urmotiv der Situationsverkennung, die als einer der stärksten Pathosmomente der Tragödie in Erkenntnis (Anagnorisis) umschlägt! – gerade dann, wenn er seiner Kalkulation am sichersten zu sein glaubt; so auch gegenüber Buttler und in dem Moment unmittelbarer Todesgefahr, als er sich durch das Kalkül, der Tod Max Piccolominis sei das Opfer, das er dem Schicksal habe entrichten müssen, vor der Katastrophe gesichert glaubt.

Wallensteins astrologischer Glaube ist einerseits durchaus von Machtkalkül geprägt, somit weit entfernt von der Goetheschen Pietät gegenüber dem symbolischen Zusammenhang der Sternen- und Menschenwelt, andererseits eignet ihm ein zweckfrei-visionärer Zug, der symbolisch verbunden ist mit seiner Liebe zu Max Piccolomini. In ihn projiziert er sein besseres, sein ersehntes Selbst und schaut in ihm wie in einem Spiegel sein eigenes Wesen an. Jupiter, der »helle Gott« (*Piccolomini*, Vs. 968), und Venus, das »Gestirn der Freude« (Vs. 1613), sind nicht nur vermeintlich ›seine‹ Sterne, sondern mit ihnen verbindet sich für ihn bis zu symbolischer Identität die Lichtgestalt Max Piccolominis: »Stets warst du mir / Der Bringer irgendeiner schönen Freude, / Und, wie das glückliche Gestirn des Morgens [Venus!], / Führst du die Lebenssonne mir herauf.« (*Piccolomini*, Vs. 754–757) Noch deutlicher wird die Identität Maxens mit den Segensgestirnen in der ungeheuren Szene V/3 im letzten Teil der Trilogie, als Wallenstein mit dem »Stern, der meinem Leben strahlt«, zur Verwirrung der Gräfin Terzky zugleich den durch Gewitterwolken verdeckten Jupiter und den toten Max meint. (Höchst merkwürdig übrigens, daß Wallenstein vor seinem Tod die Warnung Senis, die dieser auf ein unheilvolles Zeichen hinter den Strahlen Jupiters stützt, mißachtet. Sein Stern – Max – kehrt ihm nicht wieder. So schreckt ihn auch die den Planeten Jupiter bedrohende Himmelserscheinung, die symbolisch auf Maxens Ende zurückdeuten mag, nicht mehr.)

Trotz Wallensteins sentimentalischer Sehnsucht nach einer von Max Piccolomini verkörperten Idealwelt jenseits der zweckbestimmten politischen Empirie ist jedoch nicht zu bezweifeln, daß sein Handeln, soweit es in Schillers Trilogie erscheint, nicht vom Ideal, sondern vom Machtinteresse bestimmt ist, mag der Herzog auch durch eine Kette unglückseliger Determinationen, von dem traumatischen Erlebnis der Kränkung durch den Kaiser auf dem Regensburger Fürstentag bis zu der Gefangennahme Sesins und dem Verrat Octavios, noch so sehr entlastet werden. Der Motivkomplex der Segensgestirne und der paradiesischen Licht- und Friedenswelt bezeichnet eine ideale Sphäre in Wallenstein, welche von den realen Motiven seines Handelns geschieden bleibt und im Konfliktfall (siehe Wallensteins Weigerung, Max die Hand seiner Tochter Thekla zu geben) der politischen Räson aufgeopfert wird – ein Beispiel für Schillers scharfsinnige Psychologie des Machtmenschen.

Auch für Max und Thekla symbolisieren Jupiter und Venus eine paradiesisch-idyllische Welt des Lichts und Friedens, wie sie ihnen während der »goldnen Zeit der Reise« (*Piccolomini*, Vs. 1476f.) als utopisches Wunschbild aufgegangen ist, gegenüber dem »düstren Reich« Saturns (Vs. 1654) und der kriegerischen Welt des Mars. Und wie für Wallenstein Max die ersehnte idyllische Lichtwelt verkörpert, so sieht umgekehrt auch Max in Wallenstein – ein Wahn, der ihm eine verhängnisvolle Binde vor die Augen legt, die er erst im letzten Moment vor dem moralischen Sturz in den Abgrund von sich reißt – den reinen Friedensbringer: »Er wird den Ölzweig in den Lorbeer flechten, / Und der erfreuten Welt den Frieden schenken.« (Vs. 1656f.) In diesem utopischen Sinn (der unverkennbar auf die Idee der Idylle im Traktat *Über naive und sentimentalische Dichtung* zurückweist) machen sich Max und Thekla den Sternenglauben Wallensteins zu eigen – nicht in abergläubischer Buchstäblichkeit, sondern in einer von Max (Vs. 1619–1643) ausdrücklich entmythologisierten, ästhetisch-symbolischen Umdeutung. Von dieser kann Thekla sagen: »Wenn das die Sternenkunst ist, will ich froh / Zu diesem heitern Glauben mich bekennen.« (Vs. 1644f.)

Maxens Worte: »Die alten Fabelwesen sind nicht mehr, / Das reizende Geschlecht ist ausgewandert« – am Sternenhimmel leben nun die »Götter im Exil« (Heinrich Heine) –, gemahnen an die Klage des Künstlers über die Entgötterung der Welt in *Die Götter Griechenlands*. Die ›Versternung‹ der Götter aber, die symbolische Belehnung der Planeten mit den alten mythischen Namen, durch die belebt sie nun dem liebenden Menschenherzen Antwort geben, läßt an das Pygmalion-Motiv in Schillers Gedicht *Die Ideale* denken: wie Pygmalion durch seine Empfindung den Stein belebt, so gibt der Dichter der entgötterten Natur, dem »Seelenlosen« eine neue »Sprache«. Der Mythos erfährt im Symbol seine Wiederauferstehung. Maxens Verse über die poetische Wiederkehr der »alten Fabelwesen« wurden vor allem von der englischen Romantik als eine Art Fanal aufgenommen. Coleridge hat jene Stelle in seiner *Wallenstein*-Übersetzung bedeutsam erweitert, Walter Scott setzte sie dem dritten Kapitel seines *Guy Mannering* als Motto voran, und Keats griff sie in den Versen 231–33 seiner *Lamia* auf. Heimweh nach dem Mythos!

Von Goethe (1799) stammt die folgende, in ihrer Präzision bis heute nicht überholte Charakterisierung des *Wallenstein*: »Der Dichter hatte also zwei Gegenstände darzustellen, die miteinander im Streit erscheinen: den *phantastischen Geist*, der von der einen Seite an das Große und Idealische, von der andern an den Wahnsinn [vgl. *W.s Tod*, Vs. 2559ff.] und an das Verbrechen grenzt, und das *gemeine wirkliche Leben*, welches von der einen Seite sich an das Sittliche und Verständige anschließt, von der andern dem Kleinen, dem Niedrigen und Verächtlichen sich nähert.« Hier sind die Facetten des Charakters Wallensteins wie seiner Gegenspieler unparteiisch dargestellt. Kein Zweifel indessen, daß das Idealische in Wallenstein durch tragische Ironie decouvriert wird. Von der Unglaubwürdigkeit seiner Friedensidee war schon die Rede. Sein Ziel ist höchstens ein Friede, der durch ihn geschaffen wird, innerhalb jener Welt, die er – »Ich einzelner« – als gottähnlicher Schöpfer »aus sich geboren« hat (*W.s Tod*, Vs. 1792–96). Die bittere Ironie Octavios ist nicht unberechtigt: »Nichts will er, als dem Reich den Frieden schenken; / Und weil der Kaiser *diesen* Frieden haßt, / So will er ihn – er will ihn dazu *zwingen*!« (*Piccolomini*, Vs. 2333–35).

Der Vergleich mit *Demetrius* liegt nahe. Auch dessen Titelheld hat ein Idealziel vor Augen, will er doch als Zar den russischen Absolutismus durch eine republikanische Staatsform nach polnischem Vorbild ersetzen. Dieses Ideal zerbricht, als Demetrius sich von der Wahrheit trennt, der Betrogene zum Betrüger wird. Von diesem Augenblick an verwandelt er selber sich mehr und mehr in einen Despoten. Als seinem Herrschaftsstreben der Boden der Legitimität entzogen ist, zerfällt die Einheit von Ideal und Machtinteresse, wird offenbar, daß nicht die Macht das Mittel war, eine politische Idee durchzusetzen, sondern die Idee das Mittel, die

Herrschaft zu sichern. Als beides sich nicht mehr verbinden läßt, gibt Demetrius sofort das ideale Ziel seiner Herrschaft preis, um sich nur noch an diese selbst zu klammern.

Selbst wenn Demetrius jedoch der legitime Thronfolger gewesen wäre, hätte er sein Staatsziel nie erreichen können. Von vornherein läßt Schiller keinen Zweifel daran, daß jenes Ziel im Widerstreit der politischen Interessen, die sich der Macht des Demetrius zu bedienen suchen, in immer weitere Ferne gerückt wäre. Noch wesentlicher aber ist: um seinen Thronanspruch zu behaupten, stürzt Demetrius zwei Völker in den Krieg, zerbricht er einen durch diplomatische Kunst mühevoll erreichten Frieden und stürzt einen Zaren, der zwar ein Usurpator, aber mit dem Ziel gerechter Herrschaft ist. Demetrius wäre allenfalls ein aufgeklärter Despot wie Joseph II. geworden, der dem Volk eine Freiheit und ein Glück beschert hätte, die es doch nur ihm verdanken sollte. Der ›Idealist‹ Schiller hat in seinen Geschichtsdramen *Wallenstein*, *Maria Stuart* und *Demetrius* im Grunde jeden Idealismus, soweit er sich politisch realisieren will, entweder scheitern lassen oder auf Interessen zurückgeführt.

Das gilt, um zu *Wallenstein* zurückzukehren, auch für dessen Gegenspieler: die legitime Herrschaft. In Wallensteins großem Entscheidungsmonolog (*W.s Tod*, I/4) wird das Legitimitätsprinzip in ein angesichts seiner Negierung durch die Revolutionsideologie ungeheuer aktuelles Licht gerückt. Wallenstein wägt mit dialektischem Scharfsinn das Für und Wider der Legitimität ab. »Du willst die Macht, / Die ruhig, sicher thronende erschüttern, / Die in verjährt geheiligtem Besitz, / In der Gewohnheit festgegründet ruht«. (Vs. 193 ff) Das Prinzip der Verjährung (im alten positiven Sinne: die Integrität einer Ordnung aufgrund ihrer geschichtlichen Dauer) bildete bei Burke und Möser, bei den Konservativen aller Spielarten (auch bei den entschiedenen Reformisten) das Gegenprinzip zur Französischen Revolution und zu ihrem naturrechtlichen Deutungsmodell: der Negation des Bestehenden im Namen reiner, übergeschichtlicher Vernunftprinzipien. Wallensteins zitierte Reflexion lautet, in Schillers eigene Prosa (im vierten Buch der *Geschichte des Dreißigjährigen Kriegs*) übersetzt: »Nichts Geringes war es, eine rechtmäßig, durch lange Verjährung befestigte, durch Religion und Gesetz geheiligte Gewalt in ihren Wurzeln zu erschüttern [...]; alle jene unvertilgbaren Gefühle der Pflicht, die in der Brust des Untertans für den geborenen Beherrscher so laut und so mächtig sprechen, mit gewaltsamer Hand zu vertilgen.« Das ist die eine Seite! Die Kehrseite der Legitimität aber ist

[...] das ewig Gestrige,
Was immer war und immer wiederkehrt,
Und morgen gilt, weil's heute hat gegolten!
Denn aus Gemeinem ist der Mensch gemacht,
Und die Gewohnheit nennt er seine Amme.
Weh dem, der an den würdig alten Hausrat
Ihm rührt, das teure Erbstück seiner Ahnen!
Das *Jahr* übt eine heiligende Kraft.
Was grau für Alter ist, das ist ihm göttlich.
Sei im Besitze, und du wohnst im Recht,
Und heilig wird's die Menge dir bewahren.
(*W's Tod*, Vs 208–218)

Die Berechtigung dieses ironischen Pessimismus wird Wallenstein wenig später am eigenen Leib erfahren. In dem Moment, da er das Gewand der Legalität ablegt, ist mit einem Schlage der Zauber seiner Persönlichkeit gebrochen, die »charismatische« wird an der »traditionalen Herrschaft« (Max Weber) zuschanden. Genau das Gleiche ereignet sich im *Demetrius* im Moment, da er zum Betrüger wird (obwohl vorerst er allein um seine Illegitimität weiß): sein Charisma erlischt. In der *Geschichte des Dreißigjährigen Krieges* schreibt Schiller über Wallenstein: »Größe für sich allein kann sowohl Bewunderung und Schrecken, aber nur die *legale* Größe Ehrfurcht und Unterwerfung erzwingen. Und dieses entscheidenden Vorteils beraubte er sich selbst in dem Augenblick, da er sich als einen Verbrecher entlarvte.«

In den zuletzt zitierten Versen Wallensteins steckt gewiß ebensoviel persönliche Überzeugung Schillers wie in den entgegengesetzten Reflexionen zuvor. (Freilich hat Wallenstein zu seiner Kritik an der traditionalen Ordnung kein moralisches Recht, da es ihm im Grunde ja nicht um das Recht der Vernunft, sondern um das Recht des Stärkeren geht.) Bei der Analyse der »Ästhetischen Briefe« haben wir festgestellt, daß Schillers politische Theorie so stark von naturrechtlich-liberalen Prinzipien bestimmt ist, daß darin für eine historisch-traditionale Legitimierung der Herrschaft eigentlich kein Raum ist. Die Erfahrung der Revolution hat Schiller indessen gelehrt, daß der Versuch einer Destruktion des bestehenden Staats nach Maßgabe der reinen Vernunft die Gesellschaft in den Zustand der Anarchie treibt, daß die vorübergehende Suspendierung der bestehenden politischen Ordnung ein Chaos der Leidenschaften heraufbeschwört. Das »Uhrwerk des Staats« dürfe also nur »gebessert werden, indem es schlägt« (3. Brief); der Vernunft-

Staat muß sich gewissermaßen unter der Schale des bestehenden Staates ausbilden.

Wallensteins Abwägen zwischen konservativer Affirmation und liberaler, abstrakt-vernünftiger Negation traditionaler, nur historisch legitimierter (und damit allen Sinn und Unsinn der Überlieferung durch die Geschichte fortschleppender) Macht korrespondiert Schillers eigener ambivalenter Haltung gegenüber dem Ancien Régime, expliziert die Dialektik bestehender Herrschaft, ihr ›Anschließen‹ ans Sittliche wie ans Verächtliche, um noch einmal an Goethes Worte zu erinnern. Diese Dialektik manifestiert sich am deutlichsten im Handeln Octavios. Auch die traditionale legitime Macht kommt ohne unsittliche, gemeine, ja verbrecherische Mittel nicht aus, auch sie verstrickt sich in den circulus vitiosus der Geschichte, des sich immer ›fortzeugenden‹ Bösen (vgl. Octavios Verse 2447ff. in den *Piccolomini*). Nur im geschichtslosen Raum, im ästhetischen »Reich der Schatten« ist das Ideal ungetrübt zu finden. Die Idealisten Max und Thekla werden so aus der Geschichte, aus dem Leben verdrängt!

Nur einmal hat Schiller poetisch eine positive geschichtliche Alternative zu einem bestehenden politischen System entwickelt, die sich verwirklicht, ohne sich zu korrumpieren: im *Wilhelm Tell*. Diese Alternative ist aber nur auf der Grenze zwischen Mythos und Geschichte vorstellbar. Davon wird noch die Rede sein. Der Freiheitskampf der Schweizer ist die Idealkonstruktion einer zwar naturrechtlich-vertragstheoretisch begründeten, aber doch die traditionale Herrschaft nur allmählich aufhebenden republikanischen Gemeinschaftsform – einer solchen, die wirklich vom ganzen Volk getragen, nicht die ›Weltschöpfung‹ eines ›Einzelnen‹ ist, also nicht durch Machtinteresse sich selbst ad absurdum führt. Wallenstein und Demetrius hingegen repräsentieren keine progressive, den circulus vitiosus der Geschichte durchbrechende, geschichtsträchtige Idee, die Macht bleibt für sie vielmehr Selbstzweck.

Nach dem »weltgeschichtlichen Individuum« Hegels, das als Einzelnes den Weltgeist repräsentiert, suchen wir in Schillers Geschichtsdramen vergebens. Die Titelgestalt des *Demetrius* ist mit großer Wahrscheinlichkeit in Analogie zu Napoleon entworfen (den Hegel in Jena als Weltgeist zu Pferde bewunderte). Napoleon, der Sproß der Revolution, der ihre Ideen auf den Spitzen der Bajonette durch Europa trug, der Emporkömmling, der die traditionale Ordnung eines ganzen Erdteils aus den Fugen riß, der »subjektive Prinz«, wie Goethe ihn im Tagebuch vom 8. August 1806 genannt hat, ist in der Tat die fürchterlichste Bestätigung der tragischen Ironie des Schillerschen Geschichtsdramas. (Schon aus diesem Grunde konnte Goethe, der im Widerspruch zu seiner Affirmation traditionaler Legitimation lange auf der Seite Napoleons stand, den *Demetrius* nicht vollenden.)

Trotz so mancher vermeintlich oder wirklich eskapistischer Äußerungen Schillers wird hier überaus deutlich, daß seine Dichtung unablösbar mit dem politischen Zeitgeschehen verbunden ist. ›Historisch‹ wirkt namentlich *Wallenstein* weit stärker durch seinen Gegenwartsbezug als durch die Darstellung eines Stoffes aus der Geschichte des Dreißigjährigen Kriegs. An dem »subjektiven Prinzen« Wallenstein demonstriert Schiller die Legitimationskrise des alten Staates, die Kollision charismatischer und traditionaler Herrschaft sowie die Dialektik von Aufklärung und Revolution, der Preis den sie gefordert haben. Der »Ausgang des Menschen aus seiner selbstverschuldeten Unmündigkeit« (Kants Aufklärungsdefinition) wird zur Tragödie – zur Tragödie vom verlorenen Vater (ein Thema, das sich durch die gesamte Schillersche Dramatik von den *Räubern* bis zum *Demetrius* hindurchzieht). »Du machst mich heute mündig. / Denn bis auf diesen Tag war mirs erspart, / Den Weg mir selbst zu finden und die Richtung«, bekennt Max seinem geistigen Vater Wallenstein, nachdem dieser ihm mit beschönigenden Worten seinen Hochverrat mitgeteilt hat. Wallenstein hat Max also ›aufgeklärt‹, d.h. ihm zum Ausgang aus der Unmündigkeit verholfen: »Denn bis auf diesen Tag war mirs erspart, / Den Weg mir selbst zu finden und die Richtung« – sich also, mit Kants *Beantwortung der Frage: Was ist Aufklärung?* zu reden, »seines Verstandes ohne Leitung eines anderen zu bedienen«. »Zum ersten Male heut verweisest du / Mich an mich selbst.« Zum ersten Mal erfährt Max, daß die Weisung Wallensteins, der er sich bisher unbedingt überlassen zu können glaubte, nicht mit dem »Herzen« (einem Leitwort der Trilogie) als der autonomen moralischen Urteilskraft übereinstimmt. Maxens nunmehr aufgeklärtes ist ein unglückliches Bewußtsein, es verstrickt ihn in einen tragischen Konflikt:

> O! welchen Riß erregst du mir im Herzen!
> Der alten Ehrfurcht eingewachsnen Trieb
> Und des Gehorsams heilige Gewohnheit
> Soll ich versagen lernen deinem Namen?
> [...]
> Die Sinne sind in deinen Banden noch,
> Hat gleich die Seele blutend sich befreit!
> (*W.s Tod*, Vs. 711–744)

Die ›blutend befreite‹ Seele – mit diesem Bild, mit diesen beiden letzten Versen hat Schiller den Preis der Aufklärung bestürzend zum Ausdruck gebracht. In ihrer Dialektik ist Maxens Tragödie begründet. Das autonome Subjekt, das Jahrzehnte zuvor noch wähnte, den Zwang des ›Schicksals‹ zu durchbrechen – es sei an Goethes *Iphigenie* erinnert –, sieht sich nun in der Sphäre der Politik einem neuen Fatum ausgesetzt, dessen es nicht Herr wird – entsprechend der berühmten Äußerung Napoleons in seinem Gespräch mit Goethe, heute sei die Politik an die Stelle des Schicksals getreten. Freiheit, moralische Selbstbestimmung gibt es nur noch als »Auszug aus der Geschichte« (R.-P. Janz), nicht mehr innerhalb derselben, wie der »verteufelt humane« Schluß von Goethes *Iphigenie* hoffen ließ. Schillers *Wallenstein* ist, so betrachtet, eine Zurücknahme der *Iphigenie*.

Zu den ideologischen Konstanten des aufgeklärten Zeitalters gehört die Verachtung des Fatums. Für Voltaire etwa verbirgt sich hinter dem »Schicksal« die Willkür böswilliger Götter, die ihrerseits Konstrukte einer despotischen Priesterherrschaft sind. Am Ende des Jahrhunderts der Aufklärung erlebt nun das scheinbar obsolet gewordene tragische Schicksal eine so erstaunliche Wiederkunft, daß Roger Bauers Sammelband (1990) von einem »Triumph des Schicksalsdramas auf der europäischen Bühne um 1800« spricht. Die Mode der »Schicksalsstücke« hat Napoleon zu jener Bemerkung Goethe gegenüber veranlaßt: »Was will man jetzt mit dem Schicksal? Die Politik ist das Schicksal.« Ganz aufklärerisch hat Napoleon zuvor verkündigt, die Schicksalsstücke »hätten einer dunklern Zeit angehört« (Goethes Aufzeichnung von 1824).

Wie ist diese Wiederkehr des Fatums auf der Bühne zu erklären? Zweifellos ist sie der Ausdruck einer Zeiterfahrung. Die Revolutionskriege haben Europa aus dem aufgeklärten Traum einer überschaubaren und moralisch beherrschbaren Welt geweckt. Das wohlgeordnet scheinende Gewebe der Welt hatte sich undurchschaubar verwirrt, der Mensch sah sich in einer immer komplexer und komplizierter werdenden politisch-gesellschaftlichen Wirklichkeit anonymen und abstrakten Zusammenhängen ausgesetzt, die er allzu leicht als Schicksal zu mystifizieren geneigt war. Wirklich wurde Politik zum Fatum – zu einem Verhängnis, das oft nicht weniger grausam und unbeherrschbar schien als das mythische Schicksal der antiken Tragödie. Goethes (Vor-)Revolutionsdrama *Die natürliche Tochter* ist eines der bedeutendsten literarischen Dokumente dieser Zeiterfahrung.

Auch Schiller hat, so scheint es, ein Trauerspiel geschrieben, das in den Umkreis der modischen Schicksalsdramen gehört: *Die Braut von Messina*. Eine genauere Betrachtung des Dramas zeigt jedoch, daß das, was die Personen der Handlung als unerbittliches Schicksal erfahren, der circulus vitiosus der von Menschen selbst geschaffenen Gewalt ist, deren ›fataler‹ Schuldzusammenhang freilich nur durch den Abschied von der Geschichte, nicht mehr wie in Goethes *Iphigenie* durch deren humanen Neubeginn zu durchbrechen ist. Im *Wallenstein*, wo das Schicksal tatsächlich Napoleons Diktum gemäß als Politik in Erscheinung tritt, wirkt ebenfalls ein vom Menschen selbst verhängter fataler Schuldzusammenhang: »Das eben ist der Fluch der bösen Tat, / Daß sie, fortzeugend, Böses muß gebären.« So lautet die berühmte Maxime Octavio Piccolominis im Dialog mit seinem Sohn (*Piccolomini*, Vs. 2452f.). Das Fatum als Erbzwang des Bösen geht auf den Menschen selbst zurück. In der Dialektik der bösen Tat liegt aber auch ihre Vergeltung. »Mit leisen Tritten schlich er seinen bösen Weg, / So leis und schlau ist ihm die Rache nachgeschlichen, / Schon steht sie ungesehen, finster hinter ihm, / Ein Schritt nur noch, und schaudernd rühret er sie an.« So Octavio über Wallenstein in den *Piccolomini* (Vs. 2477–80). Die Nemesis als das »selbsterregte Schicksal«, das sich nach dem plastischen Bild von Ludwig Tieck in seinem *Wallenstein*-Aufsatz von 1826 »wie die Schlangen des Laokoon dicht und dichter um die Brust des Leidenden« legt und ihn erdrückt. Genau die gleiche Auffassung von der Nemesis vertritt Wallenstein selber. So wie er die Nemesis für den Kaiser verkörpert (*W.s Tod*, Vs. 645f.) – der Verrat ist die Vergeltung für dessen Treulosigkeit, resultiert notwendig aus derselben –, so erwartet er nach der gleichen Dialektik, »daß der Rache Stahl / Auch schon für *meine* Brust geschliffen ist«. Diese Ahnung wird von Wallenstein in den folgenden fatalistischen Versen mythologisch orchestriert:

Nicht hoffe, wer des Drachen Zähne sät,
Erfreuliches zu ernten. Jede Untat
Trägt ihren eignen Rache-Engel schon
Die böse Hoffnung, unter ihrem Herzen.
Er [der Kaiser] kann mir nicht mehr traun – so kann ich auch
Nicht mehr zurück. Geschehe denn, was muß,
Recht stets behält das Schicksal, denn das Herz
In uns ist sein gebietrischer Vollzieher.
(*W.s Tod*, Vs. 648–656)

In Schillers Wallenstein-Trilogie gibt es kein von außen, aus dem übermenschlichen Bereich hereinbrechendes Schicksal, sondern dieses ist mit der vom »bösen Geist« beherrschten Politik identisch. Eine der wichtigsten, von der Forschung gleichwohl meist übersehenen Quellen für die Schicksalsthematik des *Wallenstein* ist Herders Aufsatz mit dem bezeichnenden Titel *Das eigne Schicksal*, den Schiller 1795 in den »Horen« veröffentlicht hat. »Jeder Mensch hat sein eignes Schicksal«, heißt es da, »weil jeder Mensch seine Art zu sein und zu handeln hat. In diesem Verstande nämlich bedeutet Schicksal die natürliche Folge unserer Handlungen, unsrer Art zu denken, zu sehen, zu wirken. Es ist gleichsam unser Abbild, der Schatten, der unsre geistige und moralische Existenz begleitet.« Alle »Gemütscharaktere«, alle Tugenden und Laster, so Herder, finden ihr spezifisches Schicksal: »früher oder später, nach der Stärke ihrer Kraft von innen, oder nach Umständen von außen; die Nemesis ist da, sie erscheint, sie ereilet.«

Ist aber das Schicksal in der modernen Tragödie ein selbstverursachtes, dann kann in ihr auch nicht mehr die Handlung den Vorrang vor dem Charakter haben, wie Aristoteles im sechsten Kapitel seiner *Poetik* fordert – und mit ihm die humanistische Dramentheorie bis hin zu Schiller, der noch in der Entstehungszeit des *Wallenstein*, im Briefwechsel mit Goethe über die aristotelische Poetik, in diesem Sinne plädiert. Wenn das Schicksal vom Helden selbst verursacht worden ist, dann ist die Handlungstragödie als solche immer Charaktertragödie. »Denn der Held allein ist der Schlüssel zu seinem Schicksal«, bemerkt Lenz in seinen *Anmerkungen übers Theater* unter ausdrücklicher Absage an die aristotelische Theorie von der Prävalenz der Handlung. Diese Theorie gründe in der griechischen Auffassung vom Schicksal als einer dem Menschen vorgegebenen Macht. So sehr Aristoteles »zu seiner Zeit recht gehabt haben mag«, so wenig »können *wir* ihm hierin recht geben«, betont Lenz. »Da ein eisernes Schicksal die Handlungen der Alten bestimmte und regierte, so konnten sie als solche interessieren, ohne davon den Grund in der menschlichen Seele aufzusuchen und sichtbar zu machen. Wir aber hassen solche Handlungen, von denen wir die Ursache nicht einsehen, und nehmen keinen Teil dran.« Deshalb fordert Lenz nicht nur eine auf das handelnde Individuum abgestimmte »Psychologie« in der Tragödie, welche diese seine Handlungen erklärt, sondern er stülpt die aristotelische Bestimmung genau um: »Im Trauerspiel aber sind die Handlungen um der Person willen da –.«

Auch bei Schiller ist die Psychologie immer wieder Angelpunkt der Tragödie. Das aber bedeutet eine Privatisierung derselben, welche zu der dramaturgischen Tendenz in Opposition steht, ihre Handlungen im Gegensatz zum bürgerlichen Trauerspiel zu ›veröffentlichen‹. In seinen klassischen Dramen ist es Schiller gelungen, Psychologie und Publizität so subtil zu verschränken, daß keine der anderen im Wege steht. Bezeichnenderweise wird seine Tragödie da aber unglaubwürdig, wo er versucht, ganz auf deren ›Öffentlichkeit‹ zu setzen: in der *Braut von Messina*. Gerade sie manifestiert, daß das moderne Drama auf psychologische Intimität nicht verzichten kann. Auch in diesem Trauerspielexperiment wird ja das Schicksal auf das ›fluchfortzeugende‹ menschliche Handeln, also letztenendes auf Psychologie zurückgeführt. Eben deshalb gelingt es nicht, der dramatischen Aktion gänzlich das öffentliche Gepräge der antiken Tragödie zu geben.

Der Schwerpunkt der Handlung der *Braut von Messina*, welche allzu künstlich in einer aus Elementen des griechischen Mythos, des Christentums und des Islam synthetisch zusammengesetzten Kultur angesiedelt ist, liegt in einer privaten Kollision, wobei Schiller freilich das Intim-Private effektvoll mit der Szenerie der Öffentlichkeit kontrastiert. Im Grunde handelt es sich jedoch um eine künstlich ›veröffentlichte‹ Familientragödie; das durch eine Liebeshandlung gesteigerte Thema der »feindlichen Brüder« weist deutlich auf Leisewitz' *Julius von Tarent* (1776) zurück. Machte die Liebe als »bloße Privatsache des subjektiven Herzens« (Hegel) in der attischen Tragödie niemals das Grundinteresse der Handlung aus – auf dieses Faktum stützt noch die humanistische Poetik bis hin zu Corneille ihr Verbot, das Liebesmotiv in den Mittelpunkt der Tragödie zu stellen –, so bildet sie zusammen mit dem ebenfalls rein privaten Motiv des Bruderzwists in der *Braut von Messina* den Nerv der Handlung. Letztere verträgt daher nicht die durch den Chor erzwungene durchgängige Öffentlichkeit. Wiederholt wird die Anwesenheit des Chors als unerwünscht bezeichnet: »Wozu die fremde Schar, wenn eine Mutter / Das Herz aufschließen will vor ihren Kindern?« (Vs. 331 f.) Ja, er wird aufgefordert, zurückzuweichen, denn »Hier sind Geheimnisse, / Die deine kühne Gegenwart nicht dulden.« (Vs. 1771 f.)

Da die Präsenz des Chors das »Geheimnis« – paradoxerweise ein Leitwort gerade dieser Tragödie – ausschließt, läßt Schiller ihn (»der fremden Zeugen rohe Schar«; Vs. 1266) wiederholt abgehen, damit das Herz der Personen im »vertrauten Kreis« sich öffnen kann. Mit den Auf- und Abtritten des Chors ist der Wechsel des Schauplatzes verbunden; er wäre – wie in der griechischen Tragödie – undenkbar, wenn der Chor ständig auf der Bühne bliebe. Hatte die Tragödie bei den Griechen in der Regel nur einen einzigen Schauplatz, da naturgemäß die »*eine* öffentliche Handlung an *einem* öffentlichen und meistens feierlichen Ort geschah« (Herder in seinem Shakespeare-Aufsatz von 1773), so gibt Schiller mit der durchgängigen Öffentlichkeit auch die Einheit des Schauplatzes zugunsten der Kontrapunktik privater und öffentlicher Szenerie auf.

Aber auch da, wo der Chor auf der Bühne bleibt, ist er kaum je echte Repräsentanz der Öffentlichkeit, der übergreifenden Ordnung des Gemeinwesens, denn durch den unglücklichen Einfall seiner Teilung wird er in die kollidierenden Privatsphären der Brüder verstrickt, bleibt fast immer parteiisch gespalten. Er besteht so, wie Humboldt in seinem Brief an Schiller vom 22. Oktober 1803 mit Recht bemerkt hat, nicht mehr aus »reinen Bürgern von Messina«, sondern kommt dem ›Vertrauten‹ der tragédie classique gefährlich nahe, gegen den, als eine Reduktionsform des Chors, Schiller in der Vorrede so heftig polemisiert hat. Die Einheit des Chors wird auch dadurch nicht gerettet, daß Schiller ihn einerseits zwar als »im Streit mit sich selbst« befindliche »blinde Menge«, mithin als mithandelnde »wirkliche Person«, andererseits aber als in sich einige »ideale Person« behandelt. Durch diese Funktionsteilung wird seine Inhomogenität nur noch gesteigert. Er ist weder echte Repräsentanz überparteilicher Öffentlichkeit noch auch das Reflexionsorgan, das die Handlung selbst von des Gedankens Blässe »reinigt« und »mit poetischer Kraft ausrüstet«, wie Schiller sich das der Vorrede zufolge vorgenommen hat. Daß der Chor wirklich »die Reflexion von der Handlung absondert«, trifft nicht zu. Bereits Heinrich von Collin hat in seiner Abhandlung *Über den Chor im Trauerspiel* (Wien 1813) bemerkt, daß z.B. Don Cesar mehr über sein und seiner Familie Geschick räsoniert als der Chor. Die dramatischen Personen werden also durchaus nicht von der Reflexion entlastet. In Schillers Chor manifestieren sich mithin gerade die Defizite des modernen Dramas – Privatisierung und Überlastung der Handlung durch Reflexion –, die durch ihn beseitigt werden sollten. Obwohl die *Braut von Messina* Momente von der pathetischen Intensität attischer Chorszenen oder des Helena-Akts in Goethes *Faust* enthält, bleibt sie ein auf höchstem Niveau gescheitertes tragisches Experiment.

In den *Maltesern*, Schillers anderer, Fragment gebliebener Chortragödie, spielt der Chor eine wesentlich überzeugendere Rolle; er vertritt hier die geistliche Macht des Ordens, dessen Verfassung an den Gemeingeist der griechischen Polis, namentlich Spartas gemahnen soll. Der Chor sucht stets den Ordensgeist gegenüber den partikulären Leidenschaften seiner Mitglieder: Liebe, Ehrgeiz, Nationalstolz usw. zur Geltung zu bringen. Im Gegensatz zur *Braut von Messina* bleibt er von der Handlung ausgeschlossen und kann so von den Rittern, die den Ungeist der zersetzten Ordensdisziplin darstellen, als »ohnmächtig« verspottet werden. Obwohl er an einigen Stellen unverkennbar die Funktion eines Vertrauten des Großmeisters übernimmt, bleibt er im wesentlichen eine überparteiliche Instanz. Der durch ihn symbolisierte Ordensgeist wird durch den Großmeister La Valette verwirklicht; bei ihm verliert sich das persönliche Gefühl, selbst der »Privatschmerz« beim Tode seines Sohnes, »in der Empfindung für das Allgemeine«, und es gelingt ihm schließlich auch, den Orden wieder im Geiste des Chors zu einer heroischen Einheit zusammenzuschmieden.

Schiller hat die Chortragödie als eine exemplarische Form verstanden, in der zu höchster poetischer Evidenz gelangen soll, was als Grundtendenz auch seine anderen Dramen seit dem *Wallenstein* bestimmt und durch andere poetische Mittel zur Geltung kommt. In seinem *Discours sur la poésie dramatique* hat Diderot einmal die Einführung bestimmter episodischer Figuren im Drama mit dem Argument verteidigt, daß »uns die Chöre mangeln, die in den alten Schauspielen das Volk vorstellten« und unseren Stücken somit »der Grund fehlt, auf welchen sie projektiert werden könnten«. Hinzu kommt, daß das moderne Drama auf ein »intellektualisierendes Organ«, wie es der Chor nach Humboldt darstellt (Brief an Schiller vom 22. Oktober 1803), d.h. auf eine das dramatische Geschehen reflektierende Stimme nicht verzichten kann. Als chorische Figuren in diesem Sinne hat bereits Körner den Kommandanten von Eger in *Wallensteins Tod* oder Shrewsbury in *Maria Stuart* gedeutet (Briefe an Schiller vom 9. April 1799 und vom 9. Juli 1800). Neben solchen chorischen Figuren gibt es bei Schiller Personen, die nur in manchen Momenten eine chorische Funktion übernehmen, indem sie aus ihrer Rolle heraustreten, aus realen gleichsam ›ideale Personen‹ werden und sich wie der Chor über den Sinn des Geschehens verbreiten (z.B. Max in den Schlußversen der *Piccolomini*).

Unter den Figuren, welche in Schillers Drama den Chor in seinen verschiedenen Funktionen ersetzen, nimmt einen herausragenden Platz das Volk ein. In ihm wird der Chor in seine natürliche Gestalt, in die »sinnlich lebendige Masse« zurückverwandelt. So hat Goethe von der Armee in *Wallensteins Lager* bemerkt, sie stelle sich »gleichsam wie das Chor der Alten« dar. Weit mehr noch erscheint das Volk in *Wilhelm Tell* als der – nach Diderot mit dem Chor verlorengegangene – Grund, auf den die Handlung projektiert wird. Alle Stränge und Elemente derselben sind eingebettet in das Leben des Volks, dessen Präsenz so selbstverständlich zur Handlung gehört wie, nach einer schönen Bemerkung Humboldts über den griechischen Chor, der Himmel zur Landschaft (Brief an Schiller vom 22. Oktober 1803). Auch die Szenen ohne Volk sind von dessen latenter Gegenwart geprägt. Im Gegensatz zur *Braut von Messina* verlieren sich Handlung und Rede fast nirgends in intime Momente, welche die Anwesenheit von Zeugen nicht vertragen.

Wilhelm Tell führt uns einen Weltzustand vor Augen, in dem alle wesentlichen Lebensäußerungen sich noch in einer öffentlich-anschaulichen Form, auf einem ›natürlichen Theater‹ – und daher bis auf wenige Szenen auf öffentlichen Schauplätzen – abspielen. Demgemäß erscheinen die dramatischen Vorgänge immer wieder als quasi rituelle Abläufe. Vor allem die Szenen auf dem Edelhof Attinghausens sind eine an biblische Patriarchenszenen gemahnende Sequenz zeremoniell geprägter Momente. Die rituelle Überformung des Geschehens erreicht ihren höchsten Grad im Rütli-Schwur, den Thomas Mann in seinem *Versuch über das Theater* (1908) als eines der signifikantesten Beispiele dafür angesehen hat, daß das Drama, so wie es ursprünglich »heilige Handlung« gewesen sei, in seiner höchsten Erscheinungsform zum Ritus tendiere.

Auch in seinen anderen Dramen hat Schiller die Handlung in eine Folge von zeremoniellen Grundformen des staatlichen, rechtlichen und religiösen Lebens hineingebildet, die wie Brunnenschalen den Strom der individuellen Handlung auffangen und fortleiten. Ihre Einfassung durch das Formengefüge des öffentlichen Lebens soll ihr Absinken ins Prosaisch-Alltägliche verhindern. Daher also die Fülle von Staatsakten in Schillers historischen Dramen, die prägnanten Formen der Empfänge und Entlassungen von Gesandten, der Auftragserteilungen und Botschaften etc., die in Anklage und Verteidigung, Verhören, Redekämpfen und Rechtsentscheidungen zur Geltung kommenden Positionen des Gerichtsprozesses, die kultischen oder quasi kultischen Geschehnisse (Totenklage, prophetische Vision, Segen, Fluch, Eid etc.).

Nicht jedes Sujet bildet freilich einen von vornherein günstigen Boden für eine dergestalt öffentlich-sinnfällige Formung der dramatischen Handlung. Die Staatsaktion der *Maria Stuart* etwa setzt ein Gemeinwesen voraus, dessen Gesamterscheinung durchaus nicht mehr als ›schöne Öffentlichkeit‹ zu bestimmen ist, sondern das sich als ein bereits bürokratisch organisierter Staat darstellt, in dem die politischen Aktionen nicht mehr notwendig vor aller Augen ablaufen, sondern häufig die Heimlichkeit der Staatskunst triumphiert, Arkanpolitik und Kabale die politische Bühne beherrschen. – Schiller hat in vielen Äußerungen die Gefahr der Unsinnlichkeit hervorgehoben, die stets in der Darstellung von politischen Affären liegt. Die Lessingsche Skepsis gegenüber dem Staat als poetischem Gegenstand hat auch er niemals ganz aufgegeben. So begründet er in seinem Brief an Körner vom 28. November 1796 die »Ungeschmeidigkeit« des Wallenstein-Stoffs nicht zuletzt dadurch, daß er eine »Staatsaktion« sei und »in Rücksicht auf den poetischen Gebrauch alle Unarten an sich« habe, »die eine politische Handlung nur haben kann, ein unsichtbares abstraktes Objekt, kleine und viele Mittel« etc. Selbst bezüglich der Tell-Handlung meint er, daß sie als »Staatsaktion [...] der Darstellung widerstrebt« (an Körner, 9. September 1802).

Solche Skrupel ist Schiller erst recht beim Maria Stuart-Stoff nicht losgeworden. Wie war hier z.B. die Darstellung eines bürokratischen Apparats im Zusammenhang mit dem verwickelten Prozeß gegen Maria Stuart zu umgehen? Die einzige Möglichkeit bestand für Schiller darin, »den ganzen Gerichtsgang zugleich mit allem Politischen auf die Seite zu bringen, und die Tragödie mit der Verurteilung anzufangen« (an Goethe, 26. April 1799), also gemäß dem Modell der klassizistisch-geschlossenen Tragödie nur die letzte Phase des historischen Geschehens darzustellen, um alles der poetischen Darstellung Widerstrebende auszuschalten und eine bis ins Detail überschaubare (den Zeitraum von nur drei Tagen umfassende) Handlung sinnlich faßlich auf der Bühne abrollen zu lassen.

Schiller hat der Handlung der *Maria Stuart* vor allem dadurch lapidare Sinnfälligkeit verliehen, daß er sie in Grundformen des Gerichtsprozesses hineingebildet hat. Sie beginnt zwar erst, nachdem das Gerichtsurteil bereits gefällt ist, doch wird der Gerichtsgang in der Bühnenhandlung in Kürze noch einmal aufgerollt. Die Entscheidung Königin Elisabeths, ob das gefällte Urteil vollzogen wird oder nicht, kommt einem Urteilsspruch gleich; deshalb müssen die Positionen der Anklage und Verteidigung noch einmal zur Geltung kommen, bevor die Königin sich entschließen kann, das Todesurteil zu unterzeichnen oder nicht. So stehen sich die Gestalten der *Maria Stuart* gleichsam in den Rollen und Funktionen des Gerichts gegenüber: die Königin vertritt das Richteramt, Maria Stuart ist die Angeklagte, Burleigh der Ankläger, Shrewsbury der Verteidiger etc. Zwischen diesen Positionen hin und her pendelnd, nimmt die tragische Handlung ihren Lauf, bis sich schließlich die Richterin Elisabeth in ihrem großen Entscheidungsmonolog (IV/10) gleichsam zur Beratung zurückzieht und das Todesurteil unterzeichnet. *Maria Stuart* gehört so in die Reihe der großen Prozeßdramen der Weltliteratur zwischen *König Ödipus* und *Der zerbrochne Krug*. Aufgrund ihrer prozessualen Funktion verlieren sich Rede und Aktion der dramatischen Personen kaum je ins Unverbindlich-Private. Auf dem ›natürlichen Theater‹ des Gerichts ist ihre Sprache niemals bloß individueller Ausdruck, sondern rhetorisch-persuasive Mitteilung an ein öffentliches Gegenüber. Politisches und Menschliches werden in ihrem Habitus und Sprachgestus weithin eins.

Das durch die prozessuale Szenenführung erzielte öffentliche Gepräge der dramatischen Handlung wirkt sich am vehementesten in der »entscheidungsvollen Stunde« (Vs. 2176) des Streits der Königinnen (III/4) aus. Die Fiktion, die Königinnen durch das anonyme Netz der Staatskunst, welche diese Begegnung zu verhindern sucht (Burleigh!), und über einen verwickelten politischen Apparat hinweg auf der Bühne unmittelbar zusammentreffen zu lassen, entspricht bekanntlich nicht der historischen Realität. Doch er ermöglicht Schiller, dem Stoff höchste theatralische Evidenz zu verleihen und im Sinne der Vorrede zur *Braut von Messina* »alles Unmittelbare, das durch die künstliche Einrichtung des wirklichen Lebens aufgehoben ist«, wiederherzustellen. »Jetzt ist kein fremder Mund mehr zwischen uns«, sagt Maria. »Wir stehn einander selbst nun gegenüber.« (Vs. 2319f.) Das Gespinst der Intrige und Taktik, das sich zwischen Maria und Elisabeth gelegt hatte, ist in diesem Moment zerrissen. Die politische Spannung des historischen Augenblicks und der tragischen Handlung entlädt sich in einem großangelegten, kunstvoll bis zur äußersten Leidenschaft gesteigerten Rede-Agon, der an die monumentalen Streitszenen der griechischen Tragödie gemahnt. Der in den bittenden, ratenden oder exklamatorischen Einwürfen Shrewburys und Leicesters seine Gegenwart kundgebende Hof repräsentiert in typisch chorischer Funktion die für den Verlauf der Szene bestimmende, ihren agonalen Charakter erklärende Öffentlichkeit.

Der öffentliche Charakter der Auseinandersetzung wird von Schiller wirkungsvoll mit den untergründigen psychologischen Spannungen zwischen den beiden Kontrahentinnen kontrastiert, die sich vor ihrem beiderseitigen Geliebten Leicester in Szene zu setzen suchen. Gert Sautermeister hat demonstriert, wie sehr Elisabeths Haß auf die Stuart aus dem Haß auf das eigene, von der puritanischen Ethik vorgeschriebene triebunterdrückende Dasein resultiert, das sie freilich im Gegensatz zu der durch ihre Liebesaffären politisch entmachteten Rivalin zur Ausübung der Herrschaft in besonderem Maße befähigt. Für die Unterdrückung ihrer erotischen Wünsche und die weiblich-sinnliche Benachteiligung rächt sie sich, von Leicesters Schmeichelei verlockt, »indem sie sich vor der Stuart als viel bewunderte Lady aufspielt und die schönere, von Männerliebe umwitterte Konkurrentin zur welken Hure stempelt« (G. Sautermeister). – Wie sehr die Personen gerade dieses Dramas von einer verdeckten Triebdynamik bestimmt sind, läßt sich auch an Mortimer beobachten, dessen puritanisch unterdrückte Sexualität sich im Rausch katholisch-sakraler Sinnlichkeit eine Ersatzbefriedigung verschafft. Die Triebgebundenheit seines Katholizismus wird spätestens in der Szene III/6 offenbar, als er Maria Stuart gegenüber beinahe gewalttätig wird.

In *Maria Stuart* wird ein Weltzustand beschworen, in welchem der individuellen Leidenschaft noch größte politische Tragweite zukommt. Wie der Fall Wallensteins ›eine Welt im Sturze mit sich reißt‹ (*Piccolomini*, Vs. 2640), so wirft nach den Worten Marias die Zwietracht der Königinnen die Fackel des Streits in die gesamte politische Welt (»Das ist das Fluchgeschick der Könige, / Daß sie entzweit die Welt in Haß zerreißen«; Vs. 2316f.) – Die Tragödie als Staatsaktion setzt die Anschauung voraus, daß der unmittelbare Wille und die Leidenschaften der Dynasten sich mit dem Schicksal der Völker decken. In seinen *Theaterproblemen* (1955) hat Friedrich Dürrenmatt von Schillers dramatischen Staatsaktionen geschrieben, daß sie eine sichtbare, überschaubare politische Welt voraussetzen, während der moderne Staat sich nicht mehr in der traditionellen Form des Geschichtsdramas bewältigen lasse, da er »unüberschaubar, anonym, bürokratisch« geworden sei. (Das hat freilich Schiller selbst schon in seinen »Ästhetischen Briefen« klar erkannt. Spätestens im *Demetrius* hat er versucht, auch im politischen Drama den Einzelhelden in ein Gespinst von Interessen und Intrigen zu verwickeln, das sich von der Überschaubarkeit herkömmlicher dramatischer Staatsaktionen beträchtlich entfernt.)

›Staatsaktionen‹ seien heute nicht mehr denkbar, meint Dürrenmatt, da es keine echten Repräsentanten der Geschichte und Politik mehr gebe, sondern nur noch anonyme politische Vorgänge und Machtgebilde, für welche die jeweiligen individuellen Machthaber lediglich zufällige, beliebig zu ersetzende Symbolfiguren seien. – Die Tragödie als Staatsaktion setzt demgegenüber klar erkennbare Schuld und Verantwortung für das Ganze des politischen Geschehens voraus. Die Helden der alten Tragödie bleiben nach Hegel noch mit ihrem »gesamten Wollen, Tun, Vollbringen im unmittelbaren Zusammenhang« und stehen daher auch »ungeteilt« für das ein, »was irgend an Folgen aus diesem Tun entspringt«. Selbst Ödipus »steht für das Ganze seiner Tat mit seiner ganzen Individualität ein«, bestraft sich für Frevel, die »weder in seinem Wissen noch in seinem Wollen gelegen« haben, »während bei der Verwicklung und Verzweigung des heutigen Handelns jeder auf alle andere rekurriert und die Schuld so weit als möglich von sich zurückschiebt«. Ein solches Rekurrieren auf andere ist in der dramatischen Staatsaktion noch nicht möglich.

Ein imposantes Beispiel dafür ist die Davison-Episode in *Maria Stuart*. Königin Elisabeth sucht in der Szene IV/11 die Erledigung des ›Falls‹ Maria Stuart dem Sekretär zu überlassen, um schließlich die Verantwortung auf ihn abwälzen zu können. Der Versuch, sich hinter einen anonymen Vollstreckungsapparat zurückzuziehen, kann jedoch nicht verschleiern, daß sie die Last der Verantwortung und Schuld allein zu tragen hat. Während nach den Worten Dürrenmatts im bürokratisierten Staat »Kreons Sekretäre den Fall Antigone erledigen«, ist in *Maria Stuart* die Königin noch die allein verantwortlich Handelnde. Sie ist, mit Hegel zu reden, nicht »wie die Monarchen unserer Zeit« ein »mehr oder weniger abstrakter Mittelpunkt innerhalb für sich bereits ausgebildeter und durch Gesetz und Verfassung bestehender Einrichtungen«, sondern wirklich noch die »in sich konkrete Spitze« des Staatsganzen. Eben diese individuelle Selbständigkeit des Regenten, die Tatsache, daß sich der Staatsapparat noch nicht gegenüber dessen persönlicher Sphäre verselbständigt hat, ist die Bedingung der dramatischen Staatsaktion.

Hat Schiller in seinen politischen Tragödien (vom *Demetrius* vielleicht abgesehen) versucht, den Staat auf eine konkrete Gestalt zurückzuführen, den Palast der Könige wieder aufzutun, so werden in der *Jungfrau von Orleans* gewissermaßen, der Vorrede zur *Braut von Messina* gemäß, die Götter wieder aufgestellt, welche »in die Brust des Menschen zurückgekehrt« sind. Wenn Schiller von ›Rückkehr‹ spricht, so scheint er anzudeuten, daß die Götter ursprünglich in der menschlichen Brust wohnten, daß die religiösen Gestalten also Projektionen der Innerlichkeit sind. Die Rückkehr der Götter bedeutet mithin die Zurücknahme der Entäußerung der Innerlichkeit. Das ist zweifellos ein Fortschritt des Geistes, er bedingt jedoch die Überschreitung der ästhetischen Sphäre; deshalb muß der Dichter in seinem Bereich die Götter wieder sichtbar aufstellen. – In seiner Vorrede zu Niethammers Bearbeitung der *Geschichte des Malteserordens* von Vertot (1792) schreibt Schiller, der Mensch habe »seit Jahrtausenden den Gesetzgeber über den Sternen« gesucht, während er, doch unerkannt, »in seinem eigenen Busen« gewohnt habe. So sei es z.B. zu verstehen, daß die Malteser »die Sanktion einer Menschenpflicht von einem Apostel entlehnen und die allgemeine Verbindlichkeit zur Tugend sowie den Anspruch auf ihre Würde an ein Ordenskleid heften« etc., daß sie also bestimmte ethische Gesetze in äußere Autoritäten und Zeichen projizieren. »Indem sie nur einem Kirchengesetze zu dienen glauben«, befolgen die Malteser »die höhern Gebote der Sittlichkeit«.

So sehr nun die Erkenntnis dieser ethischen Gebote als solcher einen notwendigen Fortschritt darstellt, entzieht sich doch eine auf die gestaltlose Innerlichkeit zurückgeführte Sittlichkeit der ästhetischen Darstellung. Darum muß der Poet die ethischen Gebote wieder symbolisch durch äußere Gesetze und Zeichen darstellen. Das hat Schiller in der Tat in den *Maltesern* und der *Jungfrau von Orleans* getan. In der Geschichte der Johanna, in »des Geistes Ruf« (Vs. 499), im göttlichen Auftrag, der das Opfer der »Männerliebe«, sinnlichen Glücks fordert, hat er etwas von dem mittelalterlichen »Heroismus« darstellen wollen, den er in der erwähnten Vorrede zur Geschichte des Malteserordens beschreibt; dieser Heroismus besteht in der »Stärke des Gemüts [...], das Teuerste an das Edelste zu setzen« und den »höchsten Gesetzen«, einem »bloß idealischen Gut alle Güter der Sinnlichkeit zum Opfer zu bringen« (eine Schillers Theorie des Erhabenen nahekommende Definition). In dieser Fähigkeit kommt das – im Mittelalter freilich noch nicht zum Bewußtsein seiner selbst gelangte – Vermögen der sittlichen Natur des Menschen zum Durchbruch, seine sinnliche Natur zu entmächtigen, wie es für Schiller zum Wesen der ethischen Entscheidung gehört. Der Ruf der sittlichen Natur wird in der *Jungfrau von Orleans* zum göttlichen Auftrag entäußert, welcher in der Traumerscheinung der Muttergottes, den Wunderzeichen und Allegorien einer sich numinos durchwaltet glaubenden Welt ästhetisch vergegenwärtigt wird.

Die Jungfrau verwandelt sich, nachdem sie die Heimat (den Zustand der Idylle) verlassen hat, in eine »Schreckensgöttin« (Vs. 1543), welche die feindlichen Heere in panische Furcht versetzt: das Mysterium tremdendum der »körperlosen Geister«, die sich »an kein Geschlecht der Menschen« anschließen und kein »Herz« haben (Vs. 1608ff.). Zur tragischen, d.h. das Mitleid des Zuschauers erweckenden Gestalt wird sie erst, als sie sich durch die Liebe zu Lionel »als empfindendes Wesen bei uns legitimiert« (*Über das Pathetische*). Durch die Empfänglichkeit für die Liebe trennt Johanna sich von den reinen Geistern, »die nicht fühlen, die nicht weinen« (Vs. 2603). Das Fühlen und Leiden, das ›Pathos‹ aber ist der Weg zum (Pathetisch-)Erhabenen und zu jener Vergöttlichung, welche die Schlußverse in Analogie zum Herakles-Mythos (am Ende des philosophischen Gedichts *Das Ideal und das Leben*) symbolisch vergegenwärtigen. *Die Jungfrau von Orleans* ist gleichsam ein mythisches Palimpsest: durch den christlichen scheint der antike Mythos hindurch (vgl. auch die Analogie zwischen der Jungfrau Maria und Pallas Athene). Dieser wie jener Mythos aber chiffrieren wie kein anderes Drama Schillers dessen ethisch-ästhetische Grundideen.

Eine Versinnlichung, Reästhetisierung des ethisch-religiösen Bereichs im Sinne der Vorrede zur *Braut von Messina* hat Schiller sich auch in der *Maria Stuart* vorgenommen, in deren Schlußakt er den katholischen Beicht- und Kommunionsritus eingefügt hat. Die katholische Religion hat für Schiller noch etwas von dem ästhetischen Charakter der antiken Religion bewahrt, welcher durch das Christentum grundsätzlich aufgehoben worden ist, da es die Immanenz der Götter in der Natur durch den Glauben an den einen, transzendenten, geistigen Gott ersetzt hat, der nicht mehr mit der Sinnenwelt eins ist: das Thema der *Götter Griechenlands*. Im katholischen Glauben und Ritus – der »schönen Religion« im Unterschied zum Protestantismus als der Religion der Prosa (Hegel) – vermag Schiller demgegenüber noch sinnfällige dramatische Urformen zu entdecken, welche die Handlung der *Jungfrau von Orleans* wie die letzten Auftritte Maria Stuarts bedeutungsvoll einfassen.

Das schlüssigste ästhetische Kontrastbild des modernen, unsinnlich-prosaischen Weltzustandes stellt wohl Schillers letztes vollendetes Schauspiel: *Wilhelm Tell* dar. In ihrem Aufsatz *Über epische und dramatische Dichtung* haben Goethe und Schiller die »Sagen aus der heroischen Zeit« zumal der Griechen als besonders günstig für die epische und dramatische Dichtung bezeichnet, weil deren Personen am besten auf einem Kulturgrad stehen, »wo die Selbsttätigkeit noch auf sich allein angewiesen ist, wo man nicht moralisch, politisch, mechanisch, sondern persönlich wirkt.« Im Sinne einer solchen »individuellen Selbständigkeit« hat auch Hegel in seiner *Ästhetik* den »heroischen Weltzustand« bestimmt, welchem er eine besondere Affinität zu Epopöe und Tragödie zuschreibt. In diesem Zustand behalte »das Sittliche und Gerechte individuelle Gestalt in dem Sinne [...], daß es ausschließlich von den Individuen abhängt und nur in ihnen und durch sie zur Lebendigkeit gelangt.«

Bei der Konzeption des *Wilhelm Tell* hat Schiller gewiß daran gedacht, einen dem Heroenzeitalter der Griechen in manchen Zügen verwandten Weltzustand zu beschwören. Schon Goethe, der 1797 eine epische Bearbeitung des Stoffs in homerischem Stil plante, über die er sich auch mit Schiller beratschlagt hat, dachte sich Tell »als einen urkräftigen, in sich selbst zufriedenen, kindlich-unbewußten Heldenmenschen, der als Lastträger die Kantone durchwandert, überall gekannt und geliebt ist, überall hülfreich, übrigens ruhig sein Gewerbe treibend, für Weib und Kinder sorgend und sich nicht kümmernd, wer Herr oder Knecht sei« (Eckermanns Gespräche, 6. Mai 1827). Die Zufriedenheit in sich selber ist auch das hervorstechende Charaktermerkmal des Schillerschen Tell, der wirklich wie ein antiker Heros auftritt; von niemandem abhängig, in freier, selbständiger Tugend steuert er dem Unrecht und steht den Bedrängten bei. Vor jeder Bindung, die seine Unabhängigkeit einschränken könnte, scheut er zurück; deshalb nimmt er bei Schiller auch – im Gegensatz zu den Quellen – nicht am Rütli-Schwur teil. »Der Starke ist am mächtigsten *allein*« (Vs. 437). Das ist sein Grundsatz, aus dem für die Komposition des Dramas folgt, daß Tell »ziemlich für sich« steht; »seine Sache ist eine Privatsache, und bleibt es, bis sie am Schluß mit der öffentlichen Sache zusammengreift« (Schiller an Iffland, 5. Dezember 1803).

Der Zustand heroischer Unabhängigkeit, wie er sich in Tell am sinnfälligsten manifestiert – historisch gesehen: das sich auflösende Mittelalter – wird durch das Bestreben des Kaisers bedroht, an die Stelle der alten Lehensverhältnisse einen zentralistisch-absolut regierten Territorialstaat zu setzen. Hier verbindet sich der Mythos der Heroenzeit bei Schiller mit einer in ihren Grundzügen historisch zutreffend charakterisierten Wendezeit. Die Handlung des Dramas ist durch eine ähnliche Kollision geprägt, wie sie nach Hegels richtiger Deutung für Goethes *Götz* charakteristisch ist: es handelt sich um die »Berührung und Kollision der mittelaltrigen Heroenzeit und des gesetzlichen modernen Lebens«. Das Vordringen des letzteren in Gestalt der auf einen zentralistisch-bürokratisch organisierten Einheitsstaat zielenden Machtpolitik des Hauses Habsburg – ein historischer Spiegel der Tendenzen des aufgeklärten Absolutismus, zumal josephinischer Provenienz – wird namentlich in dem Dialog Attinghausens mit Rudenz (II/1) anschaulich beschrieben: »Sie werden kommen, unsre Schaf und Rinder / Zu zählen, unsere Alpen abzumessen, / [...] ihren Schlagbaum / An unsre Brücken, unsre Tore setzen« usw. (Vs. 897–903). Demgegenüber suchen die Schweizer ihre »alte Freiheit« (Vs. 1325) zu wahren, welche allein durch die Reichsunmittelbarkeit gewährleistet ist.

Die Darstellung des Schweizer Freiheitskampfes weist zurück auf die Deutung der Loslösungsbewegung der Niederlande von Spanien in Goethes *Egmont.* Auch hier geht es ja (in Anspielung auf die Politik Joseph II.) um den Widerstand einer Freiheit, die sich mit alten, nach historischem Recht gesicherten Lebensformen identifiziert, gegen den Despotismus im Sinne der zentralistischen Tendenzen des werdenden neuzeitlichen Staates. Von »alter Freiheit«, »alten Rechten«, »alten Freiheitsbriefen« etc. ist im *Egmont* wie im *Wilhelm Tell* gleich viel die Rede. »Wir stiften keinen neuen Bund«, betont Stauffacher in der Rütli-Szene ausdrücklich; »es ist / Ein uralt Bündnis nur von Väter Zeit, / Das wir erneuern!« (Vs. 1154–56). Es handelt sich um den beide Seiten bindenden Herrschaftsvertrag mit dem Kaiser bei der Landnahme. »Abtreiben wollen wir verhaßten Zwang, / Die alten Rechte, wie wir sie ererbt / Von unsern Vätern, wollen wir bewahren, / Nicht ungezügelt nach dem Neuen greifen.« (Vs. 1352–55) Der schweizerische Freiheitskampf scheint demnach wie der niederländische bei Goethe ganz vom alteuropäischen, ursprünglich astronomischen Begriff der Revolution geprägt zu sein, der den in sich zurückkehrenden Umlauf der Planeten bezeichnet (siehe oben zu *Egmont*); d.h. es geht um die Wiederherstellung eines alten, durch Despotismus gestörten Rechtszustandes, nicht wie in der Französischen Revolution um die aus Naturrecht und reiner Vernunft deduzierten Gesetze, welche die Aufkündigung des bestehenden zugunsten eines neuen Gesellschaftsvertrags legitimieren sollen. In seiner Schrift *Tithon und Aurore* (1792) hat Herder die Hoffnung zum Ausdruck gebracht, daß der durch die Französische Revolution verabsolutierte neue Revolutionsbegriff wieder durch den alten astronomischen ersetzt werde: »Dann wird das Wort Revolution wieder in seinen reinen und wahren Sinn zurückkehren, daß es eine friedliche Rückkehr der Begebenheiten in sich selbst, auch in der Geschichte bedeute.« Eine solche ›friedliche‹ Revolution scheint auch diejenige der Schweizer Urkantone im *Wilhelm Tell* zu sein.

Das naturrechtliche Modell der Rückkehr aus dem bestehenden gesellschaftlichen Vertragszustand in den Naturzustand spielt auch in Schillers Beurteilung der Französischen Revolution und in seiner gegen dieselbe gerichteten Theorie der ästhetischen Erziehung eine zentrale Rolle. Davon war oben ausführlich die Rede. In den berühmten Versen Stauffachers in der Rütli-Szene, welche die Gewalt als »letztes Mittel« verteidigen, taucht jenes Modell noch einmal auf: »Wenn der Gedrückte nirgends Recht kann finden«, holt er »seine ewgen Rechte, / Die droben hangen unveräußerlich« – d.h. die im Gesellschaftsvertrag nicht veräußerten Menschenrechte – vom Himmel herunter: »Der alte Urstand der Natur kehrt wieder, / Wo Mensch dem Menschen gegenübersteht«, d.h. wo es keine institutionelle Ordnung zwischen den Menschen gibt, welche die Gewalt monopolisiert. Doch das Bestimmende bleibt für die Eidgenossen, so scheint es zunächst, jener konservative astronomische Revolutionsbegriff, in dem auch die Kritik Justus Mösers oder Edmund Burkes an der französischen »Totalrevolution« (F. Gentz) gründet. Ist Schiller im *Tell* also auf die Position der konservativen Revolutionsgegner eingeschwenkt? Ist der durch Wiederherstellung alten Rechts legitimierte Aufstand der Eidgenossen als Gegenbild zur ›ungezügelt nach dem Neuen greifenden‹ Französischen Revolution zu sehen?

Einen solchen Gegenbildcharakter hat der eidgenössische Freiheitskampf bei Schiller allerdings: die Schweizer sind ein Volk, das im Sinne der Vorrede zur *Braut von Messina* noch nicht in die Gegensätze des abstrakten Staats und der »rohen Gewalt« der revolutionären Massen zerrissen ist, sondern das aus dem Zustand der Idylle, in dem sich hier Elemente des vorstaatlichen Naturzustandes (Eingangsszene!), eines mythischen Heroentums und feudalpatriarchalischer Gemeinschaftsformen im Zeichen naturförmigharmonischen Lebens vermischen, durch den Einbruch einer fremden, naturwidrigen Macht zu politischem Bewußtsein erwacht.

So sehr sich freilich die Eidgenossen nichts anderes als die Wiederherstellung alten Bündnisses, alter Freiheit zum Ziel setzen, erheben sic sich im Laufe des Dramas doch mehr und mehr über ihren bisherigen politischen Zustand und bereiten den Boden für ein Gemeinwesen, das die alte idyllisch-heroisch-feudale Freiheit in einer neuen republikanischen Freiheit aufgehen läßt und die Grundsätze moderner Staatlichkeit verwirklicht – nicht von oben her, auf absolutistische Weise, sondern vom Volke aus. (Nicht zu Unrecht hat man wiederholt eine Analogie zwischen Schillers Darstellung des Schweizer Freiheitskampfes und der amerikanischen Revolution gesehen.)

Den geschichtlichen Wandel von der feudal-patriarchalischen Ordnung des Mittelalters zur neuzeitlichen libera res publica von Stadtbürgern und Freibauern sieht Attinghausen in der Vision der Sterbeszene voraus. War bisher für ihn das Neue stets das Naturfeindlich-Verderbliche und das Alte das Naturhaft-Rechte, so werden die Vorzeichen nun ausgetauscht. Das Alte erscheint als vergängliches Menschenwerk, das Neue aber als ewig lebendige Natur: »Das Alte stürzt, es ändert sich die Zeit, / Und neues Leben blüht aus den Ruinen.« (Vs. 2425f.) Die »alte Freiheit« wird durch eine »neue beßre Freiheit« (Vs. 2424) abgelöst.

Daß die neue Ordnung durch den ausdrücklichen Ausschluß des Adels vom Rütli-Bund zustande kommt, ist für Attinghausen das Zeichen der Mündigkeit des Volks. Hatte er zu Beginn der Szene noch geklagt: »Und vaterlos lass' ich euch alle, alle« (Vs. 2386), so weiß er nun: »Ja, dann bedarf es unserer nicht mehr« (Vs. 2419). Die patriarchalische, die Vaterordnung wird durch eine Ordnung der Brüderlichkeit abgelöst, in die sich auch der Adel, auf seine Privilegien verzichtend, einfügt: »Der Adel steigt von seinen alten Burgen / Und schwört den Städten einen Bürgereid« (Vs. 2430f.) Rudenz und Berta von Bruneck werden am Ende des Dramas diese Prophezeihung erfüllen. Berta läßt sich als »Bürgerin« in den Bund der Eidgenossen aufnehmen, gibt ihr »Recht« in deren Hand und reicht ihre »Rechte« als »freie Schweizerin dem freien Mann«: Rudenz, der seinerseits mit dem Schlußvers des Dramas (»Und frei erklär ich alle meine Knechte«) die Leibeigenschaft seiner Untertanen aufhebt (Vs. 3282–90).

Hier schlägt Schiller deutlich eine Brücke zur Französischen Revolution: zur Idee der Volkssouveränität und zu den Losungsworten der Freiheit, Gleichheit und Brüderlichkeit. Die Fülle von Anspielungen auf die Französische Revolution im *Wilhelm Tell* ist nicht zu übersehen. Wenn der Adel ausdrücklich vom Rütli-Bund ausgeschlossen wird (Vs. 691ff.), wenn die Vertreter der Kantone erkären: »Wir stehen hier statt einer Landsgemeinde / Und können zählen für ein ganzes Volk« (Vs. 1108f.), so wird hier die Selbsterklärung des Dritten Standes zur französischen Nationalversammlung am 17. Juni 1789 gespiegelt. Der Rütli-Schwur ist ein plastisches Gegenstück zum Ballhausschwur drei Tage später – und überhaupt zu den Schwurritualen der Revolution, die auch in der bildenden Kunst (vgl. Jacques-Louis Davids *Schwur der Horatier*) und in der Literatur der Zeit vor- und nachgebildet worden sind. Das »Schauspiel der aufgehenden Sonne« am Ende der Rütli-Szene ist eine der meistverbreiteten Revolutionsmetaphern. »Denn wer leugnet es wohl, daß hoch sich das Herz ihm erhoben, / [...] / Als sich der Glanz der neuen Sonne heranhob«, bekennt der Richter im sechsten Gesang von *Hermann und Dorothea*, als er auf die anfängliche Revolutionsbegeisterung zu sprechen kommt. »Es war dieses somit ein herrlicher Sonnenaufgang«, bemerkt auch Hegel bei seinem Rückblick auf die erste Phase der Revolution in seiner *Philosophie der Geschichte*.

Die Zukunftsvision Attinghausens spielt offenbar auf das Scheitern der konterrevolutionären Koalitionskriege an. Das Fanal des Sturms auf die Bastille, des Tanzes auf ihren Trümmern wird zu Beginn des fünften Akts im Angriff auf die Zwingburgen wiederholt (vgl. Schillers Brief an Iffland vom 5. Dezember 1803). Die Verwandlung des Huts auf der Stange aus einem Herrschaftszeichen in ein Freiheitssymbol (»Er soll der Freiheit ewig Zeichen sein!« Vs. 2923) reicht bis in die Antike zurück: es war ein Element der Libertas-Tradition, nach der Ermordung eines Tyrannen einen Filzhut als Freiheitssymbol auf einer Stange durch die Stadt zu tragen. Wie bekannt dieses Symbol noch im späten 18. Jahrhundert gewesen ist, demonstriert die Vignette auf dem Titelblatt der Erstausgabe von Schillers *Abfall der vereinigten Niederlande* (1788): auch sie zeigt den Hut auf der Stange. Erst recht hat dieses Emblem im revolutionären Tell-Mythos der Helvetischen Republik von 1798–1803 eine Rolle gespielt: auf zahllosen Abbildungen, vor allem amtlichen Dokumenten der Zeit, ist die aus dem Liktorenbündel ragende Stange mit dem Hut zu finden. Überall in der Schweiz wurde (zugleich mit deutlicher Anspielung auf die Jakobinermütze) der in den Freiheitshut zurückverwandelte Geßler-Hut aufgepflanzt.

Schiller war es mit Sicherheit bekannt, welche Bedeutung der Tell-Mythos für die 1798 mit militärischer Unterstützung der Franzosen ausgerufene Helvetische Republik besessen hat. Wilhelm Tell wurde die Symbolfigur des neuen revolutionären Staates. Auch in Frankreich selber war der Mythos ungeheuer populär. Straßen, Plätze, ganze Ortschaften wurden nach dem legendären Schweizer Helden benannt, zahllose Kinder auf seinen Namen getauft. 1792 organisierte der Jakobinerklub einen Festzug durch die Pariser Straßen, in dessen Mitte Wilhelm Tell auf einem Triumphwagen den jubelnden Massen Armbrust, Pfeil und Apfel zeigte. Am 2. August 1793 ordnete der französische Nationalkonvent an, dreimal wöchentlich – davon einmal auf Kosten der Republik – »die Tragödien des Brutus, Wilhelm Tell und andere Stücke aufzuführen, welche die ruhmvollen Ereignisse der Revolution und die Tugenden der Verteidiger der Freiheit darstellen«.

Die Bearbeitung des Tell-Stoffs war für Schiller zu dieser Zeit also höchst brisant. Die »politische Bedenklichkeit« auch des Schillerschen Dramas hat Iffland dazu veranlaßt, den Autor in seinem

Brief vom 7. April 1804 um Abschwächung verschiedener Passagen für die Berliner Erstaufführung zu bitten. Es ging zumal um Stauffachers Verse über das Recht auf gewaltsamen Widerstand in der Rütli-Szene und die antifeudale Zukunftsvision Attinghausens. Selbst die »philosophisch-freie« preußische Regierung könne (vor dem Hintergrund der Französischen Revolution und der Hinrichtung des Königs) die offene Verkündigung des Widerstandsrechts wie in den Versen 1275ff. nicht dulden. Solche Passagen müßten den »Pöbel« zu »tumultarischem Aufjauchzen« reizen. Iffland äußert sogar den Verdacht, daß eine revolutionäre Absicht in der Intention des Dramas liege, wenn er auch Schiller persönlich von einer solchen Absicht freispricht. Zumal Attinghausens Vision könne »einen andern Effekt machen als Schiller will, wenn sie den Effekt macht, den die Dichtung will«! (Schiller hat die politisch verfänglichen Stellen daraufhin recht widerwillig abgeschwächt, um die Aufführung nicht zu gefährden: »Wenn man einmal ein solches Sujet, wie der Wilhelm Tell ist, gewählt hat, so muß man notwendig gewisse Saiten berühren, welche nicht jedem gut ins Ohr klingen«, teilt er Iffland am 14. April 1804 mit.)

Es ist nicht verwunderlich, daß die Rezeptionsgeschichte des *Wilhelm Tell* von spektakulären Verboten begleitet sein wird. In der napoleonischen Ära wurden *Tell*-Aufführungen ebenso wie nach dem Ersten Weltkrieg (durch die französische Besatzungsmacht) untersagt. Auch deutschen Obrigkeiten war Schillers Schauspiel häufig suspekt. In seinen *Gedanken und Erinnerungen* schreibt Bismarck über sein jugendliches Geschichtsbild: »Meine geschichtlichen Sympathien blieben auf seiten der Autorität. Für mein kindliches Rechtsgefühl war Tell ein Rebell und Mörder.« Das letzte *Tell*-Verbot stammt von Adolf Hitler: am 12. Dezember 1941 ordnete der Chef der Reichskanzlei an: »Nach dem Wunsche des Führers soll das Schauspiel *Wilhelm Tell* als Lehrstoff in den Schulen nicht mehr behandelt werden.« Dieser Wunsch war nur allzu verständlich: In der Gestalt des tyrannischen Bösewichts Geßler, des kinderlosen österreichischen Fremdlings und Emporkömmlings, der weder familiäre noch sonstige menschliche Bindungen kennt, der kein geschriebenes und kein ungeschriebenes Recht achtet, durfte der »Führer« durchaus sein Spiegelbild erblicken.

Schillers Allusionen auf Ideen und Fakten der Französischen Revolution im *Wilhelm Tell* bedeuten freilich keine verdeckte Legitimierung der letzteren. Revolution ist nur zu billigen, wo das Volk eben noch nicht zur ›rohen Gewalt‹ depraviert ist, sondern unmittelbar aus einem quasi vorgeschichtlichen naturförmigen Zustand in den Vernunftstaat hinübertritt. Eine solche gute Revolution scheint aber nur in der Dichtung, auf der Bühne möglich zu sein, während jener Zustand der Menschheit in der Wirklichkeit längst vom Abgrund einer den Menschen sich selbst entfremdenden Geschichte verschlungen ist. Aus ihr heraus läßt sich der Vernunftstaat nach den für Schiller deprimierenden Erfahrungen der Französischen Revolution nicht verwirklichen. Das wird das *Demetrius*-Fragment illusionslos demonstrieren. (Schiller plante das Stück mit dem Monolog eines »zweiten Demetrius« zu schließen, der »in eine neue Reihe von Stürmen hineinblicken [...] und gleichsam das Alte von neuem« beginnen läßt – ein sinnfälliges Bild des circulus vitiosus der Geschichte.) Allein die ästhetische Erziehung könnte den Menschen so mit sich eins werden lassen, daß seine politischen Schöpfungen aus dem verhängnisvollen Kreislauf der bisherigen Geschichte heraustreten würden.

Schillers *Tell* verbirgt im Gewande der volkstümlich-naiven Handlung, die aus Tschudis *Chronicon Helveticum* und den alten Tell-Spielen entlehnt ist, eine politische Parabel, ja fast eine zeitgeschichtliche Schlüsseldichtung von eminenter staatsphilosophischer Kühnheit. Hier wie nirgends sonst hat Schiller das in der Rezension *Über Bürgers Gedichte* entworfene Ziel einer »Popularität« erreicht, welche den »ungeheuren Abstand« zwischen der »gebildeten Klasse« und der »Masse« der Nation aufhebt, indem das Tiefste sich in der Hülle »höchster Simplizität« verbirgt. – So konnte *Wilhelm Tell* zum Urbild der volkstümlich-nationalen Festspiele werden, die in dichter Folge Wachstum, Blüte und Hypertrophie des Nationalstaatsgedankens im 19. und frühen 20. Jahrhundert ›inszenieren‹ (vgl. Peter Sprengel). Zweifellos ist es eine Paradoxie, daß ausgerechnet Schiller im 19. Jahrhundert nicht nur – aufgrund der Festspielelemente der *Jungfrau von Orleans* und des *Wilhelm Tell*, aber auch der panegyrischen Lyrik des *Lieds von der Glocke* – als patriotischer Festspieldichter gefeiert wurde, sondern in der langen, alle politischen Spielarten von republikanischer Emphase bis zu reaktionärer Verstockung durchlaufenden Tradition der Schillerfeiern selber zum Gegenstand nationaler Festspiele erhoben wurde – obwohl er geleugnet hat, daß es Zweck der Poesie sein könne, »Nationalgefühle in dem Bürger zu entzünden«; ihre Aufgabe sei es nicht, »auf den Staatsbürger in dem Menschen, sondern auf den Menschen in dem Staatsbürger« zu zielen (*Über das Pathetische*. In bezug auf die Deutschen teilte er überdies mit Goethe die Überzeugung: »Zur *Nation* euch zu bilden, ihr hoffet es, Deutsche, vergebens; / Bildet, ihr könnt es, dafür freier zu Menschen euch aus.« (*Xenien*: »Deutscher Nationalcharakter«) Diese Ansichten konnten seine Glorifizierung als Sänger der Nation nicht verhindern.

Noch merkwürdiger ist die Bedeutung, die *Wilhelm Tell* für das politisch-kulturelle Selbstverständnis der Schweiz – deren Boden Schiller nie betreten hat – bis in die Gegenwart zugewachsen ist. Höhepunkt dieser Entwicklung ist Gottfried Kellers Aufsatz *Am Mythenstein* (1860) und die Beschreibung des ländlichen Tell-Festspiels in seinem Roman *Der grüne Heinrich* (1854) gewesen. Trotz Max Frischs *Wilhelm Tell für die Schule* (1971), der den nationalen Tell-Mythos durch ironische Neuerzählung der Geschichte konterkariert, ist Schillers Stück in der Schweiz im Grunde bis heute ein sakrosanktes Identifikationssymbol geblieben. Welche symbolische Rolle die in Kellers *Am Mythenstein* charakterisierte Schiller-Landschaft um das Rütli in den Jahren einer neuen republikanisch-patriotischen Selbstbesinnung der Schweiz gespielt hat, zeigt auch Richard Wagners Inspiration durch die nationalen Festspiele in seiner Züricher Emigrationszeit, deren Spuren in der Festwiesen-Szene am Schluß der *Meistersinger* deutlich zu verfolgen sind. Am 7. Juli 1853 begaben sich Herwegh, Liszt und Wagner gar auf das Rütli, um aus den drei Quellen Blutsbrüderschaft zu trinken und den Gedanken eines Bühnenfestspiels in Zürich symbolisch zu verankern. Noch in seinem Aufsatz *Das Bühnenfestspielhaus zu Bayreuth* (1873) schlägt Wagner eine Brücke zum *Wilhelm Tell*, indem er auf die etymologische Verwandtschaft von Reuth, d.i. Rodung, Reutung, also »der Wildnis abgerungene, urbar gemachte Stätte«, mit dem Rütli der Urschweiz verweist: »um dem Namen [Bayreuth] eine immer schönere und ehrwürdigere Bedeutung abzugewinnen«. Das von Schiller poetisierte Rütli als mythisches Urbild auch noch des Wagnerschen Festspielhügels!

Angesichts der zwar »antijakobinischen«, aber gleichwohl »republikanischen« Tendenz des *Wilhelm Tell* (G.-L. Fink) mag es verwundern, daß das wenige Monate nach der Uraufführung dieses Dramas (17. März 1804) als letztes vollendetes Originalwerk Schillers am 12. November auf dem Weimarischen Hoftheater aufgeführte »lyrische Spiel« *Die Huldigung der Künste* zu den Konventionen des höfisch-allegorischen Festspiels zurückkehrt, einer Gattung, die wir zu Recht eher mit dem Namen Goethes verbinden. In der Tat war auch in diesem Falle Goethe der Auftrag erteilt worden, der ihn aber aufgrund angeblich fehlender Inspiration an Schiller abtrat, obwohl dieser eine entschiedene Abneigung gegen derartige okkasionelle Arbeiten hatte und auch nicht über die dafür erforderliche Routine verfügte – verfügen wollte. Gleichwohl hat Schiller sich dieses einzige Mal in der Goethe vertrauten Form des anlaßbedingten höfischen Festspiels versucht. Ein Grund dafür mag die Faszination des Poetisch-Festlichen gewesen sein, das ja auch den Schluß des *Wilhelm Tell* überglänzt – welcher freilich eher an die republikanischen Feste der Revolutionsära gemahnt.

Die *Huldigung der Künste* ist ein »Vorspiel«, das wie üblich als Widmungsspiel einem Hauptstück vorangeht, hier dem *Mithridate* von Racine, der noch zu Beginn des 19. Jahrhunderts der favorisierte Dichter der höfischen Gesellschaft gewesen ist. (Kurz nach der *Huldigung der Künste* verfaßte Schiller – als seine letzte abgeschlossene Bühnenarbeit überhaupt – seine Übersetzung der *Phädra* von Racine!) Der Anlaß des Schillerschen Festspiels war »die hohe Ankunft« des weimarischen Erbprinzen und seiner Gemahlin, »Ihrer Kaiserlichen Hoheit, der Frau Erbprinzessin von Weimar Maria Paulowna, Großfürstin von Rußland« (so der Widmungstext). Eine Gelegenheitsarbeit also – und doch war sie Schiller so wichtig, daß er sie als Eröffnungsstück der Sammlung seines *Theaters* bei Cotta (1805) vorsah. Das zeigt, daß Mittel und Zweck hier – wie in den späten Maskenzügen Goethes, vor allem dem *Festzug* von 1818, von dem noch die Rede sein wird – Zweck und Mittel heimlich die Gewänder getauscht haben: der Anlaß, dem das Festspiel dienen soll, dient in Wahrheit der Selbstdarstellung der Künste. In der »Huldigung der Künste« verwandelt sich der Genitivus subjectivus (die Künste sind es, *die* der Großfürstin huldigen) in den Genitivus objectivus (es sind die Künste, *denen* aus festlichem Anlaß gehuldigt wird). Der Schluß des Festspiels ist die schönste poetische Umschreibung des ästhetischen Staats, wie ihn Schiller im siebenundzwanzigsten seiner Briefe *Über die ästhetische Erziehung des Menschen* definiert hat. Hier wie da wird die Welt des schönen Scheins in die »Nähe des Thrones« verwiesen, eines Thrones freilich, welcher selbst der Repräsentant eines ästhetischen Republikanismus ist, den wir als Schillers Idee von Weimar bezeichnen dürfen: »In dem ästhetischen Staate ist alles – auch das dienende Werkzeug ein freier Bürger, der mit dem edelsten gleiche Rechte hat [...]; und wenn es wahr ist, daß der schöne Ton in der Nähe des Thrones am frühesten und am vollkommensten reift, so müßte man auch hier die gütige Schickung erkennen, die den Menschen oft nur deswegen in der Wirklichkeit einzuschränken scheint, um ihn in eine idealische Welt zu treiben.« Eine idealische Welt freilich, von der stets der Ansporn ausgeht, auch der wirklichen die Gestalt der Freiheit zu geben.

Literatur

Aurnhammer, Achim / Manger, Klaus / Strack, Friedrich (Hrsg.): Schiller und die höfische Welt. Tübingen 1990.
Darin:
Gerhard vom Hofe: Die Verkündigung des »ästhetischen Staats« im höfischen Theater. Zu Schillers lyrischem Spiel *Die Huldigung der Künste*, S. 168–186.
Friedrich Gaede: Lohensteins und Schillers *Agrippina*, S. 213–222.
Maria Wolf: Der politische Himmel. Zum astrologischen Motiv in Schillers *Wallenstein*, S. 223–232.
Thomas Diecks: »Schuldige Unschuld«: Schillers *Maria Stuart* vor dem Hintergrund barocker Dramatisierungen des Stoffes, S. 233–246.
Dolf Sternberger: Politische Helden Schillers, S. 307–316.
Kurt Wölfel: Machiavellistische Spuren in Schillers Dramatik, S. 318–340.
Arthur Henkel: Wie Schiller Königinnen reden läßt. Zur Szene III/4 in der *Maria Stuart*, S. 398–406.
Peter Pfaff: König René oder die Geschichte. Zu Schillers *Jungfrau von Orleans*, S. 407–421.
Walter Müller-Seidel: Verschwörungen und Rebellionen in Schillers Dramen, S. 422–446.
Klaus Manger: Schillers Marina – Tyrannin aus Lust, S. 447–459.

Bauer, Roger (Hrsg.): Inevitabilis Vis Fatorum. Der Triumph des Schicksalsdramas auf der europäischen Bühne um 1800. Bern 1990.

Berghahn, Klaus L.: Zum Drama Schillers. In: W. Hinck (Hrsg.): Handbuch des deutschen Dramas. Düsseldorf 1980, S. 157–173.

Berghahn, Klaus L.: Formen der Dialogführung in Schillers klassischen Dramen. Münster 1970.

Berghahn, Klaus L. / Grimm, Reinhold (Hrsg.): Schiller. Zur Theorie und Praxis der Dramen. Darmstadt 1972.

Borchmeyer, Dieter: Tragödie und Öffentlichkeit. Schillers Dramaturgie im Zusammenhang seiner ästhetisch-politischen Theorie und die rhetorische Tradition. München 1973.

Brandt, Helmut (Hrsg.): Friedrich Schiller: Angebot und Diskurs. Berlin/Weimar 1987.

Christ, Barbara: Die Splitter des Scheins. Friedrich Schiller und Heiner Müller. Zur Geschichte und Ästhetik des dramatischen Fragments. Paderborn 1996.

Dahnke, Hans-Dietrich / Leistner, Bernd (Hrsg.): Schiller. Das dramatische Werk in Einzelinterpretationen. Leipzig 1982.

Garland, Henry B.: Schiller. The dramatic writer. A study of style in the plays. Oxford 1969.

Glaser, Horst A.: Klassiches und romantisches Drama. In: H. A. Glaser (Hrsg.): Deutsche Literatur. Eine Sozialgeschichte, Bd. 5. Reinbek bei Hamburg 1980, S. 276–312.

Graham, Ilse: Schiller, ein Meister der tragischen Form. Darmstadt 1974.
Grohmann, Wolfgang: Prägnanter Moment und punctum saliens. Zwei Begriffe aus Schillers Werkstatt. In: Acta Germanica 7 (1972), S. 59–76.
Guthke, Karl S.: Schillers Dramen: Idealismus und Skepsis. Tübingen u.a. 1994.
Hell, Victor: Schiller. Théories esthétiques et structures dramatiques. Liberté et culture à l'époque de la Révolution française et de l'idéalisme allemande. Paris 1974.
Hinderer, Walter (Hrsg): Schillers Dramen. Neue Interpretationen. Stuttgart 1979.
Hinderer, Walter (Hrsg.): Schillers Dramen. Stuttgart 1992.
Inasaridse, Ethery: Schiller und die italienische Oper. Frankfurt a.M. 1989.
Jöns, Dietrich: Das Problem der Macht in Schillers Dramen von den *Räubern* bis zu *Wallenstein*. In: Karl Otto Conrady (Hrsg.): Deutsche Literatur zur Zeit der Klassik. Stuttgart 1977, S. 76–92.
Kommerell, Max: Geist und Buchstabe der Dichtung. Frankfurt am Main 1962 (5. Aufl.).
Darin:
Schiller als Gestalter des handelnden Menschen, S. 132–174.
Schiller als Psychologe, S. 175–242.
Kraft, Herbert: Das Schicksalsdrama. Interpretation und Kritik einer literarischen Reihe. Tübingen 1974.
Kraft, Herbert: Um Schiller betrogen. Pfullingen 1978.
Leibfried, Erwin: Schiller. Notizen zum heutigen Verständnis seiner Dramen. Frankfurt a.M. [u.a.] 1985.
Lennert, Rudolf: Beobachtungen zum dichterischen Realismus Schillers. In: Neue Sammlung 16 (1976), S. 529–540.
Linder, Jutta: Schillers Dramen. Bauprinzip und Wirkungsstrategie. Bonn 1989.
Mansouri, Rachid Jai: Die Darstellung der Frau in Schillers Dramen. Frankfurt a.M. [u.a.] 1988.
Martini, Fritz: Schillers Abschiedsszenen. In: Über Literatur und Geschichte. Festschrift für Gerhard Storz. Frankfurt am Main 1973, S. 151–184.
Miller, R.D.: Interpreting Schiller. A Study of four plays. Harrogate 1986.
Müller, Joachim: Von Schiller bis Heine. Halle an der Saale 1972.
Oehme, Matthias: »Tragisches Sujet des entdeckten Verbrechens.« Moderner Stoff und klassische Form in Dramenfragmenten Schillers. In: Impulse 10 (1987), S. 45–74.
Oehme, Matthias: Furcht und Schrecken. Dramaturgische und wirkungsästhetische Überlegungen Schillers nach dem *Wallenstein*. In: Helmut Brandt (Hrsg.): Friedrich Schiller. Angebot und Diskurs. Berlin u. Weimar 1987, S. 293–298.
Piedmont, Ferdinand (Hrsg.): Schiller spielen. Stimmen der Theaterkritik 1946–1985. Darmstadt 1990.
Pillau, Helmut: Die fortgedachte Dissonanz. Hegels Tragödientheorie und Schillers Tragödie. München 1981.

Prader, Florian: Schiller und Sophokles. Zürich 1954.

Reinhardt, Hartmut: Das »Schicksal« als Schicksalsfrage. Schillers Dramatik in romantischer Sicht: Kritik und Nachfolge. In: Aurora 50 (1990), S. 63–86.

Sautermeister, Gert: Idyllik und Dramatik im Werk Friedrich Schillers. Zum geschichtlichen Ort seiner klassischen Dramen. Stuttgart 1971.

Schröder, Hans Eggert: Schiller als dramatischer Dichter. In: H. E. Schröder: Schiller – Nietzsche – Klages. Bonn 1974, S. 106–189.

Sharpe, Lesley: Friedrich Schiller: drama, thought and politics. Cambridge u. a. 1991.

Sørensen, Bengt Algot: Herrschaft und Zärtlichkeit. Der Patriarchalismus und das Drama im 18. Jahrhundert. München 1984.

Steck, Paul: Schiller und Shakespeare. Idee und Wirklichkeit. Frankfurt am Main 1977.

Stellmacher, Wolfgang: Schillers späte Dramen. Experimente im klassischen Stil. In: Weimarer Beiträge 34 (1988), S. 761–780.

Sternberger, Dolf: Macht und Herz oder Der politische Held bei Schiller. In: D. Sternberger: Kriterien. Frankfurt am Main 1965, S. 110–129.

Thalheim, Hans-Günther: Schillers Dramen von *Maria Stuart* bis *Demetrius*. In: Weimarer Beiträge 20 (1974), S. 5–33, 99–130.

Utz, Peter: Auge, Ohr und Herz. Schillers Dramaturgie der Sinne. In: Jb. d. Dt. Schillerges. XXII (1985), S. 62–97.

Wagner, Hans: Ästhetik der Tragödie von Aristoteles bis Schiller. Würzburg 1987.

Welzig, Werner: Die Thematisierung der Sprache in Schillers Dramen. In: Sprachkunst 4 (1973), S. 21–28.

Werber, Niels: Technologien der Macht. System- und medientheoretische Überlegungen zu Schillers Dramatik. In: Jb. d. Dt. Schillergesellschaft XL (1996), S. 210–243.

Ziolkowski, Theodore: An ontology of anxiety in the dramas of Schiller, Goethe and Kleist. In: Lebendige Form. Festschrift für Heinrich E. K. Henel, München 1970, S. 121–145.

Barnouw, Jeffrey: Das Problem der Aktion und *Wallenstein*. In: Jb. d. Dt. Schillergesellschaft XVI (1972), S. 330–408.

Berns, Gisela N.: Greek antiquity in Schiller's *Wallenstein*. Chapel Hill / London 1985.

Borchmeyer, Dieter: Macht und Melancholie. Schillers *Wallenstein*. Frankfurt am Main 1988.

Borchmeyer, Dieter: Ethik und Politik in Schillers *Wallenstein*. In: Wolfgang Wittkowski (Hrsg.): Verantwortung und Utopie. Zur Literatur der Goethezeit. Ein Symposium. Tübingen 1988, S. 256–282.

Borchmeyer, Dieter: Das gebannte Schicksal und seine Wiederkehr. Goethes

Iphigenie im Blick auf das Drama um 1800: *Wallenstein*. In: R. Bauer (Hrsg.): Inevitabilis Vis Fatorum. Der Triumph des Schicksalsdramas auf der europäischen Bühne um 1800. Bern 1990, S. 102–112.

Dahnke, Hans-Dietrich: Schillers *Wallenstein* und die Aktualität der Geschichte. In: Impulse 5 (1982), S. 63–90.

Diwald, Helmut: Friedrich Schiller. *Wallenstein*. Dokumentation. Berlin 1972.

Geiger, Angelika: Wallensteins Astrologie. Graz 1983.

Glück, Alfons: Schillers *Wallenstein*. Illusion und Schicksal. München 1976.

Greis, Jutta: Poetische Bilanz eines dramatischen Jahrhunderts: Schillers *Wallenstein*. In: Ztschr. f. dt. Philologie 109 (1990). Sonderh. S. 117–133.

Guthke, Karl S.: Struktur und Charakter in Schillers *Wallenstein*. K.S. Guthke: Wege der Literatur. Bern/München 1967, S. 72–91.

Hansen, Uffe: Schiller und die Persönlichkeitspsychologie des animalischen Magnetismus: Überlegungen zum *Wallenstein*. In: Jb. d. Dt. Schillergesellschaft XXXIX (1995), S. 162–177.

Hartmann, Horst: Wallenstein. Geschichte und Dichtung. Berlin. 2. A. Berlin 1977.

Heftrich, Eckhard: Das Schicksal in Schillers *Wallenstein*. In: R. Bauer (Hrsg.): Inevitabilis Vis Fatorum. Der Triumph des Schicksalsdramas auf der europäischen Bühne um 1800. Bern 1990, S. 113–121.

Heise, Wolfgang: Schillers »Prolog« zum *Wallenstein*. Wie heiter ist die Kunst? in: W. Heise: Die Wirklichkeit des Möglichen. Berlin/Weimar 1990, S. 399–428.

Henke, Burkhard: *Wallenstein* und *Macbeth*: Schillers Neugestaltung des Usurpatorenmotivs. In: Journal of English and Germanic Philology 94 (1995), S. 313–331.

Heuer, Fritz / Keller, Werner (Hrsg.): Schillers *Wallenstein*. Darmstadt 1977.
Darin:
Barnouw, Jeffrey: Über den Realismus *Wallensteins* und Schillers. Mit einer Kritik der Hegelschen Deutung, S. 396–422.
Kaiser, Gerhard: *Wallensteins Lager*. Schiller als Dichter und Theoretiker der Komödie, S. 333–363.
Müller-Seidel, Walter: Die Idee des neuen Lebens. Eine Betrachtung über Schillers *Wallenstein*, S. 364–385.
Seidlin, Oskar: *Wallenstein*. Sein und Zeit, S. 237–253.
Wells, George A.: Astrology in Schiller's *Wallenstein*, S. 290–310.

Hill, Harold C.: Astrology and friendship. The net of commitment in *Wallenstein*. In: Modern Language Notes 91 (1976), S. 467–477.

Hinderer, Walter: *Wallenstein*. In: W. Hinderer (Hrsg.): Schillers Dramen. Stuttgart 1992, S. 202–279.

Hinderer, Walter: Der Mensch in der Geschichte. Ein Versuch über Schillers *Wallenstein*. Königstein im Taunus 1980.

Jantz, Harold: Schillers *Wallenstein*-Brief vom 1. März 1799. Seine Beziehung zu Böttiger. In: Jb. d. Dt. Schillerges. XVIII (1974), S. 3–22.

Köhnke, Klaus: Max Piccolomini und die Ethik des Herzens. In: Acta Germanica 11 (1979), S. 97–112.

Koopmann, Helmut: Die Tragödie der verhinderten Selbstbestimmung. Schillers Aufklärungsdenken, die Französische Revolution und *Wallenstein* als politische Antwort. In: H. Koopmann: Freiheitssonne und Revolutionsgewitter. Tübingen 1989, S. 13–58.

Lange, Barbara: Die Sprache von Schillers *Wallenstein*. Berlin 1973.

Müller, Udo: Friedrich Schillers *Wallenstein*. Stuttgart 1987.

Müller-Seidel, Walter: Die Idee des neuen Lebens in Schillers *Wallenstein* / Episches im Theater der deutschen Klassik. Eine Betrachtung über Schillers *Wallenstein*. In: W. Müller-Seidel: Die Geschichtlichkeit der deutschen Klassik. Literatur und Denkformen um 1800. Stuttgart 1983, S. 127–172.

Neubauer, John: The idea of history in Schiller's *Wallenstein*. In: Neophilologus 56 (1972), S. 451–463.

Ranke, Wolfgang: Dichtung unter Bedingungen der Reflexion. Interpretationen zu Schillers philosophischer Poetik und ihren Auswirkungen im *Wallenstein*. Würzburg 1990.

Reinhardt, Hartmut: Schillers *Wallenstein* und Aristoteles. In: Jb. d. Dt. Schillergesellschaft XX (1976), S. 278–337.

Reinhardt, Hartmut: Die Wege der Freiheit. Schillers *Wallenstein*-Trilogie und die Idee des Erhabenen. In: Wolfgang Wittkowski (Hrsg.): Friedrich Schiller. Kunst, Humanität und Politik in der späten Aufklärung. Tübingen 1982, S. 252–272.

Rothmann, Kurt (Hrsg.): Friedrich Schiller. *Wallenstein*. Erläuterungen und Dokumente. Stuttgart 1977 [u.ö.]

Schings, Hans Jürgen: Das Haupt der Gorgone. Tragische Analysis und Politik in Schillers *Wallenstein*. In: Das Subjekt der Dichtung. Festschrift für Gerhard Kaiser. Würzburg 1990, S. 283–307.

Schmidt, Jochen: »Subjektive Prinzen«: Schiller, *Wallenstein* und *Demetrius*. In: J. Schmidt: Die Geschichte des Genie-Gedankens in der deutschen Literatur, Philosophie und Politik. Bd. 1. Darmstadt 1985, S. 452–460.

Schmidt, Meinolf: Die ästhetischen Kategorien Schillers als Weg zum Verständnis und zur Vermittlung des *Wallenstein*. Frankfurt/Bern 1988.

Schulz, Gerhard: Schillers *Wallenstein* zwischen den Zeiten. In: Walter Hinck (Hrsg.): Geschichte als Schauspiel. Deutsche Geschichtsdramen. Interpretationen. Frankfurt a.M. 1981, S. 116–132.

Steinhagen, Harald: Schillers *Wallenstein* und die Französische Revolution. In: Ztschr. f. Dt. Philologie 109 (1990). Sonderheft, S. 77–98.

Steinmetz, Horst: Schillers *Wallenstein*. In: H. Steinmetz: Die Trilogie. Heidelberg 1968, S. 56–71.

Weimar, Klaus: Die Begründung der Normalität. Zu Schillers *Wallenstein*. In: Ztschr. f. dt. Philologie 109 (1990). Sonderh. S. 99–116.

Wells, George A.: Villainy and guilt in Schillers *Wallenstein* and *Maria Stuart*.

In: Brigitte Schludermann [u.a.] (Hrsg.): Deutung und Bedeutung. Studies in German and comparative literature presented to Karl-Werner Maurer. The Hague/Paris 1973, S. 100–117.

Wiese, Benno von: *Wallenstein*. In: B. v. Wiese (Hrsg.): Das deutsche Drama, Bd. 1. Düsseldorf 1960 (2. Aufl.), S. 269–304.

Wittkowski, Wolfgang: Octavio Piccolomini. Zur Schaffensweise des *Wallenstein*-Dichters [1961] / Die Nemesis in Schillers Drama [1982]. In: W. Wittkowski: Andeuten und Verschleiern in Dichtungen von Plautus bis Hemingway und von der Goethezeit bis Sarah Kirsch. Frankfurt a.M. 1993, S. 85–148.

Zeyringer, Klaus: Beispiel eines Schaffensprozesses. Die unterdrückten Stellen in Schillers *Wallenstein*. In: Études Germaniques 47 (1992), S. 19–30.

Beck, Adolf: *Maria Stuart*. In: B. v. Wiese (Hrsg.): Das deutsche Drama, Bd. 1. Düsseldorf 1960 (2. Aufl.), S. 305–321.

Grawe, Christian (Hrsg.): Friedrich Schiller. *Maria Stuart*. Erläuterungen und Dokumente. Stuttgart 1978.

Herrmann, Hans Peter und Martina: Friedrich Schiller. *Maria Stuart*. Frankfurt a.M. 1989.

Ingen, Ferdinand van: Macht und Gewissen. Schillers *Maria Stuart*. In: Wolfgang Wittkowski (Hrsg.): Verantwortung und Utopie. Zur Literatur der Goethezeit. Ein Symposium. Tübingen 1988, S. 283–308.

Ingen, Ferdinand van: *Maria Stuart*: Friedrich von Gentz und Friedrich von Schiller. In: Richard Fisher (Hrsg.): Ethik und Ästhetik [...]. Festschrift f. Wolfgang Wittkowski. Frankfurt a.M. u.a. 1995, S. 247–257.

Lamport, Francis John: Krise und Legitimitätsanspruch. *Maria Stuart* als Geschichtstragödie. In: Ztschr. f. Dt. Philologie 109 (1990), Sonderheft, S. 134–145.

Leistner, Bernd: Leiden und Läuterung: *Maria Stuart*. In: Hans-Dietrich Dahnke / B. Leistner: Schiller. Das dramatische Werk in Einzelinterpretationen. Leipzig 1982, S. 167–192.

Loewen, Harry: The End as the Begegnung: The Nature of *Maria Stuart*'s Transformation. In: Seminar. A Journal of Germanic Studies 15 (1979), S. 165–180.

Paulson, Michael G.: The queens' encounter. The *Mary Stuart* anachronism in dramas by Diamante, Boursault, Schiller und Donizetti. New York / Bern 1987.

Sautermeister, Gert: *Maria Stuart*. In: W. Hinderer (Hrsg.): Schillers Dramen. Stuttgart 1992, S. 280–335.

Schäublin, Peter: Der moralphilosophische Diskurs in Schillers *Maria Stuart*. In: Sprachkunst 17 (1986), S. 141–187.

Turk, Horst: Pragmatismus und Pragmatik. Zur handlungstheoretischen Interpretation der dramatischen Szene. In: Günter Saße / H. Turk: Handeln,

Sprechen und Erkennen. Zur Theorie und Praxis der Pragmatik. Göttingen 1978, S. 140–194 (zu *Maria Stuart*).

Albert, Claudia: Friedrich Schiller: *Die Jungfrau von Orleans*. Frankfurt a.M. 1988.

Borchmeyer, Dieter: Schillers *Jungfrau von Orleans*: eine Oper für Richard Wagner. In: Richard, Fisher (Hrsg.): Ethik und Ästhetik [...]. Festschrift f. Wolfgang Wittkowski. Frankfurt a.M. u.a. 1995, S. 277–291.

Braemer, Edith: Schillers romantische Tragödie *Die Jungfrau von Orleans*. In: E. Braemer u. Ursula Wertheim: Studien zur deutschen Klassik. Berlin 1960, S. 215–296.

Bucciol, Giovanni Battista: Von Schillers *Jungfrau von Orleans* zu Verdis *Giovanna d'Arco*. In: Navicula Tubingensis. Studia in honorem Antonio Tovar. Tübingen 1984, S. 51–61.

Fowler, Frank M.: Sight and insight in Schiller's *Jungfrau von Orleans*. In: The Modern Language Review 68 (1973), S. 367–379.

Freese, Wolfgang / Karthaus, Ulrich (Hrsg.): *Die Jungfrau von Orleans*. Erläuterungen und Dokumente. Stuttgart 1984.

Golz, Jochen: Der Traum von Harmonie: *Die Jungfrau von Orleans*. In: Hans-Dietrich Dahnke / B. Leistner: Schiller. Das dramatische Werk in Einzelinterpretationen. Leipzig 1982, S. 193–217.

Gutmann, Anni: Der bisher unterschätzte Einfluß von Voltaires *Pucelle* auf Schillers *Jungfrau von Orleans*. In: Peter Brockmeier (Hrsg.): Voltaire in Deutschland. Stuttgart 1979.

Harrison, Robin: Heilige oder Hexe? Schillers *Jungfrau von Orleans* im Lichte der biblischen und griechischen Anspielungen. In: Jb. d. Dt. Schillerges. XXX (1986), S. 265–305.

Herrmann, Gernot: Schillers Kritik der Verstandesaufklärung in der *Jungfrau von Orleans*. Eine Interpretation der Figuren des Talbot und des Schwarzen Ritters. In: Euphorion 84 (1990), S. 163–186.

Hinck, Walter: Die »große Helferin«. Schiller, Brecht, Hochhuth. In: W. Hinck: Theater der Hoffnung. Von der Aufklärung bis zur Gegenwart. Frankfurt a.M. 1988, S. 107–138.

Kaiser, Gerhard: Johannas Sendung. Eine These zur *Jungfrau von Orleans*. In: G. Kaiser: Von Arkadien nach Elysium. Schiller-Studien. Göttingen 1978, S. 104–136.

Kreuzer, Helmut: Die Jungfrau in Waffen. Hebbels *Judith* und ihre Geschwister von Schiller bis Sartre. In: Untersuchungen zur Literatur als Geschichte. Festschrift für Benno von Wiese. Berlin 1973, S. 363–384.

Lange, Sigrid: Geschichte und Utopie in Schillers *Jungfrau von Orleans*. Versuch einer Neuinterpretation der Titelfigur. In: Helmut Brandt (Hrsg.): Friedrich Schiller. Angebot und Diskurs. Berlin / Weimar 1987, S. 311–319.

Müller, Gerd: Brechts *Heilige Johanna der Schlachthöfe* und Schillers *Jungfrau von Orleans*. Zur Auseinandersetzung des modernen Theaters mit der klassischen Tradition. In: Orbis Litterarum 14 (1969), S. 182–200.

Muenzer, Clark S.: Virginity and Tragic Structure: Patterns of Continuity and Change in *Emilia Galotti*, *Iphigenie auf Tauris*, and *Die Jungfrau von Orleans*. In: Monatshefte 71 (1979), S. 117–130.
Oellers, Norbert: »Und bin ich strafbar, weil ich menschlich war?«. Zu Schillers Tragödie *Die Jungfrau von Orleans*. In: Helmut Brandt (Hrsg.): Friedrich Schiller. Angebot und Diskurs. Berlin / Weimar 1987, S. 299–310.
Prandi, Juli D.: Woman Warrior as Hero: Schiller's *Jungfrau von Orleans* and Kleist's *Penthesilea*. In: Monatshefte 77 (1985), S. 403–414.
Reinhardt, Karl: Sprachliches zu Schillers *Jungfrau von Orleans*. In: K. Reinhardt: Tradition und Geist. Göttingen 1960, S. 366–380.
Sauder, Gerhard: *Die Jungfrau von Orleans*. In: W. Hinderer (Hrsg.): Schillers Dramen. Stuttgart 1992, S. 336–384.
Sellner, Timothy F.: The Lionel-scene in Schiller's *Jungfrau von Orleans*. A psychological interpretation. The German Quarterly 50 (1977), S. 264–282.
Sharpe, Lesly: *Die Jungfrau von Orlenas*. In: L. Sharpe: Schilller and the Historical Character [...] Oxford 1982, S. 127–141.
Stephan, Inge: »Da werden Weiber zu Hyänen ...«. Amazonen und Amazonenmythen bei Schiller und Kleist. In: I. Stephan / Sigrid Weigel (Hrsg.): Feministische Literaturwissenschaft [...]. Berlin 1984.
Storz, Gerhard: *Die Jungfrau von Orleans*. In: B. v. Wiese (Hrsg.): Das deutsche Drama, Bd. 1. Düsseldorf 1960 (2. Aufl.), S. 322–338.

Albert, Claudia: Sizilien als historischer Schauplatz in Schillers Drama *Die Braut von Messina*. In: Archiv f. d. Studium d. neueren Sprachen u. Literaturen 226 (1989), S. 265–276.
Albrecht, Wolfgang: »Der freie Tod nur bricht die Kette des Geschicks«: *Die Braut von Messina oder Die feindlichen Brüder*. In: Hans-Dietrich Dahnke / Bernd Leistner: Schiller. Das dramatische Werk in Einzelinterpretationen. Leipzig 1982, S. 218–247.
Bauer, Barbara: Friedrich Schillers *Maltheser* im Lichte seiner Staatstheorie. In: Jb. d. Dt. Schillerges. XXXV (1991), S. 113–149.
Brown, Hilda M.: Der Chor und chorverwandte Elemente im deutschen Drama des 19. Jahrhunderts und bei Heinrich von Kleist. In: Kleist-Jb. 1981/82, S. 240–260.
Janz, Rolf-Peter: Antike und Moderne in Schillers *Braut von Messina*. In: Wilfried Barner / Eberhard Lämmert / Norbert Oellers (Hrsg.): Unser Commercium. Goethes und Schillers Literaturpolitik. Stuttgart 1984, S. 329–350.
Kaiser, Gerhard: Die Idee der Idylle in der *Braut von Messina*. In: G. Kaiser: Von Arkadien nach Elysium. Schiller-Studien. Göttingen 1978, S. 137–166.
Kluge, Gerhard: *Die Braut von Messina*. In: W. Hinderer (Hrsg.): Schillers Dramen. Neue Interpretationen. Stuttgart 1979, S. 242–270.
Mackay, Alexander T.: Fate and »hybris« in *Die Braut von Messina*. In: Forum for Modern Language Studies 6 (1970), S. 213–225.

Müller, Joachim: Choreographische Strategie. Zur Funktion der Chöre in Schillers Tragödie *Die Braut von Messina*. In: Helmut Brandt (Hrsg.): Friedrich Schiller. Angebot und Diskurs. Berlin 1987, S. 431–448.

Schadewaldt, Wolfgang: Antikes und Modernes in Schillers *Braut von Messina*. In: W. Schadewaldt: Hellas und Hesperien, Bd. 2. Zürich 1970, S. 114–166.

Sengle, Friedrich: *Die Braut von Messina*. In: F. Sengle: Arbeiten zur deutschen Literatur 1750–1850. Stuttgart 1965, S. 94–117.

Vonhoff, Gert: Der Geschichte eine Form: Schillers *Braut von Messina*. In: Thomas Althaus u.a. (Hrsg.): Interpretationen zur neueren deutschen Literaturgeschichte. Münster 1994, S. 71–99.

Weigand, Hermann: *Oedipus Tyrannos* and *Die Braut von Messina*. In: H. Weigand: Surveys and soundings in European literature. Princeton 1966, S. 73–123.

Albertsen; Leif Ludwig: Ein Festspiel und kein Drama. Größe und Grenzen der volkshaften Vaterlandsphilosophie in Schillers *Wilhelm Tell*. In: Helmut Brandt (Hrsg.): Friedrich Schiller. Angebot und Diskurs. Berlin 1987, S. 329–337.

Borchmeyer, Dieter: »Altes Recht« und Revolution. Schillers *Wilhelm Tell*. In: Wolfgang Wittkowski (Hrsg.): Friedrich Schiller. Kunst, Humanität und Politik in der späten Aufklärung. Tübingen 1982, S. 69–113.

Borchmeyer, Dieter: Um einen anderen *Wilhelm Tell* für die Schule bittend. In: Deutschunterricht 35 (1983) H.1, S. 78–90.

Fetscher, Iring: Philister, Terrorist oder Reaktionär? Schillers *Tell* und seine linken Kritiker. In: I. Fetscher: Die Wirksamkeit der Träume. Literarische Skizzen eines Sozialwissenschaftlers. Frankfurt a.M. 1987, S. 141–163.

Fink, Gonthier-Louis: Schillers *Wilhelm Tell*, ein antijakobinisches republikanisches Schauspiel. In: Aufklärung 1 (1986) H. 2, S. 57–81.

Frye, Lawrence O.: Schiller, Juggler of Freedoms in *Wilhelm Tell*. In: Monatshefte 76 (1984), S. 73–88.

Gellhaus, Axel: Ohne der Poesie das Geringste zu vergeben. Zu Schillers Dramenkonzeption auf dem Weg von der *Braut von Messina* zum *Wilhelm Tell*. In: Dorothea Kuhn / Bernhard Zeller (Hrsg.): Genio huius loci. Dank an Leiva Petersen.Wien [u.a.] 1982, S. 111–126.

Hinderer, Walter: Jenseits von Eden – Zu Schillers *Wilhelm Tell*. In: Walter Hinck: Geschichte als Schauspiel. Deutsche Geschichtsdramen. Interpretationen. Frankfurt a.M. 1981, S. 133–146.

Höhle, Thomas: Die Helvetische Republik (1798–1803) als zeitgeschichtlicher Hintergrund der Entstehung und Problematik von Schillers *Wilhelm Tell*. In: Helmut Brandt (Hrsg.): Friedrich Schiller. Angebot und Diskurs. Berlin 1987, S. 320–328.

Kaiser, Gerhard: Idylle und Revolution in *Wilhelm Tell*. In: G. Kaiser: Von Arkadien nach Elysium. Schiller-Studien. Göttingen 1978, S. 167–205.

Karthaus, Ulrich: Schiller und die Französische Revolution. In: Jb. d. Dt. Schillerges. XXXIII (1989), S. 210–239.
Kraft, Herbert (Hrsg.): Friedrich Schiller. *Wilhelm Tell.* Quellen, Dokumente, Rezensionen. Reinbek bei Hamburg 1967.
Martini, Fritz: Wilhelm Tell, der ästhetische Staat und der ästhetische Mensch. In: Worte und Werte. Bruno Markwardt zum 60. Geburtstag. Berlin 1961, S. 253–275.
Mettler, Heinrich / Lipuner, Heinz: *Tell* und die Schweiz – die Schweiz und *Tell.* Ein Schulbeispiel für die Wirkkraft von Schillers *Wilhelm Tell*, ihre Voraussetzungen und Folgen. 2. A. Zürich 1983.
Mettler, Heinrich: Friedrich Schiller, *Wilhelm Tell*: das Drama der Freiheit. Paderborn [u. a.] 1989.
Richards, David B.: Tell in the dock. Forensic rhetoric in the monologue and Parricida-scene in *Wilhelm Tell.* In: The German Quarterly 48 (1975), S. 472–488.
Ruppelt, Georg: Die Ausschaltung des *Wilhelm Tell.* Dokumente zum Verbot des Schauspiels in Deutschland 1941. In: Jb. d. Dt. Schillergesellschaft XX (1976), S. 402–419.
Schmidt, Josef (Hrsg.): Friedrich Schiller. *Wilhelm Tell.* Erläuterungen und Dokumente. Stuttgart 1969 [u. ö.]
Schneider, Peter: *Wilhelm Tell*: Der Bürgerstaat. In: P. Schneider: »... ein einzig Volk von Brüdern«. Frankfurt a.M. 1987, S. 102–118.
Seidlin, Oskar: Das Vorspiel zum *Wilhelm Tell.* In: Untersuchungen zur Literatur als Geschichte. Festschrift für Benno von Wiese. Berlin 1973, S. 112–128.
Sprengel, Peter: Die inszenierte Nation. Deutsche Festspiele 1813–1913. Tübingen 1991 [darin Kap. 3: »Dramaturgie der Öffentlichkeit und Festspiel-Wirkung: Schiller«, S. 32–39].
Stunzi, Lilly (Hrsg.): Tell. Werden und Wandern eines Mythos. Bern/Stuttgart 1973.
Thalheim, Hans-Günter: Notwendigkeit und Rechtlichkeit der Selbsthilfe in Schillers *Wilhelm Tell.* In: Goethe-Jb. 18 (1956), S. 216–257.
Ueding, Gert: *Wilhelm Tell.* In: W. Hinderer (Hrsg.): Schillers Dramen. Stuttgart 1992, S. 271–293.
Utz, Peter: Die ausgehöhlte Gasse. Stationen der Wirkungsgeschichte von Schillers *Wilhelm Tell.* Königstein im Taunus 1984.
Völker, Ludwig: Tell und der Samariter. Zum Verhältnis von Ästhetik und Geschichte in Schillers Drama. In: Zeitschr. f. Dt. Philologie 95 (1976), S. 185–203.
Wells, G.A.: Schiller's *Wilhelm Tell* and the methodology of literary criticism. In: Oxford German Studies 16 (1985), S. 36–46.

Arendt, Dieter: Demetrius. Der heimliche Prinz und die Weltgeschichte. Bemerkungen zu Schillers und Hebbels *Demetrius.* In: Hebbel-Jb. 1985, S. 9–56.

Binder, Wolfgang: Schillers *Demetrius*. In: W. Binder: Aufschlüsse. Studien zur deutschen Literatur. Zürich/München 1976, S. 169–200.

Dyck, William J.: Deceit and conviction in the false Demetrius: Schiller – Pushkin – Hebbel. In: Probleme d. Komparatistik u. Interpretation. Festschrift für André von Gronicka. Bonn 1978, S. 96–110.

Gellhaus, Axel: Geschichte und Intrige: Schillers *Demetrius*-Projekt. Marbach a.N. 1991.

Hahn, Karl-Heinz: Dramatische Dichtung. Schillers *Demetrius*. In: K.-H. Hahn: Aus der Werkstatt deutscher Dichter. Halle an der Saale 1963, S. 195–361.

Kraft, Herbert: Schillers *Demetrius* als Schicksalsdrama. In: Ulrich Gaier / Werner Volke (Hrsg.): Festschrift für Friedrich Beißner. Bebenhausen 1974, S. 224–236.

Martini, Fritz: *Demetrius*. In: W. Hinderer (Hrsg.): Schillers Dramen. Neue Interpretationen. Stuttgart 1979, S. 316–348.

Natew, Athanas: Schillers *Demetrius* oder die Maske als wahres Gesicht. In: Helmut Brandt (Hrsg.): Friedrich Schiller. Angebot und Diskurs. Berlin 1987, S. 338–346.

Söring, Jürgen: *Demetrius*. In: J. Söring: Tragödie. Notwendigkeit und Zufall im Spannungsfeld tragischer Prozesse. Stuttgart 1982, S. 311–372.

Szondi, Peter: *Demetrius*. In: P. Szondi: Versuch über das Tragische. Frankfurt am Main 1961, S. 89–97.

Teller, Jürgen: Sturz vom letzten Gipfel: *Demetrius*.In: Hans-Dietrich Dahnke / Bernd Leistner: Schiller. Das dramatische Werk in Einzelinterpretationen. Leipzig 1982, S. 268–296.

Teller, Jürgen: Die Zerstörung des schönen Scheins in zwei Versionen: Schillers *Demetrius* und Volker Brauns *Dmitri*. In: Helmut Brandt (Hrsg.): Friedrich Schiller. Angebot und Diskurs. Berlin 1987, S. 347–360.

Goethes Spätwerk im Grundriß

I Tendenzen – Gestalten – Hintergründe

Das Jahr 1805 bedeutet einen ähnlich tiefgreifenden Einschnitt in Goethes Leben wie die Jahre 1775 oder 1786. Mit dem Tod Schillers geht die eigentlich prägende Periode der Weimarer Klassik zu Ende. Herder – seit langem zu ihrem verbitterten Dissidenten geworden – ist zwei Jahre zuvor gestorben; ins Jahr 1813 wird der Tod Wielands fallen. Von den »Weimarischen Riesen« bleibt Goethe schließlich allein zurück. Der alte Weimarer Kreis besteht nicht mehr. Die nun dominierende romantische Zeitströmung droht die ästhetischen Prinzipien, an denen Goethe und Schiller festgehalten haben, mehr und mehr zu antiquieren. Aber auch politisch bricht schon im Jahr nach Schillers Tod eine neue Zeit an. Mit der Niederlegung der deutschen Kaiserkrone durch Franz II. endet das freilich längst ausgehöhlte deutsche Reich. Der durch die Neutralität Sachsen-Weimars seit 1795 garantierte »Friede des klassischen Weimar« (Hans Tümmler) endet mit dem Krieg Frankreichs gegen Preußen, an dem auch der weimarische Herzog als preußischer General teilnimmt. Ausgerechnet auf dem Territorium Sachsen-Weimars, in der Doppelschlacht von Jena und Auerstedt bereitet Napoleon dem preußischen Heer am 14. Oktober 1806 eine vernichtende Niederlage. Mit dem militärischen Zusammenbruch Preußens steht die Existenz des weimarischen Herzogtums und seines Fürstenhauses, damit aber auch der sensible Kosmos seiner literarischen Kultur auf dem Spiele. Man habe in Weimar nicht die »stolze Furcht« gehabt, schreibt Goethe nach der Doppelschlacht am 31. Oktober 1806 mit bitterer Ironie an Schelling, »einen Namen in der Weltgeschichte um solchen Preis zu gewinnen«. In unmittelbarer Nachbarschaft Weimars: in Erfurt findet 1808 der Fürstenkongreß statt, in dessen Verlauf es zu den berühmten Begegnungen Napoleons mit Wieland und Goethe kommt.

Goethes Bewunderung Napoleons, die auch seine zwiespältige Haltung in den Befreiungskriegen bedingt, entfremdet ihn dem Herzog und seinen Freunden. Verbittert schreibt Humboldt am 9. Januar 1809 an seine Frau: »Ohne das Legionkreuz [den Orden der Ehrenlegion, den Napoleon ihm in Erfurt verliehen hat] geht Goethe niemals, und von dem, durch den er es hat, pflegt er immer

›mein Kaiser‹ zu sagen!« Freilich hat Goethe sich Carl August gegenüber niemals wirklich illoyal verhalten oder sich etwa vor Napoleons Wagen spannen lassen. Der Herzog verkannte auch nicht, daß Goethes pronapoleonische Haltung für sein Land politisch nicht ungünstig war. Der Respekt vor dem literarischen Weimar hat Napoleon gehindert, das Herzogtum stärker unter Druck zu setzen oder seinen ihm äußerst verdächtigen Landesherrn – den unruhigsten Fürsten in Europa hat er ihn genannt – in der Tat abzusetzen, wie er wiederholt geplant hat.

Im Zuge der politischen und sozialen Reformen, die in dem von innen her und von außen zugrunde gerichteten Preußen durch den Freiherrn vom Stein eingeleitet wurden (seit 1807), bemühten sich Carl August und seine Berater auch in Sachsen-Weimar um energische Reformen. Goethe, der vor der Italienischen Reise in seinem Reformwillen den hierhin und dorthin schwankenden Herzog häufig eher hinter sich herziehen mußte, hat an diesen Reformen kaum mehr aktiven Anteil genommen. Carl August, von Anfang an rigoroser Gegner der Französischen Revolution, hat trotz oder gerade wegen ihrer jakobinischen Radikalisierung für die Tendenzen ihres Ursprungs, d.h. die Konstitution des modernen Rechtsstaats, mehr und mehr Verständnis gewonnen. Das geht nicht zuletzt auf den Einfluß von Jean Joseph Mounier zurück, den ersten Präsidenten der französischen Nationalversammlung, der während der Terreur-Phase nach Weimar emigrierte.

Auch an den preußischen Reformen hat Carl August lebhaft Anteil genommen und sich darüber aus erster Hand: in seinen Gesprächen mit dem Freiherrn vom Stein informieren lassen. Die seit 1807 in Sachsen-Weimar einsetzenden Verwaltungs-, Agrar- und Steuerreformen sind davon nicht unbeeinflußt geblieben. Besonders deutlich zeigt sich das in der unmittelbar auf Steins preußische Städteordnung folgenden und inhaltlich verwandten Städteordnung für Jena und Weimar im Jahre 1809. – 1815 wurde Sachsen-Weimar aufgrund der ihm zugesprochenen Gebietserweiterungen zum Großherzogtum ernannt. (Der Gebietsabtretungsvertrag zwischen Preußen und Sachsen-Weimar 1815 wurde übrigens auf preußischer Seite auch von Wilhelm von Humboldt unterzeichnet.) Gebietsvergrößerung und Bevölkerungszuwachs machten eine durchgreifende Staatsreform des Großherzogtums (1815/16) notwendig, von der schon die Rede war. Sie gipfelte in der »Landständischen Verfassung des Großherzogtums Sachsen-Weimar-Eisenach« gemäß Artikel XIII der auf dem Wiener Kongreß verabschiedeten Bundesakte. Gegen das Mißtrauen Metternichs gelang es Carl August – einem der wichtigsten Wegbereiter des Frühkonstitutionalismus und Frühliberalismus unter den deutschen Fürsten –, im März 1817 die Garantie der Verfassung durch den Frankfurter Bundestag zu erwirken.

Das in der Präambel des sachsen-weimarischen Grundgesetzes verbürgte »Recht auf Freiheit der Presse« machte Jena und Weimar bis zu den Karlsbader Beschlüssen (1819) zu Zentren des liberalen und nationalen Journalismus in Deutschland. Der Großherzog hat die publizistische Liberalität in seinem Land immer wieder gegen Angriffe von seiten der restaurativen Großmächte verteidigt. Goethe hat all dies mit nicht ganz unberechtigter Skepsis verfolgt, sah er doch manches Unheil, nicht zuletzt die Gefahr einer Intervention der Heiligen Allianz auf »unsern guten Fürsten« zukommen. So setzte er sich z.B. in einem Gutachten für das Verbot der von dem Naturforscher Lorenz Oken herausgegebenen radikal fortschrittlichen Zeitschrift »Isis« ein; der Herzog ist ihm hier freilich bis auf weiteres nicht gefolgt.

Kein Wunder, daß auch die Universität Jena wieder, wie nach 1789, zu einem Unruheherd wurde. Anders als damals, als Carl August die Allüren eines absolutistischen Despoten noch nicht abzulegen vermochte, setzte er sich nun in einem offiziellen Dokument (1819) für die Liberalität der Hochschulen ein: »Freiheit der Meinungen und der Lehre muß den Universitäten verbleiben, denn im offenen Kampfe der Meinungen soll hier das Wahre gefunden, gegen das Einseitige, gegen das Vertrauen auf Autoritäten soll hier der Schüler bewahrt, zur Selbständigkeit soll er erhoben werden.« Kein Wunder, daß Metternich, der sich durch Agenten über die ›Umtriebe‹ in Sachsen-Weimar informieren ließ, am russischen und preußischen Hof verbreiten ließ, Weimar sei eine »Brutanstalt des Jakobinismus«. In die schwerste Krise geriet der Weimarer Frühliberalismus durch das Wartburgfest 1817, das zu einer großen Demonstration der patriotischen und liberalen Studentenschaft gegen die Reaktion, nicht zuletzt aber auch eine Sympathiekundgebung für den weimarischen Großherzog wurde, der »sein Wort gehalten« und das Verfassungsversprechen der Bundesakte erfüllt habe. Die massiven Drohungen von seiten Österreichs, Rußlands und Preußens zwangen den Herzog bald mehr und mehr zum Einlenken. Als 1819 der Jenaer Burschenschafter Karl Ludwig Sand den Weimarer Erfolgsdramatiker Kotzebue – der eine Zeitlang aus seiner Vaterstadt abfällige Agentenberichte über »Zustand und Tendenzen der deutschen Literatur« an den russischen Hof schickte – ermordete, war das bekanntlich der Anlaß für die Karlsbader Beschlüsse, die auch das Ende des Weimarer Frühliberalismus markieren.

Goethe hat das politische Schicksal Weimars in all diesen Tagen aufmerksam und mit Skepsis, aber kaum mehr mit aktiver Teilnahme verfolgt. Um so größer war sein Interesse an den intellektuellen und künstlerischen, aber auch an den gesamteuropäischen sozialen Bewegungen des 19. Jahrhunderts. Völlig neue Gestalten und Tendenzen treten nach 1805 in den Kreis der Kommunikation Goethes. Hier ist in erster Linie an seine lebhaften persönlichen und literarischen Beziehungen zu den Romantikern zu denken, die sich zu Schillers Lebzeiten zumal wegen dessen gespannter Beziehungen zu den Brüdern Schlegel nicht unbeschwert entfalten konnten. Den Tendenzwandel in Goethes ästhetischem Interesse symbolisieren zwei Daten: In Schillers Todesjahr erscheint, gewissermaßen als Abschluß einer Epoche, das Sammelwerk *Winckelmann und sein Jahrhundert*; das nächste Jahr bringt Goethes Rezension des ihm gewidmeten Quellenwerks *Des Knaben Wunderhorn* (Bd. I, 1806) von Arnim und Brentano. Mit welch skeptischer Aufgeschlossenheit Goethe sich der Romantik, den von ihr propagierten Kunstformen und literarischen Vorbildern zugewandt hat, dafür gibt es eine Fülle von Zeugnissen.

Wie sehr er sich eine ihm bisher gänzlich fremde Welt anzueignen sucht, zeigt etwa der sonderbare Plan einer von Calderón inspirierten *Tragödie aus der Zeit Karls des Großen* (1807–10), in der sogar Gruftszenen mit Märtyrern und andere obskure Erscheinungen vorgesehen sind. Auf Calderón, den erst die Romantiker in Deutschland heimisch gemacht haben, verweisen schon Goethes Anmerkungen zu seiner Übersetzung von Diderots Dialog *Rameaus Neffe* (1805), welche die »barbarischen Avantagen«, die künstlerischen Vorteile, die der »romantischen Wendung ungebildeter Jahrhunderte« zu danken seien, der strengen »Sonderung und Läuterung« der poetischen Gattungen im Sinne der Griechen und Römer nun in mancher Hinsicht vorziehen.

Man sieht hierin gern einen Ausbruch Goethes aus der angeblich normativ allzu streng umgrenzten Kunstwelt Schillers und übersieht, daß dieser es war, der durch seine Theorie der sentimentalischen als der spezifisch modernen Poesie zum theoretischen Wegbereiter der Frühromantik geworden ist, daß gerade er Goethe (vgl. dessen Brief vom 23. Dezember 1797) gewarnt hat, die Gattungsgrenzen allzu streng zu ziehen. So sehr er Goethes »Geschäft«, die Gattungen »zu sondern und zu reinigen«, prinzipiell billigt, ist er doch der Überzeugung, daß der moderne Poet deren ideale Bedingungen, wie sie bei den Griechen gegeben waren, nicht mehr vorfinde und deshalb oft »genötigt« sei, »sie zu vermischen« (29. Dezember 1797). In seinem Brief an Süvern vom 26. Juli 1800 verwirft Schiller die Tendenz, eine Kunstform der Vergangenheit wie die griechische Tragödie unvermittelt »einer ganz heterogenen Zeit zum Maßstab und Muster« aufzudringen. Und im Brief an Goethe vom gleichen Tag drückt Schiller die Überzeugung aus, daß der Dichter sich nicht starr an ein apriorisches Gattungsmodell halten dürfe, sondern bei jedem »neuen Stoff die Form neu zu erfinden« habe. Solche Äußerungen lassen wie die Kühnheiten der *Demetrius*-Konzeption vermuten, daß Schiller ähnlich wie Goethe nach 1805 eine gegenklassische Wendung vollzogen hätte.

Bei Goethe wird eine solche Wendung vor allem seit Beginn des nächsten Jahrzehnts offenkundig. Durch die Brüder Boisserée erlebt er eine förmliche Konversion zur altdeutschen und altniederländischen Malerei, die in gewisser Weise vorbereitet ist durch sein neu erwachtes Interesse an der Dichtung des Mittelalters, zumal am eben (1807) durch Friedrich Heinrich von der Hagen erneuerten Nibelungenlied, sowie – anläßlich der Boisseréeschen Pläne zur Restauration des Kölner Doms – durch ein Wiedererwachen der längst verleugneten Begeisterung, mit der er einst in Straßburg der gotischen Kathedrale gehuldigt hatte. Die hier sich bekundende Rückkehr zu Erlebnisinhalten seiner Jugend hängt eng zusammen mit der Arbeit an seiner Autobiographie in diesen Jahren.

Eines der schönsten Dokumente für Goethes Zuwendung zum Mittelalter ist sein Maskenzug *Die romantische Poesie* anläßlich der Verlobung der weimarischen Prinzessin Caroline mit dem Erbprinzen von Mecklenburg (1811). Der Ahnherr des weimarischen Fürstenhauses hatte der Sage nach auf der Wartburg die mittelalterlichen Dichter zum Sängerkrieg versammelt. Daran soll anläßlich der Festes seiner Nachkommen erinnert werden. Die durch die Romantiker wieder lebendig gewordenen Poeten des Minnesangs und der Heldendichtung, die Gestalten der Edda, des Nibelungenlieds, des Liedes vom König Rother usw. werden aufgerufen, eine poetisch-historische Verbindung zwischen dem einstigen und dem jetzigen wettinischen Musensitz herzustellen. Zugleich werden mit »Recht« und »Ehre«, »Liebe« und »Treue« die zentralen Werte der feudalen Gesellschaft, mit Kanzler und Clericus, weltlichem und geistlichem Regiment die Säulen der mittelalterlichen Staatsordnung aufgeboten.

Es ist kein Zufall, daß Goethe sich ungefähr gleichzeitig mit der Öffnung seines ästhetischen Horizonts zum Altdeutschen hin enthusiastisch in die altpersische Dichtung (Hafis' *Divan*) versenkt. Diesen Aufbruch zu einem neuen poetischen Ufer hat Goethe wie einst die Flucht von Karlsbad nach Italien – nun in einem angemesseneren historisch-geographischen Kontext – als »Hegire« bezeichnet (nach der Hedschra des Mohammed von Mekka nach Medina, mit der die islamische Zeitrechnung beginnt). »Mag der Grieche seinen Ton / Zu Gestalten drücken«, heißt es im Gedicht »Lied und Gebilde« des *West-östlichen Divan*, »Aber uns ist wonnereich / In den Euphrat greifen, / Und im flüssgen Element / Hin und wider schweifen.« Dem plastisch-geschlossenen »Gebilde« der Griechen wird das Fließend-Offene des östlichen »Liedes« vorgezogen – in ironischer Umkehrung der eigenen Entwicklung Goethes, der seit der *Italienischen Reise* (deren Publikation in die Entstehungszeit des *Divan* fällt) das ›Lied‹, das Lyrische im Sinne der Sesenheimer und Lili-Lyrik oder der frühen Weimarer Gedichte fast verdrängt hatte zugunsten eines an der antiken Plastik und der Malerei Raffaels gewonnenen Ideals des poetischen Kunstwerks: des in sich geschlossenen, fest umrissenen ›Gebildes‹.

Freilich formt sich auch das »flüssge Element« am Ende des Gedichts »Lied und Gebilde« zur Kugelgestalt – eine Anspielung auf das indische Märchen, das Goethes *Paria*-Trilogie (1823) zugrundeliegt: »Schöpft des Dichters reine Hand, / Wasser wird sich ballen.« Es wird sich also eine Art Synthese von Lied und Gebilde gestalten. Diese Schlußwendung des Gedichts ist ein verstecktes Signal dafür, daß wir die antiklassischen Äußerungen des späten Goethe nicht verabsolutieren dürfen. Für ihn ist nichts charakteristischer als der »Geist des Widerspruchs und die Lust zum Paradoxen«, von denen er selbst im achten Buch von *Dichtung und Wahrheit* spricht. Eckermann hat ihn in der Vorrede seiner *Gespräche mit Goethe* (1836) einem »vielseitigen Diamanten« verglichen, »der nach jeder Richtung hin eine andere Farbe spiegelt«, sich je nach Situation und Kommunikationspartner ganz verschieden äußern kann. Wie ein Vexierbild entzieht er sich mehr und mehr der Festlegung auf eine bestimmte Position.

Das mußten zumal die Parteigänger der Romantik erfahren. Hatten diese angesichts des ersten Heftes der neuen Goetheschen Zeitschrift »Über Kunst und Altertum« (1816–32) – dem großen Rechenschaftsbericht über seine Rheinreisen 1814/15 und die Begegnung mit der Boisseréeschen Gemäldesammlung – schon an eine Bekehrung des »alten Heidenkönigs« (Sulpiz Boisserée) zum romantisch-mittelalterlichen Standpunkt geglaubt, so mußten sie im zweiten Heft (1817) Goethe in die klassizistische Gesellschaft seines alten Wegbegleiters Heinrich Meyer zurückkehren sehen, dessen Aufsatz *Neudeutsche religiös-patriotische Kunst* eine neue Kluft zu den Romantikern aufriß. Goethes reizvolle, an *Hermann und Dorothea* erinnernde autobiographische Erzählung *Sankt Rochus-Fest in Bingen* in diesem Heft seiner Zeitschrift steht in engem Zusammenhang mit jener antiromantischen Polemik. Der religiösen Schwärmerei der Neudeutschen wird die sinnenfrohe Frömmigkeit des rheinischen Volkes gegenübergestellt, welche an Goethes Schilderung des italienischen Volkslebens in der zur gleichen Zeit (1816/17) veröffentlichten (und die ›Neudeutschen‹ ebenfalls enttäuschenden) *Italienischen Reise* denken läßt.

Goethes Neuorientierung nach Schillers Tod ist nicht einfach eine Abkehr vom Klassischen, sondern der Versuch einer Vermittlung zwischen klassischen und romantischen Tendenzen. Von einer solchen ist bei ihm immer wieder die Rede, so in seinem Aufsatz über *Klassiker und Romantiker in Italien* (1820), in deren heftigem Streit Goethe gewissermaßen den »conciliatore« spielen möchte. In der »klassisch-romantischen Phantasmagorie« der *Helena* (1827) hat Goethe schließlich den dichterischen Versuch unternommen, beide Richtungen zu versöhnen. »Wir ehren froh mit immer gleichem Mute / Das Altertum und jedes neue Gute«, so heißt es in den Nachlaß-Stanzen *Abschied.* Im Sinne dieser entschiedenen Öffnung des ästhetischen Horizonts, in der Weigerung, sich in der Kunst – wie, aus alter Einsicht, in der Politik – einer ›Partei‹ zu verschreiben, erklärt sich auch die einzigartige Hellhörigkeit und Offenheit, mit der Goethe die europäische (weit weniger freilich die deutsche) Literatur des 19. Jahrhunderts auf sich wirken läßt, ob es sich etwa um England (Byron, Scott), Italien (Manzoni) oder vor allem um Frankreich handelt. Wie Goethe von Weimar aus die ganze europäische Literaturlandschaft zu sichten sucht, so zieht Weimar, wie der Besucherstrom in Goethes Haus am Frauenplan eindrucksvoll bekundet, das Interesse der literarisch Gebildeten aus allen europäischen Ländern auf sich. Eine der für die Weltgeltung der Weimarer Klassik signifikantesten und folgenreichsten dieser weimarisch-europäischen Begegnungen, in der es auch noch Schiller vergönnt gewesen ist, eine entscheidende Rolle zu spielen, ist der Weimarer Aufenthalt von Mme de Staël und Benjamin Constant im Jahre 1803/04.

Doch sind es nicht nur die intellektuellen Größen der Zeit, die Goethe ihre Aufwartung machten. Sein Haus am Frauenplan wurde so etwas wie ein zweiter Hof zu Weimar. Kamen fürstliche Gäste – wie König Ludwig I. von Bayern, der eigens zu Goethes

Geburtstag 1827 anreiste –, war es durchaus üblich, in radikaler Umkehrung der Etikette Goethe in seinem Hause zu besuchen. Das taten auch die Mitglieder des Großherzoglichen Hauses – unter ihnen immerhin die kaiserliche Hoheit Maria Paulowna, die Schwester des russischen Zaren und Gattin von Carl Friedrich, dem Erbprinzen von Sachsen-Weimar-Eisenach. Der Fürst bestellte seinen Dichter nicht mehr an den Hof, sondern der Dichter bekam Besuch von seinem Fürsten, so sehr er selber sich an die herkömmliche Etikette hielt, niemals das Tabu des ›se connaître‹ verletzte. Doch man konnte nach den Worten von Friedrich Sengle durchaus »darüber streiten, wer der erste Mann im Staate war, Goethe oder Carl August«. Ersterer verkörperte zum ersten Mal in der Geschichte wahrhaft den Typus des *Dichterfürsten*.

Goethes Interesse an der europäischen, zumal französischen Gegenwartsliteratur (die er übrigens mit erstaunlicher Objektivität für eine der wohltätigen Folgen der Französischen Revolution gehalten hat), verdichtet sich in den zwanziger Jahren in seiner Idee der »Weltliteratur«. »Nationalliteratur will jetzt nicht viel sagen, die Epoche der Weltliteratur ist an der Zeit [...]« (Eckermanns Gespräche, 31. Januar 1827). Für Goethe ist die Weltliteratur die notwendige Konsequenz aus dem immer unaufhaltsamer sich entwikkelnden Internationalismus des Handels, des Verkehrs, der Technik und der Kommunikationsmedien (Zeitschriften). In eben diesem Sinne haben Marx und Engels den Goetheschen Begriff der Weltliteratur im *Kommunistischen Manifest* aufgegriffen, so sehr sie an anderem Ort den Kosmopolitismus der deutschen Intelligenz als Kehrseite des nationalstaatsfeindlichen Provinzialismus getadelt haben: »An die Stelle der alten lokalen und nationalen Selbstgenügsamkeit und Abgeschlossenheit tritt ein allseitiger Verkehr, eine allseitige Abhängigkeit der Nationen voneinander. Und wie in der materiellen, so auch in der geistigen Produktion. Die geistigen Erzeugnisse der einzelnen Nationen werden Gemeingut. Die nationale Einseitigkeit und Beschränktheit wird mehr und mehr unmöglich, und aus den vielen nationalen und lokalen Literaturen bildet sich eine Weltliteratur.« Ganz ähnliche Ansichten wird wenige Jahrzehnte später Nietzsche vertreten. Über alle ideologischen Gegensätze hinweg verbindet Goethe, Marx und Nietzsche die Idee, daß die Weltliteratur aufgrund der Entwicklung der modernen Zivilisation und der Öffnung der Nationalstaaten an die Stelle der Nationalliteratur zu treten beginnt.

Thomas Mann hat in seiner Rede *Goethe als Repräsentant des bürgerlichen Zeitalters* (1932) den »Zug ins Weltweite« als spezifischen Zug in der geistigen Physiognomie des späten Goethe bezeichnet. Seine »Statuierung der Weltliteratur« gehe Hand in Hand mit der »wachsenden Anteilnahme des Alten an utopisch-welttechnischen Fragen«. Ein Musterbeispiel dafür ist sein Gespräch mit Eckermann am 21. Februar 1827 über die drei großen Projekte des Panama-, Rhein-Donau- und Suezkanals, über deren mögliche Realisierung er sich detailliert Gedanken macht. »Diese drei großen Dinge möchte ich erleben, und es wäre wohl der Mühe wert, ihnen zuliebe noch einige fünfzig Jahre auszuhalten.« – »Diese drei Dinge möchte ich erleben«, so Goethe zu Eckermann. »Solch ein Gewimmel möcht ich sehn, / Auf freiem Grund mit freiem Volk zu stehn«, so Faust in seinem letzten Monolog (Vs. 11579f.) über sein ebenso großartiges wie fragwürdiges Landgewinnungsprojekt, das zeigt, wie weit auch Goethes mythische Weltdichtung in das neue Säkulum ausgreift, dessen wirtschaftliche und technische Revolution die Schalen des alten Europa aufbricht. Mit dem Bau des Suezkanals konnte überhaupt erst zwanzig Jahre nach Goethes Tod begonnen werden, der Panama-Kanal wurde 1914 und der Rhein-Main-Donau-Kanal gar erst 1992 fertiggestellt. Goethe hätte also bis in die Gegenwart ›aushalten‹ müssen, um den Abschluß der »drei großen Dinge« zu erleben.

Den Zusammenhang von weltausgreifender geistiger und materieller Produktion, die Weltkultur durch den Welthandel, hat Goethe in *Wilhelm Meisters Wanderjahren* durch das »Marktfest« symbolisiert, an dem die Zöglinge der Pädagogischen Provinz teilnehmen (II/8). Dieses Marktfest ist ein verkleinertes Abbild des Weltmarkts. »Alle Sprachen der Welt glaubt man zu hören.« In der Pädagogischen Provinz sind Jünglinge »aus allen Weltgegenden« versammelt. »Um nun zu verhüten«, so erfährt Wilhelm Meister von dem Aufseher, »daß sich nicht, wic in der Fremde zu geschehen pflegt, die Landsleute vereinigen und, von den übrigen Nationen abgesondert, Parteien bilden, so suchen wir durch freie Sprachmitteilung sie einander zu nähern. Am notwendigsten aber wird eine allgemeine Sprachübung, weil bei diesem Festmarkte jeder Fremde in seinen eigenen Tönen und Ausdrücken genugsame Unterhaltung, beim Feilschen und Markten aber alle Bequemlichkeit gerne finden mag. Damit jedoch keine babylonische Verwirrung, keine Verderbnis entstehe, so wird das Jahr über monatweise nur *eine* Sprache im allgemeinen gesprochen, nach dem Grundsatz, daß man nichts lerne außerhalb des Elements, welches bezwungen werden soll.« Das sprachliche Bindemittel einer Weltzivilisation wird also nicht, wie es sich etwa Schiller in seinem Gedichtfragment *Deutsche*

Größe vorgestellt hat, das eschatologische Imperium nur einer, der deutschen Sprache sein, sondern eine sich wechselseitig befruchtende Vielheit von Sprachen, die den Imperialismus einer einzigen ausschließt. – Bezeichnend übrigens, daß das Kapitel über das Marktfest unmittelbar auf den Brief des Abbés an Wilhelm folgt, in dem die Notwendigkeit einer Verbindung der Auswanderer mit der Pädagogischen Provinz betont wird. Dort steht der Begriff der »Weltfrömmigkeit«, in welche die bisherige »Hausfrömmigkeit« (vgl. die Joseph-Novelle) münden müsse, da diese angesichts der Krise der Hauswirtschaft, ihrer notwendigen Aufhebung in größeren Wirtschaftsräumen »nicht mehr hinreicht«. Jene Weltfrömmigkeit wird sich – wie die Weltliteratur – auf die ganze Menschheit beziehen.

Die entschiedene Öffnung des ästhetisch-literarischen Horizonts, als eine Grundtendenz des Spätwerks Goethes, hängt zusammen mit seiner Einsicht in die historische Bedingtheit jedes ästhetischen Normengefüges und ist so eng verbunden mit einer anderen Grundtendenz: der Selbsthistorisierung Goethes. Die Tatsache, daß er beginnt, »sich historisch zu werden«, wie er wiederholt bemerkt hat, ist der Grund für den Beginn der autobiographischen Arbeiten, die ihn seit 1809 bis zum Ende seines Lebens beschäftigen (siehe folgendes Kapitel). Sie sind Bestandteil des monumentalen epischen Spätwerks Goethes, dessen fiktionales Zentrum *Wilhelm Meisters Wanderjahre* bilden. Daß Goethe sich 1807 mit den Plänen zur Fortsetzung des *Wilhelm Meister* wieder der ›apokryphen‹ Gattung des Romans zuwendet, von der er sich zehn Jahre zuvor, nach Abschluß der *Lehrjahre*, so nachdrücklich abgewandt hatte, ist ein ebenso deutliches Symptom für die beschriebene Öffnung seines ästhetischen Horizonts wie die Rückkehr zum Liedhaft-Lyrischen, das ihm zwei Jahrzehnte lang fast fremd geworden war. Roman und Lyrik bilden zweifellos den wichtigsten Teil des poetischen Spätwerks Goethes. Demgegenüber hat er sich vom Gebiet des großen Bühnendramas seit dem *Tasso* mehr und mehr entfernt. Bereits die *Natürliche Tochter* sollte Teil eines totalen Zeitgemäldes sein, das allenfalls in epischer Form realisierbar gewesen wäre, die Grenzen der dramatischen Gattung aber überschreitet. Und *Faust* ist von Goethe nicht als spezifisches Drama, sondern als formal singuläres Werk geplant worden, bei dessen »barbarischer Komposition« er auf die strenge Einhaltung der Gattungsgrenzen ausdrücklich verzichten, ja eher die mit Schiller erarbeitete »neue Theorie des epischen Gedichts« anwenden wollte (an Schiller, 27. Juni 1797). Die *Faust*-Dichtung bildet gewissermaßen mit den autobiographischen Schriften und den späten Prosadichtungen ein gewaltiges Epos des modernen Lebens. Die anderen späten dramatischen Dichtungen Goethes (*Pandora*, 1809; *Des Epimenides Erwachen*, 1815; schon das Jahrhundertwendenspiel *Paläophron und Neoterpe* [1800] gehört in diese Reihe) sind allegorisch-symbolische Spiele von lyrisch-musikalischem Gepräge, wie auch *Faust II* einige der bedeutendsten lyrischen Schöpfungen des späten Goethe enthält. Das Drama überschreitet also mehr und mehr die Gattungsgrenzen teils zum Lyrischen, teils zum Epischen hin. Goethes späte Dichtung lebt im Wechsel von lyrischer Introversion und epischer Extraversion, wie, um ein beliebtes Goethesches Bild zu verwenden, das Herz in der Folge von Systole und Diastole.

Zu der Arbeit Goethes an den dichterischen und autobiographischen Werken tritt die Edition seiner Zeitschrift »Über Kunst und Altertum«, in der er seine Einsichten auf allen intellektuellen und ästhetischen Gebieten sammelt, denen sich sein Interesse im Alter zuwendet, sowie die ausgedehnte Naturforschung, welche schon früher gewürdigt wurde. Die »Hefte zur Morphologie« und »zur Naturwissenschaft« enthalten ebenso wie die Zeitschrift »Über Kunst und Altertum« auch einen großen Teil jener *Maximen und Reflexionen*, die Goethe ausdrücklich als Resultate eines langen Lebenslaufs, als spezifische Altersweisheit formuliert und zu Zyklen geordnet hat. Zwei umfangreiche Gnomensammlungen sind überdies in die *Wanderjahre* aufgenommen: die »Betrachtungen im Sinne der Wanderer« und »Aus Makariens Archiv«. Auch die *Wahlverwandtschaften* enthalten Aphorismen »Aus Ottiliens Tagebuche«, ein Zeichen dafür, daß »Maximen und Reflexionen« ein wesentliches Strukturmerkmal der späten Romankunst Goethes sind. Das poetische Gegenstück zu diesen Sprüchen in Prosa sind die Sprüche in Versen, von denen Goethe eine größere Zahl in dem Zyklus *Zahme Xenien* (1827) zusammengefaßt hat. In den Vers- wie Prosasprüchen drückt sich die Alterstendenz aus, lehrhaft ins Allgemeine, auf typische Grundphänomene des Lebens zu zielen, verbunden mit der Neigung zur knappen Form. Aphorismen durchziehen auch die umfangreiche, kaum zu überblickende Korrespondenz und die zahllosen schriftlich fixierten Gespräche (darunter Eckermanns *Gespräche mit Goethe*, 1836/48), die wesentlich das Bild des späten Goethe mitprägen.

Gerhard Neumann hat den modernen Aphorismus seit Lichtenberg als spezifisch moderne Erkenntnisform charakterisiert, die daraus resultiert, daß das Gefühl gewissermaßen die kopernikanische Wende nicht mitgemacht hat, die der Verstand längst vollzogen hat: der moderne Mensch *denkt* die Sonne zwar als stillstehend, *erlebt* sie aber als aufgehende. Zwischen Erleben und Denken, ästhetischer und logischer Wahrheit, Kunst und Wissenschaft – zwischen Einzelnem und Allgemeinem besteht ein Widerspruch, der sich in der Argumentationsstruktur des Aphorismus ausdrückt. Das Detail wird nicht mehr unter das Ganze subsumiert, sondern beide relativieren und korrigieren sich wechselseitig. Das aber vermag nicht der einzelne Aphorismus zu leisten, sondern durch seine Widerspruchsstruktur tendiert er zur Gruppe, zum Zyklus, zum stets offen bleibenden, systematisch nicht abschließbaren Verstehensraum – und über den Zyklus hinaus zum Großverband der Enzyklopädie oder, eben bei Goethe, des Romans. (Der Widerspruchsstruktur des Aphorismus korrespondiert überhaupt die zyklische Struktur der lyrischen und epischen Spätwerke Goethes sowie des *Faust II*).

Die Nichtsubsumierbarkeit des Einzelnen unter das Allgemeine erklärt auch Goethes späte Hinwendung zur – theoretisch von ihm bislang mißbilligten – Allegorie zumal in den dramatischen Dichtungen der letzten Lebenszeit. Eine allegorisierende Tendenz haben Heine, Vischer und andere Kritiker des 19. Jahrhunderts gerade *Faust II* zum Vorwurf gemacht. Die Allegorie lebt immer aus der Differenz von Erscheinung und Sinn, aus der Inkongruenz von Gestalt und Bedeutung – im Gegensatz zum beides zur Deckung bringenden Symbol, das Goethe kunsttheoretisch favorisiert hat (wie gerade die einschlägigen Aphorismen über Symbol und Allegorie in *Maximen und Reflexionen* demonstrieren). Heinz Schlaffer hat in seinem großen Essay über *Faust II* (1981) den Allegorievorwurf Heines und Vischers auf den Spuren Walter Benjamins positiv umgepolt, indem er behauptet, der späte Goethe habe im Widerspruch gegen seine eigene Diskreditierung der Allegorie in dieser nun die angemessene bildliche Form der Abstraktionen gefunden, von denen er das Zeitalter bestimmt sah. Wo abstrakte Potenzen sich der konkreten Dinge bemächtigen, sei eben nur die Allegorie mit ihrer Inkongruenz von Einzelnem und Allgemeinem am Platze.

Diese Inkongruenz ist aber auch die Signatur des Aphorismus. Bereits Max Frisch hat in seinem *Tagebuch 1946–1949* dessen Struktur bei Goethe präzise beschrieben: am Anfang stehe immer wieder ein »Gedanke«, dem dann, ohne daß er widerrufen würde, eine »Erfahrung« gegenübergestellt werde, »die eher widerspricht, mindestens eindämmt, eine Erfahrung, die der gleiche Kopf, der eben jenen Gedanken geboren hat, ebenfalls gelten läßt, einfach weil es eine Erfahrung ist, eine lebendige, eine wirkliche. Das ist das scheinbar Versöhnliche seiner Reflexionen, daß sie fast immer Licht und Schatten zeigen. Scheinbar; denn sie versöhnen den Widerspruch keineswegs. Sie halten ihn nur in der Balance, in einem Zustand wechselseitiger Befruchtung, Balance zwischen Denken und Schauen. Nichts geht ins Tödliche, weil es die widersprechende Erfahrung nicht überrennt, nicht übermütig unterjocht, sondern die Kraft hat, sie aufzunehmen«. Eben das macht Goethes *Maximen und Reflexionen* scheinbar so unscheinbar. Ihnen fehlen die glänzenden Pointen, und sie wirken, wenn man den Einzelaphorismus für sich nimmt und seinen zyklischen Kontext mißachtet, oft unoriginell – ja sie greifen bewußt überlieferte Spruchweisheiten auf, um sie durch andere, eigene Einsichten und individuelle Erfahrungen zu kontrapunktieren.

Die Aphoristik ist geradezu *die* Erkenntnisform Goethes, da sein Denken sich stets gegen systematische Begriffsgebäude sträubt. Nicht die Deduktion, sondern die Analogie ist sein bevorzugtes Argumentationsverfahren. Das »Wahre«, so bemerkt Eckermann in der Vorrede seiner *Gespräche mit Goethe*, sei nicht erreichbar »durch Spruch, auch nicht durch Spruch und Widerspruch, sondern man gelangt durch all dieses zusammen erst zu Aproximationen, geschweige zum Ziele selber«. Und Thomas Mann läßt in seinem Goethe-Roman *Lotte in Weimar* (1939) Riemer einmal zu Charlotte sagen: »Die Wahrheit, verehrteste Frau, genügt sich nicht immer in der Logik; um bei ihr zu bleiben, muß man sich hie und da widersprechen. Ich bin mit diesem Satz nichts weiter als der Schüler des in Rede Stehenden [...]«.

Der Aphorismus ist von der Renaissance bis ins 18. Jahrhundert Bestandteil der Gesprächskultur des Hofs und Salons gewesen. Das um logische Folgerichtigkeit unbekümmerte Disputierspiel der »guten Gesellschaft« war situationsbedingt, bildete einen weiten Rahmen von Ad-hoc-Entscheidungen. »Es ist mit Meinungen, die man wagt, wie mit Steinen, die man voran im Brette bewegt«, sagt Goethe in diesem Sinne: »sie können geschlagen werden, aber sie haben ein Spiel eingeleitet, das gewonnen wird« (*Maximen und Reflexionen* 147). Der Aphorismus ist also nicht nur eine Erkenntnis-, sondern eine intellektuelle Spielform. Kein Wunder, daß Goethes *Maximen und Reflexionen* so oft auf ihre eigene Argumentationsform und (so die Tagebuchaphorismen Ottilies in den *Wahlverwandtschaften*) auf das Milieu reflektieren, in dem sie ihre Heimat haben: eben die »gute Gesellschaft«. Ein Musterbeispiel ist der Aphorismus 1247, in dem Goethe sein analogisierendes Denken mit der vornehmen Konversation vergleicht, die eben anregend sein soll, aber anders als der wissenschaftliche Diskurs eine Materie nicht logisch-folgerichtig zu durchdringen sucht (»man kann der Gesellschaft alles aufdringen, nur nicht, was eine Folge hat«, heißt es in Ottiliens Tagebuch) und deshalb auch nicht zu erschöpfenden Resultaten führt, die man schwarz auf weiß nach Hause tragen kann. »Mitteilung durch Analogien halt ich für so nützlich als angenehm: der analoge Fall will sich nicht aufdringen, nichts beweisen; er stellt sich einem andern entgegen, ohne sich mit ihm zu verbinden. Mehrere analoge Fälle vereinigen sich nicht zu geschlossenen Reihen, sie sind wie gute Gesellschaft, die immer mehr anregt als gibt.«

Literatur

Altenhofer, Norbert: »Geistiger Handelsverkehr.« Poetik und Hermeneutik beim späten Goethe. In: Dieter Kimpel [u.a.] (Hrsg.): Allerhand Goethe. Seine wissenschaftliche Sendung, aus Anlaß des 150. Todestages [...]. Bern 1985, S. 357–370.

Anglet, Andreas: Der »ewige« Augenblick. Studien zur Struktur und Funktion eines Denkbildes bei Goethe. Köln 1991.

Bersier, Gabrielle: Der Fall der deutschen Bastille. Goethe und die Epochenschwelle von 1806. In: Recherches Germaniques 20 (1990), S. 49–77.

Birus, Hendrik: Goethes Idee der Weltliteratur: eine historische Vergegenwärtigung. In: Manfred Schmeling (Hrsg.): Weltliteratur heute: Konzepte und Perspektiven. Würzburg 1995, S. 5–28.

Eichhorn, Peter: Idee und Erfahrung im Spätwerk Goethes. Freiburg im Breisgau/München 1971.

Flitner, Wilhelm: Goethe im Spätwerk. Glaube, Weltsicht, Ethos. Hamburg 1947. Neuaufl. Bremen 1957.

Fuchs, Albert: Goethe-Studien. Berlin 1968.

Hahn, Karl-Heinz: Goethes Verhältnis zur Romantik. In: Goethe Jb. 84 (1967), S. 45–64.

Härtl, Heinz: Ein Brief Arnims an Goethe 1811. In: Goethe Jb. 96 (1979), S. 192–205.

Henn, Marianne: Goethes Verhältnis zum Überlieferten in seinem Alterswerk. Heidelberg 1986.

Hillebrand, Bruno: Die Hoffnungen des alten Goethe. Mainz 1983.

Keller, Werner: Goethes dichterische Bildlichkeit. Eine Grundlegung. München 1972.

Keller, Werner: Goethes literarisches Spätwerk. In: Neues Handbuch der Literaturwissenschaft Bd. 14. Wiesbaden 1982, S. 429–460.

Lange, Victor: Nationalliteratur und Weltliteratur. In: Goethe Jb. 88 (1971), S. 15–30.
Lauer, Enrik: Literarischer Monetarismus: Studien zur Homologie von Sinn und Geld bei Goethe, Goux, Sohn-Rethel, Simmel und Luhmann. St. Ingbert 1994.
Marahrens, Gerwin: Über eine Neudefinition der Goetheschen Aphoristik. In: Goethe Jb. 110 (1993), S. 297–320.
Mehra, Marlis Helene: Die Bedeutung der Formel »offenbares Geheimnis« in Goethes Spätwerk. Stuttgart 1982.
Menges, Karl: Totalität und Geschichte. Über das Verhältnis Goethes zum poetologischen Programm der Frühromantik. In: Wahrheit und Sprache. Festschrift f. Bert Nagel. Göppingen 1972, S. 129–142.
Meyer-Abich, Klaus Michael / Peter Mattussek: Skepsis und Utopie. Goethe und das Fortschrittsdenken. In: Goethe Jb. 110 (1993), S. 185–207.
Mommsen, Katharina: Goethe und die arabische Welt. Frankfurt a.M. 1988.
Müller-Seidel, Walter: Goethes *Maximen und Reflexionen*. Denkformen und Bewußtseinskritik. In: W. Müller-Seidel: Die Geschichtlichkeit der deutschen Klassik. Literatur und Denkformen um 1800. Stuttgart 1983, S. 278–290.
Muschg, Adolf: Goethes »Weltliteratur«: einige spekulative Gedanken. In: Kairoer germanistische Studien. Bd. VI (1991). Kairo 1993, S. 405–416.
Neumann, Gerhard: Ideenparadiese. Untersuchungen zur Aphoristik von Lichtenberg, Novalis, Friedrich Schlegel und Goethe. München 1976.
Preisendanz, Wolfgang: Die Spruchform in der Lyrik des alten Goethe und ihre Vorgeschichte seit Opitz. Heidelberg 1952.
Reiss, Hans: Formgestaltung und Politik. Goethe-Studien. Würzburg 1993.
Rose, Ernst: Blick nach Osten. Studien zum Spätwerk Goethes und zum Chinabild in der deutschen Literatur des 19. Jahrhunderts. Bern 1981.
Rüdiger, Horst: Goethe und Europa. Essays und Aufsätze 1944–1984. Berlin 1990.
Schlaffer, Heinz: Faust zweiter Teil. Die Allegorie des 19. Jahrhunderts. Stuttgart 1981.
Schrimpf, Hans Joachim: Goethe. Spätzeit, Altersstil, Zeitkritik. Pfullingen 1966.
Schulte-Wülwer, Ulrich: Goethes Maskenzug *Die romantische Poesie* vom 30. Januar 1810. In: U. Schulte-Wülwer: Das Nibelungenlied in der deutschen Kunst und Kunstliteratur zwischen 1806 und 1871. Kiel 1974, S. 25–37.
Sengle, Friedrich: Neues zu Goethe. Essays und Vorträge. Stuttgart 1989.
Sengle, Friedrich: Das Genie und sein Fürst. Die Geschichte der Lebensgemeinschaft Goethes mit dem Herzog Carl August. Stuttgart u. Weimar 1993.
Sørensen, Bengt Algot: Altersstil und Symboltheorie: zum Problem des Symbols und der Allegorie bei Goethe. In: Goethe Jb. 94 (1977), S. 69–85.
Staiger, Emil: Goethe, Bd. 3. Zürich 1959.
Staiger, Emil: Spätzeit. Studien zur deutschen Literatur. Zürich/München 1973.

Stöcklein, Paul: Wege zum späten Goethe. Dichtung, Gedanke, Zeichnung. Hamburg 1949. Bearbeitete Neuaufl. Darmstadt 1973 u.ö.

Strich, Fritz: Goethe und die Weltliteratur. Bern 1957 (2. Aufl.).

Trunz, Erich (Hrsg.): Studien zu Goethes Alterswerken. Frankfurt am Main 1971.

Trunz, Erich: Ein Tag aus Goethes Leben. Acht Studien zu Leben und Werk. München 1990.

Tümmler, Hans: Carl August von Weimar, Goethes Freund. Eine vorwiegend politische Biographie. Stuttgart 1978.

Tümmler, Hans: Konfliktsmomente im Verhältnis Goethes und Carl Augusts. In: Goethe Jb. 96 (1979), S. 174–191.

Tümmler, Hans: Goethes »Unterredung mit Napoleon« im Rahmen der weimarischen Politik auf dem Erfurter Fürstenkongreß von 1808. In: H. Tümmler: Das klassische Weimar und das große Zeitgeschehen. Köln/Wien 1975, S. 61–90.

Weber, Johannes: Goethe und die Jungen. Über die Grenzen der Poesie und vom Vorrang des wirklichen Lebens. Tübingen 1989.

Weber, Peter: Goethes Begriff der Weltliteratur. In: Weimarer Beiträge 28 (1982) H. 10, S. 90–105.

Wild, Rainer: Überlegungen zu Goethes Konzept der Weltliteratur. In: Hans W. Panthel u.a. (Hrsg.): Bausteine zu einem transatlantischen Literaturverständis. Frankfurt a.M. u.a. 1994, S. 3–11.

II Das Epos der Erinnerung: autobiographische Schriften

Wenige Monate vor seinem Tod, in einem Brief an Wilhelm von Humboldt vom 1. Dezember 1831 bekennt Goethe, »daß in meinen hohen Jahren mir alles mehr und mehr historisch wird: ob etwas in der vergangenen Zeit, in fernen Reichen oder mir ganz nah räumlich im Augenblicke vorgeht, ist ganz eins, ja ich erscheine mir selbst immer mehr und mehr geschichtlich«. Die Erfahrung dieses ›Ganz eins‹ des Vergangenen und Gegenwärtigen, Fernen und Nahen, die alle zeitlichen und räumlichen Distanzen aufgehoben fühlt, die Dinge – und den Betrachter selbst – auf die gleiche ›historische‹ Distanz rückt, hat sich Goethe in den letzten Jahrzehnten seines Lebens mehr und mehr aufgedrängt. Sie hängt aufs engste zusammen mit seiner Wendung zur Selbstthematisierung (»um mich in mir selbst historisch zu bespiegeln«, wie er am 23. November 1814 an Schlosser schreibt), der Neigung zum Autobiographischen, die man als eine der Signaturen seines Spätwerks bezeichnen kann.

Das Todesjahr Schillers – in dem er selbst von einer schweren Krankheit heimgesucht wurde – hat er deutlich als eine Zäsur in seinem Leben empfunden. Sie ruft in ihm das Gefühl eines ›Vorbei‹ und der Pflicht wach, das Gewesene für die Nachwelt zu fixieren. »Seit der großen Lücke, die durch Schillers Tod in mein Dasein gefallen ist«, schreibt er am 4. April 1806 an Philipp Hackert, »bin ich lebhafter auf das Andenken der Vergangenheit hingewiesen und empfinde gewissermaßen leidenschaftlich, welche Pflicht es ist, das, was für ewig verschwunden scheint, in der Erinnerung aufzubewahren.« Diese Verpflichtung empfindet er um so intensiver nach dem Zusammenbruch Preußens in der Doppelschlacht von Jena und Auerstedt am 14. Oktober 1806, der auch für das weimarische Herzogtum bedrohliche Folge hat. Mit dieser Schlacht geht nicht nur ein politisches, sondern auch ein kulturelles Zeitalter zu Ende. Das 18. Jahrhundert ist jetzt endgültig vorbei, es wird zu einer fremden Epoche, deren historisch gewordene Eigenart für die Nachgeborenen erinnernd festzuhalten ist.

In der Nacht nach der verlorenen Doppelschlacht wird Weimar von den durchziehenden französischen Soldaten gebrandschatzt und geplündert. Randalierende Soldaten dringen auch in Goethes Haus am Frauenplan ein. Nicht zuletzt dem Heldenmut von Christiane Vulpius (die er wenige Tage später aus dem Gefühl tief empfundener Dankbarkeit heraus heiratet) ist es zu danken, daß ihm und seinem Haus nichts Übleres geschieht. Wenig hat jedoch gefehlt, und von seinen Manuskripten, dem Ertrag eines langen geistigen Lebens, wäre nur ein Haufen Asche übrig geblieben. »In jener unglücklichen Nacht waren meine Papiere meine größte Sorge, und mit Recht«, schreibt Goethe am 24. Oktober an seinen Verleger Friedrich Cotta. »Denn die Plünderer sind in andern Häusern sehr übel damit umgegangen und haben alles wo nicht zerrissen, doch umhergestreut. Ich werde nach dieser überstandenen Epoche um desto mehr eilen, meine Manuskripte in Druck zu bringen.« Ein Versprechen, die bei Cotta erscheinende zweite Gesamtausgabe seiner Werke (1806–1808) energisch voranzutreiben. Doch nicht nur das, die Ereignisse der »unglücklichen Nacht« und der drohende Verlust seiner Manuskripte bestärken ihn in dem Gefühl, daß es an der Zeit ist, auch in anderer Hinsicht sein Werk zu ›retten‹. Die Arbeit an der Gesamtausgabe bringt ihm deutlich zu Bewußtsein, mit wie vielen Plänen er sich getragen hat, welch ein Berg von Liegengebliebenem, Fragmentarischem abzutragen ist, das er doch nicht mehr fortzusetzen und zu vollenden hoffen kann, weil es ihm längst entfremdet ist. Bietet sich da nicht an, all diese Fragmente wenigstens als Zeugnisse einer bestimmten Lebensepoche in einer erinnernden Darstellung ›aufzuheben‹, sie durch Rekonstruktion ihres ursprünglichen Plans zu vervollständigen?

Tatsächlich gehört es zu den Hauptmotiven der Goetheschen Autobiographie, seine Fragmente in der Phantasie zu vollenden. Seine Werke, so lautet das berühmte Bekenntnis im siebenten Buch von *Dichtung und Wahrheit*, seien nur »Bruchstücke einer großen Konfession«. Goethe verwendet hier bewußt den Titel der Augustinischen und Rousseauschen Selbstdarstellungen, um sein dichterisches Oeuvre dergestalt als eine einzige Autobiographie zu bezeichnen, und so ist es nur konsequent, wenn er an gleicher Stelle seine Lebensbeschreibung als den »gewagten Versuch« bezeichnet, die Bruchstücke jener Konfession »vollständig zu machen«. Damit meint er zunächst nicht die literarischen Fragmente, sondern seine Werke überhaupt, zwischen denen er nun in *Dichtung und Wahrheit* den roten Faden zieht. Im engeren Sinn freilich ist Goethes Lebensbeschreibung auch eine Vervollständigung der fragmentarischen Werke. So ist für das achtzehnte Buch von *Dichtung und Wahrheit* ursprünglich eine – im Dezember 1816 geschriebene – Inhaltsangabe des *Faust II* vorgesehen, da Goethe zu diesem Zeitpunkt nicht mehr mit einer Fertigstellung des ganzen Werks rechnet.

Schon lange, bevor Goethe sich entschließt, selber eine Autobiographie zu schreiben, hat er sich für dieses Genre lebhaft interessiert und es zur Quelle eigener Werke gemacht. (Statt des heute geläufigen Terminus ›Autobiographie‹, der erst im 19. Jahrhundert von England her auftaucht, verwendet man um 1800 noch die Begriffe ›Bekenntnisse‹, ›Lebensbeschreibung‹ oder ›Selbstbiographie‹.) Bereits das Drama, dem er seinen Durchbruch verdankt: *Götz von Berlichingen* greift auf die *Lebensbeschreibung* des historischen Götz zurück, sein nächstes Erfolgsdrama *Clavigo* auf die *Mémoires* von Beaumarchais, und der *Natürlichen Tochter* liegen später die *Mémoires historiques* der Stéphanie-Louise de Bourbon-Conti zugrunde. Doch nicht nur als stoffliche Quelle verwertet er diverse Selbstbiographien, auch ihr Formtypus wird von ihm literarisch verwertet: Die »Bekenntnisse einer schönen Seele« in *Wilhelm Meisters Lehrjahren* transformieren kunstvoll den Typus der pietistischen Konfession in das Handlungsgefüge des Romans.

Goethe kannte längst die Klassiker der Autobiographie – wie deren spektakulärstes, von ihm freilich wegen der Radikalität der Selbstentblößung sehr kritisch aufgenommenes Exempel: Rousseaus *Confessions*, die er schon in ihrem posthumen Erscheinungsjahr 1782 gelesen hat –, er übersetzte und kommentierte die um 1560 entstandene *Vita* von Benvenuto Cellini und nahm auch lebhaft an den autobiographischen Werken seiner Freunde teil, wie an *Heinrich Stillings Jugend*, die er 1777 selbst zum Druck brachte, oder an Karl Philipp Moritz' autobiographischem Roman *Anton Reiser* (1785–1790). Den Malerfreund Philipp Hackert forderte er selber zu einer Lebensdarstellung auf, zu der jener nur Material lieferte, das Goethe dann nach dem Tod des Malers für den Druck einrichtete. Die tätige Anteilnahme an den autobiographischen Werken anderer führt schließlich zur eigenen Selbstdarstellung. Diese kann sich auf eine breite Kenntnis der einschlägigen Literatur stützen, die von den Selbstdarstellungen eines Petrarca, Cellini und Cardano über Montaigne, Descartes und Rousseau bis zu Alfieri und Benjamin Franklin reicht – abgesehen von den deutschen Zeitgenossen und zu schweigen von der französischen oder deutschen Memoirenliteratur.

Goethe suchte über die Gattungsgesetze der Autobiographie auch theoretisch Klarheit zu gewinnen. Besonders aufschlußreich in dieser Hinsicht ist seine Rezension des Sammelwerks *Bildnisse jetzt lebender Berliner Gelehrten, mit ihren Selbstbiographien* (1806). Für ihn ist es falsche Bescheidenheit, sich nicht selbst zum Gegenstand historischer Betrachtung machen zu wollen. »Was der

Geschichtsschreiber an anderen getan, warum sollte er es nicht an sich selbst tun?« Was Goethe besonders wichtig ist – und für ihn den Vorzug der Lebensbeschreibung vor der Geschichtsschreibung bildet –, das ist die Konkretheit des Details. Hier gelte es, das eigene Individuum in der Verflechtung von persönlicher Leistung, Erfahrung und Zeitgeschehen – der Beeinflussung von außen sowohl im engeren persönlichen Umkreis als auch von seiten der »großen Weltbegebenheiten« – vor den Augen des Lesers lebendig werden zu lassen.

Wie er das meint, wird am ehesten aus seinen eigenen biographisch-historischen Arbeiten ersichtlich, namentlich aus seinem Sammelband *Winckelmann und sein Jahrhundert* (1805). Schon der Titel zeigt, daß Goethe daran liegt, Winckelmanns Denken und Wirken vom kultur- und zeitgeschichtlichen Kontext her zu erhellen. Auch hier liegt bereits – wie später in *Dichtung und Wahrheit* – eine erinnernde Vergegenwärtigung des nunmehr ›Geschichte‹ gewordenen 18. Jahrhunderts vor. Dieses biographische Verfahren wendet Goethe sogar auf die Naturforschung an: in den seit den späten neunziger Jahren niedergeschriebenen *Materialien zur Geschichte ,der Farbenlehre* individualisiert er Wissenschaftsgeschichte zur Gelehrtenbiographie, indem er die einzelnen Forscher nach Leistung und Erfahrung in ihre jeweilige Zeit mit ihren Traditionen und Entwicklungstendenzen hineinstellt.

Diese Grundsätze sind auch in Goethes Autobiographie eingegangen, die er im Spätjahr 1809 konzipiert. Seiner gewöhnlichen Arbeitsweise gemäß hat Goethe 1809 und 1810 zunächst mehrere Schemata niedergeschrieben, die erkennen lassen, daß er ursprünglich eine Lebensbeschreibung bis in die unmittelbare Gegenwart plante. Gleichzeitig setzen nun umfangreiche Recherchen ein: Sichtung alter Tagebücher und Briefe, historischer Quellen und Darstellungen, aber auch literarischer Werke des 18. Jahrhunderts. Das siebente Buch von *Dichtung und Wahrheit* wird so gewissermaßen zur ersten deutschen Literaturgeschichte des Aufklärungszeitalters – freilich immer unter dem Aspekt des eigenen Bildungsganges des Autobiographen, der Wirkung der allgemeinen literarischen Entwicklung auf seine eigene. Freunde und Verwandte bittet er um Mithilfe bei seiner ›recherche du temps perdu‹, ja einen ganzen Stab von Mitarbeitern setzt er in Bewegung – eine in der Gattungsgeschichte bis dahin beispiellose Spurensicherung.

Unter dem Eindruck der gesammelten Materialien aus seinem früheren Leben und der Disposition des Stoffs schreibt Goethe am 16. November 1810 an Cotta: »Ich bin genötigt, in die Welt- und

Literaturgeschichte zurück zu gehen, und sehe mich selbst zum erstenmal in den Verhältnissen, die auf mich gewirkt und auf die ich gewirkt habe«. Der Nachweis dieser Wechselwirkung von Ich und Welt ist das Hauptmotiv seiner autobiographischen Arbeit. Die Suche nach der Epochenspezifik des Selbstbildes ist der durchaus altruistische Aspekt des Unternehmens gegenüber der allzu oft auf Selbstapologie, Selbstbeschönigung, Selbstlob bedachten Memoirenliteratur. Im Januar 1811 beginnt Goethe mit dem Diktat der Autobiographie, deren erste fünf Bücher bereits im September abgeschlossen sind und einen Monat später erscheinen. Der zweite Teil, nach der strengen Disposition Goethes wiederum in fünf Bücher aufgeteilt, wird genau ein Jahr später abgeschlossen und publiziert. Der dritte Teil (bis zum 15. Buch) erscheint nach einigen Verzögerungen im Mai 1814. Obwohl Partien des vierten Teils schon diktiert sind, unterbricht Goethe die Arbeit an *Dichtung und Wahrheit* zugunsten des *West-östlichen Divans*. Nach diversen Anläufen nimmt er erst im Oktober 1821 die Arbeit am viertem Teil wieder auf, doch kommt es zu beträchtlichen Verzögerungen des Diktats und zur völligen Unterbrechung in der Zeit der Arbeit am *Faust II* (nach 1825). Goethe hat bis wenige Monate vor seinem Tod an *Dichtung und Wahrheit* gearbeitet, deren vierter Teil nur in der provisorischen Redaktion vom Herbst 1831 vorliegt. Nach seinem Tod haben Kanzler von Müller, Riemer und vor allem Eckermann diesen Teil für den Druck rigoros redigiert und so seinen fragmentarischen Charakter zu verschleiern gesucht.

In der langen Zeit der Unterbrechung seiner Arbeit an *Dichtung und Wahrheit* nach dem Druck des dritten Teils hat Goethe seine Selbstdarstellung an einem anderen, späteren Punkte seines Lebens fortgeführt. Unter dem Obertitel *Aus meinem Leben*, der auch *Dichtung und Wahrheit* vorangestellt ist, läßt er 1816 die »zweite Abteilung« des autobiographischen Gesamtunternehmens folgen, die in ihren beiden ersten Teilen die *Italienische Reise* (unter diesem Titel freilich erst in der »Ausgabe letzter Hand« erschienen) und im fünften Teil (von 1822) die später mit diesem Titel versehene *Campagne in Frankreich* und *Belagerung von Mainz* enthält. Goethe plante – der Obertitel zeigt es – noch wenige Jahre vor seinem Tode eine Gesamtdarstellung seines Lebens bis 1792, wie auch aus seiner Anzeige der »Ausgabe letzter Hand« vom 1. März 1826 hervorgeht. Es war dieser Anzeige zufolge noch ein fünfter Teil vorgesehen, der die Lücke zwischen der Abreise nach Weimar und der Italienischen Reise schließen sollte. Das erste Weimarer Jahrzehnt ist jedoch bis auf Notizen zu diesem fünften Buch am schlechtesten autobiographisch dokumentiert – und daher in mancher Hinsicht die rätselhafteste Periode in Goethes Leben. »Als Ergänzung meiner sonstigen Bekenntnisse« legt er 1819–25 die *Annalen meines Lebens* (*Tag- und Jahreshefte*) an, die für die Zeit nach 1792 – also für den Zeitraum, den er in der Autobiographie schließlich nicht mehr zu behandeln vorhatte – relativ ausführlich sind, während die Darstellung bis 1792 in diesen Annalen »flüchtig behandelt« wird (wie Goethe in seiner Anzeige der »Ausgabe letzter Hand« 1826 begründet), da ja noch an die Fortsetzung von *Dichtung und Wahrheit* bis zu diesem Zeitpunkt gedacht ist.

Diese Aufteilung der Dokumentation seines Lebens in eine narrative Darstellung bis 1792 und eine annalistisch-resümierende für die Zeit seit 1793 hat Goethe mit der Verschiedenheit seiner vorweimarischen und der Weimarer Existenz begründet. In einem Brief an Cotta vom 12. November 1812 schreibt er, in den demnächst abzuschließenden vier Teilen von *Dichtung und Wahrheit* gedenke er »die Geschichte meiner Bildung, meines ersten Privat- und Autorlebens zu vollenden, bis zu welcher Epoche ich mir noch ganz selbst angehöre.« Dieser Brief erfährt eine Erläuterung durch Goethes Gespräch mit Eckermann am 27. Januar 1824, in dem er die annalistische Behandlung seiner »späteren Jahre« rechtfertigt. Es könne hier weniger darum gehen, sein »Leben« als seine »Tätigkeit« zu dokumentieren. »Überhaupt ist die bedeutendste Epoche eines Individuums die der Entwicklung, welche sich in meinem Fall mit den ausführlichen Bänden von Wahrheit und Dichtung schließt. Später beginnt der Konflikt mit der Welt, und dieser hat nur insofern Interesse, als etwas dabei herauskommt.«

Also: Spezifischer Gegenstand der Autobiographie ist das noch in der Entwicklung befindliche, ›ganz sich selbst angehörende‹, also noch nicht durch eine soziale Rolle außengesteuerte und gesellschaftlich kristallisierte Individuum. Sobald die durch jene Rolle bestimmte »Tätigkeit« im Leben dominiert, hat das »Leben« selbst in der Eigendarstellung zurückzutreten zugunsten seiner öffentlichen Resultate. Für deren Präsentation aber bietet sich die Form der »Annalen« an. Hier zeigt sich, daß Goethe der Gattung der Autobiographie einen entschieden subjektbezogenen Charakter zuschreibt. Das trennt sie typologisch nun sehr klar von der Gattung der Memoiren, die – wie die formprägenden Werke dieses Genres im Frankreich des 17. Jahrhunderts (Kardinal Retz, Herzog von Saint-Simon usw.) – von Autoren stammen, die sich als öffentliche Personen in ihrem politischen, gesellschaftlichen und kulturellen Bezugsfeld darstellen möchten, also in ihrer bereits geprägten sozialen Rolle. Memoiren sind »Denkwürdigkeiten« (so die geläufige Übersetzung des französischen Begriffs), also Darstellungen des öffentlich relevanten Teils des Lebens; die Entwicklung des Autors vor seinem Auftritt auf der Bühne der Öffentlichkeit hat in diesen Werken nur periphere Bedeutung – während sie in der Autobiographie, wie Goethe sie vorschwebt, das eigentliche Interesse ausmacht. Daher nun die eminente Bedeutung der Kindheitsgeschichte, die ein ganz neues Feld der Autobiographie (und entsprechend des von ihr inspirierten wie umgekehrt sie inspirierenden Entwicklungs- und Bildungsromans) bildet.

Goethes *Dichtung und Wahrheit* verkörpert einen neuen Typus der Autobiographie, der aus einer Art Synthese ihrer bisherigen, im 18. Jahrhundert dominanten Grundformen hervorgegangen ist. Es handelt sich im wesentlichen um drei Typen: Berufsautobiographie (Gelehrten- und Künstlerautobiographie), religöse Konfession und abenteuerliche Lebensbeschreibung (Reiseautobiographie). Schon vor Goethe gab es Mischformen, Abwandlungen und Individualisierungen dieser Formtypen: Rousseau und Moritz säkularisierten die religiösen »Bekenntnisse«, Jung-Stilling verband die Gelehrtenautobiographie mit der pietistischen Konfession u.ä., aber erst Goethe führte alle traditionellen Formtypen zu einer Einheit zusammen, die das moderne Verständnis der Autobiographie entscheidend geprägt hat.

Bezeichnend, daß Goethe den reinen Ausprägungen der einzelnen Formtypen eher skeptisch gegenübersteht: das gilt für die genannten Gelehrtenbiographien, in denen er oft (wie im Falle Johannes von Müllers) das konkrete Lebensdetail vermißt, das gilt für die Abenteuer-Lebensbeschreibungen, in denen ihm die Reflexion zu wenig zur Geltung kommt, das gilt vor allem aber für die religiöse Bekenntnisliteratur – auch und gerade in der säkularisierten und psychologisierten Form der Rousseauschen *Confessions*. Nicht zuletzt unter dem Eindruck der seelenzergliedernden Autobiographien, welche die älteren Formtypen mehr und mehr verdrängen oder überformen, hat Goethe in seinem Brief an Göttling vom 4. März 1826 die Ansicht vertreten, daß die »Selbstbiographie« eher eine protestantische Gattung sei. »Es wäre schön zu untersuchen, ob nicht Protestanten mehr als Katholiken zu Selbstbiographien geneigt sind. Diese haben immer einen Beichtvater zur Seite und können ihre Gebrechen hübsch einzeln los werden, ohne sich um eine fruchtbare Folge zu bekümmern; der Protestant im entgegengesetzten Falle trägt sich selbst die Fehler länger nach, und ihm ist es doch um ein sittliches Resultat zu tun. Montaigne und

Descartes sind mir deshalb merkwürdig: ohne selbst Protestanten zu sein, leben sie doch in einer Epoche des vielanregenden Protestantismus.«

Das protestantisch-introspektive Moment der ›Konfession‹ bildet für Goethe unverkennbar die Signatur der modernen Selbstbiographie. Fehlt die treibende Kraft der reflektierten Individualität, so ist für ihn die Gattung verfehlt, doch sucht er die Selbstbetrachtung stets durch Weltbetrachtung zu komplementieren, das Ich gewissermaßen im Spiegel der Welt anzuschauen. Das unterscheidet Goethes *Dichtung und Wahrheit* fundamental von den autobiographischen Tendenzen seines Freundes Karl Philipp Moritz und seinem »psychologischen Roman« *Anton Reiser*. Zwar schildert auch Moritz die Umwelteinflüsse auf seine Jugend, doch diese sind meist negativer Art, nicht befruchtend, sondern hemmend und schädigend, und sie treiben den Autor in eine selbstquälerische Introspektion. – Moritz hat dem von ihm herausgegebenen und für die Geschichte der Psychologie bahnbrechenden *Magazin für Erfahrungsseelenkunde* die Inschrift des Apollotempels zu Delphi: »Erkenne dich selbst!« als Motto vorangestellt. Goethe ist dieser Wahlspruch »immer verdächtig« vorgekommen, wie er in seinem Aufastz *Bedeutende Fördernis durch ein einziges geistreiches Wort* (1823) gesteht, ja »als eine List geheim verbündeter Priester, die den Menschen [...] von der Tätigkeit gegen die Außenwelt zu einer innern falschen Beschaulichkeit verleiten wollten.« Und nun folgt Goethes Gegenmaxime: »Der Mensch kennt nur sich selbst, insofern er die Welt kennt, die er nur in sich und sich nur in ihr gewahr wird. Jeder neue Gegenstand, wohl beschaut, schließt ein neues Organ in uns auf.« Hier ist die zeugend-empfangende Wechselwirkung von Innen- und Außenwelt und damit das Prinzip der Goetheschen Autobiographie auf den Punkt gebracht.

Anders als in den pietistischen Konfessionen und bei ihren säkularisierierten Nachfolgern bleibt in *Dichtung und Wahrheit* nichts nur innen – es gibt hier keine selbstquälerische Zergliederung von Seelenlagen wie bei Rousseau, Jung-Stilling oder Moritz, kaum intime Bekenntnisse –, aber anders als in den an importanten ›Fällen‹ interessierten Memoiren bleibt auch nichts bloß außen: alle Personen, Fakten, Orte, Situationen, mit welcher – in der Geschichte der Autobiographie bislang einzigartigen – Akribie sie auch recherchiert sind, stellen sich doch im Sinne der Goetheschen Farbenlehre als »antwortende Gegenbilder« des sich erinnernden Ich dar. Dessen Stimmungslage ist denn auch eine wesentlich andere als die der introvertierten Autobiographie religiöser Provenienz. Diese ist durch Melancholie, jene durch Heiterkeit gezeichnet. »Jeder, der eine Confession schreibt«, bemerkt Goethe in einer Tagebuchaufzeichnung vom 18. Mai 1810, sei »in einem gefährlichen Falle lamentabel zu werden, weil man nur das Morbose, das Sündige bekennt und niemals seine Tugenden beichten soll.« Diese Tugenden aber gilt es für Goethe mit heiterer Unbefangenheit mitzuteilen, »nicht in Schatten zu stellen, was sie [die eigene Person] selbst geleistet, von ihren Arbeiten, von deren Gelingen und Einfluß mit Behaglichkeit zu sprechen, die dadurch gewonnenen schönen Stunden ihres Lebens zu bezeichnen und ihre Leser gleichfalls in eine fröhliche Stimmung zu versetzen«, wie Goethe in seiner Rezension der *Bildnisse jetzt lebender Berliner Gelehrten* schreibt.

Das ist die heitere Signatur auch der Autobiographie Goethes! Er selber hat diese Gattung, wie erwähnt, als eine Art protestantisches Gegenstück zur katholischen Beichte interpretiert. Durch letztere könne man seine moralischen Gebrechen »hübsch einzeln los werden«, während der – dieser Absolution von Fall zu Fall entbehrende – Protestant sich seine Fehler ›länger nachträgt‹ und um »fruchtbare Folge« und »sittliches Resultat« bemüht ist. Ein solches Bemühen ist natürlich der Autobiographie günstig, während ein moralisches Leben, das nach jeder Beichte, moralisch entlastet, neu beginnen kann, in eine unverbundene Folge von einzelnen Handlungen zu zerfallen droht. Um »fruchtbare Folge« und »sittliches Resultat« bemüht sich auch Goethe in der Darstellung seines Lebens, aber diese steht nicht mehr unter dem Vorzeichen der Konfession und der Bewältigung von Gebrechen und Sünde – ein Schuldbekenntnis wie im Falle Friederike Brions ist eine Ausnahme –, sondern sie ist durchaus affirmative Selbstdarstellung eines bedeutenden Individuums in seinen historischen Bezügen. Dadurch hat Goethes Selbstbiographie einen eher antiprotestantischen, gegen das Bild des Menschen als eines Sündenknechts gerichteten Zug.

Die geradezu katholisierenden Akzente von *Dichtung und Wahrheit* (siehe etwa die Ausführungen über die Gnadenlehre im fünfzehnten Buch) gipfeln in der großen, Goethes protestantische Umgebung stark befremdenden Passage über die sieben Sakramente im siebenten (!) Buch des Werks. Bezeichnend, daß es hier wiederum die Beichte ist, der Goethes besondere Aufmerksamkeit gilt, weil sie nach der Verhängung »symbolischer Strafen« den Bekennenden »zuletzt, durch ein völliges Auslöschen seiner Schuld, zu beseligen und ihm rein und abgewaschen die Tafel seiner Menschheit wieder zu übergeben weiß«. Die katholische Beichte war Goethe ohne Zweifel sympathisch, und aus diesem Grunde hat er sie zum Symbol seiner eigenen dichterischen Lebensbewältigung säkularisiert. So redet er im Zusammenhang mit seinem »Schmerz über Friederikes Lage« davon, daß er »Hülfe bei der Dichtkunst« gesucht habe. Die »schlechten Figuren«, die er Weislingen im *Götz* und *Clavigo* gegenüber ihren Geliebten habe spielen lassen, seien wohl »Resultate« seiner »reuigen Betrachtungen« zum eigenen Verhalten Friederike gegenüber gewesen. Von einer »poetischen Beichte« spricht er gar, »um durch diese selbstquälerische Büßung einer innern Absolution würdig zu werden« (12. Buch). Und zum Abschluß des *Werther* schreibt er: »Ich fühlte mich, wie nach einer Generalbeichte, wieder froh und frei, und zu einem neuen Leben berechtigt. Das alte Hausmittel [der »poetischen Beichte«] war mir diesmal vortrefflich zustatten gekommen.« (13. Buch)

Die beiden elliptischen Punkte der Goetheschen Autobiographie sind das Bewußtsein der Individualität und der Historizität. Das erinnernde Ich stellt das erinnerte Ich und das erinnerte Nicht-Ich in einen unaufhebbaren Wechselbezug. In seinem Vorwort bezeichnet Goethe es als die »Hauptaufgabe der Biographie«, »den Menschen in seinen Zeitverhältnissen darzustellen, und zu zeigen, inwiefern ihm das Ganze widerstrebt, inwiefern es ihn begünstigt, wie er sich eine Welt- und Menschenansicht daraus gebildet und wie er sie, wenn er Künstler, Dichter, Schriftsteller ist, wieder nach außen abgespiegelt. Hierzu wird aber ein kaum Erreichbares gefordert, daß nämlich das Individuum sich und sein Jahrhundert kenne, sich, inwiefern es unter allen Umständen dasselbe geblieben, das Jahrhundert, als welches sowohl den Willigen als Unwilligen mit sich fortreißt, bestimmt und bildet, dergestalt, daß man wohl sagen kann, ein jeder, nur zehn Jahre früher oder später geboren, dürfte, was seine eigene Bildung und Wirkung nach außen betrifft, ein ganz anderer geworden sein.«

Goethe hat diese Einsicht durch seine lebensgeschichtliche Darstellung weitläufig zu bestätigen vermocht. Seine eigene Entwicklung ist in ein fein verästeltes Netz von persönlichen, sozialen und zeitgeschichtlichen Bezügen verwoben, die genau rekonstruiert sind. Das Bild Frankfurts zumal, seiner öffentlichen und privaten Verhältnisse, vom häuslichen Leben (gespiegelt in der Baugeschichte des väterlichen Hauses) über private Geselligkeiten, öffentliche Bräuche und wirtschaftliches Leben (Frankfurter Messe) bis hin zu den städtischen Institutionen, ersteht aus historischen

Quellen und eigener Anschauung höchst lebendig vor den Augen des Lesers. Vom Erdbeben zu Lissabon über den Siebenjährigen Krieg bis zum fernen Donnergrollen der amerikanischen Revolution wirken die Zeit, ihre Umwälzungen und Entwicklungen, vor allem aber ein reicher Kosmos religiöser, naturphilosophischer, ästhetischer und literarischer Gehalte in die eher behütete Bildungsgeschichte eines hochbegabten Jünglings hinein, der bald selbst in den Gang der kulturellen Geschehnisse maßgeblich eingreifen wird.

Die Verschränkung von Individualitäts- und Historizitätsbewußtsein manifestiert sich aber auch in anderer Hinsicht: im Wechselverhältnis von »Dichtung« und »Wahrheit«. Goethe hat sein autobiographisches Werk eigentlich – und richtiger – *Wahrheit und Dichtung* nennen wollen; die Umstellung der Begriffe, zu der er sich vor dem Druck entschloß, hat rein euphonische Gründe (ihn störte der Zusammenstoß der Dentale im Auslaut und Anlaut der beiden letzten Wörter). Wahrheit im Sinne historischer Faktengerechtigkeit ist ein besonderes Anliegen Goethes gewesen, wie seine umfänglichen Recherchen beweisen. Wieso aber dann die Hinzufügung von »Dichtung«? Dieser Begriff hat, zumal in seiner Anfangsstellung, zu manchen Mißverständnissen Anlaß gegeben. Goethe hat den »freilich einigermaßen paradoxen Titel« in seinem Brief an König Ludwig I. von Bayern vom 12. Januar 1830 folgendermaßen erklärt: es sei gewiß sein »ernstestes Bestreben« gewesen, »das eigentlich Grundwahre, das, insofern ich es einsah, in meinem Leben obgewaltet hatte, möglichst darzustellen und auszudrücken. Wenn aber ein solches in späteren Jahren nicht möglich ist, ohne die Rückerinnerung und also die Einbildungskraft wirken zu lassen, und man also immer in den Fall kommt, gewissermaßen das dichterische Vermögen auszuüben, so ist es klar, daß man mehr die Resultate und, wie wir uns das Vergangene jetzt denken, als die Einzelnheiten, wie sie sich damals ereigneten, aufstellen und hervorheben werde. Bringt ja selbst die gemeinste Chronik etwas von dem Geiste der Zeit mit, in der sie geschrieben wurde.«

Wie man ein anderer würde, wenn man zehn Jahre früher oder später geboren würde, so – könnte man im Sinne Goethes argumentieren – würde auch eine Autobiographie, zehn Jahre früher oder später geschrieben, eine andere sein. Tatsächlich hat Goethe immer wieder Vergangenes im Gegenwärtigen gespiegelt und umgekehrt: »die Empfindung der Vergangenheit und Gegenwart in Eins« (14. Buch) ist eine Grunderfahrung seines Alters. Dafür einige charakteristische Beispiele: Die Begegnung mit Boisserée und dessen Engagement für die Gotik läßt Goethe seine einstige Begeisterung für das Straßburger Münster in neuem Licht erscheinen, das an Napoleon erfahrene »Dämonische« wird in den *Egmont* reprojiziert, im Spiegel der Romantik wertet Goethe den Subjektivismus des ›Sturm und Drang‹, die Erfahrungen der napoleonischen Fremdherrschaft wirken auf die Darstellung des Siebenjährigen Kriegs und die Besetzung Frankfurts durch die Franzosen zurück; vor allem aber stellt sich die detaillierte Schilderung der Kaiserkrönung im fünften Buch als ein Abgesang auf das seit der Niederlegung der Kaiserkrone durch Franz II. nunmehr Geschichte gewordene Deutsche Reich dar.

Diese und andere verborgenen historischen Parallelen sind Teil dessen, was Goethe mit ›Dichtung‹ bezeichnet (die sehr wohl von »Erdichtung« zu unterscheiden ist, wie er im Gespräch mit Kanzler von Müller am 13. Juni 1825 hervorhebt). Der Begriff weist auf die Standortgebundenheit des Autobiographen hin. Dieser kann ja nicht das ›An sich‹ des Geschehenen, sondern nur, wie dieses ihm hier und jetzt erscheint, erzählen. »Dieses alles, was dem Erzählenden und der Erzählung angehört, habe ich hier unter dem Worte Dichtung begriffen, um mich des Wahren, dessen ich mir bewußt war, zu meinem Zweck bedienen zu können«, schreibt Goethe weiter an Ludwig I. (und entsprechend im Brief an Zelter vom 15. Februar 1830). »In jeder Geschichte, selbst einer diplomatisch vorgetragenen, sieht man immer die Nation, die Partei durchscheinen, wozu der Schreibende gehört.«

Offenkundig hält Goethe die (Lebens-)Geschichtsschreibung aufgrund ihrer Standortgebundenheit notwendig für eine epische, eine narrative Gattung. Wer sich erinnert, erzählt. Erzählung ist die sinnstiftende Verknüpfung des Faktischen. Goethe setzt denn auch ganz bewußt bestimmte Erzählmodelle ein, um das Gewesene zu vergegenwärtigen. Dafür einige Beispiele: die Schilderung des Sesenheim-Erlebnisses im zehnten und elften Buch gestaltet er auf der Folie von Oliver Goldsmith' Roman *The Vicar of Wakefield*. Ursprünglich dachte er sich die Gretchen-Geschichte im fünften Buch als Kontrafaktur zu Abbé Prévosts *Manon Lescaut* (ein einschlägiger Entwurf existiert). Sein eigener Roman *Wilhelm Meisters Lehrjahre* scheint immer wieder durch die Erzählung seiner Kindheit hindurch (Theatererlebnisse). Überhaupt stehen Bildungsroman und Autobiographie in einem engen Verwandtschaftsverhältnis.

Auch da, wo keine unmittelbaren literarischen Vorbilder dingfest gemacht werden können, greift Goethe auf bestimmte narrative und andere dichterische Formen zurück: von der Anekdote (Gottscheds Perücke im siebenten Buch) und der Idylle (Sesenheim) über das eingelegte Märchen (*Der neue Paris* im zweiten Buch) und den dramenreifen Dialog (Thoranc und der Dolmetscher im dritten Buch) bis zur Novelle (die Tanzmeistertöchter im neunten Buch). Dem korrespondiert, daß Goethe immer wieder von seinem Leben in poetischen Gattungsmetaphern spricht (etwa Charlotte von Stein gegenüber Anfang Oktober 1811 von seinem »Lebensmärchen«). Daß derart deutend-umdeutende Poetisierungen nicht für bare historische Münze genommen werden dürfen, daß sie zu den Fakten wiederholt in Widerspruch geraten, aus Dezenzgründen manches verschweigen, vieles aus Selbstschutz beschönigen, versteht sich von selbst, doch sollte der ›dichterische‹ Anspruch der Autobiographie nicht auf den Nenner solcher vereinzelten Faktenbeugungen gebracht werden.

Goethe hat mit der programmatischen Einbettung seiner Lebensgeschichte in bestimmte epische Gattungen nicht nur der zu seiner Zeit vielfach noch ganz unliterarischen Zweckform der Selbstbiographie hohen ästhetischen Rang verliehen, sie zu einer legitimen literarischen Gattung nobilitiert, sondern er hat über ihre Neubegründung hinaus auch der Historiographie einen Erkenntnis- und Formgewinn gebracht. »Die Biographie sollte sich einen großen Vorrang vor der Geschichte erwerben«, heißt es in einer Aufzeichnung Goethes, die in der Handschrift Riemers aus den Jahren 1811/12 überliefert ist, »indem sie das Individuum lebendig darstellt und zugleich das Jahrhundert, wie auch dieses lebendig auf jenes einwirkt. Die Lebensbeschreibung soll das Leben darstellen, wie es an und für sich und um sein selbst willen da ist. Dem Geschichtsschreiber ist nicht zu verargen, daß er sich nach Resultaten umsieht; aber darüber geht die einzelne Tat so wie der einzelne Mensch verloren.« Das würde sich nach zwei Jahrhunderten großer Historiographie – die es sich immer wieder gerade zur Aufgabe gemacht hat, das historische Individuum in der Wechselwirkung mit seinem Jahrhundert lebendig darzustellen und es nicht hinter bloßen »Resultaten« verschwinden zu lassen – heute kein Geschichtsschreiber mehr nachsagen lassen. Goethe urteilt noch vom Niveau der ihm bekannten Historiographie her. Daß diese im 19. Jahrhundert (denken wir nur an Ranke und Mommsen) Wege beschreiten sollte, die das, was Goethe für die Biographie fordert, auch der Geschichtsschreibung zugute kommen läßt, hat er nicht zu hoffen gewagt – doch immerhin für möglich gehalten: »Soll aber und muß Geschichte sein, so kann der Biograph sich um sie ein großes Verdienst erwerben, daß er ihr das Lebendige, das sich ihren Augen entzieht, aufbewahren und mitteilen mag.«

Literatur

Aichinger, Ingrid: Künstlerische Selbstdarstellung. Goethes *Dichtung und Wahrheit* und die Autobiographie der Folgezeit. Bern [u.a.] 1977.

Baumann, Gerhart: *Dichtung und Wahrheit*: »Wiederholte Spiegelungen«. In: G. Baumann: Sprache und Selbstbegegnung. München 1981, S. 42–56.

Boyle, Nicholas: Geschichtsschreibung und Autobiographik bei Goethe (1810–1817). In: Goethe Jb. 110 (1993), S. 163–172.

Bracht, Edgar: Wakefield in Sesenheim. Zur Interpretation des zehnten und elften Buches von Goethes *Aus meinem Leben. Dichtung und Wahrheit.* In: Euphorion 83 (1989), S. 261–280.

Brude-Firnau, Gisela: *Aus meinem Leben. Dichtung und Wahrheit.* In: Paul Michael Lützeler / James E. McLeod (Hrsg.): Goethes Erzählwerk. Interpretationen. Stuttgart 1985, S. 319–343.

Craemer-Schroeder, Susanne: Deklination des Autobiographischen: Goethe, Stendhal, Kierkegaard. Berlin 1993.

Fues, Wolfram M.: Individuum und Geschichte: Beobachtungen an *Goethes Dichtung und Wahrheit.* In: Wolfram Groddek u.a. (Hrsg.): Physiognomie und Pathognomie [...] Festschrift f. Karl Pestalozzi. Berlin u.a. 1994, S. 245–264.

Koranyi, Stephan: Autobiographik und Wissenschaft im Denken Goethes. Bonn 1984.

Lehmann, Jürgen: Bekennen – Erzählen – Berichten. Studien zu Theorie und Geschichte der Autobiographie. Tübingen 1988.

Mayer, Hans: Goethe, *Dichtung und Wahrheit.* In: H. Mayer: Zur deutschen Klassik und Romantik. Pfullingen 1963, S. 93–121.

Moses, Stéphane: Das wiedergefundene Eden. Goethes Märchen *Der neue Paris.* In: St. Moses: Spuren der Schrift. Frankfurt a.M. 1987, S. 13–38.

Müller, Klaus-Detlev: Autobiographie und Roman. Studien zur literarischen Autobiographie der Goethezeit. Tübingen 1976.

Niggl, Günter: Geschichte der deutschen Autobiographie im 18. Jahrhundert. Theoretische Grundlagen und literarische Entfaltung. Stuttgart 1977.

Pascal, Roy: Die Autobiographie. Gehalt und Gestalt. Stuttgart 1965.

Pfotenhauer, Helmut: Literarische Anthropologie. Selbstbiographien und ihre Geschichte – am Leitfaden des Leibes. Stuttgart 1987 [Goethe: S. 144–179].

Remak, Henry: Manon Lescaut und die Gretchenepisode in *Dichtung und Wahrheit.* In: Goethe Jb. 19 (1957), S. 138–154.

Schanze, Helmut: Goethe: *Dichtung und Wahrheit*, 7. Buch. Prinzipien und Probleme einer Literaturgeschichte des 18. Jahrhunderts. In: Germ.-Rom. Monatsschr. N.F. 24 (1974), S. 44–56.

Scheibe, Siegfried: Der vierte Teil von *Dichtung und Wahrheit.* Zur Entstehungsgeschichte und Textgestalt. In: Goethe Jb. 30 (1968), S. 87–115.

Schieder, Theodor: Der junge Goethe im alten Reich. Historische Fragmente aus *Dichtung und Wahrheit.* In: Peter Berglar (Hrsg.): Staat und Gesellschaft im Zeitalter Goethes. Festschrift f. Hans Tümmler, Köln 1977. S. 131–145.

Stern, Martin: Autobiographie als Medium der Introspektion. Zur textstrukturierenden Wirkung von Schuldgefühlen in Goethes *Dichtung und Wahrheit.* In: Therese Wagner-Simon (Hrsg.): Sich selbst erkennen. Göttingen 1982, S. 175–197.

Weber, Heinz-Dieter: Ästhetische Identität. Über das Fiktive in *Dichtung und Wahrheit.* In: Deutschunterricht 41 (1989) H. 2, S. 21–36.

Witte, Bernd: Autobiographie als Poetik. Zur Kunstgestalt von Goethes *Dichtung und Wahrheit.* In: Neue Rundschau 89 (1978), S. 384–401.

Wuthenow, Ralph-Rainer: Das erinnerte Ich. Europäische Autobiographie und Selbstdarstellung im 18. Jahrhundert. München 1974.

III Das letzte Fest: späthöfischer Maskenzug und imaginäres Theater

Goethes Spätwerk steht im Zeichen seiner großen lyrischen und epischen Zyklen. Gegenüber der Gattung des Schauspiels hingegen wuchs seine Skepsis, je älter er wurde, und seine dramatische Produktion nahm im Verhältnis zu seinem Gesamtschaffen zusehends ab. Er, der in den Jahren, da er wirklich Stück auf Stück produzierte, von sich gesagt hat: »O wenn ich jetzt nicht Dramas schriebe, ich ging' zugrund« (an Auguste Gräfin zu Stolberg, 7.-10. März 1775), schreibt nach 1789 nur noch sehr sporadisch für die Bühne. Schon »in den neunziger Jahren«, also ausgerechnet zu der Zeit, als er Weimarer Theaterdirektor wurde (1791), »war die eigentliche Zeit meines Theater-Interesses schon vorüber, [...] ich wollte mich ganz zum Epischen wenden«, äußert Goethe im Gespräch mit Ekkermann am 27. Juli 1826.

Tatsächlich hat er zwischen dem *Bürgergeneral* (1793) und dem Jahrhundertwendenspiel *Paläophron und Neoterpe* (1800), also im Verlauf von sieben Jahren, kein einziges Bühnenwerk abgeschlossen. Das Bild ändert sich bis zum Ende seines Lebens kaum. Zwischen *Paläophron und Neoterpe* und *Faust I*, also in den nächsten sieben Jahren, entsteht wiederum kein neues originales Drama Goethes. Ein solches gelangt erst wieder 1814 mit dem Festspiel *Des Epimenides Erwachen* auf die Bühne. Neben der *Natürlichen Tochter*, dem ersten Stück der nie ausgeführten Revolutions-Trilogie, und dem *Pandora*-Fragment – Werken, die sich weithin von den für Goethes praktischen Theaterverstand so wichtigen »Brettern« entfernen – und einigen kleineren Dramenentwürfen fällt in die Zeit zwischen 1800 und 1814 nur eine freilich stattliche Reihe von theatralen Gelegenheitsproduktionen (»Vorspielen« sowie sogenannten »Theaterreden«: Prologen und Epilogen) und vor allem von Bühnenbearbeitungen eigener wie fremder Dramen. Von 1814 bis zum Ende seines Lebens tritt auch diese Gelegenheitsproduktion Goethes mehr und mehr zurück, kommt seit dem Rücktritt als Theaterdirektor (1817) fast völlig zum Erliegen. Abgesehen von nicht einmal einer Handvoll dramatischer Fragmente entsteht nach dem *Epimenides* kein einziges neues Drama Goethes mit Ausnahme des *Faust II*. Ihm – und damit doch der dramatischen Gattung – vertraut er das Höchste und Tiefste an, das er zu dichten und zu denken vermag.

Freilich hat Goethe dem *Faust*, wie er Schiller am 27. Juni 1797 schreibt, die im gleichen Jahr von den Freunden entwickelte »neue Theorie des epischen Gedichts« zugrunde gelegt und gerade nicht die Poetik des Dramas, das Goethe doch in den genretheoretischen Diskussionen dieses Jahres so streng von der epischen Gattung abgegrenzt wissen wollte. Also verrät doch auch *Faust* die Wendung zum Epischen, die Goethe als Tendenz seines Alterswerks bezeichnet hat. Überdies: je weiter die Arbeit am *Faust* fortschritt, desto weniger wurde dieses alle Gattungsgrenzen transzendierende ›Drama‹ auf die Dimensionen einer wirklichen Bühne berechnet; mehr und mehr entfaltete es sich auf ein imaginäres Theater hin, das alle Schauspielträume Goethes, alle verlorenen Illusionen in sich aufhob und für die Enttäuschungen eines langen Theaterlebens entschädigte.

Goethe war also nur in seiner ersten Lebenshälfte – bis zum 1789 abgeschlossenen *Tasso* – ein genuiner Dramatiker, und in seinem Gespräch mit Eckermann am 18. Januar 1825 bezweifelt er gar, daß er es überhaupt je gewesen sei. Seine dramatischen Hauptwerke könnten sich auf dem Theater niemals recht einbürgern, behauptet er da, denn sie entfernten sich durch zu vieles »Motivieren« von der Bühne. Seine *Natürliche Tochter* etwa sei »eine Kette von lauter Motiven, und dies kann auf der Bühne kein Glück machen«. Schiller hingegen habe sich – angeblich – nie um differenzierte Motivierung der Bühnenvorgänge bemüht. Deshalb sei sein Talent »recht fürs Theater geschaffen« gewesen, dessen Gestalten nach Meinung Goethes offenbar lapidar sein müssen und die Filigranarbeit symbolischer und psychologischer Motivierung nur selten vertragen. Goethe hat in aller Heimlichkeit hier eine stolze Parallele zwischen sich und Shakespeare gezogen, denn auch von diesem behauptet er in *Shakespeare und kein Ende*, seine dramatische Poesie kongruiere nicht mit den Gegebenheiten des Theaters; ja »zu seinen Ehren« leugnet Goethe, »daß die Bühne ein würdiger Raum für sein Genie gewesen« sei (während er z.B. Calderón oder Molière stets als spezifische Theatergenies, als »durchaus bretterrecht« gerühmt hat; vgl. Eckermanns Gespräche am 26. Juli 1826 und 28. März 1827).

Angesichts dieser Meinung über den größen Dramatiker der Weltliteratur – und vor allem von der Tatsache her, daß er selbst sich nie in die Grenzen der bestehenden Bühne fügen wollte, seine bedeutendsten Dramen in ihrer Originalgestalt eher von derselben fernhielt und sie erst mit vieljähriger Verzögerung für die »Bretter« einrichten ließ (wie die Vers-*Iphigenie*, *Egmont* oder *Tasso*) – ist es erstaunlich, daß er gegenüber anderen Dramatikern den strikten Bühnenpraktiker hervorkehrte. »Für das Theater zu schreiben, ist ein eigenes Ding, und wer es nicht durch und durch kennet, der mag es unterlassen«, äußert Goethe in einem Gespräch mit Eckermann am 4. Februar 1829. »Es können Dinge ganz hübsch zu lesen und hübsch zu denken sein, aber, auf die Bretter gebracht, sieht das ganz anders aus, und was uns im Buche entzückte, wird uns von der Bühne herunter vielleicht kalt lassen.« Nach diesem Gesichtspunkt hat Goethe gnadenlos alle Stücke berurteilt, die er als Weimarer Theaterdirektor auf die Bühne bringen wollte. »Vor jedem Brettergerüste möchte ich dem wahrhaft theatralischen Genie sagen: Hic Rhodus, hic salta!« schreibt er am 1. Februar 1808 an Kleist, dem er wiederholt vorgeworfen hat, er schreibe für ein »unsichtbares Theater« (über das von ihm gleichwohl 1808 in Weimar erfolglos uraufgeführte Lustspiel *Der zerbrochne Krug* an Adam Müller, 28. August 1807).

»Es ist ein großer Unterschied, ob der Verfasser eines dramatischen Stückes vom Theater herunter oder auf das Theater hinauf schreibe«, bemerkt er in einem Artikel der »Jenaischen Allgemeinen Literaturzeitung« vom 14. Februar 1805. »Im ersten Falle steht er hinter den Kulissen, ist selbst nicht gerührt noch getäuscht, kennt aber die Mittel, Rührung und Täuschung hervorzubringen« – eine Maxime, die erstaunlich mit Diderots berühmtem *Paradoxe sur le comédien* übereinstimmt. »Im anderen Falle hat er als Zuschauer gewisse Wirkungen erfahren, er fühlt sich davon durchdrungen und bewegt, möchte gern seine passive Rolle mit einer aktiven vertauschen, und indem er die schon vorhandenen Masken und Gesinnungen bei sich zu beleben und in veränderten Reihen wieder aufzuführen sucht, bringt er nur etwas Sekundäres, nur den Schein eines Theaterstücks hervor.« Der Dramatiker, der nicht zugleich Theaterpraktiker ist, wird hier zum Objekt der von Goethe und Schiller sechs Jahre zuvor entwickelten Dilettantismus-Kritik. Eines der Hauptkennzeichen des Dilettanten ist es ja ihnen zufolge, daß jener die an sich selbst erfahrenen Wirkungen der Kunst mit deren Produktion verwechselt, ästhetische Reaktionen für Aktionen hält.

Doch auch Goethe hat nicht allzusehr – und im Alter immer weniger – auf die »Bretter« Rücksicht genommen. Wenn er am 1. Februar an Kleist schreibt, dieser gehöre zu den Autoren, »die auf ein Theater warten, welches da kommen soll«, so fragt sich, ob das vielfach nicht auch für ihn selbst gilt. Freilich hat er sich in den letzten drei Jahrzehnten seines Lebens trotz seiner Entfremdung vom genuinen Bühnendrama um eine theatrale Gattung bemüht, die durchaus auf konkrete Realisierung bedacht ist, ja aufgrund ihrer höfischen Kasusgebundenheit die Autonomie des Poetischen zu gefährden scheint: das Festspiel, in dessen Umkreis auch die Goethe seit seinen Weimarer Anfängen sattsam bekannten »Maskenzüge« gehören. Goethe hat seine Ideen- und Verslieferungen für dieselben während des ersten Jahrzehnts am Hofe Carl Augusts nie als gültigen Bestandteil seines dichterischen Werks betrachten wollen. Seine Einstellung ändert sich freilich seit der Italienischen Reise mehr oder weniger grundlegend. Das ist vor allem die Folge seiner Begegnung mit dem römischen Karneval und dessen vielfältigen ästhetischen Erscheinungsformen.

Ab 1798 werden Goethes Beiträge zu den Weimarer Aufzügen sogar häufiger, verdichten sich zu regelrechten ›Werken‹ wie dem schon gewürdigten Maskenzug *Die romantische Poesie* und dem *Festzug dichterischer Landes-Erzeugnisse* von 1818, Goethes letztem Maskenzug. Die aufs »Generische« zielende Denk- und Dichtweise des späten Goethe konvergiert in gewisser Weise mit dem allegorisierenden Genre des Maskenzugs. Goethes Opus summum *Faust II* enthält bezeichnenderweise einen kompletten Maskenzug – die »Mummenschanz« – und übernimmt mit der Auftrittsfolge verschiedenster Allegorien genau dessen Struktur. Der erste Akt von *Faust II* ist mittelbar die sinnfälligste Vergegenwärtigung des festlich-synästhetischen Spektakels der Maskenzüge, dessen konkreten Verlauf wir uns sonst nur anhand der überlieferten Dokumente archivalisch zusammenreimen müssen.

Goethes gewandelte Einstellung gegenüber dem Maskenzug drückt sich bereits 1808 sichtbar aus, als er seine Beiträge zu diesem Genre mit der Veröffentlichung in der ersten Cotta-Werkausgabe poetisch legitimiert. Sein ausdrücklicher – alle zukünftigen Aufträge und Weisungen dieser Art dezidiert abweisender – »Abschied« von der Gattung der Maskenzüge und ihren »Eitelkeiten« (wie er am 20. Dezember 1818 an Reinhard schreibt) ist zugleich seine bedeutendste poetische Leistung auf diesem Gebiet: der Maskenzug zum 18. Dezember 1818. Im Vorwort für die »Ausgabe letzter Hand« nennt er ihn »in dieser Art das Reichhaltigste und Vollständigste, was ich zuletzt hervorzubringen bemüht gewesen«. Goethe hat diesen seinen definitiv letzten Maskenzug zu Weimars Ehren auf großherzoglichen Befehl anläßlich des Besuchs der Gattin des russischen Zaren (der Mutter der Weimarer Erbprinzessin Maria Paulowna) geschrieben und trotz anfänglichen Sträubens noch einmal inszeniert. Er hatte also wie so oft das gesamte Unternehmen zu organisieren, die Festordnung zu besorgen, sich um Personal, Masken, Requisiten und Kostüme, um die Verteilung der Rollen und die Finanzierung des Ganzen zu kümmern. Ein immenser Aufwand war also vonnöten. Obwohl Goethe gegen innere Widerstände gewissermaßen nur einen Dienstbefehl befolgte, zeigt der Festzug doch ein wesentlich anderes Gepräge als die barocken und noch die frühweimarischen Festivitäten. Hier kommt gleichsam nicht mehr die Dichtung zum Hofe, sondern der Hof zur Dichtung – wie bei hohen Besuchen der Großherzog eben nicht seinen Dichter ins Schloß bestellte, sondern ihm vielfach mit seinen illustren Gästen in seinem Haus am Frauenplan seine Aufwartung machte.

Die Vorführung »dichterischer Landeserzeugnisse«, die Goethe zu seinem Thema gewählt hatte, ist nämlich weit weniger eine Huldigung an die anwesenden hohen Häupter oder eine Feier der höfischen Gesellschaft als – wie in gewisser Weise schon Schillers einziges höfisches Festspiel *Die Huldigung der Künste* (1804) – eine Selbstfeier, eine der repräsentativen Selbstdarstellungen der Weimarer Klassik. Figuren aus den Werken der drei großen Toten Wieland, Herder und Schiller sowie des großen Überlebenden: aus Goethes eigenem *Faust* bilden zusammen mit dem allegorischen Personal der Tages- und Jahreszeiten, Künste und Wissenschaften sowie der dramatischen Genres den illustren Reigen des Personals. Die Selbstinszenierung der Gesellschaft verwandelt sich in deren Dienst an einer umfassenden Kultur, die sich hier der längst nicht mehr ausschließlich höfischen Öffentlichkeit präsentiert. Die höfische Gattung des Maskenzugs hebt sich damit selber auf, und so hat Goethe denn auch ausdrücklich mit diesem Festzug einen Schlußstrich unter seine eigene Tätigkeit als Festdichter und Festordner gezogen.

Bemerkenswert ist, daß er diese Dokumente höfischer Festkultur in seinen Werkausgaben einem bürgerlichen Lesepublikum zu einer Zeit zur Verfügung stellte, da der Traum einer Revolution in Deutschland bei manchen noch nicht ausgeträumt war, während bei anderern der seit der Französichen Revolution mehr und mehr verlorengegangene Festglanz des alten Europa als wehmütige Erinnerung blieb. Das Fest, das nicht mehr stattfindet, bildet bezeichnenderweise einen thematischen Schwerpunkt in Goethes bedeutendstem Revolutionsdrama, der Tragödie der um ihre Legitimationsfeier gebrachten Eugenie (*Die natürliche Tochter*). In seinen Festdichtungen hat Goethe das nicht mehr stattfindende Fest gewissermaßen literarisch nachgefeiert. So behalten diese scheinbar marginalen Dichtungen – ebenso wie Schillers *Huldigung der Künste*, die sein gesammeltes *Theater* bei Cotta 1805 beziehungsreich eröffnet – ihre Bedeutung als Dokumente der Lebensfestlichkeit einer höfischen Kunstform, die an der zunehmend prosaischen Wirklichkeit des 19. Jahrhunderts wie ein verspäteter Meteor vorbeizieht.

Wenn wir von Goethes Festspielen reden, ist freilich zunächst nicht an seine Masken- und Festzüge oder seine Vorspiele zu denken, sondern an die drei – bezeichnenderweise nachrevolutionären – Werke, denen er selbst die Gattungsbezeichnung »Festpiel« verliehen hat. Das erste der drei Werke trägt den Titel *Paläophron und Neoterpe*. Anlaß dieses Spiels war der auf den 24. Oktober (1800) fallende Geburtstag der Herzogin-Mutter Anna Amalia. Neunzehn Jahre später kehrte das Festspiel noch einmal in einem – freilich stark privatisierten – Festzusammenhang zurück, für den der Geburtstag der Prinzessin Marie, der elfjährigen Enkelin Carl Augusts, die neue ›Veranlassung‹ bildete. Die Aufführung fand im »Juno-Zimmer« in Goethes eigenem Hause statt, ein Zeichen, wie sehr sich dieses Festspiel vom höfisch-repräsentativen Charakter fort ins Persönlich-Künstlerische gewendet hat. So ist für seine Thematik auch nicht mehr der aktuelle dynastische Kasus, sondern der symbolische Anlaß der Jahrhundertwende entscheidend. Der Beginn des neuen Jahrhunderts initiiert die allegorische Auseinandersetzung und Versöhnung zwischen alter und neuer Zeit, zwischen dem ›aufs Alte bedachten‹ Paläophron und der ›sich am Neuen ergötzenden‹ Neoterpe, hinter der nicht nur der Konflikt zwischen Ancien Régime und Revolution, sondern auch die historische ›Querelle des Anciens et des Modernes‹ steht, die im Streit zwischen Klassikern und Romantikern eine zeitgenössische Fortsetzung gefunden hat. – Goethes zweites »Festspiel«: die Fragment gebliebene *Pandora* von 1808 – neben *Faust II* die bedeutendste dramatische Dichtung des späten Goethe – stellt einen weiteren Schritt in der Loslösung dieser Gattung von höfischer Kasusgebundenheit dar. Ein Auftrag fehlt hier gänzlich. Das Fest ist nun nicht mehr der konkrete Anlaß des Spiels, sondern dessen Inhalt und Ambiente.

Goethes Gang ins »Generische« erreicht in seinem *Pandora*-Fragment eine neue Stufe. Mehr noch als in der *Natürlichen Tochter* stehen die Figuren dieses Festspiels für Grundformen des Daseins, wie schon ihre symbolisch-allegorischen Namen zeigen. In keinem anderen Drama außer *Faust* hat Goethe eine derart veschwenderische Fülle metrischer Formen verwandt – vom jambischen Trimeter, dem Dialogvers der attischen Tragödie, und anderen symbolisch-differenziert eingesetzten antiken Versmaßen bis zu modernen Metren wie dem vierhebigen Trochäus der spanischen Dramatik oder dem Blankvers des englischen und deutschen Schauspiels. Fast mehr noch als durch den Inhalt ihrer Rede werden die Personen durch die Variationen der Metrik charakterisiert, die sich ihnen wie ein Gewand nach Maß anschmiegt. Der attischen Tragödie sucht Goethe sich auch durch archaisierend aufgetürmte Wortzusammensetzungen und enge Anlehnungen an die griechische Syntax zu nähern. Die antike Form wird aber nicht mehr wie etwa noch in *Hermann und Dorothea* unvermittelt angeeignet, sondern durch die fremden sprachlichen Prägungen – wie im Helena-Akt des *Faust II* – in historische Distanz gerückt, ›verfremdet‹. Auf der anderen Seite greift Goethe auf die ›Nummern‹ (Arien, Duette, Chöre) der Oper zurück. Unter diesen quasi musikalischen Einlagen finden sich einige der größten lyrischen Eingebungen des späten Goethe, so die Elegien der Epimeleia Vs. 491–568 oder des Epimetheus Vs. 761–780. Das Genre des Festspiels weist traditionell Formelemente aus Gattungen auf, die den Spielraum des Dramatischen erweitern: festlicher Aufzug, Tanz, Pantomime. Auch Goethe macht sich diese Formelemente in seinen Festspielen zunutze. *Pandora* stellt wie später in größeren Dimensionen *Faust II* eine Art Gesamtkunstwerk dar, das sowohl auf das antike als auch auf das gattungsmischende romantische Schauspiel verweist.

Pandora (= die Allesschenkende oder Allbeschenkte) ist nach der ältesten Version des Mythos, die von Hesiod (um 700 v. Chr.) stammt, das von Hephaistos geschaffene Werkzeug der Rache des Göttervaters Zeus an dem Feuerräuber Prometheus. Von diesem aus berechtigtem Mißtrauen abgewiesen, wird Pandora die Gattin seines Bruders Epimetheus und bringt durch das Öffnen einer Büchse, aus der alle Übel entweichen – nur die Hoffnung bleibt auf dem Boden des Gefäßes zurück –, Unglück über die bis dahin leidlosen Menschen. Nach der spätgriechischen Fassung des Babrius (3. Jh. n. Chr.) enthält die Büchse der Pandora jedoch nichts als gute Dinge, die zu den Göttern zurückfliegen, als sie aus Neugier geöffnet wird. Auch hier bleibt allein die Hoffnung in dem Gefäß zurück. Dieser Version kommt Goethes Fragment nahe. Auch bei ihm bringt das Gefäß Pandoras nicht Unheil, sondern Glücksgüter, deren Beschreibung auf die Poesie und die poetischen Gattungen (erotische Lyrik, Epos, Tragödie, Komödie) hinzudeuten scheint (Vs. 103ff.). Zum Unheil schlagen sie nur aus, weil die

Menge sie – ebenso wie die Gaben des Knaben Lenker, der Poesie, in der »Mummenschanz« des *Faust II* (Vs. 5590ff.) – in einer zu materiellen Weise zu fassen sucht. Die von Pandora, dem Urbild erotisch-ästhetischer Schönheit, den Menschen zur »Lust« (Vs. 114) bescherten Güter sind reiner, interesselos zu schätzender, ästhetischer Schein, der nicht für Realität genommen werden darf. Nur wenn das geschieht, wird er zum Trug und zur verhängnisvollen Verführung. Hier scheint von Goethe ein Grundsatz der klassischen Ästhetik, einer der Leitgedanken der Schillerschen Briefe *Über die ästhetische Erziehung des Menschen* in ein mythisches Bild gefaßt zu sein. Die Gefahr der »stoffartigen« Erfassung des Schönen hat Schiller im zehnten Brief beschrieben. Es gebe »achtungswürdige Stimmen«, die sich »gegen die Wirkungen der Schönheit erklären«, denn: »Wie viele Menschen von Fähigkeit werden nicht durch die verführerische Macht des Schönen von einer ernsten und anstrengenden Wirksamkeit abgezogen [...]! Welche gefährliche Dialektik haben die Leidenschaften nicht erlernt, seitdem sie in den Gemälden der Dichter mit den glänzendsten Farben prangen und im Kampf mit Gesetzen und Pflichten gewöhnlich das Feld behalten?«

Goethes Fragment verweist die eigentliche mythische Handlung in die Vorgeschichte und verlegt die gegenwärtige Handlung in die Zeit nach Pandoras Weggang. Wie Helena Faust entschwindet – da »Glück und Schönheit dauerhaft sich nicht vereint« (Vs. 9940) – und ihm nur Kleid und Schleier zurückläßt, so hat Pandora, wie Helena Urbild des Schönen, Epimetheus verlassen und ihm nur ihren Kranz zurückgelassen. Ihm bleibt »Bild nur und Schein!« (Vs. 811) Anders als der griechische Mythos weiß Goethes Fragment freilich von »Pandoras Wiederkehr« (so der ursprüngliche Titel des Dramas). Mit ihr sollte die Dichtung utopisch-glückverheißend ausklingen. Möglicherweise ist Goethe zu dieser Zutat zum antiken Mythos durch Wielands *Pandora* (1779) und Herders *Entfesselten Prometheus* (1802) inspiriert worden. Mit beiden Stücken ist Goethes *Pandora* nicht nur durch den Charakter des musikalischen Festspiels, sondern auch durch das Motiv der Rückkehr Pandoras verbunden, die schon bei Wieland und Herder einen utopischen Zustand der Menschheit heraufführt, der die aus der Büchse entwichenen Übel ausgleicht.

Goethe konnte sich indessen nicht entschließen, das Fragment zu vollenden, das nun allein den Namen der mythischen Gestalt zum Titel hat, obwohl sie selber nicht auftritt. Hauptpersonen sind das Brüderpaar Prometheus (= der Vorbedachte) mit seinem Sohn Phileros (= Freund des Eros) und Epimetheus (= der Nachbedachte) mit seinen Töchtern Elpore (= Hoffnung) und Epimeleia (= Sorge). Die Namen lassen bereits den rein symbolischen Charakter der Handlung ahnen. Die Kontrastierung des titanischen Brüderpaars verdankt Goethe nicht zuletzt Herders Gespräch *Voraussicht und Zurücksicht* (1795), dessen Typologie prospektiven und retrospektiven Daseins seinerseits auf die Gegenüberstellung des Prometheus und Epimetheus in Platos *Protagoras* (11. Kap.) zurückgreift.

Prometheus hat mit der Selbstschöpfergestalt des Goetheschen Dramenfragments und seiner Hymne von 1773/74 nichts mehr gemeinsam. Hinter dem Trotz des Titanen verbarg sich einst die Opposition gegen etablierte Mächte, zumal gegen den Despotismus des Ancien Régime und die kirchliche Orthodoxie. Dieses Moment des Aufbegehrens gegen die Gewalt der Unterdrückung ist schon im ursprünglichen Mythos enthalten, der bei Hesiod aus dem Geiste der böotischen Bauern erzählt ist, welche unter dem harten Druck ihres Adels leiden. Der Aufklärung galt, ihrem symbolischen Namen (engl. enlightenment, frz. les lumières) gemäß, der Feuerdieb Prometheus als der Lichtbringer – eine Tradition, die sich über Karl Marx, der ihn den vornehmsten Heiligen im philosophischen Kalender genannt hat, bis zu Ernst Bloch fortsetzt, für den der ›Vorbedacht‹ ein mythisches Urbild des »Prinzips Hoffnung« ist. In Goethes *Pandora* verwandelt sich der Aufklärer Prometheus jedoch ganz in einen rigiden Arbeitsmoralisten und Technokraten, in den reinen homo faber – im Kontrast mit dem von seinem Bruder verkörperten kontemplativen Menschen.

In diesem (negativen) Gesichtswandel des mythischen Heroen spiegelt sich ein Stück ›Dialektik der Aufklärung‹, wie sie bereits in Friedrich Schlegels Roman *Lucinde* (1799) – der auch in der Dilettantismus-Diskussion Goethes und Schillers im Juli 1799 eine Rolle gespielt hat – an der Prometheus-Mythe demonstriert wird. Von dem »Erfinder der Erziehung und Aufklärung« habt ihr es, so heißt es dort in Julius' »Idylle über den Müßiggang«, »daß ihr nie ruhig sein könnt und euch immer so treibt«. In einer imaginären Prometheus-Pantomime sieht Julius, wie der Titane, mit einer langen Kette an den Kaukasus angeschmiedet, rastlos arbeitet und maschinenartig Menschen produziert, die sich ununterscheidbar gleichen. Die Kontamination des arbeitenden und gefesselten Prometheus gleicht diesen einer anderen mythischen Urgestalt an: dem ohne Pause an seine absurde Arbeit gefesselten Sisyphos.

In Schlegels Prometheus-Parodie, welche die traditionelle Deutung des prometheischen Feuers als des Symbols technischen Fortschritts nunmehr negativ, nämlich aufklärungs- und fortschrittskritisch umwertet, sind manche Züge der Goetheschen *Pandora* vorgebildet. Zugleich weist diese überraschend auf Herbert Marcuses Umdeutung desselben Mythos in seinem Buch *Eros and Civilisation* (1955) voraus. Auch für Marcuse ist Prometheus der »Archetypus des Helden des Leistungsprinzips, [...] der Mühsal, der Produktivität und des Fortschritts durch Unterdrückung«, und deshalb können in der prometheischen Welt Pandora und ihre Gaben, das weibliche und erotische Prinzip, nur »zersetzend und zerstörend« wirken. Die Frau ist für Prometheus, seinem großen Dialog mit dem Bruder (Vs. 569ff.) zufolge, nur »Dienerin« des Mannes, während sie für Epimetheus, dem Manne gänzlich ebenbürtig, das Überwältigende der Schönheit und des Eros verkörpert. Preist er an Pandora nur das ästhetisch-erotische Faszinosum, so rühmt Prometheus ganz vom Standpunkt des technisch Machbaren aus an ihr das »Kunstgeschick« ihrer Kleidung und ihres Schmucks, wie er sie selbst nicht für ›geworden‹, sondern für ›gemacht‹: für ein Kunstprodukt des Hephaistos hält (gemäß der Erzählung der Mythe bei Hesiod).

Prometheus tritt in Goethes Fragment gleich als der Feuerbringer auf, »eine Fackel in der Hand«. Die Fackel ist Arbeits- und Herrschaftssymbol zugleich, Ausdruck der patria potestas (»in Vaterhänden aufgeschwungen«) und des Vermögens, die Tätigkeit in die Nacht hinein zu verlängern; diese ist für Prometheus nichts als »Tag vor dem Tage« (Vs. 156f.) – während die Nacht für Epimetheus die Zeit der Muße und Betrachtung bleibt. Die prometheische Welt des rastlosen technischen Fortschritts macht sich die Erde, die Naturelemente gewalttätig-nutzbringend untertan. Dieser Geist eines despotischen Utilitarismus, im Bilde regelrechter Folterung der Erde und der vier Elemente beschworen, spricht am rücksichtslosesten aus dem »Hämmerchortanz« der Schmiede (Vs. 168–217), der Kinder und Untertanen des Prometheus. Wie über die Natur verschafft sich dessen Herrschaftswelt auch imperatorisch, um nicht zu sagen: imperialistisch Geltung über die Menschenwelt, sagt doch Prometheus von seinen Geschöpfen, den Schmieden, daß sie »zu enge« wohnen, »aufeinander dicht gedrängt. / Nun ziehn sie aus, und alle Welt verdrängen sie« – wie die folgenden Verse ausdrücklich betonen: mit Waffengewalt (Vs. 300ff.).

Daß Goethe hier auf die Europa überflutenden Heere Napoleons anspielt, ist eine mehr als naheliegende Vermutung. Die Schlacht bei Jena und Auerstedt lag gerade ein Jahr zurück, als er die Arbeit an *Pandora* aufnahm. Die militanten Chorverse der Krieger des Prometheus übernahm er später unverändert in *Des Epimenides Erwachen* (Vs. 178–185), nun zweifelsfrei auf die napoleonische Heeresmacht bezogen: »So geht es kühn / Zur Welt hinein; / Was wir beziehn, / Wird unser sein. / Will einer das, / Verwehren wir's; Hat einer was, / Verzehren wir's.« (Vs. 915–922) Daß auch Prometheus selber als geheimes mythisches Ebenbild Napoleons gedacht war, ist also nicht von der Hand zu weisen. Der Vergleich des korsischen Kaiser-Generals mit dem Titanen findet sich übrigens nicht allein bei Goethe (etwa in seinem Gespräch mit Riemer am 8. März 1826). Bereits Beethoven hatte 1804 seine Es-Dur-Symphonie aufgeführt, die Prometheus und Napoleon gleichermaßen verpflichtet ist und die bezeichnenderweise den Titel »die Heroische« trägt. Hans Blumenberg hat in seinem Buch *Arbeit am Mythos* (1979), das den prometheischen Weltentwurf als Angelpunkt des Goetheschen Lebens deutet, aus *Pandora* nun die »Entprometheisierung des Dichters« herausgelesen, die aufs engste mit dem in der Prometheus-Gestalt verschlüsselten Erlebnis Napoleons verbunden sei: »Prometheus wird Napoleon, Napoleon Prometheus«. Ein merkwürdiger Gedanke, daß Goethe das berühmte Gespräch mit Napoleon anläßlich des Erfurter Fürstentags 1808 in dem Bewußtsein führte, seit einem Vierteljahr ein Stück über ihn in seinem Schreibtisch zu haben, dessen erste vierhundert Verse soeben in der Wiener Zeitschrift »Prometheus« erschienen waren. Peter Hacks ist diesem Gedanken in dem Essay *Saure Feste* nachgegangen, der seiner Bearbeitung des Festspiels beigegeben ist (*Pandora. Drama nach Goethe*, 1980): »Es war wirklich günstig für den freundschaftlichen Verlauf ihrer Unterredung, daß es der *Werther* war, den Napoleon gelesen hatte, und nicht die *Pandora*.«

Die Prometheuswelt ist auf der Schwelle vom Naturzustand zur Staatsgründung angesiedelt; in der Herrschaft des pater familias Prometheus über seine Sippe sind freilich schon Züge des modernen, vom Gewaltmonopol bestimmten zentralistischen Staats chiffriert (das zeigt Prometheus' Verhalten gegenüber seinem gewalttätigen Sohn Phileros), wie auch das Schmiedehandwerk schon das Maschinenzeitalter antizipiert. Daß die Menschen den Naturzustand verlassen haben, wird vor allem durch die Entfremdung des Hirtenstandes demonstriert. Dieser hat das idyllische Gepräge des Goldenen Zeitalters, dessen bevorzugter Stand er traditionsgemäß gewesen ist, fast gänzlich verloren. Er ist ins eherne Zeitalter übergetreten. Die Hirten verlangen von den Schmieden nun Metallwerkzeuge, ja sie wollen ihre Schilfrohrflöten durch eherne

Instrumente ersetzen. Vor allem aber fordern sie Waffen, um sich des Wolfs und »mißwilliger« Menschen zu erwehren. »Und wer kein Krieger ist, / Soll auch kein Hirte sein.« (Vs. 275f.) Der Friede des harmonischen Naturzustandes ist verloren! Das zunehmend aggressive Verhalten der Hirten zeigt sich im Versuch eines von ihnen, des Epimetheus Tochter Epimeleia zu vergewaltigen. Als Phileros den Übeltäter tötet, rächen die Hirten sich, indem sie die Häuser des Epimetheus in Brand stecken.

In Prometheus und Epimetheus stehen sich vita activa und vita contemplativa nicht mehr polar gegenüber, sondern sie treten kontradiktorisch auseinander. In dem Titanenpaar entfremdet sich das Tätigsein zu einem fortschrittsbesessenen Aktivismus ohne ethisches Ziel, und die Betrachtung erschlafft zur erinnerungstrunkenen melancholischen Passivität. Gehört Prometheus der Tag, so seinem Bruder die Nacht – die symbolische Tageszeit der Romantik. Mehr und mehr versinkt er (seinem Namen gemäß) in der Erinnerung an Pandora, begleitet nur von der alles Handeln hemmenden »Sorge«: seiner Tochter Epimeleia, während die zur Tat beflügelnde »Hoffnung«: Elpore, für die bezeichnenderweise Prometheus besondere Sympathie hegt, mit Pandora fortgezogen ist und nur in seinen Träumen aus dem Unterbewußtsein aufsteigt.

In der Wiederkunft Pandoras sollten sich die Antagonismen der prometheischen und epimetheischen Welt jedoch aufheben. Die ersten Kinder des neuen Äons sollten Epimeleia und Phileros werden. Mit ihrer Errettung vom Liebestod durch Eos und die Götter, ihrer auf das Ende der *Zauberflöte* – und deren Goethesche Fortsetzung – zurückweisenden Wiedergeburt durch Feuer und Wasser klingt das Fragment aus. Die Elemente, in der Arbeitswelt des Prometheus nur benutzt und verbraucht, gewinnen ihre ursprünglichen numinosen Kräfte wieder und weisen den prometheischen Herrschaftsanspruch auf die Natur zurück. Am Ende des Festspiels steht ein dionysisches Meerfest, in dem der Schluß der »Klassischen Walpurgisnacht« des *Faust II* bereits hinreißend vorweggenommen ist. Das Fest als solches, als höchste Erscheinungsform der Muße, ist der Widerspruch schlechthin zur prometheischen Absolutsetzung der Arbeit und zur Nutzbarmachung der Welt. Von Festen will Prometheus denn auch nichts wissen. Nicht Muße und Fest sind vonnöten, sondern Erholung – zur Arbeit. »Was kündest du für Feste mir! Sie lieb ich nicht: / Erholung reichet Müden jede Nacht genug. / Des echten Mannes wahre Feier ist die Tat!« (Vs. 1042–44) Das ist die titanische Arbeitsreligion des 19. Jahrhunderts. Über sie triumphiert am Ende von Goethes Festspiel indessen der Festgott Dionysos, siegen olympische Muße und Naturfeier.

Goethes drittes Festspiel *Des Epimenides Erwachen*, ein Auftragswerk anläßlich des Siegs über Napoleon und des Endes der Freiheitskriege, ist anders als *Pandora* nicht nur abgeschlossen, sondern 1815 in Berlin und 1816 in Weimar auch zur Aufführung gelangt – mit der unbedeutenden Musik von Bernhard Anselm Weber, die seiner Wirkung nicht unbeträchtlich im Wege stand. Der Form nach bewegt *Epimenides* sich auf der Grenzlinie zwischen mythologisch-allegorischem Schauspiel und Oper. Obwohl die jüngsten politischen Ereignisse hier allegorisch verarbeitet werden, hat Goethe den an ihn ergangenen Auftrag, das Ende der napoleonischen Herrschaft zu besingen, in einem sehr persönlichen Sinne umfunktioniert. Hinter der Feier des Siegs verbirgt sich – was den Zeitgenossen weithin entgangen ist – eine anspruchsvolle Selbstrechtfertigung Goethes.

Die Gestalt des legendären kretischen Sehers und Priesters Epimenides, der von den Göttern für ein halbes Jahrhundert in Schlaf versetzt wird und daraus erwacht, ohne gealtert zu sein, dient Goethe dazu, sich von der Schuld der Zeitversäumnis in den Jahren der deutschen Unterdrückung zu absolvieren, als er sich zur Trauer seiner patriotischen Freunde merkwürdig neutral verhalten, ja oft genug dem verhaßten Napoleon seine Reverenz erwiesen hatte. Daß er ihm gleichwohl durchaus skeptisch gegenüberstand, zeigte bereits *Pandora*, aus der er ja die Strophen des Heereszugs im vierten und sechsten Auftritt des ersten Aufzugs fast unverändert übernehmen konnte. »Den Frieden kann das Wollen nicht bereiten: / Wer alles will, will sich vor allen mächtig.« Mit diesen Versen leitet Goethe sein Festspiel ein. Eine Friedensordnung kann nicht – wie er selbst eine Zeitlang geglaubt hat – durch den Machtwillen des einzelnen geschaffen werden. Mit dieser Einsicht hat er seinen Napoleon-Mythos bedeutend relativiert. (1812, am Ende eines Huldigungsgedichts auf die Gattin Napoleons, hatte er sich noch der Illusion hingegeben: »Der Alles wollen kann, will auch den Frieden«.)

Epimenides, der eine ganze Lebensepoche verschläft und dadurch eine Erhöhung seiner Seherkraft gewinnt, ist ein geheimes Ebenbild Goethes. Das zeigt sich sowohl in seiner Scham über die »Ruhestunden«, während die anderen litten und durch ihr Leiden Größe gewannen (Vs. 857), als auch in der Gewißheit, daß im Schlaf, dem Goethe so oft (etwa im *Egmont*, im *Faust II* oder in der Siebenschläferlegende am Ende des *West-östlichen Divan*) heilende

Kraft zugesprochen hat, also im Rückzug auf ein beschauendes, von der Parteilichkeit des politischen Getriebes abgeschirmtes Dasein höhere geistige Kräfte frei werden: Die Götter »bewahrten dich im stillen«, so der Priester zu Epimenides, »Daß du rein empfinden kannst« (Vs. 863f.). Das aber ist die Bestimmung des Dichters, an der Goethe sein Leben lang festgehalten hat.

Literatur

Böckmann, Paul: Die Humanisierung des Mythos in Goethes *Pandora*. In: Jb. d. Dt. Schillergesellschaft IX (1965), S. 323–345.

Borchmeyer, Dieter: Goethes *Pandora* und der Preis des Fortschritts. In: Études Germaniques 38 (1983), S. 17–31.

Bremer, Dieter: Prometheus-Variationen. Ein Mythos in der Renaissance und die Renaissance eines Mythos. In: Wiener Studien. Ztschr.f. klassische Phil. u. Patristik. 104 (1991), S. 261–284.

Dettmering, Peter: »Gleich und verschieden«. Zu Goethes *Pandora*. In: Jb. d. Psychoanalyse 8 (1975), S. 139–152.

Diener, Gottfried: *Pandora*. Zu Goethes Metaphorik. Entstehung, Epoche, Interpretation des Festspiels. Bad Homburg 1968.

Dustmann, Ursula: Wesen und Form des Goetheschen Festspiels. Köln 1962.

Emrich, Wilhelm: Technisches und absolutes Bewußtsein in Goethes *Pandora*. In: W. Emrich: Geist und Widergeist. Frankfurt a. M. 1965, S. 117–128.

Engler, Balz / Kreis, Georg: Das Festspiel. Formen, Funktionen, Perspektiven. Willisau 1988.

Gadamer, Hans-Georg: Die Grenzen des Titanischen: *Prometheus* und *Pandora*. In: H.-G. Gadamer: Vom geistigen Lauf des Menschen. Studien zu unvollendeten Dichtungen Goethes. Düsseldorf 1949, S. 9–27. Wiederabdruck in: H.-G. G.: Kleine Schriften II. Tübingen 1967, S. 105–135.

Geißler, Rolf: Die Pandora-Mythe bei Goethe und Peter Hacks. In: Literatur für Leser 9 (1987), S. 173–187.

Graevenitz, Gerhart von: Erinnerungsbild und Geschichte. Geschichtsphilosophie in Vicos *Neuer Wissenschaft* und in Goethes *Pandora*. In: Goethe Jb. 110 (1993), S. 77–88.

Hacks, Peter: Saure Feste. Essay. Zu: P. Hacks: *Pandora*. Drama nach Goethe. In: Neue deutsche Literatur. Monatsschrift für Literatur und Kritik 28, H. 9 (September 1980), S. 77–101.

Hartwich, Wolf-Daniel: Die Kunst der Hoffnung nach Goethe und Schiller. In: Internationale katholische Zeitschrift Communio 25 (1996), S. 418–431.

Jähnert, Gabriele: Probleme der Antikeaneignung Goethes im poetischen Werk nach 1800, dargestellt am Beispiel des Festspiels *Pandora*, Diss. Berlin (DDR) 1988.

Kaiser, Gerhard: Exkurs zu Goethes Festspielen *Pandora* und *Des Epimenides Erwachen*. In: G. Kaiser: Wanderer und Idylle. Göttingen 1977, S. 290–295.

Kohlschmidt, Werner: Goethes *Pandora* [...]. In: W. Kohlschmidt: Form und Innerlichkeit. Beiträge zur Geschichte und Wirkung der deutschen Klassik und Romantik. München 1955, S. 50–79 u. 80–96.

Lubkoll, Christine: »Diese Heiden-Eva hat seit Urzeiten zwei Gesichter ...«: der Mythos der Pandora bei Goethe und Hacks. In: Jb. z. Literatur in d. DDR. Bd. 7. Bonn 1988, S. 59–77.

Müller, Joachim: Intention, Struktur und Stilhöhe von Goethes Festspiel *Des Epimenides Erwachen*. In: Studien zur Goethezeit. Festschrift für Lieselotte Blumenthal. Weimar 1968, S. 243–276.

Panofsky, Dora und Erwin: Pandora's box. The changing aspects of a mythical symbol. London 1956.

Pütz, Marinus: Goethes *Das Epimenides Erwachen* – politisch betrachtet. In: Goethe-Jb. 113 (1996), S. 287–290.

Schaeder, Hans Heinrich: *Des Epimenides Erwachen*. In: Goethe-Kalender 34 (1941), S. 219–263.

Schanze, Helmut: Goethes Dramatik. Theater der Erinnerung. Tübingen 1989, S. 153–158 [*Pandora*, *Epimenides*]

Siegrist, Christoph: Dramatische Gelegenheitsdichtungen: *Maskenzüge*, *Prologe*, *Festspiele*. In: W. Hinderer (Hrsg.): Goethes Dramen. Neue Interpretationen. Stuttgart 1980, S. 226–243.

Sprengel, Peter: Die inszenierte Nation. Deutsche Festspiele 1813 – 1913. Tübingen 1991.

Stern, Joseph Peter: On Goethe's *Pandora*. In: London German Studies 2 (1983), S. 31–49.

Vogel, Gerhard: Der Mythos von Pandora. Die Rezeption eines griechischen Sinnbilds in der deutschen Literatur. Hamburg 1972.

IV *Selbstreflexion der Poesie: Alterslyrik*

In seinem Essay *Spätstil Beethovens* (1937), der für Thomas Manns *Doktor Faustus* eine so bedeutende Rolle gespielt hat (vgl. Wendell Kretzschmars Beethoven-Vorträge im Kap. VIII des Romans), stellt Theodor W. Adorno die Hypothese auf, die »Reife der Spätwerke bedeutender Künstler« sei nicht die Reife von Früchten: »Sie sind gemeinhin nicht rund, sondern durchfurcht [...]; es fehlt ihnen all jene Harmonie, welche die klassizistische Ästhetik vom Kunstwerk zu fordern gewohnt ist«. Es sei nicht »rücksichtslos sich bekundende Subjektivität [...], die da um des Ausdrucks ihrer selbst willen das Rund der Form durchbreche«, sondern ganz im Gegenteil trete in den Spätwerken – etwa Goethes und Stifters – die Konvention merkwürdig kahl, vom Subjekt nicht anverwandelt hervor. Das sei ein Formgesetz, das vom »Gedanken an den Tod« bestimmt werde. Vor ihm versinke das um sich selbst bekümmerte Ich ins Wesenlose und lasse die Konvention frei. Die »stehen gelassenen«, also »von Subjektivität nicht mehr durchdrungenen« Konventionen – oder »Konventionstrümmer« – schlagen, so Adorno, zum »Ausdruck jetzt nicht mehr des vereinzelten Ichs, sondern der mythischen Artung der Kreatur« um. Es ist eine Frage, ob diese tiefgründige Deutung des Spätstils für Beethoven wirklich gültig ist – daß sie weithin auf Goethe zutrifft, scheint unübersehbar. Das zeigt gleich das ›Stehenlassen‹ der Konvention in seinen *Sonetten*, jenem 1807/08 in enger zeitlicher und gehaltlicher Nachbarschaft zu seinem Festspiel *Pandora* entstandenen Zyklus von siebzehn Gedichten (ersch. 1815), mit dem das lyrische Spätwerk Goethes recht eigentlich beginnt. Die für den späten Goethe so charakteristische Inspiration durch die romantische Generation läßt sich hier besonders deutlich dingfest machen. Die Sonettform ist im 18. Jahrhundert fast gänzlich außer »Kunstgebrauch« (»Das Sonett«, Vs. 1) geraten und erst durch die Romantiker (August Wilhelm Schlegel, Zacharias Werner, Johann Diederich Gries) erfolgreich wiederbelebt worden. Der durch sie ausgelösten »Sonettenwut« (Sonett XI, Vs. 14) hat auch Goethe sich nicht entziehen können, ja er ließ sich auf einen regelrechten handwerklichen Wettstreit mit Werner und Gries ein, dessen weiblicher Adressat die junge Jenenserin Minchen Herzlieb gewesen ist.

Bereits um 1800 hat Goethe zwei Sonette verfaßt – das erste hat wie im Falle des *Märchens*, der *Ballade* und der *Novelle* die Gattungsbezeichnung zum genresymbolischen Titel –, in denen das für den späteren Zyklus zentrale Motiv der Polarität von grenzenlosem Gefühl und begrenzender Form, Natur und Kunst, Freiheit und Gesetz anklingt. Beschränkende Kunst und Gesetz werden durch die streng kalkulierende Sonettform verkörpert, welche spontane Gefühlsäußerung weithin ausschließt. Im Zyklus wird jene Polarität gesteigert zur – Tragisches implizierenden – Spannung von Leidenschaft und Geist, glühender Liebesäußerung und Entsagung, Dämonie und sittlicher Entscheidung, diese chiffriert durch die Sonettform. Wie Liebe durch Entsagung, so muß der leidenschaftliche Inhalt des Gedichts durch seine Form gebändigt werden, diese aber auch in Wechselwirkung mit jenem existentiell belebt werden: »Das Allerstarrste freudig aufzuschmelzen, / Muß Liebesfeuer allgewaltig glühen.« (XIV)

Mehr als *Das Sonett* von 1800 erhebt sich das erste Gedicht des eigentlichen Zyklus (»Mächtiges Überraschen«) zur Selbstdarstellung der Gattung. Symbolisieren die beiden Quartette Kraft – der Strom, der unaufhaltsam dem Ozean zustrebt – und Gegenkraft – der Berg, der sich seinem Lauf entgegenstellt –, so die Terzette die Versöhnung der widerstreitenden Kräfte: das »neue Leben« in der Zurückdämmung des Flusses zum See. Dem naturgemäßen Weg setzt das Leben Widerstand entgegen, es zwingt zur Beschränkung. Aus der Einwilligung in diese Begrenzung, aus Entsagung entsteht neues Leben (Dantes »Vita nuova«!). Offenkundig ist hier die Beziehung zum Liebessonett Petrarcas, dessen Grundstimmung, die tragische Unerfüllbarkeit der Liebe, Goethes Sonett XVI freilich verhalten ironisiert: »Petrarcas Liebe, die unendlich hohe, / War leider unbelohnt und gar zu traurig, / Ein Herzensweh, ein ewiger Karfreitag«.

Nach dem bedeutungsschweren Beginn des Zyklus überrascht der Ton der meisten anderen Gedichte. An die Stelle symbolischer Repräsentation der Gattung tritt das überlegen-ironische Spiel mit ihr, die ständige Reflexion des Dichtenden über sich selbst, über die Leistung der Sprache wie der einzelnen Worte, über die gewählte poetische Form und den Prozeß des Dichtens: die Verfertigung des Sonetts als solche (bes. in III: »Kurz und gut«). Dieser Ton der Ironie sowie der hochbewußte Rekurs der Poesie auf sich selbst sind neu und werden bestimmend für das lyrische Spätwerk. Auch von ihrer zyklischen Form her bilden die Sonette dessen Auftakt. Sprüche, weltanschauliche wie rein lyrische Gedichte hat Goethe im Alter zu mehr oder weniger geschlossenen und doch – der Widerspruchsstruktur seiner späten Aphoristik gemäß – stets ins Offene weisenden Zyklen geordnet. Zu erwähnen sind namentlich

Wilhelm Tischbeins Idyllen (1822), die, eingefügt in Prosabeschreibungen der letzteren, einen schon während der Italienischen Reise mit dem Malerfreund abgesprochenen Plan ausführen, der *West-östliche Divan* (ersch. 1819, erw. 1827) und dessen kleines fernöstliches Gegenstück *Chinesisch-deutsche Jahres- und Tageszeiten* (1830 – mit dem vielleicht vollendetsten unter den rein lyrischen Gedichten des späten Goethe: »Dämmerung senkte sich von oben«).

In seinem Brief an Zelter vom 11. Mai 1820 hat Goethe die Faszination der östlichen (altpersischen) Dichtung auf ihn, gerade in der Lebensphase des Alters, folgendermaßen begründet: hier begegne ihm »heiterer Überblick des beweglichen, immer kreis- und spiralartig wiederkehrenden Erdetreibens«, und es erscheine »alles Reale geläutert, sich symbolisch auflösend. Was will der Großpapa weiter?«. Damit hat er die beiden wohl wesentlichsten Kennzeichen seines Altersstils bezeichnet: den zyklischen Charakter – kreisförmige Wiederkehr des Gleichen, Typischen und zugleich dessen spiralartige »Steigerung« –, der nicht nur die Lyrik, sondern auch die anderen großen Alterswerke: *Wilhelm Meisters Wanderjahre*, *Faust* oder *Maximen und Reflexionen* prägt, sowie die symbolische Läuterung der sinnlichen Erscheinungen, welche im Einzelnen das Allgemeine durchscheinen läßt und jenes doch nicht in diesem auflöst, sondern beide in steter Spannung hält – der Sicht des Alters gemäß, das die Dinge nur noch aus Abstand betrachtet.

Wie Goethe in einem Gespräch mit Riemer am 4. April 1814 einmal vom späten Tizian gesagt hat, dieser habe »zuletzt den Samt nur symbolisch« gemalt, so wirken die Dinge auf ihn selbst mehr und mehr als reine Symbole, Chiffren – etwa der Stein (nicht geläuterte Materie), die Wolke (geistig ›gesteigerte‹ Materie), die Farbe (Versöhnung des Lichts, der Sphäre des Absoluten, und der Finsternis, der materiellen Welt) usw. Und diese Chiffren setzt er oft ganz selbstverständlich ein, ohne sie noch zu erläutern. Das erklärt das oft Abbreviierende, den symbolischen Lakonismus des Spätstils. Dem nichteingeweihten, auf die Kenntnis des Einzelwerks beschränkten Leser, der das Verweisungsganze nicht kennt, in das Dinge und Bilder eingebettet sind, werden sie rätselhaft. Dies symbolisch Verrätselnde, Esoterische, ›populärer‹ Wirkung sich gänzlich Entziehende trennt das Spätwerk von der frühen und klassischen Dichtung Goethes.

Das Symbolische und Zyklische sind eng aufeinander bezogen, Aspekte desselben Sachverhalts. Das zeigt besonders deutlich Goethes Brief an Iken vom 27. Dezember 1827, in dem er von seinem dichterischen Verfahren spricht, »durch einander gegenübergestellte und sich gleichsam ineinander abspiegelnde Gebilde den geheimeren Sinn dem Aufmerkenden zu offenbaren«. Das bedeutet, daß zumal in den Zyklen kein Gedicht für sich selbst betrachtet werden darf, sondern von seinem Kontext her verstanden werden muß. »Jedes einzelne Glied nämlich ist [...] durchdrungen von dem Sinn des Ganzen«, schreibt Goethe in Bezug auf den *Divan* am 17. Mai 1815 an Zelter, »und muß von einem vorhergehenden Gedicht erst exponiert sein, wenn es auf Einbildungskraft oder Gefühl wirken soll.« So ergibt sich vor allem in den zwölf Büchern des *Divan* ein dichtes Beziehungsgeflecht von symbolischen Bezügen, aufeinander verweisenden Motiven.

In einem Gedicht mit dem bezeichnenden Titel »Unbegrenzt« (»Buch Hafis«) hat Goethe die Eigenart der Hafisischen Dichtung in ihrer ständig in sich zurückkehrenden Bewegung gesehen:

Daß du nicht enden kannst, das macht dich groß,
Und daß du nie beginnst, das ist dein Los.
Dein Lied ist drehend wie das Sterngewölbe,
Anfang und Ende immerfort dasselbe,
Und was die Mitte bringt, ist offenbar
Das, was zu Ende bleibt und anfangs war.

Damit hat Goethe zugleich die im wörtlichen Sinne zyklische = kreisförmige Struktur seiner eigenen Altersdichtung bezeichnet, die eben nicht nur den *Divan* prägt, sondern auch die *Wanderjahre* und *Faust II*, die untereinander mehr Gemeinsamkeiten haben als mit ihrer jeweiligen lyrischen, epischen und dramatischen Gattungstradition. (Eine Reihe der noch nicht in die Erstausgabe des *Divans* aufgenommenen Strophen erschienen bezeichnenderweise 1821 zunächst in den *Wanderjahren* und wurden erst in der »Ausgabe letzter Hand« in das »Buch der Sprüche« aufgenommen.) Die gerade Linie der sukzessiv fortschreitenden Handlung wird in den *Wanderjahren* und im *Faust II* durch das System der symbolischen Spiegelung der einzelnen Teile gewissermaßen eingekrümmt zur Kreislinie. Auch hier ist so gewissermaßen »Anfang und Ende immerfort dasselbe« – in deutlicher Abkehr von der Ganzheit und ›Einheit der Handlung‹ im Sinne der aristotelischen Poetik (Kap. 7), derzufolge jene Anfang, Mitte und Ende haben muß.

So sehr die orientalische Poesie Goethe thematisch fasziniert, ihre spezifischen Formen (zumal das Ghasel mit seiner engen

Reimwortbindung) hat er – anders als später namentlich Rückert – nur andeutungsweise nachgeahmt. Die »Nachbildung« überschriebenen Strophen im »Buch Hafis« bieten dafür die Rechtfertigung:

> Zugemeßne Rhythmen reizen freilich,
> Das Talent erfreut sich wohl darin;
> Doch wie schnelle widern sie abscheulich,
> Hohle Masken ohne Blut und Sinn;
> Selbst der Geist erscheint sich nicht erfreulich,
> Wenn er nicht, auf neue Form bedacht,
> Jener toten Form ein Ende macht.

Goethe bemüht sich freilich, das Hafisische Ghasel mit seiner Reimwortwiederholung in freier Form nachzubilden – »In deine Reimart hoff ich mich zu finden, / Das Wiederholen soll mir auch gefallen« –, doch der »Sinn« soll stets den Vorrang vor dem »Klang« haben. In diesem Sinne hat Goethe das Wiederholungsprinzip in neuer Gestalt verwirklicht, am unvergleichlichsten im »erkenn ich dich« der »Lob- und Preislitanei« (»Noten und Abhandlungen«), welche das »Buch Suleika« abschließt: »In tausend Formen magst du dich verstecken«. In diesem Gedicht ist die ›kreis- und spiralartige Wiederkehr‹ als Struktur nicht nur des ganzen Zyklus, sondern auch des einzelnen Gedichts besonders subtil durchgeführt.

Goethe hat sich also in seinem *Divan* vor bloßer Formvirtuosität gehütet. Seine Verse bleiben bei aller morgenländischen Verfremdung nach den Worten Heines im ersten Buch der *Romantischen Schule* (1835) »so leicht, so glücklich, so hingehaucht, so ätherisch, daß man sich wundert, wie dergleichen in deutscher Sprache möglich war«. Es brauchte freilich fast ein Jahrhundert, bis die Ohren des deutschen Lyrikpublikums so verfeinert waren, daß sie derlei wahrnehmen konnten.

»West-östlich« hat Goethe den *Divan* genannt, da er ihn als eine Art westlicher ›Kontrafaktur‹ zur östlichen, altpersischen Dichtung, besonders eben zum *Divan* des Hafis verstanden wissen wollte. Die literarische Kontrafaktur wäre freilich bloß artistisches Spiel geblieben, hätte sich das östliche Vorbild nicht auch existentiell beleben lassen. »Mein Absicht ist«, so schreibt Goethe am 16. Mai 1815 an Cotta, »auf heitere Weise den Westen und Osten, das Vergangene und Gegenwärtige, das Persische und Deutsche zu verknüpfen und beiderseitige Sitten und Denkarten übereinandergreifen zu lassen.« Diese Verknüpfung von Westen und Osten geschieht buchstäblich, da der literarische Aufbruch in den Osten, die »Urheimat der Menschheit« mit der wirklichen Reise in den Westen, in die eigene Heimatlandschaft Goethes (1814/15) unlösbar verbunden ist. Überdies: in der Kontrafaktur Hafisischer Liebesdichtung drückt sich eigene Liebeserfahrung aus (Goethes Beziehung zu Marianne von Willemer, die durch ihn gar für Augenblicke zur Dichterin wird, der einige der schönsten Strophen des »Buchs Suleika« zu danken sind). Freilich sind die Liebesgedichte des *Divan* mehr denn je Fiktion, Rollenlyrik, die sich nicht auf Faktisch-Biographisches reduzieren läßt. (Gleichwohl haben sich die im Gedicht »Geheimstes« bespöttelten »Anekdotenjäger« auch an den *Divan* gehängt: »emsig, nachzuspüren, [...], wer dein Liebchen sei«.)

Im programmatischen Einleitungsgedicht des Zyklus stellt sich, dem Titel »Hegire« gemäß, die Begegnung mit dem »reinen Osten« als Flucht vor den politischen Wirren der eigenen Zeit dar. Die Rückkehr in die Jugend der Menschheit – wie in und mit ihr in die Landschaften der eigenen Jugend – soll »verjüngen«. Und wie Goethe in diesen Jahren autobiographischer Besinnung und Selbsthistorisierung immer wieder, mit dem Titel eines *Divan*-Gedichts zu reden, »Im Gegenwärtigen Vergangnes« sieht, so spiegelt sich ihm die jetzige Hegire und Wiedergeburt auch in der früheren der *Italienischen Reise* (1816/17). Hier haben wir ein bedeutendes Paradigma für die *Wiederholten Spiegelungen* – ein Phänomen der Entoptik, das Goethe 1823 symbolisch auf seine Sesenheimer Erinnerungen bezieht –, welche nach seiner Überzeugung »das Vergangene nicht allein lebendig erhalten, sondern sogar zu einem höheren Leben emporsteigern«.

In den »Noten und Abhandlungen«, die er der *Divan*-Ausgabe »zu besserem Verständnis« beigegeben hat (seine umfangreichste historische Arbeit neben der »Geschichte der Farbenlehre«) hat Goethe den spezifischen Charakter der orientalischen Poesie durch das bezeichnet, »was wir Deutsche ›Geist‹ nennen [...]. Der Geist gehört vorzüglich dem Alter oder einer alternden Weltepoche.« Ein bemerkenswerter Widerspruch zu »Hegire«, wo der Orient mit der Reflexionslosigkeit der Jugend gleichgesetzt wird, da die Menschen »sich nicht den Kopf zerbrachen«. In diesem Widerspruch spiegelt sich Goethes eigene Situation; Zustand und Landschaft der Jugend (*Dichtung und Wahrheit* I-III, 1814; Reisen in die Rhein-Main-Gegend 1814/15) kehren in den »wiederholten Spiegelungen« des Alters wieder. So gehen auch in der orientalischen

Dichtung für Goethe Jugend und Alter der Menschheit kreisförmig ineinander über. »Geist« besteht für ihn (bei den orientalischen Dichtern) in »Übersicht des Weltwesens, Ironie, freiem Gebrauch der Talente«.

Hier haben wir drei Formeln, die treffend Inhalt und Stil des *Divan* kennzeichnen. Übersicht des Weltwesens: sie gibt sich kund im Wechsel der Themen und Töne vom Alltäglichen bis zum Kosmischen, vom Scherz bis zum höchsten Pathos, vom intimen Liebesgespräch bis zur Welthaltigkeit des historisch-politischen Ereignisses (»Buch Timur«, das auf Napoleons Rußlandfeldzug anspielt), vom Weinrausch (»Schenkenbuch«) bis zur mystischen Ekstase, vom Irdischen zum Himmlischen (»Buch des Paradieses«). Die orientalischen Dichter, bemerkt Goethe, »haben alle Gegenstände gegenwärtig und beziehen die entferntesten Dinge leicht aufeinander«. Er vergleicht sie in dieser Hinsicht mit jenem kombinatorischen Vermögen, das man im 18. Jahrhundert in Übersetzung des alten rhetorischen Begriffs des Ingeniums noch als »Witz« bezeichnet hat: »als die Fähigkeit, nicht offensichtliche Beziehungen zu entdecken« (Reimarus: *Die Vernunftlehre*, 1770). Jean Paul hat in seiner *Vorschule der Ästhetik* (1804) noch einmal eine an die Tradition des ingeniösen Denkens anknüpfende Theorie des Witzes entwickelt, und es ist bezeichnend, daß Goethe Jean Paul in seinen »Noten und Abhandlungen« als den deutschen Schriftsteller bezeichnet, der sich aufgrund seiner Schaffung »seltsamster Bezüge«, der Verknüpfung des Unverträglichsten den »östlichen Poeten« am meisten genähert habe.

Goethe hat die persische Poesie mit einem »orientalischen Basar« verglichen: »Nicht immer sind die kostbarsten und niedrigsten Waren im Raume weit gesondert, sie vermischen sich in unseren Augen, und oft gewahren wir auch die Fässer, Kisten und Säcke, worin sie transportiert worden. [...] Ferner kostet's dem orientalischen Dichter nichts, uns von der Erde in den Himmel zu erheben und von da wieder herunterzustürzen oder umgekehrt.« Zu einem gehobenen ›Basar‹ sucht Goethe auch seinen *Divan* zu machen. Die geistige Spannweite dieses Zentralwerks der deutschen Lyrik reicht von aufklärerischer Rationalität – etwa in »Glaubst du denn [...]« (»Buch des Unmuts«), das geradezu von Lessing als Konzentrat seiner kritischen Theologie geschrieben sein könnte – bis in die Nähe romantischer Poesie (Novalis' *Hymnen an die Nacht*): im »Stirb und werde« des mystischen Gedichts »Selige Sehnsucht«, in dem Eros und Thanatos eins werden. Diesem Gedicht thematisch verwandt und seinen Sinngehalt erhellend (Sehnsucht nach Entselbstung und gerade dadurch Steigerung der Entelechie) ist die Parabel »Vom Himmel sank [...]« und das nicht im *Divan* enthaltene bedeutende philosophische Gedicht *Eins und Alles* (1821).

Solche Übersicht des Weltwesens ist nur möglich aus der Haltung der Ironie heraus, welche um die Bedingtheit, Relativität des eigenen Standpunkts wie des Dargestellten weiß. Sie taucht gerade da auf, wo vom schlechthin Undarstellbaren die Rede ist, das doch durch die mythische Phantasie in die Grenzen der Darstellung gezwungen wird: namentlich im »Buch des Paradieses«, das sich die islamische Jenseitsvorstellung in ihrer poetischen Tiefe wie Unangemessenheit spielerisch vergegenwärtigt. Ironie verbindet sich erst recht aber mit dem »freien Gebrauch der Talente«, dem überlegenen Spiel mit allen Formen der lyrischen Dichtung, dem ständigen Rekurs der Poesie auf sich, ihrem Diskurs über sich selbst. Im *Divan* finden wir nahezu alle Gattungen und Grundformen der späten (oder auch noch der klassischen) Lyrik Goethes versammelt: die Spruchdichtung im »Buch der Betrachtungen« und im »Buch der Sprüche«, die »Invektiven« (Goethe) gegen die Mediokrität der Kritiker im »Buch des Unmuts«, die große weltanschauliche Lehrdichtung (»Vermächtnis altpersischen Glaubens«), Rätsel (»Abglanz«), Parabel (»Buch der Parabeln«) und Ballade (»Siebenschläfer«) sowie die verschwenderische Fülle rein lyrischer Strophen vor allem im »Buch Suleika«, das die ganze Skala der Töne erotischer Lyrik vom anakreontisch-scherzhaften bis zum mystisch-ergriffenen durchspielt, gipfelnd in der kosmischen Liebessymbolik des Gedichts »Wiederfinden«, das in der Vereinigung der Liebenden das Abbild der sich wiederfindenden (polar getrennten) Urelemente der Welt (Licht und Finsternis) schaut.

Die späte Lyrik Goethes außerhalb der Zyklen gliedert sich in vier deutlich greifbare Gruppen, die er in den Gedichtbänden der »Ausgabe letzter Hand« (1827) selbst durch die in Klammern stehenden Titel unterschieden hat: Spruchdichtung (*Zahme Xenien*), Gedichte an Personen (*Inschriften, Denk- und Sendeblätter*), deren große Zahl durch seine gesellschaftlich-repräsentative Stellung bedingt ist, weltanschaulich-naturwissenschaftliche Gedichte (*Gott und Welt*) sowie die in seinem Sinne reine Lyrik (*Lyrisches*). Die bedeutendsten der weltanschaulichen Gedichte (neben dem früher erwähnten *Paria* und *Eins und Alles*) sind *Prooemion* (ersch. 1817; in der »Ausgabe letzter Hand« das Einleitungsgedicht der Gruppe *Gott und Welt*, das Goethes spinozistischen Glauben an einen Gott verkündet, der die »Natur in Sich, Sich in Natur« hegt), *Vermächtnis* (1829), in dem er die Summe seiner Altersweisheit zu ziehen sucht (»Der Augenblick ist Ewigkeit«), und das gewichtigste Gedicht dieser Gruppe, die *Urworte: orphisch* (1827). Zu ihnen hat er selbst einen Kommentar verfaßt.

In den fünf auf Macrobius zurückgehenden *Urworten*, die in je einer Stanze entfaltet werden, hat Goethe eine philosophische Anthropologie konzentriert, die den Menschen als Individuum und Gattung in die Polarität von Gesetz und Freiheit stellt. Der »Daimon«, die durch die Gestirne bestimmte und ihr Schicksal bestimmende, unverwechselbare und unveränderlich aus sich selbst entstehende »Individualität der Person«, wird durch »Tyche«: die Wechselfälle des Lebens beeinflußt; diese verdichten sich in »Eros«, durch dessen Wirkung der nur um sich selbst kreisende individuelle Dämon nun »ein zweites Wesen eben wie sich selbst mit ewiger, unzerstörlicher Neigung« umfaßt. Damit hat das Individuum den Schritt über sich selbst hinaus zur Gattung getan – durch Neigung, die sich alsbald in familiäre und gesellschaftliche Pflicht und Notwendigkeit: »Ananke« verwandelt; diese bindet das Individuum »durch die bündigsten Kontrakte, durch die möglichsten Öffentlichkeiten« (Goethe) streng ans gesellschaftliche Ganze. Allein »Elpis«, die Hoffnung transzendiert die Notwendigkeit auf ein Reich grenzenloser Freiheit hin.

Unter dem *Lyrischen* des Goetheschen Spätwerks ragen die 1823/24 entstandenen Gedichte der *Trilogie der Leidenschaft*, die Mitternachtgedichte *Um Mitternacht* (1818) und *Der Bräutigam* (1824) sowie die Dornburger Gedichte von 1828 hervor. Die *Trilogie*, deren Mittelstück die aus der Erschütterung über den Abschied von Ulrike von Levetzow entstandene Marienbader *Elegie* bildet, ist als solche eine künstliche Schöpfung (ersch. 1827), die erst aus dem Abstand von jenem Erlebnis möglich geworden ist, das Goethe bis an den Rand der Verzweiflung aufgewühlt hat. Die trilogische Anordnung steht in Verbindung mit seinem erneuten Aristoteles-Studium (vgl. seine *Nachlese zu Aristoteles' Poetik*, 1827). Darauf deutet vor allem der Titel des Schlußgedichts »Aussöhnung« hin, der auf den aristotelischen Begriff der Katharsis anspielt: die lösende Wirkung der Musik befreit von der erdrückenden Gewalt der tragischen Erfahrung. (»Hier nun konnte die edle Dichtkunst abermals ihre heilenden Kräfte erweisen«, heißt es im Kapitel II/5 der *Wanderjahre*. »Innig verschmolzen mit Musik, heilt sie alle Seelenleiden aus dem Grunde, indem sie solche gewaltig anregt, hervorruft und in auflösenden Schmerzen verflüchtigt.«)

Diese kathartische Wirkung ist durchaus nicht die biographisch wirkliche Folge der tragischen Erfahrung der *Elegie* gewesen, sind die Gedichte der Trilogie doch in der ihrer Anordnung genau entgegengesetzten zeitlichen Reihenfolge entstanden, das erste (zeitlich letzte) »An Werther« als Einleitungsgedicht einer Neuausgabe des Romans (1824). Erst im nachhinein sind also die drei Gedichte in eine Beziehung zueinander gebracht worden, die das biographische Erlebnis hinter einer rein poetischen Ordnung verschwinden läßt und so bewältigt. Die *Elegie*, eine der größten Liebesklagen der Weltliteratur, läßt die beiden Seitenstücke verblassen. Das in ihr trotz der mäßigenden Stanzenform – und des petrarkistischen Situationsmodells – unverhüllt ausbrechende selbstverzehrende Gefühl der Verzweiflung, das allen Halt und Trost selbst in der Natur, der sich Goethes ganzes Denken und Gestalten im Alter zugewandt hat, von sich weist (»Mir ist das All, ich bin mir selbst verloren«, Vs. 133), bezeugt bestürzend, welch dünne Brücke über Abgründen Goethes geläuterte Altershaltung geblieben ist. (Eben das sollte das Thema einer Novelle über »Goethe in Marienbad« sein, die Thomas Mann geplant hat und aus der dann *Der Tod in Venedig* geworden ist.)

Von ganz anderem Gepräge sind die Mitternachtsgedichte und die Dornburger Lyrik. Steht die Trilogie noch in einer objektiven Gattungs- und Formtradition (Elegie, Stanze), bleibt ihre Sprache und Bildlichkeit also auch dem Nichteingeweihten spontan verständlich, so ziehen jene Gedichte sich ganz ins Esoterisch-Chiffrenhafte zurück. Was sie vor allem verbindet, ist die in *Dichtung und Wahrheit* (14. Buch) beschriebene »Empfindung der Vergangenheit und Gegenwart in Eins«, die symbolische Synopse mehrerer Zeitpunkte: der drei Lebensstufen in *Um Mitternacht*, der Tageszeiten (welche ebenfalls auf Lebensstufen hindeuten) im Dornburger Gedicht »Früh wenn Tal, Gebirg und Garten [...]«. Grammatisch ist dieser synoptische Überblick hier ausgedrückt durch einen alogischen, Natur und Innenwelt nur symbolisch assoziierenden Wenn-dann-Satz, eine typische syntaktische Form der späten Lyrik Goethes, die anakoluthisch-unausgeführt bleibt und die Ausführung gewissermaßen dem ›aufmerkenden‹ Subjekt überläßt, wie in *Um Mitternacht*, Vs. 6ff., oder unerwartete Bezüge herstellt wie im zweiten Dornburger Gedicht. Im Gefühl des Altseins verbindet sich alles Gewesene; im lyrischen Moment werden Anfang, Mitte und Ende des Lebens umkreist, symbolisch gespiegelt im Tageslauf, in der Erscheinung der Gestirne.

Literatur

Anglet, Andreas: Die lyrische Bewegung in Goethes *Chinesisch-Deutschen Jahres- und Tageszeiten.* In: Goethe-Jb. 113 (1996), S. 179–198.

Bahr, Erhard: Die Ironie im Spätwerk Goethes. »... diese sehr ernsten Scherze ...«. Studien zum *West-östlichen Divan*, zu den *Wanderjahren* und zu *Faust II.* Berlin 1972.

Bürgel, Johann Christoph: Drei Hafis-Studien. Bern 1975.

Dietze, Walter: Urworte, nicht sonderlich orphisch. In: Goethe Jb. 94 (1977), S. 11–37.

Dill, Christa: Wörterbuch zu Goethes *West-östlichem Divan.* Tübingen 1987.

Fritz, Walter Helmut: Der *West-östliche Divan* – gedichtete Liebe. In: Goethe Jb. 97 (1980), S. 64–81.

Frühwald, Wolfgang: »Deklinierend Mohn und Rosen ...«. Esoterik und Mystik im *West-östlichen Divan.* In: Zeitwende 53 (1982), S. 209–223.

Heller, Erich: Goethe in Marienbad. In: E. Heller: The poet's self and the poem. London 1976, S. 1–27.

Henckmann, Gisela: Gespräch und Geselligkeit in Goethes *West-östlichem Divan.* Stuttgart 1975.

Hof, Walter: Behutsamkeit und Wortlaut. Betrachtungen zum Verständnis des Gedichts *Der Bräutigam* von Goethe. In: Germ.-Rom. Monatsschr. 29 (1979), S. 390–415.

Hoffmeister, Gerhart: »Orient und Okzident«. Einige Beobachtungen zum petrarkistischen Einschlag in Goethes Spätlyrik. In: Carleton Germanic Papers 5 (1977), S. 45–54.

Hübscher, Arthur: Das fünfte Urwort. In: Versuche zu Goethe. Festschrift für Erich Heller. Heidelberg 1976, S. 133–140.

Kaiser, Gerhard: Literatur und Leben. Goethes Sonettenzyklus von 1807/08. In: G. Kaiser: Augenblicke deutscher Lyrik. Frankfurt a.M. 1987, S. 197–236.

Kommerell, Max: Gedanken über Gedichte. Frankfurt am Main 1956.

Kraft, Werner: Zur *Marienbader Elegie / Urworte orphisch.* In: W. Kraft: Goethe. Wiederholte Spiegelungen aus fünf Jahrzehnten. München 1986, S. 184–202.

Krolop, Kurt: Lebens- und Welterfahrung in Goethes *West-östlichem Divan.* In: Weimarer Beiträge 28 (1982) H. 10, S. 106–124.

Lange, Victor: »Wie Du bist, wie Du warst, und wie der Mensch sein soll«: Goethes *Um Mitternacht.* In: Herkommen und Erneuerung: Essays für Oskar Seidlin. Tübingen 1976, S. 127–142.

Lee, David: Zur Textüberlieferung des *West-östlichen Divans.* (Forschungsbereicht). In: Goethe Yearbook 4 (1988), S. 275–323.

Lehnert, Herbert: Klang-Integration und semantische Beziehung. Landschaft und lyrisches Ich. Goethe: *Dämmerung senkte sich von oben.* In: H. Lehnert: Struktur und Sprachmagie. Stuttgart 1966, S. 11–21.

Lemmel, Monika: Poetologie in Goethes *West-östlichem Divan*. Heidelberg 1987.

Lohner, Edgar (Hrsg.): Interpretationen zum *West-östlichen Divan* Goethes. Darmstadt 1973.

Lohner, Edgar (Hrsg.): Studien zum *West-östlichen Divan* Goethes. Darmstadt 1971.

Mayer, Mathias: Dichten zwischen Paradies und Hölle. Anmerkungen zur poetologischen Struktur von Goethes »Elegie« von Marienbad. In: Ztschr.f. Dt. Philologie 105 (1986), S. 234–256.

Mommsen, Katharina: Goethe und die arabische Welt. Frankfurt a.M. 1988.

Mommsen, Katharina: Der Wolf und die Frauen im *Divan*-Paradies. In: Goethe Jb. 105 (1988), S. 294–305.

Müller, Joachim: Goethes *Sonette*. Lyrische Epoche und motivische Kontinuität. Berlin 1966.

Müller, Joachim: Goethes *Trilogie der Leidenschaft* – Lyrische Tragödie und »aussöhnende Abrundung«. Versuch einer genetischen Interpretation. In: Jb. d. Freien Dt. Hochstifts 1978, S. 85–159.

Müller-Seidel, Walter: Goethe und das Problem seiner Alterslyrik / Goethes Gedicht *Der Bräutigam*. Ein Beitrag zur Form seiner Alterslyrik. In: W. Müller-Seidel: Die Geschichtlichkeit der deutschen Klassik. Literatur und Denkformen um 1800. Stuttgart 1983, S. 251–277.

Neumann, Gerhard: »Laßt mich weinen ...« Die Schrift der Tränen in Goethes *West-östlichem Divan*. In: Oxford German Studies 15 (1984), S. 48–76.

Preisendanz, Wolfgang: Goethes *Chinesisch-deutsche Jahres- und Tageszeiten*. In: Jb. d. Dt. Schillergesellschaft VIII (1964), S. 137–152.

Richter, Karl: Lyrik und Naturwissenschaft in Goethes *West-östlichem Divan*. In: Études Germaniques 38 (1983), S. 84–101.

Schlaffer, Heinz: Poesie und Prosa. Liebe und Arbeit. Goethes *Bräutigam*. In: H. Schlaffer: Der Bürger als Held. Frankfurt am Main 1973, S. 51–85.

Schlütter, Hans-Jürgen: Goethes *Sonette*. Anregung, Entstehung, Intention. Bad Homburg 1969.

Sengle, Friedrich: Die didaktischen und kulturkritischen Elemente im *West-östlichen Divan*. In: F. Sengle: Neues zu Goethe. Essays und Vorträge. Stuttgart 1989, S. 173–193.

Solms, Wilhelm: Goethes Vorarbeiten zum *Divan*. München 1977.

Stemmrich-Köhler, Barbara: Zur Funktion der orientalischen Poesie bei Goethe, Herder, Hegel [...]. Frankfurt a.M. u.a. 1992.

Strelka, Joseph: Esoterik im *West-östlichen Divan*. In: J. Strelka: Esoterik bei Goethe. Tübingen 1980, S. 45–67.

Trunz, Erich: Goethes späte Lyrik. In: Hans Mayer (Hrsg.): Goethe im XX. Jahrhundert. Neuausgabe. Frankfurt a.M. 1987, S. 483–509.

Weitz, Hans-Joachim: Bemerkungen zum frühen *West-östlichen Divan*. In: Bild und Gedanke. Festschrift f. Gerhard Baumann. München 1980, S. 218–241.

Wentzlaff-Eggebert, Friedrich Wilhelm: Zu Goethes Gedicht *Vermächtnis*. In:

F.W. Wentzlaff-Eggebert: Belehrung und Verkündigung. Berlin 1975, S. 223–231.

Wilkinson, Elisabeth M.: Goethes *Trilogie der Leidenschaft* als Beitrag zur Frage der Katharsis. Frankfurt am Main 1957.

Wohlleben, Joachim: Über Goethes Gedichtzyklus *Chinesisch-deutsche Jahres- und Tageszeiten*. In: Jb. d. Dt. Schillergesellschaft XXIX (1985), S. 266–300.

Wohlleben, Joachim: »Des Divans Poesie und Prose«. In: Goethe-Jb. 111 (1994), S. 111–123.

Wünsch, Marianne: Der Strukturwandel in der Lyrik Goethes: die systemimmanente Relation der Kategorien »Literatur« und »Realität«; Probleme und Lösungen. Stuttgart [u.a.] 1975.

Zagari, Luciano: »Zu entschiedenerem Auffluge die Fittiche versuchen«. Hermetik und Pastiche in Goethes *West-östlichem Divan*. In: Wolfgang Wittkowski (Hrsg.): Goethe im Kontext. Tübingen 1984, S. 359–375.

Goethes ästhetische Neuorientierung seit dem Tode Schillers zeigt sich nirgends deutlicher als auf dem Gebiet des Romans. Trotz der humanistischen Skepsis gegenüber diesem Genre hat Goethe sich seit dem Abschluß von *Wilhelm Meisters Lehrjahren* mit dem Gedanken getragen, deren Gestalten in einer Fortsetzung wieder auf leben zu lassen. Eine Reihe von Fragmenten, Notizen und offenen oder versteckten Ankündigungen zeugen vom Ernst dieses Vorhabens. Auch die Struktur des Romans deutet sich schon an: die Briefform (»Briefe eines Reisenden und seines Zöglings, [...], sich an *Wilhelm Meister* anschließend«, kündigt Goethe seinem Verleger Cotta am 27./28. Mai 1798 an), novellistische Einlagen, die durch eine Rahmenhandlung zusammengehalten werden sollen. (Offenbar denkt Goethe zunächst an die Form des Novellenzyklus à la Boccaccio. Bezeichnenderweise überlagern sich die Pläne zur Fortsetzung der *Lehrjahre* mit denen einer Weiterführung der *Unterhaltungen deutscher Ausgewanderten*, in denen er diese Form schon einmal erprobt hatte.)

Seit Mitte Mai 1807 wird die Arbeit an *Wilhelm Meisters Wanderjahren* – der Roman trägt von Anfang an diesen Titel – zum Hauptgeschäft, ja sie gedeiht bis 1810 so weit, daß Goethe (der schon Teile des entstehenden Romans in Cottas »Taschenbuch für Damen« hat vorabdrucken lassen) die Publikation der *Wanderjahre* für die nächste Zeit ankündigt. Ihre stoffliche Substanz, Struktur und Thematik stehen zu diesem Zeitpunkt jedenfalls fest. Dann aber bemächtigt sich seiner um die Jahreswende 1810/11 eine erstaunliche Werkskepsis, die zu einer langen Verzögerung der Vollendung des Romans führt, aus dem er jedoch weitere Teile, nämlich die bereits abgeschlossenen Erzählungen, im »Taschenbuch für Damen« mitteilt – eine Publikationsstrategie, die der adäquaten Rezeption des Romans später durchaus geschadet hat, da man in ihm nun eine Buchbindersynthese der bereits bekannten Novellen sah. Bis 1818 treten die *Wanderjahre* zurück (zumal hinter der Arbeit an der Autobiographie und am *West-östlichen Divan*). 1819 nimmt Goethe sich den Roman jedoch wieder vor und arbeitet dessen »ersten Teil« aus, der 1821 erscheint.

Goethe will den zweiten Teil unmittelbar folgen lassen, doch die negativen Reaktionen des vielfach ratlosen Publikums verstören ihn. Hinzu kommt das Ärgernis der falschen *Wanderjahre*. Gleichzeitig mit Goethes Roman erschienen nämlich *Wilhelm Meisters*

Wanderjahre von einem Anonymus, der später als der protestantische Pfarrer Friedrich Wilhelm Pustkuchen aus Lemgo identifiziert wurde. Dieser Anti-*Wilhelm Meister* wirkte sich weit schlimmer aus als seinerzeit Friedrich Nicolais Anti-*Werther*, hatte er doch mehr Erfolg als Goethes Roman und konnte bis 1828 in fünf Teilen erscheinen. Pustkuchen stellt im Sinne der konservativen Goethe-Kritik der Zeit den Autor der *Lehrjahre* als Zersetzer von Religion, Sitte und Ordnung dar: »Goethe eben beschuldige ich mehr als alle andere, daß er das eigentlich deutsche Wesen verkennt, daß er nur Repräsentant der schlechten, formlosen, zügellosen neuern Zeit, nicht aber des deutschen ursprünglichen Sinnes sei.« Die enorme Wirkung Pustkuchens hat Franz Grillparzer 1860 als einen Skandal bezeichnet, welcher »der Urteilsfähigkeit der deutschen Nation ewig zur Schande gereichen wird. Ein obskurer Skribler schrieb falsche *Wanderjahre*, in denen er Goethe angriff, und mit einem Schlage, so zu sagen: über Nacht fielen zwei Dritteile Deutschlands von dem für alle Zeiten Ehrfurcht gebietenden Großmeister ihrer Literatur ab. Es wurde offenbar, daß mit Ausnahme seiner Jugendwerke, Goethes übriges Wirken der Nation fremd geblieben und seine Verehrung nichts als Nachbeterei war.« In die so »entstandene Bresche« habe nur noch das Junge Deutschland mit seiner Goethe-Ablehnung zu stürmen brauchen.

Erst 1825 nimmt Goethe die Arbeit am zweiten Teil der *Wanderjahre* entschlossen wieder auf. Nun wiederholt sich, was schon bei der Fortführung der *Theatralischen Sendung* eintrat. Wie diese als ganze zu den *Lehrjahren* umgearbeitet wurde, so verwandelt sich die Arbeit am zweiten Teil der *Wanderjahre* in eine Neufassung des gesamten Werks, das 1829 als Band 21–23 der »Ausgabe letzter Hand« erscheint. Goethe hat auf eine selbständige Veröffentlichung des Romans verzichtet, um ihn dem allgemeinen Publikum und der verständnislosen Kritik zu entziehen, die der Fassung von 1821 gefolgt war. Die *Wanderjahre* wie später den *Faust II* zu versiegeln und erst nach seinem Tod publizieren zu lassen, konnte ihm freilich nicht sinnvoll erscheinen, da das Werk durch den ersten Teil von 1821 und die Vorabdrucke schon weitgehend bekannt war. Doch ein Abschirmungsmanöver ist die Reservierung des Romans für die Gesamtausgabe ebenfalls. Goethe gab sich keinen Illusionen darüber hin, wie die *Wanderjahre*, *Faust II* und andere Spätwerke auf das Publikum seiner Zeit wirken würden. Spätestens seit der allgemein kühlen Reaktion auf die *Natürliche Tochter* war es ihm deutlich geworden, daß seine ästhetischen Wege sich von den Erwartungen des Publikums und der Kritik seiner Zeit gänzlich getrennt hatten. Es dürfte kaum einen bedeutenden Autor der Weltliteratur gegeben haben, der seine Werke so sehr im Bewußtsein der Entfremdung vom Zeitgeschmack schrieb, auf das tiefere Verständnis einer fernen Nachwelt baute – und tatsächlich erst von dieser Nachwelt adäquat gewürdigt wurde, wie der alte Goethe. Erst im Durchgang durch die ästhetischen Erfahrungen der Moderne hat sein Spätwerk die ihm gemäße Rezeption gefunden.

Goethe plante von Anfang an, die *Wanderjahre* strukturell anders als die *Lehrjahre* zu konzipieren und die Gattungsgrenzen des traditionellen Romans zu überschreiten. Aus dem Titel der endgültigen Fassung von 1829 hat er gar die Bezeichnung »Ein Roman« getilgt, die er der Erstfassung von 1821 noch vorangestellt hatte. Freilich versichert der Erzähler, richtiger gesagt: der fingierte »Redakteur«, der Leser habe »einen Roman in die Hand genommen«, aber er konzediert, daß derselbe die Formerwartungen von diesem Genre verletzt, da er »schon mehr als billig didaktisch geworden« sei. Deshalb beeilt der Redakteur sich, jenen Erwartungen mehr zu entsprechen, »die Geduld unserer Wohlwollenden nicht noch weiter auf die Probe zu stellen«, also mit der reinen Erzählung fortzufahren und das nicht-narrative Material »an einem anderen Orte abdrucken zu lassen« (I/10). An diese Regel hält er sich aber im weiteren Verlauf keineswegs; es folgt noch genug ›Didaktisches‹: denken wir nur an die umfangreichen Aphorismensammlungen. Es ist also durchaus zweifelhaft, ob dem Leser ein Roman in dem von ihm erwarteten Sinne geboten werden soll.

Wirklich verstießen die *Wanderjahre* zur Verwirrung der Zeitgenossen entschieden gegen die mit einem Roman traditionell verbundene Vorstellung von einem geschlossenen, zielgerichteten Erzählzusammenhang. »Das Buch gebe sich nur für ein Aggregat aus«, hat Goethe selbst Kanzler von Müller gegenüber geäußert, aus dem sich daher kein »Ganzes systematisch konstruieren« lasse (18. Februar 1830). In dieser Hinsicht weisen die *Wanderjahre* zu den beiden anderen großen Alterswerken Goethes hinüber: zum *West-östlichen Divan* und zum *Faust II*. Sie sind Zyklen, deren Einzelelemente sich »kreis- und spiralartig« umeinander bewegen und »ineinander abspiegeln«, um die schon zitierten Formeln aus Goethes später Poetik (in den Briefen an Zelter vom 11. Mai 1820 und an Iken vom 27. September 1827) zu verwenden. In den *Wanderjahren* finden ständig »wiederholte Spiegelungen« zwischen den verschiedenen Erzählelementen und den dargestellten Lebenskreisen – »Bezirken« – statt, die Goethe in wechselnder Konstellation symbolisch gegeneinander stellt.

Zu diesen Bezirken gehören das Kloster »Sankt Joseph des Zweiten«, das Landgut des aufgeklärten Oheims, die Welt der »Seherin« Makarie, die – als eine Art Utopie in der Nachfolge der platonischen *Politeia* hermetisch abgeschlossene – »Pädagogische Provinz«, die Bereiche der beiden im Zeichen des amerikanischen und des europäischen Kolonisationsprojekts gebildeten Bünde sowie die Turmgesellschaft, die aus den *Lehrjahren* in den neuen Roman hineinreicht, der Lebensraum der Spinner und Weber usf. Wie diese Bezirke, so sind auch die Personen des Romans einander komplementär zugeordnet. Wilhelm Meister ist nicht mehr dessen ›Held‹, sondern er verschwindet als individueller Charakter im funktionellen Figurenspiel der Erzählkreise. Nicht mehr Charaktere, sondern Personenkonstellationen sind die eigentlichen Träger des Geschehens, nicht auf plastisch in sich geschlossene Figuren, sondern auf ihre Konfiguration ist das Hauptaugenmerk zu richten. Dem ›Fortschritt‹ in der Handlung dient das Motiv der Wanderschaft Wilhelms, zu welcher – eben unablässigem Ortswechsel – er durch ein Gelübde, das die »Gemeinschaft der Entsagenden« ihm abverlangt hat, verpflichtet ist. Durch die Wanderschaft ist der Roman nicht nur thematisch, sondern auch strukturell bestimmt, werden durch sie doch die diversen »Bezirke« miteinander verbunden.

Wilhelms Wanderschaft zwischen denselben ist jedoch weniger Fortschritt als kreisende Bewegung. Die Struktur des Romans ist statisch, die Sukzession der Handlung tritt hinter der Simultaneität der Bilder und Daseinskreise zurück. Der Sinnzusammenhang wird dabei selten durch den Handlungszusammenhang expliziert, dieser bleibt durch die Sprunghaftigkeit der Erzählung vielmehr oft im dunkeln, muß vom Leser selbst hergestellt werden. Der Roman ist Goethes Worten in seinem Brief an Josef Stanislaus Zauper vom 7. September 1821 zufolge »nicht aus Einem Stück«, wohl aber »aus Einem Sinn«. Doch die Konstitution dieses Sinns obliegt mehr als in der traditionellen Erzählkunst dem Leser. Daher ist es nicht verwunderlich, daß eigentlich erst von den Erfahrungen der Struktur des modernen Romans her das angemessene Verständnis für den Goetheschen Spätstil eröffnet worden ist. Was die *Wanderjahre* mit dem modernen Roman verbindet, sind auch die nichtfiktionalen Einschübe, so die beiden umfangreichen Aphorismensammlungen am Ende des zweiten und dritten Buches oder die weithin fast wörtliche Einfügung von Heinrich Meyers Beschreibung der Schweizer Baumwoll-Heimindustrie in Lenardos Tagebuch im fünften Kapitel des dritten Buchs.

Ein weiteres zukunftsweisendes Element des Romans sind seine

– auch für Goethes späte Lyrik charakteristischen – autoreferentiellen Bezüge oder der intertextuelle Bezug auf seinen Vorgänger: die *Lehrjahre*, die den Personen ihrer Fortsetzung als Buch vorliegen, von ihnen gelesen und reflektiert werden. Ein Maler setzt gar »Mignons Schicksale« ins Bild um, oder man singt ihr Lied »Kennst du das Land, wo die Zitronen blühn« (II/7). Die Rekurse auf die *Lehrjahre* sind zahlreich, werden oft nicht explizit thematisiert, sondern spielen mit der Kompetenz des Lesers, der die *Lehrjahre* eben genau kennt. So wirkt eines ihrer Hauptleitmotive: das Bild vom »kranken Königssohn« in den *Wanderjahren* untergründig fort. Die Liebeskonkurrenz zwischen Vater und Sohn in jenem Bild ist auch das Thema der Novellen »Die pilgernde Törin« und »Der Mann von funfzig Jahren«. In der zweiten Novelle wird jene Konkurrenz wie im Falle des »kranken Königssohns« durch den Verzicht des Vaters aufgelöst; der Sohn (Flavio) ist in seiner Leidenschaftlichkeit und seinem poetischen Dilettantismus – er bedurfte stets »eines leidenschaftlich sinnlichen Anlasses, wenn etwas Vorzügliches gelingen sollte« (II/5) – ein werthernahes Spiegelbild des jungen Wilhelm Meister. Dieser selber aber, der sich einst mit dem liebeskranken Königssohn identifizierte, verwandelt sich in den *Wanderjahren* in den entsagenden Vater, der dem nicht-entsagenden Sohn zum Retter wird.

Auch die Theaterthematik wirkt fort, nicht nur in den theaterfeindlichen Maximen der »Pädagogischen Provinz«, denen das Theateropfer Wilhelm Meister mit einem »tiefen Seufzer« (II/8) beipflichtet, sondern auch im »Mann von funfzig Jahren«, wo in der Gestalt und der Ideologie des Schauspielers – welcher mit seinem bildungsbeflissenen Lob des »Scheins« den Titelhelden zu einer kosmetischen Verjüngung verführt – das auf »Scheinen« angelegte einstige theatrale Bildungsideal Wilhelm Meisters buchstäblich parodiert wird (II/3).

Goethe mag, wie erwähnt, den Roman ursprünglich nach dem Modell des Novellenzyklus mit einer Rahmenhandlung konzipiert haben. (Bezeichnenderweise studiert er 1807 eingehend Boccaccios *Decamerone*, Margarete von Navarras *Heptaméron* und *Tausendundeine Nacht*.) Doch schließlich wird es sich bei den ›eingelegten‹ Erzählungen nicht mehr um reine Novellen handeln – »Die neue Melusine« ist ein Märchen, »Die gefährliche Wette« eher ein »Schwank« –, und überdies lassen sich ›Rahmenhandlung‹ und ›Binnenerzählung‹ kaum mehr trennen – »Das nußbraune Mädchen« und »Der Mann von funfzig Jahren« wachsen ja in den Rahmen hinein. Neuere Interpretationen haben deshalb nicht zu

Unrecht das traditionelle Modell von Rahmen- und Binnenerzählung aufgegeben, da es nicht geeignet sei, die komplexe Struktur der *Wanderjahre* wirklich zu erhellen. Das entscheidende Strukturprinzip dieses Romans liegt nämlich in der zuerst von Volker Neuhaus schlüssig beschriebenen »Archivfiktion«. Der allwissende auktoriale Erzähler der *Lehrjahre* wird vom fiktiven »Redakteur« der *Wanderjahre* abgelöst. Die Erzählungen, Berichte, Aufzeichnungen, Tagebücher, Briefe, Reden und andere Dokumente, die in den *Wanderjahren* wiedergegeben, bearbeitet oder rekapituliert werden, liegen in den Archiven Makariens und des Auswandererbundes.

Die Fiktion eines Herausgebers, der für die Wahrheit einer fiktiven Geschichte bürgt, ist im Roman des 18. Jahrhunderts beliebt gewesen. Goethe verwendet sie aber in einem ihrer herkömmlichen Funktion genau entgegengesetzten Sinn, ist hier doch der Herausgeber beauftragt, das Archivmaterial zum »Roman« zu verarbeiten, Fiktion vielfach erst herzustellen. In wiederholten Leseranreden führt er sich als »Redakteur dieser Bogen«, »treuer Referent«, »Sammler und Ordner« ein, der z.B. die Verlegenheit zugibt, an welcher »Stelle« er einen »Schwank« einfügen soll (III/8), der einer Person ins Wort fällt und sie am Vorlesen von »Papieren« hindert, weil diese von ihrem »didaktischen« Charakter her das »Geschichtliche« zu sehr stauen, also die Erzählbarkeit hemmen würden (I/10) usw. Bisweilen lehnt der Redakteur gar die Verantwortung für das Mitgeteilte ab, so wenn er die Ausfälle gegen das Theater in der »Pädagogischen Provinz« nur unter Protest wiedergibt (II/8). Bei Odoards Erzählung »Nicht zu weit« erklärt er ausdrücklich, sie bearbeitet und sich um des Lesers willen »die Rechte des epischen Dichters« herausgenommen zu haben (III/10). Daß er bei der erzählerischen Aufbereitung des archivierten Materials nicht immer eine glückliche Hand hat, gibt er offen zu: »Eine Szene, wie dies zugegangen«, bemerkt er an einer Stelle der Novelle »Der Mann von funfzig Jahren«, »wagten wir nicht zu schildern, aus Furcht, hier möchte uns die jugendliche Glut ermangeln.« (II/5). In der gleichen Erzählung bereitet er den Leser auf einen Wechsel der epischen Methode vor: »Unsere Leser überzeugen sich wohl, daß von diesem Punkte an wir beim Vortrag unserer Geschichte nicht mehr darstellend [d.h. in einer ans Drama angelehnten dialogisierenden Form], sondern erzählend und betrachtend verfahren müssen, wenn wir in die Gemütszustände, auf welche jetzt alles ankommt, eindringen und sie uns vergegenwärtigen wollen.« (II/5) Er überschlägt Details der Handlung, die ihm ein »Geheimnis«

(II/5) oder »unbekannt« (II/4) geblieben sind – er ist eben nicht ›allwissender Erzähler‹, sondern in seinem Wissen vom vorliegenden Archivmaterial abhängig –, er vertröstet den Leser auf gelegentliche spätere Mitteilung eines Sachverhalts, die natürlich nie erfolgt, oder entschuldigt sich für die Nichtdarstellung einer Episode, wie erwähnt, mit seinem Alter. Und der Text über Makariens Position im Sonnensystem (im fünfzehnten Kapitel des dritten Buchs) wird als »ein Blatt aus unsern Archiven« mitgeteilt, das nicht »ganz authentisch« sei, da der anonyme Autor es »aus dem Gedächtnis geschrieben« habe (III/14).

Der Redakteur verfügt also nach eigenem Gutdünken über das Material, zensiert oder bearbeitet es, distanziert sich von ihm, unterdrückt, kompiliert oder resümiert es. Eine gesicherte Auktorinstanz gibt es nicht mehr; die Verantwortung für das, was erzählt wird, ist auf verschiedene Instanzen verteilt, wiederholt überlagern sich die Erzähl- und Deutungsperspektiven. Die disparatesten Textsorten vom reinen Sachtext bis zum Märchen treten – mit den verschiedensten Beglaubigungsgraden – in harter Fügung nebeneinander. Mit einem aus der Klassik entwickelten geschlossenen Werkbegriff läßt sich das alles nicht mehr vereinbaren.

Durch den Verzicht auf klare auktoriale Sinngebung und narrative Einschmelzung aller Elemente des Romans wird dem Leser eine bisher unbekannte Rolle bei der Herstellung von Sinnzusammenhängen zugewiesen. Das geschieht am auffälligsten in den beiden Aphorismensammlungen, bei deren Lektüre der Leser ganz auf sein eigenes Kombinationsvermögen angewiesen ist, auf jede auktoriale Lenkung verzichten muß. Die Aphoristik bildet – in ihrer oben beschriebenen Widerspruchsspannung zwischen Einzelnem und Allgemeinem – geradezu ein hermeneutisches Modell des Romans, ein mikrokosmisches Abbild seiner Struktur.

Goethe selber hat in seinem Brief an Johann Friedrich Rochlitz vom 28. Juli 1829 das Strukturprinzip der *Wanderjahre* und die neue Leserverantwortung deutlich auf den Begriff gebracht: »Eine Arbeit wie diese, die sich selbst als kollektiv ankündigt, indem sie gewissermaßen nur zum Verband der disparatesten Einzelheiten unternommen zu sein scheint, erlaubt, ja fordert mehr als eine andere, daß jeder sich zueigne, was ihm gemäß ist.« Eben damit weisen die *Wanderjahre* auf spezifische Strukturmerkmale des modernen Romans voraus. Bezeichnenderweise ist es einer der bahnbrechenden Romanautoren dieses Jahrhunderts gewesen, der den Blick für die Form der *Wanderjahre* geöffnet hat: Hermann Broch. In seinem Essay *James Joyce und die Gegenwart* (1936) erklärt er,

Goethe habe »in den *Wanderjahren* den Grundstein der neuen Dichtung, des neuen Romans« gelegt, sei hier doch eine Form gefunden, in der »alles Wissen der unendlichen Menschheitsentwicklung in einem einzigen simultanen Erkenntnisakt« verdichtet sei. In dieser Hinsicht vergleicht Broch die *Wanderjahre* mit *Faust*. Beide seien – indem sie die traditionellen Genreformen des Romans und des Dramas gesprengt hätten – »Totalitätskunstwerke«.

Diese Totalität wird durch die Desintegration der Erzählformen des herkömmlichen Romans ermöglicht – wie im *Faust* durch die Desintegration der traditionellen dramatischen Formen. Dadurch daß der auktoriale Erzähler durch den ›Redakteur‹ ersetzt ist, dem nur bedingte Kompetenz für die Sinngebung des epischen Materials zukommt, verliert der Roman das Sinnzentrum, von dem aus alles Mitgeteilte erzählerisch integriert wird. Der Leser muß sich führerlos den Weg durch die epische Landschaft bahnen. Es ist also kein Wunder, daß Goethes Zeitgenossen der Form der *Wanderjahre* ratlos gegenüberstanden. Selbst ein Jungdeutscher wie Theodor Mundt, der vom Roman inhaltliche und formale Aktualität verlangt, kritisiert in einer Rezension der *Wanderjahre* (1833) deren Verstoß gegen die »poetische Kunstform«, die eben nicht »alles verdauen« könne, was Goethe an »ökonomischen, technischen und landwirtschaftlichen, haushälterischen und handwerkszünftigen Darstellungen« – ein besonderes Ärgernis ist ihm natürlich der Sachtext über die Weberei – in sie hineinstopfe: »die Poesie kann so etwas gar nicht ausführen«.

Sogar die Autoren, welche die *Wanderjahre* gegen die jungdeutsche Kritik an Goethes vermeintlicher politisch-gesellschaftlicher Rückständigkeit verteidigten, bezogen sich nur auf ihren Inhalt und verweigerten sich weitgehend ihrer Form. Hier sind jene Kritiker um die Mitte des 19. Jahrhunderts zu nennen, die Goethe im Geiste des Frühsozialismus deuteten. Der erste in dieser Reihe war Karl August Varnhagen van Ense (*Im Sinne der Wanderer*, 1832), es folgten Karl Grün (*Über Goethe vom menschlichen Standpunkte*, 1846), Ferdinand Gregorovius (*Goethes »Wilhelm Meister« in seinen sozialistischen Elementen entwickelt*, 1849) Hermann Hettner (*Goethe und der Sozialismus*, 1852) u. a.. An diese Tradition knüpft noch der große Rechtsgelehrte Gustav Radbruch in seinem Aufsatz *Wilhelm Meisters sozialistische Sendung* (1944) an, der freilich die Naivitäten seiner Vorgänger meidet und, anders als der Titel ahnen läßt, Goethes Roman durchaus nicht für den Sozialismus zu vereinnahmen sucht. Was Radbruch aber verdeutlicht hat, ist die

Bedeutung der *Wanderjahre* als »Sozialroman« in dem von Karl Rosenkranz eingeführten Sinne.

Wirklich sind die *Wanderjahre* weit mehr als die *Lehrjahre* ein sozialer Roman. Stand dort, vor dem Hintergrund der Französischen Revolution, die Kontrapunktik adliger und bürgerlicher Lebenshaltung im Vordergrund, so ist nun die bürgerliche Welt fast universal geworden; das Zeitalter des »Maschinenwesens« (III/5) schafft neue soziale Probleme – ihr größtes: durch die Maschine ist die Hausindustrie in ihrer Existenz bedroht; zahllose Menschen in den übervölkerten Regionen verlieren dadurch ihre Lebensgrundlage. Auf diese Notlage beziehen sich die beiden großen Siedlungsprojekte. Unter der Führung Lenardos wird das amerikanische Auswanderungsunternehmen gegründet, das unbelastet von den feudalistischen Zwängen, die der europäischen Gesellschaft noch anhaften, in der Neuen Welt großzügige Siedlungen, einen Kanalbau und industrielle Anlagen plant. Doch auch ein deutscher Fürst ermöglicht in einer abgelegenen Provinz ein Kolonisationsprojekt. (Goethe spielt hier auf die planmäßigen Ansiedlungen in den Ländern Maria Theresias und Friedrichs des Großen an.) Dieses Projekt, das unter der Leitung Odoards durchgeführt werden soll, ist in seinem Handlungsspielraum notwendig weniger frei, da es sich mit den bestehenden feudalen Traditionen, den Privilegien der Großgrundbesitzer u.ä. abfinden muß. In beiden Projekten spiegeln sich die ausgedehnten öko- und agronomischen Studien Goethes wider, die ihn bis ins hohe Alter beschäftigt haben. In keinem anderen Werk hat er sich mit sozialen Problemen und den Grundzügen moderner Wirtschaftsgesinnung ausführlicher auseinandergesetzt als in den *Wanderjahren*. Das Problem, wie er den König von Taurus reden lassen soll, wenn die Strumpfwirker in Apolda hungern (sein berühmter Brief an Frau von Stein vom 6. März 1779), stellt sich ihm nun nicht mehr. Er hat in seinem Altersroman die Form gefunden, die es erlaubt, die Problematik der manuellen Textilherstellung ebenso zur Sprache zu bringen wie die ›abgehobenen‹ Kulturwerte.

In der Eigentumsauffassung des Oheims, der an der Gründung des Quäkerstaates in Pennsylvanien beteiligt gewesen ist, drückt sich bereits jene Gemeinsamkeit von puritanischer Ethik und kapitalistischer Wirtschaftsgesinnung aus, die von Max Weber analysiert worden ist. Wie stark auch das Ethos der Auswanderer von protestantisch-frühkapitalistischen Vorstellungen bestimmt ist, das zeigt Lenardos Rede im neunten Kapitel des dritten Buchs mit ihrem Lob des Nützlichseins und des »beweglichen« (d.h. bürgerlichen) Besitzes, den er gegen den festen (d.h. feudalen Grund-) Besitz ausspielt, oder in dem amerikanischen Siedlungsplan der Turmgesellschaft im elften Kapitel des dritten Buchs mit seinem Kultus der Leistung und der rational genutzten Zeit. Man darf in diesem ökonomischen Rationalismus freilich – wie in den *Lehrjahren* – nicht der Weisheit letzten Schluß sehen. Das wird schon durch die beschriebene Struktur des Romans verhindert. Auf der anderen Seite haben wir nämlich – durch diese Struktur freilich ebensosehr relativiert – die numinose Erfahrungswelt Makaries. Nur wer sich die ganze Spannweite zwischen aufklärerisch-pragmatischer Vernunfteinsicht und mystischer Intuition gegenwärtig hält, wird dem vollen Gehalt der *Wanderjahre* gerecht.

Was die leitenden Männer der beiden großen Kolonisationsunternehmen verbindet, ist – dem Romantitel gemäß – das Ethos der Entsagung. Diese bedeutet bewußte Annahme der Bedingtheit, der eigenen Begrenztheit. Selbstbegrenzung aber ist die conditio sine qua non des tätigen Lebens. Nur wer entsagt, fügt sich sinnvoll ein in den Organismus eines sozialen Ganzen. Das bedeutet die rigorose Absage an das humanistische Totalitätsideal, wie sie sich am Ende der *Lehrjahre* ja schon ankündigte. Nicht als Individuum ein Ganzes zu sein, sondern dem (sozialen) Ganzen als beschränktes Glied zu dienen: das ist das Ethos der »Entsagenden«, das insofern über den Geist des Kapitalismus hinausweist.

Auch *Die Wahlverwandtschaften* (1809) waren ursprünglich als Novelleneinlage für die *Wanderjahre* geplant, und diese anfängliche Bestimmung ist noch in dem zum tragischen Roman angewachsenen Werk zu spüren. Wie *Wilhelm Meisters Lehrjahre*, mit Goethes berühmten Worten über seinen *Tasso* zu reden, als »gesteigerter Werther« lesbar sind, so in gewisser Weise auch die *Wahlverwandtschaften*. Schon Rudolf Abeken hat in seiner Rezension von 1810 betont, Goethes neuer sei mit seinem ersten Roman »in mehr als einer Hinsicht verwandt«. Es ist vor allem die Gestalt Eduards, der in seinem unbedingten, ja rücksichtslosen Liebesanspruch – im Kontrast mit dem selbstbeherrschten Verzicht der anderen Personen dieses tragischen Quartetts, zumal zur heiligmäßigen Entsagung Ottilies nach dem Tod des Kindes – an Werther denken läßt. Auch er hält sein Herzchen wie ein krankes Kind und gestattet ihm jeden Willen (*Werther*, 13. Mai 1771). Auch er ist als typischer Dilettant geschildert, freilich nicht mehr als bürgerlich-empfindsamer, sondern als spezifisch adliger. Er ist das »verzogene Kind reicher Eltern«, der bisher nichts entbehren mußte – »was konnte in der Welt seinen Wünschen entgegenstehen!« (I/2). Mit unverblümtem Standeshochmut – so als hätte es noch keine Französische Revolution gegeben – insistiert er auf den Prärogativen des Adels: »Ich mag mit Bürgern und Bauern nichts zu tun haben, wenn ich ihnen nicht geradezu befehlen kann« (I/6).

Die Rücksichtslosigkeit des Edelmannes, des verzogenen Kindes und des Gefühlsabsolutisten zeigt sich besonders deutlich, als er im fünfzehnten Kapitel des ersten Teils trotz des Unglücksfalls mit dem beinahe ertrunkenen Knaben – eine Vorausdeutung auf den Tod seines eigenen Kindes – das Feuerwerk für Ottilie abbrennen läßt und für die Rettungsaktionen nur despektierliche Worte übrig hat (I/15), oder als er nach dem wirklichen Todesfall seinen Liebesanspruch im Gegensatz zu Ottilie unangefochten weiter behauptet, ja den Tod seines Kindes für einen der Auflösung seiner Ehe förderlichen Umstand hält. In seinem Gespräch mit Eckermann am 21. Januar 1827 hat Goethe anläßlich der negativen Äußerungen über Eduard in der von ihm hochgeschätzten Interpretation Solgers bemerkt: »Ich kann ihm nicht verdenken, daß er den Eduard nicht leiden mag, ich mag ihn selber nicht leiden [...]. Er hat übrigens viele Wahrheit, denn man findet in den höhern Ständen Leute genug, bei denen ganz wie bei ihm der Eigensinn an die Stelle des Charakters tritt.«

Bezeichnenderweise spielt Eduard die Flöte – seit Friedrich dem Großen eine besondere Liebhaberei adliger Kreise –, aber da es ihm an »Geduld« und »Ausdauer« fehlt, bringt er es nie zu einer wirklichen Beherrschung des Instruments, was sich in seinem rhythmischen Unvermögen und der typischen Dilettantenart zeigt, das Tempo bei schwierigen Stellen zu verlangsamen, bei leichten zu beschleunigen (I/2). Auch in der Landschaftsgärtnerei – dem bevorzugten Betätigungsfeld adliger Dilettanten; sie spielt denn auch in Goethes und Schillers Dilettantismus-Projekt eine große Rolle – betreibt er das typische »Stückwerk« der »Liebhaberei« (I/3). Wenn er einmal bemerkt, der Mensch sei »ein wahrer Narziß; er bespiegelt sich überall gern selbst; er legt sich als Folie der ganzen Welt unter« (I/4), so ist das die beste Charakterisierung seiner selbst – das Psychogramm des Dilettanten im Sinne Goethes und Schillers.

Eduard ist sein Dilettantismus durchaus bewußt, wenn er ihn auch nicht gern zugibt: »Man hat mir, nicht gerade ins Gesicht, aber doch wohl im Rücken, den Vorwurf gemacht: ich pfusche, ich stümpere in den meisten Dingen. Es mag sein, aber ich hatte das noch nicht gefunden, worin ich mich als Meister zeigen kann. Ich will den sehen, der mich im Talent des Liebens übertrifft.« (I/18).

Doch gerade die Liebe ›meistert‹ er ebensowenig wie Werther. Die Leidenschaft für Ottilie läßt ihn jedes »Maß« verlieren. »Das Bewußtsein zu lieben und geliebt zu werden treibt ihn ins Unendliche. [...] Ottiliens Gegenwart verschlingt ihm alles: er ist ganz in ihr versunken; keine andre Betrachtung steigt von ihm auf, kein Gewissen spricht ihm zu; alles, was in seiner Natur gebändigt war, bricht los, sein ganzes Wesen strömt gegen Ottilien.« (I/13). Das sind unüberhörbare *Werther*-Klänge! Zugleich wirken sie wie Vorklänge von Wagners *Tristan und Isolde*. Die Absolutheit des Liebesgefühls, die sich über alle sozialen und sittlichen Bindungen hinwegsetzt, das verhängnishaft-magische Verfallensein der illegitim Liebenden aneinander – es verbindet Goethes Roman, wie wiederholt bemerkt worden ist, mit Wagners Musikdrama, dem es auch strukturell, durch das dichte Leitmotivgewebe verwandt ist. (Nicht zufällig sind die *Wahlverwandtschaften* das nach *Faust* von Wagner am meisten bewunderte Werk Goethes gewesen.)

Was die *Wahlverwandtschaften* mit den *Wanderjahren*, zu deren Novellenkreis sie ursprünglich gehörten, inhaltlich besonders verbindet, ist das Thema der Entsagung, deren äußerste Steigerung ins Asketische und »Heilige« (II/15) sich in der Haltung Ottilies manifestiert. Das Heilige ist die einzige Gegenmacht, welche dem Dämonischen gewachsen ist, das in diesem Roman eine so abgründigbedeutende Rolle spielt wie in keinem anderen Werk Goethes. Obwohl die *Wahlverwandtschaften* als Roman mit den *Wanderjahren* strukturelle Gemeinsamkeiten haben – auch hier sind eine Novelle (»Die wunderlichen Nachbarskinder«) sowie im zweiten Teil wiederholt Maximen und Reflexionen »Aus Ottiliens Tagebuche« eingefügt –, entsprechen sie von ihrem Handlungsspielraum her doch eher den Novelleneinlagen des zweiten Wilhelm Meister-Romans. Wie diese beschränken sie sich auf die Dimensionen einer Privatgeschichte und demgemäß auf die topographischen Umrisse eines herrschaftlichen Landgutes. Am nächsten verwandt sind sie von ihrem Milieu her dem »Mann von funfzig Jahren«. (Bezeichnenderweise hat Goethe beide ›Novellen‹ 1808 gleichzeitig schematisiert.)

Nur in einem derart verdichteten Raum, der entsprechend gerafften Zeit und der auf einen schmalen Personenkreis reduzierten (aber dadurch intensivierten) Handlung – fast also im Rahmen der klassizistischen Tragödie, an welche auch die symmetrische Gruppierung der Hauptpersonen gemahnt – ließ sich die Konzeption des tragischen Romans verwirklichen. Als solchen hat Goethe sich die *Wahlverwandtschaften* ohne Zweifel gedacht; das zeigt nicht zuletzt die wiederholte Beziehung auf die Tragödiendefinition des Aristoteles. Im Gespräch mit Eckermann vom 21. Juli 1827 – im gleichen Jahr erscheint seine *Nachlese zu Aristoteles' Poetik* – redet er von dem tragischen Affekt der »Furcht«, die in den *Wahlverwandtschaften* zur »Bangigkeit« angesichts des »moralischen Übels« werde, das wir »auf die handelnden Personen heranrücken und sich über sie verbreiten sehen«. Und im Brief an Zelter vom Januar 1830 betont Goethe unter Beziehung auf seinen Aristoteles-Aufsatz, »daß ich in meinen *Wahlverwandtschaften* die innige, wahre Katharsis so rein und vollkommen als möglich abzuschließen bemüht war«.

Goethe hat in seinem Brief an Schiller vom 9. Dezember 1797 bezweifelt, ob er »eine wahre Tragödie schreiben könnte«, und befürchtet, »daß ich mich durch den bloßen Versuch zerstören könnte«. Schiller hat darauf drei Tage später geantwortet: »Sollte es wirklich an dem sein, daß die Tragödie, ihrer pathetischen Gewalt wegen, Ihrer Natur nicht zusagte?« Er vermutet, »daß bloß die strenge gerade Linie, nach welcher der tragische Poet fortschreiten muß, Ihrer Natur nicht zusagt«. Es ist nun ein merkwürdiges Faktum, daß Goethe, der auf dramatischem Gebiet die reine Tragödie vermieden hat, zehn Jahre später eine tragische Novelle beginnt, in der er weder ›pathetische Gewalt‹ noch die ›strenge gerade Linie‹ scheut. Die *Wahlverwandtschaften* beginnen freilich in einem komödiantischen Ton, wie er die parallel entstandene Novelle »Der Mann von funfzig Jahren« prägt. Das Motiv der sich über Kreuz liebenden Paare, ihre chemische ›Versuchsanordnung‹ läßt eine Tragödie nicht erwarten, sondern ist eher Da Ponte/Mozarts *Così fan tutte* vergleichbar. Daß gerade inmitten einer Komödienkonstellation und unter einem Komödienpersonal (Luciane, der nur Verwirrung stiftende ›Mittler‹, auch Eduard, der vom Erzähler gleich in der ersten Zeile des Romans mit einer komisch-ironischen Wendung eingeführt wird und im ersten Teil in manchen Situationen wie eine Komödienfigur agiert) das »Ungeheure« aufbricht, verleiht dem Walten des Dämonischen die Züge einer tragischen Ironie, welche an die sophokleische Tragödie gemahnt.

Durch die Steigerung der Novelle zum tragischen Roman hat Goethe sich deutlich von den poetologischen Prämissen Schillers entfernt, der das Tragische dem Drama vorbehalten wissen wollte. In seinem Brief vom 20. Oktober 1797 hat Schiller sogar den *Lehrjahren* vorgeworfen, in ihnen sei »offenbar zu viel von der Tragödie [...]; ich meine das Ahndungsvolle, das Unbegreifliche, das subjektiv Wunderbare, welches [...] nicht mit der Klarheit sich verträgt, die im Roman herrschen muß und in diesem auch so vorzüglich herrscht.« Angesichts der untragischen Rationalität der *Lehrjahre* (»weil sich sonst alles so schön vor dem Verstande entwirret«) seien derartige »Grundlosigkeiten« nicht zu billigen. Was würde Schiller erst zu den *Wahlverwandtschaften* gesagt haben, die sich so sehr der gleichzeitig von der Romantik entdeckten Nachtseite der Natur aufschließen! (Gotthilf Heinrich Schuberts *Ansichten von der Nachtseite der Naturwissenschaft* sind ein Jahr vor den *Wahlverwandtschaften* erschienen.) Vergleicht man dic rationale Aufhellung der Schicksale Mignons und des Harfners in den *Lehrjahren*, die Schiller als gattungsgerecht gerühmt hatte (2. Juli 1796) – während sie für Novalis ein Symptom der von ihm verworfenen ökonomisch-rationalistischen Tendenz des Romans war (»das Romantische geht darin zugrunde«) –, so scheint eine Welt zwischen *Lehrjahren* und *Wahlverwandtschaften* zu liegen, und doch handelt es sich in beiden Romanen, wie die Fortführung der ›ökonomischen‹ Linie in den *Wanderjahren* zeigt, um komplementäre Wirklichkeiten, deren eine nicht auf Kosten der anderen verdunkelt werden darf.

»Schiller tadelte die Einflechtung des Tragischen [in *Wilhelm Meisters Lehrjahre*], als welches nicht in den Roman gehöre«, bemerkt Goethe im Gespräch mit Eckermann vom 18. Januar 1825, und er setzt hinzu: »Er hatte jedoch unrecht, wie wir alle wissen.« Goethe wird hier an die *Wahlverwandtschaften* gedacht haben, denen er, gerade durch ihre räumlich-zeitliche Konzentration, die Züge einer nach dem Vorbild der griechischen Tragödie mit unerbittlicher Raschheit hereinbrechenden Katastrophe verliehen hat. Ihr Grund ist die rätselhafte Macht des Dämonischen, welche durch die – von Goethe in seiner Selbstanzeige im »Morgenblatt für gebildete Stände« (1809) so genannte – »chemische Gleichnisrede« der affinitas electiva: der Wahlverwandtschaften, d.h. der wechselseitigen Anziehung und Abstoßung der Elemente repräsentiert wird. (Die Theorie der Affinität, welche die naturwissenschaftliche Basis der *Wahlverwandtschaften* bildet, verbindet Goethe – so sehr die Farbenlehre sie trennt – mit Newton, dem sie zum Schlüssel nicht nur der chemischen Prozesse, sondern der Natur überhaupt wurde.)

Das Dämonische ist für Goethe der »durch Verstand und Vernunft nicht aufzulösende« Abgrund der Welt, in dem sich die im Streit mit sich selbst liegende Gottheit offenbart, »eine der moralischen Weltordnung, wo nicht entgegengesetzte, doch sie durchkreuzende Macht« (*Dichtung und Wahrheit*, 20. Buch). Im unwiderstehlichen Wirken des Dämonischen gründet Goethes Zweifel an dem »Kantischen Imperativ«, welcher die Menschen »autonomisch und autokratisch« voraussetzt (Gespräch mit K.E. von Hagen, August 1805). Zwar vermag sich in der Entsagung die geistige Kraft des Menschen der dämonischen Fatalität, der »leidenschaftlichen Notwendigkeit« (Selbstanzeige) gegenüber zu behaupten, diese selbst aber ist auch in Ottilies Entschluß, als »geweihte Person [...] sich dem Heiligen« zu überantworten (II/15), nicht auszulöschen.

Die Dimension des Dämonischen, das die sittlichen und humanen Bindungen durchkreuzt, hebt die *Wahlverwandtschaften* natürlich weit über *Werther* hinaus. Die selbstzerstörerische Leidenschaft resultiert in Goethes erstem Roman noch aus der exzentrischen psychischen Verfassung eines übersensiblen Einzelgängers, nicht aus der Gebrochenheit oder Widersprüchlichkeit der Weltordnung. Der tragische Riß geht im *Werther* durch den einzelnen Menschen – in den *Wahlverwandtschaften* durch die Welt. Eduards zerstörerische Leidenschaft ist nicht nur durch seine psychische Disposition erklärbar – sondern eben durch die »ungeheuren zudringenden Mächte« (II/15), deren man nicht durch Vernünftelei oder moralische Salbaderei Herr wird. Die fast groteske Gestalt »Mittlers« – einer Art von fiktionalisiertem Nicolai – zeigt das aufs deutlichste. Dieser Mittler erreicht mit seinem takt- und instinktlosen, immer zur unrechten Zeit vorgetragenen Moralismus stets das Gegenteil dessen, was sein von Goethe mit tiefer Ironie gewählter Name will: seine Mittlertätigkeit zieht, wo immer er auftaucht, die Katastrophe herbei, so zuletzt den Tod Ottilies. Auch andere wohlmeinende Vermittlungsversuche schlagen im Verlauf des Romans immer wieder in ihr Gegenteil um. Charlotte gelangt zu der Einsicht: »Es sind gewisse Dinge, die sich das Schicksal hartnäckig vornimmt. Vergebens, daß Vernunft und Tugend, Pflicht und alles Heilige sich ihm in den Weg stellen; es soll etwas geschehen, was ihm recht ist, was uns nicht recht scheint; und so greift es zuletzt durch, wir mögen uns gebärden, wie wir wollen.« (II/14). Das ist auch, wie Goethe im Alter eingesehen hat, der Grund der Revolutionen, die sich nicht durch ›Vermittlungsversuche‹ vereiteln lassen, wenn das Schicksal sie will (vgl. *Maximen und Reflexionen* 346).

Goethe hat der tragischen Katastrophe in den *Wahlverwandtschaften* freilich nicht das letzte Wort gegönnt. Jenseits der irdisch-sittlichen Schranken, der Normen der sozialen Moral, das deutet der legendenhafte Schluß des Romans an, wird sich die Wahlverwandtschaft, die Liebe zwischen Eduard und Ottilie in einer metatragischen Steigerung erfüllen. Mag über dem Schluß des Romans auch ein Hauch von Ironie liegen, das Legendenhafte vom aufgeklärten Erzähler perspektivisch relativiert sein, die Hoffnung, daß mit dem Tod der Protagonisten ihre Existenz nicht aussichtslos abgeschlossen ist, bildet die Katharsis des tragischen Romans. Zurecht hat Thomas Mann in seinem Essay von 1925 die *Wahlverwandtschaften* Goethes »allerchristlichstes Werk« genannt.

Der Schauplatz der *Wahlverwandtschaften* ist ein Symbolraum, in dem die Dinge trotz ihrer realistischen Konkretheit durch leitmotivische Wiederkehr und wechselseitige Spiegelung sich zu einem dichten Beziehungsgeflecht von Chiffren zusammenziehen. Auch die Personen, deren ›Wahlverwandtschaft‹ schon durch Übereinstimmung ihrer Namen (deren jeder den vor- und rückwärts gelesen gleichlautenden Vornamen Otto enthält) indiziert ist, sind nach den Worten von Rochlitz in seinem Brief an Goethe vom 5. November 1809 »äußerst kunstreich [...] nur in Gruppen einander entgegengestellt«, die in polare Beziehungen zueinander treten. Goethe stellt diese Beziehungen fast mit analytisch-wissenschaftlicher Nüchternheit dar, die in merkwürdigem Kontrast steht zum »Ungeheuren«, das sich in ihnen manifestiert.

Obwohl es angesichts der Vielschichtigkeit und Ambiguität der *Wahlverwandtschaften* nicht angeht, diese auf die Spezies des Ehe- und Gesellschaftsromans einzuengen, läßt sich nicht bestreiten, daß die dargestellte Privatgeschichte über sich selbst hinaus auf allgemeine gesellschaftliche Zustände verweist. Goethe selbst hat Riemer gegenüber geäußert (28. August 1808), er habe »soziale Verhältnisse und die Konflikte derselben symbolisch gefaßt darzustellen« gesucht. Wir begegnen einer geistig-ethisch substanzlos werdenden, wenn auch an ihren (im Roman immer wieder beredeten) Standeskonventionen und -werten festhaltenden gesellschaftlichen Schicht, einer teils ins Leichtfertig-Spielerische entartenden (das »Affenwesen« Lucianes und ihrer Schar), teils nach den Worten Arnims (an Bettina Brentano, 5. November 1809) in »Langeweile« dahindämmernden Aristokratie: »Ohne eine mögliche Richtung ihrer Tätigkeit zur allgemeinen Verwaltung kochen sie ihre häusliche Suppe meist so lange über, bis nichts mehr im Topfe«. Andererseits ist nicht zu übersehen, daß Goethe in der Gestalt Ottilies, deren Tagebuchblätter immer wieder um die Gedanken des »Schicklichen«, der »guten Sitten« etc. kreisen, das aristokratische Ethos noch einmal in voller Gültigkeit zeigen wollte. »Das Schickliche ist mit Ihnen geboren«, sagt der Architekt einmal von ihr (II/6). Wie bei Leonore von Este im *Tasso* wächst die Kraft zur

Entsagung in ihr gerade aus dem ›Vornehmen‹ als der Verwindung des Leidenschaftlichen empor – bis zu jener Haltung, um die Goethe den Nimbus des Heiligen legt.

Daß Goethe ein naturwissenschaftliches Theorem zum Titel eines Romans gemacht hat, hat schon die Zeitgenossen fasziniert, denen die Affinitätslehre durch ihre romantische Wiederentdeckung und Erweiterung vertraut war. Erst recht aber beeindruckte Goethes Experiment einer Verbindung von Roman und Naturwissenschaft die eben darauf eingeschworene (naturalistische) Literaturkritik des späten 19. Jahrhunderts. Die zu dieser Zeit hoch im Kurs stehende »Psychophysik« konnte in Goethes Begründung humaner Phänomene durch chemische eine Selbstbestätigung finden. In Wilhelm Bölsches Aufsatz *Goethes »Wahlverwandtschaften« im Lichte moderner Naturwissenschaft* (1889) heißt es gar: »Die *Wahlverwandtschaften* geben bereits einen vollkommenen Spiegel ab für den von Zola so getauften ›Experimentalroman‹, und man kann im einzelnen bei sorgfältiger Analyse alle Vorzüge und alle Gefahren dieser ins Gebiet der Naturwissenschaft hinübergreifenden exakt psychologischen Dichtungsart an dem alten Buche so genau aufweisen, als gehöre es zeitlich zu den neuesten Erzeugnissen des Büchermarktes.« So überspitzt diese Äußerung auch sein mag, wie im Falle der *Wanderjahre* zeigt sich, daß Goethes Roman weit vorausgreift auf die moderne Entwicklung dieser Gattung.

Auch um die letzte der großen Prosadichtungen des späten Goethe: die *Novelle* (1828) sollte sich uspründlich der Rahmen der *Wanderjahre* schließen. In den Kreis der »Entsagenden« und Auswanderer nimmt Goethe gewissermaßen auch Honorio, die Hauptgestalt der *Novelle*, auf: wenn nämlich die Wärterin ihn am Ende mit der Mahnung zur Entsagung (»Überwinde dich selbst!«) gen Westen, »nach Abend« – offenkundig nach Amerika – weist; »dort gibts viel zu tun«. Nahezu das gesamte epische Spätwerk Goethes gehört also in den Umkreis des zweiten Wilhelm Meister-Romans. Dem Titel gemäß wollte Goethe – wie im *Märchen*, der *Ballade* oder im *Sonett* – in der *Novelle* die Gattung selbst symbolisch darstellen: »denn was ist eine Novelle anders als eine sich ereignete unerhörte Begebenheit« (zu Eckermann, 29. Januar 1829).

Mit den *Wahlverwandtschaften* ist die *Novelle* durch das aristokratische Milieu verbunden; ihm begegnen wir freilich nun auf einer höheren und zeitgeschichtlich konkreteren Ebene, an der Spitze eines deutschen Fürstentums, das manche Züge Sachsen-Weimars trägt. Dieses Fürstentum ist deutlich von der nachrevolutionären Ära geprägt, weithin verbürgerlicht. Das Leben des Fürsten und seines Hofes ist nicht mehr von Repräsentation, sondern von angestrengter Arbeit für das Gemeinwesen und seine wirtschaftliche Entwicklung erfüllt. Keinem ›Staatsglied‹ ist es mehr erlaubt, zu genießen, während andere arbeiten, sondern die Einsicht hat sich durchgesetzt, »daß alle Staatsglieder in gleicher Betriebsamkeit ihre Tage zubringen, in gleichem Wirken und Schaffen, jeder nach seiner Art, erst gewinnen und dann genießen sollen«.

Der Erfolg dieser allgemeinen Produktivität drückt sich in dem eben stattfindenden Markt aus. Die Versöhnung eines traditionellen Staatsgebildes mit dem Geist der neuen Zeit, sie wird im ersten Teil der *Novelle* symbolisch, ja fast allegorisch gespiegelt in den Plänen zur Restauration der »uralten Stammburg«, durch die das Alte, Beharrende der Ruine und das ewig Werdende, sich Verändernde der Natur, welche das alte Schloß im Laufe der Jahrhunderte überwuchert hat, ins Gleichgewicht gebracht wird. Einer derart gefestigten, das Widerstreitende harmonisch verbindenden Welt wird nun in der auf dem Markt ausbrechenden Feuersbrunst, in deren Folge wilde Tiere, Tiger und Löwe, aus einer Jahrmarktsbude ausbrechen, das Bild des Elementaren, Chaotischen gegenübergestellt. Das Ebenbild dieser zerstörerischen Mächte im menschlichen Inneren wird in der verhaltenen, durch den Aufruhr der Elemente jedoch fast zum Ausbruch gebrachten Leidenschaft Honorios für seine Fürstin nur sublim angedeutet.

Das Motiv der Feuersbrunst auf dem Markt, dem Spiegel gesellschaftlicher Ordnung, ist eine verhüllte Anspielung auf die Revolution (die in dem aufgegebenen *Jagd*-Projekt von 1797, auf das die *Novelle* zurückgeht, eine unmittelbare Rolle gespielt hätte). Die Entfesselung von Elementen und wilden Tieren ist – im positiven wie negativen Sinne – ein beliebtes Bild der Revolution im Schrifttum der Zeit gewesen. So lesen wir in Heinrich Würzers *Revolutionskatechismus* (1793): »Das gemeine Volk wütete, einem reißenden Tier gleich, das sein Gefängnis durchbrochen, seine Ketten zerrissen hat.« Dieses Bild der entfesselten Tiere taucht auch in Schillers Briefen *Über die ästhetische Erziehung des Menschen* auf, so wenn er im fünften Brief schreibt: »In den niedern und zahlreichern Klassen stellen sich uns rohe gesetzlose Triebe dar, die sich nach aufgelöstem Band der bürgerlichen Ordnung entfesseln, und mit unlenksamer Wut zu ihrer tierischen Befriedigung eilen.«

Zu der Motivverbindung: Feuersbrunst, ausbrechende Tiere, entfesselte Leidenschaft, Revolution ist Goethe wohl auch durch

Schillers *Lied von der Glocke* inspiriert worden, in dem die gewaltsame Zerstörung der gesellschaftlichen Ordnung ja ebenfalls durch den Ausbruch des Feuers und der wilden Tiere symbolisiert wird: »Weh wenn sich in dem Schoß der Städte / Der Feuerzunder still gehäuft, / Das Volk, zerreißend seine Kette, / Zur Eigenhilfe schrecklich greift.« Und dann: »Gefährlich ist's, den Leu zu wekken, / Verderblich ist des Tigers Zahn, / Jedoch der schrecklichste der Schrecken, / Das ist der Mensch in seinem Wahn.« Den elementaren Kräften gelingt es in der *Novelle* indessen nicht – anders als in den *Wahlverwandtschaften* –, katastrophal in die wohlgefügte menschliche Ordnung einzubrechen. Die Bändigung des Löwen durch das beschwichtigende Lied des Kindes im legendenhaften Schluß der *Novelle* ist ein Paradigma der gewaltlosen Beherrschung des Elementaren in der Natur wie – als Entsagung – in der Menschenwelt. »Zu zeigen, wie das Unbändige, Unüberwindliche oft besser durch Liebe und Frömmigkeit als durch Gewalt bezwungen werden, war die Aufgabe dieser Novelle«, so hat Goethe Eckermann gegenüber erklärt (18. Januar 1827).

Die »unerhörte Begebenheit« wird in der »idyllischen Darstellung« des Schlusses zur reinen Utopie, in der alte Menschheitsträume wiederkehren. Das Lied und Flötenspiel des Knaben ist eine Reminiszenz an den Orpheus-Mythos und an Mozarts *Zauberflöte* (wie an Goethes eigenen »zweiten Teil« der Oper), wohl auch an Schillers Beschreibung des »ästhetischen Staats«, in dem »der trotzige Löwe dem Zaum eines Amors gehorchen« muß, am Schluß der »Ästhetischen Briefe«. Wesentlicher aber noch sind die Anklänge an die jüdisch-messianische Vision der befriedeten Natur (»Kalb und Löwe mästen sich gemeinsam, ein kleiner Knabe kann sie hüten. Kuh und Bärin freunden sich an, ihre Jungen lagern beisammen; der Löwe frißt Stroh wie das Rind.« *Jesaja* 11, 6f.) oder an Vergils vierte *Ekloge* mit ihrer Weissagung von dem göttlichen Kind, durch welches das Goldene Zeitalter wiederkehrt – ein Friedensreich, das auch die wilde Natur umschließt. Goethes *Novelle* ist eine Dichtung der Versöhnung: von elementarer Natur und künstlicher Bildung, alter (feudaler) und neuer (bürgerlicher) Zeit, von ursprünglicher Menschlichkeit des Ostens (vgl. die morgenländische Wärterfamilie) und hochzivilisierter Gesittung des Westens – ja in der Sendung Honorios gen Westen durch die Wärterin wölbt sich eine Brücke vom Morgenland über das Abendland in die Neue Welt. Die ganze Spannweite der späten Dichtung Goethes, die von der Hegire in den Orient bis zur amerikanischen Siedlungsutopie reicht! So ist die *Novelle* im Kleinen eine Summe seiner gesamten geistigen Existenz, nicht weniger als in größeren Dimensionen sein Lebenswerk: *Faust*.

Literatur

Blackall, Eric A.: Goethe and the novel. Ithaka and London 1976.
Blessin, Stefan: Die Romane Goethes. Königstein im Taunus 1979.
John, Johannes: Aphoristik und Romankunst. Eine Studie zu Goethes Romanwerk. Rheinfelden 1987.
Reiss, Hans S.: Goethes Romane. Bern und München 1963.
Reiss, Hans S.: Formgestaltung und Politik. Goethe-Studien. Würzburg 1993 [Späte Romane: S. 74–133].

Bahr, Erhard: Die Ironie im Spätwerk Goethes. »... diese sehr ernsten Scherze ...«. Studien zum *West-östlichen Divan*, zu den *Wanderjahren* und zu *Faust II*. Berlin 1972.
Bahr, Ehrhard (Hrsg.): Erläuterungen und Dokumente. J.W. Goethe. *Wilhelm Meisters Wanderjahre*. Stuttgart 1982.
Bahr, Ehrhard: *Wilhelm Meisters Wanderjahre oder die Entsagenden*. In: Paul Michael Lützeler / James McLeod (Hrsg:): Goethes Erzählwerk. Interpretationen. Stuttgart 1985, S. 363–395.
Binswanger, Hans Christoph: Goethe als Ökonom. Chancen und Gefahren der modernen Wirtschaft im Spiegel von Goethes Dichtung. In: Bertram Schefold (Hrsg:): Studien zur Entwicklung der ökonomischen Theorie XI. Berlin 1992, S. 109–132.
Böckmann, Paul: Voraussetzungen der zyklischen Erzählform in *Wilhelm Meisters Wanderjahren*. In: Festschrift für D.W. Schumann. München 1970, S. 130–144.
Borchmeyer, Dieter: Spätstil in zweierlei Gestalt. Goethes *Der Mann von fünfzig Jahren* und Stifters *Der fromme Spruch*. In: Germanistik aus interkultureller Perspektive. Festschrift für Gonthier-Louis Fink. Strasbourg 1989, S. 239–251.
Brown, Jane K.: Goethe's cyclical narratives. *Die Unterhaltungen deutscher Ausgewanderten* und *Wilhelm Meisters Wanderjahre*. Chapel Hill 1975.
Buschinger, Philippe: Die Arbeit in Goethes *Wilhelm Meister*. Stuttgart 1986.
Dane, Gesa: »Die heilsame Toilette«: Kosmetik und Bildung in Goethes *Der Mann von fünfzig Jahren*. Göttingen 1994.
Degering, Thomas: Das Elend der Entsagung. Goethes *Wilhelm Meisters Wanderjahre*. Bonn 1982.
Emrich, Wilhelm: Das Problem der Symbolinterpretation in Hinblick auf Goe-

thes *Wanderjahre*. In: W. Emrich: Protest und Verheißung. 2. A. Frankfurt a.M. / Bonn 1963, S. 48–66.

Fink, Gonthier-Louis: Tagebuch, Redaktor und Autor. Erzählinstanz und Struktur in Goethes *Wilhelm Meisters Wanderjahre*. In: Recherches Germaniques 16 (1986), S. 7–54.

Fink, Gonthier-Louis: Le thème de la propriété dans *Wilhelm Meisters Wanderjahre* de Goethe. In: Études Germaniques 42 (1987), S. 306–19.

Gille, Klaus F. (Hrsg.): Goethes *Wilhelm Meister*. Zur Rezeption der *Lehr-* und *Wanderjahre*. Königstein im Taunus 1979.

Henkel, Arthur: Entsagung. Eine Studie zu Goethes Altersroman. Tübingen 1954.

Karnick, Manfred: *Wilhelm Meisters Wanderjahre* oder die Kunst des Mittelbaren. Studien zum Problem der Verständigung in Goethes Altersepoche. München 1968.

Klingenberg, Anneliese: Goethes Roman *Wilhelm Meisters Wanderjahre oder Die Entsagenden*. Quellen und Komposition. Berlin/Weimar 1972.

Larrett, William: »Weder Kern noch Schale«. The Novel Epistemology of Goethe's *Wilhelm Meisters Wanderjahre*. In: Publications of the English Goethe Society N.S. 56 (1987), S. 38–55.

Mahl, Bernd: Goethes ökonomisches Wissen. Grundlagen zum Verständnis der ökonomischen Passagen im dichterischen Gesamtwerk und in den »Amtlichen Schriften«. Frankfurt a.M. 1982.

Maierhofer, Waltraud: *Wilhelm Meisters Wanderjahre* und der Roman des Nebeneinander. Bielefeld 1990.

Müller, Klaus-Detlev: Lenardos Tagebuch. Zum Romanbegriff in Goethes *Wilhelm Meisters Wanderjahre*. In: Dt. Vierteljahrsschr. f. Literaturwiss. u. Geistesgesch. 53 (1979), S. 275–299.

Müller-Seidel, Walter: Auswanderungen in Goethes dichterischer Welt. Zur Geschichte einer sozialen Frage. In: W. Müller-Seidel: Die Geschichtlichkeit der deutschen Klassik. Literatur und Denkformen um 1800. Stuttgart 1983, S. 66–84.

Neuhaus, Volker: Die Archivfunktion in *Wilhelm Meisters Wanderjahren*. In: Euphorion 62 (1968), S. 13–27.

Peschken, Bernd: Entsagung in *Wilhelm Meisters Wanderjahren*. Bonn 1968.

Sagave, Pierre-Paul: *Les années de voyage de Wilhelm Meister*. In: Études Germaniques 7 (1952), S. 88–104.

Schlaffer, Hannelore: *Wilhelm Meister*. Das Ende der Kunst und die Wiederkehr des Mythos. Stuttgart 1980.

Schlechta, Karl: Goethes *Wilhelm Meister*. Einleitung von Heinz Schlaffer. Frankfurt am Main 1985.

Schulz, Gerhard: Gesellschaftsbild und Romanform. Zum Deutschen in Goethes *Wanderjahren*. In: Literaturwissenschaft und Geistesgeschichte. Festschrift für Richard Brinkmann. Tübingen 1981, S. 258–282.

Seidlin, Oskar: Ironische Kontrafaktur: Goethes *Neue Melusine*. In: O. Seidlin:

Von erwachendem Bewußtsein und vom Sündenfall. Stuttgart 1979, S. 155–170.

Vaget, Hans R.: J.W. Goethe: *Wilhelm Meisters Wanderjahre*. In: Paul Michael Lützeler (Hrsg.): Romane und Erzählungen zwischen Romantik und Realismus. Neue Interpretationen. Stuttgart 1983.

Wergin, Ulrich: Einzelnes und Allgemeines. Die ästhetische Virulenz eines geschichtsphilosophischen Problems. Untersucht am Sprachstil von Goethes Roman *Wilhelm Meisters Wanderjahre oder Die Entsagenden*. Heidelberg 1980.

Adler, Jeremy: Eine fast magische Anziehungskraft. Goethes *Wahlverwandtschaften* und die Chemie seiner Zeit. München 1987.

Allemann, Beda: Goethes *Wahlverwandtschaften* als Transzendentaler Roman. In: Studien zur Goethezeit. Erich Trunz zum 75. Geburtstag. Heidelberg 1981, S. 9–32.

Atkins, Stuart: *Die Wahlverwandtschaften*: Novel of German Classicism. In: German Quarterly 53 (1980), S. 1–45.

Benjamin, Walter: Goethes *Wahlverwandtschaften*. In: W. Benjamin: Illuminationen. Ausgewählte Schriften. Frankfurt am Main 1961, S. 70–147.

Bersier, Gabrielle: Sinnliche Übermacht – übersinnliche Gegenmacht. Die dämonische Verwandlung des klassischen Eros in der Epoche der *Wahlverwandtschaften*. In: Wolfgang Wittkowski (Hrsg.) Verantwortung und Utopie. Tübingen 1988, S. 404–414.

Bersier, Gabrielle: Goethes Rätselparodie der Romantik. Eine neue Lesart der *Wahlverwandtschaften*. Tübingen 1997.

Brandstetter, Gabriele: Poetik der Kontingenz: zu Goethes *Wahlverwandschaften*. In: Jb. d. Dt. Schillergesellschaft XXXIX (1995), S. 130–145.

Buschendorf, Bernhard: Goethes mythische Denkform. Zur Ikonographie der *Wahlverwandtschaften*. Frankfurt am Main 1986.

Ehrke-Rotermund, Heidrun: Gesellschaft ohne Wirklichkeit. Eine Untersuchung von Goethes Roman *Die Wahlverwandtschaften*. In: Jb. d. Freien Dt. Hochstifts 1981, S. 131–188.

Elm, Theo: J.W. Goethe, *Die Wahlverwandtschaften*. Frankfurt a.M. 1991.

Fink, Gonthier-Louis: Les *Wahlverwandtschaften* de Goethe. Structure du roman et aspects du temps. Recherches Germaniques 1 (1971), S. 58–100.

Graham, Ilse: Wintermärchen. Goethes Roman *Wahlverwandtschaften*. In: Goethe Jb. 99 (1982), S. 41–75.

Härtl, Heinz (Hrsg.): *Die Wahlverwandtschaften*. Eine Dokumentation der Wirkung von Goethes Roman 1808–1832. Weinheim 1983.

Hielscher, Monika: Natur und Freiheit in Goethes *Wahlverwandtschaften*. Frankfurt am Main/Bern 1985.

Kolbe, Jürgen: Goethes *Wahlverwandtschaften* und der Roman des 19. Jahrhunderts. Stuttgart 1968.

Konrad, Susanne: Goethes *Wahlverwandtschaften* und das Dilemma des Logozentrismus. Heidelberg 1995.

Kuhn, Isabella: Goethes *Wahlverwandtschaften* oder das sogenannte Böse. Im besonderen Hinblick auf Walter Benjamin. Bonn 1990.

Michelsen, Peter: Wie frei ist der Mensch? Über Notwendigkeit und Freiheit in Goethes *Wahlverwandtschaften*. In: Goethe-Jb. 113 (1996), S. 139–160.

Nemec, Friedrich: Die Ökonomie der *Wahlverwandtschaften*. München 1973.

Neumann, Gerhard: Bild und Schrift. Zur Inszenierung der Fiktionalität in Goethes *Wahlverwandtschaften*. In: Freiburger Universitätsblätter H. 103 (1989), S. 119–128.

Peacock, Ronald: The ethics of Goethe's *Die Wahlverwandtschaften*. In: The Modern Language Review 71 (1976), S. 330–343.

Ritzenhoff, Ursula (Hrsg.): Erläuterungen und Dokumente. J.W. Goethe. *Die Wahlverwandtschaften*. Stuttgart 1982.

Rösch, Ewald (Hrsg.): Goethes Roman *Die Wahlverwandtschaften*. Darmstadt 1975.

Schlaffer, Heinz: Namen und Buchstaben in Goethes *Wahlverwandtschaften*. In: Jb. d. Jean-Paul-Gesellschaft 7 (1972), S. 84–102.

Schwan, Werner: Goethes *Wahlverwandtschaften*. Das nicht erreichte Soziale. München 1983.

Seibt, Gustav / Scholz, Oliver: Zur Funktion des Mythos in *Die Wahlverwandtschaften*. In: Dt. Vierteljahrsschr. f. Literaturwiss. u. Geistesgesch. 59 (1985), S. 609–630.

Steer, A.G.: Goethe's *Elective affinities*: the robe of Nessus. Heidelberg 1990.

Turk, Horst: Goethes *Wahlverwandtschaften*: »der doppelte Ehebruch durch Phantasie.« In: Friedrich A. Kittler / Horst Turk (Hrsg.): Urszenen. Literaturwissenschaft als Diskursanalyse und Diskurskritik. Frankfurt am Main 1977, S. 202–222.

Vaget, Hans. R.: Ein reicher Baron. Zum sozialgeschichtlichen Gehalt der *Wahlverwandtschaften*. In: Jb. d. Dt. Schillergesellschaft XXIV (1980), S. 123–161.

Wellbery, David: *Die Wahlverwandtschaften*. In: Paul Michael Lützeler / James McLeod (Hrsg:): Goethes Erzählwerk. Interpretationen. Stuttgart 1985, S. 291–318.

Wiethölter, Waltraud: Legenden. Zur Mythologie von Goethes *Wahlverwandtschaften*. In: Dt. Vierteljahrsschr. f. Literaturwiss. und Geistesgesch. 56 (1982), S. 1–64.

Winnett, Susan: Terrible sociability: the text of manners in Laclos, Goethe, and James. Stanford 1993.

Wolff, Hans M.: Goethe in der Periode der *Wahlverwandtschaften*. Bern 1952.

Žmegač, Viktor: Zu einem Thema Goethes und Thomas Manns. Wege der Erotik in der modernen Gesellschaft. In: V. Žmegač: Tradition und Innovation. Studien zur deutschsprachigen Literatur seit der Jahrhundertwende. Wien 1993, S. 180–198 [bezieht sich auf die *Wahlverwandtschaften*].

Borchmeyer, Dieter: Höfische Gesellschaft und Französische Revolution bei Goethe. Kronberg im Taunus 1977 [*Novelle*: S. 333–350].

Brummack, Jürgen: »Blankes Schwert erstarrt im Hiebe«. Eine motivgeschichtliche Bemerkung zu Goethes *Novelle*. In: Getempert und gemischet. Festschrift für Wolfgang Mohr. Göppingen 1972, S. 355–376.

Fritz, Horst: Die Utopie der Versöhnung: Goethe, *Novelle*. In: H. Fritz: Instrumentelle Vernunft als Gegenstand von Dichtung. München 1982, S. 79–111.

Hahn, Karl-Heinz: Goethes *Novelle*. In: K.-H. Hahn: Aus der Werkstatt deutscher Dichter. Halle 1963.

Jacobs, Jürgen: »Löwen sollen Lämmer werden«. Zu Goethes *Novelle*. In: Hiltrud Gnüg (Hrsg.): Literarische Utopie-Entwürfe. Frankfurt a.M. 1982, S. 187–195.

Kaiser, Gerhard: Zur Aktualität Goethes. Kunst und Gesellschaft in seiner *Novelle*. In: Jb. d. Dt. Schillergesellschaft 29 (1985), S. 248–265.

Klingenberg, Anneliese: Goethes *Novelle* und *Faust II*. Zur Problematik Goethescher Symbolik im Spätwerk. In: Impulse 10 (1987), S. 75–124.

Klüsener, Erika: Novelle. In: Paul Michael Lützeler / James McLeod (Hrsg:): Goethes Erzählwerk. Interpretationen. Stuttgart 1985, S. 429–454.

Meyer, Herman: Natürlicher Enthusiasmus. Das Morgenländische in Goethes *Novelle*. Heidelberg 1973.

Otto, Regine: J.W. Goethe, *Novelle*. In: Bernd Leistner (Hrsg.): Deutsche Erzählprosa der frühen Restaurationszeit [...] Tübingen 1995, S. 26–65.

Schulz, Gerhard: J.W. Goethe. *Novelle*. In: Interpretationen: Erzählungen und Novellen des 19. Jahrhunderts. Bd. 1. Stuttgart 1988, S. 381–415.

Staiger, Emil: Goethe: *Novelle*. In: E. Staiger: Meisterwerke deutscher Sprache aus dem 19. Jahrhundert. 3. Aufl. Zürich 1957, S. 135–162.

Steer, A. G.: Goethe's *Novelle* as a document of its time. In: Dt. Vierteljahrsschrift f. Literaturwiss. u. Geistesgesch. 50 (1976), S. 414–433.

Strack, Friedrich: Goethes *Novelle* und Schillers Idylle. Zwei Wege ästhetischer Versöhnung. In: Euphorion 77 (1983), S. 438–452.

Swales, Martin W.: The threatened society. Some remarks on Goethe'a *Novelle*. Publications of the English Goethe Society N.S. 38 (1968), S. 43–68.

Wagenknecht, Christian (Hrsg.): Erläuterungen und Dokumente. J.W. Goethe. *Novelle*. Stuttgart 1982.

Wild, Rainer: Goethes Versöhnungsbilder. Eine geschichtsphilosophische Untersuchung zu Goethes späten Werken. Stuttgart 1991.

Trotz aller Skepsis gegenüber Schauspiel und Theater, trotz seines Rückzugs vom Feld des Dramas in seiner zweiten Lebenshälfte hat Goethe doch die Summe seiner Existenz der dramatischen Gattung anvertraut: seinem Lebenswerk *Faust*, das sich freilich im Laufe seiner Entstehung mehr und mehr von den wirklichen ›Brettern‹ fort auf ein imaginäres Theater zu bewegt hat. *Faust* ist Theater über das Theater, Metatheater universalen Stils, in dem Goethe alles eingefangen hat, was er im Laufe seines Lebens über die Bühne gedacht und an Idealen auf dieselbe projiziert hat – und das doch gerade deshalb die Realität der zeitgenössischen Schaubühne transzendiert. Der Theaterleiter Goethe hat, wie erwähnt, gerade seine bedeutendsten Dramen lange Zeit von der Bühne ferngehalten. Das gilt erst recht für sein Hauptwerk *Faust*, auf dessen Aufführung er gänzlich verzichtete. Erst 1829, einundzwanzig Jahre nach seinem Erscheinen, gelangte *Faust I* in Braunschweig zur Uraufführung und wurde zu Goethes achtzigstem Geburtstag auch in Weimar inszeniert. Doch er selbst dispensierte sich vom Besuch der Vorstellung, hielt er das Werk doch gewiß, um seine Formel zu verwenden, für kein »bretterrechtes« Stück – und Publikum wie Kritik dachten kaum anders darüber. Das gilt erst recht für den zweiten Teil der Tragödie. Um so bemerkenswerter, daß die moderne Theaterreformbewegung sich gerade durch *Faust* immer wieder herausgefordert fühlte, daß einige ihrer wichtigsten Repräsentanten (wie Adolphe Appia oder Georg Fuchs) vom ihm her eine neue, mit dem Illusionstheater brechende Bühnenform ins visionäre Auge faßten.

Der erste, der durch *Faust* eine neue Bühnenwelt eröffnet sah, ist Richard Wagner gewesen. Vor allem der zweite Teil ist für ihn das Nonplusultra der dramatischen Kunst, ja er glaubt, »daß kein Theaterstück der Welt eine solche szenische Kraft und Anschaulichkeit aufweist«, wenn man nur das herkömmliche Kulissentheater hinter sich läßt (*Über Schauspieler und Sänger*, 1872). Wagner denkt an eine modernisierte Shakespearebühne, welche auf allen Seiten von Zuschauern umgeben ist. Auf dem »modernen Halbtheater mit seiner nur im Bilde, en face uns vorgeführten Szene« hingegen sei *Faust* verloren. »Vor dieser Bühne bleibt der Zuschauer gänzlich unmitwirksam in sich zurückgezogen und erwartet nun dort oben, und gar endlich dort hinten, praktische Phantasmagorien, die ihn mitten in eine Welt hineinreißen sollen, welcher er andererseits ganz unberührt fern bleiben will.« Wie Wagner sich eine derartige Durchbrechung des Illusionismus vorgestellt hat, zeigt sein Gespräch mit Cosima Wagner am 7. November 1872. Hier entwickelt er die Idee eines spezifischen »Fausttheaters« mit einer bloß angedeuteten, beweglichen Bühne, einer Art Podium »wie im Zirkus«; einige Vorgänge sollten sich gar »hinter den Zuschauern« abspielen, denn das Umdrehen des Publikums belebte den Vorgang, sie wären »Teilnehmende«. Ließe Goethes *Faust* sich dergestalt in Szene setzen, »so möchte schließlich nur noch ein kühner Appell an die mitwirkende Einbildungskraft des Zuschauers nötig sein, um ihn mitten in die Zauberwelt zu versetzen, in welcher vor seinen Augen ›mit bedächtiger Schnelle vom Himmel durch die Welt zur Hölle‹ [*Faust* Vs. 242] gewandelt wird« (*Über Schauspieler und Sänger*).

Der Faustsstoff ist bekanntlich durch die von dem Frankfurter Verleger Johann Spies herausgegebene *Historia von D. Johann Fausten* (1587) in die deutsche Literatur eingegangen. Zeugnisse über das Leben des zu Beginn des 16. Jahrhunderts lebenden Schwarzkünstlers haben sich da mit dem christlich-mittelalterlichen Stoff vom verdammten Magus (Theophilus-Legende) vermischt. Das sogenannte Volksbuch von Spies wurde weitergebildet in den Faust-Büchern Widmans (1599), Pfizers (1674) und des »Christlich-Meynenden« (1725). Bereits wenige Jahre nach seiner ersten Version gelangte der Stoff durch Christopher Marlowes *Tragical History of Doctor Faustus* (aufgef. 1594) zum erstenmal auf die Bühne. Die englischen Komödianten brachten den dramatisierten Faust wieder nach Deutschland zurück. Zumal durch sie wurde die Sage zum Stoff des Volkstheaters (vor allem in Wien: hier erhielt er seine Prägung durch Stranitzkys *Leben und Tod Fausts*, 1715) und des Marionettenspiels.

Die dramatischen Versuche Lessings (seit 1759; 17. *Literaturbrief*) und Maler Müllers Fragmente aus *Fausts Leben* (1776/78) sowie Friedrich Maximilian Klingers Roman *Fausts Leben, Taten und Höllenfahrt* (1791) sind die wichtigsten literarischen Bearbeitungen des 18. Jahrhunderts neben Goethes Dramatisierung des Stoffs, der wie kein anderer zum ›deutschen Stoff‹ schlechthin geworden ist. Das zeigt auch seine weitere Tradition von Grabbes *Don Juan und Faust* (1829) – »Nicht Faust wär' ich, wenn ich kein Deutscher wäre!« verkündet der Titelheld (I/2) – über die Dichtungen Lenaus (*Faust*, 1836) und Heines »Tanzpoem« *Der Doktor Faust* (1851) bis zu Thomas Manns *Doktor Faustus* (1947), dem vor dem Hintergrund des Nationalsozialismus die Faustgestalt zur

Chiffre für das Verhängnis Deutschlands wird. Schon kurz nach Goethes Tod hat sich der Begriff des »Faustischen« von der Gestalt selbst gelöst und ist zu einem bedenklichen Bestandteil »deutscher Ideologie« geworden, dessen Geschichte Hans Schwerte 1962 eindrucksvoll nachgezeichnet hat. Daß die Ideologie des Faustischen in Widerspruch zu Goethes Faustgestalt steht, hat schon Wilhelm Böhm in seinem provokanten Buch *Faust der Nichtfaustische* (1933) demonstriert.

»Es sind noch nicht genug Fauste geschrieben«, hat Achim von Arnim 1817 in der Vorrede zu Wilhelm Müllers erster deutscher Übersetzung von Marlowes *Doktor Faustus* konstatiert. Zehn Jahre zuvor hatte Görres bemerkt, »jedes Zeitalter« habe »gewissermaßen seinen Faust«. Nicht nur jedes Zeitalter – »jeder Mensch sollte seinen Faust schreiben«, wird gar Heinrich Heine 1824 verkünden. Wie inflationär der Fauststoff zu Beginn des 19. Jahrhunderts verbreitet war, demonstriert Tiecks *Anti-Faust* von 1801 – also bereits sieben Jahre vor der Veröffentlichung von Goethes *Faust I*. Dieser prägt nun mehr oder weniger alle folgenden literarischen Aneignungen des Stoffs. »Der Faust sitzt dem Deutschen wie Blei auf den Schultern, hat sich ihm ins Herz genistet, in sein Blut eingesogen; wir sitzen und dichten und dämmern über das Schicksal, das wir in uns selbst tragen, wir käuen und käuen daran und können uns selbst nicht verdauen«, bemerkt 1835 Ferdinand Gustav Kühne, der Herausgeber der »Zeitung für die elegante Welt«, und er sehnt sich nach einem neuen Aristophanes, der es wagt, »die alte deutsche Faustmythe zu travestieren und mit einem Satyrspiel die elegischen Quälereien unserer Poeten zu beenden«.

Schon vor dem Erscheinen von *Faust I* im Jahre 1808 setzt die Serie der Faust-Dichtungen ein, bei denen Goethe mehr oder weniger Pate gestanden hat, lag doch dessen Faust-*Fragment* seit 1780 vor. Aus dem Jahre 1803 stammt z.B. ein *Faust*-»Versuch« von Adalbert von Chamisso: eine dramatische Szene in »Faustens Studierzimmer«, die diesen als einen umgekehrten Herkules am Scheidewege der Magie im Dreiergespräch zwischen »Bösem Geist« und »Gutem Geist« präsentiert. Der erdrückende Rang von Goethes *Faust I* hat die Rezeption des Fauststoffs im 19. Jahrhundert zum Teil gewissermaßen in den Untergrund getrieben. Dieses untergründige Fortwirken des Stoffs, das also nicht in dessen unmittelbaren Bearbeitungen, sondern in seinen vielfältigen Spiegelungen in anderen Stoffen und Gestalten – wie denen Ahasvers, Prometheus', Don Juans – niederschlägt, hat jedenfalls bedeutendere Alternativen zu Goethes Dichtung hervorgebracht als die meist eben ›oberflächliche‹ Stofftradition in den Faust-Stücken eines Klingemann (1815) und Holtei (1829) oder der – musikalisch heute freilich weit unterschätzten – Faust-Oper von Ludwig Spohr (1816), mit welcher (nach unbedeutenden Vorgängern) der Siegeszug Fausts über die Opernbühne des 19. und 20. Jahrhunderts beginnt, gipfelnd in Charles Gounods *Faust et Marguérite* von 1859. Daß sich auch wirklich bedeutende Dichter wie Grillparzer (in einem knappen Fragment von 1811) oder Puschkin (1826) an dem Stoff versuchten, ist eher die Ausnahme.

Erst unser Jahrhundert, da der belastende Schatten des Goetheschen Werks lichter wurde, erlaubte wieder, dem Stoff mit größerer Freiheit gegenüberzutreten. Daß er auch im 20. Jahrhundert von seiner Faszination nichts eingebüßt hat, zeigt seine Aneignung in vielen Literaturen. Erwähnt seien zumal Paul Valérys episch-dramatische Fragmente *Mon Faust* (entst. 1940) oder Michail Bulgakows Roman *Der Meister und Margarita* (entst. 1928/40) – und pauschal verwiesen sei auf die circa 20 Faust-Opern nach 1900. Sich nach Goethe noch einmal auf den Fauststoff einzulassen, bedurfte freilich der Rechtfertigung. Diese haben viele der neuen Faust-Dichter denn auch mehr oder weniger weitläufig geliefert. Ein Argument taucht dabei – bis hin zu Busonis Begründung seiner Faust-Oper (*Doktor Faust*, 1925) – immer wieder auf. Goethe habe sich von der Volksbuch- und Puppenspiel-Tradition so weit entfernt, daß es legitim sei, zu deren Elementen, zum »Puppenursprung« (Busoni) zurückzukehren und sie in neuer Gestalt zu vergegenwärtigen. Das konnte – wie in Heines »Tanzpoem« – in der Absicht einer kritischen Alternative zu Goethes Dichtung geschehen oder aber, um jeden Vergleich der eigenen mit Goethes Konzeption auszuschließen. So präsentiert Achim von Arnim, ein entschiedener Bewunderer von Goethes *Faust*, in seinem historischen Roman *Die Kronenwächter* (1817) einen kraftstrotzenden Wunderarzt, Saufkumpan und Scharlatan, der mit Goethes Faust nur den Namen gemeinsam hat und nicht an ihm gemessen werden will.

Zu den festen Bestandteilen der Faustsage gehört die Höllenfahrt: *La damnation de Faust*, um den Titel der »dramatischen Legende« von Hector Berlioz (1828/46) zu zitieren, die zu den bedeutendsten Musikalisierungen des Stoffs gehört. Auch die Bearbeitungen im Gefolge des ersten Teils von Goethes *Faust I* verbannen dessen Titelgestalt regelmäßig in die Hölle. Seine Rettung in Goethes *Faust II* bedeutet einen tiefen Einschnitt in der Tradition der Sage. Obwohl manche späteren Bearbeiter den Erlösungsgedanken aufgreifen – als Beispiel sei hier nur Arrigo Boitos

Oper *Mefistofele* (1868) mit ihrem grandiosen Himmels- und Höllenspektakel am Ende erwähnt –, dominiert doch in der weiteren Stofftradition, nicht zuletzt in Opposition gegen Goethe, der Verdammungsschluß (so bei Lenau, wo er durch den Selbstmord des weltschmerzlichen Helden ersetzt wird, der am Ende vor dem Scherbenhaufen seiner Selbstvergöttlichungspläne steht, oder bei Heine). Der gerettete Faust wird wieder gerichtet! Das geschieht in gewisser Weise auch in Friedrich Theodor Vischers ausufernder Parodie *Faust. Der Tragödie dritter Teil* (zwei Fassungen 1862 und 1886), wo dem Goetheschen Faust eine Zeitlang der Himmel zur Hölle gemacht wird – da er sich den Kritikern zu stellen hat, die befinden, »Der Geisterwelt präsentes edles Glied, / Nicht ganz so strebend hab' es sich bemüht, / Als nötig, es zu retten / Aus Satans Ketten«. Die endgültige Rettung wird daher von neuen Bewährungsproben abhängig gemacht.

Goethes Arbeit am *Faust* erstreckt sich über sechs Dezennien seines Lebens: von 1772–1831. Im wesentlichen lassen sich vier, jeweils durch viele Jahre voneinander getrennte Arbeitsphasen unterscheiden. Die erste fällt in die Zeit zwischen 1772 und Goethes Ankunft in Weimar. Aus diesen Jahren stammt der von Goethe nicht publizierte (von seinem Wiederentdecker Erich Schmidt 1887 so genannte) »Urfaust«. Während des ersten Weimarer Jahrzehnts stockt die Arbeit; den Abschluß der zweiten Phase während und nach der Italienischen Reise bildet Goethes erste Veröffentlichung seiner Entwürfe: *Faust, ein Fragment* (1790). In der dritten, durch Schiller inspirierten Phase seit 1797 wird *Faust, der Tragödie erster Teil* (ersch. 1808) abgeschlossen, aber auch schon der Helena-Akt begonnen. Die letzte Phase (unter Eckermanns Anregung) bilden die Jahre 1825–31; nach Vorveröffentlichungen der *Helena* und der Szenen am Kaiserhof in der »Ausgabe letzter Hand« (1827/28) erscheint in den »Nachgelassenen Werken« 1832 *Faust. Der Tragödie zweiter Teil*, deren Publikation Goethe zu seinen Lebzeiten nicht gewünscht hat.

Anders als die beiden Wilhelm Meister-Romane (die hier deshalb getrennt zu behandeln waren) ist *Faust* ein einziges Werk – wenn auch kein logisch einheitliches. Eine Entstehung in vier von Geist und Stil her mehr oder weniger tiefgreifend voneinander unterschiedenen Perioden läßt eine streng unitarische Deutung nicht zu. Goethe selbst hat, vor allem im Gespräch mit Eckermann, häufig betont, daß man vergeblich nach einer konsistenten »Idee« suche, »die dem Ganzen und jeder einzelnen Szene im besonderen zugrunde liege«. Nicht »von etwas Abstraktem«, sondern von imaginativen »Anschauungen und Eindrücken« her sei das Werk komponiert (Eckermann, 6. Mai 1827). Den vierten Akt des *Faust II* nennt er einmal »eine für sich bestehende kleine Welt«, welche »das Übrige nicht berührt und nur durch einen leisen Bezug zu dem Vorhergehenden und Folgenden sich dem Ganzen anschließt«. Dazu bemerkt Eckermann: »Er wird also völlig im Charakter des übrigen sein; denn im Grunde sind doch der Auerbachsche Keller, die Hexenküche, der Blocksberg, der Reichstag, die Maskerade, das Papiergeld, das Laboratorium, die Klassische Walpurgisnacht, die Helena lauter für sich bestehende kleine Weltenkreise, die in sich abgeschlossen, wohl aufeinander wirken, aber doch einander wenig angehen.« Eckermann vergleicht dieses Verfahren mit dem der Epopöe, etwa der *Odyssee*. Hier wie dort werde die »Fabel eines berühmten Helden bloß als eine Art von durchgehender Schnur« benutzt, »um darauf aneinander zu reihen«, was immer sich begebe. Goethe pflichtet Eckermann bei; es komme »bei einer solchen Komposition bloß darauf an, daß die einzelnen Massen bedeutend und klar seien, während es als ein Ganzes immer inkommensurabel bleibt, aber eben deswegen, gleich einem unaufgelösten Problem, die Menschen zu wiederholter Betrachtung immer wieder anlockt« (13. Februar 1831).

Hier hat Goethe die beispiellose, unüberschaubar verzweigte Rezeptionsgeschichte des *Faust* deutlich vorhergesehen. (Allein die wissenschaftliche *Faust*-Bibliographie umfaßt weit über 9000 Titel, wobei die ›Dunkelziffer‹ wesentlich höher sein dürfte.) Die Inkommensurabilität des Ganzen, bei größtmöglicher Faßlichkeit des Einzelnen, das Fürsichbestehen der verschiedenen ›Weltenkreise‹ hat in der Tat etwas von der Struktur des Epos. (Puschkin wird *Faust* später eine »Ilias des modernen Lebens« nennen.) Goethe selbst hat in seinem bereits zitierten Brief an Schiller vom 27. Juni 1797 davon gesprochen, daß er sich beim *Faust* vor allem die Ausarbeitung der »Teile« angelegen sein lasse; »bei dem Ganzen, das immer ein Fragment bleiben wird, mag mir die neue Theorie des epischen Gedichts zustatten kommen« – deren Gesetze er soeben mit Schiller eingehend erörtert hat. Als den »Hauptcharakter« des Epos wurde von ihnen aber gerade die »Selbständigkeit seiner Teile« bestimmt!

Diese Selbständigkeit wird freilich durch den Symbolzusammenhang des *Faust*, vor allem des zweiten Teils, wieder relativiert. Dessen ›Weltenkreise‹ sind zwar in einem pragmatischen Sinne weitgehend unabhängig voneinander, aber ihre wechselseitige symbolische Spiegelung stiftet doch zwischen ihnen eine weit engere

Beziehung als sie (nach dem Bild Eckermanns) zwischen den bloß aneinandergereihten Perlen einer Schnur besteht. In seinem Brief an Carl Jakob Ludwig Iken vom 27. September 1827 hat Goethe von seinem dichterischen Verfahren gesagt, er habe »seit langem das Mittel gewählt, durch einander gegenüber gestellte und sich gleichsam in einander abspiegelnde Gebilde den geheimeren Sinn dem Aufmerkenden zu offenbaren«. Derart sich ineinander abspiegelnde Gebilde sind im *Faust* etwa die nordische und die »klassische« Walpurgisnacht mit ihren symbolischen Parallelen und Kontrasten: der vom Stachel der Sünde gezeichneten christlichen und der von keinem moralischen Prinzip perhorreszierten antiken Sinnlichkeit, gipfelnd in der Gestalt der Lilith dort und der Galatea hier – oder aus anderem Blickwinkel diese »Klassische Walpurgisnacht« mit ihrem autochthonen Mythos und der Mummenschanz mit seiner höfisch domestizierten Mythologie. Diese erscheint überhaupt in immer neuen Spiegelungen: aus orthodox christlicher Sicht (die sich sogar Mephisto zu eigen macht), aus höfisch-gesellschaftlicher oder romantisch-moderner (Helena-Akt). Das antikheidnische Mysterium am Ende des zweiten Akts von *Faust II* weist hinüber zum christlichen Mysterium am Ende des fünften Akts wie zurück zur Perversion des letzteren auf dem Blocksberg des ersten Teils. Auch *Faust I* wird also in das Beziehungsgeflecht der Spiegelungen des Goetheschen Spätstils im nachhinein einbezogen. Auf der anderen Seite enthält schon der »Urfaust« durch seine offene Form: Diskontinuität der Handlung, beliebigen Schauplatzwechsel, bindungslose Reihung selbständiger Szenen ohne Aktgliederung – im Gegensatz zur klassisch-geschlossenen Dramenform mit ihrer strengen Architektonik und ›liaison des scènes‹, d. h. der Konzentration von Raum, Zeit und Handlung – in sich die Möglichkeit einer wechselseitigen symbolisch-kontrastiven Erhellung der einzelnen Szenen sowie einer unbegrenzten ›epischen‹ Ausdehnung. In *Faust II* hat Goethe die Gliederung in fünf Akte wieder eingeführt, aber diese strukturiert das Geschehen nicht mehr in der Weise des klassischen Dramas, sondern eher wie die Gesänge oder Bücher der epischen Großform. In sich selbst behalten die Akte eine lose Szenenfügung, mit Ausnahme des Helena-Aktes: dieser ist ein Drama im Drama, das im ersten Teil fast exakt die Bauform der griechischen Tragödie nachbildet.

Goethe hat dem *Faust* drei Prologe vorangestellt, die während der dritten Arbeitsphase (1797–1800) entstanden sind. Diese nähern sich gewissermaßen schrittweise dem eigentlichen Werk: von der lyrischen Selbstaussage des schaffenden Dichters (»Zueignung«) über die von ihm gewählte Darbietungsform, welche im dramatischen Diskurs von Theaterdirektor, Dichter und Schauspieler (lustiger Person) metatheatralisch reflektiert wird (»Vorspiel auf dem Theater«) bis zur Exposition der dramatischen Handlung sub specie aeternitatis (»Prolog im Himmel«). Aber auch die eigentliche Handlung beginnt mit einer Art Prolog: Fausts Monolog der Verzweiflung an den akademisch-rationalen Wissenschaften; er leitet den ersten großen Handlungskomplex ein, die ›Tragödie‹ des Wissenschaftlers, welche im Satyrspiel der Schüler-Szene (Vs. 1868–2072) ausklingt, in der die Fakultäten und Wissenschaften noch einmal komisch-satirisch gemustert werden.

Fausts Weg führt von Wissenschaft und humanistisch-rhetorischer Bildung (in der Gestalt Wagners parodiert) über das Weltsystem der Pansophie, das er in typisch moderner Wendung als eine Ordnung nicht des An-sich-Seienden, sondern als »Schauspiel« der menschlichen Subjektivität durchschaut (Vs. 454), zur Magie: zur Beschwörung des Erdgeists, des »Welt- und Taten-Genius« (Schema von ca. 1797), neben den »Müttern« die großartigste Originalschöpfung der mythischen Phantasie Goethes im *Faust*. Der Erdgeist weist Faust zwar schroff in seine menschlichen Grenzen zurück – die dieser bis an sein Lebensende nicht anerkennen wird und zunächst im Suizid: in der entgrenzenden Erfahrung des Todes zu überschreiten sucht –, aber jener begleitet ihn doch unsichtbar auf seinem weiteren Weg. Nicht nur neue Naturerfahrung – nun nicht mehr im Erkennen, sondern im Gefühl –, wie sie sich in der Szene »Wald und Höhle« offenbart, hat Faust dem Wirken des Erdgeists zu verdanken, sondern auch Mephisto steht zu ihm in einer dunklen Verbindung (siehe namentlich Vs. 3241–46): zum Geist der Erde und der Tat gehört auch das Böse (vgl. Schiller: *Wallensteins Tod*, Vs. 799). Zwischen dieser vom »Urfaust« und »Fragment« her in das endgültige Werk hineinreichenden Konzeption und dem »Prolog im Himmel«, der das Wirken Mephistos ganz anders, als göttliche Toleranz gegenüber dem letzten Endes zum Guten führenden Wirken des Teufels motiviert, besteht ein offenbar bewußt stehengelassener Widerspruch.

In den Studierzimmerszenen werden noch einmal die geistigen Tendenzen umkreist, welche mit der halb historischen, halb legendären Gestalt Fausts seit dem 16. Jahrhundert in Verbindung gebracht worden sind und die durch sie ausgelöste Faszination wie Verstörung erklären. Faust verkörpert jene menschliche Wißbegierde, deren Ambivalenz schon bei Augustinus durch den Begriff der »curiositas« bezeichnet ist, der im älteren Deutsch mit »Fürwitz« übersetzt wird. Er aber wird das bewegende Prinzip der neuzeitlichen Wissenschaft sein! Der von Offenbarungswissen und kirchlich-orthodoxer Lehre sich emanzipierende ›Geist‹, welcher die inneren Zusammenhänge der Natur zu erkennen strebt, hat vor allem die protestantische Orthodoxie, in deren Geist auch das Volksbuch von 1587 geschrieben ist, zutiefst beunruhigt, da sie (im Gegensatz zur katholischen Theologie) ein Erkenntnisstreben unabhängig vom Offenbarungswissen der Bibel, aufgrund der gänzlichen Verdorbenheit der natürlichen Erkenntnisfähigkeit des Menschen durch die Erbsünde, im wahrsten Sinne verteufelte: der Grund für die Verknüpfung der Faustsage mit dem Teufelsbundmotiv. »Natur ist Sünde, Geist ist Teufel, / Sie hegen zwischen sich den Zweifel«; die Einstellung der Orthodoxie gegenüber der Faustgestalt läßt sich durch nichts prägnanter bezeichnen als durch diese Verse des Kanzlers in *Faust II* (Vs. 4900f.).

Seiner Selbstdefinition in den Versen 1335ff. nach ist Mephisto der Geist der Verneinung und Vernichtung, der das Nichts an die Stelle des Seins setzen will und demgemäß einen Schöpfungsmythos konstruiert, der den biblischen und Goetheschen (*Dichtung und Wahrheit*, Ende des achten Buches) pervertiert. Das Nichts, die uranfängliche Finsternis hat sich das Licht geboren, das trotz seiner Aufsässigkeit gegen die Nacht wieder zugrundegehen muß, da es nur in den Körpern, die im Licht aus dem Gestaltlosen entstehen, zur Wirklichkeit wird, also auf die hinfällige materielle Welt angewiesen ist. Mephisto ahnt freilich (Vs. 1335f., 1362ff.), daß seine Anstalten, das Licht in Finsternis, das Sein ins Nichts zurückzuführen, letzten Endes immer wieder zu dem seinen Intentionen genau entgegengesetzten Ziel, zum »Guten« geführt werden. Mag er, der ›Vulkanist‹, die Welt noch so gewaltsam erschüttern – »Geruhig bleibt am Ende Meer und Land!« (Vs. 1368: Goethes ›neptunistische‹ Grundüberzeugung). Hier wölbt sich der Bogen zu der göttlichen Rechtfertigung des Bösen im Welthaushalt in den Versen 338ff. des »Prologs im Himmel«: der Teufel dient, anders als er selber wähnt, dem Menschen nur zur Belebung seiner Tätigkeit. In Vorstellungen der Goetheschen Farbenlehre übersetzt: das Licht bedarf der Finsternis, um Farbe entstehen zu lassen. Die Farbe aber als Mittelsphäre zwischen Licht und Finsternis, göttlicher und materieller Welt ist die angemessene Lebenssphäre des Menschen, denn nach den Worten Fausts in seinem großen Monolog zu Beginn des zweiten Teils gilt: »Am farbigen Abglanz haben wir das Leben.« (Vs. 4727) Das einzige Mal, daß Faust die Bedingtheit des Menschen akzeptiert!

Mephisto wird also immer wieder versuchen, auch Faust ins Nichts hinabzuziehen und doch im letzten scheitern. In allen Daseinskreisen, die Faust und Mephisto nach ihrer »Wette« (Vs. 1692ff.) durchmessen, wird immer wieder (weit entfernt von der einst in der Forschung angenommenen stufenweisen Höherentwicklung oder Läuterung Fausts) das gleiche Thema variiert: Faust, der dem Pakt gemäß »zugrunde gehen« will, wenn er ein einziges Mal im Augenblicklichen Genüge finden wird, der immer wieder nach absoluten Lösungen Strebende, sich nie Begrenzende, der in seinem »Selbst« genießen will, »was der ganzen Menschheit zugeteilt ist« (Vs. 1770f.), wird zwar keines seiner Ziele in der von ihm gewähnten Idealität erreichen können, stets werden diese durch Magie, durch das destruktive Wirken Mephistos korrumpiert, und doch wird umgekehrt immer wieder aus dem von Mephisto beabsichtigten und bewirkten Bösen der Funken des Guten schlagen.

Faust entsagt nach Abschluß von Pakt und Wette dem »Wissen« zugunsten der »Sinnlichkeit«, der abgeschiedenen Gelehrtenexistenz zugunsten der ›Welt‹: »Stürzen wir uns in das Rauschen der Zeit, ins Rollen der Begebenheit!« (Vs. 1754f.). Nach dem burlesken Zwischenspiel von »Auerbachs Keller« und der Verjüngung in der »Hexenküche« beginnt das Drama des Liebenden: Faust erscheint als ein durch den Hexentrank in seiner Identität zutiefst Veränderter, nur von sexueller Begierde erfüllt. Und doch entsteht aus dieser das (am Ende des zweiten Teils allein seine Erlösung bewirkende) Mysterium der Liebe Fausts und Gretchens, das Mephisto nicht zerstören kann, wenn er auch alles daran setzt, Faust in der Orgie der »Walpurgisnacht« der Dämonie des Geschlechtlichen verfallen zu lassen oder ihn und Gretchen ins Verbrecherische hinabzuziehen (Tod der Mutter und Valentins, Gretchens Kindsmord).

Die »Walpurgisnacht« sollte ursprünglich in einer Satansmesse gipfeln, die, in Teilen ausgeführt, von Goethe dann aber doch in dem von ihm so genannten »Walpurgissack« (Gespräch mit Falk um 1808) sekretiert wurde. Diese drastisch-obszönen »Satansszenen« sind eine wüste Parodie des kirchlichen und höfischen Zeremoniells, gipfelnd in der Szene des rituellen Kusses in den Hintern Satans. Die Satansmesse, die Goethe nicht zu veröffentlichen wagte – tatsächlich läßt sie sich von Stil und Inhalt her mit der endgültigen Konzeption der »Walpurgisnacht« nicht verbinden, auch wenn Goethe sie nach dem »Intermezzo« (»Walpurgisnachtstraum«) vorgesehen hat –, wird später in *Der Doktor Faust* von Heinrich Heine als »Hexensabbat« einen der Höhepunkte des »Tanzpoems«

bilden. Auch dort wird die Szene mit dem »Homagium des Kusses« in den Hintern Satans am Bocksaltar breit entfaltet. (Heine wußte von Goethes Satansszenen nichts, verwertete aber die gleichen Quellen wie er.)

Papiergeldschöpfung, Gelehrtendrama und Liebestragödie waren schon im »Urfaust« enthalten, doch standen sie hier noch unverbunden nebeneinander. Die Szenen der Sturm und Drang-Fassung waren nach Goethes Worten im *Zweiten römischen Aufenthalt* (1. März 1788) »in den Hauptszenen gleich so und ohne Konzept hingeschrieben«; erst während der beiden nächsten Arbeitsphasen schließt sich um die vorhandenen Szenengruppen (durch deren Ausarbeitung und die Einfügung neuer Szenen) ein exakter motivierender Handlungszusammenhang. Zugleich wird die charakteristische Prosa, die stark geprägt ist von mundartlichen und umgangssprachlichen Wendungen, in eine metrische Sprache übersetzt (nur die Szene »Trüber Tag. Feld« nach der »Walpurgisnacht« behält die krasse Prosa der Urfassung der dramatischen Situation gemäß überzeugend bei). Durch die Fülle verschiedener, der jeweiligen Situation klangsymbolisch angepaßter Vers- und Reimformen erhebt sich der erste Teil der Tragödie bereits zu dem in seiner prosodischen Vielfalt in der gesamten Weltliteratur beispiellosen Gesamtkunstwerk des zweiten Teils.

Nach der erschütternden Gewalt der »Kerker«-Szene wird Faust gleichsam durch einen Lethestrom (Vs. 4629) zu einem neuen Lebensufer geleitet: durch einen Heilschlaf, dem wir bei Goethe seit *Iphigenie* (Orest) und *Egmont* so oft begegnen. »Wir sehn die kleine, dann die große Welt«, hatte Mephisto Faust vor ihrem Abschied von seinem Studierzimmer angekündigt (Vs. 2052). Die ›große Welt‹ ist nun in der Tat der ›Weltenkreis‹ des ersten Akts: ein von schweren Krisen geschütteltes Kaiserreich, dem ein »Aufruhr« droht, dessen Zeugen wir im vierten Akt tatsächlich werden. Hinter dem Kostüm des spätmittelalterlichen Kaisertums erkennen wir deutlich die (satirisch gezeichneten) Züge des Ancien Régime. Der maßlose Aufwand für die Hofhaltung und der repräsentative Prunk der »Mummenschanz«, bei deren Gestaltung Goethe nicht nur sein Erlebnis des römischen Karnevals, sondern auch seine Erfahrungen mit den Weimarer Maskenzügen verwertet, wird mit bedrohlicher Geldnot kontrastiert, die auch eine der Ursachen für den Zusammenbruch des absolutistischen Staates in Frankreich gewesen ist. Der Luxus erhält so das Vorzeichen sträflichen Leichtsinns, zumal der Kaiser sich aufgrund der Genehmigung des von Mephisto erfundenen, durch imaginäre Schätze ›gedeckten‹, inflationären Papiergelds – das den Staatsbankrott nur um so sicherer herbeiführt – aller Rechtlichkeit begibt.

Goethe spielt hier zugleich auf drei spektakuläre wirtschaftsgeschichtliche Affären an: zunächst gewiß auf die revolutionären Assignaten, die 1789 auf die enteigneten Kirchen-, Kron- und Emigrantengüter ausgestellt wurden, sodann auf zwei weiter zurückliegende Begebenheiten: 1717 wurde dem Schotten John Law von der französischen Regierung unter dem Herzog von Orléans die Gründung einer Privatnotenbank genehmigt, die der Tilgung der massiven Staatsschulden dienen sollte. Tasächlich führte dieses Bankunternehmen zu einer vorübergehenden Wirtschaftsblüte. (Die Gründung von New Orleans steht mit ihr in Zusammenhang.) Die forcierte, immer mangelhafter gedeckte Banknotenausgabe hatte jedoch eine galoppierende Inflation zur Folge und stürzte Frankreich nach dem Zusammenbruch des Bankunternehmens 1720 in eine schwere Finanz- und Wirtschaftskrise. Hinter dem gescheiterten Lawschen Experiment stand ein anderes, wesentlich erfolgreicheres: die Notengeldschöpfung der 1684 gegründeten Bank von England. Über sie war Goethe durch Henry Thomsons Buch *An Enquiry into the Nature and the Effects of the Paper Credit of Great Britain* (1802) genau orientiert. (Die 1804 in der »Jenaischen Allgemeinen Zeitung« erschienene Rezension der deutschen Übersetzung des Buchs ist von Goethe mehrfach überarbeitet worden; vgl. Bernd Mahl.)

Die Papiergeldaffäre und der mephistophelische Zauber, mit dessen Hilfe es dem Kaiser im vierten Akt allein gelingt, die Ordnung wieder aufzurichten, erinnern überdies an die Anfälligkeit vieler Fürstlichkeiten des 18. Jahrhunderts für die Geisterseherei sowie die obskuren Machenschaften, mit denen Magier und Scharlatane »die Einbildungskraft der Großen anzuregen, ihren Geist zu verblenden, ihr Vertrauen zu erschleichen wußten«, wie Mirabeau 1786 in einem Brief über Lavater und Cagliostro schreibt. Letzterer war ja auch in die Halsbandaffäre um Marie Antoinette verwickelt, die für Goethe die Korruption des französischen Staats und Hofs so erschreckend bloßlegte (vgl. *Der Groß-Cophta*). Daß es in der »Mummenschanz« gerade die Magier Faust und Mephisto sind, die das Papiergeld erfinden, daß dessen Schöpfung tatsächlich als eine Art alchemischer Prozeß suggeriert wird, ist so abwegig nicht, wenn man bedenkt, daß der Herzog von Orléans die Berufung von John Law nach Paris mit der sofortigen Entlassung aller Alchemisten verband – was er damit begründete, daß er jetzt eine bessere Methode entdeckt habe, um zu Geld zu kommen. Der Alchemist

(Astrolog) am Kaiserhof des *Faust II* wird zwar nicht entlassen, aber er steht bezeichnenderweise mit Mephisto im Bunde und beschreibt dessen Vorhaben orakelhaft mit alchemischen Chiffren (Vs. 4955–70). Der Nationalökonom Hans Christoph Binswanger redet nicht zu Unrecht von einer »Fortsetzung der Alchemie mit anderen Mitteln«. Die Versuche zur Herstellung künstlichen Goldes sind in der Tat allgemein aufgegeben worden, als sich die Reichtumsvermehrung durch Verwandlung einer wertlosen Substanz in eine kostbare auf leichtere Weise bewerkstelligen ließ: eben durch Verwandlung des Papiers in Geld.

In der »Mummenschanz« (Szene »Weitläufiger Saal«) flüchten Kaiser und Hof sich aus der immer bedrückender werdenden »Tageswelt« in die Zauber einer üppigen Scheinwelt: eine allegorische Revue, in der das Antik-Mythische ganz im Gegensatz zur »Klassischen Walpurgisnacht« des folgenden Akts, die auch das Grauenhafte und Häßliche beschwört, in höfisch gezähmter Form erscheint. Um sich festlich-gefällig zu geben, tauschen die Parzen untereinander spielerisch-scherzhaft ihre Rollen, und die Furien erscheinen gar »hübsch, wohlgestaltet, freundlich, jung an Jahren« (Vs. 5350) etc. Die Harmlosigkeit festlich-konventioneller Allegorie wird jedoch mit dem Auftreten der Plutus-Gruppe Fausts zum Magischen und Symbolischen hin durchbrochen. Wenn Plutus-Faust den Knaben Lenker, der die Poesie personifiziert, aus der Hofwelt in die »Einsamkeit« verweist (Vs. 5690ff.), so drückt sich darin aus, daß dem Reichtum, wie er hier durch Plutus personifiziert wird, das Gewand der Künste, der Poesie, die ihn bisher repräsentativ schmückten, nicht mehr ansteht, verwandelt er sich doch in den rein materiellen Besitz. Dieser wird wie in den sekretierten Satansszenen der »Walpurgisnacht« auf einen Nenner mit der Sexualität gebracht. »Für euch sind zwei Dinge / Von köstlichem Glanz: / Das leuchtende Gold / Und ein glänzender Schwanz«, verkündete dort Satan vom Bocksaltar der weiblichen Gemeinde. In der »Mummenschanz« nun wird der in der Schatztruhe aufbewahrte Repräsentationsschmuck (»Kronen, Ketten, Ringe«: Vs. 5713) in den nackten materiellen Besitz eingeschmolzen: »Gefäße, goldne, schmelzen sich, / Gemünzte Rollen wälzen sich. – / Dukaten hüpfen wie geprägt« (Vs. 5717–19). Und Mephisto formt aus dem Gold einen Phallus, mit dem er die weibliche Gesellschaft schockiert (Vs. 5781–96)!

Die vom Knaben Lenker ausgestreuten Gaben der Poesie aber vermag die Hofgesellschaft nicht zu fassen; das zeigt sich nicht nur in dieser Szene (Vs. 5590ff.), sondern mehr noch bei der Beschwörung Helenas (Szene »Rittersaal«). Die Einsamkeit als Sphäre des Schöpferisch-Poetischen, die im *Tasso* noch vom höfisch-aristokratischen Wertgefüge her in ein problematisches Licht gerückt werden konnte, erfährt nun, vor allem in Fausts Abstieg zu den »Müttern« – dem Reich der »Bilder aller Kreatur« (Vs. 6289), der Ideen und Urbilder alles möglich und wirklich Seienden –, eine so unerhörte mythisch-symbolische Vertiefung, daß von ihrem Standpunkt aus das höfische Getriebe geistleer erscheint. Das »magische Theater« (Skizze von 1816) der Beschwörung Helenas – eines der zahlreichen metatheatralischen Momente des Werks – bleibt für den Hof eine teils bekrittelte, teils ästimierte repräsentative Veranstaltung. (Solche Szenen des Theaters auf dem Theater hat Goethe in seinen Stücken immer wieder gestaltet: sie reichen vom *Jahrmarktsfest zu Plundersweilern* mit dem in zwei Versionen vorliegenden Esther-Spiel [1773/78] über *Der Triumph der Empfindsamkeit* mit dem eingefügten Proserpina-Melodram [1777] und *Die Aufgeregten* mit der nachgespielten Szene aus der Nationalversammlung [1793] bis zum *Faust II*.) Die höfische Gesellschaft erwartet und vermißt in der magischen Paris-Helena-Pantomime Theater in den ihr geläufigen ›schicklichen‹ Dimensionen, während für Faust die Erscheinung Helenas eine sein ganzes Wesen aufwühlende, ihn in tiefste Einsamkeit verschließende, aus allen gesellschaftlichen Convenancen herausreißende geistig-sinnliche Erfahrung ist. Indem Faust freventlich-unmittelbar die Grenze zwischen Wirklichkeit und magisch beschworener Urbildsphäre überschreitet, gewaltsam über die Schwelle des Jetzt in das Einst des Mythos treten will, endet die magische Veranstaltung mit einem Fiasko.

Hier setzt nun der unerhörte Einfall Goethes ein, Faust über eine Folge von mehreren Szenen hinweg in einen Tiefschlaf zu versenken und erst auf klassischem Boden wieder erwachen zu lassen. Das Motiv eines solchen Dauerschlafs kennen wir bereits aus dem *Epimenides* und der Siebenschläferballade am Ende des *Divan*. Faust wird inzwischen in sein einstiges Studierzimmer zurückgebracht, die Schüler-Szene wiederholt sich mit ausgetauschten Vorzeichen: nun wird der »alte Herr« Mephisto (Vs. 6721) von dem zum Baccalaureus avancierten Studiosus in die Enge getrieben: Satire auf die Anmaßung der Jugend, die ihr empirisches Ich mit dem transzendentalen Ich der idealistischen Philosophie verwechselnd, sich selber zum Weltschöpfer aufbläht (Vs. 6794). Wagner als eine Art Prometheus-Karikatur sucht einen Menschen aus der Retorte zu fabrizieren – bezeichnend für den, der glaubt, alles nach Rezepten ›machen‹ zu können (seine Vorliebe für die Anwendungsmuster der Rhetorik!), aber auch für die Hybris einer technisierten Naturwissenschaft.

Der nur mit Hilfe mephistophelischer Magie zustande gebrachte Homunculus entzieht sich freilich sofort dem Geist seines ›Vaters‹, er strebt als quasi präexistentielles Wesen nach Existenz – in Griechenland, wo eben die »Klassische Walpurgisnacht« stattfindet. Er wird seine Verkörperung, am Triumphwagen der Galatea zerschellend, im Meer als dem Element proteischer Verwandlungen suchen; von der Urfeuchte aus hat er den Werdegang der Natur nachzuholen. Der in Griechenland wiedererwachte Faust begibt sich auf den Weg in den Hades, um Helena von Persephone loszubitten. Diese Losbittung, von Goethe ursprünglich als einer der Höhepunkte des Dramas gedacht, wird in der Darstellung übergangen, offenbar weil Goethe eine andere – symbolische – Motivierung der Erscheinung Helenas im dritten Akt wesentlicher wurde: während seines Tiefschlafs erzeugt sich Faust selber Helena, den Mythos von der Begattung Ledas durch den Schwan nachträumend (Vs. 6903 ff.). Dieser Traum symbolisiert die Einheit des schöpferischen Eros mit dem physischen.

Im Traum eignet Faust sich das Urbild der Schönheit kreativ an – das Drama des Ästheten beginnt. Aber noch eine andere symbolische Linie führt zu Helena hin: in ihr vollendet sich der Werdegang der Natur, der in der »Klassischen Walpurgisnacht« feiernd nachvollzogen wird. Helena, das Urbild der Schönheit, ist zugleich Schöpfung der Natur und des künstlerischen Eros. Die 1483 Verse der »Klassischen Walpurgisnacht« sind eine unvergleichliche poetisch-theatralische Enzyklopädie der Gestaltenwelt des griechischen Mythos unterhalb der olympischen Sphäre, von den chaotisch-monströsen Phorkyaden bis hinauf zur schönen Gestalt der Galatea, die das Erscheinen Helenas unmittelbar vorbereitet. Mephisto hat in dieser Welt, wo Natur eben nicht Sünde ist, als Teufel nichts zu suchen, der Böse muß sich deshalb zum Häßlichen transformieren und leiht sich von den Phorkyaden die angemessene Ungestalt, welche im Helena-Akt die Rolle der Schaffnerin spielt: Mephisto als Androgyn.

Nach dem berauschenden Gewoge der Bilder und Gestalten des zweiten Akts stellt sich die antike Gruppe »Vor dem Palaste des Menelas zu Sparta« in ihrer monumentalen Statuarik um so eindrucksvoller dar. Helena ist ihren eigenen Worten zufolge »Idol« (Vs. 8879), erkennt sich selber als eine gedichtete, als Schein-Gestalt. Sie ist eine einzigartige autoreferentielle Kunstfigur, die sich mit ihrer Dichtungs- und Deutungsgeschichte eins weiß: »Bewundert viel und viel gescholten, Helena« (Vs. 8488). – »Das Merkwürdigste bei diesem Stück ist« einem Briefkonzept Goethes (1826) zufolge, »daß es, ohne den Ort zu verändern, gerade dreitausend Jahre spielt, die Einheit der Handlung und des Orts aufs genaueste beobachtet, die dritte jedoch phantasmagorisch ablaufen läßt« – ja Zeit überhaupt aufhebt. (»Phantasmagorie«, vom griechischen Phantasma = Traumgestalt abgeleitet, bezeichnete im 18. Jahrhundert die Darstellung von Geistern mit Hilfe eines aus der Laterna magica entwickelten optischen Apparats. Der Brockhaus von 1824 definiert den Begriff folgendermaßen: »Phantasmagorie, die Kunst Scheinbilder, z.B. menschliche Gestalten, durch täuschende Mittel, z.B. Hohlspiegel erscheinen zu lassen.«) Als eine »klassisch-romantische Phantasmagorie« hat Goethe die (vorveröffentlichte) *Helena* bezeichnet: Faust begegnet Helena in der Ritterburg der zweiten Szene auf klassischem Boden, sie ihm jedoch in romantischer, mittelalterlicher Zeit. Goethe konnte Antike und Mittelalter sowie die aus beiden Epochen abgeleiteten polaren Kunsttendenzen, die objektiv-plastische und die subjektiv-musikalische, nur deshalb symbolisch gegeneinanderstellen und in Faust und Helena zu einer Liebes-Synthese verbinden – in Helenas Reimrede mit Faust wird sie zum überwältigenden Klangsymbol –, weil beide ihm in gleicher Weise historisch geworden sind. Auch das Griechische wird nun, weit entschiedener noch als in *Pandora*, durch die archaisch-fremde, wie ›übersetzt‹ wirkende Sprache ins Ferne gerückt.

In der poetischen Abbreviatur des Lebenslaufs Euphorions – der modernen Poesie, welche aus der Verbindung der klassischen und romantischen entsteht – im Arkadien der dritten Szene schlägt Goethe, souverän-spielerisch die Zeiten ineinanderschiebend, die Brücke zur Gegenwart (Lord Byron). Das Ende Euphorions, der sich, ein neuer Ikarus oder Phaeton, in trunkenem Höhenflug zu Tode stürzt – die Gefahr der Subjektivität des modernen Künstlers, der stets »auf der Kippe steht« (Goethe über Runge; zu S. Boisserée, 4. Mai 1811) – zerstört das arkadische Idyll. Nach der gewaltigen Nänie des Chors (Vs. 9907ff.) kehrt Helena in den Hades zurück. Wie die »Klassische Walpurgisnacht« sich vom Elementaren zur schönen Gestalt emporläuterte und verdichtete, so löst sich nun alles Gestalthafte im dionysisch-orgiastischen Dithyrambus des Chors, der den Akt beschließt, wieder ins Elementare auf. Hier hat Goethe die von der Frühromantik (Friedrich Schlegel, Schelling) wiederentdeckte dionysisch-rauschhafte Seite des Griechentums, welche dem klassischen Antikebild ferngelegen hatte, hinreißend Klang und Bild werden lassen. Wenn Phorkyas in der ingeniösen Szenenanweisung des Schlusses von den Kothurnen heruntertritt, Maske und Schleier ›zurücklehnt‹, um sich wieder als Mephisto zu zeigen, so wird in solcher theatralischen Desillusionierung offenbar, was der ganze Akt war: magisches Spiel, Phantasmagorie.

Der vierte Akt kehrt auf deutschen Boden zurück: auf das Drama des Wissenschaftlers, des Liebenden, des Ästheten folgt das Drama des Politikers. Der längst fällige Aufruhr im Kaiserreich ist ausgebrochen. Symbolisch gespiegelt wird er in der Lehre des Vulkanismus, wie Mephisto sie sich Vs. 10075ff. zu eigen macht, während Faust sich auf den Standpunkt der neptunistischen Evolutionslehre Goethes stellt. Bereits in der »Klassischen Walpurgisnacht« (Vs. 7503–7950) wurde der Streit zwischen Vulkanismus und Neptunismus (dort zwischen Anaxagoras und Thales ausgetragen) zur Basis einer weitgespannten politischen Allegorie: der vom Seismos, den vulkanisch-gewaltsamen Erdkräften, aufgetürmte Berg bringt die blutige Gewaltherrschaft der Pygmäen mit sich; aus Gewalt entsteht neue Gewalt – Goethes allegorische Satire auf die Französische Revolution (und die »Reprise der Tragödie von 1790« im Jahre 1830: Goethe an Knebel, 12. Sept. 1830), welche der Ancien Régime-Satire des Hofakts korrespondiert.

Nachdem Faust und Mephisto durch magische Gewalt dem fast schon überwundenen Kaiser zum Sieg verholfen haben, wird das Reich restauriert. In der breit ausgestalteten Reichsämterverleihung der letzten Szene wird dieser Restaurationsvorgang symbolisch vergegenwärtigt. Obwohl solche Wiederherstellung der Ordnung nach dem Chaos der Anarchie von Goethe nicht in der gleichen Weise satirisch entlarvt wird wie das Hofgetriebe des ersten Aktes, läßt er uns doch die Gewesenheit dieser Ordnung spüren; sie wirkt wie auf eine transparente Fläche gemalt, hinter der wir die Umrisse und Schatten einer ganz anders gearteten Wirklichkeit wahrnehmen. Das Pathos der Worte des Kaisers, von Goethe bewußt durch den Gebrauch des hölzernen Alexandriners ins Anachronistische gerückt, wirkt, so selbstverständlich es sich gibt, angekränkelt vom Wissen um den Frevel, dem das Reich seine Wiedergeburt verdankt. Manifestiert sich hier nicht ein ›Ancien Régime‹, das, mit Karl Marx (*Zur Kritik der Hegelschen Rechtsphilosophie*) zu reden, »nur mehr der Komödiant einer Weltordnung ist, deren wirkliche Helden gestorben sind«?

Faust wird als Gegenleistung für seine Unterstützung mit dem Meeresstrand belehnt, auf dem er, um die »zwecklose Kraft ungebändigter Elemente« (Vs. 10219) zu überwinden, ein großartiges Kolonisationswerk plant. Dieses Projekt ist als Manifestation eines anti-feudalen Unternehmer- und Fortschrittsgeistes je nach der ideologischen Position der Interpreten mit positivem oder negativem Vorzeichen versehen worden – in letzterem Falle als Exempel einer ›Dialektik der Aufklärung‹, deren instrumentalistische Rationalität in eine inhumane Lebenspraxis umschlägt. Fausts Landgewinnungsplan setzt allerdings voraus, daß er den Kaiser bei der Restauration seines durch und durch vom Feudalsystem geprägten Reichs unterstützt hat, daß ihm also allenfalls ein Reservat mit bestimmten politisch-sozialen Sonderrechten zugesprochen wird, welche das Reich als ganzes nicht tangieren. Solche Reservationen haben auch absolutistische Fürsten wie Friedrich der Große und Maria Theresia in neuen Siedlungsgebieten eingerichtet; darauf spielt Odoardos Kolonisationsprojekt in den *Wanderjahren* an. Anders als die Siedlungsunternehmungen der ›Entsagenden‹ in Goethes Roman geht Fausts Plan jedoch nicht auf humanitär-soziale Antriebe, sondern auf seinen titanischen Trotz gegenüber den Elementen zurück. Faust verzichtet auch hier nicht auf die Mittel der Magie und der Gewalt (»Menschenopfer mußten bluten«; Vs. 11127), die von Mephisto wieder bis zum Verbrechen getrieben wird (Mord an Philemon und Baucis). Noch der letzte Befehl Fausts an Mephisto vor seinem Tod wird eine Aufforderung zur Gewalt sein (Vs. 11554)!

Der Despot, der alles nur sich selbst verdanken, den ihm überlassenen Strand ganz sein eigen wissen will, kann deshalb auch das idyllische Reservat Philemons und Baucis' in seinem Herrschaftsbereich nicht ertragen: »Die wenig Bäume, nicht mein eigen, / Verderben mir den Weltbesitz.« (Vs. 11241 f.). Jenes Reservat ist für ihn nichts als unzulässig ungenutztes Gelände. »Vor Augen ist mein Reich unendlich, / Im Rücken neckt mich der Verdruß, / Erinnert mich durch neidische Laute: / Mein Hochbesitz er ist nicht rein, / Der Lindenbaum, die braune Baute, / Das morsche Kirchlein ist nicht mein.« (Vs. 11153–58) »Unendlich« soll sein Blick sein, keine Beschränkung und Bedingung seiner absoluten Verfügungsgewalt durch traditionale Rechtsbestände will er »im Rücken« haben. Faust macht sich gewissermaßen das neue absolute, d.h. vollständig dem ökonomischen Willen unterworfene Eigentumsrecht des *Code Napoléon* (Art. 544) zu eigen: »Das Eigentum ist das unbeschränkte Recht zur Nutzung und Verfügung über die Dinge.« Dieses neue Eigentumsrecht hat nichts mehr mit der feudalen Eigentumskonzeption zu schaffen, die auf der Idee des patrimoniums, der Sorgfaltspflicht für das vom Vater geerbte und an die Kinder weiterzuvererbende Gut beruht, das absolute Verfügungsrecht des gegenwärtigen Eigentümers also ausschließt (vgl. Binswanger).

Im Geiste dieses modernen Eigentumsrechts veranlaßt Faust die Umsiedlung von Philemon und Baucis. Sie repräsentieren eine vormoderne, von Pietät gegenüber dem Überlieferten geprägte Lebensform, die schon als solche dem auf rastlosen Fortschritt bedachten Unternehmer Faust ein Dorn im Auge ist. In Nietzsches zweiter »Unzeitgemäßer Betrachtung«, von der weiter unten ausführlicher die Rede sein wird, ist die »Pietät« mit Fausts verächtlicher Formel vom »Urväter-Hausrat« (Vs. 408) in Verbindung gebracht, in der für ihn alles zusammengefaßt ist, was seinem jegliche Tradition über Bord werfenden Expansionstrieb entgegensteht. Nietzsche jedoch wertet jene Formel im Geiste eines »antiquarischen Verehrungssinnes« um: »Indem er [der von Pietät geprägte Mensch] das von Alters her Bestehende mit behutsamer Hand pflegt, will er die Bedingungen, unter denen er entstanden ist, für solche bewahren, welche nach ihm entstehen sollen – und so dient er dem Leben. Der Besitz von Urväter-Hausrat verändert in einer solchen Seele seinen Begriff: denn sie wird vielmehr von ihm besessen. Das Kleine, das Beschränkte, das Morsche und Veraltete erhält seine eigene Würde und Untastbarkeit dadurch, daß die bewahrende und verehrende Seele des antiquarischen Menschen in diese Dinge übersiedelt und sich darin ein heimisches Nest bereitet.« (Kap. 3) Das ist die Lebenshaltung von Philemon und Baucis! Faust hat für sie, für allen »Urväter-Hausrat« ebensowenig Verständnis wie Schillers Wallenstein für »den würdig alten Hausrat […], das teure Erbstück seiner Ahnen«, an das der Mensch seiner Furcht sich klammert (*Wallensteins Tod*, Vs. 213f.).

Faust fehlt jeder Verehrungs-, jeder Traditionssinn, jede ›konservative‹ Neigung zum Bewahren »für solche, welche nach ihm entstehen sollen«. Bezeichnend, daß ihn vor allem das »verdammte Läuten« des Glöckchens der Kapelle des mythischen Paars »verwundet« (Vs. 11151f.). Es »umfängt mich wie in Kirch‹ und Gruft« (Vs. 11254), bekennt er. Es ist das »ewig Gestrige«, das in »verjährt geheiligtem Besitz« Gründende (*Wallensteins Tod* Vs. 195, 208), das der Verfügungsgewalt nicht nur des Machtpolitikers Wallenstein eine Grenze setzt, sondern auch im Falle Fausts, das erkennt er wohl, »des allgewaltigen Willens Kür« bricht (Vs. 11255). (Man darf hier an den josephinischen Absolutismus denken, dessen Reformdespotismus sich gerade an den kirchlichen Traditionen stieß und die ›nutzlosen‹ Klöster als Inbegriff der Reaktion aufhob.) Die maßlose Wut, in die das harmlose Geläut des Kirchleins Faust versetzt (Vs. 11258), erklärt sich einmal aus dem Neid-Zorn des ewig Ungenügsamen über das in sich ruhende Bild der Selbstgenügsamkeit, das ihm die Idylle von Philemon und Baucis ständig vor Augen rückt (vgl. Faber/Manstetten), zum andern aus der verdrängten Erinnerung an die Kindheit – und an den Glockenklang jener Osternacht, in der »Erinnrung« ihn »mit kindlichem Gefühle« vom Freitod zurückhielt (Vs. 781 f.).

Zwar hat Faust die brutale Gewalt an Philemon und Baucis nicht gewollt – »Tausch wollt' ich, keinen Raub« (Vs. 11371) – aber im Grunde war dieser Tausch, war die Umsiedlung nichts anderes als Raub, da er dem Paar gewaltsam die Mitte seiner Existenz nahm, die eben nicht beliebig an einen anderen, von keiner Tradition geheiligten Ort verpflanzbar war. – Der erste Gedanke Fausts nach der Zerstörung des Idylls: »Ein Luginsland ist bald errichtet, / Um ins Unendliche zu schaun.« (Vs. 11344 f.) Ins Unendliche zu schaun – das ist die ganze Lebenstendenz Fausts, der sich nie in die conditio humana fügen, nie die »Grenzen der Menschheit« sehen will. Deshalb kennt er auch die Sorge nicht – will sie nicht kennen. An die Katastrophe Philemons und Baucis' schließt sich unmittelbar die allegorische Szene »Mitternacht« an. Hier tritt die personifizierte »Sorge« Faust gegenüber, der ihr jedoch die Anerkennung verweigert und von ihr geblendet wird. Anders als im Falle des sophokleischen Ödipus, der im Moment seiner Blendung aus einem geistig Blinden zum Sehenden wird, ist Fausts physische Blindheit nur das Symbol seiner geistigen. Das innere Licht, von dem er sich nun geführt wähnt (Vs. 11500) ist, wie sich von Goethes Farbenlehre her begründen läßt, »Ergebnis einer pathologischen Verblendung, die das Innere des Menschen in Disproportion zum Äußeren setzt« (so Peter Michelsen in seinem Aufsatz *Fausts Erblindung*). Tatsächlich verstrickt Faust sich vom Moment seiner Blendung an in eine immer tiefere Täuschung über die Außenwelt. Da er die Welt in ihrer Bedingtheit nicht sehen will – sehr im Widerspruch zu seiner ein einziges Mal entsagenden Haltung zu Beginn von *Faust II* (Vs. 1715–27) – übersieht er vollkommen ihre realen Verhältnisse.

Das zeigt aufs deutlichste die der Blendung folgende – Fausts letzte irdische Szene. Die utopische Vision seines allerletzten Lebensmoments (Vs. 11559–86) ist von den Interpreten lange als Läuterung Fausts verklärt worden. Doch ob sich der despotische Herrschaftswille (der unverkennbar napoleonische Züge trägt) hier wirklich zu republikanischer Gesinnung wandelt, ist sehr zu bezweifeln. Uns scheint, daß Faust den Despoten Schillers, zumal Demetrius sehr nahe kommt. Auch dieser erstrebt ein republikanisches Gemeinwesen – aber eben nur ein solches, das er allein errichten kann. Als er erkennen muß, daß ihm dazu die legitime Basis fehlt, daß er in die Anonymität zurückkehren müßte, aus der er gekommen ist, wird die republikanische Selbsttäuschung offenbar, klammert er sich an die nunmehr unverstellt despotische Macht. Auch Faust erliegt einer solchen republikanischen Selbsttäuschung. Auch er bleibt ein aufgeklärter Despot, der alle Mittel der Gewalt einsetzt, um ›sein‹ Volk zur Freiheit zu zwingen: »Bezahle, locke, presse bei!« So lautet sein letzter Befehl an Mephisto (Vs. 15554). »Es ist die Menge, die mir frönet«, stellt er beglückt vor seiner letzten Vision fest (Vs. 11540). Wie die letztenendes doch immer vom Machtinteresse bestimmten politischen ›Idealisten‹ Schillers kann er den circulus vitiosus einer vom Recht des Stärkeren bestimmten Geschichte nicht durchbrechen.

Fausts Hoffnung, »auf freiem Grund mit freiem Volke« zu stehen (Vs. 11580), wird von Goethe in mehrfacher Hinsicht als Illusion decouvriert. Schon in der bissigen Satire auf die Privilegiengier der katholischen Kirche am Ende des vierten Akts – als sich der Kaiser die geistliche Legitimierung seines mit teuflischen Mitteln restaurierten Reichs vom Erzbischof förmlich erkaufen muß, die Kirche also aus dem Bösen Kapital schlägt – werden der »hohen Kirchenstelle« für den zu kolonisierenden Meeresstrand der »Zehnte, Zins und Gaben und Gefälle« zugesichert (Vs. 11038). Niemals würde der Grund also »frei«, Fausts »Hochbesitz« wirklich »rein« sein (Vs. 11156)! Doch auch davon abgesehen bleibt Fausts Utopie reine Illusion. Während der durch den Anhauch der »Sorge« Erblindete im Geklirr der Spaten die Arbeit an seinem Werk zu hören meint, schaufeln in Wirklichkeit die Lemuren sein Grab, und Mephisto läßt keinen Zweifel daran, daß dieses mühsam errichtete Werk bald wieder ein Raub der Elemente sein wird: »Du bist doch nur für uns bemüht / Mit deinen Dämmen, deinen Buhnen; / Denn du bereitest schon Neptunen, / Dem Wasserteufel, großen Schmaus. / In jeder Art seid ihr verloren; – / Die Elemente sind mit uns verschworen, / Und auf Vernichtung läuft's hinaus.« (Vs. 11544–50)

Dafür gibt es einen wenig beachteten technischen Grund. Fausts letzter Monolog beginnt mit den Versen: »Ein Sumpf zieht am Gebirge hin, / Verpestet alles schon Errungene; / Den faulen Pfuhl auch abzuziehn, / Das Letzte wär' das Höchsterrungene.« (Vs. 11559–562) Bei diesem faulen Pfuhl handelt es sich um eine Folge des Deichbaus selber. In den von ihm konsultierten Werken über den Wasserbau, die er in seiner eigenen Bibliothek stehen hatte, konnte Goethe lesen, daß eine allzu forcierte Kanalisierung – die Fachliteratur der Zeit redet von »hydrotechnischem Terrorism« – aufgrund des Stillstehens der Gewässer und des dadurch bedingten Wucherns der Wasserpflanzen allmählich zur Versumpfung führe (vgl. Harro Segeberg). Die gewalttätig vernutzte und übernutzte Natur schlägt verderbenbringend zurück! So erhält Mephistos Kommentar über Fausts »Graben«, seine gigantischen Dammpläne einen unheimlichen Doppelsinn: »Man spricht, wie man mir Nachricht gab, / Von keinem Graben, doch vom Grab.« (Vs. 11555f.) Nicht nur, daß die Lemuren statt des Grabens Fausts Grab ausheben, sondern jener Graben ist zugleich durch die fortschreitende Versumpfung – die Kehrseite der Modernisierung – das Grab von Fausts forcierten technischen Plänen.

Davon ahnt er in der utopischen Euphorie seiner Sterbevision nicht das Geringste. In seinen letzten Worten: »Zum Augenblicke dürft' ich sagen: / Verweile doch, du bist so schön! / [...] / Im Vorgefühl von solchem hohen Glück / Genieß' ich jetzt den höchsten Augenblick« (Vs. 11581–86) glaubt Mephisto die Fausts Verhängnis besiegelnden Worte der Wette wiederzuerkennen. Doch ist hier eben nur von Vorgefühl die Rede, der Satz der Wette nur im Irrealis, im Hinblick auf die erträumte Zukunft ausgesprochen! Mephisto täuscht sich also, wenn er glaubt, die Wette gewonnen zu haben. Gerade in diesen letzten Worten offenbart sich, daß Faust im *gegenwärtigen* Augenblick niemals Genüge finden wird. So kann nach dem grandiosen, auf die Mysterienspieltradition zurückweisenden Spektakel der »Grablegung«, in dem der Teufel der Genarrte ist, das Erlösungsmysterium der »Bergschluchten«-Szenen beginnen. Hier gestaltet Goethe unter Rückgriff – um sich nicht im »Vagen« zu verlieren – auf die »scharf umrissenen christlich-kirchlichen Figuren und Vorstellungen« (Eckermanns Gespräche, 6. Juni 1831) seine Überzeugung vom rastlosen Fortwirken der »entelechischen Monade« nach dem Tode (an Zelter, 19. März 1827). Im Aufsteigen der Entelechie Fausts innerhalb der hierarchisch gestuften transzendenten Regionen drückt sich seine Erlösung als Ablösung vom Materiellen, Finsteren und Auflösung ins Geistige, Lichte, als Annäherung an den göttlichen Seinsgrund aus. Vom letzten Materiellen kann Faust nur durch das »Ewig-Weibliche« (Vs. 12110) gereinigt werden, das sich in der Mater gloriosa und den Büßerinnen, deren eine »sonst Gretchen genannt« ist, offenbart. Im abschließenden Chorus mysticus ist hymnischformelhaft die Kardinalidee der Goetheschen Weltsicht: die Gleichnishaftigkeit der aus Gott emanierenden und in ihn zurückfließenden Welt zusammengefaßt.

Die Schlußszene des *Faust* hat in der jüngsten Forschung eine lebhafte Kontroverse ausgelöst. Seit Konrad Burdach (1932) ist die Apokatastasis-Lehre des Origenes, wie sie Goethe seit seiner Jugend aus Gottfried Arnolds *Unparteyischer Kirchen- und Ketzer-Historie* (1729) bekannt war, für die »Bergschluchten«-Szene in Anspruch genommen worden. Arthur Henkel und Albrecht Schöne haben die Idee der Apokatastasis als der »Wiederbringung aller Dinge« nunmehr zum ausschließlichen Deutungsinstrument der Schlußszene isoliert. Dagegen haben Rolf Ch. Zimmermann und Dieter Bremer eingewandt, daß Goethe niemals ein fremdes theologisch-philosophisches Theorem zum Nenner ausgerechnet der letzten Szene seines Opus summum gemacht hätte. Nicht die Idee der »Wiederherstellung« eines als vollkommen gedachten Zustandes leitet die »Bergschluchten«-Szene, sondern die Vorstellung der Steigerung, entelechischen Reifung und Vollendung. Die neuplatonischem Denken entstammende Idee des vom Eros beflügelten stufenweisen Aufstiegs der Seele verbindet sich mit der christlichen Vorstellung der sich herabneigenden göttlichen Liebe, kosmo-physiologische ›Auflösung‹ antiker mit religiös-spiritueller ›Erlösung‹ christlicher Provenienz (Dieter Bremer). Den Synergismus von »Streben« und »Liebe von oben« (Vs. 11936–39) hat Goethe selber im Gespräch mit Eckermann am 6. Juni 1831 als »Schlüssel zu Fausts Rettung« bezeichnet: »In Faust selber eine immer höhere und reinere Tätigkeit bis ans Ende, und von oben die ihm zu Hülfe kommende ewige Liebe.«

Als »Tragödie« hat Goethe *Faust* bezeichnet. Ihr Titelheld ist freilich nichts weniger als tragisch. Ob man von der aristotelischen Bestimmung der Tragödie ausgeht oder von ihrer modernen Metaphysik seit Schelling – Faust fehlt die elementare Bedingung des Tragischen: das Leiden. Daher wendet sich ihm auch in keinem Moment das Mitleiden des Zuschauers oder Lesers zu. Über Faust hat noch nie ein Mensch eine Träne vergossen. Woran liegt das? Aristoteles hat im dreizehnten Kapitel seiner *Poetik* die ›Ähnlichkeit‹ zwischen Held und Zuschauer als eine der Bedingungen der tragischen Wirkung bezeichnet, denn sie allein ermöglicht die Identifikation des Zuschauers mit dem Protagonisten. Furcht und Mitleid sind Identifikationsaffekte. Faust indessen – der »Übermensch«, der stets über die conditio humana hinausstrebt (Vs. 490) – ist niemals ›ähnlich‹, erhebt sich über jede begrenzende, bedingende Menschenform und erlaubt daher auch keine Identifikation, die an diese Form gebunden ist. Er, der nach Mephistos Worten »der Erde Freuden überspringt« (Vs. 1859), er überspringt auch deren Leiden.

Immer entzieht Faust sich im Brennpunkt des Scheiterns, da »der Menschheit ganzer Jammer« ihn anfaßt (Vs. 4406), den tragischen Konsequenzen seines Tuns, indem er seine bisherige Erdenform zugunsten einer anderen ablegt. Von der Wissenschaft, vor dem Zusammenbruch seines Wissensgebäudes, flüchtet er in die weiße und – nachdem »Erinnrung« (Vs. 781) ihn vor dem entgrenzenden Freitod bewahrt und noch einmal auf die bedingende »Erde« (Vs. 784) zurückgezogen hat – in die schwarze Magie. Durch Zauber verjüngt, d.h. eines Teils seiner eigenen Lebensgeschichte mit ihren Erinnerungswerten beraubt, verwandelt er sich in den liebenden Jüngling, und als er in dieser Gestalt ein tragisches Verhängnis auslöst, entzieht er sich ihm – nach vergeblichen Versuchen, es durch Trennung zu unterlaufen (»Wald und Höhle«) oder zu verdrängen (»Walpurgisnacht«) –, im Moment der Katastrophe durch regelrechte Flucht.

Heilschlaf und Naturmagie in der Szene »Anmutige Gegend« reinigen sein Inneres »im Tau aus Lethes Flut« (Vs. 4629) von »erlebtem Graus« und entfernen »des Vorwurfs glühend bittre Pfeile« (Vs. 4624f.): wieder wird ein Stück Lebensgeschichte, werden Erinnerung und Reue ausgelöscht. Die Begegnung mit der Antike bleibt Phantasmagorie, die zwar in sich – für Helena – tragische Konsequenzen hat, denen Faust sich aber durch das Zurücktreten in die Realität entziehen kann. Sein Scheitern schließlich als Politiker kommt ihm in seiner physischen Blindheit, die das Symbol seiner geistigen ist, nicht zu Bewußtsein. Er erliegt einer Illusion, die ihn der Tragik enthebt. Und das Erlösungsmysterium des Schlusses löst die Tragödie ohnehin ins Metatragische auf.

Goethes *Faust* ist wie kaum ein Werk der neuzeitlichen Literatur eine Schatzkammer des kulturellen Gedächtnisses: »Theatrum Memoriae« (Helmut Schanze). In paradoxer Spannung zu dieser Erinnerungsträchtigkeit von Goethes Lebenswerk ist seine Titelgestalt, ist Faust jedoch der große Vergesser! Nur durch das Abstreifen der Erinnerung kann er immer wieder von vorn anfangen, eine Existenzform gegen die andere vertauschen und in seinem »Selbst« genießen, was der »ganzen Menschheit zugeteilt« ist (Vs. 1770f.). – In der zweiten seiner *Unzeitgemäßen Betrachtungen*: *Vom Nutzen und Nachteil der Historie für das Leben* hat Nietzsche als Signatur der Moderne bezeichnet, »daß wir alle an einem verzehrenden historischen Fieber leiden« (Vorwort), daß unser Leben von Vergangenheit, von kultureller Erinnerung überfrachtet ist. Zwar sei es »möglich, fast ohne Erinnerung zu leben, ja glücklich zu leben, wie das Tier zeigt«, es sei aber »ganz und gar unmöglich, ohne Vergessen überhaupt zu leben«. Und er ergänzt Goethes Aphorismus »Der Handelnde ist immer gewissenlos« (*Maximen und Reflexionen* 241) durch die Bemerkung, er sei auch »wissenlos«, denn: »Zu allem Handeln gehört Vergessen« (Kap. 1). Dieses Vergessen, die Befreiung »von allem Wissensqualm« (Vs. 396), ist auch die – schlechtin untragische – Bedingung von Fausts Handeln in all seinen Lebenskreisen.

Faust, der ständig über die »Grenzen der Menschheit« Hinwegstrebende, und Wilhelm Meister, der Entsagende, durch jene Grenzen sich Bedingende sind die beiden antipodischen Lebensfiguren Goethes, die Titelgestalten seiner Hauptwerke. »Nur alle Menschen machen die Menschheit aus, nur alle Kräfte zusammengenommen die Welt.« So ist in Wilhelm Meisters »Lehrbrief« zu lesen (*Lehrjahre* VIII/5). Daraus folgt der Appell der Entsagung: daß jeder Mensch »sich eigentlich als ein besonderes Wesen bilden, aber den Begriff zu erlangen suchen [muß], was alle zusammen sind« (Goethe zu Eckermann, 20. April 1825). Faust indessen will nicht jenes »besondere Wesen«, sondern dieser »Begriff« sein, er will sein »eigen Selbst« zum Selbst der »ganzen Menschheit« erweitern (Vs. 1770 u. 1774). Damit *über*schreitet er ebenso die Möglichkeit des Tragischen – wie Wilhelm Meister sie durch Entsagung *unter*schreitet oder unterläuft. Es ist höchst merkwürdig, daß Faust und Wilhelm Meister in ihrer Gegensätzlichkeit eines gemeinsam haben: den untragischen Charakter – daß sie zwar Tragödien auslösen, aber selbst von ihnen nicht im Innersten betroffen werden. Auch Wilhelm Meisters Lebensweg säumen ja tragische Schicksale, an denen er selber seinen Schuldanteil hat (Mariane, Mignon); anders als Faust ist er zunächst durchaus leidensfähig, wie sein Zusammenbruch nach der Entdeckung der vermeintlichen Untreue Marianes zeigt, aber diese Leidensfähigkeit nimmt in dem Maße ab, da er sich von seiner Melancholie löst und dem Entsagungs- wie Heiterkeitspostulat der Turmgesellschaft verschreibt. Die Zügigkeit, mit der er über den von ihm mitverschuldeten Tod Marianes und – schon zu Schillers leichtem Befremden – über das Sterben Mignons hinwegkommt, verbindet ihn merkwürdig mit seinem Antipoden Faust, wenn ihm auch dessen grenzüberschreitende Vergessensmeisterschaft fehlt.

Wenn *Faust* eine Tragödie ist, dann ist sie es gegen Faust selber.

Freilich hat Goethe niemals an eine exakte Gattungsbestimmung gedacht. Von der »Divina Tragedia« haben schon die Zeitgenossen unter Anspielung auf Dantes Weltdichtung gesprochen, und Weltdichtung ist auch Goethes Lebenswerk, freilich in einem anderen Sinne als die *Divina Commedia*, nicht poetische Demonstration eines objektiven Kosmos, sondern ganz aus dem Subjekt herausgesponnen, *Phänomenologie des Geistes*, wie Hegels ein Jahr vor *Faust I* erschienenes erstes philosophisches Hauptwerk: Erinnerung an die wesentlichen Entwicklungsmomente der menschlichen Gattung, enzyklopädische Zusammenfassung ihrer Grunderfahrungen, Rückblick auf die geschichtlichen »Gestalten des Bewußtseins«, mit deren keiner Goethe sich mehr identisch weiß. Daher auch der universalpoetische Charakter des *Faust*.

In der umfassenden Synopse divergierender Kunstformen und Kunstwelten, die *Faust* zum Zentralwerk der deutschen, ja der europäischen Dichtung der Moderne machen, drücken sich der Abstand Goethes zu jenen Formen und Welten in ihrer historischen Bedingtheit und das Bewußtsein freier Verfügung über sie aus. Hegel hat dieses Bewußtsein in der *Ästhetik* als das Stigma des modernen Künstlers beschrieben: »Das Gebundensein an einen besonderen Gehalt und eine nur für diesen Stoff passende Art der Darstellung ist für den heutigen Künstler etwas Vergangenes und die Kunst dadurch ein freies Instrument geworden [...]. Der Künstler steht damit über den bestimmten konsekrierten Formen und Gestaltungen und bewegt sich frei für sich, unabhängig von dem Gehalt und der Anschauungsweise, in welcher sonst dem Bewußtsein das Heilige und Ewige vor Augen war.« In kaum einem Werk wird das – eben aufgrund der Simultaneität der großen europäischen Kunstformen und Bildwelten – offenbarer als in Goethes *Faust*.

In ihm kehren zumal alle wesentlichen Grundformen des europäischen Dramas wieder – von der attischen Tragödie über das mittelalterliche Mysterienspiel, das Volksdrama des 16. Jahrhunderts und das höfische Theater bis hin zum romantischen ›Gesamtkunstwerk‹ der Gegenwart. Mit dieser dramatischen Vielfalt verbindet sich die unerhörte lyrisch-metrische Komplexität des *Faust*. Dessen Gesamtkunstwerk-Charakter erklärt auch die eminente Bedeutung der bildenden Kunst und vor allem der Musik in der Rezeptionsgeschichte. Goethe selbst hat *Faust II* teilweise als »Oper« konzipiert und bezeichnet. Und nicht nur der zweite Teil, auch *Faust I* ist ein Werk voller Musik, von durchaus realisierbarer – oft genug realisierter – Bühnenmusik und liedhaften Einlagen bis zu einer imaginären oder symbolischen Welt der Töne. Kaum eine dramatische Dichtung der Weltliteratur ist so sehr von unhörbarer Musik erfüllt und trotz der opernhaften Strukturen zumal des zweiten Teils doch so unkomponierbar wie *Faust*. Eine Musik »im Charakter des *Don Juan*« stellte Goethe sich für ihn vor, jedenfalls: »Mozart hätte den *Faust* komponieren müssen«; sogar mit dem Gedanken einer Vertonung durch Giacomo Meyerbeer, der ein Schüler Zelters gewesen ist, hat er gespielt (Eckermanns Gespräche, 12. Februar 1829). Doch *Faust* ist zu sehr imaginäre Oper, als daß er eine reale hätte werden können. Die Komponisten, die den Versuch unternahmen, ein musikalisches Äquivalent für ihn zu finden, beschränkten sich denn auch auf eine fragmentarische Annäherung, auf die Vertonung von einzelnen Szenen (wie Schumann und Mahler), oder sie entschlossen sich doch zu einer eigenen musikdramatischen Neukonzeption (wie Ferruccio Busoni, dessen musikalische Phantasie zeitlebens um Goethes *Faust* kreiste).

Auch wenn es nicht mehr Goethes Originaldrama war: als Oper ist der Fauststoff auf der Bühne des 19. und 20. Jahrhunderts so populär geworden, daß man ihn ›den‹ modernen Opernstoff schlechthin nennen kann. Von den über sechzig Faust-Opern seit 1797 leitet sich ein großer Teil von Goethes Drama her – so schon deren erste: *Doktor Faust* von Ignaz Walter aus dem Jahre 1797 (fast ein Jahrzehnt vor dem Erscheinen von *Faust I*). Meist liegt der erste Teil der Tragödie bzw. das Fragment von 1790 den einschlägigen Opern zugrunde, doch auch *Faust II* ist von Boitos *Mefistofele* (1868) bis zu Lili Boulangers Bühnenkantate *Faust et Hélène* (1913) und anderen späteren Helena-Opern musikdramatisch adaptiert worden. Den Faust-Opern zur Seite stehen die zahllosen Versuche einer Vertonung der Goetheschen Originaldichtung, sei es als Lied (wie, um nur das bedeutendste Beispiel zu nennen, Schuberts *Gretchen am Spinnrade*), sei es als symphonisch-oratorische Exegese des authentischen Textes. Erwähnt seien namentlich Franz Liszts *Faust-Symphonie* (1857), Robert Schumanns *Faust-Szenen* (1862) und Gustav Mahlers *Achte Symphonie* (1910), welche den altkirchlichen Hymnus *Veni creator spiritus* – den Goethe übersetzt und als »Appell an das allgemeine Weltgenie« interpretiert hat (an Zelter, 18. Februar 1821) – mit der »Bergschluchten«-Szene des *Faust* zu einer monumentalen Synthese zwingt.

Kaum ein Komponist hat sich zeit seines Lebens intensiver mit *Faust* befaßt als Richard Wagner. Mit achtzehn Jahren bereits hat er einige ›Nummern‹ des ersten Teils vertont (1831, also noch zu Lebzeiten Goethes); sein vielleicht bedeutendstes reines Instrumentalwerk: *Eine Faust-Ouvertüre* (1839/55) ist aus dem Plan einer ganzen Symphonie über Goethes Dichtung hervorgegangenen. Zahllose Äußerungen Wagners in seinen theoretischen Schriften, Briefen und Gesprächen bis an sein Lebensende bezeugen seine Faszination durch Goethes Lebenswerk. Sie rührt von dem Gefühl einer formalen wie inhaltlichen Analogie zu seinem eigenen Opus magnum her: zum *Ring des Nibelungen*, der wie *Faust* die herkömmliche dramatische Form zum szenischen Epos hin überschreitet und eine mythische Weltdichtung ist wie dieser – doch zugleich ein Spiegel der Moderne. Thomas Mann hat den *Ring* – ebenso wie Heinz Schlaffer 1981 *Faust II* – mit den großen Romanzyklen verglichen, in denen Balzac und Zola ihr Jahrhundert episch umkreist haben.

In seiner Züricher Rede *Richard Wagner und ›Der Ring des Nibelungen‹* (1937) berichtet der Emigrant Thomas Mann bewegt von der grenzenlosen Begeisterung des alten Wagner, des »großen Mythikers«, über Goethes *Faust* und vor allem über die »Klassische Walpurgisnacht«, den von ihm am meisten geliebten und bewunderten Teil der ganzen Dichtung. »Es tut wohl«, so Thomas Mann, »den Wagnerschen Genius sich hier [...] vor dem Goethes neigen zu sehen; es ist ein hochmerkwürdiges Vorkommmnis, die Berührung dieser beiden sonst so entgegengesetzten, so polarisch voneinander entfernten Sphären; es beruhigt und beglückt, dies Erlebnis, zwei gewaltige und kontradiktorische Ausformungen des vielumfassenden Deutschtums, die nordisch-musikalische und die mittelländisch-plastische [...] auf einmal befreundet zusammentreten zu sehen. Denn beides sind ja wir – Goethe und Wagner –, beides ist Deutschland. Es sind die höchsten Namen für zwei Seelen in unserer Brust, die sich voneinander trennen wollen und deren Widerstreit wir doch als ewig fruchtbar, als Lebensquell inneren Reichtums immer aufs neue empfinden lernen müssen; für die deutsche Doppelheit, den deutschen Zwiespalt, der immer im Seeleninneren des höheren deutschen Menschen selbst verläuft, und den wir hier durch Wagners selbstlose Altersbewunderung für Goethes griechische Phantasmagorie mit tiefem Vergnügen einen Augenblick überbrückt sehen.«

Literatur

Faust-Bibliographie. Bearb. v. Hans Henning. 3 Teile in 5 Bdn. Berlin 1966–1976.

Vom Faustus bis Karl Valentin. Der Bürger in Geschichte und Literatur (= Das Argument. Sonderband 3). Berlin 1976.

Faust in der Musik. 1: Faust im Lied. Von Walter Aign. 2: Faust in Kantaten, Oratorien, symphonischen Dichtungen und symphonischen Kantaten. Von Hermann Fähnrich. Stuttgart 1975–78.

Faust through Four Centuries. Retrospect and Analysis. Vierhundert Jahre Faust. Rückblick und Analyse. Edited by Peter Boerner and Sidney Johnson. Tübingen 1989.

Europäische Mythen der Neuzeit: Faust und Don Juan. Gesammelte Vorträge des Salzburger Symposions 1992. Hrsg. v. Paul Csobádi [u.a.]. Anif 1993.

Faust: Annäherungen an einen Mythos. Hrsg. von Frank Möbus u.a. Göttingen 1995.

Aufsätze zu Goethes *Faust I*. Hrsg. v. Werner Keller. Darmstadt 1974 (2. Aufl. 1984).

Aufsätze zu Goethes *Faust II*. Hrsg. v. Werner Keller. Darmstadt 1991.

Interpreting Goethe's *Faust* today. Edited by Jane Brown, Meredith Lee und Thomas P. Saine. Columbia / SC 1994.

Verskonkordanz zu Goethes *Faust, Erster Teil*. Bearb. v. Steven P. Sondrup u. David Chrisholm. Tübingen 1986.

Verskonkordanz zu Goethes *Faust, Zweiter Teil*. Bearb. v. Steven P. Sondrup u. Randall L. Jones. Tübingen 1989.

Adorno, Theodor W.: Zur Schlußszene des *Faust*. In: Th. W. Adorno: Noten zur Literatur II. Frankfurt am Main 1961 [u.ö.].

Arens, Hans: Kommentar zu Goethes *Faust I*. Heidelberg 1982.

Arens, Hans: Kommentar zu Goethes *Faust II*. Heidelberg 1989.

Atkins, Stuart: Goethe's *Faust*. A Literary Analysis. Cambridge (Mass.) 1958.

Bahr, Ehrhard: Die Ironie im Spätwerk Goethes. »...diese sehr ernsten Scherze«. Studien zum *West-östlichen Divan*, zu den *Wanderjahren* und zu *Faust II*. Berlin 1972.

Baron, Frank: Faustus. Geschichte, Sage, Dichtung. München 1982.

Binder, Wolfgang: Goethes klassische *Faust*-Konzeption / *Faust II*, mit den Augen gesehen. In: W. Binder: Aufschlüsse. Studien zur deutschen Literatur. Zürich/München 1976, S. 63–118.

Binswanger, Hans Christoph: Geld und Magie. Deutung und Kritik der modernen Wirtschaft anhand von Goethes *Faust*. Stuttgart 1985.

Binswanger, Hans Christoph: Goethe als Ökonom. Chancen und Gefahren der modernen Wirtschaft im Spiegel von Goethes Dichtung. In: Bertram Schefold (Hrsg.): Studien zur Entwicklung der ökonomischen Theorie XI. Berlin 1992, 109–132.

Binswanger, Hans Christoph / Faber, Malte / Manstetten, Reiner: The dilemma of modern man and nature: an exploration of the Faustian imperative. In: Ecological Economics 2 (1990), S. 197–223.

Blackall, Eric A.: Faust's last speech. London 1984.

Böhm, Wilhelm: Faust, der Nichtfaustische. Halle 1933.

Böhm, Wilhelm: Goethes *Faust* in neuer Deutung. Köln 1949.

Bohnenkamp, Anne: »...das Hauptgeschäft nicht außer Augen lassend«: die Paralipomena zu Goethes *Faust*. Frankfurt a.M. 1997.

Borchmeyer, Dieter: Die geheimgehaltenen Dichtungen des Geheimrats Goethe. Kritische Anmerkungen zu ihrer Wiederentdeckung. Der »Walpurgissack« und *Das Tagebuch*. In: Wolfgang Wittkowski (Hrsg.): Verlorene Klassik? Ein Symposium. Tübingen 1986, S. 99–111 [vgl. dazu unten Albrecht Schöne, S. 261–265].

Borchmeyer, Dieter: *Faust* und *Der Ring des Nibelungen*. Der Mythos des 19. Jahrhunderts in zwiefacher Gestalt. In: D. Borchmeyer (Hrsg.): Wege des Mythos in der Moderne. Richard Wagner: *Der Ring des Nibelungen*. München 1987, S. 133–158.

Borchmeyer, Dieter: Gerettet und wieder gerichtet: Fausts Wege im 19. Jahrhundert. In: Peter Boerner / Sidney Johnson (Hrsg.): Faust through Four Centuries. Retrospect and Analysis. Tübingen 1989, S. 169–184.

Boyle, Nicholas: The Politics of *Faust II*. Another Look at the Stratum of 1831. In: Publications of the English Goethe Society N.S. 52 (1983), S. 4–43.

Bremer, Dieter: Don Juan und Faust. Mythische Figurationen neuzeitlichen Bewußtseins im Lichte der *Heroischen Leidenschaften* von Giordano Bruno. In: arcadia 28 (1993), S. 1–23.

Bremer, Dieter: »Wenn starke Geisteskraft [...]«. Traditionsvermittlungen in der Schlußszene von Goethes *Faust*. In: Goethe-Jb. 112 (1995), S. 287–308.

Brenn, Wolfgang: Hermetik, geschichtliche Erfahrung, Allegorie. Die konstitutive Funktion von Goethes hermetisch beeinflußter Naturphilosophie für die allegorische Struktur des *Faust II*. Frankfurt a.M. 1981.

Breuer, Dieter: Goethes christliche Mythologie. Zur Schlußszene des *Faust*. In: Jb. d. Wiener Goethe-Vereins. N.F. 84/85 (1980/81), S. 7–24.

Brown, Jane K.: Goethe's Faust. The German tragedy. Ithaca / New York 1986.

Brown, Jane K.: Faust: theater of the world. New Yok u. a. 1992.

Burdach, Konrad: Das religiöse Problem in Goethes *Faust*. In: Euphorion 33 (1932), S. 3–83.

Cases, Cesare: Fausts »Schlußmonolog«: Eine Diskussion und ihre Folgen. In: Paolo Chiarini (Hrsg.): Deutsche Klassik und Revolution. Rom 1981, S. 299–321.

Ciupke, Markus: Des Geklimpers vielverworrener Töne Rausch: die metrische Gestaltung in Goethes *Faust*. Göttingen 1994.

Dédéyan, Charles: Le thème de *Faust* dans la littérature européenne. 4 Bde. Paris 1954–1967.

Diener, Gottfried: Fausts Weg zu Helena. Urphänomen und Archetypus. Darstellung und Deutung einer symbolischen Szenenfolge aus Goethes *Faust*. Stuttgart 1961.

Dietze, Walter: »Ich denke mir, der Teufel behalte Unrecht ...« Bemerkungen zum Menschenbild in Goethes *Faust*. In: Publications of the English Goethe Society N. S. 45 (1975), S. 1–22.

Emrich, Wilhelm: Die Symbolik von *Faust* II. 5. Aufl. Königstein Ts. 1981.
Eppelsheimer, Rudolf: Goethes *Faust*. Das Drama im Doppelreich. Versuch einer Deutung im Geiste des Dichters. Stuttgart 1982.
Faber, Malte / Manstetten, Reiner: Wurzeln des Umweltproblems – ökologische, ökonomische und philosophische Betrachtungen. In: Ulrich Steger (Hrsg.): Handbuch des Umweltmanagements. München 1992 [darin zu Goethes *Faust*: S. 21–29].
Fuchs, Albert: Le *Faust* de Goethe: Mystère, document humain, confession personnelle. Paris 1973.
Gaier, Ulrich: Goethes *Faust*-Dichtungen. Ein Kommentar. Bd. 1ff. Stuttgart 1989ff.
Gearey, John: Goethe's other *Faust*: the drama, part II. Toronto u.a. 1992.
Graham, Ilse: Goethe. Schauen und Glauben. Berlin / New York 1988 [darin 7 Kapitel über *Faust*].
Hamacher, Werner: Faust, Geld. In: Athenäum 4 (1994), S. 131–187.
Hamm, Heinz: Goethes *Faust*. Werkgeschichte und Textanalyse. Berlin 1978.
Hartmann, Horst: Faustgestalt, Faustsage, Faustdichtung. Berlin 1979 [u.ö.].
Heise, Wolfgang: Der Faust des alten Goethe: »Herrschaft gewinn' ich, Eigentum!«. In: Helmut Bock (Hrsg.): Unzeit des Biedermeiers. Köln 1986, S. 45–56.
Henning, Hans: Faust in fünf Jahrhunderten. Ein Überblick zur Geschichte des Faust-Stoffes vom 16. Jahrhundert bis zur Gegenwart. Halle 1963.
Henkel, Arthur: Das Ärgernis Faust. In: A. Henkel: Goethe-Erfahrungen. Stuttgart 1982, S. 163–180.
Ingen, Ferdinand van: *Faust* – homo melancolicus. In: Wissen aus Erfahrung. Festschrift für Herman Meyer. Tübingen 1976, S. 256–281.
Jantz, Harold: The forms of *Faust*. The work of art and its intrinsic structures. Baltimore 1978.
Kaiser, Gerhard: Ist der Mensch zu retten? Vision und Kritik der Moderne in Goethes *Faust*. Freiburg i. Br. 1994.
Kauf, Robert: »Auch hier geschieht, was längst geschah« (*Faust*, V. 11286). Oder die Betäubung des Gewissens. In: Jb. d. Freien Dt. Hochstifts 1977, S. 129–149.
Keller, Werner: Der klassische Goethe und sein nicht-klassischer *Faust*. In: Goethe Jb. 95 (1978), S. 9–28.
Keller, Werner: *Faust. Eine Tragödie* (1808). In. W. Hinderer (Hrsg.): Goethes Dramen. Stuttgart 1993, S. 258–329.
Kerényi, Karl: Das ägäische Fest. Die Meergötterszene in Goethes *Faust II*. 3. Aufl. Wiesbaden 1950.
Klingenberg, Anneliese: Goethes *Novelle* und *Faust II*. Zur Problematik Goethescher Symbolik im Spätwerk. In: Impulse 10 (1987), S. 75–124.
Kommerell, Max: Faust und die Sorge. In: M. Kommerell: Geist und Buchstabe der Dichtung. 3. Aufl. Frankfurt a.M. 1944, S. 75–111.

Kommerell, Max: *Faust*. Zweiter Teil. Zum Verständnis der Form. In: M. Kommerell: Dame Dichterin und andere Essays. München 1967, S. 116–164.
Kruse, Jens: Der Tanz der Zeichen. Poetische Struktur und Geschichte in Goethes *Faust II*. Königstein im Taunus 1985.
Lange, Victor: *Faust. Der Tragödie zweiter Teil*. In: W. Hinderer (Hrsg.): Deutsche Dramen. Stuttgart 1993, S. 330–388.
Lohmeyer, Dorothea: *Faust* und die Welt. Der zweite Teil der Dichtung. München 1975.
Lukács, Georg: Faust und Faustus. Reinbek bei Hamburg 1967.
Mahal, Günther: Mephistos Metamorphosen. Fausts Partner als Repräsentant literarischer Teufelsgestaltung. Göppingen 1972.
Mahl, Bernd: Goethes ökonomisches Wissen. [...] Frankfurt a.M. 1982.
Mason, Eudo C.: Goethe's *Faust*. Its Genesis and Purport. Berkeley 1967.
May, Kurt: *Faust II* in der Sprachform gedeutet. Neuausg. Frankfurt am Main 1972.
Mayer, Hans: Doktor Faust und Don Juan. Frankfurt 1979.
Metscher, Thomas: Faust und die Ökonomie. In: Das Argument. Sonderbd. 3 (1976), S. 28–155.
Meyer, Herman: Die sehr ernsten Scherze. Eine Studie zu *Faust II*. Heidelberg 1970.
Michelsen, Peter: Fausts Erblindung. In: Deutsche Vierteljahrsschrift f. Literaturwiss. u. Geistesgesch. 36 (1962), S. 26–35.
Michelsen, Peter: Fausts Schlaf und Erwachen. In: Jb. d. Freien Dt. Hochstifts 1983, S. 21–61.
Michelsen, Peter: Goethes »Vorspiel auf dem Theater« als Vorspiel zum *Faust*. In: Geschichtlichkeit und Gegenwart. Festschrift für Hans Dietrich Irmscher zum 65. Geburtstag. Köln [u.a.] 1994, S. 139–158.
Michelsen, Peter: Diplomatik als Editionsprinzip: zur Textgestalt des *Faust* anhand der Ausgabe Albrecht Schönes. In: Merkur 49 (1995), S. 695–706.
Michelsen, Peter: Der Rat des Narren. Die Staatsratsszene in Goethes *Faust II*. In: Jb. d. Freien Dt. Hochstifts 1996, S. 84–129.
Mommsen, Katharina: Natur und Fabelreich in *Faust II*. Berlin 1968.
Müller, Joachim: Zur Motivstruktur von Goethes *Faust*. Berlin 1972.
Müller-Seidel, Walter: Komik und Komödie in Goethes *Faust*. In: W. Müller-Seidel: Die Geschichtlichkeit der deutschen Klassik. Literatur und Denkformen um 1800. Stuttgart 1983.
Neumann, Michael: Das Ewig-Weibliche in Goethes *Faust*. Heidelberg 1985.
Persichino, Salvatore: Dall' Urfaust al *Faust*. Introduzione a una lettura storico-filologica del *Faust* di Goethe. Firenze 1973.
Reinhardt, Karl: Die klassische Walpurgisnacht. In: K. Reinhardt: Tradition und Geist. Göttingen 1960, S. 309–365.
Requadt, Paul: Goethes *Faust I*. Leitmotivik und Architektur. München 1972.
Requadt, Paul: Die Figur des Kaisers im *Faust II*. In: P. Requadt: Bildlichkeit der Dichtung. München 1974, S. 71–88.

Saviane, Renato: Vitalismo e nihilismo nel *Faust* die Goethe. Firenze 1992.

Schanze, Helmut: Goethes Dramatik. Theater der Erinnerung. Tübingen 1989 [*Faust*: S. 65–70, 112–141, 158–171 u. Kapitel »Theatrum Memoriae« S. 173–219].

Schillemeit, Jost: Das Vorspiel auf dem Theater zu Goethes *Faust*. In: Euphorion 80 (1986), S. 149–166.

Schlaffer, Heinz: *Faust, Zweiter Teil*. Die Allegorie des 19. Jahrhunderts. Stuttgart 1981.

Schmidt, Jochen: »Was sich sonst dem Blick empfohlen, / Mit Jahrhunderten ist hin«. ›Fortschritt‹ als Zerstörungswerk der Moderne am Ende des *Faust II*. In: »Sinnlichkeit in Bild und Klang«. Festschrift für Paul Hoffmann zum 70. Geburtstag. Stuttgart 1987, S, 187–204.

Schmidt, Jochen: Die »katholische Mythologie« und ihre mystische Entmythologisierung in der Schlußszene des *Faust II*. In: Jb. d. Dt. Schillerges. XXXIV (1990), S. 230–256.

Schöne, Albrecht: Satanskult: Walpurgisnacht. In: A. Schöne: Götterzeichen. Liebeszauber. Satanskult. Neue Einblicke in alte Goethetexte. München 1982. 3. ergänzte Aufl. 1993, S. 107 -230 [auch: »Einwände – Entgegegnungen 1993«, S. 231–265, bes. »Zur Walpurgisnacht«, S. 255–265].

Schöne, Albrecht: Fausts Himmelfahrt: zur letzten Szene der Tragödie. München 1994.

Scholz, Rüdiger: Die beschädigte Seele des großen Mannes: Goethes *Faust* und die bürgerliche Gesellschaft. 2., überarb. u. erw. Aufl. Rheinfelden, Berlin 1995.

Schrimpf, Hans Joachim: J.W. Goethe, *Faust*. In: Harro Müller-Michaels (Hrsg.): Deutsche Dramen. Interpretationen. Bd. I. Königstein Ts. 1981, S. 87–127.

Schulz, Gerhard: Faust und der Fortschritt. In: Ulrich Fülleborn (Hrsg.): Das neuzeitliche Ich in der Literatur des 18. und 19. Jahrhunderts. München 1988, S. 173–190.

Schwerte, Hans: *Faust* und das Faustische. Ein Kapitel deutscher Ideologie. Stuttgart 1962.

Segeberg, Harro: Die »ganz unberechenbaren Resultate« der Technik. Zur Modernität vormoderner Technik in Goethes *Faust*, In: Deutschunterricht 39 (1987) H. 4, S. 11–23.

Seidlin, Oskar: Helena. Vom Mythos zur Person. In: O. Seidlin: Von Goethe zu Thomas Mann. Göttingen 1963, S. 65–93.

Simer, Vaclav Charles: A study in the iconography of Goethe's *Faust* I and II. 2 vol. New York Univ. Diss. 1986.

Vaget, Hans Rudolf: *Faust*, der Feudalismus und die Restauration. In: Akten des 6. Internationalen Germanistenkongresses Basel 1980. Jb.f. Internationale Germanistik A, Kongreßber. VIII/4. Bern 1980, S. 345–351.

Vaget, Hans Rudolf: The GDR Faust: a literary autopsy. In: Oxford German Studies. 24 (1995), S. 145–174.

Vincent, Deidre: The eternity of being. On the experience of time in Goethe's *Faust*. Bonn 1987.

Wagenknecht, Christian: J.W. Goethe, *Faust*, Helena-Akt. In: Wilfried Barner (Hrsg.): Ein Text für Leser: Weltliteratur für Liebhaber. Göttingen 1994, S. 108–122.

Weinrich, Harald: Hat Goethes Faust Nietzsches zweite »Unzeitgemäße Betrachtung« gelesen? In: Dieter Borchmeyer (Hrsg.): »Vom Nutzen und Nachteil der Historie für das Leben«. Nietzsche und die Erinnerung in der Moderne. Frankfurt a.M. 1996, S. 218–234.

Wertheim, Ursula: Klassisches in *Faust – der Tragödie erster Teil*. In: Goethe Jb. 95 (1978), S. 112–149.

Wieland, Renate: Zur Dialektik des Ästhetischen Scheins. Vergleichende Studien zu Hegels Phänomenologie des Geistes, der Ästhetik und Goethes *Faust II*. Königstein im Taunus 1981.

Williams, John R.: Goethe's *Faust*. London 1987.

Williams, John, R.: Die Deutung geschichtlicher Epochen im zweiten Teil des *Faust*. In: Goethe Jb. 110 (1993), S. 89–104.

Willoughby, Leonard A.: Goethe's *Faust*. A morphological approach. In. E. M. Wilkinson / L. A. Willoughby: Goethe. Poet and thinker. London 1962, S. 95–117.

Wittkowski, Wolfgang: Faust und der Kaiser. In: Dt. Vierteljahrsschrift 43 (1969), S. 631–651.

Zabka, Thomas: Faust II – Das Klassische und Romantische: Goethes »Eingriff in die neueste Literatur«. Tübingen 1993.

Zagari, Luciano: Natur und Geschichte. Metamorphisches und Archetypisches in der »Klassischen Walpurgisnacht«. In: Paolo Chiarini (Hrsg.): Bausteine zu einem neuen Goethe. Frankfurt a.M. 1987, S. 148–185.

Zimmermann, Rolf Christian: Goethes *Faust* und die »Wiederbringung aller Dinge«: kritische Bemerkungen zu einem unkritisch aufgenommenen Interpretationsversuch. In: Goethe-Jb. 111 (1994), S. 171–185.

Goethe und Schiller: Werkausgaben, Briefe und Gespräche, Materialien, Bibliographien, Gesamtdarstellungen, grundlegende Monographien und gesammelte Studien einzelner Autoren

I Goethe

Werke. Hrsg. im Auftrage der Großherzogin Sophie von Sachsen. [Weimarer Ausgabe] Abt. I-IV. 133 Bde. in 143 Tln. Weimar 1887–1919. Repr. München 1987. – Erg. durch: 3 Nachtrags-Bde. zu Abt. IV, Briefe. Hrsg. v. Paul Raabe. München 1990.

Gedenkausgabe der Werke, Briefe und Gespräche. Hrsg. v. Ernst Beutler. 24 Bde., 3 Erg.-Bde. 1. Aufl. Zürich 1948–71.

Werke. Hamburger Ausgabe in 14 Bdn. Hrsg. v. Erich Trunz. 1. Aufl. Hamburg 1948–64. Neuauflage München 1966–74 [u.ö.].

Berliner Ausgabe. 22 Bde., 1 Suppl.-Bd. Hrsg. v. Siegfried Seidel. Berlin/Weimar 1960–78.

Sämtliche Werke nach Epochen seines Schaffens. Münchner Ausgabe. Bd. 1ff. Hrsg. v. Karl Richter [u.a.]. München 1985ff.

Sämtliche Werke, Briefe, Tagebücher und Gespräche. Hrsg. v. Dieter Borchmeyer [u.a.]. Bd 1ff. Frankfurt a.M. 1985ff.

Werke. 6 Bde. Mit Geleitwort u. Nachworten v. Dieter Borchmeyer. München 1992.

Die Schriften zur Naturwissenschaft. Vollst. mit Erl. vers. Ausg. Leopoldina-Ausg. 22 Bde. Begr. v. Günther Schmid, Wilhelm Troll u. Lothar Wolf. Seit 1957 hrsg. v. Dorothea Kuhn [u.a.]. Weimar 1947–1977.

Amtliche Schriften. Veröffentlichung des Staatsarchivs Weimar. Goethes Tätigkeit im geheimen Consilium. 3 [in 4] Bdn., 1 Reg.-Bd. Hrsg. v. Willy Flach. Weimar 1950–87.

Corpus der Goethezeichnungen. 7 Bde. in 10 Tln. Bearb. u. hrsg. v. Gerhard Femmel. Leipzig 1958–73.

Goethe über seine Dichtungen. Versuch einer Sammlung aller Äußerungen des Dichters über seine poetischen Werke, von Hans Gerhard Gräf. 3 Tle. in 9 Bdn. Frankfurt a.M. 1901–14. Repr. Darmstadt 1967–68.

Goethes Briefe. Hamburger Ausgabe. Textkrit. durchges. u. mit Anm. versehen v. Karl Robert Mandelkow. 4 Bde. Hamburg 1962–67. – Erg. durch: Briefe an Goethe. Hrsg. v. K. R. M. 2 Bde. Hamburg 1965–69. 2., durchges. u. verb. Ausg. München 1982. – Beide Ausgaben vereinigt als: Briefe von und an Goethe. Textkrit. durchges. u. mit Anm. versehen v. K. R. M. 6 Bde. München 1988.

Briefe an Goethe. Gesamtausg. in Regestenform. Hrsg. v. Karl-Heinz Hahn. Bd. 1ff. Weimar 1980ff.

Goethe. Begegnungen und Gespräche. Hrsg. v. Ernst u. Renate Grumach. Bd. 1ff. Berlin 1965ff.

Goethes Gespräche. Eine Sammlung zeitgenössischer Berichte aus seinem Umgang. Auf Grund der Ausg. und des Nachlasses von Flodoard Freiherrn von Biedermann erg. und hrsg. v. Wolfgang Herwig. 5 Bde. in 6. Zürich 1965–87.

Goethe in vertraulichen Briefen seiner Zeitgenossen. Auch eine Lebensgeschichte. 3 Bde. Zusammengest. v. Wilhelm Bode. Bern 1969 [Nachdr. d. Ausg. Berlin 1917–23] – Neuausg. mit Quellennachweis, Textrev. u. Register v. Regine Otto. Anm. von Paul-Gerhard Wenzlaff. Berlin 1979 / München 1982.

Goethe: Leben und Welt in Briefen. Zusammengest. v. Friedhelm Kemp. München/Wien 1978.

Goethes Leben in Bilddokumenten. Hrsg. von Jörn Göres. München 1981.

Goethe. Sein Leben in Bildern und Texten. Vorwort v. Adolf Muschg. Hrsg. v. Christoph Michel. Frankfurt a.M. 1982.

Goethe in Weimar. Ein Kapitel deutscher Kulturgeschichte. Hrsg. v. Karl-Heinz Hahn. Fotografiert v. Jürgen Karpinski. Leipzig; Zürich/München 1986.

Goethes Leben von Tag zu Tag. Eine dokumentarische Chronik. Bd. 1ff. Begonnen von Robert Steiger fortgesetzt von Angelika Reimann Zürich/München 1982ff.

Fambach, Oscar: Goethe und seine Kritiker. Die wesentlichen Rezensionen aus der periodischen Literatur seiner Zeit, begleitet von Goethes eigenen und seiner Freunde Äußerungen. Mit einem Anh.: Bibliographie der Goethe-Kritik bis zu Goethes Tod. Düsseldorf 1953.

Goethe im Urteil seiner Kritiker. Dokumente zur Wirkungsgeschichte Goethes in Deutschland. 4 Bde. Hrsg., eingel. u. komm. v. Karl Robert Mandelkow. München 1975–84.

Mandelkow, Karl Robert: Goethe in Deutschland. Rezeptionsgeschichte eines Klassikers. 2 Bde. München 1980ff.

Goethe-Wörterbuch. Bd. 1ff. Hrsg. von der Deutschen Akademie der Wissenschaften zu Berlin [u. a.]. Berlin/Stuttgart 1966ff.

Lexikon der Goethe-Zitate. Hrsg. v. Richard Dobel. Zürich 1968. – Taschenbuchausg. München 1972.

Goethe-Bibliographie. Begr. v. Hans Pyritz, fortgef. v. Heinz Nicolai u. Gerhard Burkhardt. 2 Bde. Heidelberg 1965–68.

Goethe-Bibliographie 1951–1969. Bearb. v. Heinz Nicolai. Als jährliche Beigabe in: Goethe 14/15–33 (1952/53–71).

Goethe-Bibliographie 1970ff. Bearb. v. Hans Henning. Jährl. in: Goethe Jb. 89ff. (1972ff.)

Goethe-Bibliographie. Literatur zum dichterischen Werk. Zusammengest. v. Helmut G. Hermann. Stuttgart 1991.

Angelloz, Joseph-François: Goethe. Paris 1949.

Anglet, Andreas: Der »ewige« Augenblick. Studien zur Struktur und Funktion eines Denkbildes bei Goethe. Köln 1991.

Atkins, Stuart: Essays on Goethe. Edited by Jane Brown und Thomas P. Saine. Columbia / SC 1995.

Baumann, Gerhard: Goethe. Dauer im Wechsel. München 1977.

Beutler, Ernst: Essays um Goethe. 2 Bde. Leipzig 1941–47. 5., neu durchges. Aufl. in 1 Bd. Bremen 1957.

Bielschowsky, Albert: Goethe. Sein Leben und seine Werke. 2 Bde. München 1896–1904. 42. Aufl. 1922. Neubearb. v. Walter Linden 1928.

Böhm, Hans: Grundzüge seines Lebens und Werkes. Berlin 1938. 4. Aufl. 1950.

Börner, Peter: J. W. v. Goethe in Selbstzeugnissen u. Bilddokumenten. Reinbek b. Hamburg 1964 [u.ö.].

Borchmeyer, Dieter: Höfische Gesellschaft und Französische Revolution bei Goethe. Adliges und bürgerliches Wertsystem im Urteil der Weimarer Klassik. Kronberg im Taunus 1977.

Boyle, Nicholas: Goethe. The Poet and the Age. Vol. 1: The Poetry of Desire (1749–1790). Oxford 1991.

Boyle, Nicholas: Goethe: der Dichter in seiner Zeit. Übers. v. Holger Fließbach. Bd. I. München 1995.

Brion, Marcel: Goethe. Paris 1949.

Cassirer, Ernst: Goethe und die geschichtliche Welt. Hrsg. v. Rainer A. Bast. Hamburg 1995.

Conrady, Karl Otto: Goethe. Leben und Werk. München / Zürich 1994.

Croce, Benedetto: Goethe. 2 Bde. 4. Aufl. Bari 1946.

Einem, Herbert von: Goethe-Studien. 2. erw. Aufl. München 1972.

Eissler, Kurt Robert: Goethe. A psychoanalytic study. 1775–1786. 2 Bde. Detroit 1963. Dt.: Goethe. Eine psychoanalytische Studie 1775–1786. Basel/ Frankfurt a.M. 1983–84. Taschenbuchausg. München 1987.

Fairley, Barker: Goethe. München 1963.

Friedenthal, Richard: Goethe. Sein Leben und seine Zeit. München 1963. 11. Aufl. 1982. Taschenbuchausg. München 1977. Frankfurt a.M. 1978.

Flitner, Wilhelm: Goethe im Spätwerk. Glaube, Weltsicht, Ethos. Hamburg 1947. Neuaufl. Bremen 1957.

Fuchs, Albert: Goethe. Un homme face à la vie. Paris 1946.

Fuchs, Albert: Goethe-Studien. Berlin 1968.

Görner, Rüdiger: Goethe: Wissen und Entsagen – aus Kunst. München 1995.

Graham, Ilse: Goethe. Portrait of the artist. Berlin 1977.
Graham, Ilse: Goethe: Schauen und Glauben. Berlin 1988.
Gundolf, Friedrich: Goethe. Berlin 1916. 13. Aufl. 1930. Nachdr. Darmstadt 1963. New York 1971.
Henkel, Arthur: Goethe-Erfahrungen. Studien und Vorträge. Stuttgart 1982.
Hölscher-Lohmeyer, Dorothea: Johann Wolfgang Goethe. München 1991.
Jeßing, Benedikt: Johann Wolfgang Goethe. Stuttgart / Weimar 1995.
Keller, Werner: Goethes dichterische Bildlichkeit. Eine Grundlegung. München 1972.
Kuhn, Dorothea: Typus und Metamorphose: Goethe-Studien. Marbach 1988.
Lange, Victor: Goethe-Studien. Bilder, Ideen, Begriffe. Würzburg 1991.
Lange, Victor: Goethe. Stuttgart 1992.
Lorey, Christoph: Die Ehe im klassischen Werk Goethes. Amsterdam 1995.
Lukács, Georg: Goethe und seine Zeit. Bern 1947 [u.ö.].
Mayer, Hans: Goethe. Ein Versuch über den Erfolg. Frankfurt a.M. 1973.
Meyer, Heinrich: Goethe. Das Leben im Werk. Hrsg. u. mit einem Nachwort von Jörg Drews. Zürich 1994.
Müller, Günther: Kleine Goethebiographie. Bonn 1947 [u.ö.].
Rintelen, Fritz-Joachim von: Der Rang des Geistes. Goethes Weltverständnis. Tübingen 1955.
Reed, Terence James: The classical center. London 1980. Dt.: Die Klassische Mitte. Goethe und Weimar 1775–1832. Stuttgart 1982.
Reiss, Hans: Formgestaltung und Politik. Goethe-Studien. Würzburg 1993.
Rothmann, Kurt: Johann Wolfgang Goethe. Stuttgart 1994.
Rüdiger, Horst: Goethe und Europa. Essays und Aufsätze 1944–1984. Berlin 1990.
Schadewaldt, Wolfgang: Goethe-Studien,. Natur und Altertum. Zürich/Stuttgart 1963.
Schanze, Helmut: Goethes Dramatik. Theater der Erinnerung. Tübingen 1989.
Schnitzler, Günter / Schramm, Gottfried (Hrsg.): Ein unteilbares Ganzes. Goethe: Kunst und Wissenschaft. Freiburg im Breisgau 1997.
Schrimpf, Hans Joachim: Goethe. Spätzeit, Altersstil, Zeitkritik. Pfullingen 1966.
Sengle, Friedrich: Neues zu Goethe. Essays und Vorträge. Stuttgart 1989.
Sengle, Friedrich: Das Genie und sein Fürst. Die Geschichte der Lebensgemeinschaft Goethes mit dem Herzog Carl August von Sachsen-Weimar-Eisenach. [...]. Stuttgart u. Weimar 1993.
Simmel, Georg: Goethe. 5. Aufl. Leipzig 1923.
Spranger, Eduard: Goethe. Seine geistige Welt. Tübingen 1967.
Staiger, Emil: Goethe. 3. Bde. Zürich 1952–59 [u.ö.].
Stöcklein, Paul: Wege zum späten Goethe. Dichtung, Gedanke, Zeichnung. Hamburg 1949. Bearbeitete Neuaufl. Darmstadt 1973 [u.ö.].
Strich, Fritz: Goethe und die Weltliteratur. 2. Aufl. Bern 1957.
Trunz, Erich: Weimarer Goethe-Studien. Weimar 1980. 2. Aufl. 1984.

Trunz, Erich: Ein Tag aus Goethes Leben. Acht Studien zu Leben und Werk. München 1990.

Unseld, Siegfried: Goethe und seine Verleger. Frankfurt a.M. / Leipzig 1991. 2. rev. Aufl. 1993.

Viëtor, Karl: Goethe. Dichtung, Wissenschaft, Weltbild. Bern 1949.

Zimmermann, Rolf Christian: Das Weltbild des jungen Goethe. Studien zur hermetischen Tradition des deutschen 18. Jahrhunderts. 2 Bde. München 1969/79.

II Schiller

Werke. Nationalausgabe. Begr. v. Julius Petersen, fortgef. v. Lieselotte Blumenthal, Benno von Wiese u. Siegfried Seidel, hrsg. v. Norbert Oellers. Weimar 1943ff.

Sämtliche Werke. Hrsg. v. Gerhard Fricke u. Herbert G. Göpfert. 5 Bde. München 1958/59 [u.ö.].

Sämtliche Werke in 10 Bdn. Hrsg. von Hans-Günther Thalheim [u.a.]. Berlin 1980ff.

Werke und Briefe in 12 Bdn. Hrsg. von Klaus Harro Hilzinger [u.a.]. Frankfurt a.M. 1988ff.

Friedrich Schiller über seine Dichtungen. Hrsg. v. Bodo Lecke. 2 Bde. München 1969–70.

Briefe. Kritische Gesamtausgabe. Hrsg. v. Fritz Jonas. 7 Bde. Stuttgart/Leipzig/Berlin/Wien [1892–96].

Schillers Gespräche. Berichte seiner Zeitgenossen über ihn hrsg. v. Julius Petersen. Leipzig 1911.

Schiller und Goethe im Urtheile ihrer Zeitgenossen. Ges. und hrsg. v. Julius W. Braun. 1. Abt.: Schiller. 3 Bde. Leipzig (Bd. 3: Berlin) 1882.

Schiller und sein Kreis in der Kritik ihrer Zeit. Von Oscar Fambach. Berlin 1957.

Schiller – Zeitgenosse aller Epochen. Dokumente zur Wirkungsgeschichte Schillers in Deutschland. Hrsg. v. Norbert Oellers. 2 Tle. Frankfurt a.M. (Tl. 2: München) 1970–76.

Schiller-Chronik. Sein Leben und Schaffen. Von Gero von Wilpert. Stuttgart 1958.

Schiller. Leben und Werk in Daten und Bildern. Ausgew. u. erl. v. Bernhard Zeller u. Walter Scheffler. Frankfurt a.M. 1977.

Schiller-Bibliographie 1893–58. Bearb. v. Wolfgang Vulpius. Weimar 1959 – 1959–63. Berlin/Weimar 1967 – 1964–74. Bearb. v. Peter Wersig. Berlin/Weimar 1977 – 1975–85. Bearb. v. Roland Bärwinkel [u.a.]. Berlin/ Weimar 1989.

Schiller-Bibliographie 1959–61. Bearb. v. Paul Raabe u. Ingrid Bode. In: Jb. der dt. Schillergesellschaft VI (1962) – 1962–90. Bearb. v. Ingrid [Hanich-] Bode. In: Jb. d. dt. Schillergesellschaft X (1966), XIV (1970), XVIII (1974), XXIII (1979), XVII (1983), XXXI (1987), XXXV (1991).

Koopmann, Helmut: Schiller-Forschung 1970–1980. Ein Bericht. Deutsche Schillergesellschaft, Marbach a.N. 1982.

Berger, Karl: Schiller. Sein Leben und seine Werke. 2 Bde. München 1905 [viele Neuaufl.].
Berghahn, Klaus L.: Schiller. Ansichten eines Idealisten. Frankfurt a.M. 1986.
Böckmann, Paul: Schillers Geisteshaltung als Bedingung seines dramatischen Schaffens. Dortmund 1925.
Bolten, Jürgen: Friedrich Schiller. Poesie, Reflexion und gesellschaftliche Selbstdeutung. München 1985.
Borchmeyer, Dieter: Tragödie und Öffentlichkeit. Schillers Dramaturgie im Zusammenhang seiner ästhetisch-politischen Theorie und die rhetorische Tradition. München 1973.
Buchwald, Reinhard: Schiller. Leben und Werk. 2 Bde. Leipzig 1937. 5. bearb. Aufl. in 1 Bd. Frankfurt a.M. 1966.
Burschell, Friedrich: Schiller. Reinbek b. Hamburg 1968.
Cysarz, Herbert: Schiller. Halle a.d.S. 1934 – mit krit. Nachwort. Tübingen 1967.
Dann, Otto / Oellers, Norbert / Osterkamp, Ernst: Schiller als Historiker. Stuttgart / Weimar 1995.
Garland, Henry B.: Schiller. The dramatic writer. A study of style in the plays. Oxford 1969.
Gerhard, Melitta: Schiller. Bern 1950.
Graham, Ilse: Schiller, ein Meister der tragischen Form. Darmstadt 1974.
Hell, Victor: Schiller. Théories esthétiques et structures dramatiques. Paris 1974.
Jolles, Matthijs: Dichtkunst und Lebenskunst. Studien zum Problem der Sprache bei Friedrich Schiller. Hrsg. v. Arthur Groos. Mit einem Nachwort v. Elizabeth M. Wilkinson. Bonn 1980.
Kaiser, Gerhard: Vergötterung und Tod. Die thematische Einheit von Schillers Werk. Stuttgart 1967.
Koopmann, Helmut: Friedrich Schiller. 2 Bde. 2. Aufl. Stuttgart 1977.
Koopmann, Helmut: Schiller – Eine Einführung. Zürich / München 1988.
Kraft, Herbert: Um Schiller betrogen. Pfullingen 1978.
Leibfried, Erwin: Schiller. Notizen zum heutigen Verständnis seiner Dramen. Frankfurt a.M. [u.a.] 1985.
Kühnemann, Eugen: Schiller. 7. Aufl. München 1927.
May, Kurt: Friedrich Schiller. Idee und Wirklichkeit im Drama. Göttingen 1948.
Mayer, Hans: Versuche über Schiller. Frankfurt a.M. 1987.
Mehring, Franz: Schiller. Ein Lebensbild für deutsche Arbeiter. Neuausg. hrsg. v. Walter Heist. Berlin 1949.
Middell, Eike: Friedrich Schiller. Leben und Werk. Leipzig 1980.
Oellers, Norbert: Schiller. Geschichte seiner Wirkung bis zu Goethes Tod 1805–1832. Bonn 1967.
Oellers, Norbert: Schiller. Stuttgart 1993.

Oellers, Norbert: Schiller. Zur Modernität eines Klassikers. Hrsg. v. Michael Hofmann. Frankfurt a.M. 1996.
Raabe, August: Idealistischer Realismus. Eine genetische Analyse der Gedankenwelt Friedrich Schillers. Bonn 1962.
Reed, Terence J.: Schiller. Oxford 1991.
Sautermeister, Gert: Idyllik und Dramatik im Werk Friedrich Schillers. Zum geschichtlichen Ort seiner klassischen Dramen. Stuttgart [u. a.] 1971.
Schings, Hans-Jürgen: Die Brüder des Marquis Posa. Schiller und der Geheimbund der Illuminaten. Tübingen 1996.
Sharpe, Lesley: Friedrich Schiller. Drama, thought and politics. Cambridge 1991.
Stahl, Ernst Ludwig: Friedrich Schiller's Drama. Oxford 1945.
Staiger, Emil: Friedrich Schiller. Zürich 1967.
Storz, Gerhard: Der Dichter Friedrich Schiller. Stuttgart 1959 [u. ö.].
Ueding, Gert: Friedrich Schiller. München 1990.
Wiese, Benno von: Friedrich Schiller. Stuttgart 1959 [u. ö.].
Wentzlaff-Eggebert, Friedrich Wilhelm: Schillers Weg zu Goethe. 2. Aufl. Berlin 1963.

Weimarer Klassik: Dokumentationen, Materialien, Literaturgeschichten, Sammelwerke

Internationale Bibliographie zur deutschen Klassik 1750–1850. Bearb. v. Klaus Hammer, Hans Henning [u.a.]. F. 1–10 (1959–63). In: Weimarer Beiträge 6–10 (1960–64). [Buchausg.: Leipzig 1973.] F. 11/12ff. (1964/65ff.). Weimar 1970ff.

Hans-Egon Hass (Hrsg.): Sturm und Drang. Klassik. Romantik. Texte und Zeugnisse. (Die deutsche Literatur. Texte und Zeugnisse. Hrsg. v. Walther Killy.) 2 Teilbde. München 1966.

Best, Otto F. / Schmitt, Hans-Jürgen (Hrsg.): Die deutsche Literatur. Ein Abriß in Text und Darstellung. Bd. 7: Klassik. Hrsg. von Gabriele Wirsich-Irwin. Stuttgart 1978.

Segebrecht, Wulf (Hrsg.): Gedichte und Interpretationen. Bd. III: Klassik und Romantik. Stuttgart 1984.

Literarische Kultur und gesellschaftliches Leben in Deutschland. Texte und Bilder. Hrsg. v. Helmut Richter. Vom Beginn der großen Französischen Revolution bis zum Ende des alten deutschen Reiches 1789–1806. [Bearb. v.] Günter Mieth. Berlin 1988.

Barner, Wilfried / Lämmert, Eberhard / Oellers, Norbert (Hrsg.): Unser Commercium. Goethes und Schillers Literaturpolitik. Stuttgart 1984.

Barth, Ilse-Marie: Literarisches Weimar. Kultur – Literatur – Sozialstruktur im 16. bis 20. Jahrhundert. Stuttgart 1971.

Biedrzynski, Effi: Goethes Weimar. Das Lexikon der Personen und Schauplätze. München 1992.

Helmut Brandt / Manfred Beyer (Hrsg.): Ansichten der deutschen Klassik. Berlin u. Weimar 1981.

Bruford, Walter H.: Kultur und Gesellschaft im klassischen Weimar 1775–1806. Göttingen 1966.

Glaser, Horst Albert (Hrsg.): Deutsche Literatur. Eine Sozialgeschichte. Bd. 5: Zwischen Revolution und Restauration: Klassik, Romantik 1786–1815. Reinbek 1980.

Conrady, Karl Otto (Hrsg.): Deutsche Literatur zur Zeit der Klassik. Stuttgart 1977.

Lange, Victor: Das klassische Zeitalter der deutschen Literatur 1740–1815. München 1983.

Müller-Seidel, Walter: Die Geschichtlichkeit der deutschen Klassik – Literatur und Denkformen um 1800. Stuttgart 1983.

Richter, Karl / Schönert, Jörg (Hrsg.): Klassik und Moderne. Die Weimarer Klassik als historisches Ereignis und Herausforderung im kulturgeschichtlichen Prozeß. Stuttgart 1983.

Schulz, Gerhard: Die deutsche Literatur zwischen Französischer Revolution und Restauration. 2 Bde. München 1983/1989 (Geschichte der deutschen Literatur von den Anfängen bis zur Gegenwart. Begr. v. Helmut de Boor u. Richard Newald. Bd. 7).

Im Bannkreis des klassischen Weimar. Festgabe f. Hans Tümmler zum 75. Geburtstag. Hrsg. v. Herbert Hömig u. Dietrich Pfaehler. Neustadt a.d.S. 1982.

Ueding, Gerd: Klassik und Romantik. Deutsche Literatur im Zeitalter der Französischen Revolution, 1789–1815. München 1987 (Hansers Sozialgeschichte der Literatur. Bd. 4).

Weimar am Pazifik. Literarische Wege zwischen den Kontinenten. Festschrift f. Werner Vordtriede zum 70. Geburtstag. Hrsg. v. Dieter Borchmeyer. Tübingen 1985.

Kleine Chronik der Weimarer Klassik

1775 Carl August (* 1757) tritt die Regentschaft des Herzogtums Sachsen-Weimar-Eisenach an Goethe (* 1749) trifft am 7. Nov. in Weimar ein	Beginn des nordamerikanischen Unabhängigkeitskriegs Volta konstruiert Elektrophor, Priestley entdeckt Schwefel- und Salzsäure Beaumarchais: *Der Barbier von Sevilla*, Goethes Gedichte der Straßburger und Frankfurter Zeit in Jacobis »Iris«, Klinger: *Das leidende Weib*, Goethe: *Stella*
1776 Goethe wird Mitglied des Geheimen Consiliums, der obersten Regierungsbehörde des Herzogtums Herder (* 1744) übersiedelt nach Weimar In Weimar entsteht Klingers *Sturm und Drang*	Unabhängigkeitserklärung der Vereinigten Staaten Adam Smith: *Natur und Ursachen des Volkswohlstandes* James Cook: 3. Weltreise (1779 auf Hawaii-Inseln erschlagen) Breitinger u. Hölty †, Miller: *Siegwart* – Großes Jahr des »Sturm und Drang«: Klinger: *Die Zwillinge*, Leisewitz: *Julius von Tarent*, Lenz: *Die Soldaten*, Wagner: *Die Kindermörderin*, Maler Müller: *Golo und Genoveva*, Jacobi: *Eduard Allwill* E.T.A. Hoffmann *
1777 Goethe besteigt den Brocken: *Harzreise im Winter*	Haller †, Kleist und Runge * Lessing: »Wolfenbütteler Fragmente«, Jung-Stilling: *Heinrich Stillings Jugend* (hrsg. v. Goethe)
1778/79 Herder: »Volkslieder«	Bayerischer Erbfolgekrieg 1778 Voltaire u. Rousseau †, Brentano *, Lessing: *Anti-Goeze*

1779	Goethes *Iphigenie auf Tauris* in Ettersburg uraufgeführt (mit Carl August und Goethe als Schauspielern) Goethes zweite Schweizer Reise	Glucks *Iphigenie auf Tauris* in Paris uraufgeführt Lessing: *Nathan der Weise*
1780	Wieland (* 1733, von Herzogin Anna Amalia 1772 nach Weimar geholt; *Der goldene Spiegel*, 1772; *Die Abderiten*, 1774/78): *Oberon*	Maria Theresia †, Joseph II. Alleinherrscher Friedrich II.: *Über die deutsche Literatur* Lessing: *Erziehung des Menschengeschlechts, Ernst und Falk*
1781	Goethe: 2. Prosafassung der *Iphigenie*	Lessing †, Arnim* Herschel entdeckt Planeten Uranus Kant: *Kritik der reinen Vernunft*, Schiller: *Die Räuber*, Mozart: *Idomeneo*
1782	Goethe nobilitiert 1782/83 Herder: *Vom Geist der Erbräischen Poesie* *1782/87 Musäus: Volksmärchen*	Schiller: *Anthologie auf das Jahr 1782*, Gemmingen: *Der deutsche Hausvater* – Uraufführung der *Räuber* in Mannheim
1783	Goethe tritt dem Illuminatenorden bei; *Ilmenau, Das Göttliche*, Gedichte des *Wilhelm Meister*	Versailler Friede: Ende des amerikanischen Unabhängigkeitskriegs Montgolfier: Heißluftballon Schiller: *Fiesko*
1784	Goethes Entdeckung des Zwischenkieferknochens am menschlichen Schädel; *Über den Granit*; 1784/85 *Die Geheimnisse* 1784/91 Herder: *Ideen*	Diderot †, Kant: *Was ist Aufklärung*, Beaumarchais: *Figaros Hochzeit*, Voss: *Luise*, Schiller: *Kabale und Liebe*

1785 Goethe schließt *Wilhelm Meisters theatralische Sendung* mit dem 6. Buch vorläufig ab Sachsen-Weimar schließt sich dem Fürstenbund an	Deutscher Fürstenbund gegen Joseph II. Erste deutsche Dampfmaschine in Preußen Halsbandprozeß in Paris 1785/90 Moritz: *Anton Reiser*
1786 Goethe beginnt italienische Reise, J.J. Bertuch gibt das »Journal des Luxus und der Moden«, eine der ersten Modezeitschriften der Welt heraus	Friedrich II. †, Friedrich Wilhelm II. König von Preußen († 1797) Mendelssohn †, C.M.v. Weber, W. Grimm, Börne * – Mozart: *Figaros Hochzeit*, Bürger: *Münchhausen*
1787 Erster Aufenthalt Schillers (* 1759) in Weimar Musäus †, Herder: *Gott* (Goethe in Italien: Versfassung der *Iphigenie*)	Revolution gegen die Reformpolitik Josephs II. in den Österreichischen Niederlanden Gluck †, Mozart: *Don Giovanni*, Heinse: *Ardinghello*, Schiller: *Don Carlos*, 1787/89, *Der Geisterseher*
1788 (Goethe in Italien: *Egmont*) Schiller: *Abfall der Vereinigten Niederlande, Die Götter Griechenlands*, Euripides-Übersetzungen Goethes Rückkehr aus Italien	Haman †, Byron, Eichendorff, Rückert, Schopenhauer * Kant: *Kritik der praktischen Vernunft*, Knigge: *Über den Umgang mit Menschen*, Mozart: Drei letzte Symphonien
1789 Goethe beendet den *Tasso* kurz vor Ausbruch der Französischen Revolution Schiller als Professor nach Jena (Antrittsvorlesung: *Was heißt … Universalgeschichte*), *Die Künstler* August von Goethe (1789–1830)	Beginn der Französischen Revolution: Versammlung der Generalstände (5. Mai), Verfassungsgebende Versammlung (–1791), Bastillesturm (14. Juli), Beseitigung der Feudalrechte (4. Aug.), Erklärung der Menschenrechte (26. Aug.) George Washington erster Präsident der USA

1790 Goethes Reise nach Venedig, *Venezianische Epigramme* (ersch. 1796), *Metamorphose der Pflanzen, Faust, ein Fragment* Schiller heiratet Charlotte von Lengefeld; *Der versöhnte Menschenfeind*	Frankreich: Einziehung des kirchlichen Besitzes, Inflation (Assignaten), Zivilverf. des Klerus, Abschaffung des Adels, Nivellierung der histor. Provinzen durch Departements, Zensuswahlrecht Kaiser Joseph II., Adam Smith, Franklin † – Burke: *Betrachtungen üb. d. Franz. Revolution*, Mozart: *Così fan tutte*
1791 Gründung des Landes-Industrie-Comptoirs durch Bertuch Das neue Weimarer Theater wird unter Goethes Leitung eröffnet Goethe: *Der Groß-Cophta*; **1791/92** *Beiträge zur Optik* Schwere Erkrankung Schillers. Finanzielle Unterstützung durch Erbprinzen von Augustenburg	Frankreich: 1791/92 Gesetzgebende Versammlung Mozart † (1791 *Zauberflöte, Requiem*), Haydn: Symphonie mit dem Paukenschlag Grillparzer, Th. Körner, Scribe, Meyerbeer * Klinger: *Fausts Leben, Taten und Höllenfahrt*
1792 Carl August nimmt als preußischer General am Koalitionskrieg teil, Goethe begleitet ihn (vgl. *Campagne in Frankreich*, 1822) Goethe bei der Kanonade von Valmy: »Von hier und heute geht eine neue Epoche der Weltgeschichte aus.« Schiller wird das Bürgerrecht der Republik Frankreich verliehen Schiller beginnt in Jena eine Vorlesung über Ästhetik	Frankreich: Erstürmung der Tuilerien, Septembermorde, Nationalkonvent mit jakobinischer Mehrheit (–1795), Absetzung des Königs (Erste Republik) – Erster Koalitionskrieg Österreichs u. Preußens gegen Frankreich, Kanonade von Valmy, Besetzung des linken Rheinufers und Belgiens durch Revolutionsheere Franz II. deutscher Kaiser

1793 Carl August nimmt an der Belagerung von Mainz teil, Goethe in seiner Begleitung wird Zeuge des Untergangs der Mainzer Republik (vgl. *Die Belagerung von Mainz*, 1822)
Goethe: *Der Bürgergeneral*, Schiller: *Über Anmut und Würde* in d. »Neuen Thalia«; dort veröffentl. Schiller auch Elegien Hölderlins *(Griechenland, Das Schicksal)*
1793/94 Reise Schillers nach Württemberg
1793/97 Herder: *Briefe zur Beförderung der Humanität*

Frankreich: Terror des Wohlfahrtsausschusses unter Robespierre, Hinrichtung von Ludwig XVI. u. Marie Antoinette, Marat von Charlotte Corday erstochen (Gemälde v. J.L. David) – England, Holland u. Spanien treten in Koalition gegen Frankreich ein, dessen Verlust des linken Rheinufers
Kant: *Die Religion innerhalb d. Grenzen d. bloßen Vernunft*, Jean Paul: *Die unsichtbare Loge*, Voß beendet seine Homer-Übersetzung (seit 1781)
Zweite Teilung Polens

1794 Goethe: *Reineke Fuchs*
Beginn des Bündnisses zwischen Goethe und Schiller

Frankreich: Ende der Schreckensherrschaft, Hinrichtung Robespierre (zuvor von ihm Danton guillotiniert)
Preuß. Allg. Landrecht (Svarez) in Kraft
Fichte: *Wissenschaftslehre*

1795 Durch Anschluß Sachsen-Weimars an den Baseler Friedensvertrag »Friede des klassischen Weimar« bis 1806
Goethe: *Römische Elegien, Unterhaltungen deutscher Ausgewanderten*, Schiller: *Über die ästhetische Erziehung des Menschen* (erster Jg. d. »Horen«), Gedankenlyrik (*Das Reich der Schatten [Das Ideal und das Leben], Der Spaziergang* usw.)

Frankreich: Regierung des Direktoriums (–1799) – Kommunistische Verschwörung Babeufs – Friede zu Basel zw. Preußen u. Frankreich
Dritte Teilung Polens
Jean Paul: *Hesperus*, Haydn beendet 12 Londoner Symphonien, Beethoven: Klavierkonzert B-Dur
F. Wolf: *Prolegomena ad Homerum*, Voß: Neufassung d. *Luise*

1796 Hufeland (Arzt d. Weimarer Schriftsteller): *Makrobiotik oder die Kunst, sein Leben zu verlängern* 1795/96 Goethe: *Wilhelm Meisters Lehrjahre*, Schiller: *Über naive und sentimentalische Dichtung* Goethe und Schiller: *Xenien*	Frankreich: Napoleon in Italien – Katharina II. † Einführung der Pockenschutzimpfung (Jenner) Jean Paul: *Quintus Fixlein*, Tieck: *William Lovell*
1797 Goethes dritte Schweizer Reise Goethe: *Hermann und Dorothea* Goethe und Schiller: *Balladen*	Friede von Campo Formio zw. Österreich u. Frankreich 1797–1840 Friedrich Wilhelm III. preußischer König Kaiser Wilhelm I., Donizetti, Gotthelf, Heine, Schubert, die Droste * Kant: *Metaphysik der Sitten*, Schelling: *Philosophie der Natur*, Wackenroder/Tieck: *Herzensergießungen*, Tieck: *Volksmärchen*, Jean Paul: *Siebenkäs*, 1797/99 Hölderlin: *Hyperion*
1798 Goethe: *Der Zauberflöte Zweiter Teil* 1798/99 Schiller: *Wallenstein*, Uraufführung der Trilogie im umgebauten Weimarer Theater Jean Paul übersiedelt nach Weimar 1798–1800 Goethes »Propyläen«	Besetzung Roms durch franz. Truppen, Begründung der Helvetischen Republik, Napoleon in Ägypten (liest Goethes *Werther*), Seeschlacht bei Abukir Casanova †, Auguste Comte * Fichte: *System der Sittenlehre*, Schelling: *Weltseele*, Haydn: *Die Schöpfung*, Tieck: *Sternbald*, Beethoven: Klavierkonzert C-Dur

1799 Übersiedelung Schillers nach Weimar, er veröffentlicht im »Musenalmannach« für das Jahr 1799 Gedichte Hölderlins Goethe: *Achilleis*, Schiller: *Das Lied von der Glocke*, Herder: *Metakritik zur Kritik der reinen Vernunft*	2. Koalitionskrieg gegen Frankreich (Preußen weiter neutral) Napoleon stürzt Direktorium u. wird Konsul George Washington, Lichtenberg †, Balzac, Puschkin * A. v. Humboldt beginnt Forschungsreisen nach Mittel- u. Südamerika, Gauß beweist Fundamentalsatz der Algebra Novalis: *Die Christenheit oder Europa*, F. Schlegel: *Lucinde*, Schleiermacher: *Über die Religion*
1800 Schiller: *Maria Stuart*, Goethe: *Paläophron und Neoterpe* (Jahrhundertwendenspiel) Aufführung von Voltaires *Mahomet* in Goethes Übertragung 1800/02 Wieland: *Aristipp* (4 Bde.)	Errichtung des »Vereinigten Königreichs von England« Fichte: *Der geschlossene Handelsstaat*, Schelling: *System des transzendentalen Idealismus*, Beethoven: Klavierkonzert c-moll, Novalis: *Hymnen an die Nacht*, Tieck: *Genoveva*, 1800/03 Jean Paul: *Titan*
1801 Schiller, *Der Antritt des neuen Jahrhunderts* (zum Frieden von Lunéville), *Die Jungfrau von Orleans*, Herder: *Adrastea* Aufführung von Voltaires *Tancred* in Goethes Übertragung	Friede zu Lunéville zw. Österreich u. Frankreich, Seeschlacht bei Kopenhagen (Nelson) Novalis †, Grabbe, Nestroy, Lortzing * Gauß: *Disquisitiones arithmeticae*, Entdeckung d. ultravioletten Strahlen durch J.W. Ritter Goya: *Die nackte Maya*, Haydn: *Die Jahreszeiten*, Pestalozzi: *Wie Gertrud ihre Kinder lehrt*, Brentano: *Godwi*

1802 Uraufführung der Versfassung von Goethes *Iphigenie* in Schillers Bearbeitung Heinrich von Kleist bei Wieland in Oßmannstedt Schiller: *Turandot* (nach Gozzi)	Napoleon Konsul auf Lebenszeit A. v. Humboldt besteigt Chimborasso A. Dumas père, V. Hugo, Hauff, Lenau * Beethoven: 2. Symphonie Novalis: *Schriften* (posth. hrsg. v. F. Schlegel u. Tieck)
1803 Schiller: *Die Braut von Messina*, Goethe: *Die natürliche Tochter* Tod Herders am 18. Dezember 1803/04 Besuch von Mme de Staël und Benjamin Constant in Weimar J.D. Falk: *O du fröhliche …*	Seekrieg zwischen Großbritannien und Frankreich – Reichsdeputationshauptschluß (Säkularisierung geistlichen Besitzes) Klopstock †, Hebel: *Alemannische Gedichte*, Kleist: *Familie Schroffenstein* Beethoven: Kreutzersonate
1804 Schiller: *Wilhelm Tell*, 1804/05 *Demetrius*-Fragment	Napoleon wird Kaiser, Code civile Kant †, Mörike *, Beethoven: »Eroica«, Jean Paul: *Flegeljahre*, Klingemann: *Nachtwachen*
1805 Goethe u.a.: *Winckelmann und sein Jahrhundert*, Schiller: Übersetzung von Racines *Phädra* 9. Mai Tod Schillers, 10. Aug. Totenfeier in Lauchstädt mit Goethes *Epilog zu Schillers Glocke*	3. Koalition gegen Frankreich, Schlacht bei Austerlitz Beethoven: Klavierkonzert G-Dur, A. Stifter *
1806 Napoleonische Truppen besetzen Weimar Goethe heiratet Christiane Vulpius	Schlacht bei Jena und Auerstedt, Rheinbund, Ende des deutschen Reichs (Franz II. legt Kaiserkrone nieder), Kontinentalsperre gegen England Arnim/Brentano: *Des Knaben Wunderhorn*, Zacharias Werner: *Das Kreuz an der Ostsee*

1807 Anna Amalia (* 1739) stirbt in Weimar Uraufführung von Goethes *Tasso* Goethe: *Pandora* 1807/10	Friede von Tilsit – Beginn d. preußischen Reformen (Edikt üb. Aufhebung d. Erbuntertänigkeit) Fichte: *Reden an die deutsche Nation*, Hegel: *Phänomenologie*
1808 Goethe: *Faust I* Unterredung Goethes mit Napoleon auf dem Fürstenkongreß in Erfurt Kleists *Zerbrochner Krug* in Weimar uraufgeführt	Preußische Städteordnung. Entlassung Steins auf Veranlassung Napoleons Beethoven: 5./6. Symphonie, Kleist: *Penthesilea*, *Marquise von O* u.a.
1809 Goethe: *Wahlverwandtschaften*	Napoleon als Sieger in Wien – W. v. Humboldt preußischer Unterrichtsminister – Joseph Haydn †
1810 Goethe: *Farbenlehre* *Der vierundzwanzigste Februar* von Z. Werner in Weimar entstanden u. aufgeführt	Gründung d. Universität Berlin Christlich-deutsche Tischges. (Arnim, Kleist, Adam Müller), Arnim: *Gräfin Dolores* Runge †
1811/14 Goethe: *Dichtung und Wahrheit*	Nicolai u. Kleist †, Liszt *
1812 Goethe und Beethoven treffen sich in Teplitz – Napoleon auf der Flucht in Weimar	Rußlandfeldzug Napoleons Beethoven: 7./8. Symphonie, Brüder Grimm: *Kinder- und Hausmärchen*
1813 Wieland stirbt in Weimar	Deutscher Befreiungskrieg, Völkerschlacht bei Leipzig – Büchner, Hebbel, O. Ludwig, Kierkegaard, Körner, Verdi u. Wagner *
1814/15 Goethes Rhein/Main-Reisen	Wiener Kongreß – Iffland, Fichte †, Beethoven: *Fidelio*, Chamisso: *Peter Schlemihl*

1815 Goethe: *Sonette, Des Epimenides Erwachen* (Festspiel anläßlich des Siegs über Napoleon) Sachsen-Weimar wird Großherzogtum	Napoleons »Hundert Tage« – Deutscher Bund – M. Claudius †, Bismarck *, E.T.A. Hoffmann: *Phantasiestücke*, Eichendorff: *Ahnung und Gegenwart*, um 1815 Tieck: *Phantasus*
1816 Carl August gibt Sachsen-Weimar eine (landständische) Verfassung 1816/17 Goethe: *Aus meinem Leben*, 2. Abt. (Italienische Reise)	Hegel: *Logik*, Clausewitz: *Vom Kriege*, Adam Müller: *Theorie d. Geldes*, Rossini: *Barbier von Sevilla*, Schubert: 4./5. Symphonie, Spohr: *Faust*, E.T.A. Hoffmann: *Undine*
1817 Im Fürstenhaus tritt der erste Landtag zusammen – Goethe wird von der Theaterleitung entbunden – Wartburgfest d. deutschen Burschenschaften	Wartburgfest – Byron: *Manfred*, Arnim: *Kronenwächter*, Grillparzer: *Ahnfrau*, Brentano: *Geschichte vom braven Kasperl*
1819 Goethe: *West-östlicher Divan* J.N. Hummel wird Hofkapellmeister in Weimar	Karlsbader Beschlüsse nach Ermordung Kotzebues – Schopenhauer: *Die Welt als Wille u. Vorstellung*, 1819/21 E.T.A. Hoffmann: *Serapionsbrüder*
1821 Goethe: *Wilhelm Meisters Wanderjahre*, 1. Fassung	Napoleon †, griechischer Aufstand gegen Türken – Hegel: Rechtsphilosophie, Weber: *Der Freischütz*, Grillparzer: *Das goldene Vlies*
1822 Bertuch stirbt in Weimar Goethe: *Campagne in Frankreich*	Byron: *Cayn*, E.T.A. Hoffmann †, 1820/22 *Kater Murr*, Schubert: Unvollendete
1823 Eckermann übersiedelt nach Weimar Goethe: Marienbader Elegie	Byron im griechischen Unabhängigkeitskrieg († 1824) – Weber: *Euryanthe*

	1825 Ludwig I. König v. Bayern, Jean Paul †, Manzoni: *Die Verlobten*, Puschkin: *Boris Godunow*, Platen: *Sonette aus Venedig* – Saint-Simon: *Neues Christentum* – Beethoven: 9. Symphonie 1826 Hebel, J.H. Voß, C.M. v. Weber †, Eichendorff: *Taugenichts*
1827 Goethe: *Helena, klassisch-romantische Phantasmagorie*	Beethoven †, Schubert: *Die Winterreise*, Heine: *Buch der Lieder*
1828 Tod des Großherzogs Carl-August Goethe: *Novelle*	Schubert † – Auftauchen Kaspar Hausers – Klenze baut Odeon in München
1829 Goethe: 2. Fassung der *Wanderjahre*, Erstaufführung von *Faust I*	F. Schlegel †, Grabbe: *Don Juan und Faust*, Balzac beginnt die *Comédie humaine*, Mendelssohn führt Bachs Matthäus-Passion auf, Rossini: *Wilhelm Tell* (Oper n. Schiller) 1830 Juli-Revolution in Paris. Louis Philippe »Bürgerkönig« (Berlioz: *Sinfonie fantastique*, 1830)

1831 Goethe: Abschluß des *Faust II*	Frhr. v. Stein † Erste europ. Cholera-Pandemie: Hegel, Clausewitz, Gneisenau u.a. † Grabbe: *Napoleon oder die 100 Tage*, Heine: *Reisebilder*, V. Hugo: *Notre Dame*, Bellini: *Norma*
1832 Goethe stirbt am 22. März in seinem Haus am Frauenplan	Walter Scott, Zelter, Cuvier † Mörike: *Maler Nolten*

Register

A Werke Goethes und Schillers

(Steht am Anfang des Titels der bestimmte Artikel im Nominativ, richtet sich die alphabetische Reihenfolge nach dem folgenden Nomen.)

I Goethe

1. Einzelgedichte, lyrische Zyklen, Epen

Die Einzelgedichte der Zyklen, zumal des West-östlichen Divan, *sind in der Regel nicht aufgeführt.*

2. Dramatische Dichtungen

3. Romane, Erzählungen, autobiographische Schriften

4. Theoretische [incl. naturwissenschaftl.] Schriften

5. Übertragungen

II Schiller

1. Gedichte

2. Dramatische Dichtungen

3. Erzählungen und historische Schriften

4. Ästhetische Schriften

5. Übersetzungen / Bearbeitungen

B Personen

(Ausgenommen sind Goethe und Schiller, ferner in der Regel Gesprächs- und Briefadressaten, Herrscher [zumal antike], soweit sie nur für ihre Epoche stehen, mythische und fiktive Personen sowie die Autoren der Bibel, ferner Vorwort, Chronik und Literaturverzeichnisse.)